YEARBOOK OF UNIVERSITY OF SCIENCE AND TECHNOLOGY BEIJING

北京科技大学年鉴
2014

《北京科技大学年鉴》编辑委员会

中国大百科全书出版社

图书在版编目（CIP）数据

北京科技大学年鉴.2014/《北京科技大学年鉴》编辑委员会编.—北京：中国大百科全书出版社，2014.12

ISBN 978-7-5000-9474-6

I.①北… II.①北… III. ①北京科技大学－2014－年鉴 IV.①G649.281-54

中国版本图书馆CIP数据核字（2014）第293075号

编　　著：《北京科技大学年鉴》编辑委员会
责任编辑：徐世新
出　　版：中国大百科全书出版社
地　　址：北京阜成门北大街17号　　邮编：100037
网　　址：http: //www.ecph.com.cn　Tel: 010-88390718
图文制作：北京华艺创世印刷设计有限公司
印　　刷：煤炭工业出版社印刷厂
字　　数：838千字
印　　数：1～800
印　　张：32.75
开　　本：787×1092　　1/16
版　　次：2014年12月第1版
印　　次：2014年12月第1次印刷
书　　号：ISBN 978-7-5000-9474-6
定　　价：80.00元

7月19日，中组部常务副部长、中央党的群众路线教育实践活动领导小组副组长兼办公室主任陈希一行来校调研

1月27日，举行校长任免宣布大会，张欣欣担任学校校长

5月26日，教育部副部长杜占元来校巡视2013年同等学力申请硕士学位全国统一考试的考务工作

摄影：田实、董强、任义等

2月4日，国家汉办暨孔子学院总部正式批准学校与英国德蒙福特大学合作建设孔子学院，双方在国家汉办举行签约仪式

3月24日，教育部考察组对学校钢铁共性技术协同创新中心进行现场考察

9月6日，举行北京科技大学——河北钢铁集团国家级工程实践教育中心揭牌仪式

9月24日，举行北京科技大学——太原钢铁（集团）有限公司国家级工程实践教育中心揭牌仪式

4月20日，举行“熔情钢院，筑梦北科”——79级、89级校友值年返校纪念活动

4月12日，举行第十次党代会五次会议、第七届教代会五次会议暨2013年春季全体教授会议

9月10日，举行2013年教师节庆祝暨表彰大会

9月14日，举行“铸梦青春，团情永存”——学校建团60周年主题团会

10月18日，举行学校工会成立60周年教职工文艺汇演

12月19日，中国工程院正式公布2013年院士增选结果，学校土木与环境工程学院蔡美峰教授当选能源与矿业工程学部院士

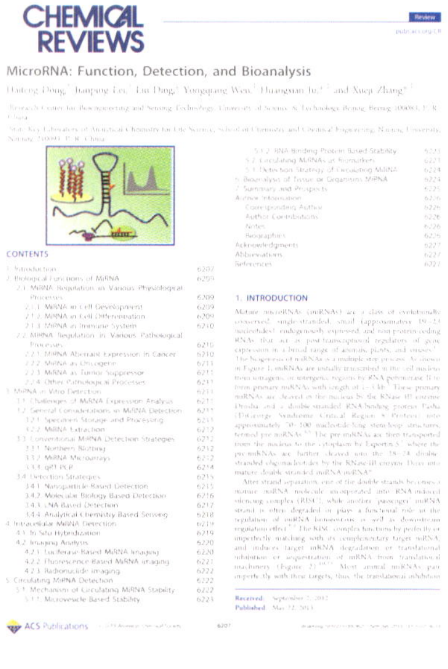

CHEMICAL REVIEWS

Review

MicroRNA: Function, Detection, and Bioanalysis

CONTENTS

1. INTRODUCTION

4月，学校化学与生物工程学院张学记教授当选为俄罗斯工程院外籍院士。张学记教授课题组与合作者(Huangxian Ju教授)共同撰写的北京科技大学为第一作者单位的论文《MicroRNA：Function, Detection and Bioanalysis》被化学领域顶级刊物（*Chemical Reviews*）录用

3月16日，聘任郑厚植院士
为学校特聘教授

3月19日，授予庄子哲雄
(Tetsuo Shoji)名誉教授称号

证书

杨 亚：

您的《准一维氧化锌纳米材料的力电性能与器件基础》

被评为2013年全国优秀博士学位论文。

中华人民共和国教育部 国务院学位委员会

2014年3月14日

编号：2013023

2013年，学校1篇博士学位论文入选
2013年全国优秀博士学位论文

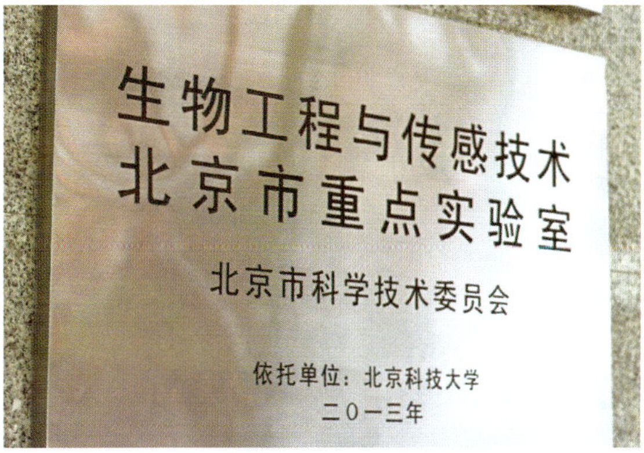

2013年，学校获批“生物工程与传感技术
北京市重点实验室”

2013年，举办6期
材料名师讲坛

3月8日，德蒙福特大学多米尼.谢拉德(Dominic Shellard)校长一行4人来校访问

4月8日，泰国朱拉隆功大学卡拉扬(Kalaya)副校长一行来校访问

4月21日，举办纪念北京首尔结为友好城市20周年“希望对话”活动

5月11日，举办留学生文化节

7月11日，举办2013年海峡两岸教育论坛

10月30日，举办澳洲大学日活动

4月25日，宝钢股份有限公司副总经理
储双杰一行来校交流访问

6月20日，广东省科技代表团
来校交流访问

6月20日，西北工业大学
一行来校交流访问

9月11日，南京钢铁联合有限公司
总经理黄一新等一行5人来校交流访问

12月17日，学校学生管乐团专场音乐会“北科华章”在国家大剧院举行

5月31日，在第十三届全国大学生机器人大赛中，学校代表队获一等奖

8月24日，在第八届智能车大赛中，学校光电组、摄像头组、电磁组均获得特等奖，其中光电组、摄像头组获得冠军，电磁组获得亚军

8月9日，在“力诺瑞特”杯第六届全国大学生节能减排科技创新与社会实践竞赛决赛中，学校一项作品获得一等奖，七项作品获得三等奖

5月18～22日，学校田径代表队在首都第51届学生田径运动会上获得了男、女团体总分第三名的佳绩，同时获得“体育道德风尚奖”和“阳光体育先进单位”称号

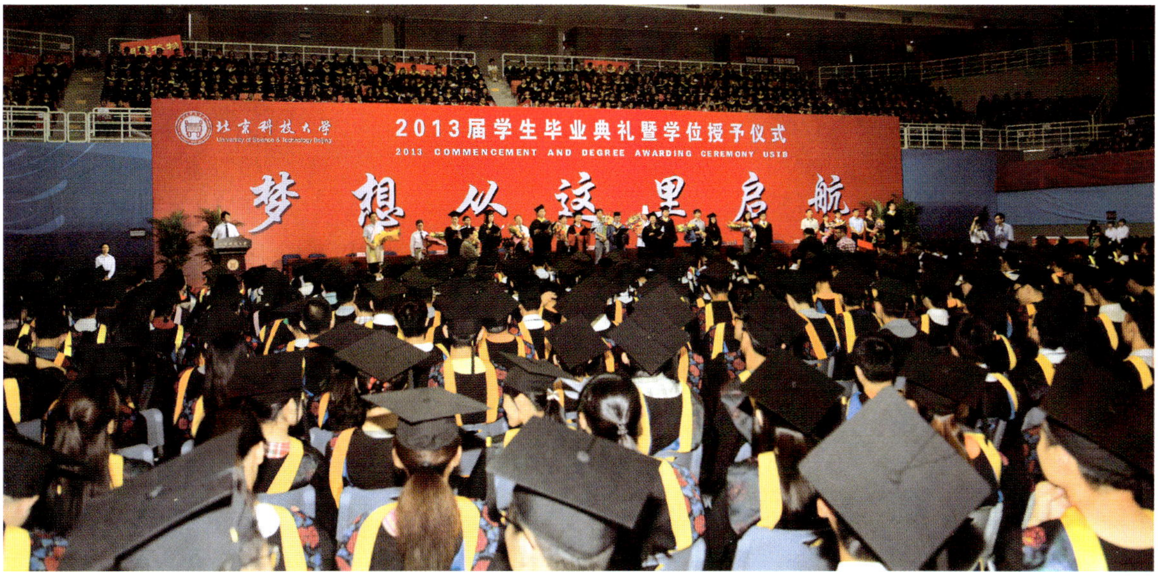

6月21日，举行“梦想从这里起航”——北京科技大学2013届毕业典礼暨学位授予仪式

毕业情深

8月31日，举行2013级本科生开学典礼

11月21日，举行2013届毕业生大型双选会

《北京科技大学年鉴》（2014）编辑委员会

《北京科技大学年鉴》（2014）编辑部

编辑说明

《北京科技大学年鉴》(2014) 全面反映了北京科技大学2013年度在学科建设、教学改革、科学研究、人才培养、对外交流、校园建设等各方面的发展进程和最新成就。

《北京科技大学年鉴》(2014) 以文章和条目为基本体裁。全书分《特载》《学校概况》《机构与干部》《院系情况》《教育教学与学科建设》《科学研究与产业开发》《科研基地及研发平台》《管理与服务》《党建和思想政治工作》《人物》《2013年党发校发文件目录》《2013年大事记》《2013年毕业生名录》及《附录》等基本栏目。

本年鉴选题的时间范围为2013年1月1日至2013年12月31日，根据实际情况，部分内容在时限上前后略有延伸。

2013年7月，北京科技大学开始深入开展党的群众路线教育实践活动，学校党委高度重视并将此次活动作为改进作风、凝聚力量、推进各项事业科学发展的重要机遇，以“践行群众路线，汇聚师生智慧，推动学科发展，构建和谐校园”为实践载体，积极谋划、周密部署，扎实推进各项工作。此外，学校还圆满完成了“平安校园”创建工作检查验收工作。本年鉴为此设置特载一栏加以记述。

本年鉴收录的各学院资料基本上按照概况、学科建设、教学改革、科研活动、党建与学生工作等条目编写。收录的各职能部处、直属单位的资料根据各自工作性质和特点，条目及内容安排相对灵活。本年鉴有关统计资料附在相关内容之后。

本年鉴所刊内容由各单位确定专人负责提供，并经本单位负责人审定。

《北京科技大学年鉴》(2014) 由北京科技大学党委办公室、校长办公室组织编写，在编写过程中得到了学校领导和全校教职员工的大力支持，在此谨表衷心感谢。

《北京科技大学年鉴》编辑部

2014年11月

目录

特　　载

学 校 概 况

机构与干部

院 系 情 况

教育教学与学科建设

科学研究与产业开发

科研基地及研发平台

管理与服务

党建与思想政治工作

人　　物

2013年党发校发文件目录

2013年北京科技大学大事记

2013年毕业生名录

附　　录

Contents

Specials

USTB Survey

Organization and Leadership

Schools and Departments

Teaching Methods Overview

Scientific Research and Enterprise Development

Scientific Research Base and Platform for Development

Administration and Service

The CCP Construction and Ideology Education

Profiles

Catalogue of USTB Party Documents and School Documents in 2013

Chronicle of Major Events

Lists of Graduates in 2013

Appendix

特　　载

北京科技大学认真开展党的群众路线教育实践活动

按照中央和教育部统一部署，北京科技大学于2013年7月开始深入开展党的群众路线教育实践活动。学校党委高度重视并将其作为改进作风、凝聚力量、推进各项事业科学发展的重要机遇，以“践行群众路线、汇聚师生智慧、推动学科发展、构建和谐校园”为实践载体，积极谋划、周密部署，扎实推进各项工作。

在各级领导的关心指导下，在部属高校教育实践活动第一督导组的全程指导下，在全校各级党组织、全体党员的共同努力下，学校牢牢聚焦“四风”问题，高质量完成教育实践活动的各项任务，“学习教育、听取意见”“查摆问题、开展批评”“整改落实、建章立制”各环节活动取得了明显成效，得到了各级领导和师生员工的一致认可。

一、教育实践活动的主要做法

在本次教育实践活动中，学校紧紧围绕着保持党的先进性和纯洁性这条主线，牢牢把握住“坚持正面教育为主、坚持批评和自我批评、坚持讲求实效、坚持分类指导、坚持领导带头”的基本原则，三个阶段的各项任务圆满完成。

（一）精心筹划，加强领导，为实现活动目标提供坚强保证

学校党委对本次群众路线教育实践活动高度重视。在深刻领会中央精神和上级党组织要求的基础上，学校结合自身特点和实际情况，充分做好筹备工作，使教育实践活动指导有力、保障充分、进行有序。

一是率先行动，研究制定活动方案。在全党开展党的群众路线教育实践活动，是党的十八大报告明确指出的重要战略部署。学校党委在开展十八大精神学习期间，就专门进行了关于群众路线的理论学习和研究。教育部下发部属高校开展教育实践活动的通知后，学校结合前期的理论学习，结合正在进行的学科大讨论工作，确定了活动的实践载体，并于7月初设计形成了教育实践活动方案。既按照分类指导的原则，分别制定了针对处级以上党员领导干部、学生党员和离退休党员的3套实施方案；又根据活动安排顺序，分别细化制定了各阶段的实施方案。活动方案的制定，使教育实践活动的开展准备充分、有章可循。

二是强化领导，组建完善的组织机构。学校成立了由党委书记、校长任组长，其他校领导为成员的群众路线教育实践活动领导小组。领导小组下设办公室，由党委各部门抽调人员组成，集中办公。各二级党组织也按照校党委的统一要求，健全工作机构。全校自上而下形成层层抓落实的教育实践活动组织体系。全校的教育实践活动由此得到有效指导协调。

三是务求实效，明确督导机制和要求。一方面建立校领导联系基层、参与基层活动的制度，全面负责对教育实践活动的领导与协调。同时建立了对二级单位活动的督导制度，成立教育实践活动校内指导组，邀请9名经验丰富的老领导担任指导检查专家，对各二级党委教育实践活动进行全程督导。督导机制的形成，使工作要求得到更有效的落实，各级党组织的联系更加紧密。

（二）提早动员，坚持学习，为深化思想认识提供强大动力

校党委充分认识到，开展好教育实践活动，首先要把为民务实清廉的价值追求根植于党员领导干部的思想中。在教育实践活动的各环节中，学校始终紧抓思想认识上的学习教育，切实增强广大党员干部参与活动的自觉性和责任感。

一是做好思想发动，为活动开展打好思想基础。7月8日，校党委召开动员大会，全面安排部署教育实践活动的内容和程序，提出目标和任务，明确了责任和要求。教育实践活动教育部直属高校督导一组组长王文生对此给予充分肯定，认为学校的动员报告对中央精神进行了深入的学习和解读，指导性、针对性、可操作性都很强。7月19日，中组部常务副部长、中央党的群众路线教育实践活动领导小组副组长兼办公室主任陈希，教育部党组副书记、副部长、教育部党的群众路线教育实践活动领导小组副组长兼办公室主任杜玉波一行来校调研并召开座谈会。陈希同志、杜玉波同志在座谈会上进一步分析了“四风”问题在高校的具体表现，指出高校开展群众路线教育实践活动需注意的关键环节和问题，提出了明确要求和希望。陈希同志、杜玉波同志来校，是对学校教育实践活动在思想上的一次再动员，使全校党员干部进一步认识到在高校开展教育实践活动的重要意义，大家统一了思想、明确了目标、坚定了信心。

二是坚持深入学习，不断深化对群众路线的理解。学校按照“目标一致、分类指导、要求严格、形式多样、激发创造性、发挥主动性”的工作方针开展学习培训，坚持原原本本学、联系实际学、创新载体学、督促检查学。给每名党员领导干部发放了中央指定读物，原原本本领会精神，并给党员领导干部做了专题辅导报告，介绍了校党委认真梳理出的“四风”问题的19种具体表现，引导各级党组织联系具体工作、具体问题深入学习思考。同时，学校还邀请了教育部思政司副巡视员俞亚东、中央党校教授辛鸣做了2场以“深入推进党的群众路线教育实践活动”为主题的辅导报告，并建设教育实践活动专题网站发布各类学习材料180篇，依托多种载体提升学习效果。通过学习教育，党员领导干部对群众路线的理解由抽象到具体，由完成规定动作到自觉反省，认识得到了转变，有效增强了党纪观念，提高了辨别能力、政治定力和实践能力。大家开始主动地关注师生群众之所想，反思自身认识存在的问题。

（三）发扬民主，开门调研，以真抓实干牢筑群众认同基础

在本次教育实践活动中，学校紧扣作风建设，坚持开门搞活动，主动发扬民主，充分相信群众，紧紧依靠群众，密切联系群众，通过多种方式听取师生群众对校、院两级领导班子和领导干部、机关单位在作风方面存在突出问题的反映，听取对贯彻落实中央八项规定、反对“四风”和践行党的群众路线方面的意见建议。

一是加强调研，领导带头深入走访基层。以校领导为组长，有关部处领导干部为组员，围绕“四风”方面突出问题深入走访19个基层单位，召开群众座谈会20场，召开青年教师、学生和离退休人员专题座谈会3场，覆盖人群430人次。调研内容包括工作作风、管理水平、服务质量，以及学校发展等多个方面，累计收集各类意见100余条。

二是广开渠道，诚恳征询群众意见。校、院两级领导班子和机关单位通过测评会、问卷调查、发放征求意见表等多种方式征求群众意见。学校还通过设置意见箱、开通专线电话和发布电子邮箱等方式，拓宽听取意见渠道，累计征询各类意见近千份。为保证征集到的意见能够得到有效解决，学校专门设计了《群众意见督办表》，由分管校领导提出处理意见，相关部门和基层单位具体解决落实，并对不能立即处理的情况给予详细解释，得到了广大师生员工的认同。

三是认真听取教育部督导组指导意见。督导一组来校开展群众测评工作，与校领导班子成员、师生代表和离退休人员代表进行谈话，全面征集对学校领导班子的意见建议，并及时向学校进行反馈，对学校领导班子认真对照群众意见进行自我剖析起到了很强的指导作用。

（四）深入开展批评与自我批评，以有力武器强化正风肃纪

校党委把开好民主生活会作为推动教育实践活动取得实效的重要着力点，力争通过深入开展批评与自我批评，使认识高一层、学习深一步、剖析解决问题准一筹。

一是端正态度，通过深入谈心消除顾虑。学校努力创造条件安排好谈心交心环节。其中，校领导班子成员面对面深入开展批评与自我批评，集中开展谈话，相互征求大家对自身存在问题的意见和改进建议；同时校领导广泛联系分管部门主要干部、普通师生员工、离退休人员等对象进行谈心交流，时长约110小时。各二级单位班子成员间也深入开展了谈心交心活动。通过谈心，彼此思想得到沟通，相互了解更加充分，许多矛盾和问题得以谈开谈透，相互批评怕伤和气等思想顾虑得到彻底消除，为开好专题民主生活会奠定了基础。

二是聚焦四风，认真撰写对照检查材料。校、院两级领导班子党政一把手带头，通过自己找、互相帮、上级点，通过从工作层面延伸到作风层面，再深入到思想层面，层层剖析查找问题，并在查找“四风”方面各主要问题的基础上，撰写个人对照检查材料。党委书记亲自主持撰写校党委班子的对照检查材料，分析存在的不足和问题。主要包括：形式主义方面，理论学习不深入，把握发展机遇能力不足，发展共识凝聚不够；工作不够扎实，解决实际问题的能力和措施不足，执行力不强；“以人为本”理念贯彻不够，人才培养、队伍建设需要加强。官僚主义方面，调查研究不深入，班子间协调配合不够，民主氛围不浓；服务意识不强，行政命令偏多，为师生服务考虑的不够。享乐主义方面，开拓创新意识不强，缺乏攻坚克难勇气，不敢担当。奢靡之风方面，校院两级公共资源分配不尽合理，使用效果不好，缺乏勤俭节约意识。学校领导班子的对照检查材料在学校网站公示，接受广大师生群众的监督批评，取得了良好的反响。

三是触及灵魂，开好专题民主生活会。校党委于11月15日召开教育实践活动专题民主生活会，会上校领导班子认真开展批评与自我批评，使班子成员的心灵、思想受到触动，达到了“团结—批评—团结”的目的，对今后转变作风、推进工作形成了基本的共识，得到了教育部督导组的认可和肯定。校领导班子专题民主生活会听取意见、查找问题、开展批评和自我批评的情况，通过情况通报会向全校通报。各二级单位以校领导班子专题民主生活会为标准，于12月中下旬分别召开专题民主生活会和情况通报会，总计32场。专题民主生活会上，学校党员领导干部自我批评真刀真枪，敢于亮丑；开展批评毫不避讳，直指矛盾，很多关键问题得以谈开说开，充满了红红脸、出出汗的紧张和严肃，起到了照镜子、正衣冠的作用。这种相互鞭策、引发思考的专题民主生活会，既是对广大党员领导干部的一次思想上的洗礼，又是一次运用批评与自我批评这个有力武器的成功实践，对于学校今后加强党内生活和班子建设具有重要意义。

在此过程中，第一督导组主要领导认真审阅了学校领导班子及成员的对照检查材料，提出了具体的修改意见，并全程参加和指导民主生活会，既肯定了民主生活会的质量，又指出了存在的问题，对下一步抓好整改落实指明了方向。

（五）整改落实贯穿始终，形成促进学校发展的长效机制

“整改落实、建章立制”是教育实践活动取得实效的关键所在。学校在教育实践活动中坚持立行立改，始终着力解决突出问题并紧抓落实，高度重视通过制度建设的手段巩固教育实践活动成果。

一是立行立改，及时回应师生期盼。学校把问题整改后师生的满意度作为整改工作的评价标准。在活动初期就坚持边学边改、立行立改，对群众意见及时解决和回应。专题民主生活会后，专门召开4场关于学科建设、人才培养、师资建设、民生工作等方面的集中讨论会，明确整改任务和措施。专门研究制订专项整治计划，针对“四风”问题和师生群众反映强烈的问题开展整治行动。集中对“文山会海、检查评比泛滥”“门难进、脸难看、事难办”“公款送礼、公款吃喝、奢侈浪费”“超标配备公车、多占办公用房”“‘三公’经费开支过大”“侵害群众利益行为”等方面的问题开展专项整治。指导校内各单位、党员领导干部逐级逐层制定整改方案，明确任务清单和路线图、时间表、责任人。为确保落实到位，学校要求各单位保证质量，定期以书面形式报告落实情况，接受师生群众监督。目前，已落实整改事项26件，正在整改事项47件，学校教育实践活动领导小组通过加强督办，逐一落实各整改事项。

二是巩固成果，稳步推进制度建设工作。按照体现群众意愿、体现改进工作作风、体现提高效率、体现工作规律的要求，切实加强建章立制，形成践行群众路线的制度保障。一方面以《制度建设计划》为统领，对密切联系群众、党内生活制度和领导班子民主集中制、校风政风教风学风、厉行节约反对浪费规定、遵守政治纪律制度和廉政风险防控体系等5个方面的制度进行了全面系统梳理，并且明确了完善方向和修订任务。另一方面以制定大学章程为契机，梳理制定学校改革发展的制度，主要包括办学功能及形式、学校治理模式与管理体制、人事管理与人才引进、学生管理与服务、校友工作和经费、资产、后勤工作等方面。2013年12月，通过启动大学章程第三稿的完善工作，逐步完善具有学校特色的现代大学制度体系。

二、教育实践活动取得的初步成效

本次党的群众路线教育实践活动，学校紧密结合中央要求和学校实际，坚持把深入学习、提高认识贯穿始终，把解决问题、完善制度贯穿始终，把依靠群众、发扬民主贯穿始终，开展了前所未有的广泛走访调研、深入交心谈话、深刻批评与自我批评、集中研讨整改工作，取得了明显成效。

（一）对党的群众路线认识进一步深化

活动初期，部分党员领导干部思想上存在一定的模糊认识，有的认为学校环境相对干净、安静，“四风”问题较少甚至不存在，有的对活动不感兴趣，有的对活动能否发挥作用持观望态度。教育实践活动开展以来，校、院两级领导班子、党员领导干部通过参加学习教育、听取意见、查摆问题、撰写对照检查材料、开展批评和自我批评等各环节的活动，经历了思想碰撞和灵魂洗礼，查找了缺点和不足，不仅查找到了“四风”

问题在学校的具体表现，也逐步认识到作风问题对于推动学校工作和服务师生的影响。广大党员干部对党的群众路线在思想上的认识也经历了一个转变和提高的过程。具体表现在以下几个方面：

一是为民意识更加强化，“以师生为本”的理念得到巩固。进一步树立了正确的群众观点，更加深刻地理解到人民创造历史、人民是真正的英雄，进一步确立了以师生的视角辩证地思考问题的立场、观点，努力做到一切为了群众、一切依靠群众，从群众中来、到群众中去。

二是务实意识更加强化，秉持务实工作的理念更加自觉。学校机关部门和党员领导干部的作风得到有效转变，广大党员干部在工作中更加注重真抓实干，更加注重工作实效。一些久拖不决的问题得到有效解决，群众反映强烈的推诿扯皮、效率低下等现象明显减少。

三是清廉意识更加强化，做到始终恪守清正廉洁。广大党员干部进一步树立了正确的世界观、权力观、事业观，更加主动接受师生群众监督，遵守党章、执行廉政准则由规定要求逐步成为自觉行动。

（二）中央八项规定得到有效贯彻落实

中央八项规定以改进作风、密切联系群众为着力点，是对党风的端正和政风的整饬。党的群众路线教育实践活动在要求和目标上，与中央八项规定一脉相承。学校把本次教育实践活动作为贯彻落实中央八项规定的有效载体，陆续出台一系列文件贯彻落实中央八项规定精神，并通过深入开展活动抓好文件落实，形成配套措施。广大党员干部从行动上的完成规定，逐步转化为内化于心的认识，作风得到了显著改善。主要体现在四个方面：

一是联系服务师生更加密切。校领导接待日制度、联系基层单位和党支部制度、与党外人士交朋友制度、走访慰问制度等得到进一步有效执行；校领导担任本科生班主任的制度得到有效落实，参加班级活动次数和质量显著提升；以“啡常时光”校领导与学生交流会为代表，青年教师、学生的交流活动得以定期开展；督促相关部门切实解决好群众关心的问题，校领导联系师生深入基层调研服务的途径和渠道不断拓宽。

二是学校的文风会风得到明显改善。“短实新”文风得到有效推行，文件简报数量有效减少。各类会议数量大幅缩减，会议规模、时间得到严格控制，会议实效大幅提高。学校正式上线了网络会议系统，实现了会议相关事项通过网络展示端完成，既提高了会议组织效率，又实现了节约98%以上会议用纸无纸化办公的目标。减少了不必要的各类检查、评比、达标、验收活动，基层工作负担进一步减轻。

三是各类出差出访活动更加规范。学校从严安排出差，严格执行经费审批制度，严控预算规模，领导干部出国次数和规模得到严控，组织或参加无实质内容的出访考察被有效禁止，公款出国（境）旅游已杜绝。2013年，学校中层以上干部出国（境）批次数比2012年下降15.5%，人数下降17.6%。

四是厉行勤俭节约的风气逐步形成。学校于2014年前下发《关于“厉行节约、反对浪费”若干问题的通知》，对公款聚餐，公款购买、印制、邮寄、赠送贺年卡、明信片、年历等物品，公款相互送礼、宴请、购买商业预付卡（购物卡）等现象做了明确规定，相关现象得到有效遏制。各类公务接待活动更加注重简朴、节约原则，活动成效显著。自活动开展以来，2013年学校“三公”经费较上一年度减少24%。党员领导干部带头落实，校园内倡导朴素、鼓励勤俭、注重节约的风气蔚然形成。

（三）领导班子、干部队伍和基层党组织建设进一步加强

开展党的群众路线教育实践活动，是对

党员领导干部和基层党组织的一次考验。通过教育实践活动，校院两级领导班子、党员干部队伍的建设水平得到提高，基层党组织的战斗堡垒作用普遍增强。

一是领导班子建设得到强化。通过深入谈心交心，召开专题民主生活会，校院两级领导班子充分利用好批评与自我批评这个有力武器，有效提高了班子发现和解决自身问题的能力，班子的凝聚力、战斗力显著提高。经过教育实践活动的洗礼，班子的思想认识和党性修养，治校理教水平，求真务实、开拓创新的意识和能力都得到了全面提升。领导班子间沟通配合更加顺畅，工作氛围团结和谐，班子建设取得了良好的收效。

二是党员干部的党性观念得到提升。在教育实践活动时间紧、任务重、标准高、要求严的情况下，学校的党员领导干部深刻剖析查摆问题、认真撰写对照检查材料、制定整改方案，圆满地完成了各项任务，党性观念得到了深刻的检查。通过教育实践活动的洗礼，实现了党员领导干部更好地把心思和精力集中到干事创业上。

三是基层党组织的工作水平得到提高。各基层党组织以高度的政治责任感，担负起具体组织实施职责，引导广大党员接受教育、增长才干，积累了丰富的工作经验。

（四）集中解决群众意见强烈的问题

学校对广大师生群众的意见高度重视，校领导班子多次召开专题研讨会，研究讨论改革思路和改进措施，并通过《群众意见督办表》做好督办和整改工作。已着手解决的问题包括以下几方面：

一是针对反映强烈的小学期的日程安排问题。学校经过讨论，合理规划了2014年夏季小学期日程安排，在2013年年底前提出完善夏季小学期安排的方案。

二是针对人才引进问题。学校设立特聘教师岗位，公开招聘，简化引进程序，规范相关评聘制度，引进具有发展潜力的优秀青年骨干教师，加强青年后备人才储备。

三是针对校内周转房不透明问题。学校制定周转房使用和轮候公开公示实施细则，做到待分配人员排队情况公开、已分配人员名单公开。

四是针对学生强烈反映的学生宿舍环境改善与安装空调问题。学校已经讨论通过为学生宿舍安装空调的方案，计划于2014年暑假前完成设备安装。

五是针对校园内交通的规划与管理问题。学校对校园内自行车停放、机动车行驶环境加以集中整治。

六是针对后勤服务质量问题。学校建立质量评价体系对后勤服务质量进行监督、考评，改进后勤服务工作作风、改善服务质量。

七是针对财务服务水平问题。在报销窗口中设立满意度评价系统，建立报销服务人员绩效评价办法。增加会计报销窗口，简化报销签字审批程序，设立报销咨询服务岗，以加快报销时间。

（五）对制度建设意义的认识更加深刻

学校党员干部更加深刻地认识到制度建设对于推动作风转变、实现学校科学发展的重要作用。通过加强制度建设，党的先进性和纯洁性以及学校工作的科学性，都得到有效保障。

一是对制度建设的认识上，学校充分认识到制度建设是党的建设中带有全局性、稳定性、长期性的根本性建设。本次教育实践活动重点建立健全了作风方面的工作制度、管理制度、考核制度和监督检查制度，实现了整体推进、继承传统、大胆创新。

二是对制度建设的推动上，学校坚持把中央要求、实际需要和新鲜经验结合起来，本着于法周延、于事简便的原则，着手开展制度清理工作，逐步建立健全各种规章制度，形成坚持为民务实清廉的长效机制。

三是对制度的实施监管上，进一步明确

要紧绷“高压线”，使制度得到严格执行，维护制度的严肃性和权威性，做到有实施主体、有检查监督、有问责机制。

（六）形成了较为系统的制度建设计划

遵循制度规则办事、依靠制度解决问题，主要健全和完善了六个方面的制度。

一是密切联系群众制度方面，将健全完善校领导班子成员及机关党员干部联系基层、联系师生制度，制定加强和改进调查研究工作的意见。

二是党内生活制度和领导班子民主集中制方面，继续完善学校党委理论中心组学习制度、二级党委党政联席会制度、基层党支部组织生活会制度、党委常委会议事规则、校长办公会议事规则等，制定加强和改进领导班子党内民主生活制度、重大决策征求意见制度。

三是校风政风教风学风制度方面，将完善关于进一步加强和改进党建工作的实施意见；制定机关作风评议制度及反对“四风”的有关规定；完善加强师德师风建设的一系列制度；制定科学道德与学术诚信教育实施办法等学风建设制度；制定大学文化建设规划。

四是厉行节约反对浪费规定方面，制定完善会议、文件、简报、活动管理办法；完善财务报销及管理相关制度；制定“三公”经费预算管理和公开制度，以及国有资产管理暂行办法、办公用房配置管理办法、节能管理实施细则、公务接待管理规定等制度。

五是遵守政治纪律制度和廉政风险防控体系方面，将完善党员领导干部廉洁自律和遵守党的政治纪律的规定，完善公开招标制度，完善招生工作相关制度，制定涉及领导干部工作生活待遇的相关规定。

六是推进教育改革发展的制度方面，主要是以制定大学章程为统领，形成学校比较完整的现代大学制度体系。

三、巩固教育实践活动成果推动学校科学发展

尽管本次教育实践活动取得了明显成效，但还有一些涉及长远规划的整改措施需要进一步落实和完善。为此，学校各级党组织和党员领导干部，还要把开展教育实践活动好的经验和做法坚持下去，使教育实践活动成果得到长期巩固和不断扩大，有效助推学校新一轮深化改革工作。

（一）充分认识群众工作的重要性，做好查摆出问题的整改落实

教育实践活动的成效，主要体现在整改落实上。这是教育实践活动取得群众信任，获得师生满意评价的标准。整改落实是一项长期任务，要长远规划、统筹安排、抓紧落实。按照中央和教育部党组的要求，既要开展好群众普遍关心、反映强烈的问题的专项整治行动，还要切实做好巩固和扩大整改成果的“回头看”工作。要重点整治突出问题，强化整治效果。

校院两级领导班子、党员领导干部和机关单位要结合履行职能职责，认真落实学校党委提出的整改任务，以高度的政治责任感，认真整改本单位存在的突出问题，逐项列出任务清单，按照轻重缓急，明确路线图、时间表、责任人。对于前段时间边学边查边改中已经初步解决的问题，要抓好巩固提高；对尚未解决的问题要纳入整改方案，加大跟踪力度，抓好整改；新发现的问题要及时列入整改事项，跟进解决。学校将经常检查并适时通报整改进展情况和整改成果，主动接受群众的监督，充分发挥广大师生关心、支持和参与整改的积极性。学校党委还要加大督导工作力度，从严从紧，真督实促。确保教育实践活动善始善终、善作善成，不走过场，取得实效。

（二）巩固扩大教育实践活动成果，建立践行群众路线长效机制

本次教育实践活动，是对党的群众路线

的一次成功实践。活动探索和积累了很多好的经验，需要进一步加强理性思考，把成功做法经验化、零星探索系统化、有效措施制度化，促进作风建设常态化并充分挖掘和利用这笔财富和资源，形成长效机制。主要从以下四个方面入手：

一是提高调查研究、掌握实情的能力，形成密切联系群众的长效机制。更加注重深入基层摸清情况、摸清底数，克服调查走马观花、蜻蜓点水的现象，更好地倾听民意、民声，健全联系服务师生的制度。

二是提高科学决策、民主决策的能力，形成强化理论学习、接受群众监督的长效机制。加强理论研究、政策学习，坚持校领导班子成员理论学习考核制度。注重倾听民意、集中民智，克服情况不明、个人独断的现象。未来学校的重要改革事项、年度工作报告、财务工作报告等要经过教代会审议或向大会通报。

三是提高解决问题、化解矛盾的能力，形成求真务实、强化作风建设的长效机制。切实提高党员领导干部求真务实、开拓创新的意识和能力，依靠机制建设治理原有工作中文多会多、推诿扯皮、效率低下的问题。

四是提高宣传群众、组织群众的能力，形成调动师生员工投身学校发展建设的良好势态。在感情上更加贴近师生，改进宣传工作和引导方式。用校园文化的力量凝聚师生群众，调动多方力量促进学校改革发展。

（三）以教育实践活动为契机，深入推进学校各项事业改革发展

1．深化教育教学改革，牢固树立人才培养中心地位

一是加强制度建设，强化人才培养的地位。通过开展“本科教育教学大讨论”，不断完善校院系三级管理体制、多部门沟通协调机制，规范教学管理；完善考核激励机制和评价机制，营造重教氛围，引导教师重视教学，加强教学研究和教材建设。

二是深化教学改革。以课程建设为载体，开展教学理念、方法的改革，推进外语教学改革，加强网络资源建设，丰富人文类课程资源。统筹学术型创新人才的培养，深化“卓越工程师计划”“理科实验班”“国际班”等人才培养模式改革。

三是推进研究生培养模式改革，提高研究生教育质量。改善研究生培养条件和环境，加强研究生教育的国际合作，提高并明确硕士、博士研究生的学术水平要求。

四是做好招生、培养和就业（创业）的全链条教育服务工作。

2．加强学科建设，调整和优化学科整体布局

做好学科大讨论的收口工作，集全校之智，明确学科发展目标、定位，形成发展共识。

一是拟成立能源与环境工程学院，主要学科方向包括：工业节能、新能源技术、工业环境治理与装备、环保新技术新工艺等。

二是进一步明确学校重点发展的学科，拓展学科发展方向。既要保持优势学科，又要寻求新的突破点，积极探索不同学院和学科发展的管理模式。

三是探索打造学科平台，形成学科群的发展概念。

四是打造校级学科交叉研究平台或者学术特区，为学科发展创造成长条件。

五是依托国家科学中心，协同校内外各方面资源优势，形成材料服役安全等学术高地和新的学科方向。

3．坚持人才强校，推进人事分配制度改革

一是继续实施人才振兴工程，引进和培养双管齐下。一方面加大人才引进力度，重点引进一批学术水平高、发展潜力大的青年人才；另一方面设立不同层次人才培养计划，分类培养、重点支持，促进优秀人才不断涌现。

二是建立科学合理的教师晋升、聘任、考核、评价机制，实施完善教师岗位分类管理机制；同时建立科学合理的非教师岗位考核、评价机制。

三是扩大学院进人自主权，简化拟聘教师审批程序。

四是完善现行薪酬分配体系，适当缩小岗位津贴差距，同时充分发挥业绩津贴的激励作用。

4．关注改善民生，努力构建和谐校园

切实将改善民生摆在更加突出的位置，把更多精力用在解决师生员工关心的问题上来，扎实为师生员工办实事、办好事。稳步提高教职工福利待遇，改善教职工住房条件；关心教职工发展、青年教师和干部成长，关心学生成长成才和家庭困难学生的学习生活；提高后勤保障服务水平，加强“平安校园”建设，营造和谐、安全、文明的校园环境。

群众路线是我们党的生命线和根本工作路线。全校党员和领导干部要以本次教育实践活动为契机，把认真学习领会、全面贯彻落实党的十八届三中全会精神作为当前和今后一个时期的首要政治任务，与巩固和扩大教育实践活动的成果，推进学校改革创新和深化发展结合起来，以科学发展观统领学校改革发展全局，不断增强党的凝聚力、创造力、战斗力，充分发挥各级党组织的战斗堡垒作用和广大党员的先锋模范作用，充分调动广大师生的积极性、主动性、创造性，坚持把教育实践活动中查摆出的问题抓紧整改落实，让广大师生群众满意，建立完善推动群众路线的长效机制，适应形势、紧抓机遇，为实现创建高水平研究型大学的“北科梦”而努力奋斗。

北京科技大学迎接“平安校园”创建工作检查验收

2013年11月29日，以北京市委教育工委副书记唐立军为组长的首都高校“平安校园”创建工作检查验收工作组来学校进行检查验收。

创建工作汇报会上，校党委书记罗维东代表学校做“固本强基，求实创新，全面建设和谐稳定的高水平研究型大学”的工作汇报，重点介绍了学校近年来组织开展“平安校园”创建工作的总体情况、创建过程中的六大体系、特色与创新性工作、存在的问题与不足以及今后的努力方向等。罗维东书记指出，自2011年“平安校园”创建工作启动以来，学校坚持“以评促建、重在建设”的方针，围绕各项测评要素、指标和主要检查内容，全面深入地推进了北京科技大学“平安校园”创建工作，并在校园分区管理、安防联动信息管理、学生公寓管理等方面注重创新、形成了鲜明特色，为建设“国内一流、国际知名”的高水平研究型大学提供了坚实保障。今后，学校将按照“组织更加健全、制度更加完善、责任更加明确、措施更加有力、工作更加规范”的工作目标，扎实推进工作，确保校园的长治久安。

汇报结束后，工作组对学校“平安校园”创建工作支撑材料进行了认真审阅，并分别与学校职能部门负责人代表、学生代表、思政课教师及班主任辅导员代表进行了座谈，深入了解了学校“平安校园”创建工作开展情况、现状及存在的问题和困难。

按照临时抽选安排，工作组对材料、机

械、经管3个学院进行了实地走访，听取了基层学院“平安校园”创建工作汇报，检查了学院的支撑材料及重点部位。随后，工作组分别实地查看了学校安全管理服务中心、学生管理服务场所、校园网络管理部门、学生公寓、实验室、危险化学品存放地点、大型活动举办场所、保密要害部门部位等，共同观看了学校突发事件应急处置演练。

最后，工作组对各项检查结果进行了汇总，并举行了意见反馈会议。检查验收工作组下属的组织领导与条件保障工作组、维稳工作组、安全稳定与防范工作组组长分别对各自专项组的检查结果进行了反馈。工作组组长唐立军对整个检查验收工作进行了总结和意见反馈。他指出，长期以来，北京科技大学各级领导和单位均高度重视“平安校园”的创建工作，在创建工作六大体系方面均开展了卓有成效的工作，有力地维护了校园的安全稳定，在首都高校中居于前列。在肯定学校创建工作的同时，他也针对学校相关软硬件设施建设、全员教育和专项培育、网络和新媒体使用等方面工作提出了进一步努力的方向。他希望，北京科技大学继续坚定推进“平安校园”创建工作，进一步对做好工作总结，巩固已有成果，更加扎实有效地维护学校的安全稳定。

校长张欣欣，校党委副书记陈曦、张文明，副校长权良柱、武德昆、王维才等学校领导分别出席了汇报会、现场检查、意见反馈会等相关活动。

附　录

建立健全安全稳定工作体制机制
扎实推进“平安校园”创建工作

开展“平安校园”创建活动，是推进“平安北京”建设的重要组成部分，是维护社会和谐稳定的必然要求，是促进教育事业持续快速健康发展的重要保障，更是广大师生员工的共同愿望。在推进“平安校园”创建过程中，影响校园安全稳定的各种不和谐、不安定因素和重点难点问题对高校安全稳定工作提出了更高要求，破解“平安校园”创建过程中的重点难点问题，建立健全安全稳定工作体制和机制，对进一步提高学校安全保卫工作水平和推动高校安全稳定工作发展，都具有重要的意义。

一、强基础，破难题，全力开展“平安校园”创建活动，营造更加安全、和谐、稳定的教育发展环境

在教育部、北京市委市政府关于做好“平安奥运”“平安国庆”等相关工作精神指引下，学校党委高度重视安全稳定工作，始终坚持稳定压倒一切的思想，严格履行安全稳定目标责任制，将安全稳定作为学校党委首要的政治任务，按照“认识到位、人员到位、经费到位、措施到位”四到位原则，积极推进“平安校园”创建工作。在安全稳定工作组织体系、维稳工作体系、矛盾纠纷排查化解体系、校园综合防控体系、安全教育管理与服务体系以及应急处置体系六大体系方面开展了卓有成效的工作。主要做法：

（一）学校党政高度重视安全稳定工作，确保校园安保工作机制能高效运转，各项工作措施推动有力、落实到位

学校党政领导高度重视安全稳定工作，将“平安校园”创建工作列入学校工作的重要议事日程，不断加强对安全稳定工作的领导，建立健全组织机构。根据上级文件要求，成立了学校安全稳定工作指挥协调领导小组，党委书记、校长为组长，实行双组长负责制；各业务主管领导、党办、校办、保卫、学生等主要职能部门负责人为成员。成立了以主管安全和稳定工作的校领导为主任，相关职能部门负责人为成员的安全稳定工作办公室。各学院、二级党委相应成立了安全稳定工作领导小组。根据部门人员变更、机构变化等及时调整安全稳定工作领导小组及各类突发事件应急指挥机构成员，保证组织领导有力。

学校将安全稳定工作写入学校年度重点工作计划。每年至少召开一次安全稳定工作专题会，及时学习贯彻中央和市委有关会议和文件精神,研究部署维护校园安全稳定工作；平时涉及安全稳定的重要工作，主要领导亲自部署指挥和协调。学校重视安全稳定工作队伍建设，学校按照规定配备了满足工作需要的专兼职维护安全稳定工作干部。配足配齐专职保卫工作人员，现有在编专职保卫干部16名，工勤岗9人，一批高学历年轻干部充实到保卫队伍中来，为高校安全保卫工作增添了新的活力；学校严格按照北京市相关要求落实风险津贴（部分干部还享有保密补贴）制度。定期组织开展维稳工作队伍的培训，提高维稳工作水平和能力。

学校逐年增加维护安全稳定工作日常经费（2012年达626.6万元），保证各项维护安全稳定日常工作开展；安全稳定工作机动经费根据需要随时批复划拨。健全的组织机构，高素质的安全稳定工作队伍，经费的增加，保障了校园安保工作高效运转、各项工作措施落实到位。

（二）建立了较为完善的校园安全稳定工作责任体系和综合督查长效机制，确保校园各项安全管理制度和工作措施落实到位

学校认真贯彻落实上级部门维护校园安全稳定工作精神，考虑到安全稳定工作牵扯面广，各职能部门、直属机构和学院面临的实际情况不同，实行“谁主管，谁负责”原则，各单位采取“因地制宜，自我管理，积极防范，保障安全”的方针。学校党委于2004年制订了《北京科技大学关于安全稳定工作责任制的规定》（校党发〔2004〕8号），学校整体安全稳定工作责任体系由校级，学院、部、处级单位和目标责任人三级组成，规定对各级单位和各类责任人职责、大型群众性活动举办、奖惩措施等做出明确要求。

学校每年对《首都高校安全稳定责任书》进行任务分解，明确主责领导和责任单位。校园划区域落实网格化管理措施，在校园地域空间和安保工作职责划分的基础上，学校每年4月前与各单位签订《安全稳定工作责任书》，内容包括“两会”等重大活动及节假日、治安安全、防火安全、危险物品安全管理、安全生产、保密、交通安全及校园治安综合治理八项责任书；各二级单位将责任延伸至系所、岗位。

学校不断加强常态时期维护校园安全稳定工作措施。积极开展各类治安安全检查与隐患排查工作，加强校园动、静态巡逻，组建学生志愿者队伍积极参与校园安全管理，严格值班、门卫值守和大型活动审批制度，充分发挥技术防范系统辅助功能，不断提升校园安全防控能力。学校各二级单位加强消防安全监督检查，排查并积极整改安全隐患，确保消防安全。学校累计投入300多万元，不断完善校园交通基础设施建设，有效控制机动车辆进入教学区，改善了校园交通环境和秩序。加强危险化学品管理，完善管理制度，认真开展检查，做好实验室安全管理。与进校施工队签订安全生产责任书，后勤基建管理处、建设单位、保卫保密处等不断加强施工方面安全生产监督管理。后勤服务集团采取措施加强食堂安全管理，特别是加强对粮食、蔬菜采购管理，严格正规渠道进货，控制食堂饭菜价格；注重加工等环节管理，保证食品卫生安全。

为确保校园安全稳定工作责任逐级落实到位、安全管理工作制度和措施严格贯彻落实，学校制订了《北京科技大学“平安校园”建设督查工作方案》，建立了贯穿全校上下综合督查机制。学校每年对校园内各单位安全稳定工作责任体系建设情况、单位内部管控等各项措施执行情况进行监督检查；对存在的安全隐患，督促相关单位限期整改。落实责任倒查制度，对发生问题的单位和相关责任人进行处理。

（三）**不断加强保密管理，确保国家秘密安全**

学校党委高度重视，不断探索建立新形势下高校保密工作体制和机制，学校保密工作不断得到加强，保密工作管理水平不断提高。随着学校发展，多年来，学校承担大量军工科研生产任务，2006年4月取得了武器装备科研生产单位二级保密资格，2011年10月又顺利通过了第二轮武器装备科研生产单位二级保密资格现场审查，再次取得二级保密资格。

北京科技大学在1985年就成立了学校保密委员会，下设办公室。多年来，不断健全各级保密组织机构，及时调整北京科技大学保密委员会成员。2006年下设实体办公室，保密委员会相关部门各司其职，紧密合作，齐抓共管，形成合力。学校各学院、二级党组织成立二级保密工作领导小组，确定1名保密干事，具体负责本单位的日常保密管理工作，使学校保密工作层层有人管，逐级有落实。学校保密委员会定期召开例会，研究部署总结保密工作，保密工作部门认真履行工作职责，有效开展各项日常保密管理工作。

学校不断完善各项保密规章制度，规范保密工作管理，形成了一套比较完整的切合学校实际的规章制度，使保密工作的思路更加清晰，任务更加明确。学校结合保密整体工作，认真制定年度保密工作计划，将保密宣传教育培训作为年度总体保密工作要点之一，同时进一步细化制定年度保密宣传教育培训工作细则。深入开展以“一学三保”为主题的保密宣传教育，并使之制度化，以此强化广大师生员工的保密意识，提高学校保密工作的整体水平。对军工科研涉密教师的保密教育坚持课题组、学院、学校“三级教育”制度，对涉密研究生的保密教育实行导师负责制，坚持导师、课题组、学院、学校“四级教育”制度。

与领导干部、涉密人员签订《保密承诺书》，强化保密工作责任，学校把保密工作纳入单位考核的一项内容。加强保密要害部位安全设施建设，装有门禁、视频监控、报警系统，严格落实管理措施。认真开展四种形式的保密监督检查，对存在的安全隐患和问题督促整改，存在重大隐患的对责任人进行处理。

（四）**强化安全宣传教育与培训，提高师生安全意识和自防自救能力**

学校始终坚持“预防为主，教育先行”思想，通过多种形式开展宣传教育和培训活动，不断加大宣传教育和培训力度，建立师生员工安全教育活动的长效工作机制，保证日常安全教育活动不断线。3年来，结合治安、防火、安全生产、交通和保密等方面工作编制印发各类安全提示、警示、安全知识和宣传教育材料16万余份，制作安全宣传展板155块，编制《安全提示》和《警情提示》36期，每年秋季入学时邀请治安、消防和交通等部门专家为新生举办安全知识讲座，先后14次邀请公安民警为保卫干部、保安员、学生安保志愿者、楼宇值班员和群众治保队伍等专兼职安保人员进行业务技能培训，提高了安保工作专兼职队伍的业务能力；保卫部门与学工、后勤部门共同组织开展了新生学生公寓消防疏散演练12次；为各部门开展消防安全知识、灭火技能培训24

次。通过教育培训，广大师生安全意识普遍增强，自防自救能力得到提高。

（五）健全完善校园预警机制和应急处置体系，提高突发事件处置和信息报送工作能力

建立完善预警机制，鼓励学生积极参与校园管理，组建信息员队伍。建立了动态预警志愿者团队，每个学生班级中设置一名安全员，配合辅导员进行安全教育与管理；各学院选拔政治可靠、作风过硬的学生作为信息报送员，承担各类信息的报送工作；从团学骨干中培育立场坚定、触角广泛、能力出众的网络舆情观察员，关注学生网站、论坛等。召开学生危机研判工作会，加强学生思想动态的观测和思想引导，紧跟热点问题，占据思想制高点，维护学生思想动态的安全稳定。

学校组建了以保卫干部和保安员为主体，各职能部门和学院相关人员为辅的快速反应队伍，形成了以“4999校园报警服务中心”为主体的立体防控体系；构建了学校“学生紧急事件预警及应对机制”。根据上级有关文件精神和要求进一步完善安全稳定工作预案，在《北京科技大学安全稳定工作预案》的基础上，结合学校实际情况，先后制定有《北京科技大学火灾应急预案》《北京科技大学校园突发治安案件应急预案》《北京科技大学校园群体性事件应急预案（政治类）》《北京科技大学安全生产应急预案》《北京科技大学恶性交通事故应急预案》《北京科技大学危险化学品事故应急预案》，制订了《北京科技大学学生突发事件应急预案》，完善突发事件应对机制等。火灾事故做到了一楼一个预案；同时在特殊时期针对具体情况制定专门的应急工作预案。

学校加强值班和信息报送工作，平时实行保卫干部、保安员24小时值班制度；加强对校园各部位防控及校园网络信息监控工作，严防信息迟报、漏报、瞒报事件发生。重大节假日、敏感日采取校领导带班、各部门安排值班人员值班制度，确保信息上传下达且及时有效。

（六）对困难群体开展有针对性帮扶，扎实做好矛盾纠纷排查化解工作

维护校园稳定重点在困难群体，学校对困难学生做了大量帮扶工作。学校制定《关于切实做好贫困家庭学生资助工作的实施意见》（校党发〔2005〕27号）、《关于加强和改进大学生心理健康教育的实施办法》（校党发〔2005〕28号）。通过新生入校摸排了解家庭经济情况予以帮助，通过心理排查评估潜在的风险予以关注等，调动一切积极因素，尽力为困难师生员工提供帮助。

建立健全了校内人民内部矛盾排查调处机制，高度重视涉及师生员工切身利益的问题，定期组织矛盾纠纷排查工作，建立工作台账；以保障权益为落脚点，畅通师生员工表达诉求和反映意见渠道，实现了“学校有专职，部门有兼职”的人民调解队伍建设的目标，超前化解不稳定因素，本着“宜散不宜聚、宜解不宜结、宜顺不宜激”的原则，对本单位中的突出问题和重点对象进行认真摸排，做到遇问题早发现、早报告、早控制、早解决，将问题解决在基层，把矛盾化解在萌芽状态。重大矛盾纠纷实行领导包案制，领导亲自协调、督办，坚持以人为本，积极做好师生员工矛盾纠纷排查化解工作。

（七）加强对意识形态领域掌控，强化校园网络监督管理

针对意识形态领域的保卫工作，加强网络等舆论阵地监督管理。先后制定《北京科技大学新闻发布和新闻宣传工作管理暂行办法》（校党发〔2005〕22号）、《北京科技大学校内突发事件新闻报道管理暂行办法》（校党发〔2005〕23号）、《中共北京科技大学委员会关于加强网络宣传教育工作的实施意见》（校党发〔2005〕26

号）、《北京科技大学校园网络资源与服务管理办法》（校发〔2005〕57号）等制度，加强了意识形态领域管理。还出台了《北京科技大学政保工作暂行规定》（校党发〔2005〕9号），对政保工作做出了相应规定。进一步完善校内论坛讲座、社团活动、报刊音像、出版印刷等领域管理制度，严肃课堂教学纪律。学术研究无国界，但课堂教学要有纪律，进一步规范学校对外合作、涉外学术交流活动，严防意识形态领域渗透破坏活动。

不断完善重点人群工作台账，重大节假日、敏感时期针对重点人进行排查并制定专门的稳控方案。多年来，学校按照中央有关政策做好防范和处理邪教工作，有效控制了“法轮功”等邪教、非法传教和敌对势力在校园内的活动。针对互联网飞速发展和广泛使用，学校加强了对校园网监管力度，实行校园网络24小时值班监管，保卫保密处专人配合网络管理部门对校园网络进行监管，健全快速反应机制，注意网上舆情动态，对出现的不良信息及时予以处理，及时、正确地引导网上的热点话题，引导网络信息健康发展。

（八）加大校园安全管理资金投入力度，加强校园安全防控体系软硬件设施建设，构建科技化、规范化的校园安全管理工作平台

近年来，社会治安形势复杂，校内侵财类案件时有发生，给全校师生、居民的人身财产安全造成很大威胁；校内高层建筑物数量继续增加，给消防安全工作带来很大压力和挑战；校园车辆的快速增长，对校园交通安全管理和秩序维护提出更高要求。为适应校园安保工作新形势，经学校积极申请和筹措，在一期中央监控室和学校重点部位视频监控系统基础上，分批规划累计投入千余万元，扎实推进校园“科技创安”工作，电子巡更系统、视频监控系统、学生宿舍楼宇门禁系统、车辆智能管理系统和消防监控联网报警系统、电梯集中管理与远程控制系统等安全管理系统工程相继建设，技术防范覆盖面实现了校园重点部位100%、学生公寓公共区域90%、校园公共区域80%。

学校严格贯彻执行《中华人民共和国消防法》《建筑设计防火规范》《中华人民共和国安全生产法》《中华人民共和国道路交通法》《危险化学品安全管理条例》及《高等学校消防安全管理规定》等国家有关法律法规和技术标准，制定、出台学校关于消防、交通、安全生产以及危险化学品等管理规定和办法；各项安全基础设施达到国家和北京市相应标准。学校逐年增加专项经费（2012年拨付210万元）用于支付消防、安防、交通等设施设备检测、维修保养或更换，保证了安全设施运行完好有效。

二、“平安校园”创建工作取得的显著成效及体会

（一）“平安校园”创建工作取得的显著成效

1．安全稳定责任制有效落实，教育预防体系建设扎实开展

学校已形成了党委统一领导、党政齐抓共管的安全稳定工作责任体系。党委书记和校长作为学校安全稳定工作第一责任人，对学校安全稳定工作负总责，主管副书记和主管副校长具体负责全校的稳定和安全工作，并对书记和校长负责；各学院、职能部门党政统一管理、分工负责，负责单位所属空间（含地下空间、所属建筑物楼顶）、人、事、物及组织等，安全稳定工作责任做到了“纵向到底，横向到边”。根据教育部、北京市委教育工委要求，认真落实安全稳定工作双组长负责制。为切实履行好安全稳定工作职责，自2010年起，学校各学院书记、院长分别与学校党委书记、校长签订《安全稳定工作责任书》，明确书记、院长是安全稳定第一责任人，共同承担起维护本单位安全

稳定工作职责，同时逐级明确了安全责任人和岗位安全负责人，使各项安全稳定工作责任得到有效落实。

学校坚持以强化法制宣传教育为核心，切实提高师生安全防范意识和自我保护能力。通过加强对师生的安全教育和培训，师生员工增强了安全意识、法制意识，提高了自护自救能力。学生工作部门、后勤集团、保卫保密处，联合组织开展安全卫生检查、学生公寓火灾疏散演习等活动，提高学生的安全意识和防范能力；加强学生公寓自律组织建设，选拔优秀学生担任楼层长，加强对楼层长、宿舍长的安全培训；健全学校、家庭和社会的联动机制，充分发挥“学校-家庭-社会”的育人功能，从学生的学习方式、生活方式、人际交往、社会责任等几个方面与家长进行沟通，使家长实时掌握学生在校的学习、生活、心理及思想动态，与学校携手，共同关心、关爱学生的健康成长。

2．安全技术防范系统建设日臻完善，安全管理服务效果明显

坚持以完善人防物防技防为目标，切实加强校园治安、消防、交通等综合防控体系建设，建立了安全技术防范综合管理平台。学校注重运用科技手段解决校园安全工作的重点难点问题，在建立视频监控系统、消防报警系统、车辆智能化管理，出入口控制管理系统、电梯集中管理与控制系统基础上，进行了整合联网，实现了各系统联动功能，形成了各系统“独立运行，统一管理”的工作模式。特别是实现了消防报警系统与视频监控系统联动；在车辆管理方面还实现图像信息比对功能，保障了校园交通秩序和车辆安全；电梯远程联网控制与集中管理，起到节能效果，减少了人力资源。

安全技术防范系统设施设备投入使用以来，强有力地震慑了违法犯罪行为，为国安、公安、交通等部门处置各类案件、事件提供线索260余次，为部分校园矛盾纠纷化解和抑制矛盾升级提供了客观依据，提高了对校园安全的整体防控能力，安全技术防范系统在安全管理与服务中发挥了重要作用。

3．突发事件得到有效处置，校园整体秩序得以稳固

学校及各二级单位强化突发事件应急处置工作，严格按照应急预案处置程序，强化应急指挥协调，落实部门责任。各部门团结协作、积极配合，确保发生的各类突发事件能够得到及时、妥善、快速处置；确保矛盾不升级、不转移、不出校，各类突发事件得到有效处置，切实维护校园安全稳定。

学校为突发事件的处理提供了硬件保障，建设有消防应急库房，购置有防爆毯、隔热服、应急空气瓶、防毒面具、消防斧、围挡、广播、照明等应急设备和工具备存在校园巡逻车及值班室。如对火灾事故处理时，坚持“报警及时、出警迅速、处置得当，损失最小”的校园消防工作原则，做到接警后5分钟到达现场，10分钟内灭火器使用，15分钟内消防水带出水，20分钟灭火，30分钟内结束战斗、撤出现场。近5年来，学校义务消防队在处置火情火险，扑救初起火灾中发挥了重要作用。由于出警迅速、处置得当、控制有效，能够及时扑灭火情火险，从而有力地保护了师生生命、财产安全，校园未发生重大火灾事故。

4．入校车辆管控进一步加强，校园环境秩序得到改善

学校逐步将校园交通工作纳入学校发展规划和校园建设规划。增加投入，科学规划，合理设计，建设地上、地下机动车与非机动车停车场，从根本上解决校园机动车停放问题。学校规划建设校园机动车停车位1000余个，非机动车地下停车位6000多个。制作、安装、规范交通标志；安装隔离护栏、减速带，安装活动路桩，建设车辆出入智能管理系统等，有效地改善了校

园交通设施配置，为校园交通有序管理提供了设施保障。

统一规划，校园交通实行分区管理。学校按教学区、学生宿舍区、混合区进行分区管理，根据各区实际情况，采取针对性有效措施，保障校园交通安全有序。教学区、学生宿舍区控制机动车进入，机动车辆进入地下停车场；学生宿舍区自行车进入地下自行车库，解决了堵塞通道问题；重新规划自行车停车区域，规范自行车管理，从而净化了教学区、学生宿舍区环境，最大限度地保证了师生的路权和生命安全。混合区车辆实现智能化管理，解决了外来机动车辆穿行问题。同时实行学生上下课高峰期校园临时交通管制措施，并加强巡视，及时纠正校园违规停放车辆，将纠正校园违规停放机动车和非机动车辆作为一项长效制度。

（二）“平安校园”创建工作体会

1．领导重视是前提

维护安全稳定工作，推进“平安校园”建设工作是一项系统工程，必须依靠科学的领导体制和强有力的领导，才能保证各项工作落实到位。学校领导必须高度重视，充分认识当前稳定工作形势，在“平安校园”创建工作中给予政策支持、经费保障，保障各项安全工作开展。

2．队伍建设是根本

建设一支具有相关学科背景和精湛专业工作技能的安全稳定工作队伍是有效开展校园维稳工作的基础。经过多年的实践，基本上建立了一支在学校党政统一领导下，以党委办公室和校长办公室、保卫系统、宣传系统、学生工作系统管理干部为主，以各级各类学生骨干和志愿者等群众组织为辅的工作队伍。学校各支维稳队伍的各个组成部分各司其职，共同维护校园的安全与稳定。

3．责任明晰是关键

明晰的责任体系是我们做好各项工作的关键，进一步明确各二级单位负责人在安全稳定工作中的职责，按照地域、空间、时间细化责任分工，建立校园—单位—防区三级管控责任制，将安全稳定工作逐级分解，做到“纵向到底，横向到边，不留死角”。只有这样，各项工作措施才能落实到位。

4．团结协作是途径

安全稳定工作涉及面广，参与部门多，任何事情都不是某一个部门的工作，必须整合校园各方面力量，动员全民参与，通过专群结合模式开展工作，形成全民共创“平安校园”的意识。学校事关安全稳定工作的部门在认真履行各自工作职责的基础上，还要团结协作、积极配合，形成合力，才能确保各项工作顺利完成，维护校园整体安全。

5．外界支持是保障

多年来，持续有效地开展校内及周边环境整治工作离不开公安、交通、城管、工商等政府部门的支持与帮助，在目前学校安全保卫组织尚无执法权的情况下，在“平安校园”创建工作中，上级政府部门和执法部门的支持提供了强有力的保障。

三、影响“平安校园”创建工作的重点难题及解决对策

近年来，学校“平安校园”创建工作有序开展，校园整体安全稳定。但是，也存在一定的不足和问题，这也是目前高校存在的共性问题。主要表现在：

（一）工作部门多，职责有交叉

校园的安全稳定工作涉及学校工作的方方面面，是一项系统性工程。校园安全稳定各部门工作队伍，其各自职能相对明确，但工作侧重点又有所不同，“你中有我，我中有你”，相互关联，相互作用。部分工作内容在各部门、各队伍之间存在较大重叠和交叉，容易造成职责不明晰，从主客观上都会影响到学校的安全稳定工作。比如学生安全教育职责，由于责任主体尚不明确，形成了都管都不管的格局，从而影响了学生安全教育工作的深入开展。因此，应在进一步明确安全稳定工作队伍职责的基础上，明确每项工作内容的责任主体；加强相关部门的合作联动机制，确保安全稳定和危机事件应对工作的有效处理；建立沟通协调协作机制，以确保安全稳定工作无盲区。

（二）加强对网络舆情的监管和引导

当前，网络已经成为高校广大师生员工日常获取信息、自主学习、进行思想交流的重要渠道，尤其是伴随着网络突发事件频发，校园互联网络管理日益重要。在关于高校安全稳定工作重要程度调查中显示：宣传及网络信息部门重要性相对比较低，仅有27.4%的受调查者认为其在学校安全稳定工作中作用很大，说明受调查者普遍认为网络宣传管理工作在高校安全稳定中的作用是辅助性的，而不是直接性的，这也同时反映出广大师生员工对网络宣传管理工作在校园安全稳定中的重要性认识不够。因此，在新媒体环境下，要进一步提高网络宣传管理工作在校园安全稳定工作中的重要性认识；进一步加强网络宣传管理队伍建设。

（三）责任与执法权脱离

高校安全保卫工作机构担负着维护校园安全秩序和稳定的责任，但自身并不具备国家相关法律法规的执法权，对校内师生员工仅靠内部管理制度进行约束，对于大量非本校人员的违规行为，管理无法可依。在目前学校安全保卫组织尚无执法权的情况下，校园内某些方面整治也离不开政府有关部门的协助。按照“平安校园”建设要求，校园内及周边的整治任务十分复杂和繁重，因此，学校要紧紧依靠上级组织和所在地政府，积极反映校园内及周边地区治安乱点和突出问题，持续有效地开展校园周边环境整治工作；同时，多争取公安、交通、城管、工商等政府部门的支持与帮助，有针对性地在校园内开展专项或集中整治行动。

“安全稳定是做好学校一切工作的前提，安全稳定压倒一切”。保障校园安全稳定是一项长期而重大的任务，也是一项光荣而艰巨的事业，现已成为校党委和各级领导干部的共识，成为继续做好高校安全稳定工作的巨大精神动力和宝贵财富。下一步学校将向“组织健全、制度完善、责任到位、措施落实、工作规范”的目标要求继续努力，不断把“平安校园”创建工作引向深入，确保“平安校园”创建工作真正落在实处，惠及师生员工。

学 校 概 况

北京科技大学概况

北京科技大学于1952年由天津大学（原北洋大学）、清华大学等6所国内著名大学的矿冶系科组建而成，现已发展成为以工为主，工、理、管、文、经、法等多学科协调发展的教育部直属全国重点大学，是全国首批正式成立研究生院的高等学校之一。1997年5月，学校首批进入国家“211工程”建设高校行列。2006年，学校成为首批“985工程”优势学科创新平台建设项目试点高校。

建校60多年来，学校逐步形成了“学风严谨，崇尚实践”的优良传统，为社会培养各类人才16万余人，大部分已成为国家政治、经济、科技、教育等领域，尤其是冶金、材料行业的栋梁和骨干。党和国家领导人罗干、刘淇、徐匡迪、黄孟复、范长龙、郭声琨、刘晓峰等都曾在校学习，另有36名校友当选为中国科学院或中国工程院院士，一大批校友走上了省长、市长的领导岗位，一大批校友担任鞍钢等国家特大型企业以及北大方正等大型高新技术企业的董事长和总经理。学校被誉为“钢铁摇篮”。

学校位于高校云集的北京市海淀区学院路，占地约80.39万平方米（包括管庄校区），校舍建筑总面积97万平方米（包括管庄校区）。学校现有1个国家科学中心，2个国家重点（专业）实验室，2个国家工程（技术）研究中心，2个国家科技基础条件平台，31个省、部级重点实验室、工程研究中心。特别是2007年，学校作为唯一一所教育部直属高校牵头承担了国家重大科技基础设施项目——重大工程材料服役安全研究评价设施，并负责筹建国家材料服役安全科学中心。图书馆藏书175万余册。定期出版《北京科技大学学报》《北京科技大学学报（社会科学版）》以及*International Journal of Minerals, Metallurgy and Materials*和《思想教育研究》《物流技术与应用》《金属世界》《粉末冶金技术》等重要学术刊物。

学校由土木与环境工程学院、冶金与生态工程学院、材料科学与工程学院、机械工程学院、自动化学院、计算机与通信工程学院、数理学院、化学与生物工程学院、东凌经济管理学院、文法学院、外国语学院、马克思主义学院、高等工程师学院，远程与成人教育学院、继续教育学院、国际学院，以及研究生院、体育部、管庄校区、天津学院、延庆分校组成。现有18个一级学科博士授权点，73个博士学科点，121个硕士学科点，另有MBA（含EMBA）、MPA、法律硕士、会计硕士、翻译硕士和20个领域的工程硕士专业学位授予权，14个博士后科研流动站，48个本科专业。学校冶金、材料、矿业、科技史4个全国一级重点学科学术水平蜚声中外（据教育部一级学科评估结果全国排名，科技史第1，冶金、材料第2，矿业第3）；安全、机械、热能等学科享有盛誉；控制、力学、计算机、物理、化学、管理、思想政治教育等一批学科具有雄厚实力；一批新兴学科，如软件工程、环境工程、通信工程、电子信息等焕发出勃勃生机。

2013年10月，有全日制在校生2.3万余人，其中本专科生13063人，各类研究生9717人（其中博士生2838人、硕士生6879人），外国留学生857人；成人教育学院学生7651人，远程教育学生15313人；在站博士后182人。已形成研究生教育、全日制本专科、高职教育、成人教育、继续教育和远程教育等多层次和较完整的人才培养体系。

学校拥有一支治学严谨的师资队伍。教职工总数2896人，具有正高级专业技术职务的教职工441人，具有副高级专业技术职务的教职工730人，其中专任教师1791人。专任教师中有中国科学院院士6人，中国工程院院士2人（双聘1人），国务院学位委员会委员1人，国务院学位委员会学科评议组成员5人，国家“973”项目首席专家3人，国家“千人计划”入选者9人，“青年千人计划”入选者2人，国家级有突出贡献专家14人，部级有突出贡献专家13人，“长江学者奖励计划”特聘教授14人、讲座教授3人，国家杰出青年科学基金获得者16人，国家级教学名师2人，“百千万人才工程”国家级人选12人，国家优秀青年科学基金获得者3人，“万人计划”青年拔尖人才1人，教育部新世纪优秀人才支持计划入选者104人。

学校的科研实力十分雄厚。1978年至2013年12月底，共申请专利4058项，授权专利2182项；有1000余项科研成果获国家、省、部委级各种奖励，其中国家级奖励158项。1999年教育部编辑的《中国高等学校科技50年高校获奖重大成果一览表》中收录北京科技大学12项重大科研成果，在全国高校中名列前茅。据教育部统计，1978～2011年，学校获国家科技进步一等奖4项，列全国高校第4。近几年学校“大型深凹露天矿安全高效开采关键技术研究”“流射沸腾冷却强化多功能淬火控冷装备与工艺开发及创新”“钢铁材料及制品大气腐蚀数据积累、规律和共享服务”“宽带钢热连轧生产成套关键技术与应用”“复杂破碎条件下露天-地下联合高效开采关键技术”“特低渗透油藏有效开发渗流理论和开发方法研究及应用”“大型铝合金型材挤压成套工模具设计制造技术与应用”等大批科研成果在国民经济建设中发挥了重要作用，获得了巨大的经济效益和社会效益。据2013年发布数据，2012年学校师生发表论文被SCIE、EI收录数量各居全国高校第36位和25位。

学校不断拓展社会服务领域和发展空间，与国内100多个省、市、区政府和大型企事业单位签署了全面合作协议。同时，学校瞄准世界前沿，加强国际合作，先后与德国亚琛工业大学、美国橡树岭国家实验室、英国牛津大学等130余所著名大学和科研机构建立了合作关系，并开展了实质性的合作。

学校以培养社会主义现代化事业的建设者和接班人为根本任务，注重学生综合素质的培养和提高，学校学生在历年国家及北京市的各种竞赛中多次获得殊荣。特别是学校每年被评为全国高校社会实践先进单位；学生代表队在全国第一至第六届机器人电视大赛中稳居前三甲，其中两次获得冠军，于2005年参加亚太地区大学生机器人大赛获得亚军。学校同时高度重视学生思想品德教育，努力营造培养学生爱国主义、集体主义和社会主义精神的校园文化氛围，先后被授予“北京市文明校园”“北京市党建和思想政治工作先进普通高校”“首都文明单位标兵”等光荣称号。

学校的体育竞技水平和群众性体育活动在北京乃至全国享有盛誉，涌现了一批以李敏宽、楼大鹏为代表的国家优秀运动员、教练员和体育官员。学生田径代表队在全国及北京市高校竞赛中数度摘桂；女篮代表队在北京市高校联赛中连续12次夺冠，并于2005年挺进CUBA全国八强。学校目前拥有约8.2万平方米的现代化体育场地。学校体育馆作为2008年奥运会、残奥会竞赛场馆，圆满地完成了北京奥运会柔道、跆拳道，残奥会轮椅篮球、轮椅橄榄球四项赛事的承办工作，学校体育馆团队被党中央国务院授予“北京奥运会、残奥会先进集体”荣誉称号。

今天，北京科技大学全体师生正满怀信心，迈着坚定的步伐，向着“把北京科技大学建设成为以工为主，工、理、管、文、经、法等多学科协调发展，规模适度，特色突出，国内一流，国际知名的高水平研究型大学”的目标而奋进。

附　录

2013年主要工作

2013年是国家开启全面深化改革新征程的重要一年，也是学校实施“十二五”规划承上启下、攻坚克难的关键一年。一年来，全校上下认真学习贯彻中共十八大和十八届三中全会精神，深入贯彻落实科学发展观，扎实开展群众路线教育实践活动，各项事业呈现持续、健康、快速发展的良好态势，为推进高水平研究型大学建设打下坚实基础。

（一）认真学习和贯彻中共十八届三中全会精神，扎实开展群众路线教育实践活动

根据党中央和教育部党组的有关部署，学校自7月份开始开展党的群众路线教育实践活动，根据实际情况和中央“学习教育、听取意见”“查摆问题、开展批评”“整改落实、建章立制”三个阶段要求扎实稳步地推进教育实践活动有序开展。学校认真梳理并查摆学校存在的突出问题，坚持立行立改、边整边改，解决了一大批涉及师生利益的问题。经过群众路线教育实践活动的洗礼，学校党员领导干部的思想得到了升华，工作作风得到有效转变，一大批师生意见强烈的问题和矛盾得到解决，形成了基本的整改措施和工作机制，确保了教育实践活动取得实效。

（二）深化教育教学改革，人才培养质量稳步提高

年内，学校继续稳步推进“本科教学工程”，进一步提高本科教育教学质量。1门课程被评为国家级“精品视频公开课”；11部教材获“北京高等教育精品教材”建设立项；1名教师获“北京市教学名师”称号。学生学业水平进一步提高，2013年学校组织全校本科生科技创新立项571项；组织6000余学生参加各类竞赛42项，1732人次获奖，其中304人次获国家级奖，401人次获省部级奖。至年底，全校平均就业率95.10%，其中研究生就业率98.61%，本科生就业率92.74%。

研究生培养方面，学校坚持“以人为本、分类指导、多元奖助、责任共担”

的原则，积极推进研究生奖助学金体系改革。2013年，学校首批“卓越工程师计划”学生进入研究生培养阶段，初步试行“卓越工程师计划”研究生阶段的分类培养。年内，学校1篇论文获“全国优秀博士学位论文”称号；2篇论文获“北京市优秀博士学位论文”称号。

年内，成人高等教育、继续教育和国际合作教育稳步开展，远程与成人教育在校生25703人；国际学院中日、中美合作项目进展顺利，并加强了与日本、美国等多个国家的合作交流。2013年，天津学院进入平稳发展期，师资队伍不断加强，教学工作开展顺利。

（三）大力推进人才振兴工程，师资队伍建设成绩显著

年内，学校牢固树立人才资源是第一资源的观念，以“高水平拔尖人才引进计划”为重点，大力实施人才强校战略，学校各类人才工作取得显著成绩。2013年，学校蔡美峰教授成功当选为中国工程院院士，取得了10多年来院士申报成功的突破；1人入选“千人计划”，2人入选“国家百千万人才工程”，1人入选“万人计划”，2人获“国家优秀青年科学基金”资助，5人获评“享受政府特殊津贴专家”，8人入选“新世纪优秀人才支持计划”，1人获“宝钢教育基金”优秀教师特等奖，2人获“宝钢教育基金”优秀教师奖。年内，学校引进“千人计划”入选者2人，“长江学者奖励计划”入选者1人，“青年千人计划”入选者1人。学校张学记教授和林建国教授分别当选为俄罗斯工程院外籍院士和英国皇家工程院院士。

2013年，学校以全员聘用制和收入分配制度改革为推手，继续深化校内人事制度改革。稳步推进教师岗位分类管理，将职务晋升按照教学岗、科研岗、教学科研岗、科研辅助岗位四大类进行分类考评，进一步完善了教师职务晋升与聘任考核制度。同时，学校坚持以“能力、水平、质量”为导向，做好专业技术评聘工作，共131人晋升了职务，其中教师系列71人，非教师系列60人。

（四）创新科研体制机制，科研、产业再创新高

2013年，学校积极整合各类科技资源，在承担科研项目、科研经费、科研基地建设等方面取得了较大进展。年内，学校成立了“2011办公室”，举行两次“2011计划”专家委员会、管理委员会会议，积极探索“同一个任务、同一个目标、同一支队伍、同一个机制”的新型协同组织管理运行模式；重大项目建设稳步推进创新园东区规划设计、基建详细设计、试验装置详细设计、国际合作、长远规划等工作，整体建设进展顺利。

2013年，学校科研经费到款总额7.22亿元，新增纵向合同387项，合同金额2.82亿元；新增横向合同757项，合同金额2.59亿元。牵头及参与了12项“973”计划、重大研究计划及ITER项目（课题）的研究工作，新增“863”首席科学家1名，承担及参与的“863”计划课题、科技支撑计划课题32项。国家自然科学基金获批立项141项；获得国家科学技术奖2项，省部级科技奖励41项。申请发明专利575项、授权发明专利267项；全年发表SCIE论文911篇，EI论文1225篇。学校科研基地建设成效显著，新增省部级基地6个。学校产学研合作进一步深化，先后与多个大中型企业、政府签订了13项产学研合作协议。

科技产业方面，学校进一步加强规范化建设，清理整顿企业，全资、控股、参股企业共45家，投资企业共实现收入总额14.8亿元，缴纳各类税费1524.52万元，净利润1699.4万元。天工公司较好地完成了年度任务指标，为保持长期稳定的经济收益和公司规范化管理水平奠定了良好的基础。

（五）加强与国际院校间的合作交流，国际化办学进程加快推进

2013年度，学校积极面向国家科技发展战略导向，实施“鼎新北科”国际化平台建设计划，构筑国家级—校级—院级三级国际化平台体系，引导二级单位规划建设院系引智平台，提升国际合作效益。年内，学校与英国德蒙福特大学合作建设的孔子学院成功获批，双方共同成立理事会并制定了学院发展规划，目前学院已经正式运行。2013年度，学校共执行各类国家级引智项目45项，共与海外高校及机构新签署合作协议14个；聘请到来自亚、欧、美等30多个国家和地区的专家学者446人；通过海外名师项目、111创新引智项目和高端外国专家项目等国家级项目，聘请到一批高层次专家来校合作研究讲学。

年内，学校主办了9个大型国际学术会议。海外学习项目体系拓展，共执行各类项目62项，派出学生556人，人数较去年增长约13%。积极拓展校际合作，新增各类项目10项，为学生创造更多留学机会。年内，共有来自117个国家和地区的857位留学生在校学习，学校成为全国首批入选来华留学示范基地的22所部属高校之一。

（六）加强对学生的教育和管理，全面推进素质教育

2013年，学校深入学习贯彻中共十八大和十八届三中全会精神，以“中国梦”主题教育为重点，通过开展党团校培训、毕业教育、新生教育、学生奖助、心理健康教育、大学生主题教育、研究科技挂职锻炼等活动积极营造校园育人氛围，为学生成长成才和学校发展稳定服务。年内，学校87个学生党支部完成红色“1+1”共建活动，位列北京高校首位，1个党支部获得北京高校红色“1+1”示范活动评比一等奖。《分类培养、注重实践，切实提高学生党员教育培训工作实效性》项目荣获第三届“首都大学生思想政治教育工作实效奖”一等奖。2013年，学校开展个人心理咨询2729人次，团体咨询36场，覆盖学生1100人次。学生资助方面，共有1955名学生获得助学贷款，全校放款总金额共计1154.36万元；3092人获得助学金，资助总金额882.2万元。

年内，学校学科创新竞赛、社会实践和文体活动蓬勃开展，全年邀请国内外名师大家举办各类高水平学术科技讲座100场。学校在首都“挑战杯”课外学术科技作品竞赛中获得特等奖5项，学校团体总分位居北京市第二名。2013年，358支社会实践团队、3341名学生深入28个省、市、自治区开展实践活动，《大学生社会实践》课程跻身国家精品资源共享课北京市推荐名单。2013年共举办高水平文艺演出12场，艺术讲堂6讲，走进国家大剧院观看演出、讲座27场，覆盖师生10000余人次。学校艺术团在北京市第四届大学生艺术展演中荣获4个一等奖、3个二等奖、1个三等奖。

体育代表队获得北京高校第五十一届学生田径运动会（甲A组）第三名，跆拳道代表队在北京高校第九届跆拳道比赛和精英赛中均获得女团第一，男团、男女团体总分第二名，女子篮球、男子篮球在北京高校篮球甲级联赛中均获第三名，女子羽毛球队在北京高校羽毛球联赛中获得团体第二名。

（七）加强校园建设与综合管理，切实提高管理和服务水平

2013年，学校进一步加强校园基础设施建设，并不断提高服务师生的水平，通过推进大学章程建设依法保障师生权益。同时不断完善校友信息收集与整理、加强校友分会建设与维护、开展校友日常联络与服务、整合与开发校友资源，努力开创校友工作新局面。年内，学校教育基金会总共接受捐赠1153.3万元。

学校积极筹措资金，从而保证了基本建设投资需求。2013年，学校收入总计206396万元，支出总计201475万元，拥有资产总值577320万元。学校基本建设完成投资30550万元，全年学校拥有资产总值50878.4万元，共购置仪器设备5473台/套，价值13727.77万元。图书馆订购印本中外文图书38063种、92067册，订购印本中外文报刊1920种。

学校进一步加大对基础设施的投入建设力度，全面推进昌平创新园建设，扎实推进工程实践基地和11栋教工住宅翻扩建等项目的前期报批工作，夯实项目实施进程。另外，根据实际情况，制定了周转房管理办法，逐步调整周转房租金价格，并实施了教学区专属维修等175项工程，进一步保障了全校师生的切身利益。

信息化基础环境有效改善，服务能力明显增强。年内，学校搭建了适合校情的数字化迎新系统，同时在优化、简化业务流程，推进网络无纸化办公、校园信息安全管理体系建设，有序整合数据资源，改善信息化基础环境等方面进行了深入细致的工作，为学校的教学、科研、管理、服务提供了良好支撑。

在后勤管理与服务方面，学校进一步提升服务理念，提高管理水平，改善服务质量，转变工作作风，不断提高师生的满意度。另外，学校进一步强化学校的综合治理，深入推进“平安校园”创建工作，校园总体安全环境更加平稳有序。11月，北京市教工委“平安校园”验收组进校检查，学校顺利地通过验收。

（八）提高学校党建和思想政治工作水平

2013年，学校以全面学习贯彻中共十八大和十八届三中全会精神为主线，以开展“党的群众路线教育实践活动”为抓手，切实加强党的基层组织建设，组织开展十佳标杆党支部、先进党支部、优秀共产党员和优秀党务工作者评选表彰，并通过北科大新闻网等宣传平台，宣传典型事迹，引导全校师生向先进学习，向典型看齐，进一步提高思想认识，全心全意地做好学校各项工作。

学校不断开展深层次的培训，不断提高党员干部的思想政治素质，进一步完善干部选拔任用机制，做好二级单位党政领导班子换届和机关部处竞聘工作。年内共调整处级干部96人，其中，新提任处级干部40名，另对26名处级干部进行了岗位调整，学校干部队伍建设得到进一步加强，干部选拔任用工作的科学化和规范化水平得到进一步提高。

2013年学校宣传工作开创了新局面，学校大力开展理论宣传、新闻宣传和校园文化建设，积极创造良好的思想舆论氛围和校园文化气息，撰写起草《北京科技大学校园文化建设规划（2014—2020年）》，为学校下一阶段校园文化建设奠定基础。全年中央电视台、凤凰网等主流媒体报道学校314次，有力地展示了学校发展风貌。

进一步加强纪检、审计工作，完善了基建项目监督管理，明确责任分工，推进责任制落实，全力推进廉政风险防控管理“三个体系”建设，并起草制定了《北京科技大学科研项目审计办法》，明确了审计的方式方法、审计内容、审计程序等。校工会以教代会为平台积极推进学校民主管理建设，建立了教代会年会制及代表团会议等制度，组织教师参加青年教师教学基本功比赛，获得优异成绩。另外，学校通过推进“智慧社区”“三情网”建设继续做好统战、居委会和老干部等工作，为学校的全面发展营造良好氛围。

机构与干部

学校领导

党委书记　罗维东
校　　长　张欣欣
党委副书记　陈　曦　谢　辉　张文明
副 校 长　权良柱　谢建新　张　跃　武德昆　孙冬柏
纪委书记　张文明（兼）
副校级领导　王维才

中共北京科技大学第十届委员会常务委员会委员名单

罗维东　陈　曦　谢　辉　张文明　权良柱　谢建新　张欣欣　张　跃　武德昆　孙冬柏

中共北京科技大学第十届委员会委员名单

（按姓氏笔画排序）

王　立　尹怡欣　石　岩　权良柱　曲选辉　孙冬柏　孙景宏　邱　宏　何民庆　张　跃
张　群　张　颖　张文明　张欣欣　陈　曦　武德昆　罗维东　祝利克　徐金梧　谢　辉
谢建新　薛庆国

中共北京科技大学纪律检查委员会组成人员名单

（按姓氏笔画排序）

书　记　张文明（兼）
副书记　曲　雁
委　员　王会中　曲　雁　何柏芝　张文明　张敬源　陈雨来　涂纪明　贾水库
黄武南　曹　勇　蒋宏潮　韩　经　臧　勇

北京科技大学第十五届工会委员会组成人员名单

主　　席　张文明（兼）
常务副主席　贾水库
专职副主席　赵智杰　耿小红
兼职副主席　王金安　曲　雁
委员（按姓氏笔画排序）
万发荣　马永春　王会中　王金安　王新东　艾　茹　曲　雁
刘明珠　米振莉　李　擎　吴豪伟　张文明　张百年　张秋曼
武冠雄　孟　江　罗明刚　赵智杰　贾水库
工会经费审查委员会主　任　涂纪明
副主任　孙亚东
委　员（按姓氏笔画排序）
刘江山　孙亚东　张　涛　涂纪明　耿小红

共青团北京科技大学第二十二届委员会名单

书　记　刘晓东
副书记　王　鹂（女）　马　聪　董俊杰　韩凯儒　徐洪业　齐　萱（女）　杨志达
常　委　（按姓氏笔画排序）
马　聪　王　鹂（女）　刘晓东　齐　萱（女）　闫奎铭　李　萌　杨志达
肖　珣　张晓媛（女）　邵丽华（女）　徐洪业　董俊杰　韩凯儒

学校党群系统组织机构及负责人

序　号	单　位	正　职	副　职
1	党委办公室	张卫冬	李　帅　都基辉　赵　萌
2	组织部	孙景宏	武　森
3	党校办公室	孙景宏（兼）	
4	宣传部	何　进	沈　崴　李　洁
5	统战部	张卫冬（兼）	刘　晋
6	学生工作部	于成文	丁煦生　秦　涛　盛佳伟
	武装部		

续表

序　号	单　位	正　职	副　职
7	研究生工作部	张　颖	宗燕兵
8	保卫保密部	张卫钢 刘兴德（保密委员会办公室主任）	王文刚 田　斌（综合治理办公室副主任）
9	土木与环境工程学院党委	金龙哲	耿倩男　陈大鹏
10	冶金与生态工程学院党委	宋　波	张百年　王春义
11	材料科学与工程学院党委	吴春京	万发荣　李　磊
12	机械工程学院党委	臧　勇	张　杰　董春阳
13	自动化学院党委	尹怡欣	陈　旭　景　鹏
14	计算机与通信工程学院党委	黄武南	韩伯涛　苏　栋
15	数理学院党委	邱　宏	刘雨芙　牛　珩
16	化学与生物工程学院党委	郑安阳	曾　芳　曹艳秋
17	东凌经济管理学院党委	戴淑芬	刘明珠　温　雅
18	文法学院党委	赵　雨	张武军　史立伟
19	马克思主义学院党总支	彭庆红	李晓光　段晓芳
20	外国语学院党委	张秋曼	朱宝善　武冠雄
21	管庄校区党委	纪永先	马永春
22	高等工程师学院党总支	李京社	王小宁
23	机关党委	章东辉	曲　雁（兼）
24	离退休干部党委		乔　哲（主持工作） 段凤英　胡尧和
25	后勤党委	张俊燕	艾　茹　张东平（兼）
26	科技产业集团党委	王会中	
27	体育部直属党支部	祝利克（兼）	
28	冶金工程研究院党委	陈雨来	米振莉　郭　强
29	新金属材料国家重点实验室党委	吕昭平（兼）	周香林
30	天津学院党委	王　斌	白　亮

学校行政机构及负责人

序号	单位	正职	副职
1	校长办公室	张卫冬	李　帅　都基辉　赵　萌
2	规划与学科建设办公室	乔　兰	张武军（至2013年6月）
3	人事处	臧　勇	蒋　韬　袁文霞
4	教务处	薛庆国	申亚男　尚新生　林　海　张　甜
5	科学研究与发展部		刘杰民（主持工作）　赵冲冲　邢　奕 李　林　蔡爱惠　张　超　何新波（兼） 佟建国（期刊中心主任）
6	研究生院	谢建新（兼）	吴爱祥（常务）　韩　经（正处级） 宁晓钧　班晓娟
7	财务处		曹光远（主持工作）　孙亚东　陈雪松
8	监察室	曲　雁	夏秀芹
9	审计室		王小力（主持工作）
10	学生工作处	于成文	丁煦生　秦　涛　盛佳伟
11	招生就业处	尹兆华	王占奎　孙长林
12	国际合作与交流处	王　戈	郭侃俊
13	留学生中心	王　戈	赵立英　李宝铭
14	保卫保密处	张卫钢 刘兴德（保密委员会办公室主任）	王文刚 田　斌（综合治理办公室副主任）
15	后勤基建管理处	金仁东	冯建明　仇安兵　张东平　周文海
16	资产管理处	林　林	孟兆磊
17	离退休职工工作处		乔　哲（主持工作）　刘淑红
18	校友会、基金会办公室		吕朝伟（主持工作）
19	体育部	赵　雨	董　苹　张孔军　宋一涛

学校直属机构及负责人

序号	单位	正职	副职
1	后勤服务集团	张文平	孟祥国　张　林　赵宝永
2	科技产业集团		陆　钢（主持工作）　刘俊友　刘　焱
3	图书馆	季淑娟	王　瑜　张　涛
4	校医院	褚　洪	李素君
5	新金属材料国家重点实验室	吕昭平	林均品　张济山　隋延力　周香林
6	钢铁冶金新技术国家重点实验室	郭占成	李　晶　刘　青
7	冶金工程研究院（高效轧制国家工程中心）	何安瑞	米振莉　郭　强
8	新材料技术研究院	曲选辉（兼）	李晓刚　乔利杰　孙建林
9	广东研究院	孙冬柏（兼）	何新波（常务）
10	重大工程材料服役安全研究评价设施项目指挥部	孙冬柏（兼）	汪林兵（主持工作）　冯　强　徐文超
11	钢铁共性技术协同创新中心	徐金梧（兼）	王西涛（正处）　徐　科　孙彦辉
12	国家板带生产先进装备工程技术研究中心	徐金梧（兼）	杨　荃（常务）　梁治国　臧　勇（兼）　张清东（兼）　冯俊小（兼）
13	生物工程与传感技术研究中心	张学记	苏　磊
14	中国教育经济信息网管理中心	武德昆（兼）	高　杰（常务）　雷雪梅　杨绮雯
15	信息化建设与管理办公室	杨德斌	钱大益
16	档案馆	罗明书（副处）	
17	体育馆管理中心	邹华东（副处）	
18	居民管理委员会、社区服务管理中心	杨　峰（副处）	殷官朝（副处）　李秀兰（正科）

学院行政机构及负责人

单　位	院　长	副　院　长
土木与环境工程学院	吴爱祥	纪洪广　胡乃联　李长洪　姚　俊　耿倩男　陈大鹏
冶金与生态工程学院	张立峰	张建良　陈　骏　张百年　王春义
材料科学与工程学院	曲选辉	杜振民　于广华　姜　勇　郃永红　李　磊
机械工程学院	王　立	张　杰　夏德宏　马　飞　景志红　董绍华　董春阳
自动化学院	尹怡欣	胡广大　张朝晖　李　擎　陈　旭　景　鹏
计算机与通信工程学院	隆克平	张晓彤　张德政　王建萍　宁焕生　韩伯涛　苏　栋
数理学院	邱　宏	陈章华　廖福成　郑连存　刘雨芙　牛　珩
化学与生物工程学院	张学记	范慧俐　温永强　曾　芳　曹艳秋
东凌经济管理学院	王文彬	魏　钧　何　枫　刘明珠　温　雅
文法学院	陆　俊	魏增产　黄家亮　冯　英　张武军　史立伟
马克思主义学院	彭庆红	李晓光　刘丽敏　段晓芳
外国语学院	张敬源	何　伟（主持工作）　陈红薇　朱宝善　武冠雄
管庄校区	石　岩	徐新华　张满银　马永春　赵桂娟　杨　勇
高等工程师学院	张　跃（兼）	刘　立（常务）　赵志毅　王小宁
天津学院	郭景文	白　亮（综合办公室主任）　孟菲菲（人事处处长）

学院（研究院）系、所、中心设置及负责人

学　院	系、所、中心	正　职	副　职
土木与环境工程学院	资源工程系	宋卫东	李克庆　王贻明　吕文生
	土木工程系	谢谟文	谭卓英　牟在根　陈德平
	环境工程系	宋存义	朱维耀　汪群慧　陈月芳
	安全科学与工程系	张英华	谢振华　黄国忠
	矿物加工工程系	孙春宝	段旭琴　孙体昌
	实验中心	胡乃联（兼）	谢玉玲（常务）　张延凯
	环境工程中心	徐金梧（兼）	张欣欣（兼）　张文明（兼） 苍大强（兼）　宋存义（兼）

续表

学院	系、所、中心	正职	副职
冶金与生态工程学院	钢铁冶金系	张家泉	左海滨　贺东风　唐海燕
	物理化学系	邢献然	沈少波　侯新梅
	有色冶金系	薛济来	邹　兴　曹战民
	生态科学与工程系	李素芹	刘晓明
	实验中心	宋　波（兼）	冯根生　韩丽辉
	冶金与材料史研究所	潜　伟	李秀辉
	科学技术与文明研究中心	权良柱（兼）	梅建军
材料科学与工程学院	材料学系	刘国权	叶荣昌　龙　毅　董建新　李长荣
	材料加工与控制工程系	刘雪峰	刘雅政　宋仁伯　李静媛
	无机非金属材料系	孙加林	曹文斌　赵海雷
	材料物理与化学系	尚成嘉	孔祥华　高克玮　王学敏 刘泉林　李立东
	粉末冶金研究所	郭志猛	林　涛　贾成厂
	功能材料研究所	张深根	唐伟忠　李成明
	腐蚀与防护中心	乔利杰（兼）	孟惠民　路民旭
	实验测试中心	孙建林（兼）	熊小涛（常务）　毛璟红 薛润东　刘希和　胡学晟
	教育部金属电子信息材料工程研究中心	曲选辉（兼）	张深根（兼）　陈广超
	固体电解质冶金测试国家专业实验室	张　跃（兼）	赵海雷（兼）　张波萍
机械工程学院	机械工学系	韩建友	俞必强　曹　彤
	机械电子工程系	朱超甫	周晓敏　冯　明
	机械装备及控制工程系	张清东	秦　勤　闫晓强　曹建国
	机械制造及自动化系	刘北英	唐　英　黄明吉
	物流工程系	董绍华	冯爱兰　张庆华
	热能工程系	温　治	冯俊小　冯妍卉　童莉葛
	工业设计系	陶　晋	郑　阳　洪　华
	车辆工程系	杨　珏	范让林　杨耀东
	建筑环境与设备工程系	曲世琳	张　舸
	零件轧制中心	胡正寰	张康生　王宝雨
	实验中心	崔兴山	俞爱辉　李　烽

续表

学院	系、所、中心	正职	副职
自动化学院	控制科学与工程系	李晓理	徐正光　刘冀伟　董　洁　付冬梅
	仪器科学与技术系	陈先中	李希胜　侯庆文　蓝金辉
	电工电子技术系	王粉花	刘蕴络　史雪飞
	智能科学与技术系	孙　衢	刘冀伟
	自动控制研究所	高　海	彭开香
	教学实验中心	李　擎（兼）	鲁亿方　王尚君　韩守梅
计算机与通信工程学院	计算机科学与技术系	王成耀	王昭顺　罗　熊　殷绪成
	通信工程系	王建萍	马忠贵　王丽娜　阳小龙
	物联网与电子工程系	王志良	解　仑　石志国
	信息基础科学系	姚　琳	
	软件工程系		孙昌爱（常务）　陈红松　胡　玥
	教学实验中心	韩伯涛（兼）	金　波
东凌经济管理学院	管理科学与工程系	李铁克	王海凤
	工商管理系	张　剑	贾振全
	经济贸易系	何维达	王宾容
	财务与会计系	肖　明	李晓静
	金融工程系	刘　澄	王未卿
	工程管理与技术经济系	马风才	
	实验信息中心	王立民	
	管理科学与工程研究所	张　群	
	电子商务研究所	李铁克（兼）	
	企业与产业发展研究所	何维达（兼）	
	教育部工程研究中心	张　群	李铁克（兼）
	期货证券研究中心	王文彬（兼）	
	MBA办公室	楼　园	
	公共关系办公室	杨志国（兼）	
文法学院	公共管理系	吴群芳	何晓前
	法律系	侯登华	张家盛　张佳华
	社会学系	时立荣	郇建立　许　斌
	艺术教育中心	张　健	周湘斌
	MPA教学管理中心	吴群芳（兼）	唐德龙
	实验中心	米　浩	
	法律硕士教育管理中心	魏增产（兼）	崔俊贵

续表

学　院	系、所、中心	正　职	副　职
马克思主义学院	思想政治教育研究所	左　鹏	鲁春霞
	马克思主义基本理论研究所	马晓燕	
	马克思主义中国化研究所	杨彦强	赵　静
	历史与文化研究所	张北根	
	科技与社会研究所	刘文霞	
数理学院	应用数学系主任	马万彪	胡志兴　刘　宇
	信息与计算科学系	汪飞星	张志刚　侯书会
	物理系	马星桥	吴　平　倪晓东　王凤平
	应用力学系	尚新春	陈学军　魏培君
	现代物理技术研究中心	丁红胜	潘礼庆　于广华（兼）
	应用物理研究所	陈难先	申　江
	应用数学研究所	林　平	
化学与生物工程学院	高分子科学与工程系	胡国华	党智敏
	化学与化学工程系	陈飞武	李新学　车　平　李建强
	生物科学与工程系	闫　海	魏　巍　罗　晖
	化学分析中心		张伟光　吴永明
外国语学院	英语语言文学系	杨英军	淡晓红
	大学英语系	张　虹	王　娜　李晓东
	研究生英语系	曹红晖	
	亚欧语系	庄凤英	王绪梅
	外国语言文学研究所	杨英军（兼）	
	培训中心	孙　浩	
	实验中心	张秋曼（兼）	陈光浦
	功能语言学研究中心	何　伟（兼）	

续表

学院	系、所、中心	正职	副职
新材料技术研究院	腐蚀与防护中心	乔利杰（兼）	
	功能材料研究所	张深根	
	制备与加工技术研究所	刘雪峰（兼）	
	粉末冶金研究所	郭志猛	
	实验测试中心	孙建林（兼）	
高等工程师学院	工程训练中心	王建武	邹　静　徐立业　王　旭
教育经济信息网	教育经济与管理研究所	曲绍卫	

院系情况

土木与环境工程学院

【概况】2013年，土木与环境工程学院下设资源工程系、土木工程系、环境工程系、矿物加工工程系、安全科学与工程系5个系，1个实验中心，空间遥感与GIS应用研究所、矿井避险技术研究中心、尾矿膏体处置技术研究中心3个研究所，1个金属矿山高效开采与安全教育部重点实验室，1个国家能源与环境国际科技合作基地。年内，学院共招收本科生12个班358人，其中采矿工程专业59人，矿物加工工程专业60人，土木工程专业120人，环境工程专业60人，安全技术与工程专业59人；另招收本科外国留学生7人。招收学术型普通硕士研究生213人，其中外国留学生19人；招收应用型专业学位硕士研究生125人；招收非全日制工程硕士168人；招收博士研究生88人，其中外国留学生2人。毕业本科生294人，考研率42.52%，出国率12.24%，就业率94.9%。毕业研究生313人，就业率99.36%，签约率69.65%。至2013年年底，学院共有在校生2837人，其中本科生1374人，硕士研究生964人，博士研究生499人。

（耿倩男、姜琳婧）

【师资队伍建设】2013年年底，学院共有教职工144人，其中专任教师111人（含教师博士后），占77.1%。专任教师中有教授50人（其中博士生导师44人），副教授40人，讲师16人。另聘有包括6名院士在内的校内外兼职教授28人。师资队伍中，有中国工程院院士1人，国务院学位委员会学科评议组成员2人，长江学者1人，国家杰出青年科学基金获得者2人，全国教学名师1人，全国模范教师1人，人事部“新世纪百千万人才工程”国家级人选4人，中国青年科技奖获得者2人，全国优秀科技工作者2人，教育部“跨世纪优秀人才培养计划”入选者2人，教育部“新世纪优秀人才支持计划”入选者9人，教育部创新团队1个，北京市教学名师2人，北京市优秀教学团队1个，北京市优秀教师2人，北京市高等学校青年学科带头人2人和北京市优秀青年骨干教师4人、“宝钢教育基金”优秀教师4人。2013年，蔡美峰教授当选为中国工程院院士，吴爱祥教授获“宝钢教育基金”优秀教师特等奖，唐晓龙教授、尹升华研究员入选教育部“新世纪优秀人才支持计划”，朱维耀教授获“北京市优秀教师”称号，林海教授获北京市高等学校教学名师奖。年内，学院新增博士生指导教师10人，新进教学科研岗教师3人，教学科研辅助岗1人，实验人员2人，辅导员1人；1人破格晋升研究员职务，3人晋升副教授职务，4名教师赴美访学。

（耿倩男）

【教学改革】本科生教学方面，2013年度学院共开设课程167门，讲课优秀率为18%，优良率为100%，教授上课率为100%。年内，学院积极开展研究型教学实践交流，组织召开了“2013年学院研究型教学实践交流会”，邀请数理学院赵鲁涛、文法学院王霁霞来院交流教学经验，进一步提高了学院教师师德水平和业务能力。4年来，学院的研究型教学工作稳步推进，提倡每位教师开展研究型教学课堂，并有针对性地进行检查、督导。此外，2013年学院首次设立了9门新生研讨课，深受学生欢迎，受到院督导组的肯定。

年内，李长洪教授主讲的《岩石力学与工程》获国家级精品资源共享课建设立项。学院还获得校级研究型课程建设项目1项；校级规划教材重点项目1项、校级规划教材面上项目10项；校级规划讲义面上项目2项；校级教改重点项目1项、校级教改面上项目7项；获北京市教育教学成果二等奖1项，北京市精品教材1项，冶金优秀教材一等奖1项、二等奖3项、三等奖1项；获校级本科教学优秀一等奖1项，青年教师课堂教学评比二等奖1项，青年教师基本功比赛二等奖1项、三等奖2项，微课教学比赛三等奖1项，优秀班导师奖2项，3名教师获“我爱我师——我心目中最优秀的老师”称号。

在研究生教学方面，2013年学院继续坚持“规范化”和“制度化”的教学管理原则，不断深化研究生教学管理的配套改革。2010版研究生培养方案得到进一步完善和细化，承担了6项教学研究和教材建设工作，3位教师获得北京科技大学第六届“研究生教育奖”；《关于进一步加强研究生培育，提高研究生培养质量的若干意见（试行）》得到全面实施，2013年毕业的74名博士的毕业论文全部实行盲评。程世昆同学获得学校“十佳学术之星”荣誉称号，蔡震雷、袁蓉芳同学获“十佳学术之星”提名奖，学院获第九届研究生学术论坛优秀组织奖。

（李长洪、纪洪广）

【学科建设】2013年，学院深入开展了院、系两级学科大讨论，全员上下群策群力，积极谋划学院学科建设和发展的未来。学院认真总结发展经验，进一步明确了各学科的研究方向和建设内容，即坚持“有所为有所不为”，着力打造精品学科，努力提高学科建设水平和学术影响，巩固矿业工程、安全学科在国内的领先地位，努力提升力学、土木工程、环境工程学科的整体水平和学术实力，实现多学科协调发展。年内，学科建设的各项规划得到全面实施，一批“211工程”三期建设项目、“985工程”优势学科平台建设项目、学校与北京市共建项目等完成建设并组织了验收。学校统一部署，整合资源，全盘协调，在第三轮学科评估中学院获得矿业工程全国排名第3、安全科学与工程全国排名第4的好成绩。

学院有采矿工程、土木工程、环境工程、安全工程、矿物加工工程5个本科专业，工程力学、流体力学、一般力学与基础、采矿工程、矿物加工工程、安全科学与工程、矿物学、矿产普查与勘探、地质工程、地球探测与信息技术、岩土工程、结构工程、桥梁与隧道工程、市政工程、供热供燃气通风及空调工程、防灾减灾工程及防护工程、生物化工工程、环境科学与环境工程19个普通硕士学科点，环境工程、矿业工程、建筑与土木工程、地质工程、安全科学与工程5个工程硕士授权领域，14个博士学科点（包括矿业工程、安全科学与工程、土木工程、力学、环境科学与工程5个一级学科博士点），矿业工程、力学、环境科学与工程、安全科学与工程4个博士后流动站。

（纪洪广）

【科研活动及实验室建设】2013年，学院到款科研经费总额11650万元，其中，纵向经费4792万元，横向经费6858万元，软件到款10913万元。年内新增科研合同209项，合同额12812万元，其中纵向项目58项，合同金额5722万元（包括国际合作项目4项，项目经费3545万元）；横向项目151项，合同额7090万元。申报国家自然科学基金项目57项，获批13项（海外及港澳学者合作研究基金1项，面上项目9项，青年科学基金项目3项），批准金额811万元。新立项国家级项目中，“863”项目1项，总金额190万元；科技支撑计划2项，总金额147万元；科技部国际合作2项，总金额289万元。

2013年，学院共获得省部级以上科技奖励19项，其中省部级科技进步一等奖4项、二等奖5项、三等奖10项。申请专利66项，授权47项。发表学术论文352篇，其中被SCI检索47篇、被EI检索168篇、被CPCI-S检索137篇。

年内，矿山避险技术研究中心成为国家“安全科技成果研发平台试点单位”；学院与金诚信矿业管理股份有限公司签署合作协议，开展实验室共建项目；完成“中央级普通高校改善基本办学条件专项资金”项目4个，其中2个学科修购项目、2个本科教学修购项目，总投资781.33万元，购置设备69台套；年内，确保5个系的全部本科生和研究生实验课开课率达100%。

（胡乃联）

【学术交流】2013年，学院成功举办了“2013首届中国（北京）膏体充填采矿国际学术研讨会”“2013北京国际环境技术研讨会”和“2013全国选矿新工艺、新设备、新药剂学术会议”。年内，学院成功申请科技部科技合作项目2项、国家留学基金管理委员会与德意志学术交流中心合作项目1项、美国比尔和梅琳达·盖茨基金会项目资助1项。同时，学院通过项目合作、短期讲学和学术报告，为青年人才的培养提供了交流平台，共举办了16次国内外知名教授讲座，成功聘请美国工程院院士迈克尔·霍夫曼为学校名誉教授，组织教师参加各类学术会议63人次，国内外人员合作交流36次。

（姚　俊）

【党建与学生工作】2013年，学院党委认真学习贯彻中共十八大和十八届三中全会精神，按照学校部署，稳步开展党的群众路线教育实践活动，通过广泛听取意见，认真查摆问题，开展批评和自我批评，切实转变了工作作风。年内，学院积极配合学校对院长经济责任及学院财务收支的审计工作，认真梳理了学院近3年的财经工作，完善了各项管理制度，进行了详细的资产盘查。学院以创建“平安校园”为契机，建成了楼宇安全视频监控系统和气体在线监控系统，加强了楼宇的安全保障。

年内，发展学生党员134名，其中研究生51名，本科生83名；预备党员转正89名。至年底，学院共有党员1136人，其中学生党员1023人，教师党员113人。在学校评优中，林璐瑶、向鹏、魏钱锌3名学生党员，陈大鹏、黄国忠、张延凯及尹升华4名教工党员被评为“优秀共产党员”，耿倩男被评为“优秀党务工作者”；本103党支部被评为“十佳标杆党支部”；土木工程系党支部被评为“先进党支部”。学院共39个党支部申报了基层党组织立项活动，活动覆盖面达到100%，其中3个学生党支部获学校优秀基层党组织立项活动的二等奖和三等奖、学院获优秀组织奖。年内，学院申请党建课题3项，做好党费管理、党内统计年报、信息平台维护等基础性工作，规范研究生政审工作，做到406名研究生新生政审、调档全部合格归档，较好地完成了组织服务工作。

2013年，学院通过组织互补式学习小组、党支部成员一帮一、多帮一学习帮扶、集体自习和模拟考试等形式推进学风建设，以院长书记班会、专业见面会、校友讲坛和学长经验交流等形式开展专业教育，学风建设取得了实效。学院注重学生干部队伍建设，推行“蓄水池工程”，培养了一批素质过硬、成绩优良的优秀学生骨干，其中4人入选学校优秀学生培养平台“励志计划”，卢翔、侯香凝、张同钊3人获“北京市三好学生”称号，院研究生会主席黄琨获“87级校友基金优秀学生干部”称号，学院获科技服务与挂职锻炼优秀组织奖。

年内，学院启动了资源工程实践作品大赛、安全创意设计实践作品大赛，与已有的建筑结构大赛、建筑结构挑战赛、环保科技创意大赛等一系列科技竞赛活动，构建了较为完整的学生科技创新实践平台体系，取得了丰硕成果。学生团队首次获得代表北京高校参加周培源全国力学竞赛的资格，在2013年全国青年科普创新实验大赛中获安全保护科普实验组第一名，全国高等学校采矿工程专业学生实践作品大赛获一等奖1项、二等奖1项，获第七届中国大学生物联网创新创业大赛二等奖1项，北京市大学生建筑结构设计竞赛获得两组冠军、一组亚军。

2013年，学院在做好本科生生涯规划和就业指导课程之外，积极探索研究生就业指导课程化建设，从就业准备和职业选择、政策法规解读、求职技能提升等方面开展系列讲座；同时开展模拟面试、简历大赛、就业团体辅导等活动，帮助学生提升求职技能。在学校就业工作年度评优中，学院获总就业率、本科生深造率、本科生派遣率、研究生签约率4项优胜奖。

年内，学院加强宣传工作，规范了院报《木苑环风》的版块设计和发行，全新设计了学院头条、每月新闻、大学规划、校园新语等版面内容，每月出版一期。同时，组建了新闻团队，充分利用学校新闻网和学院网站加强学院对外宣传，对学院大事进行及时、高质量的宣传报道。

（陈大鹏、姜琳婧）

冶金与生态工程学院

【概况】 2013年，冶金与生态工程学院下设钢铁冶金系、物理化学系、有色金属冶金系、生态科学与工程系4个系，钢铁冶金新技术国家重点实验室1个国家重点实验室，冶金与材料史研究所1个研究所，金属与矿冶文化遗产研究国家文物局重点科研基地1个省部级实验平台和1个冶金实验技术中心。学院有科学技术史、冶金工程两个国家一级重点学科，在全国排名分列第一、二位，均有硕士、博士学位授予权；设有冶金工程和科学技术史博士后流动站；有冶金工程和生态学2个本科专业。

2013年，学院共招收学生为696人，其中，本科生212人，统招硕士研究生232名，博士研究生104名，工程硕士148名。共毕业学生600人，其中本科生303名，工学硕士167名，工程硕士68名，工学博士62名。至2013年年底，学院在册学生2384人，其中本科生975人，普通硕士研究生578人，工程硕士研究生398人，博士研究生433人。

（张立峰、张百年）

【师资队伍建设】 学院共有教职工104人，专任教师78人，其中教授38人，博士生导师32人，兼职博导9人，副教授22人，中级及中级以下18人，师资博士比率为91%；实验中心20人，行政办公人员6人，专兼职辅导员队伍9人。师资队伍中有中国科学院院士3人，国务院学位委员会学科评议组成员1人，国家级突出贡献专家2人，国家“五一劳动奖章”获得者1人，省部级突出贡献专家2人，“长江学者奖励计划”特聘教授2人，国家杰出青年科学基金入选者2人，国家“百千万人才工程”入选者2人，中组部“青年千人计划”入选者1人；北京市教学名师2人，教育部“新世纪优秀人才支持计划”入选者13人，北京市科技新星2人，中国金属学会冶金青年科技奖获得者3人；“宝钢教育基金”优秀教师特等奖1人、优秀奖3人，魏寿昆科技教育奖获得者1人。

学院在学科大讨论的基础上开展了人事工作的专题研究，制定了人事人才五年规划。年内，学院严把教师入口关，注重把师德建设贯穿于教育教学的全过程，同时改选了教授会人事委员会，进一步规范了人才引进程序。

（张立峰、张百年）

【教学工作】本科教学工作平稳推进，课堂教学效果良好。2013年度本科教学开出课程83门，3560总学时。教授讲课总时数为600学时以上，平均上课时数在24学时以上，教授上课率达100%。本学期在职教师均有课堂教学任务，均顺利完成。年内，学院共265名本科生顺利毕业，其中冶金工程专业236名，生态学专业29名。

在研究生培养方面，通过文件和会议讲解的形式，要求在校研究生答辩前必须按要求发表学术论文，由答辩秘书在答辩前进行核对；硕士研究生除参加校级盲审外，学院再抽出5%～10%作为院级盲审。1月及6月毕业的硕士研究生中共有21人参加院级盲审；在职博士生除参加校级盲审外，其余全部参加院级盲审。硕士研究生论文答辩由学院、系所统一组织，指导教师回避自己的学生，便于充分交流，每组给出成绩；在召开学院分委员会之前，增加论文预审环节，优秀博士论文增加学院答辩环节。论文的质量进一步提高，论文重复率普遍较低。在毕业前，博士生在核心期刊上发表文章的数量逐步增加，硕士生每人至少发表了一篇学术论文。

在工程硕士培养方面，2013年，学院与承德钢厂、天津冶金集团、芜湖新兴铸管钢厂等企业合作办班，实现跨境与赞比亚谦比希公司联合培养有色金属冶金专业硕士研究生，已经确定课程设置、授课教师、指导教师以及培养工作进度计划。年内，学院利用研究生院创新人才培养计划的项目，优化研究生培养途径，选派参加国际会议研究生2人；到国外大学进行短期访学2人；与国外大学联合培养博士生6人。周国治、梅建军、王福明3位教授获得研究生论文指导优秀奖；李素芹教授获得研究生教学优秀奖；5名博士的论文获得校级“优秀博士论文”称号；6名硕士的论文获得校级“优秀硕士论文”称号。

（张立峰、张建良、李宏煦）

【科学研究】2013年，学院新增各类科研项目172项，其中纵向项目66项，横向项目106项。新增纵向科研项目包括国家自然科学基金22项，总金额2169万元（其中，优秀青年科学基金项目2项，重点项目2项，联合基金项目1项，面上项目10项；青年科学基金项目7项）；国家重点基础研究项目1项；国家科技支撑计划立项项目2项，国家“863”课题立项项目2项；教育部科技项目1项，教育部创新团队1项；北京市各类科研项目1项；基本科研业务费6项。全年科研经费实际到款额7836.5万元，其中纵向项目到款额4259.49万元，横向项目到款额3576.56万元。科研获奖项目8项（其中，省部级科技奖6项，国家科技进步奖2项），科研成果鉴定项目2项。申请专利97项（其中，发明专利90项，实用新型专利7项），授权专利70项（其中，发明专利31项；实用新型专利39项）。出版专著2部。年内发表SCIE、EI、CPCI-S收录论文共230篇，其中被SCIE收录117篇、EI收录60篇、CPCI-S收录47篇、CSSCI收录6篇。

（张立峰、陈　骏、高　原）

【合作与交流】2013年，学院注重加强国际交流与合作，与多所国际名校开展校际学生交流；教师出国交流37人次，邀请海外著名学者40余人次到学院交流讲学。2013年度，学院拥有海外学习经历本科生27人，拥有海外学习经历的硕士生31人，吸引17名留学生到学院开展学习。年内，学院与赞比亚谦比希铜冶炼有限公司和中色非洲卢安夏铜业公司联合培养硕士研究生，计划2013年和2014年培养冶金工程专业硕士生共计35人，完成科研项目12项。学院制定了《关于教师出国管理的若干规定》（院发〔2013〕12号），规范了教师出国管理，进一步鼓励老师到国外机构进行学术交流、参加国际高水平学术会议，增强了教师的国际视野。

2013年，学院获批引智项目5项，包括海外名师项目1项，一般项目4项。学院增加引智人才教学环节，开展一定学时的研究生教学环节，提升研究生国际化视野、英语交流水平，拓展专业知识。其中，教育部海外名师项目中，学院授聘请英国华威大学Sridha Seetharaman教授为北京科技大学兼职教授，参与了学院研究生教学、科研合作、学术交流、学生联合培养等多项任务。教学方面，Sridha Seetharaman教授承担了“夹杂物控制和氧化物冶金”24学时研究生教学工作，并计划每年在北京科技大学招收一名博士生和一名硕士生。此外，Sridha Seetharaman教授在北京科技大学做报告4次，江西理工大学学术讲座3次，河北联合大学讲座3次，并访问了首钢。

2013年，学院继续与钢铁冶金新技术国家重点实验室联合主办系列“冶金大讲堂”活动4期，营造了良好的学术氛围。6月28日，第十讲“冶金大讲堂”邀请了美国阿拉巴马大学Laurentiu Nastac博士，讲座题目为“金属基体纳米复合材料液态成型加工之超声波诱导空化”；9月10日，第十一讲“冶金大讲堂”邀请了美国阿拉巴马大学材料与冶金学院首席教授R.Reddy，讲座题目为“稀有金属提取冶金物理化学基础”；10月7日，第十二讲“冶金大讲堂”邀请了理海大学材料科学与工程系教授Michael Notis做了题目为“古代黄铜星盘的同步辐射X射线衍射和荧光分析”“莫切文化的铜冶炼技术”和“考古学中手持式X射线荧光分析仪（HXRF）在分析大量金属样品中的应用”3次报告；12月2日，第十三讲“冶金大讲堂”邀请到英国皇家化学学会前沿期刊执行主编张大平博士做题为“‘Publishing for China’ which covers the RSC publishing, chemistry in China and others”的精彩报告。11月19日，邀请日本东京大学月桥文孝教授来学校“材料名师讲坛”讲学，第63讲，题目“Physical Chemistry of Ironmaking and Steelmaking Processes（钢铁冶金过程的物理化学）”，并授予北京科技大学名誉教授。

年内，学院开展了第十届“北京科技大学-日本东北大学学生创新交流会”，以及其他海外学府美国理海大学、德国亚琛工业大学等学生开展各种交流活动，增进了校际的相互了解和友谊。

（张立峰、陈　骏）

【实验室管理与建设】2013年，学院结合国家级实验教学示范中心申报和建设，完成了本科实验教学实验室的五年规划和建设内容，为今后本科实验教学实验室的建设和发展奠定了坚实的基础。

年内，学院继续加强冶金工程和生态学本科实验教学实验室建设，执行了3项中央级普通高校改善基本办学条件专项资金建设内容，包括冶金工程资源高效综合利用本科教学实验室建设、新能源清洁冶金本科教学实验室建设、生态学专业教学实验室建设，合计经费350万元。此外，学院还配套完善了包括冶金工程和生态学两个学科的本科实验教学的相关设备，改善了本科教学实验室的教学条件，保证本科实验进行项目开出率达100%，按教学计划圆满完成了实验课教学内容。大型设备管理水平不断提高，实验中心负责的“X射线衍射仪”“扫描电镜”“差热分析”“物理及化学吸附仪”等大型仪器设备在学校举行的第十二届大型设备综合使用效益评价考核中荣获优秀奖。年内，学院还进行了设备使用网络预约系统建设的前期论证。

（张立峰、李宏煦、冯根生）

【党建与学生工作】学院党委认真贯彻中共十八大精神，扎实开展党的群众路线教育实践活动。通过学习教育、听取意见，查摆问题、开展批评，整改落实、建章立制三个阶段，确保教育实践活动取得实效。为了更好地听取广大师生意见和建议，学院通过设置意见箱、开通专线电话和电子邮箱，召开座谈会、个别谈话等方式，认真广泛收集意见。在此基础上，学院班子召开民主生活会，查找在“四风”方面存在的突出问题，分析原因，开展批评和自我批评。经过教育实践活动的洗礼，进一步加强了领导班子和干部队伍建设，达到了转作风、强组织、促发展的目的。

2013年年底，学院共有党员849名，其中教职工党员86名，学生党员763名。本科生党员比例7.6%，研究生党员比例61.8%，职工党员比例61%。全年共发展党员79名，其中本科生党员46名，研究生党员33名。

年内，学院党委调整、优化党支部设置，调整本科生年级党支部2个，新成立教职工党支部1个；学生党支部7个。学院共有党支部32个，其中，教职工党支部8个，梯队党支部3个，学生党支部21个。学院组织开展了2011－2013年度先进党支部、优秀共产党员及优秀党务工作者评选表彰工作，并同时开展首届“十佳标杆党支部”评选活动。经过基层党支部提名，学院党委推荐，理化系党支部、冶本10-02党支部获得校级“先进党支部”称号；5人获“优秀共产党员”称号；1人获“优秀党务工作者”称号。

在开展基层党组织活动立项工作方面，学院党委坚持围绕主题、创新形式、增强活力、突出实效原则，党支部参与活动比例达100%。冶本11-12联合党支部组织“先锋服务团引领计划”活动，在北京科技大学优秀基层党组织活动中获一等奖；冶博10党支部组织“加快产学研步伐，建设实践型党支部”活动获得三等奖。

“平安校园”建设方面，学院制定了“平安校园”具体实施方案，以实验室为重点，着重检查实验室人员管理以及危险化学品购买、领用、登记制度落实情况，做到不留死角、不走过场；组织师生进行应急逃生演习；组织消防安全现场教学，通过落实安全防范措施，提高了师生防控火灾及应对突发事件的能力，顺利完成了“平安校园”的验收工作。学院顺利通过了学校工会对学院二级工会的考核评估。学院工会获北京市“优秀职工之家”称号，生态系、理化系两个三级小家获“校级优秀小家”称号。

学生工作方面，学院继续以“建设与研究型学院相适应的学生工作”为目标，在重点加强学生学风建设、就业工作和学生安全教育工作的同时，继续开展“学长领航”“摇篮讲堂”“学长顾问团”“导师制”“钢铁摇篮文化节”、研究生学术论坛、模拟炼钢大赛等活动，鼓励学生广泛参与学术性活动，鼓励学生提前进入实验室参与课题、鼓励学生以宿舍为单位加强学风建设，引导学生做好职业生涯规划。学院不断完善“班导师制”“导师制——本科生提前进实验室”“院长接待日”“钢铁摇篮奖助学金”等系列制度，帮助、引导学生树立正确的世界观、人生观、价值观，并加强对学生进行学习方法、职业生涯发展方面的引导。年内，学院继续做好宣传工作，定期编辑出版“一刊两报”(《钢之韵》《钢魂》《学生工作简报》)等刊物。

2013年，学院共有722人获得优秀学生干部、优秀三好学生、优秀团干部及“学术十佳之星”“院长成就奖”荣誉称号，377人荣获各级各类奖学金。1个班级被评为北京市先进班集体，15个班级被评为校“先进班集体、优秀团支部”。42个宿舍被评为文明宿舍，5个宿舍被评为标兵宿舍。冶博10的任山获宝钢教育基金特等奖；学院团学工作获校共青团工作志愿服务专项奖；征兵工作获校工作先进单位。张瑜获“校优秀学生工作者”和“校十佳辅导员”称号；尹传举、王洋获“校优秀学生工作者”称号，学院心理健康教育工作获学生工作专项奖。

2013年，学院在第七届“挑战杯”首都大学生课外学术科技作品竞赛中荣获2项特等奖（于海洋团队、段启凯团队），1项一等奖（杨超团队）；在第十三届“挑战杯”全国大学生课外学术科技作品竞赛中学院荣获二等奖1项（于海洋团队），三等奖1项（段启凯团队）。许军元、任山获研究生“十佳学术之星”称号，汪秋雨、苏步新获研究生“十佳学术之星”提名奖，学院再次荣获校研究生学术论坛优秀组织奖。

2013年，学院举办各类招聘会6场，全院就业率89.87%，其中本科生就业率85.33%；研究生就业率为95.61%。2010级共7名学生获得了赴德国亚琛工业大学、比利时鲁文大学攻读硕士学位研究生的资格。

2013年，学院社会实践工作本着育人第一的目标，深入钢厂矿企、深入基层民众、深入社会实际，在社会实践的舞台上“受教育、长才干、做贡献”。25支本科社会实践团队总计232人参加社会实践活动，并取得实践课程成绩，获金奖、银奖、铜奖各一项；4支研究生实践团，均获得2013年研究生科技服务与挂职锻炼优秀创新奖，11人获得“挂职锻炼先进个人”荣誉称号，学院再次荣获研究生科技服务与挂职锻炼优秀组织奖。

2013年，学院开展了丰富的学生文体活动，如开展了新生至尊挑战赛、第四届“钢魂杯”辩论赛、“振冶杯”篮球赛和足球赛、毕业杯篮球赛、学院新生运动会、师生综合运动会等文体活动，开展了新生才艺展示大赛、饺子文化节、标示制作大赛、女生节晚会、歌手大赛、主持人大赛、宣讲比赛等特色活动，促进了学生的身心发展，充分展示了学生“积极进取、团结向上”的良好风貌。

（宋　波、王春义、张芳芳）

材料科学与工程学院

【概况】材料科学与工程学院下设材料学系、材料加工与控制工程系、材料物理与化学系、无机非金属系4个系。

2013年，学院共招收学生914人，其中本科生390人，硕士研究生386人，博士138人。本科生录取分数和第一志愿率在全校均名列前茅，硕士研究生报名人数继续列全校第一位，硕士优质生源（主要是“211工程”

院校）比例为45.74%，博士为74.18%。至2013年年底，学院共有在校生3470人。其中，本科生总数1755人，研究生总数1715人，为各学院之最。研究生中，硕士生1080人，博士生635人。

（曲选辉、吴春京、郃永红）

【师资队伍建设】学院现有教师117人（其中教授62人，副教授41人，讲师7人，具有博士生导师资格61人），师资博士后7人，兼职教授13人。具有博士学位的有113人，占教师总数的96.6%；45岁以下的教师60人，100%具有博士学位。年内，学院进一步推进教师团队建设，提出了有利于学科发展的梯队负责人标准，通过教授会、系（所）、学院党政联席会议审核和批准了新一轮团队组建工作。在2013年岗位聘任中，46位教授、7位副教授达到A岗位，其余人员均达到B岗位。学院师资队伍、职称结构、学历结构、学缘结构、年龄结构明显改善。

学院积极引进和培养国内外杰出人才，学院长江学者姜勇教授获2013年度国家杰出青年科学基金资助，长江学者王戈教授在2013年国家“百千万人才工程”人选中被授予“有突出贡献中青年专家”荣誉称号，张跃教授被评为国家重大科学研究计划首席科学家，另有2人被评为“建龙特聘教授”，1人成为享受政府津贴专家，1人被评为冶金高校学科建设先进工作者。学院从加拿大阿尔伯塔大学引进了“青年千人计划”入选者王鲁宁教授，以及一名来学院工作一年的休假教授张豪；另有1人获宝钢优秀教师奖，3人为“我爱我师”专业课获奖教师，王鲁宁等9人入选“北京市青年英才计划”。

（曲选辉、郃永红）

【学科建设】2013年，学院参加了第三轮国家重点学科评估工作，在全国材料科学与工程学科98所参评高校中排名第2，与上一次学科评估位次相同，名次百分位从2.9%上升到2.0%；学科整体水平得分为92分，与排名第1的清华大学的分差从6分缩小到2分，得分百分位从16.7%上升到6.2%，学院负责的评估工作基本数据零误差。2013年，材料科学学科国际排名(美国ESI评估)各项指标持续增长，排名稳居世界前1%，从2010年的第16位上升到2013年的第9位。

2013年，学院成立了核能与新能源系统材料研究所，葛昌纯院士担任所长。此外，按照学校统一部署，材料学院组织了全体教师认真完成了学科建设大讨论，仔细分析了本学科的优势、特色与差距、未来5～10年本学科的发展趋势、发展方向，明确本学科的基本定位、建设目标与建设思路、建设水平，以及主要建设学科方向、建设内容、具体措施与保障措施。

（曲选辉、杜振民）

【教学改革】2013年，学院继续深化教育教学改革，《材料类专业导论》课程被教育部列为2013年国家精品视频公开课；另外获得北京高等教育精品教材1部，北京市支持中央在京高校人才培养共建项目1个，中国冶金教育协会评选“冶金优秀教材”一等奖2个、三等奖1个；校级奖项包括教育教学改革与研究重点项目在内的各类奖项17个、“十二五”规划教材(讲义)10个。3人获校级第7届教学优秀奖，2人获第八届青年教师教学基本功比赛三等奖，1人获首届校级微课教学比赛三等奖。学院继续加大班导师的培养与管理力度，将“合格班主任”设为青年教师考核晋升必要条件，3位教师被学校评为优秀班导师。

学院高度重视学生科技创新活动，2013年度学院共104个团队申报科技创新项目，获得国家级科技创新项目一等奖4个、二等奖1个，市级项目二等奖1个。郑裕东教授指导的学生创新项目获首都大学生“挑战杯”课外科技作品竞赛特等奖，全国“挑战杯”三等奖。

2013年，学院硕士研究

生报名人数1342名，学院提前研究制订了博士、硕士研究生录取方案和复试工作方案，确保了研究生招生工作公平、公正。2013年，在院研究生总数1715人，其中博士635人，硕士生1080人。研究生课程评教优良率为96%，硕士生和博士生学位论文评估优良率分别为100%和97.3%。

在研究生奖学金评定环节，学院聘请知名教授及研究生代表组成评审团，在各个环节中做到公开、公平和公正，共有53人获国家奖学金，17人获中信铌钢奖学金等特种奖学金。学院大力鼓励和支持研究生出高水平研究成果，2013年张跃教授指导的秦子同学获得北京市优秀博士论文奖。

2013年，学院协助实验测试中心通过了国家级实验教学示范中心验收；积极协助实验中心完成实验教学任务，2013年度共承担实验教学课程40门次，实验内容118项，实际开设实验100772总学时。为2013级研究生新生进行实验室安全培训，编写的《材料实验室安全讲义》获学校2013年教材建设立项；协助举办了第三届北科大金相技能大赛暨第二届全国大学生金相技能大赛选拔赛，选拔的参赛者在决赛中获得一等奖1名、二等奖2名和优秀指导教师奖2名的好成绩。

（杜振民、于广华、孙建林）

【科学研究】2013年，学院到位科研经费数量继续位居学校前列，进校科研经费7498.34万元，其中纵向经费5084.81万元，横向经费2413.53万元。学院积极推动重点实验室及基地建设，结合2个“863”主题项目以及北京市学科群项目，学院积极申报北京市材料基因组工程重点实验室，拟在校内结合其他学院成立材料基因组交叉学科中心。学院在承担和执行国家重大项目方面获得重要突破，2013年启动或立项4个千万级重大项目。其中张跃教授作为首席科学家所承担的国家“973”项目正式启动；曹文斌教授所承担的国家“863”重大项目在行业内取得重大突破，被科技部遴选为“亮点课题”。学院首次获批一项高等学校学科创新引智计划建设项目。

2013年，学院高水平论文数量大幅度增加，共发表论文686篇，被SCI收录298篇，EI收录306篇，ISTP收录13篇；出版著作5部。在影响因子大于5的期刊上发表论文22篇，是2012年的2倍，在影响因子大于9的期刊上发表论文7篇，是2012年的3.5倍。学院申请发明专利数目稳步提高，共申请国内专利157项（其中，发明专利151项，实用新型专利6项），PCT国际专利2项，授权专利81项（其中，发明专利74项，实用新型专利7项）。2013年学院科研项目获省部级奖2项，具有国际领先或先进水平的鉴定成果项目1项。

（曲选辉、姜　勇）

【国际合作与交流】2013年，学院国际合作与交流活动频繁，共主办了国内外会议10次，参加国内外会议154人次，特邀报告、外出讲学72人次。第16届国际聚变堆材料大会由北京科技大学承办，这是世界上聚变堆材料领域最重要的系列国际会议首次在中国召开，参加的国内外学者共421人，其中，国外学者254人分别来自欧盟、美国、日本等28个国家和地区。年内，学院共举办中国材料名师讲坛6讲，分别邀请了加拿大麦克马斯特大学的大卫·恩伯里（David Embury）教授等6位国内外知名学者向全校师生讲授了材料领域最前沿的科研进展。

2013年，学院进一步加强教师对外合作与交流，共有8名教师公派赴美国、日本等国高校进行访学，40余人次进行出国学术交流；积极组织学生参加国际交流项目和赴海外深造，组织了2011级国际班学生25人赴日本进行2周境外实习；共200余人次研究生参加国际会议，50余名研究生赴海外学习，12名本科生赴英国、加拿大、中国台湾等国家和地区交流。

（曲选辉、万发荣）

【党建、工会、学生工作】 2013年，学院党委积极开展党的群众路线教育实践活动，认真组织动员会、一线教师座谈会、领导班子的专题民主生活会等活动，确保教育实践活动取得实效。全年共召开党委扩大会议6次，党政联席会15次。学院加强宣传教育，认真贯彻落实党风廉政责任制，同时加强后备人选培养，积极推荐多名骨干人才参加教育部驻外后备干部公开选拔等挂职锻炼。

学院进一步完善党员发展和教育工作，举办了第203期、209期积极分子培训班，共275名同学参加培训并结业。至年底，学院共培养积极分子844人，占学院非党员人数的45.2%；组织了210名学生参加毕业生党员党校，516名学生参加研究生新生党校。完成共青团推优291人，发展学生党员170人，预备党员转正172人。至年底，学院共有学生党员1181人，党员比例33.8%；教师党员152人，教师党员比例61.5%。

学院党委共有69个党支部申报了基层党组织立项活动，覆盖面达100%。材料加工与控制工程系党支部获基层立项一等奖，晶体缺陷与新一代结构材料梯队党支部获得了校级“十佳标杆党支部”答辩第1名的好成绩，另有多人获校级2011－2013年度优秀党务工作者、优秀党员等称号，3个党支部获先进党支部称号。

2013年，学院党委将“平安校园”创建作为一次梳理学院安全稳定工作机制的契机，将原有安全制度重新汇编成册，明确了三级网格化管理体系，层层签订安全责任书，组织了150余位师生进行“平安校园”消防疏散演习。学院作为二级单位代表接受了上级检查，专家组对于学院平安校园创建工作给予了高度的评价和肯定。

2013年，学院学生工作成绩显著，本科生及格率在全校理工科学院中排名最高，材料0901班获校“最佳团队”“先进班集体”“优秀团支部标兵”称号，共23个本科生及研究生集体获北京市和学校表彰，共126名本科生在全国和北京市的大学生英语、数学和物理竞赛和挑战杯、摇篮杯等大赛中获奖。2009级博士研究生葛振华以卓越的成绩获得“2013年校长奖章”，2011级博士研究生王金东获北京科技大学“十佳学术之星”称号。2013年度，学院共有53人获得国家奖学金，17人获得特种奖学金。学院第九届研究生学术论坛历时半年，共举办大型学术活动21场，累计参加人数3500人次，评选优秀论文18篇，蝉联第九届研究生学术论坛优秀组织奖。全院研究生共发表学术论文570篇，其中外文314篇，中文256篇，有160篇外文文章影响因子大于1。李艺、贾翼速获得2013年度“北京科技大学十佳辅导员”称号。

学院就业工作取得显著成绩。2013届毕业生共885人，其中本科生476人，博士研究生87人，硕士研究生322人。截至8月20日，学院整体就业率96.95%。本科毕业生就业率95.17%，全校第三；本科生上研率45.80%，近6年来最高；本科生共有96人出国，出国率20.17%，出国人数和出国率再创新高；本科生整体深造率65.97%，全校第二。2013届研究生就业率99.02%，研究生毕业生签约率81.17%。至2013年年底，2010级共有96名学生获得保研资格，部分同学保送到清华大学等国内一流高校，30名学生将赴德国、比利时等国深造。

2013年，学院工会建设再上一个台阶。学院工会进一步关怀教职工，组织了丰富多彩的文体活动，选送的2个节目在工会成立60年文艺演出中分别获得特等奖和二等奖；学院有6个三级工会小家获得校级“三级模范教职工小家”称号。

学院进一步优化了各项行政工作程序，在宣传、人事、对外交流、教务、财务、科研、资产、后勤等各方面做好数据统计、审核把关、上传下达、服务师生的各项工作，为创建高水平国际化研究型学院的目标而奋斗。

（吴春京、郃永红、李　磊）

机械工程学院

【概况】机械工程学院设有9个系（机械工学系、机械制造及自动化系、机械电子工程系、机械装备与控制工程系、车辆工程系、热科学与能源工程系、建筑环境与设备工程系、物流工程系、工业设计系），2个中心（实验中心和零件轧制研究中心）。学院拥有1个国家级工程中心（国家板带生产先进装备工程技术研究中心）、4个省部级工程中心和重点实验室（教育部零件近净轧制成形工程研究中心、教育部先进板带生产装备及控制工程研究中心、北京市节能与环保工程研究中心和北京市流程工业节能减排重点实验室）、1个北京市教学创新实践基地、6个研究所（机械工程研究所、冶金机械研究所、热能工程研究所、水煤浆技术研究所、物流工程研究所和车辆工程研究所），以及大型工业机械仿真、监测与控制实验室等33个实验室。

2013年，学院共招收本科生619人；全日制硕士研究生315人，其中学术学位硕士生201人，专业学位硕士生114人；非全日制专业学位硕士生88人；博士生47人。毕业本科生642人；授予工学博士学位47人，学术学位硕士263人，专业学位硕士33人（其中全日制5人，非全日制28人）。截至年底，学院在校学生3670人，其中本科生2471人（含留学生45人），研究生1199人（含留学生14人）包括硕士生492人，工程硕士生462人，博士生245人。

（王　立、景志红）

【师资队伍】截至2013年年底，学院在编教职工206人，其中专任教师159人，教辅和行政人员47人。专任教师队伍中，具有正高级职称43人（含博士生导师36人），副高级职称85人。2013年，学院新增教职工8人，调出7人，退休7人，6名教师晋升为副高级职称，6名青年教师通过了教师资格认定。

2013年，学院“千人计划”入选者林建国教授当选为英国皇家工程院院士，青年教师冯妍卉教授获得“北京市优秀教师”称号，董春阳获“北京市优秀教育工作者”称号，尹少武等14名青年教师入选2013年北京高等学校“青年英才计划”，冯俊小、刘应书两位教授被北京建龙重工集团聘为“建龙特聘教授”。

学院有中国工程院院士1人，“千人计划”入选者1人，国务院学位委员会委员1人，国务院学位委员会学科评议组成员2人，国家级突出贡献专家3人，“973计划”首席科学家1人，“新世纪百千万人才工程”国家级人选1人，教育部“跨/新世纪优秀人才”6人，北京市突出贡献专家4人，北京市教学名师3人，北京市科技新星1人，“宝钢教育基金”优秀教师特等奖2人、优秀奖7人，享受政府特殊津贴人员7人。

（景志红）

【学科建设】2013年1月公布了2012年全国第三次学科评估结果，学院2个一级学科参评，其中，机械工程学科在参评的102所学校中排名第22位（并列）；动力工程及工程热物理学科在参评的45所学校中排名第13位（并列）。按照学校的整体安排，在广泛调研和讨论的基础上，学院完成了机械工程、动力工程及工程热物理、物流工程、设计艺术学等学科的建设规划。年内，机械工程和动力工程及工程热物理2个北京市重点学科2013年度的建设计划得到了批准，并开始实施。

年内，学院申报的“金属塑性加工与表面处理综合实验平台”和“节能与环保技术综合实验平台”2个项目获得“中央级普通高校改善基本办学条件专项资金”的支持并开始实施，建设经费分别为270万元和300万元。

（张　杰）

【教育教学】2013年，学院认真总结经验，构建全员参与育人体系，着力提升本科教育教学质量，成果丰硕。学院成功申报北京市教育教学改革项目1项，北京科技大学2013年度校教育教学改革与研究项目重点项目1项、面上项目10项。学院共15项第六批教学改革项目通过结题验收，其中重点项目1项，面上项目3项，青年教师教学研究项目11项。在北京科技大学第七届本科教学优秀评审中，任玲、许倩老师获得一等奖；李淳、郑丽芳老师获得二等奖。在2013青年教师课堂基本功比赛中选出的优秀教师在校级决赛中有3位获得二等奖，1位获得三等奖，2位获得最佳教案奖。在首届北京科技大学微课教学比赛中，任玲老师获得一等奖。

2013年，学院课程与教材建设成果显著。课程建设方面，工业热工基础、设计思维与方法等8门课程获批北京科技大学第三批研究型教学示范课程建设项目。截至年底，学院共有15门研究型教学示范课程建设项目，其中首批立项的机械设计与制图类和动力机械概论于2013年顺利通过验收。界面设计和建筑环境与设备进展两门双语课程立项为“全英文教学示范课程”建设项目。在2010版教学计划中，学院共有12门课程为双语授课，其中1门为国家级双语教学示范课程。2013年，学院共有22个课堂获批北京科技大学第九批免检课堂。教材建设方面，冯俊小老师的《能源与环境》、万静与陈平老师的《机械工程制图基础及配套习题集（第2版）》荣获2013年“北京高等教育精品教材”称号。学院有1本教材列为北京科技大学2013年度“十二五”规划重点教材，另有8本教材和7本讲义列为“十二五”规划教材和规划讲义建设。

2013年，学校继续平稳地完成了2005版培养计划向2010版培养计划的过渡。最后一届2005版培养计划执行完毕；2010版培养方案全面实施并得到了进一步的完善；针对2010版培养计划的课程教学大纲也已完成。学院注重加强师资队伍建设，提高育人教师素质。通过全院教师共同参与模式、年轻教师多途径培养机制、全面推进综合业务培训方案、大力提高课堂教学效果等方面提升青年教师的教学水平，实现年轻教师的培养和教学工作的长远发展。教师资源的合理配置和任课教师的相对稳定，为教学计划的顺利实施、教学秩序的稳定和教学质量的进一步提高提供了保障。

（夏德宏）

【科学研究】2013年，学院共申报各类纵向科研项目130项，获批30项，新增纵向合同经费2269万余元。其中，国家自然科学基金13项，“863计划”课题1项，科技支撑计划项目2项，新世纪人才项目1项，其他省部级项目13项。新增横向合同80项，合同金额3149万余元，其中大于100万元项目有5项。

2013年，学院到校经费5382万元，其中纵向经费2441万元，横向经费2941万元。总经费较2012年同期略有下滑。

2013年，学院8项科研成果获得省部级奖励，其中“钢铁企业制氧系统最佳节能模式的理论研究及实践”获冶金科学技术奖一等奖，“热连轧机组状态监测与故障诊断技术及应用”获湖北省科学技术奖一等奖，“钢铁企业低压余热蒸汽发电和钢渣改性气淬处理技术及示范”获河北省科学技术进步奖一等奖，“企业节能规划编制通则”获中国资源综合利用协会科学技术奖二等奖，“通钢热连轧轧机振动研究及在线监测”获吉林省科学技术奖三等奖，“钢铁企业制氧系统优化与创新”获河北省科学技术进步奖三等奖。“挤压铝型材快速冷却的数值模拟与系统的研发”获广东省科学技术奖三等奖，“钢铁行业节能减排技术筛选与评估”获冶金科学技术奖三等奖。

年内，学院申请国家专利50件，授权发明专利11件，授权实用新型专利16件；申请软件著作权7项；申请PCT国际专利1件。发表检索论文174篇，其中SCI检索49篇、EI期刊论文检索101篇、ISTP检索24篇。

（马　飞）

【实验室建设】2013年，依托中央级普通高校改善基本办学条件专项资金，学院组织完成了“建筑用能系统能耗智能化监测及分析平台”和“物流跟踪、监控与追溯系统实验平台”2个项目的建设任务，新购置设备390万元。年内，学校组织申报了2014年度中央高校改善基本办学条件项目的实验平台建设项目2项，金额421万元。学院本科教学条件得到进一步改善。至年底，学院实验中心拥有大型实验教学设备近千件/套，设备总值6700万余元，其中10万元以上设备103台/套，40万元以上大型设备11台/套。

2013年度，实验教学中心面向全校14个专业接待实验学生3100余人，实开本科生实验课程52门，实验项目156个，全年完成实验63200人时。

（马　飞）

【对外交流】2013年12月，学院与国家板带中心联合举办了“2013故障诊断与板带质量测控新技术国际研讨会”，中国科学院、重庆大学、中冶北京冶金设备研究设计总院等国内知名企业和研究机构的近30位专家学者参加了会议。

2013年，学院共有教师20人次赴美国、澳大利亚、德国等国从事合作研究、参加学术会议、进行交流考察，选派12位教师以访问学者的身份到美国、英国、加拿大、澳大利亚等国家进行半年至一年的研究工作，较上一年度增加了71%，已有9名教师顺利完成访学任务按期回国。

2013年，学院积极投入“鼎新北科”国际化平台建设工作，充分利用与国外交流的活动建立了具有针对性与学院特色的国外专家信息库，学院国外专家信息库中已有69位外国专家。2013年，学院邀请了美国能源部太平洋西北实验室、美国弗吉尼亚理工暨州立大学等海外高校的6位国外著名专家学者来学院进行讲学，举办了8次公开讲座，取得了良好反响。

2013年，学院派出2名研究生赴美国和加拿大进行为期6个月的短期访学，3名博士生赴美国参加国际会议；3名研究生前往美国、加拿大参加国家公派留学项目。2013年，学院3名本科生赴美国、中国台湾进行假期调研；4名本科生前往中国香港参加“励志计划”；19名本科生参加了法国、英国、加拿大、美国等大学的海外交流与联合培养项目；18名本科生前往中国台湾进行校际交流；另外有3名本科生前往美国、英国、爱沙尼亚进行自费研修访学。

（张　杰）

【党建与学生工作】截至2013年年底，学院设有党支部57个，其中教职工党支部12个、研究生党支部28个、本科生党支部17个；共有党员913名，其中教职工党员157名、学生党员756名（研究生党员551名，本科生党员205名）；年内共发展党员150人，其中研究生79人、本科生71人；预备党员转正100人。2013年度学院举办了201

期、210期学生业余党校暨机械工程学院入党积极分子培训班，共有253名学生顺利通过党校学习和考核，获得了结业证书。

2013年，学院学生党总支积极组织申报红色“1+1”党支部主题活动和基层党组织活动，监督指导各支部完成情况。学院学生党支部共申报红色“1+1”活动14项，按照要求完成的有12项，其中4项推荐至北京市候选参评奖项。机本12党支部荣获北京高校红色“1+1”示范活动三等奖，机本105、机本111、机本115党支部荣获北京高校红色“1+1”示范活动优秀奖，是学校各学院中完成效果最好、获得推荐数最多的学院。

2013年，学院学生党支部共申报基层党组织活动40项，除大一、研一党支部外，基层学生党支部参与率为100%。经过学校评定，机本111、机本102党支部荣获校优秀基层党组织活动二等奖，传热传质与热物理测试梯队党支部、能源环保梯队党支部、机本12级党支部荣获校优秀基层党组织活动三等奖。

2013年，在首届“北京科技大学十佳标杆党支部”评比活动中，学院冶金机械党支部、制冷与低温工程梯队党支部荣获校级“十佳标杆党支部”称号，机本104党支部荣获校级“先进党支部”称号，学院学生朱浩民、吴嘉康、咸舒、贾佳荣获校级“优秀共产党员”荣誉称号。

学院学生科技学术活动蓬勃开展。2013年，学院完成本科生创新创业计划项目院级项目立项50项，校级国家级项目立项21项。2013年5月，学院完成2012年度立项的本科生科技创新项目验收，校级项目17项通过验收，其中国家级11项；院级项目70项通过验收，其中一等奖15项，二等奖20项。2014年本科生创新创业训练立项工作已经开展，总立项70项，其中拟推国家级项目23项。

2013年，学院在国家级和北京市的学科竞赛活动中取得优异成绩。2013年学院学生竞赛获奖总数506人（国家级135人、省部级58人，其他313人）。

学院获2013年全国大学生外语竞赛特等奖1人，一等奖1人，二等奖7人，三等奖7人；获第四届“蓝桥杯”全国软件专业人才设计与创业大赛（北京赛区）一等奖1人，2012年全国大学生科普作品创作大赛三等奖2人，第七届“挑战杯”首都大学生课外学术科技作品竞赛，二等奖两队，“力诺瑞特”第六届全国大学生节能减排科技创新与社会实践竞赛一等奖1组、三等奖7组、优秀组织奖，获奖总数位于全国参赛高校前列。获第六届全国大学生先进成图技术与产品信息建模创新大赛团体二等奖1项，机械类全能一等奖2项，机械类尺规一等奖2项，机械类建模一等奖1项，机械类全能二等奖1项，机械类尺规二等奖2项和机械类建模二等奖2项。获第四届“安吉杯”全国大学生物流设计大赛一等奖1队、二等奖1队。第八届全国大学生“飞思卡尔”杯智能汽车竞赛全国总决赛中，学院在光电组、摄像头组、电磁组均获得特等奖，其中光电组、摄像头组获得冠军，电磁组获得亚军，创意组获得二等奖，并获得国际赛一等奖。获2013年青年科普实验竞赛三等奖1组，第七届全国大学生物联网创业大赛一等奖1组、二等奖2组、全国优胜奖1组。获2013年北京市物理实验竞赛一等奖2人，二等奖2人；第二十一届“人工环境工程学科奖学金”竞赛二等奖1人，2013“大金空调杯”华北地区大学生制冷空调科技竞赛二等奖6人、三等奖6人。

2012－2013年度，学院共有4支团队分获北京科技大学2013年暑期社会实践金、银、铜奖团队；1位教师获2013年学生暑期社会实践“先进工作者”称号；1位教师获2013年学生暑期社会实践“优秀指导教师”称号；61名学生被评为2013年学生暑期社会实践“先进个人”。另外，由艺术设计专业学生组成的调查晋剧艺术生存现状社会实践团队通过努力与山西省晋剧团建立长期合作关系，在两地建设相应的北京科技大学社会实践基地，并签订了合作协议，为以后的学生实习提供了基础。

2013年，学院学生共获国家奖学金、国家励志奖学金、86校友奖学金、冠之奖学金、人民特等奖学金、高效轧制奖学金、宝钢优秀学生奖、建龙奖学金、泰尔奖学金等各类特等奖学金116人次，人民奖学金665人次，国防生“砺剑”奖学金7人次，“民考汉、内地班”奖学金1人次，共计789人次，金额109.9万元；2009届毕业生熊浩获校长奖章。

年内，学院研究生国家奖学金获得者30人，其他各类特种奖学金获得者6人，共计36人，金额71.6万元；优秀三好学生90人次，三好学生181人次，优秀学生干部90人次，优秀共青团干部79人次，优秀团员188人次；孟境辉荣获校“十佳学术之星”称号。

年内，学院团委荣获“共青团创新创业工作专项奖”；学院传热传质与热物理测试梯队被推荐候选北京市优秀班集体，校级先进班集体、优秀团支部标兵6个，校级先进班集体、优秀团支部13个；文明宿舍83个、标兵宿舍4个、优秀宿舍长76人、标兵宿舍长21人。至年底，本科毕业生642人，派遣173人，升学236人，出国52人，就业率95.63%；研究生就业率99.33%。

（臧　勇、董春阳）

自动化学院

【概况】2013年，自动化学院设有控制科学与工程系、仪器科学与技术系、电工电子技术系、智能科学与技术系、自动控制研究所、导航与控制研究所、机器人研究所7个系所，以及教学实验中心（学生创新基地、各专业实验室）、钢铁流程先进控制教育部重点实验室、北京市工业波谱成像工程技术研究中心、北京高等学校实验教学示范中心和自动化学院培训中心。

2013年，学院有教职工94人，其中教师73人，实验人员11人，行政人员10人。教师队伍中，具有博士学位的57人，占78%；具有正高级专业技术职务的19人，占26%；具有副高级专业技术职务的34人，占46%。学院招收博士生16人，硕士生125人，本科生276人。截至年底，学院共有在校生1529人，其中本科生1016人，硕士生374人，博士生139人。

（陈　旭、王振花）

【师资队伍建设】2013年，学院通过优化队伍结构，进一步加强教师队伍建设。学院严把入口关，出台了新进教师聘用管理办法，严格坚持三三制标准，对新教师的培养和使用规划做出明确和具体的要求，扎实做好教师队伍建设和补充工作。年内，学院新晋升教授职务1人、副教授职务3人，新进教师博士后4人。

2013年，学院大力推进人才强院战略，积极培养和引进优秀人才。加大青年教师培养力度，为青年教师成长搭建平台。2013年，新入选教育部“新世纪优秀人才支持计划”1人，入选北京市“青年英才计划”5人，获得北京市微课教学比赛优秀奖2人。此外，学院推荐国外教授1人申报了国家海外短期“千人计划”，拟引进二层次人才1人、三层次人才2人，已报学校审批；积极聘请国家“千人计划”特聘专家等4名中外高层次人才担任学院的兼职教授、博士生导师，使整体师资队伍建设水平得到一定提升。

2013年，学院进一步推进教师、学生国内外学术交流工作。一方面积极承办了ISciDE 2013(智能科学与大数据工程国际会议)，20余位院士、长江学者、国家杰出青年参加。美国科学院院士、清华大学交叉信息研究院姚期智教授、中国科学院数学与系统科学研究院郭雷院士等做了主题发言。另一方面组织教师、研究生积极参加国内外高水平学术交流活动，推动学院与国外大学科研合作或联合培养，与日本高知工科大学信息学群和日本千叶大学电气工学科签署学术交流和学生培养协议，与美国伊利诺伊大学芝加哥分校签署联合培养研究生项目（3+1+1）合作协议。派出7位教师赴美国密西根大学、佐治亚理工学院、威斯康星大学麦迪逊分校、韦恩州立大学、德州大学阿林顿分校、路易斯安那州立大学、德国杜伊斯堡-埃森大学等高校做半年以上的访问学者，6位教师分别前往加拿大滑铁卢大学、法国勃艮第大学及美国、新加坡、土耳其、中国台湾等国家和地区进行短期学术交流。共派出2名博士生分别前往英国曼彻斯特大学和美国西弗吉尼亚大学进行短期访学，11名本科生分别前往法国图尔工程师学院、英国邓迪大学、日本北海道大学、美国加州大学河滨分校、台湾科技大学、朝阳科技大学、中南大学、湖南大学等高校进行交换生学习。

（陈　旭、王振花）

【学科建设】2013年，学院共有1个博士后流动站（控制科学与工程），1个一级学科博士点（控制科学与工程），5个二级博士学位授权点（控制理论与控制工程，检测技术与自动化装置，模式识别与智能系统，系统工程，导航、制导与控制），1个国家重点（培育）学科和北京市重点学科（控制理论与控制工程），2个一级学科硕士点（控制科学与工程、仪器科学与技术），2个工程硕士学位授权点（控制工程、仪器仪表工程）和3个本科专业（自动化、测控技术与仪器、智能科学与技术），其中自动化专业是教育部CDIO特色专业。

控制科学与工程学科于2012年参加全国的学科评估，在83个参评单位中并列第17名，排名进入全国本学科前20%，达到历史最好水平。其中，专职教师数、授予学位数2个指标全国并列第一，项目及经费、论文质量、国际交流3个指标也都位于前列。

2013年在学校统一部署下，开展了学科建设大讨论，组织了国内高校调研、出访教师的国外学科发展报告和多场校外、境外专家的学术报告，在充分分析学科评估结果的基础上，发扬优势、填补劣势，初步确定了今后5年的发展规划，形成冶金自动化、信息检测处理、智能控制理论3大研究团队及相应的17个研究方向。

（张朝晖）

【教学管理与教学改革】2013年度，学院本科教学仍然围绕“狠抓教学过程管理、大力开展本科教学工程”两大主题开展工作。总体而言，2013年度学院的本科教学过程仍可以用“教学秩序稳定、教学效果良好”加以概括，本科教学工程则可以用“教师参与热情不减、各项工作有序开展”加以描述。

在全面提高人才培养质量方面，学院主要开展了以下几个方面的工作：①进一步加大院发〔2012〕2号文《进一步加强本科教学过程管理工作的若干细则（试行）》的执行力度，2013年主要在实践类课程的考核层面开展了相关工作，给指导教师提出了具体的报告（包括实习报告、计算机应用实践报告等）批阅和分数比例要求，这些都为更好地规范本科教学过程管理、迎接教育部新一轮的“审核性教学评估”打下了坚实的基础。②11月获批自动化专业“卓越工程师教育培养计划”，还向中国工程教育认证协会秘书处提交了自动化“工程教育专业认证”申请。③严格执行新教师授课准入相关规定。年内，学院共有3名教师参与助课、试讲环节的培训和考核，其中，2名教师顺利获得了教师主讲资格。④为了让新生了解专业、适应专业、热爱专业，根据学校教务处统一部署，学院为2013级开设了5门新生研讨课。⑤积极参与学校首届微课程比赛，学院共有6名教师参加，其中2名教师获一等奖，3名教师获二等奖，1名教师获三等奖；李江昀、史雪飞代表学校参加北京市微课程比赛，获优秀作品奖。⑥学院精心组织青年教师基本功比赛，共有19名教师报名参加，其中3名教师获一等奖，6名教师获二等奖，10名教师获三等奖。刘艳老师代表学院参加了校级比赛，并喜获二等奖。⑦继续加强班导师管理工作。年内，学院分年级共召开7场班导师工作述职和研讨会，1场一、二年级班导师培训会和1场2013级小班主任会议，就班导师、学生辅导员和小班主任如何相互配合、齐抓共管，以便形成最大合力问题展开了深入的交流和讨论。年内，刘冀伟副教授、侯庆文副教授获优秀班导师称号。⑧鼓励学生积极参与科技创新项目，不断提高实践能力和创新意识。2013年度，学院本科生科技创新共立项79项，其中国家级8项、北京市级8项、院级63项。院级项目中期验收结果：优秀8项、良好18项、通过1项、中止2项。2012年度本科生科技创新项目验收38项：国家级7项，获一等奖4项、二等奖2项；校级1项；院级30项，其中一等奖7项、二等奖8项、通过15项。⑨加强本科生对外交流工作，拓宽人才培养的国际化视野。2013年，学院共有8名学生参与了交流项目，其中国外交流生4名、国内交流生4名。⑩测试技术与仪器专业申报北京市特色专业。⑪年内，学院还获得学校第七届本科教学优秀奖一、二等奖各1项。

在积极开展本科教学工程建设方面，2013年学院共申请各类项目近40项，获批20项，资助经费78.4万元。其中教育教学改革与研究项目7项，资助经费14万元；研究型教学示范课程建设项目2项，资助经费4万元；全英文教学示范课程建设项目1项，资助经费3万元；2013年度“专业综合改革试点”教改项目2项，资助经费15万元；2013年度校级“十二五”规划教材重点项目1项、一般项目4项、讲义1项，资助经费17.5万元；2013年度“北京科技大学青年教学骨干人才”1项，资助经费10万元；测试技术与仪器专业获得北京市共建项目特色专业建设资助14.88万元。同时，学院共完成校级各类本科教学工程项目中期检查验收10项，结题验收3项，全部顺利通过。其中2012年度“十二五”校级规划教材中期验收5项，第二批研究型教学示范课中期验收2项，2012年度全英文教学示范课程中期验收3项，第六批教改补充立项项目结题验收3项。2013年度，学院教师共发表教改论文5篇，出版教材5部。

2013年，学院实验教学中心主要开展了以下几方面的工作：①继续“北京市高等学校实验示范中心”的建设工作。②继续执行2012年度中央级普通高校改善基本办学条件专项资金项目“CDIO人才培养模式下自动化专业综合性实验平台”中未完成的工作，于10月29日通过资产管理处验收，得到验收组成员的一致好评。③完成了2013年中央级普通高校改善基本办学条件专项资金项目

“检测与控制实验平台”的设备采购和2014年中央级普通高校改善基本办学条件专项资金项目“智能科学与技术基础实验平台”的申请工作。④同美国德州仪器公司TI成立“MCU联合实验室”。

（李　擎）

【科研工作及学术交流】2013年，在全体教师的共同努力下，学院在国家自然科学基金申请项目的评审中取得历史性突破，成功获得国家自然科学资助项目重点项目1项、面上项目4项、青年项目5项的好成绩，获得资助基金727万元，在项目金额、项目总数、项目类别等各方面都创造了历史新高。

2013年，学院全部科研经费到款1046万元，其中横向项目到账经费681万元，纵向到账经费365万元。学院教师共发表科研论文116篇，其中SCIE检索论文19篇，EI检索论文48篇，CPCI检索论文34篇。

在科研平台建设方面，学院成功申报了“北京市工业波谱成像工程技术研究中心”，并已进入建设阶段。

在科研经费使用自查自纠工作方面，邀请教育部宣讲专家向大家介绍高校科研经费使用现状、存在问题，让广大教师增进项目的管理意识、法律意识。让大家意识到，科研经费的自查自纠，将成为高校经费使用过程中的长效机制，需认真对待并参照整改。

在国际化合作和交流方面，与日本高知工科大学信息学群、日本千叶大学电气工学科、美国伊利诺伊大学芝加哥分校电机与计算机工程系签署合作协议，在科研和研究生培养等方面开启全方位的交流。同时，邀请了近10位国外学者来院做学术报告；出国参会10多人次。

（胡广大、张朝晖）

【党建与学生工作】2013年，自动化学院坚持“以人为本”的宗旨，秉承“敛华求实，创新惟存”的院训，深入学习实践中共十八大和党的群众路线教育工作，以“加强理论学习，组织建言献策，强化实践锻炼”为重点，稳抓党员教育和支部建设，紧紧围绕学校中心工作，创新传统工作方式，创造性地开展党建工作，建立网上述责测评系统，开拓青年党性实训基地，引导党员发挥先锋模范作用，促进自身发展，让每一名党员积极投入到学习实践中，为提高大学生党员队伍素质和基层党组织战斗堡垒作用打下坚实基础。“学习党的十八大精神，开展中国梦宣传教育”和“党的群众路线教育实践”成为学院2013年党建工作的两项重要任务。

学院党委进一步加强党员的培养和发展工作，将党员质量作为核心工作抓牢抓实。全年共有59名积极分子发展为预备党员，为党组织输送了一大批优秀人才。9个支部顺利地完成红色“1+1”支部共建项目，完成率达到历年最优，并有4个优质对接项目被推荐到北京市参加评选。学生党支部积极申报基层党组织立项活动，申报率和完成率达到100%，并涌现出一大批形式新颖、种类多样的活动项目，收到了良好的育人效果。

2013年学院有1名学生荣获北京市三好学生称号，2个团支部被评为首都大学、中专院校“先锋杯”优秀团支部，1名优秀团干部、1名优秀团员。自动化103班获选87级校友基金最佳团队，206人次获得校内荣誉称号；有7个班级被评为北京科技大学先进班集体、优秀团支部（含标兵）；8人获国家奖学金，26人获国家励志奖学金，12人次获7项特种奖学金，2人获民考汉内地班奖学金，211人次获人民奖学金，奖学金总数46万元。自动化专业92级校友在学院设立50万元的“超越奖学金”，每年10万元用于奖励品学兼优、进步突出的学生。

学术科研活动是研究生学习期间的重中之重。2013年度赛博论坛共收到学术论文77篇，经过初审69篇合格，其中博士论文36篇，硕士论文33

篇。研究报告共收到67篇，经过初审64篇合格。专家教授对提交的学术论文及研究报告进行初评和答辩评选，最终共评选出5篇学院优秀学术论文、2篇优秀研究报告，并以此为依据评选出5名学院学术之星。

2013年，学院学生在科技竞赛中获奖项223人次，其中全国级奖项30人次，市级奖53人次，另有140余人获得校级不同奖项。在第八届智能车全国赛中，学院学生经过激烈角逐，在光电组、摄像头组、电磁组均获得特等奖；在全国智能车竞赛、华为杯智能设计大赛、软件设计大赛、计算机博弈大赛等国家级比赛中4人次获国家级特等奖，7人次获国家级一等奖，6人次获国家级二等奖，8人次获得国家级三等奖。

2013年，学院学生在校外社会实践方面成绩优异、成果喜人。在暑期社会实践中，学院学生紧密围绕“中国梦”的主题开展了丰富多彩的实践活动，共组织了14支实践团队，实践类型涵盖学习参观、社会服务与生产活动、社会调查、“科技、文化、卫生三下乡”等各方面。多支实践团队获得了媒体的极大关注，苏州电视台、《江南时报》《城市商报》以及人民网、中国日报网等对学院的实践活动进行了宣传报道。社会实践成绩优秀率94.55%，金奖团队2支，银奖团队1支，铜奖团队2支。在成果转化方面，2012级本科生彭聪等同学撰写的论文《民众联络所的本土化适应性状况研究》获得学校社会实践思想政治论文评比一等奖。2011级本科生陈杰敏等同学撰写的论文《基于高校公益社团的社会实践长效机制研究——以北京高校为例》，在中共北京市委教育工作委员会首都高校思想政治理论课学生社会实践优秀论文评选中获得特等奖，这也是学校学生首次在该项评选中获得特等奖。

在就业工作中，积极依托索奥科技中心开展毕业生就业技能培训，走访企业加强联系，积极推荐毕业生就业实习。学院2013届毕业生共计342人，其中本科生218人，研究生124人。截止到2013年8月20日，整体就业率为95.03%，其中，本科生就业率92.20%，签约率为72.2%；研究生就业率100%，签约率为87.09%。

（尹怡欣、景　鹏）

【党的群众路线教育实践活动】根据中央、教育部、学校要求，学院制定了关于开展党的群众路线教育实践活动实施方案的工作安排（院党发〔2013〕1号），成立了领导机构，并安排了相应的教育实践活动，以加强领导、落实责任，突出特色、务求实效，区别情况、分类指导，加强宣传、营造氛围为工作要求，深入开展党的群众路线教育实践活动。

第一阶段：学习教育、听取意见。学院进行了动员部署，首先是学院党政领导班子、各系所主任和书记召开学院领导小组会议；通过电子邮件、QQ、飞信、微信等网络通信工具将相关文件发送全院教职工、学生党员学习，广泛宣传教育实践活动。其次发放学习资料，联系学院工作和自身实际，组织开展院、系两级领导班子专题研讨，组织党员以多种形式开展学习，院领导、党员干部参加集中学习与培训。然后采取召开座谈会、深入系所班级、发放征求意见表、设立意见箱、开通专用电子信箱等多种形式，广泛征求师生员工的意见和建议，及时了解大家反映强烈的问题。

第二阶段：查摆问题、开展批评。在学习教育、听取意见的基础上，查摆出学院的突出问题，着重查找在思想观念、工作能力和工作作风、党性党纪等方面的问题，深刻分析原因，结合学院和分管工作实际，认真对照改进作风要求，深入开展剖析检查，找出各自的问题，并有针对性地提出改进措施。党委主要负责人同领导班子成员，以及领导班子成员之间认真开展谈心交心工作，充分交流思想，通过开展批评与自我批评，统一思想，达成共识。

第三阶段：整改落实、建章立制。通过实行“院领导接待日”制度，开通网上“院长信箱”，设立“教师咨询室”，健全沟通渠道；定期与师生特别是青年教师、学生进行沟通交流，及时了解师生的意见和建议，帮助解决学习、工作和生活中遇到的困难；继续加强院务、党务公开工作，重要制度政策制定和出台前，多渠道充分听取广大师生的意见。同时针对学院存在的问题，提出解决对策，完善各种制度建设，制定和落实整改方案，提出切实有效的措施逐步加以解决。

（陈　旭、王振花）

计算机与通信工程学院

【概况】2013年，学院设有计算机科学与技术系、软件工程系、通信工程系、物联网与电子工程系、信息基础科学系5个系，计算机与系统科学研究所、知识工程研究所、先进网络技术与新业务研究所等多个研究所和材料领域知识工程北京市重点实验室、北京市融合网络与泛在业务工程技术研究中心2个省部级科研基地。

2013年，学院共招收博士生25人、硕士生214人、本科生391人。毕业本科生320人，授予博士学位27人，硕士学位170人。截至年底，共有在校生2228人，其中本科生1453人，硕士生645人，博士生130人。

（隆克平、韩伯涛）

【师资队伍】2013年，学院依据学科方向、发展规划和专业分布，外引内培，不断提高人才与队伍建设工作的针对性。年内，学院引进三层次人才3人，优秀高水平青年教师（直聘副教授）3人，补充教师（含教师博士后）3人；晋升教授1人，副教授2人，新增博士生指导教师6人（其中计算机科学与技术学科3人，软件工程学科3人），新增校外兼职教授4人，兼职博士生指导教师3名（其中，国家“千人计划”特聘专家1人）；完成教师资格认定4人，获得本科课堂准入资格5人。截至年底，学院在编教职工124人，专任教师92人，其中长江学者特聘教授1人、国家杰出青年科学基金获得者1人、教育部新世纪优秀人才4人、北京市教学名师1人、教授26人、副教授39人、博士生导师23人，学员师资队伍整体水平得到提升。

在师资队伍管理方面，学院制定了《计算机与通信工程学院2012-2015聘期各类教师岗位职责》《非教师岗位人员工作考核实施办法》等，试行了全员工作量考核的办法。

（隆克平、韩伯涛）

【学科建设】2013年，学院共有计算机科学与技术、软件工程2个一级学科博士点，通信与信息系统1个二级学科博士点，计算机科学与技术、信息与通信工程、软件工程3个博士后流动站，其中计算机系统结构、通信与信息系统是北京市重点学科。学院拥有计算机科学与技术、软件工程、信息与通信工程、电子科学与技术4个一级学科硕士点和计算机技术、软件工程、电子与通信工程3个工程硕士点，拥有计算机科学与技术(首批国家级特色专业)、通信工程、信息安全、电子信息工程、物联网工程(国家级特色专业)共5

个本科专业。

在教育部全国第三轮学科评估工作中，学院计算机科学与技术学科在参评的120个学位授予单位中排名33，软件工程学科在参评的106个学位授予单位中排名35。结合学科评估结果，学院深入开展学科建设大讨论，梳理了各学科的重点研究方向、研究基础与发展现状，明确了未来几年各学科建设发展的目标定位，制定了计算机科学与技术、软件工程、信息与通信工程3个学科2013–2018年学科建设与发展规划。

（隆克平、张晓彤）

【教学改革】2013年，学院鼓励教师积极参与教育教学改革，努力提高教育教学水平。年内，学院共申请学校教育教学改革与研究面上项目10项，获批3项；申请获批全英文教学示范课程建设项目1项；申请学校“十二五”规划教材9项，获批重点项目1项，一般项目8项；申报2013年教育教学改革立项项目（教育部“专业综合改革试点”类）3项；申请获批研究生教育发展基金项目4项，其中教材项目3项，研究生教育创新研究1项。杨炳儒等编写的《离散数学》荣获“北京高等教育精品教材”；石志国等3人荣获北京科技大学第七届本科教学优秀奖；隆克平当选为教育部高等学校电子信息类专业教学指导委员会副主任委员，王建萍被聘任为协作委员；阳小龙等10人入选学校本科教学评审专家库；周芳等3人当选为学生“心目中最优秀的老师”。

2013年，学院继续多渠道开设实训课程，探索建立适应行业技术发展的新型人才培养模式。“甲骨文（北京科技大学）教育中心”开设17门具有行业实用价值的IT实训扩展课程，实现了学分互换；邀请塔林理工大学教授开设国际最新信息类学科专题“高级电脑架构与嵌入式系统”全英文专业实训选修课；借鉴美国、加拿大等国外高校实践教学经验，推进计算机组成原理、微机接口技术等实验课程改革，完善通信电子、物联网、信息安全等实践教学平台，改进实验教学的方式、质量和要求。针对本科三年级开设大学生工程创新课程，积极组织、推荐学生到行业知名企业实习实践并建立实习基地，建立了大连华云物联网实习基地，并与北京北大方正电子有限公司签订实习基地协议，与同方股份有限公司签署校企合作协议。

2013年，学院继续完善研究生培养管理制度，修订了《关于研究生学位论文答辩的补充规定》，进一步提高了博士、硕士研究生学位论文答辩的标准。学院继续举办“计算机与通信前沿技术名家讲坛”“博士研究生‘拓普’论坛”等学术交流平台，营造浓厚的学术氛围。年内，学院与中国电信研究院、无锡城市云计算中心等科研院所和企业开展联合培养，提高研究生的科研实践能力。在各项措施的合力下，学院研究生培养水平不断提升。2013年1月毕业博士生人均发表论文数居各学院之首。在学校“第九届研究生十佳学术之星”评审中，学院2011级硕士研究生尹绪旺凭借其在数据挖掘领域的高水平论文，成为全校唯一一名获得该荣誉的硕士研究生，这也是学校信息学科研究生首次获此殊荣。在学术诚信方面，学院继续对所有申请毕业的研究生学位论文进行查重检测，总复制比10%以下的学位论文达到了98%，全部符合学院规定的严格答辩条件，实现了学生学术水平与学术道德的共同发展。

（王建萍、张晓彤）

【科学研究】2013年，学院成功申报“北京市融合网络与泛在业务北京市工程技术研究中心”，成为学院第二个省部级科研基地。12月，工程中心召开第一届技术委员会，就工程中心的发展提出了建设性指导意见。同时，学院积极推进“材料领域知识工程北京市重点实验室”

实体化建设，10月顺利通过北京市科委组织的2012年度阶梯计划项目专项结题验收。年内，学院还成为北京物联网研究会挂靠单位，王志良教授当选研究会第一任理事长。

2013年，学院积极组织、引导教师申报国家自然科学基金及重大、重点科研项目。年内，共申报国家自然科学基金35项，获准立项7项，提交“新一代宽带无线移动通信网”重大专项2014年课题指南建议2项、高新领域“科技部2014年备选项目”1项，申报国家科技支撑计划项目2项、国家科技重大专项1项、北京科委重大项目1项、发改委信息安全专项1项、教育部-中移动基金项目3项等。2013年，学院总计到位科研经费2206万元。

2013年，学院科研论文成果数量和质量明显提升。学院教师为第一署名且以北京科技大学为第一署名单位的三大检索收录论文177篇，其中SCIE检索论文37篇，比去年增长68%；EI检索论文90篇，比去年增长61%；CPCI-S检索论文50篇。其中影响因子在1.0以上的6篇，JCR二区论文2篇，授权发明专利13项。2013年，学院在部分研究领域取得了重要研究成果。殷绪成团队“自然场景文本检测技术”荣获2013年国际文档分析与识别竞赛（*Robust Reading Competition*）三项冠军。其中“自然场景文本检测”竞赛单元取得了10年来该项竞赛的最好性能，是中国研究机构首次问鼎该项冠军。王沁教授“IEC 62601: 2011用于过程自动化的WIA通信网络与通信规范”荣获中国标准创新贡献奖一等奖；张德政教授参与的“大型深凹露天矿岩体边坡稳定性与治理技术研究及其应用”项目荣获冶金科学技术奖一等奖。

（张德政）

【国际交流】2013年8月，学院举办了中荷双边研讨会，开展中荷主题对话合作计划（JSTP），探讨中荷大学能源服务合作研究。10月，主办了“第11届光互联网国际学术会议(COIN2013)暨融合通信研讨会”，录用论文108篇，其中EI检索74篇，SCI检索18篇。11月，举办了“网电空间技术国际会议”，150多人次参会，录用论文近200篇，其中EI检索120余篇。国际会议的成功举办对提升学院在通信技术领域和计算机软件工程技术领域的国际学术影响力起到积极推动作用。

学院组织教师、研究生积极参加国内外高水平学术交流活动。年内，25名学生参加国家公派学生赴新西兰惠灵顿维多利亚大学留学、励志计划赴香港留学，与北海道大学、台湾科技大学校际交换、国际暑期交流，法国图尔工程文凭培养以及美国加州大学自费研修访学等国际交流生项目；13名硕士研究生赴邓迪大学、昆士兰大学联合培养。8位教师赴加拿大、美国等知名大学或者研究机构进行访学。学院接收留学生总计159人，是全校留学生最多的两个学院之一。2013年，完成与瑞典布莱京理工学院合作办学项目第一期学生招生工作，合作办学项目正式启动。

（张晓彤、宁焕生）

【党建与学生工作】按照学校统一部署，学院制订了党的群众路线教育实践活动实施方案，扎实开展教育实践活动。围绕班子作风建设和“四风”问题，分层次召开教师、学生座谈会，广泛听取师生意见，梳理“四风”在学院的具体表现。在深刻对照检查的基础上召开民主生活会，开展批评与自我批评，结合实际，制定、落实整改方案。以教育实践活动为契机，学院组织支部开展了“四个一”（组织一次学习教育、开展一次党性实践、促进一项中心工作、解决一个突出问题）主题活动。教师党支部围绕学科建设和人才培养中心工作，机关党支部围绕提高管理服务质量，学生党支部围绕学风建设开展调查研究，促进解决实际问题，提高教育实践活动的实际效果。

2013年，学院党委加强基层党组织建设，党建成果丰硕。年内，新发展教工党员1名，学生党员86名，党员比例22.5%。《“四个一”引航大学新生生活》荣获首都高校基层党组织活动创新奖；计通本12级第二党支部“青春不老走基层、生态民俗促发展”活动被评为北京高校红色“1+1”示范活动一等奖；1个学生党支部荣膺北京科技大学首届“十佳标杆党支部”，1个教工党支部荣获“北京科技大学先进党支部”，4名党员被评为北京科技大学优秀共产党员，1人被评为北京科技大学优秀党务工作者；5个支部荣获2013年北京科技大学优秀基层党组织活动一、二、三等奖，学院党委被评为2013年学校基层党组织立项活动优秀组织奖。

学院扎实做好学生管理与服务，大力加强学风建设。在学院“学风建设指导委员会”统筹规划下，学院充分发挥好系所、任课教师、班主任、辅导员/小班主任的综合引导作用，在学生中树立刻苦勤奋、脚踏实地、积极进取的良好学风。在各项措施的合力下，学院学风建设取得明显成效：本科一、二年级学生必修课及格率首次超过70%，其中2012级本科生课程一次通过率72%，与2011级同期相比提升了9个百分点，名列全校前茅。学院首次出现两个大一学年零挂科班级，2人获得2013年校长奖章。毕业生继续深造率进一步提高到52.15%，同时，涌现出加权成绩99.6分的北京科技大学励志人物刘畅等一批优秀学生典型。

2013年，学院依托“勤敏轩”科技创新实验室和索思科技协会，精心设计和组织学生开展各类科技创新活动。学院投资230万元优科平台建设经费搭建公共实验平台，申报北京市“校内创新实践基地建设”项目，申请经费50万元用于创新实践基地建设，为学生科技创新活动提供场地与设备支持。2013年，创新试验室成功孵化23个项目，参与学生112人。年内，学院搭建了3（基础学科竞赛）+5（专业竞赛）+2（*SRTP*、摇篮杯）科技竞赛平台，初步实现了每个专业一项品牌赛事的目标。学院承办了第七届中国大学生物联网创新创业大赛北京赛区决赛等5项学科或科技竞赛，组织参加国际程序设计大赛、美国大学生数学建模竞赛等各类学术竞赛20余类，参与人数800余人次，获国际竞赛奖项2人次，国家级奖项108人次、市级奖项91人次，校级奖项241人次，获奖人数较上一年增长29.2%。*STRP*获批国家级创业项目4项、市级项目5项，院级项目39项，2个项目转化为实体创业项目。

学院认真做好毕业生就业指导与服务工作，积极拓宽就业途径，提高就业质量。2013年，学院共举办各类招聘会46场，提供招聘岗位数600余个，开展“首都IT名企行”，走访微软、百度、搜狐、腾讯、甲骨文、德勤、TCL等20余家单位。年内，学校毕业生整体就业率97%，其中，本科生就业率95%，研究生就业率100%，毕业生就业质量较往年有所提高，获北京科技大学2013年高质量就业率优胜奖。

（黄武南、苏　栋）

数理学院

【概况】2013年，数理学院有应用数学系、信息与计算科学系、应用力学系、物理系4个系，应用物理研究所、应用数学研究所2个研究所，现代物理技术研究中心、实验教学中心2个中心；并设有科技部材料模拟设计实验室、北京市弱磁检测及应用工程技术研究中心、国家工科物理课程教学基地和北京市高等学校实验教学(物理)示范中心。学院有教职员工109人，专任教师101人，其中具有博士学位的教师69人。学院有教授26人，副教授38人。教授中有中国科学院院士1人、国家“千人计划”入选者1人、教育部长江学者讲座教授1人、教育部“新世纪优秀人才支持计划”入选者3人、北京市科技新星1人、北京市高等学校教学名师3人。

截至年底，数理学院共有3个本科专业，6个硕士专业，3个博士专业，当年招生总人数366人，其中本科生242人、硕士研究生109人、博士研究生15人。在读学生规模总数为1207人，其中本科生926人，硕士研究生210人，博士研究生71人。

（刘雨芙、牛 珩）

【学科建设】2013年，学院有物理一级学科博士点，固体力学、一般力学与力学基础2个二级学科博士点，数学、统计学2个一级学科硕士学位授权点，物理电子学二级学科硕士点。学院物理学科还参与纳米材料与器件物理学、光电信息材料与器件2个北京市重点学科（交叉学科）的建设。全国高校学科评估结果发布，学校物理学全国排名第32名。根据Thomson Reuters（汤森路透）公司的 ISI Web of Knowledge-Essential Science Indicators（Web of Science）的统计结果：学校物理学科进入全球前1%。数学学科刘宇副教授入选教育部“新世纪优秀人才支持计划”。

（邱 宏）

【科研工作】2013年，学院科研经费1719万元，创学院历史新高。物理系巨新教授获得单个项目经费852万元，创造学院历史新高。获2013年度国家自然科学基金资助项目4项，总经费147万元。

年内，共发表学术论文187篇，被SCIE检索收录的学术论文85篇。根据ESI提供的数据，物理系潘礼庆教授、邱红梅副教授发表在学术期刊*Journal of Alloys and Compounds*上的论文进入材料学科全球前1%。根据Elsevier出版社提供的数据，应用数学系郑连存教授在学术期刊*Nonlinear Analysis:Real World Applications*和学术期刊*Journal of The Franklin Institute*上发表的2篇论文进入90天最多阅读论文系列，物理系邱宏教授在学术期刊*Vacuum*上发表的1篇论文进入90天最多阅读论文系列。

物理系巨新教授组织召开“2013年光学材料强光损伤学术研讨会”，美国科罗拉多州立大学斯普利斯分校、中国科学院、中国工程物理研究院、复旦大学、国防科技大学、山东大学、北京科技大学的专家、学者、学生等30余人参加研讨会。

（郑连存、邱 宏）

【教育教学】2013年，学院共承担了147门次本科生课程的教学任务，同时圆满完成双二辅、留学生的教学计划。教授为本科生上课率达到100%。学院督导组和学院各级干部共听查课70门次。同时，学院从完善班导师制度建设、强化教学过程管理和制定本科教学条件规划建设入手，为探索人才培养模式改革奠定基础。

学院十分重视本科教育教学的各项工作。一方面狠抓保研工作，通过教师和学生的共同努力，学院三个专业一共保研成功42人，理科实验班保研成功30人。保研质量普遍比上一年高，绝大多数都是到“985工程”高校或中科院系统的研究单位。另一方面利用一切资源为考研学生提供帮助，考研成功比例创新高。学院一共为包括本科生在内的学生组织了20余场学术报告。

由廖福成老师领衔的“2+x”创新人才培养模式的研究与实践荣获2012年北京市高等教育教学成果奖二等奖，理科实验班的培养模式得到创新，顺利为理科实验班开设英语夏令营。2013年科技创新项目实现顺利结题，3项校级、3项国家级获得通过，其中2项获国家级一等奖，35项院级项目通过验收，其中获奖项目超过半数。加强毕业论文查重工作，学院推选的9篇论文入围2013届本科优秀毕业设计（论文）。在2013年北京市大学生数学竞赛中，学院3名学生获一等奖，2名学生获二等奖，3名学生获三等奖；在2013年全国大学生数学建模竞赛中也取得了优异成绩，包括全国二等奖3个队，北京市一等奖3个队，北京市二等奖7个队；在2012年大学物理竞赛中，获1个一等奖、1个二等奖、8个三等奖。

教师授课质量继续得到提高。赵鲁涛老师在北京市教学基本功比赛中荣获北京市理工组一等奖，赵东红老师、徐美老师和胡毅庆老师分别荣获学校教学基本功比赛一等奖和三等奖。赵鲁涛、徐美老师还荣获第七届学校本科教学优秀奖。学院申报了两门新生研讨课，1门文化素质课。3门英文示范课通过了中期检查，并新申报了2门英文示范课，5门研究型示范课申报成功。3部讲义、4部教材通过立项评审，部分即将出版。6项教改重点项目、面上项目立项成功。邱宏老师和尹红老师为青年教师做了关于授课技能的讲座。

学院与中国科学院半导体所合作，创新物理专业人才培养模式，共同创办了“黄昆班”。“黄昆班”是学校与半导体所协同创新，发挥双方优势，产学研用结合，培养优秀本科生人才的一种新机制、新模式。师资队伍是由院士、长江学者特聘教授、国家杰出青年基金项目获得者、百人计划入选者和教学名师、国外著名学者、半导体领域学术带头人等组成的教学团队。学生培养实行“双导师制”。鲜明的培养理念、目标及新颖的办学模式是“黄昆班”的最大特色。2013年度进行了招生宣传、面试、培养计划安排、课程设计等，9月正式招收了2011级和2012级首届黄昆班学生。

2013年，学院共选派13名本科生赴海（境）内外参加学生交流项目（英国邓迪大学2人、美国调研1人、台湾大学1人、韩国国立顺天大学1人、台湾东海大学1人、台湾辅仁大学2人、台湾逢甲大学3人、华南理工大学1人、中国海洋大学1人），约占每年级本科生比例的7%。

（廖福成、陈章华）

【党建与学生工作】2013年，学院加强学习型党组织建设，增强党组织的战斗力、凝聚力和号召力，充分发挥党组织的战斗堡垒和党员的先锋模范作用。

（1）学院扎实做好党建和思想政治教育工作。截至年底，学院有博士党支部2个、研究生党支部9个、本科生党支部8个。有本科生党员91人，占全院学生的9.8%；有研究生党员166人，占全院学生人数的59.1%；学生党员总比例为21.3%。2013年，学院共组织学生启蒙党校1期，覆盖全院220余名新生；入党积极分子党校1期，培养入党积极分子学员217人；全年发展党员55名，预备党员转正44人。年内，学院共12个支部参加红色“1+1”支部共建活动，参与率占到具有申报资格的

75.0%，1个支部被推选参评北京市红色“1+1”支部共建优秀党支部；学生支部参与“创先争优”支部立项达到100%，推荐1个学生支部参评学校“创先争优”优秀党支部。

（2）学院进一步建设和完善“教学副院长+学生工作副书记协作、辅导员+班导师”学风建设管理机制，细致做好学风建设。2013年度，学院修订完善了班导师工作手册，进一步明晰了班导师的责权利，推进班导师制度的规范化管理；学院继续在新生中推行学业导师制度，2～3名同学配备1名专业教师（含教授、副教授）作为学业导师，指导学生养成正确的学习方法，培养学生的专业兴趣，帮助新生更快地适应大学学习和生活；强化专业兴趣和专业规划教育，学院负责人亲自参与新生专业教育主讲活动；以班级为单位，建立学风建设小组，开展有班级特色的学风建设活动；营造学风建设的良好氛围；加强舍风建设，在“宿舍文化，薪火相传”第七届宿舍文化节中，评选学习宿舍、文明宿舍和美丽宿舍，通过树立典型发挥优秀学生的模范带头作用；充分发挥党员和入党积极分子在宿舍学习和生活中主导、带头作用，带领同学合理分配学习与休息时间，通过宿舍长严格控制作息时间，帮助营造温馨、和谐、健康的宿舍氛围。

（3）2013年，学院共218人次本科生获得奖学金，总金额38万元；215人获助学金，总金额61.3万元；275人次获得北京市、校级各类荣誉称号。6个班级获校级先进班集体，3个班级获校级标兵班集体，3个宿舍获得校级“标兵宿舍”称号。物理系博士生黄厚兵获学校“第九届研究生十佳学术之星提名奖”荣誉称号。2013年，学院共有119人次在各类学科竞赛中获奖，位居全校前列。其中王晓、陈华同学获2013年全国大学生英语竞赛一等奖；组瑞同学获得第四届“蓝桥杯”全国软件专业人才设计与创业大赛北京赛区一等奖；在2013年全国大学生数学建模竞赛中，王晓等4名同学获得全国二等奖，李雪松等5名同学获北京市一等奖；在第七届首都“挑战杯”竞赛中，杨伍昊等同学的作品“多组分颗粒在竖直和旋转激励下分聚行为探秘”获得特等奖，充分展示出学院学生扎实的理学功底。在2013年暑期社会实践工作中，1支团队获得校级金奖团队，1支团队获得校级银奖团队，2支团队获得校级铜奖团队，1人荣获社会实践十佳标兵，与首钢集团迁安钢铁分公司达成社会实践基地挂牌意向，获奖比例和获奖人数在全校名列前茅。学院扎实开展心理素质教育工作及大学生学术科技工作，获得学校心理健康工作专项奖。

（张妆凤、牛　珩）

化学与生物工程学院

【概况】2013年，化学与生物工程学院设化学与化学工程系、生物科学与工程系、高分子科学与工程系3个系，生物工程与传感技术研究中心1个研究中心，生物工程与传感技术北京市重点实验室、功能分子与晶态材料科学与应用北京市重点实验室、北京科技大学农药残留与环境毒理实验室（省部级）3个实验室。现有专兼职教职工77人，其中专任教师69人，国家“千人计划”项目特聘教授2人，教育部长江学者1人，国家杰出青年基金项目获得者1人，教育部新世纪人才7人，北京市科技新星6人、博士生导师15人、教授19人、副教授24人。有在校本科生、硕士研究生、博士研究生及留学生800余人。2013年，学院圆满地完成学院搬迁，化生楼正式投入使用。

（曾　芳、何文书）

【学科建设与实验室建设】2013年，学院有化学一级学科博士点，化学工程、化学2个硕士学位授权一级学科，生物化学与分子生物学二级学科硕士学位授权点。年内，学院以一级学科为单位，开展学科大讨论，组织教师调研了国内外90余所高等院校，分别召开多次专项研讨会、学科全体教师会议，共同探讨学科发展大计。通过讨论，学院编制完成了《化学与生物工程学院学科建设与发展五年规划》和《化学与生物工程学院科研发展三年规划》，进一步明确了学科方向和建设目标，凝练形成了5个化学学科方向和1个生物学科方向。据此，学院进一步明确了教学、科研、人才培养、重点团队建设等方面的建设目标，并制定了人才培养与引进、高水平实验室和创新团队建设、国际合作、产学研结合、教学研究、重大项目建设6项具体建设措施。

年内，学院完成优势学科平台专项的论证、仪器的专家论证、招标、谈判和购买等事宜，初步建设并运行“学院实验平台”，制定和完善了建设和管理办法。

（张学记、范慧俐、温永强）

【教学改革】2013年，学院重视青年教师培养，着力加强人才培养工作。本科教学方面，全院教师共承担本科生课程102门，其中1门课程获批学校“2013年全英文教学示范课程建设项目”，2门课程获批“学校首批通识教育核心课程建设项目”，2门课程通过“学校研究型教学示范课”中期检查。2013年，学院教师获得2项“校教育教学改革与研究项目”，3项“十二五”规划教材，1项“十二五”规划讲义，出版教材和讲义9部，撰写并发表教研论文9篇。2013年，学院为7名新入职教师指定业务素质过硬教授作为指导教师，加强新教师在科研、教学等工作中的指导和培养。2013年，学院3名青年教师入选北京高校青年英才计划，1名青年教师成功申报青年骨干教师出国研修项目。年内，学院举办第二届青年教师教学基本功比赛，并选派2名教师代表学院参加学校比赛，分获二等奖和三等奖。同时，学院有3名教师获得学校第七届“本科教学优秀奖”二等奖”，1人获得学校第一届“微课比赛”三等奖。

2013年，学院本科生组成的团队获得第七届“挑战杯”首都大学生课外学术科技作品竞赛特等奖、第十三届“挑战杯”全国大学生课外学术科技作品竞赛三等奖。

研究生教学方面，2013年，学院3名教师获得学校研究生教育发展基金支持。认真组织开展学院第九届研究生学术论坛系列活动，举办讲座20余场。2013年，卢天、阚京兰2名研究生获得北京科技大学研究生“十佳学术之星”称号，入选人数与冶金学院并列学校第一，创造了学院“十佳学术之星”评比的最好成绩，体现了特色理科的人才培养成果。

（范慧俐、杜宏武、石建珍）

【科研活动与国际合作】2013年，张学记教授当选俄罗斯工程院外籍院士，姜建壮教授入选2013年国家百千万人才工程。学院整合生物工程与传感技术研究中心、生物技术系的资源，积极申报“生物工程与传感技术北京市重点实验室”并成功获批。2013年，学院科研经费1645.6万元，共11个项目获得国家自然科学基金资助，总金额424万元。学院SCI论文收录84篇，其中高水平论文（影响因子大于5.0）18篇，张学记教授等发表的论文影响因子为45.7，被国际化学领域顶级刊物*Chemical Reviews*录用，这是建校以来影响因子最高的文章之一。

2013年，学院和“功能分子与晶态材料科学与应用”北京市重点实验室成功举办第五届道尔顿国际研讨会，邀请英国圣安德鲁斯大学Russell Morris教授等在内的5名境外专家、吉林大学的冯守华院士等200余名国内专家参会，促进了学校在先进无机材料领域的基础和实际应用研究，提升了学校在无机材料领域的学术地位，推动了学校相关学科的整体发展。年内，学院共邀请6名国外专家来访，并为师生做学术报告；5名教师及2名博士生应邀赴澳大利亚格里菲斯大学等3所国外大学访问并做报告。学院选派6人参加境外交流，8人参加境内交流。

（温永强、杜宏武）

【党建与学生工作】2013年，学院积极推进基层党组织工作创新，加强党员队伍建设，成立了生物工程与传感技术梯队党支部、介电高分子材料与器件梯队党支部、无机功能材料梯队党支部3个梯队党支部。至年底，学院党委共设立党支部19个，其中教工支部3个、学生支部13个（本科生党支部3个，研究生党支部10个）、梯队党支部3个；共有党员242人，其中教工党员38人。年内，学院党委严格把关党员发展工作，组织发展了28名积极分子为中共预备党员，其中本科生发展党员23名，研究生发展党员5名，审核批准了30名预备党员的转正申请，组织95名学生参加了积极分子党校和毕业生党校培训。

2013年，按照中央有关精神和学校有关部署，化学与生物工程学院于7月正式启动了党的群众路线教育实践活动。学院党委把教育实践活动作为改进作风、凝聚力量、推进学院科学发展的重要机遇，在校党委的领导下和指导组专家的指导下，学院领导班子深入学习讨论、广泛征求意见、认真对照检查、深刻剖析问题、深挖思想根源、研究整改措施，取得了显著的实效。

2013年，学院认真贯彻民主集中制，认真执行学院党政联席会议议事规则和“三重一大”集体决策制度，明确议事范围，严格议事程序，提高决策水平。学院坚持做到每两周召开1次党政联席会议，会议内容定期通报给系所，院长书记带头督查督办决策事项落实情况等措施。年内，生物系党支部获得北京科技大学“先进党支部”称号，本科2011级党支部获得学校基层党组织活动一等奖，本科2012级学生党员李建地获中国环境科学学会颁发的千乡万村环保科普行动“全国十佳志愿者”称号。1名党员获得学校“优秀党务工作者”称号，4名党员获得学校“优秀共产党员”称号，15名党员获得学院“优秀共产党员”称号，15名教职工获得学院“先进工作者”称号。

2013年，学院党委重视凝聚力建设，召开了学院全体教职工大会，举办了离退休老教师新年茶话会，组织30余名教师排演的歌舞节目《我爱你，中国》获学校工会60周年文艺会演一等奖。

2013年，学院扎实开展“平安校园”创建工作。按照学校整体部署，完成制度和预案体系建设，认真梳理总结验收材料，在积极开展安全排查和疏散演练等工作的同时，与校保卫保密处、资产处联合组织校级安全知识竞赛。来自12个单位的本科生、研究生500余人组队参赛，收到了良好的教育效果，《科学时报》、中国教育新闻网及中国广播网对此进行了转载报道。学院还组织编辑了《北京科技大学平安校园知识手册》，全校教职员工人手一册，学生每宿舍一册。同时学院还负责建立和更新“平安校园”专题网站，为学校“平安校园”建设做出了应有的贡献。

2013年，学院坚持多种途径加强学风建设。本科低年级挂科率降低，2012级学生挂科率比2011级同期下降了1.6%，多个班级实现了外语、高等数学、大学物理等基础课程零挂科或低挂科。2013届毕业生总就业率跃居全校第3名，比上一年提高3个名次。研究生就业率100%，创学院成立以来毕业研究生首次全部就业纪录，其中签约率85.71%，位列全校第1名。2013年研究生整体就业质量较高，其中签约国有企业、高等教育单位或事业单位的毕业研究生占50%，国内师资博士后或出国深造率28.57%。本科生就业率比上一年提高0.56%，超过全校平均水平3.6%。2013年毕业生深造率63.15%，比上一年提高4.61%。年内，学院学生保送或考取北京大学、清华大学、中国科学院3所院校人数比上一年提高50%。本科生应用化学专业深造率73.6%，比上一年提高4.7%，签约率83.02%，在全校46个本科专业中排名前6。

（郑安阳、曾　芳、曹艳秋、何文书、孟　涛）

东凌经济管理学院

【概况】2013年，东凌经济管理学院设管理科学与工程系、工程管理与技术经济系、工商管理系、财务与会计系、经济贸易系、金融工程系6个系，教育部工程研究中心、期货证券研究中心2个研究中心，北京企业低碳运营战略研究基地1个研究基地，复杂系统故障预测和管理研究所、管理科学研究所、电子商务研究所、企业与产业发展研究所4个研究所，学院办公室、公共关系办公室、教学办公室、学生工作办公室、国际认证和质量保证办公室5个办公室，MBA中心、EMBA教育中心、实验信息中心3个中心。

2013年，学院共招收本科生331人，硕士研究生154人，工商管理硕士（MBA）248人，工程硕士80人，高级管理人员工商管理硕士（EMBA）52人，中美合作高级管理人员工商管理硕士（EMBA）70人，博士研究生28人，留学生148人。毕业学生1050人，其中本科生425人，硕士生134人，工商管理硕士（MBA）202人，工程硕士66人，高级管理人员工商管理硕士（EMBA）97人，中美合作高级管理人员工商管理硕士（EMBA）100人，博士生26人。截至年底，学院在册本科生1668人，硕士研究生327人，工商管理硕士（MBA）580人，工程硕士258人，高级管理人员工商管理硕士（EMBA）214人，中美合作高级管理人员工商管理硕士（EMBA）130人，博士研究生234人，留学生364人。

2013年8月25日，国际MBA协会正式通知北京科技大学的MBA、EMBA项目获得AMBA国际认证顾问委员会批准，成为中国大陆地区第十八家AMBA认证成员。2013年11月28日，王文彬院长代表学院在AMBA亚太会议上领取AMBA商学院国际认证证书。通过AMBA国际认证，标志着学院的国际化水平实现了一个里程碑式的飞跃，对促进学院汲取世界先进商学院办学理念、完善自身教学体系、建设达到国际化水平的一流商学院有着重要意义。

（王文彬）

【学科建设】2013年，学院积极响应学校关于开展学科建设大讨论的号召，着手组建学科建设领导小组和工作小组（下设3个一级学科工作团队），并专门成立学院学科建设工作委员会，制订《学科建设工作委员会工作章程》，以及设立专项经费予以支持，用以指导学院未来长远的学科规划与建设。

结合2012年全国高校学科评估结果和评估报告，以评估指标体系为依据，以国内外本学科发展现状与趋势为参照，围绕学校学科建设开展大讨论。在前期调研和走访相关高校的基础上，学院学科建设工作小组先后召开多次会议，认真查摆问题，寻找自身的优势与不足，通过对比分析，进而明确3个一级学科在未来5～10年的发展方向与建设思路，凝练出学院学科规划的蓝图和战略。

自着手认证工作以来，学院领导多次与校领导就国际认证进展情况进行沟通，得到校领导的高度重视和大力支持。经过一年多的夯实改进和创新提高，学院如期通过AMBA申请和预认证程序，并完成MBA、EMBA项目认证自审报告的撰写工作。2013年6月19～22日，AMBA认证评审委员会正式抵达学院对MBA、EMBA项目进行质量认证。在对学院进行为期3天的多角度和认真细致的评价考察后，认证专家对学院MBA、EMBA项目质量给予了充分肯定，对认证材料和认证报告也给予了高度评价，一致认为东凌经济管理学院满足AMBA认证准则，并对学院未来进一步的发展建设提出了建设性的意见和建议。从2013年9月起，学院继续推动AACSB认证工作，已进入学院自审阶段。

至2013年年底，学院具有管理科学与工程博士后科研流动站，管理科学与工程、工商管理2个一级学科博士点，管理科学与工程、企业管理、会计学、金融学、国际贸易学、产业经济学、技术经济及管理7个硕士点，会计学专业硕士（MPAcc）、工商管理硕士（MBA）、高级管理人员工商管理硕士（EMBA）、工业工程、项目管理5个专业学位点，信息管理与信息系统、国际经济与贸易、金融工程、工商管理、会计学、工程管理6个本科专业。此外，学院继续与美国德克萨斯大学阿灵顿商学院合作培养高级管理人员工商管理硕士（EMBA）。

（王文彬）

【师资队伍建设】2013年，学院共有教职工136人，其中教授29人，副教授37人，讲师28人，行政、教辅和辅导员42人。学院高层次人才引进和教职工入校工作稳步开展，学院教师中博士占78%，比2012年提高近3个百分点，2位副教授晋升为教授，3位讲师晋升为副教授，师资队伍结构进一步优化。

学院为了提升教学质量和学术水平，还向北京市申请两位高端外国专家名额。一位是来自美国的M.G.Pecht教授，是系统健康维护方面的国际权威；另一位是来自挪威的S.W.Wallace教授，是随机规划领域的专家。学院希望通过引进这两位高端专家，能够促进学院学科发展建设。

（刘明珠）

【教学改革】2013年，学院本科生教学工作紧密围绕学校、学院中心任务展开，积极组织教师深入开展教学研究，在教材建设、课程建设、教师教学能力培养和教学改革等方面，取得了优异的成绩。其中有北京高等教育精品教材2部、教育部首届微课程比赛北京市优秀奖1项、校级研究型示范课程6门、校级第二批“十二五”规划教材建设立项10项、校级全英文示范课程1门、校级本科教学标兵奖和一等奖各1人、校级研究型教学示范课程建设项目6项、校级教改重点项目2项、北京市人才培养共建项目2项等。

2013年，学院研究生管理水平又上新台阶，在学校第六届“研究生教育奖”评选中，学院荣获“研究生教育管理先进集体”称号，孙莹老师荣获研究生论文指导优秀奖，李晓静、王凡妹两位老师荣获研究生教学优秀奖。在教学研究方面，学院关于国际研究生项目的立项研究被评定为2013年度北京市教育科学“十二五”规划申请项目，实现学院此类项目的零突破。学院还荣获教育部来华留学生英语授课品牌课程一门，也实现了学院研究生课程获得省部级荣誉的零突破。

为提升青年教师的研究生课堂教学水平，学院于2013年上半年组织举办为期1个月的首届研究生课堂青年教师教学技能系列培训活动，得到学院广大青年教师的一致好评，进行过培训的青年教师均顺利通过研究生院要求的研究生教学资格上岗考核认证。

在研究生培养方面，学院2013年新增2名博士生指导教师和2名校外博士生指导教师，继续落实学校博士生申请-考核制招生改革，新增1名导师获得申请-考核制招生资格，截至年底，学院共有3名导师可通过申请-考核制招收博士生。

学院采取多种措施提高MBA报名人数，全面改版MBA官方网站，拓宽招生推广渠道，进一步扩大学院知名度和影响力。2013年MBA报名人数达到929人，入学人数248人。

2013年6月，学院成功承办“首届全国管理案例精英赛”北京赛区比赛，本校2支参赛队伍分获第1名、第2名的好成绩，这是学院首次承办全国研究生赛事活动。此外，“国际视野本土情景——本土案例的崛起对MBA教学的影响”一文在《北京青年报》上刊登。

按照AMBA认证专家的意见，学院修改了MBA教学大纲、调整了EMBA培养方案，对必修课和选修课进行了相关课程改革，已从2013级学生开始执行。

2013年5月，首次率队出征面向亚洲顶级商学院EMBA学员的“玄奘之路”挑战赛，学院5名EMBA学员组队参加并成功拿下沙克尔顿大奖。

（胡　枫、魏　钧、何　枫）

【科学研究】2013年，为进一步加强科研管理工作，学院先后组织开展青年教师基金申报动员会、科研经费自查自纠会、国家自然科学基金申报讲座、学院顶级期刊目录意见征集等一系列活动，并通过进一步完善、落实学院各项科研管理规章制度，极大地调动了广大教师投身科研的积极性，在项目申请、论文发表和著作编撰等方面取得可喜成绩。年内，学院各类纵向项目累积获批立项48项，较2012年增长45.45%，其中国家两大基金6项（自然科学5项、社会科学1项），教育部博士学科点专项科研基金项目3项（博导类基金项目1项）等。2012－2013学年学院到账经费（软件）总计1000万元，其中纵向经费553.6万元，横向经费446.4万元，与2012年相比，纵向经费增长率为22.75%，横向经费增长率为11.32%。发表SCI/SSCI论文25篇，其中TOP论文19篇，完成学院18种期刊论文17篇。有著作14部，译著3部，教材30部，申请发明专利及软件著作权各1项。

为给教学、科研提供更好的服务，2013年学院已圆满完成工程管理综合模拟实验室二期建设、两个实验室的基本装修改造和中心网站的重新建设，同时还顺利通过北京市级实验教学示范中心的验收工作，成绩优秀。

（何　枫、胡　枫）

【合作与交流】学院在国际化建设战略的指导下，积极开展与国外高水平学校的合作，全力搭建学术交流平台，在学生交换、教师培养、科研合作、学术交流、本硕博项目和高端学者引进等各方面，都取得了丰硕的成果。2013年，学院继续推进与英国曼彻斯特城市大学的校际合作项目，联合开设DBA，计划2014年秋季开学，为企业高管和政府高官提供管理学界最前沿的知识和实践经验。该项目已通过双方学术机构审核，进入合同签署阶段。另外，正在与其商学院商谈本科会计专业2+2和联合培养会计专硕的项目细节，预计2014年9月开始学生交换活动。2013年11月，王文彬院长随学校领导访问以色列The College of Management Academic Studies，并签署了院际合作协议，同时还访问了以色列理工学院、海法大学、特拉维夫大学、希伯来大学和以色列科学院，与海法大学商学院的合作正在沟通中。

学院有序推进学生国际交流工作，不断加强学生国际化培养步伐。年内共派出64名学生参加国际交流项目，其中本科生55人，硕士生7人，博士生2人。学院还积极推进教职工培养和拓展，努力创造教职工个人发展机会，力争实现学院与国际化接轨的目标定位。2013年，学院有4位教师已获国家留学基金委资助将前往国外访学，2位教师获基金委全额资助正在美国访学，还有4位教师已圆满完成国外访学任务并归国返校工作。

（王文彬）

【党建与学生工作】2013年，学院坚持以邓小平理论、“三个代表”重要思想和科学发展观为指导，认真贯彻落实中共十八大精神，扎实做好党的群众路线教育实践活动，统筹推进领导班子和干部队伍建设，进一步加强思想理论建设、基层党组织和党员队伍建设，动员凝聚全体党员干部和师生员工，注重学院内涵式发展，为稳步推进学院“十二五”规划各项工作，努力实现学院教育事业科学发展提供坚强的思想和组织保证。

2013年，学院党政领导班子围绕学习贯彻中共十八大精神，以领导干部为重点，通过理论中心组学习、举办专题学习培训、召开民主生活会等多种方式认真组织、深刻领会、狠抓落实，不断提升党员领导干部的思想理论水平，努力提高党政领导班子的治院能力。同时，学院党委还指导基层党组织以党支部建设为平台，通过制订2013年组织生活计划学习贯彻中共十八大精神，把会议精神纳入党支部书记培训、入党积极分子培训和党员培训的学习内容中，通过从深入学习贯彻中共十八大精神到“共筑你我中国梦”的一系列活动，从立足岗位、服务师生、永葆共产党员先进性到“推进协同创新、促进协同发展”的专题研讨和实践活动，开展基层党组织活动立项，从基层做起，从身边的一点一滴做起，不断促进基层党组织和党员的共同成长与进步，切实把广大师生员工的思想和行动统一到十八大精神上，转化到推动学院事业科学发展的实际行动中。

按照校党委的统一部署，学院党委于2013年8月19日正式启动以“为民务实清廉”为主要内容的党的群众路线教育实践活动，紧密围绕“国内一流、国际知名的经济管理学院”愿景目标，以集中解决“四风”问题为聚焦点，以学院领导班子建设、干部队伍建设、系所工作和学科发展为重点，扎实高效地开展各项教育实践活动。学院党政领导班子集中学习3次，召开分类座谈会3场，与60余名师生进行个别谈话；通过设置意见建议箱、公布电子邮箱、问卷调查、民主评议等多种形式收集广大师生的意见建议；对照广大师生的意见建议，通过“自己找、互相帮、上级点”等多种方式查找问题，梳理出学院“四风”问题的12种表现。针对查摆出来的问题，学院将进一步深入剖析、查找原因、明确整改思路和改进措施，立足长远，注重从制度上、从机制上解决问题，把建章立制、标本兼治贯穿始终。

以评选表彰2011-2013年度校级先进党支部、优秀共产党员及优秀党务工作者为契机，学院党委进一步建立健全基层党建工作制度和工作机制，着力抓好基层党组织和党员队伍建设，更好地发挥党支部的战斗堡垒作用和提升党员队伍的活力。2013年，学院共有2个党支部、5名共产党员和1名党务工作者分别被学校评为先进党支部、优秀共产党员和优秀党务工作者。

2013年，学院党委切实加强对基层党组织活动立项工作的指导和帮助，结合学院师生的思想、工作和学习实际，以学习十八大理论知识为核心，以寻找“我的中国梦”活动为载体，以推进基层党组织建设为目标，力求活动主题鲜明、内容丰富、形式新颖而富有实效。经过学院党委会议评审，参与立项活动项目数25个，其中教师党支部8个，本科生党支部7个，研究生党支部10个，立项活动参与率100%。批准立项活动经费33500元，确保全部活动的顺利开展和按时完成，同时取得丰硕的活动成果。在2013年校级优秀基层党组织活动及优秀组织奖评选工作中，相比2012年基层党组织活动获奖情况，学院党委2013年的整体获奖面更广。本科2011级党支部和管博12党支部荣获了优秀基层党组织活动二等奖，教师金融系党支部和教师学工办党支部共荣获了优秀基层党组织活动三等奖，学院党委已连续4年荣获基层党组织活动优秀组织奖。

2013年，学院党委严格遵循“坚持标准、保证质量、改善结构、慎重发展”和“成熟一个、发展一个”的原则，按照《北京科技大学发展党员工作细则》相关规定，处理好党员数量和质量的关系，统筹做好发展党员工作。通过制定《入党积极分子考察培养汇总表（本/研）》，加强过程考察，实施入党积极分子量化考核，真实反映出入党积极分子在培养考察期内的综合表现，提高入党积极分子培养考察的实效性。这项工作已在学院各党支部中开展并取得一定成效，作为发展党员工作的好经验、好做法，也已在2013年全面推广至全校其他学院各党支部。2013年，学院发展教师党员1人，发展学生党员70人，其中发展本科生党员57人，发展研究生党员13人。

根据北京市委教育工委、市教委创建“平安校园”有关文件精神和学校相关会议要求，学院党委进一步完善安全稳定工作责任体系，落实任务分工，组织、整理和编写2011-2013年学院层面“平安校园”创建工作相关材料。开展经管楼首次消防安全演习，扎实做好安全防范与管理工作，圆满完成“平安校园”检查验收和学院实地走访工作。

2013年，学院秉承“育人为本、德育为先”的理念，围绕“以人为本、搭建平台、塑造空间、全面服务学生成长成才”的目标，紧密围绕学校、学院中心任务开展工作，常规任务扎实高效，重点工作成效突出，全面促进学生健康成长成才。①把学风导向贯穿学生工作全过程，以“三率”（四级一次通过率、考研率、就业率）作为考核学生工作的重要指标。2013年，英语四级一次通过率为98.74%，连续九年稳居全校第一；2009级本科生上研率为32.84%，较2012年同期有所提升，2009级本科生深造率（国内读研+出国留学）为45.03%；学院本科生、研究生综合就业率为96.89%（研究生就业率达100%），在史上“最难就业季”就业率继续保持稳定，并荣获校级2013届毕业生高质量就业率优胜奖及2013届本科生派遣率优胜奖。全年共有446人次获得各类奖学金，23个班级、5支团队、405人次荣获北京市级、学校级荣誉称号，管理1004班荣获2013年北京市“十佳示范班集体”称号。②坚持以赛促学，鼓励学生积极参加学科竞赛。全年共有102人次获得国家级、北京市级、学校级奖励，其中国家级奖励21人次、北京市级奖励17人次、校级奖励64人次。③强化实践环节，推进素质教育。2013年参加暑期社会实践的学生共计339人，组建团队30支，涉及理论宣讲、社会调查、学习参观、生产劳动、社会服务、勤工助学等多种内容和形式，全年共有1支团队获校级金奖、2支团队获校级银奖、2支团队获校级铜奖、1名学生获校级十佳标兵。由“河西镇留守儿童社会援助实效性调查实践团”撰写的“关于建立留守儿童援助实效性体系的研究”论文获得了“首都高校思政实践论文二等奖”。④培养服务精神，传播阳光理念。2013年，阳光志愿服务秉承“奉献、友爱、互助、进步”的志愿精神，在支教、敬老、助残、宣讲方面开展工作，稳步推进“基地化、常规化、精品化”建设。在2013年度学校志愿服务评比中，学院学生有1人荣获“十佳志愿者”称号，16人荣获“百优志愿者”称号，新街口街道福寿轩敬老活动荣获“校级十佳志愿服务精品项目”，阳光志愿者协会荣获“优秀青年志愿者协会”称号。⑤丰富学生的课余生活，大力加强文化建设。承办学校三好杯足球赛、篮球赛、羽毛球赛、乒乓球赛和游泳比赛等体育活动，在第52届学生运动会、新生运动会、研究生轻体运动会中屡获殊荣。在2013级新生中举办以“奋斗的青春最美丽”为主题的迎新晚会、班级素质拓展、“晨光早操”等活动以及进行班徽、班旗、班服、班歌等，班级形象展示等进一步提升了新生教育的实效性。

2013年，学院努力打造经管阳光窗口，坚持“加强指导、培养队伍、拓展渠道”的原则开展宣传工作，积极营造良好的学生工作氛围。抓好新闻信息中心队伍建设，年内着重打造人人网、微信、微博等宣传平台，并依托网络、专栏、电视等不同渠道开展宣传，实现了从纸媒到网媒宣传的全面覆盖。

（戴淑芬、温　雅）

文法学院

【概况】2013年，文法学院设有法律系、公共管理系、社会学系和艺术教育中心。学院代管的教学科研机构有：国家大学生文化素质教育基地、北京科技大学公共管理硕士（MPA）教育与管理中心和法律硕士（JM）教学管理中心等。此外，学院拥有5个文科实验室：社会调查与统计分析实验室、社会工作实验室、艺术鉴赏实验室、电子政务实验室、情景模拟实验室。

2013年，学院共招收本科生180人，双学位学生143人，普通硕士75人，法律硕士21人，公共管理硕士67人，博士研究生5人。毕业学生286人，其中本科生178人，硕士生108人，公共管理硕士生（MPA）25人，博士生2人。截至年底，学院在校本科生702人，硕士研究生267人，博士研究生29人。

（陆　俊、张武军）

【师资队伍建设】2013年，学院有法学、管理学、社会学、政治学、文艺学等学科专任教师47人，其中教授8人（含博士生导师4人）、副教授26人，90%以上教师有硕士、博士学位。近年来学院涌现出一批思想活跃、才华横溢、治学严谨的中青年学科带头人，其中有教育部高校社会学学科教学指导委员会委员1人、北京市高等学校青年学科带头人2人、北京市优秀青年骨干教师8人，北京高等学校青年英才计划4人，北京市培养新世纪社会科学理论人才“百人工程”人选2人。

（陆　俊、张武军）

【学科建设】2013年，学院设有法学、行政管理、社会工作3个本科专业，设有公共管理一级学科硕士点（含行政管理、教育经济与管理等5个二级学科硕士点）和民商法学、经济法学、社会学、高等教育学、文艺学、科技与教育管理6个二级学科硕士点，设有科技与教育管理二级学科博士点、公共管理硕士（MPA）和法律硕士（JM）2个专业硕士学位点。此外，学院3个本科专业还招收双学位本科生。

2013年，学院的专业涉及文学、法学、教育学、管理学4个学科门类，公共管理、法学、社会学、教育学、中国语言文学5个一级学科，已形成从本科到博士研究生的人才培养体系。

（陆　俊）

【教学改革】2013年，学院进一步确立教学作为人才培养的中心环节的重要地位，积极推进本科教学改革和创新，规范教学管理，各项工作有序开展，成效显著。

（1）课堂教学。学院严格执行学校规章制度，各项工作有序开展。在2013年春季和秋季两次本科生课堂教学质量评价中，学院的全部课堂均在良好以上。为了提高课堂教学质量，学院还加强了教学督导工作，聘请管志安、熊楚强、刘静珠3位老师担任学院本科教学督导，一年期间，共听75门次课程，并对学院教学课堂状况进行了系统的总结。为扩大学生的国际视野，学院邀请英国邓迪大学的Ann和Richard两位教授来讲授社会工作前沿课程，并与该校达成了长期合作协议。

（2）本科毕业设计及实习工作。顺利地组织完成3个本科专业学生毕业论文撰写工作，其中10篇被评为校级优秀论文。7～8月，学院结合专业特点，组织学生赴各地开展实习工作。社会工作专业2011级两个班学生分别由时立荣和邢朝国带队到河南安阳和黑龙江东宁县政府和社会服务机构开展认知实习，行政管理专业2011级学生由何晓前、唐德龙带队到河北唐山各政府机构开展认知实习，法学专业2011级学生由张家盛、温耀源、张佳华带队到河北邯郸涉县各公检法机关开展认知实习，各专业2010级同学则分散在北京等各地相关机构进行生产实习。

（3）学生课外实践工作。在“本科生科技创新项目”（SRTP）申报过程中，增加培训环节，使学生更加了解SRTP项目的性质、要求和撰写规范。2013年，共有28个项目被批准为2014年度SRTP项目，其中有1个被立为国家级项目，有4个被立为北京市级或校级项目，还有23个团队获得院级立项支持。针对学生实践类项目过于杂乱分散的状况，学院在全校率先探索“大科技创新平台一体化”工作。

（4）教学研究工作。石雁、王竹青和李怡3位老师获得学校本科教育教学改革与研究项目；孙雍君、张健、王竹青和唐德龙4位老师获得校级“十二五”规划教材一般项目和讲义资助。在课程建设方面，李婉平获得学校全英文项目资助，石雁、崔俊贵、黄耀杰获得学校研究型教学项目资助，韩学周、李怡、王立群获得通识教育项目资助。

（5）教学比赛与教学交流。认真组织了北京高校第八届青年教师基本功大赛的院级比赛，院级比赛特等奖获得者王霁霞最终获得北京市青年教师教学基本功大赛文史组一等奖、最佳演示奖、最佳教案奖。为了加强沟通，学院设立并成功举办3期“教学论坛”，取得了良好的效果。

研究生教学方面，2013年，加大研究生培养中的过程管理，构建研究生论文撰写过程中过程管理制度，即研究生在第3学期结束前向导师和各系所负责人汇报研究生论文撰写情况以便系所对此有宏观上的把握，寒假结束后要求研究生将其论文初稿发送至分管院长以督促学生按时完成论文。突破之处，一是学院研究生导师张武军、郭德侠、杨晓明等老师获研究生院课题立项；二是公共管理系陈闽红邀请邓迪大学两位教授为研究生开设专题课程。

（黄家亮、魏增产）

【科研活动】 2013年1月1日至12月31日，学院共承担科研项目24项，总科研经费163.11万元。其中，纵向科研项目20项，新增国家级2项；横向课题4项，科研经费20万元。法律系侯登华老师的“自媒体时代权力与权利研究”、社会学系张娜老师的“网络人际交往与亲密关系的社会学研究”获得国家哲学社会科学基金资助，公共管理系吴群芳老师的“群体性事件频发背景下公民有序利益表达研究”获得教育部人文社会科学基金资助。2013年，学院教师在各类学术期刊上发表论文41篇，其中CSSCI 24篇；出版学术著作7部，其中专著1部。

（魏增产、张　娜）

【合作与交流】 为贯彻学校“把北京科技大学办成国际知名大学”的战略思想，学院自2013年伊始便着手打造学院国际化平台，建立并完善适应国际化教育需要的内部管理制度，并充分调动教师积极性，群策群力，推进学院外事工作。

首先，积极稳步推进学院与国外的合作办学，认真落实学院国际化的特色项目。学院的特色项目就是通过参与国际合作办学的教学活动，系统地引进国际先进教学内容与方法，提高学院的教学水平。2013年3月7日，香港树仁大学陈蒨（Selina Ching CHAN）教授来学校举办“文化管治与地方的制作：一个台湾的例子”人类学前沿讲座。2013年11月11～15日，学院邀请了英国邓迪大学两位教授来学校进行学术交流并就双方合作开展各项合作进行了广泛磋商并取得了一致意见。同时，借此讲学的机会，学院与英国邓迪大学教育、社会工作与社区教育学院建立招生合作关系，双方已经达成合作初步协议，预计2014年9月将正式开展本科生招生合作项目。其次，切实做好学院长期确立的国际化的重点项目，即与英国斯旺西大学合作培养法学本科生项目。2013年，学院法律系有3位同学去英国斯旺西大学交流学习；11月，英国斯旺西大学法学院领导与老师同本学院法律系师生进行了短期交流并取得了实际性成果。最后，加大学院教师与国外大学互访与交流、沟通。高等教育国际化必然需要高水平的国际化师资队伍，这是实施人才培养国际化的核心要素。学院长期通过“引进来、走出去”的方式加强国际学术交流。2013年，冯英老师应邀出席在巴林召开的国际管理大会，张佳华、董梅老师先后去美国进修学习，郇建立老师顺利完成在美国的交流任务回国。

（冯　英、魏增产、张　娜）

【党建和学生工作】 2013年，在学校党政的正确领导下，文法学院围绕学校总体工作要求，以十八届三中全会为契机，以贯彻落实学院“十二五”规划为依据，以服务全院师生为出发点和落脚点，更加注重工作的系统性、整体性、协同性和创新性，带领全院师生团结一致、坚定信心、凝聚共识、统筹谋划、协同推进，不断提高党建与思想政治工作的科学化水平，为学院各项事业的开展提供了坚实的组织保障。

2013年，学院党委在校党委的领导和学校指导组的指导下，深入开展党的群众路线教育实践活动，将教育实践活动作为学院改进作风、凝聚力量、扩大共识、推进发展的重要机遇，扎实开展各项工作。学院党委认真制订活动方案，分层召开动员大会，组织党员干部以多种形式开展学习活动。学院领导班子通过学院教师座谈会、学生座谈会、系所调研和分专题座谈会等形式广泛征求意见，认真召开专题民主生活会，深入地开展自查，并结合学校指导组的反馈意见，对领导班子“四风”方面的突出问题及其具体表现进行了深刻的剖析检查。学院领导班子以对照检查报告为依据，针对存在的问题，提出解决对策，制订整改落实方案，并且建立健全各项制度，把学校要求、实际需要、新鲜经验结合起来，紧紧围绕为民务实清廉和克服“四风”的要求，形成制度规范。

2013年，学院党委注重加强基层党组织建设和学生党员发展工作，以基层党组织立项活动和红色“1+1”基层党支部共建活动为依托，以先进党支部、优秀党日活动评选为促进，结合专业特点、围绕专业优势，开展了一系列主题鲜明、内容丰富、形式新颖、富有实效的党组织活动。2013年度共申报基层党支部立项活动15项，党支部参与率100%。在学校优秀基层立项活动评选中，法律硕士（法学）研究生12级党支部获得“北京科技大学优秀基层组织活动评选二等奖”；教管12级研究生党支部开展的红色“1+1”活动被学校推荐参评北京高校红色“1+1”示范活动并获奖；本科11级党支部被评为北京科技大学“先进党支部”。发挥学生业余党校的主渠道作用，组织开展积极分子党校1期，培训学员188人。在学生党员发展方面，学院党委认真按照“坚持标准、保证质量、改善结构、慎重发展”的原则，贯彻落实学院2013年党员发展规划，强化培养环节和发展过程中的质量控制，保证发展党员质量。2013年度，学院共发展学生党员77名，确定入党积极分子233人。

2013年，学院开展党员学风引领计划，成立8个帮扶小组，共帮扶学生25人，帮扶次数66次。在全院师生的共同努力下，学院学风建设取得新的成效。2013级本科生英语期中考试平均分排名位居全校第三，学生课程通过率保持较高水平（无试读和退学情况发生），英语四级一次通过率稳定在97%以上，学生保研率维持在20%左右（总计30人，其中保送本校11人，保送清华、人大、政法等共19人）。本科2010级有12名学生通过了国家司法考试，通过率20%。学院学生获北京市“三好学生”和北京市“优秀共青团员”称号各1人，获北京科技大学“校长奖章”1人。此外“本科生科技创新项目”共批准立项24个，其中校级项目、国家级项目5个，院级项目19个。在第十五届校“摇篮杯”课外学术科技作品竞赛中，学院共有12件作品在校级决赛中获奖，并获第十五届校“摇篮杯”课外学术科技作品竞赛“优胜杯”。在第七届“挑战杯”首都大学生课外学术科技作品竞赛中，社会工作专业纪竞同学的“城中空巢——寂寞危机与快乐契机”获得二等奖，行政管理专业解红叶同学的“网络舆论成长与引导的‘氩原子模型’——以人人网为例”和法学专业吉婷婷的“基于社会企业的女性农民工权益保障创新机制研究——以H流动女工维权中心和残友集团股份有限公司为例”均获得三等奖。

2013年，学院结合专业优势，开展以“贝壳彩虹路：新生成长与发展小组工作”为基础的新生教育模式，小组工作以班级为单位，分为“集体破冰，认识伙伴”“初识大学，重识自我”“感受大学，学会合作”“规划大学，逐梦北科”和“感悟考试，励志学习”5个主题，在学院社工实验室分秋季、春季学期进行。具体内容设计上，将学校倡导开展的感恩教育、励志教育和诚信教育融入到小组工作活动中，获北京科技大学学生工作专项奖。

2013年，学院将班级建设作为加强和改进大学生思想政治教育工作的重点，充分发挥班级建设在学生日常教育管理中的重要作用，坚持以学生为本、以班级为核心，提出并实践了班级建设“1234”模式，着力营造同学和谐共处、责任共担、发展共荣、亲如家人的班级“家”氛围，取得积极成效，获北京科技大学学生工作专项奖（学生基层组织建设专项）。

2013年，学院以优化各项精品育人平台为依托，以弘扬“服务、育人、创新”育人理念为根基，在思想教育、社会实践、志愿服务、科技创新、文化艺术、创业就业等各个领域不断求实鼎新，以学生为本打造全新“生涯套餐式”主题教育，整合资源推出“实践育人一体平台”，并着力打造“戏剧节”“传媒文化节”“星期四人文讲座”等文化艺术精品育人项目。社会实践、文化艺术活动获北京科技大学共青团工作专项奖，学院团委荣获北京科技大学“五四红旗团委”荣誉称号。

2013年，学院共举办“星期四人文讲座”12期，内容涉及时政热点、中国古典文学、传媒文化等方面，先后邀请到北京大学王新生教授、中国人民大学樊志斌老师、中国传媒大学张国涛博士等专家学者为学生带来精彩讲座。一年以来，“星期四人文讲座”的听众达5000余人，在学生中引起广泛关注和好评。

2013年，学院开展第九届研究生学术论坛，通过举办名师讲坛、职业生涯规划交流会、读书沙龙、调研学习等活动，加强了研究生的学风建设，营造浓厚的学术研究氛围。学院在论坛活动组织中与方庄街道办事处建立了合作共建基地，鼓励学生理论结合实践，将自己的研究成果在实际工作中运用，提高了学生的实践动手能力。本届学术论坛共评选校级优秀论文3篇，院级优秀论文28篇，研究生学术论坛活动取得圆满成功。

2013年，学院本科生就业率89.33%，研究生就业率100%，高质量就业（到国家重点行业、国家机关、重点高校、500强企业就业的毕业生）人数全校排名第四，连续3年获得“北京科技大学毕业生高质量就业奖”。学院在坚持以往优秀做法的基础上，系统设计职业生涯规划系列讲座和培训活动，创造性地开展“文法毕业生十年职业生涯路”暨“我的大学、我的生涯路”优秀校友励志访谈系列活动，建立专业校友会，整合校友资源，充分发挥优秀校友的育人作用。

（赵　雨、史立伟）

马克思主义学院

【学院概况】学院下设思想政治教育研究所、马克思主义原理研究所、马克思主义中国化研究所、历史与文化研究所、科技与社会研究所。北京科技大学思想政治教育研究中心、北京科技大学高校学生事务研究中心、北京科技大学廉政研究中心、《思想教育研究》编辑部、北京高校思想政治理论课教学信息中心（筹）、北京高校辅导员培训研修基地（北京科技大学）挂靠在学院。北京市思想政治理论课实践教学工作室挂靠在思想政治教育研究所。

学院承担全校本科生思想道德修养与法律基础、毛泽东思想与中国特色社会主义理论体系概论、马克思主义基本原理概论、中国近现代史纲要4门必修思想政治理论课和全校本科生科学精神与人文素质教育类部分课程、材料国际班部分人文社科类课程及对外汉语部分课程的教学任务。研究生教学任务包括全校研究生中国马克思主义与当代、马克思主义经典著作选读、中国特色社会主义理论与实践 马克思主义与社会科学方法论、自然辩证法5门思想政治理论课。与学生处、团委合作开展面向全校学生的“形势与政策”“大学生社会实践”等课程。除公共基础课程外，学院承担了3个硕士专业、1个博士专业的学科课程以及全校工程硕士等非全日制研究生思政课。年内，学院保质保量地完成了教学任务，其中包括5188个本科生公共基础课时，以及864个研究生公共基础课时。

至2013年年底，学院在编专职教师26人，其中教授6人，副教授12人，讲师7人；有专兼职博士生导师6人，专兼职硕士生导师21人，教辅及党政管理人员5人。年内，“马克思主义理论”一级学科硕士点共招收硕士生25人，其中思想政治教育二级学科招收13人，马克思主义基本原理二级学科招收7人，科学技术哲学二级学科招收5人；招收思想政治教育专业博士生9人。毕业硕士生26人，毕业博士生7人。至年底，学院在读博士生47人、硕士生53人。

（彭庆红、段晓芳）

【教学改革】在平稳推进学校思想政治理论课教学秩序基础上，学院进一步强化教学过程化管理，支持教学改革和教学研究，成果斐然。2013年度，学院获批1项北京高等学校教育教学改革立项项目、1项北京市教工委重点项目、1项校级本科教育教学改革与研究重点项目、1项本科教育教学改革与研究面上项目、5项研究生教育发展基金项目、1项研究型教学示范课程建设项目，1个“十二五”规划教材项目立项获批，9名教师9个讲台的课程获得免检资格。学院荣获“北京高校思想政治理论课教学基本功大赛优秀组织单位”称号，3人在北京市教工委组织的思政课教师基本功大赛中获奖。学院教师指导的首都高校思政课社会实践论文首获北京市特等奖。在研究型教学改革方面获得突破，“中国近现代史纲要”教学团队经过长期努力，课程获得学校精品课程称号，1人获得学校本科教学一等奖，并获得北京高等学校教育教学改革立项支持。至年底，研究型教学已经由点到面，从“中国近代史纲要”课堂上的成功实践经验发展到全部本科公共基础课课堂，极大提升了学生的学习主动性，受到学生的广泛欢迎。

年内，学院主办了“马克思主义宗教观教育教学研讨会”及“高校思想政治理论课教学方法改革研讨会”等高层次教学研讨会，邀请知名专家学者30余人进行专题研讨。在教育部社科司指导下，学院开始建设“全国高校思想政治理论课实践教学网络平台”（全国高校三个思政课教学分站之一），并获得教育部改善本科教学条件立项资助55万元，一期工程主要为全国高校提供思政课实践教学文件信息、教学讲义与课件、教学案例与视频以及其他数据支撑工作，在同行中产生较大影响，教改处于领先位置。

（刘丽敏、李晓光）

【形势与政策】年内，学院与学生处联合制定出台了《北京科技大学关于进一步加强“形势与政策”课教育教学的实施意见（试行）》，从学分管理、教学及工作机制等方面，完善了形势与政策教育教学体系。与此同时，学院成立了形势与政策课程教学小组，出版《形势与政策》教材2本，申请获批《高校“形势与政策”课程立体化教学模式探析》校级教学研究重点课题。年内，学院共开设本科生“形势与政策”课程专题报告22场，直接受众9000余人，间接受益学生2万余人次，极大地增强了“形势与政策”的育人实效性。除本科生的形势与政策课堂外，学院面向全校研究生首次举办了“中国与国际发展前沿”系列讲座，邀请知名专家学者共举办8场高层次讲座，受众2400余人次。

除了组织课堂教学与大型报告会，根据形势需要，学院组织学生开展丰富多彩的实践活动。例如，指导求是学会开展学习中共十八大精神活动，整理编辑了“学习十八大精神优秀征文”汇编、“学习十八，共圆中国梦”宣讲稿汇编、“演讲比赛优秀稿件”汇编等一批教改成果，计50余万字；指导求是学会举办了北京12高校“青春·大学·中国”的主题演讲比赛，在校内外产生了良好影响。

（彭庆红、潘红涛）

【学科建设】围绕2013年度学校学科大讨论中心工作，学院制订了“马克思主义学院五年学科建设与发展规划”，进一步明确学院的课程建设、教材建设、师资队伍建设、教学研究、研究生及本科教学条件建设等方面的发展目标与具体思路，为学院的学科发展指明方向。

学院依托《思想教育研究》编辑部平台，与教育部思政司、全国高校思想政治教育研究会联合举办了“全国高校思想政治教育创新发展论坛”“思想政治教育学科建设专题研讨会”以及“第十五届全国高校青年德育工作者论坛”，有效推动了学术交流，同时也提升了学校思想政治教育学科的社会影响力和知名度。

年内，在校领导支持下，学院和党委学生工作部合作，成功申报了北京市高校辅导员培训研修基地。基地建立后，分别承担了来自北京、广西、山西等地四批数百名辅导员培训任务，获得了委托培训单位和学员们的一致好评，同时有效地推进了思想政治教育理论与实践的结合。

在校领导支持与指导下，学校新成立的廉政研究中心挂靠学院。年内，共承担了2项省部级廉政研究课题，召开了专题学术研讨会，中心研究人员多次参加国际国内学术会议，特别是相关文章、活动得到中纪委、国家监察局等单位的关注以及中国监察网等相关媒体的报道，产生了广泛的社会影响。

（李晓光）

【师资队伍建设】2013年，学院高度关注教学科研优秀人才的培养和发展，力求建设一支素质过硬、师德优良、结构合理、学历层次高、教学效果好及科研能力强的师资队伍。至年底，晋升副教授1人，新进博士学历教师2人。

年内，思政课3/4的教材修订改版，教育教学难度加大。学院把理论研修作为理论提升的重要途径抓好抓实，积极组织教师参加教育部、各级党校、北京市教工委、学校组织部等各级各类机构组织的培训研修，其中5人次参加教育部社科司组织的高校思想政治理论课新修订教材和教学大纲全员培训暨示范培训班，1人次参加教育部组织的全国哲学社会科学骨干教师培训班，2人次参加教育部社科司组织的“形势与政策”课骨干教师培训班，8人次参加北京市思政课研究会组织的研修活动，2人次参加北京市教工委组织的高校思想政治理论课教师赴清华、北大研修活动，1人次参加教工委组织的暑期思政课教师井冈山学习实践活动。通过培训研修，有效提升了教师的理论水平与教学技能。年内，学院共有7人次在各类教学技能大赛中获奖，其中在第七届北京高校思想政治理论课教学基本功比赛中，周鑫获得二等奖，杨兴业和李红梅分别获得三等奖；在学校第七届本科教学优秀奖评比中，张北根老师获得一等奖，鲁春霞老师获得二等奖；在学校第八届青年教师教学基本功比赛中，刘丽敏获得二等奖及最佳教案奖，周鑫获得三等奖。

（段晓芳、夏　欢）

【科研活动】2013年度科研工作成效显著，其中获批省部级科研项目13项，科研经费140万元；发表CSSCI来源期刊论文25篇，中文核心期刊19篇；出版专著3本。CSSCI文章的数量大幅增加，成为科研水平提高的一项重要标志。李红梅、赵静、孙文营老师分别获北京科技大学2013年度学术专著奖，其中孙文营老师负责的项目“基于循环经济发展对策研究的哲学维度分析法”荣获北京科技大学2013年度优秀科研成果奖。

（刘丽敏、王天敌）

【学生工作】学院从加强学生的专业素质培养和提升学生综合竞争力着手，打造实践平台，增强学生学术能力和就业能力，培养应用型文科人才。年内，学院获得了党建与思想政治工作专项奖和科技服务与挂职锻炼优秀组织奖，并有2人获得校级就业工作“先进工作者”称号；1名辅导员获得北京科技大学“十佳辅导员”称号。

根据文科学院研究生培养的特点，学院申请了学校教改专项课题——“应用型文科研究生职业能力训练的理论研究与实践探索”。以此课题为依托，开展了系统化的就业竞争力训练活动。基于马克思主义学院学生特点，这一计划包括学术研究能力、行政能力及新媒体技术素质三个模块的培训。邀请校内知名教师，为学生开设了涉及论文写作技巧、学术研究方法、演讲与口才、公文写作以及图文处理与视频剪辑技术等相关专题讲座和培训，有效地增强了学生的就业竞争力。

在和谐、积极的氛围中，学院涌现出一批优秀集体与个人。其中1人获国家奖学金，1人获建龙二等奖学金，1人获北京市“三好学生”称号，3人被评为学校优秀三好研究生，7人被评为学校三好研究生，2人被评为学校优秀共青团干部，5人被评为学校优秀共青团员；思政研12党支部被评为校级先进党支部，马基科哲研12班获“先进班集体”称号等。

（段晓芳、刘明言）

【党建和思想政治教育】自学校正式启动党的群众路线教育实践活动以来，学院党总支根据党中央、教育部的工作要求和校党委的整体部署，严格按照实施方案，逐步推进，通过学习教育与听取意见、查摆问题与开展批评以及整改落实与建章立制三个阶段，学院领导班子及个人进一步增强了宗旨意识和群众观念，找准了在“四风”方面存在的突出问题并且深入剖析了存在问题的实质、根源和危害，从而提出了具有针对性的整改措施，取得了明显成效，初步形成了党的群众路线教育实践活动长效工作机制。

学院召开全院大会部署动员相关工作，成立相关领导小组，结合学院思想政治教育的学科特点和教育教学工作实际，以自学方式为主，特别是结合各自专业背景与工作需要进行深入的理论学习，深化了班子成员对群众路线的理解和认识。同时，学院还组织思政课教师进行社会考察与调研活动，组织党员分支部进行了专题学习。

通过查摆问题与开展批评阶段活动，认真查找班子成员在“四风”方面存在的突出问题，对照校党委经过梳理汇总“四风”问题的19种具体表现和收集到的对学院领导班子的20余条具体意见和建议，学院领导班子召开民主生活会，进行批评与自我批评，总结、归纳、梳理出学院领导班子在“四风”方面存在的突出问题，深刻剖析成因，进一步牢固树立群众观念。通过整改落实与建章立制阶段活动，建立班子学习制度、中心理论组学习制度等；完善制订《马克思主义学院规章制度汇编》等14条惠及全院师生的具体整改方案，坚持立行立改，使教育实践活动长效持久、常态深入。

年内，学院结合学校发展党员程序，依据学院学生特点和科学特征，有针对性地设置党校管理制度以及党校学习内容等，切实保证党校对学生的培养、教育作用。通过建立健全详细规章制度，规范发展程序，2013年学院共发展学生党员8名，确定入党积极分子9名，学院毕业生党员比例达到96.2%。

学院充分发挥党支部等基层学生组织在学风建设中的作用。首先，实施导师导航护航行动，指导新生在第一学年明确自己的学术规划。其次是加强理论学习，每周组织一次新生读书会，要求每名新生都读经典、看时事、学理论，并与同学分享读书心得体会。第三是组织参加学术交流。学院要求新生积极参加学院组织的学术讲座和学术研讨会活动，以及思政课题的研究工作等来促进理论知识的提升和实践工作能力培养；学院还组织学生参加校外的一些学术活动，如2013·京津高校青年哲学论坛和首都大学生“学理论·读经典”系列活动等。

（潘红涛、王天敬）

附　录

2013年度形势与政策教育专题报告汇总（本科生部分）

序号	讲座内容	主讲人	简介
1	国际政治发展态势与中美关系	刘建飞	中共中央党校国际战略研究所副所长、教授、博士生导师
2	两岸关系现状与钓鱼岛争端	李松林	首都师范大学马克思主义教育学院院长
3	“中国梦，我的梦”——牢固树立中国特色社会主义共同理想	左　鹏	北京科技大学马克思主义学院教授、博士生导师
4	战云密布的朝鲜半岛：知向谁边？	郭松民	时评及杂文作家，荣获“2003全国首届时评比赛一等奖”，“第十五届中国新闻奖一等奖”
5	我的中国梦	李松林	首都师范大学马克思主义教育学院院长
6	中国梦与中国道路	肖贵清	清华大学马克思主义学院教授、博士生导师，马克思主义中国化研究专业学科带头人
7	解析十八大报告的若干重大理论问题	戴木才	中宣部思想政治工作研究所研究员、副所长
8	美元、黄金与人民币	余　斌	中国社会科学院马克思主义研究院马克思主义原理研究部副主任
9	当代世界经济政治格局	左　鹏	北京科技大学马克思主义学院教授、博士生导师
10	当前我国宏观经济形势与政策	邢　雷	中央财经大学经济学博士、副教授
11	当前意识形态领域若干热点问题	刘书林	清华大学马克思主义学院教授、博士生导师
12	宗教因素与国家安全	习五一	中国社会科学院“科学与无神论研究中心”主任，兼任中国无神论学会副理事长、秘书长等
13	中国当前经济形势	杨彦强	北京科技大学马克思主义学院副教授

续表

序号	讲座内容	主讲人	简介
14	当前国际形势与中国的战略应对	赵　磊	中共中央党校国际战略研究所教授
15	网络公共事件的演变规律及应对战略	熊光清	对外经济贸易大学国际关系学院副院长、教授
16	当代中国社会思潮评析	左　鹏	北京科技大学马克思主义学院教授、博士生导师
17	和平发展与积极自信务实的外交	陈世阳	中共中央党校国际战略研究所博士
18	中国当前经济形势	杨彦强	北京科技大学马克思主义学院副教授
19	当代世界经济政治格局	左　鹏	北京科技大学马克思主义学院教授、博士生导师
20	决定中国命运的关键词	辛向阳	中国社科院研究员、国家文化安全与意识形态研究中心常务副主任
21	建设法治中国	鲁春霞	北京科技大学马克思主义学院副教授
22	中国的旗帜：毛泽东思想	左　鹏	北京科技大学马克思主义学院教授、博士生导师

2013年“中国与国际发展前沿”系列讲座

序号	讲座内容	主讲人	简介
1	青年成才与中国梦	胡鞍钢	清华大学国情研究院院长，清华大学公共管理学院教授
2	国情与发展	宋　伟	清华大学国情研究院博士后，北京科技大学马克思主义学院讲师
3	国家规划与发展	鄢一龙	清华大学国情研究院助理教授
4	生态文明建设与绿色发展	吴　丹	清华大学中国农村研究院博士后，北方工业大学管理学院讲师
5	城市化与发展	俞来雷	清华大学公共管理学院博士后，国情研究中心助理研究员
6	政府与市场	刘金程	清华大学公共管理学院博士后，兼任全国高校廉政研究与教育学会副秘书长，中国矿业大学文法学院行政管理系讲师
7	反腐倡廉与社会发展	宋　伟	清华大学国情研究院博士后，北京科技大学马克思主义学院讲师
8	中国与世界	宋　伟	清华大学国情研究院博士后，北京科技大学马克思主义学院讲师

外国语学院

【概况】2013年，学院认真贯彻落实中共十八大及十八届三中全会精神，坚持理论联系实际，围绕“服务学校、发展学科、提升实力”的工作主旨，在党建思想政治工作、外语教学与科研、学科与师资队伍建设、人才培养与环境建设等方面都取得了长足的进步，出色地完成了学校布置的各项工作和年度工作目标。

学院设有英语语言文学系、大学英语系、研究生英语系、亚欧语系4个系，外国语言文学研究所1个研究所，党委行政办公室、学生工作办公室2个办公室，外语实验教学中心、外语培训中心2个中心以及北京科技大学功能语言学研究中心1个研究中心。学院设有英语、日语、德语3个本科专业，拥有外国语言文学一级学科博士学位授予权和一级学科硕士学位授予权，下设外国语言学及应用语言学、英语语言文学、日语语言文学和翻译硕士学位（MTI）4个二级学科硕士点。至年底，全院在读学生644人，其中本科生565人，博士和硕士研究生79人。

（朱宝善、康军艳）

【师资队伍建设】2013年年底，学院有专任教师87人，外籍教师14人。其中，教授5人，副教授25人，入选教育部“新世纪优秀人才计划”2人，北京市名师3人；96%的教师具有硕士以上学位，29%已经获得和正在攻读博士学位。2013年，接收博士2人，有1人晋升副教授，1人作为新聘教师获聘副教授资格。至2013年年底，学院有客座教授和兼职教授16人。

全年，学院多举措促进教师发展，努力提高师资队伍水平，内外结合加强学院师资队伍建设。2013年，学院推荐4位教师申报并入选“北京高校青年英才计划”；1位教师获评“北京市优秀教师”；推荐1位教师申报学校2013年青年骨干教师出国研修项目；推荐2位教师申报并入选国家汉办对外汉语教师选拔项目，赴学校孔子学院担任对外汉语教师并协助筹建工作；选派1位教师作为“中美富布赖特项目”高级访问学者赴美研修，1位教师赴日进修学习；选派1位教师参加2013年度北京市哲学社会科学骨干教师研修班；推荐2位教师参加学校优秀青年骨干培训班；推荐1位职工到学校资产管理处挂职锻炼；推荐4位青年教师报考博士研究生；支持27人次教师参加国内外高水平学术会议。

在外籍教师队伍建设与保障方面，学院向学校七届五次教代会提交“关于升级完善外籍教师公寓网络系统”的提案，获得信息办和校工会的大力支持。学院对周边高校外教工资与聘任情况进行调研，与学校各相关部门一起努力改善外教的工资和生活待遇。2013—2014学年续聘外教10人，新聘外教4人。

（朱宝善、康军艳）

【教学工作】2013年，学院在狠抓基础教学的同时，以国家、社会和学校的需求变化为导向，深度推进外语教学改革；以提升人才培养质量为准则，全方位开展国际化培养；以教学改革和人才培养为引领，探索教师培训的新思路。

2013年，在基础教学方面，通过基础英语分级教学或外语专业基本能力分类教学、“北科英语夏令营”活动和演讲、辩论、戏剧、微电影等赛事活动的开展，以及累计开设的51门外语类校级公共选修课程，将第一课堂+第二课堂教学模式有机结合，一方面充分保障了学校外语教学质量不断提升，一方面着力推进了学校校园文化建设，营造了浓厚的人文氛围。年内，学校2011级学生大学英语四级考试通过率为93.77%，较2010级学生上升1.8个百分点；学校英语和日语专业四级考试通过率分别为100%和91.53%，日语专业较去年有7个百分点的提升；日语专业八级考试历年来首次通过率为92%。在2013年全国大学生英语竞赛中，学校学生2人获特等奖，11人获一等奖，33人获二等奖；学校学生在2013年第五届北京市大学生英语演讲比赛中首次跻身决赛圈，并获得二等奖的优异成绩；英语专业学生在全国21世纪英语演讲比赛京津地区决赛中，2人分别荣获一等奖和二等奖，并有1名学生跻身全国总决赛。

针对学校卓越工程师计划、理科实验班、材料国际班以及其他理、工、文科的不同需求，大学英语系构建了基础阶段和基础后阶段通识外语能力课程体系——“语言文化核心认知课程”和“语言交流外围技能课程”，深度推进了数字化外语教学改革，最大限度地发挥了学生利用TRP优质教学资源平台开展自主学习的优势；试行了以行政自然班授课的多元及个性化为特色的翻转课堂研究型教学模式——课内精讲与答疑+课外强化自主学习。英语和德语专业为全校各个学科的学生开设了多样化的西方人文素质教育课程。全新课程体系的构建、多种研究型教学模式的推进或探索以及系统化人文素质课程的开设，有力提升了外语学院针对全校其他学科的服务水平，为学校实现“国内一流、国际知名研究型大学”的宏伟目标做出不可或缺的积极贡献。2013年，全国20多所高校来外语学院学习外语教学经验，学院多位教师应邀赴10多所高校介绍先进的教学理念、教学改革内容与措施。

在本科专业人才培养工作中，英、日、德三个专业不断探索新的人才培养理念和思路，构建了“强化输出能力的多维一体创新实践型外语专业人才培养模式”，打造了听、说、读、写、译技能培养四年不断线的基础课程体系，以及区分语言学、文学、文化和翻译模块的高年级专业课程体系。学院立足于专业认同及学生兴趣，通过双二辅机制培养国家和社会急需的复合型人才。依托校院国际化平台，创建了“3+1”“2+2”联合培养等多样化的国际交流模式，辅以学业指导和班导师机制，全方位地推进国际化培养。2013年，共有59名在校生赴境外交流学习。围绕“厚基础、宽口径、高素质”目标创建的人才培养模式使学校外语专业人才复合型培养特色更加突出，培养质量进一步提升。

在研究生教育教学工作中，学院积极推动国际交流，建立研究生交流机制。2013年度，学院选派2名MTI学生赴塔林理工大学学习，成为首批外语国际交流研究生；与日本城西国际大学签署协议，将派遣5名日语研究生赴日进行为期一年的学习，实现了学院在研究生海外联合培养上的突破。依托研究生教育发展基金重点项目，启动“AIIC译员进课堂”活动，建立促进学校MTI教师带领学生参加高规格国际会议并担任译员的培养机制，探索具有学校工科特色的实践型MTI人才培养模式。

随着学校学科发展思路的调整，学院瞄准新的教改方向，拓宽教师培训视野，调整培训思路，创新培训方式。学院建立了教学团队定期开展教学研讨机制，形成了系所每年两次整体教学研讨的做法，集中探讨办学的新理念、新思路和新方法。学院在教务处的大力支持下，邀请国内外教学与教研专家为青年教师开展了2次共计22学时、理论结合实践的集中培训，取得了良好效果。2013年度，邹妍洵、卢超两位教师分获第四届“外教社杯”全国大学英语教学大赛北京赛区听说课组二等奖和综合课组三等奖；何伟获学校第七届本科教学标兵奖，王娜、李晓东、周彤三人获二等奖；白秋梅入选学校“青年教学骨干人才培养计划”；2门课程获批学校素质教育核心课程建设项目；2门课程获得研究型教学示范课程建设项目立项。

（朱宝善、康军艳）

【学科建设与科研活动】 2013年，学院以学科大讨论为契机，努力做好外语学科发展的顶层设计。学院针对学科评估成绩（全国排名40位）进行了深入分析，理清了学校外语学科的优势与差距，确立了未来5～10年外语学科以理论语言学二级学科为引领，以功能语言学为特色，协调发展理论语言学、应用语言学、外国文学与文化、翻译研究4个二级学科方向，完善学术梯队，提高科研成果的层次和水平，争取重大科研项目立项以及推动研究生联合培养，提升人才培养质量的发展思路。

2013年，学院积极打造学术交流平台，成功举办了“世界语言：角色和功能”国际高层论坛暨由北京科技大学发起、与香港城市大学、中山大学及国际著名Routledge出版社合作共同创办的*Journal of World Languages*国际学术期刊创刊发布会。来自英、美、澳、法等14个国家和地区的著名语言学家和学者分别就各自领域做了专题报告。这项活动对促进学校与国际知名院校的交流合作、提升学校人文社科实力、国际声誉及人才培养水平都具有重要意义。2013年，学院邀请英国加的夫大学Fawcett教授、利物浦大学Thompson教授、美国佛罗里达大学方志辉教授就功能句法与语义分析、功能语法与语篇分析等进行了15次共45学时的集中讲学；组建了5个研究兴趣小组，根据学院学科发展思路组织了近40次学术活动，邀请知名校友、世界文学学会会长、北京大学赵白生教授及清华大学杨永林教授等就学科前沿话题进行学术讲座；应用语言学团队还组织青年教师就信息技术与外语教学及翻译数据库等课题进行专题研讨，从而大幅度提高了教师的科研意识和实力。

2013年，学院教师发表高水平SSCI论文2篇。CSSCI论文16篇，出版专著4部；获批国家社科基金项目1项，北京市哲学社会科学规划项目2项，基本科研业务费项目4项；依托学校精品文科发展思路，在科研部的大力支持下，实施“鼎新北科外语学者系列文库”项目计划，涵盖了6本外语学术专著；教师的科研成果都取得明显进步。

（朱宝善、马瑞芝）

【教育教学环境条件建设】 2013年，学院积极谋划、认真执行获批的2013年中央改善基本办学条件专项项目；按照2013－2017年度建设规划，申报2014年中央改善基本办学条件专项项目2项。做好学院日常教学科研环境条件和设备保障工作；配合大学英语数字化写作课程及外语专业学生计算机实践课，不断挖掘外语自主学习中心的运行功能；开放教学楼数字语言实验室为外语专业学生自主学习使用。

（朱宝善、陈光浦）

【党建工作】 2013年，学院深入开展党的群众路线教育实践活动，不断加强学院党委的政治核心作用。

（1）抓学习重落实，认真组织开展党的群众路线教育实践活动。学院党委制定了活动实施方案，分层次组织召开了动员大会，组织领导班子专题学习研讨，深入各系所、支部、班级认真听取意见，全面查找学院领导班子及领导干部在“四风”方面存在的突出问题，认真撰写对照检查材料，并推动落实整改措施，力求形成作风建设的长效机制。

（2）谋发展讲奉献，加强干部队伍建设，深化学院党委的政治核心作用。学院党委严格按照校党委要求，广泛征求教职工意见，程序规范、公开透明地做好干部换届工作。继续弘扬学院干部率先垂范、律己奉献的传统，加强党风廉政建设，围绕学科大讨论、专业建设特色调研、教师考核业绩认定等工作的开展，从思想理论水平、能力和作风建设等方面全方位提升干部队伍的管理水平，以干部的事业心、责任感、工作执行力来推动学院发展。

（3）创先进求实效，以支部和党员先进性的发挥推动基层党组织建设。不断创新基层党组织活动形式，做好2013年度基层党组织活动立项工作。规范入党积极分子培养工作，共77名学生参加党校培训，发展党员32名。大学英语系教工党支部入选学校“十佳标杆党支部”，学院党委荣获2013年度“优秀基层党组织活动”一等奖1项、三等奖1项和优秀组织奖。

（朱宝善、赵姗姗）

【工会工作】2013年，学院工会继续积极开展院务公开和民主监督工作，积极配合学校新教师准入制度，关注新教师成长，真诚为师生办实事，组织各项文体活动。年内，组织教职工参加学校七届五次教代会，组织召开新学期全体教职工大会，组织召开学院二届五次教代会，详细汇报学院2013－2015年度岗位聘任与考核方案；组织“2012、2013新教师交流暨2013新教师与导师见面会”，组织举办了外国语学院第四届青年教师教学基本功比赛。推选3名优秀教师参加学校第八届青年教师教学基本功比赛，获校级一等奖2项、二等奖1项、最佳演示奖2项、最受学生欢迎奖1项。做好学校二级小家验收评估工作，推荐大学英语系工会小组参与校级模范三级小家评选，并顺利入选；积极组织教职工参加学校羽毛球比赛及排球比赛，摘取排球赛B组桂冠。年内，学院组织教职工赴北京园博园观赏博大园艺，前往航空博物馆举行“家”年华；组织教职工参加春季奥体公园健步走、秋季远郊健步走及冬季健身长跑活动。2013年度，学院共慰问新婚教师3人、新育子女教师4人、患病和离退休教师5人，生病教师6人。

（朱宝善、张秀清）

【院庆工作】2013年，学院迎来建院十周年，以“回顾历史、凝聚力量、展望未来”为指导思想，通过编撰整理学院发展历史、征集院训、制作学院画册和十年发展历史回顾视频短片、重新设计制作三楼走廊学院发展成果展、美化学院环境等一系列筹备工作，成功召开了学院成立十周年庆祝大会，举办了一系列学术和文化活动，达到了增强师生自信心、荣誉感与凝聚力，切实推动了学院发展的目标。

（朱宝善、康军艳）

【学生工作】2013年，学院学生工作在安全稳定、学风建设和就业引导方面开展了扎实、有效的工作。

（1）固本强基，全面深入地抓好学生平安稳定工作。学院发挥学生干部队伍组织优势，全面深入地掌握学生舆情动态，力保学生身心健康发展。打造立体式舆情网络体系，全面掌握学生动态信息；继续优化个体深度辅导与团体辅导。2013年度共开展深度辅导480人次，建立特殊学生档案35份，形成学生网络舆情报告27期，处理学生特殊情况14起。

（2）高效协作，稳步有序地推进学院整体学风建设。学院关注学生学业发展，加强与各专业系所协同配合，致力于学院整体学风建设的推进。通过外文电影配音大赛、外文短剧大赛、外语文化节、银杏之星评选等一系列精品化、专业化、特色化的学生活动载体，以学生喜闻乐见的形式提升学风建设整体效果。2013年，学院本科生不及格率1.8%，两个新生班级实现必修课零挂科；学生在各类专业竞赛中屡有斩获，其中获市级以上奖项40余项。

（3）立足发展，扎实细致地完善就业指导服务体系。学院以学生发展为导向，调动资源、形成合力，稳步建立分阶段、成系统、高质量的就业指导服务工作体系。以生涯发展辅导为主线，分年级、分阶段指导学生个人发展规划。2013年，学院本科生就业率93.85%，研究生就业率100%。本科生出国率37.69%，位列全校第一。本科生深造率65.38%，位列全校第三。辅导员涂传银获得2013年度北京科技大学“十佳辅导员”称号，英语0901班学生李梦诗在第七届“校长奖章”评选中成为学院首枚校长奖章获得者。

（武冠雄）

高等工程师学院

【概况】2013年，高等工程师学院以梳理培养流程为主线，以深化体系建设为内容，以面向国际、面向企业、面向学生为特点，以课程体系建设、师资队伍建设、学生素质培养、自身队伍建设等工作为抓手，着力进一步理顺培养管理体系、深入落实校企联合培养模式和筹建卓越工程师联盟，加强校企、校校间合作与共建。同时加强“卓越计划”宣传力度，树立学校行业人才特色品牌。

学院设有行政办公室、学生工作办公室、北京科技大学国际工程教育中心、工程训练中心（金工实习基地、电子技术实习基地、学生创新创业基地）和校企联合人才培养基地。学院共有在职职工48人，在校本科生401人。

（王小宁、魏　鑫、牟仁玲）

【制度建设】2013年，学院进一步加强制度建设，针对班导师建立了工作规范并完成了对本科班导师考核及工作小结、评优工作。完成了对学院挂职人员的考核管理工作，完成了创建“平安校园”检查验收工作，做好了在职人员攻读学位的相关工作。

（王小宁、李　群）

【教育教学】在增强学生能力方面，学院组织2012级学生参加“2013北京科技大学英语夏令营”，加强了英语不断线环节，缩短了英语学习路径，增强了外语能力。作为第二课堂的本科生创新能力培养方面，2013年13项国家和市级、44项院级本科创新创业项目（*SRTP*）通过中期检查。组织了校内和全国的机器人、电子设计、计算机博弈等大赛，获得竞赛奖30多项。

在课程建设方面，完善和健全了整个“卓越计划”本科阶段的培养环节。同时针对工程型研究生的培养，新开设了质量管理、高等工程数学及科学文献阅读与写作3门课程。

在教学改革方面，学院组织编写了北京科技大学校级“十二五”规划教材《电子技术实习教程》。“SMT集成工艺电工电子实习教学改革”被列为2013年度本科教改项目，国际工程基础（Fundamentals of International Engineering）获批全英文示范课程，“工程型拔尖人才培养体系的研究与实践”获北京市高等教育教学改革立项，“以发展职业能力为导向的工程师学院全日制专业学位研究生培养模式研究”获北京科技大学研究生教育发展基金项目。

在实习实践工作方面，学院2011级学生34人赴首钢京唐公司、72人赴上海宝钢公司开展为期2周的钢铁全流程“工程实践I”认识实习，2010级14人赴梅山矿业有限公司、20人赴太原钢铁（集团）有限公司、8人赴天津精通无缝钢管有限公司、25人赴邯钢进行为期5周的师傅带徒弟式的“工程实践II”生产实习。

在学生管理模式探索方面，学院结合2011、2012级本科学生招生与管理工作，制定了对2013级“卓越计划”新生“第一年进入相关学院打牢基础、第二年起有条件进入工程师学院因材施教”的管理办法。2009级“卓越计划”首批本科毕业生共115人，开学读研97人，出国11人，派遣5人，灵活就业2人，就业率100%；在2010级66名学生中，保研41人、外校直博2人、出国2人、就业8人，其中5人已签订三方协议，3人仍在求职，其余13人在考研。

2013年，经教育部批准，学校能源与动力工程专业（本科）、自动化专业（本科）、动力工程（工程硕士）成为我国“卓越计划”第三批试点专业。

（陈建帮、李欣欣、牟仁玲）

【基地建设】2013年，完成北京市实验教学示范中心验收；获批北京市教委共建项目（创新基地）建设；获批北京市校内创新基地；完成创新基地设备采购二期。

（周　珂、王建武、王　旭）

【创新平台】2013年，学院建立了全方位开发、三阶段指导的SRTP管理系统。SRTP国家级项目结题3项，获一等奖1项、二等奖1项；校级项目结题3项；院级项目结题18项，获一等奖4项、二等奖4项。参加了第13届北京青少年机器人竞赛高端展示、首尔—北京建立友好城市20周年论坛展示、2013全国科技周展示、北京市科协大学生科技创新成果展、第二届北京市大学生创新创业成果展等。2013年，北京科技大学工程训练中心基地被授予“2013－2015北京市科普研发基地”称号，成为北京市高校唯一一所科普研发基地。

2013年，金工实习基地完成了全校68个班2030人的金工实习任务。完成了“实习报告Ⅰ”“实习报告Ⅱ”、习题集、金工实习计算机考试试题库、金工实习学生实习质量考核体系等编写和修订任务。

完成全校37个班级共计1120人（人均52机时）“电子技术实习”公共必修课、“机器人创意设计与实践”公选课（27学时）、“机器人技术与竞赛”公选课（32学时）的讲授。

（王　旭、周　珂、王建武）

【对外交流】2013年，学院分别与河北钢铁集团有限公司、太原钢铁（集团）有限公司、山东钢铁集团有限公司举行了国家级工程教育实践教育中心成立仪式及校企联合人才培养战略研讨会。成立由校企双方各职能部门领导担任委员的基地管理委员会。

（王小宁、李　群）

【党建工会】2013年，学院发展学生党员30人，99名积极分子参加了积极分子党校。完成党员信息统计和信息系统更新与维护。收缴党费9583.65元。积极组织共产党员献爱心捐款活动，共捐款870元；为学生党员安琪和侯春来申请困难党员补助（待批）。学院教工第一党支部先后访问延庆世界葡萄酒大会总指挥部和宣钢人力资源部，就党支部建设进行了调研交流。

根据学校群众路线办公室的整体安排，召开了动员大会，开展了校领导深入基层调研、深入教职工调研、个别谈话以及学院领导班子民主生活会等各项工作。高工本10级党支部被评为北京科技大学十佳标杆党支部，王小宁（教工）、李斌（学生）被评为北京科技大学优秀共产党员，李欣欣被评为北京科技大学优秀党务工作者，高工本12级党支部获得北京科技大学优秀基层党组织活动二等奖。组织丰富多彩的文体活动，加强了学院内部的沟通；看望慰问生病的教师；召开“卓越计划”研究生培养工作会议，制订了培养及管理方案，对学生活动、基地建设等各项重大活动进行了宣传报道。通过网站改版、卓越参考（微信订阅号）等载体建设，加强了对“卓越计划”的宣传。

（毕　艳、李欣欣）

【学生工作】 学院形成了“学院搭舞台—老师做导演—学生唱主角—全员满堂彩”的节目式工作思路，培养学生骨干，着力发挥学生骨干在学生工作中的自主性，最终达成“自我教育、自我管理、自我服务、自我实现，自我成才”。建设社团干部—班级干部—助理团队三级梯队的横向管理和6年一贯制人才发展的纵向培养，形成团结互助的网格化学生骨干培养体系，群策群力，为学院学生工作的开展做出努力。

2013年，学院共139人获得各类助学金，其中国家一等助学金20人，国家二等助学金65人，国家三等助学金46人，社会各类助学金8人。获特种奖学金40人，获人民奖学金219人，获奖学金人数占全院学生的65%。在评奖评优比例分配中，学院采取与各学院横向对比的办法。把各相关学院各专业的成绩考虑到奖学金分配因素中去。评奖环节包括：班级评议、综合测评加分、个人申请、特种奖学金答辩、公示等。特种奖学金评选过程中，学院以年级为单位，采取1：1.2差额答辩，确保了公平性。

通过完善学生安全责任制度、留存工作痕迹、加强宿舍走访，加强的安全教育，培养安全意识，为企业实习做准备。按照“一个体系、三个加强、一个载体”的安全工作思路，构建了“学生—安全员—安全信息员（班长）—辅导员”的网格化安全工作体系，加强日常、实习、宿舍三方面安全教育，2010级借助《E微刊》做好分散宿舍的走访工作。

按年级组织全体同学参加“实习归来共分享”的实习总结交流会，各实习队小队长和小组长精心准备，分享各自实习所学所感。各实习队均形成了实习攻略，向低年级同学介绍包括实习企业的基本情况。积极组织优秀学生参与经验宣讲，组织同学撰写了“晓春学长谈如何找到满意的实习——IBM实习生浅谈”等文章和低年级同学分享经验。

学院学生基层组织获北京市共青团“先锋杯”优秀团支部1个，校级优秀班集体标兵、87级校友基金优秀团队1个，优秀班集体3个。1个学生党支部获北京科技大学2011－2013年度十佳标杆党支部称号。学院学生中涌现出了2013首都诚信大学生楷模1名、北京科技大学五四青年奖章1名、北京科技大学优秀共产党员1名。2013年，学院有3名学生同时入选学校“励志计划”，荣获北京市共青团“先锋杯”优秀团干部1名，荣获优秀团员1名。学生工作团队参与2个年级（3次）、7支实习队伍的工程实践带队管理及驻厂工作。

在2013年年终学生工作评选中，学院获辅导员队伍建设专项工作奖，2013届毕业生就业工作获北京科技大学就业工作总就业率优胜奖。2012级本科生黄超旭同学成功捐献造血干细胞挽救同龄大学生的生命。

2013年度，学院1名入伍学生光荣退伍，2名在读学生光荣入伍。

（王小宁、陈建帮）

【国际化建设】 ①学生海（境）外经历拓展工作。2013年度，学院共派遣5名同学参加了学生海（境）外经历拓展项目，其中1名同学赴台湾大学交换学习，4名同学赴台湾中兴大学等高校交流。下学期2名同学将赴台湾大学进行交换学习。2名同学将于2014年秋季分别赴德国亚琛工业大学及比利时鲁汶大学进行硕士研究生的学习。②国际化项目工作。2013年，学院积极开展国际化项目建设工作，国际化平台建设执行中及在审项目共计7项。③国际工程人才教育培养工作研讨会。5月举行了“国际工程人才教育培养工作研讨会”，邀请加拿大皇家学会会员、美国工程院院士大卫·恩伯里（David Embury）教授就国际化教学方法，国际化教授评价机制，美、加及欧洲著名高校在学生素质培养和实习工作方面的不同做法，以及学生的国际化培养要点等内容进行了详细的介绍；详细地罗列了两种不同系统的特点及问题，并提出了供学校思考的如何进行国际工程人才教育的思路。与会嘉宾就学校工程师学生实习、教授工作评价，学生国际化培养方式等方面开展了热烈的研究与讨论。

（李欣欣、牟仁玲）

附　录

2013年高等工程师学院学生参赛项目汇总表

比赛项目	主办单位	工作任务	所获成绩
北京市大学生电子设计大赛	北京市教委、学校教务处	培训、选拔、赛务管理	国家级二等奖1项、北京市一等奖1项、北京市二等奖7项、北京市三等奖4项、成功参赛奖6项，学校获北京市教委颁发的北京赛区“优秀组织奖”，吕振老师获“北京市优秀指导教师奖”
全国大学生计算机博弈锦标赛	教育部、中国人工智能学会	负责参赛学生的培训、技术指导及参赛	此次大赛学校包揽了“爱恩斯坦棋”冠、亚军，“苏拉卡尔塔棋”冠军及“点格棋”季军，共获得一等奖6项、二等奖5项、三等奖2项的优异成绩，被组委会授予“优秀组织奖”。
（日本横滨）国际机器博弈锦标赛	国际人工智能学会	参赛学生培训技术指导工作	“苏拉卡尔塔棋”银牌
第十二届全国大学生机器人大赛		负责参赛学生的培训、技术指导及参赛	获二等奖
华北五省机器人大赛			获二等奖2项，三等奖2项
浙江温州2013全国航空模型锦标赛			获一等奖2项，二等奖1项，三等奖4项
机器人大赛校内赛和首届机器人DOTA对抗赛	学校教务处	负责参赛学生的培训、技术指导及比赛组织	

高等工程师学院国际化平台建设执行中及在审项目汇总表

类别	项目名称	项目审批部门	项目执行时间
2012年度学校特色项目	借鉴国际工程师培养传统优势打造科大工程教育精品	教育部国际司	2012.08～2014.08
2013年度学校常规项目	美国国际工程师资格考试为引导的工程教育国际化	学校国际处	2013.01～2013.12
2013年度学校常规项目	“卓越计划”教学改革国际工程基础系列课程的引入与本地化	学校国际处	2013.01～2013.12
2013年度学校常规项目	借鉴美国知名高校工程类课程教学方法，提高学校工程教育国际化水平	学校国际处	2013.01～2013.12
2014年度海外名师项目	基于钢铁生产全流程虚拟仿真实践平台建设的国际化数字媒体建设研究（送审中）	教育部国际司	2014.05～2017.05
全英文示范课程	Fundamentals of International Engineering	学校教务处	2013.10～2015.09
教师培训	国际节能评估师认证考试讲师培训项目		2014.01

管庄校区

【概况】2013年是管庄校区实现内涵发展、提高教育质量和创新能力的重要一年。校区以中共十八大精神和十八届三中全会精神为指导，以党的群众路线教育实践活动为契机，深入贯彻落实《国家中长期教育改革和发展规划纲要》，进一步改革创新，加强质量监控，突出办学特色，完善办学条件，实现校区各项事业健康有序发展。

2013年，各类在籍生25703人，其中高职生242人、函授生4611人、校区业大生1912人、校外业大生942人、远程学生15747人、继续教育培训生（一年期以上）2249人。有各类教育注册新生12010人，其中高职生80人、成教生3582人、远程学生7591人、继续教育学员（一年以上）757人。毕业生9515人，其中高职生81人、成教生3041人、远程教育学生6393人。

（陆春兰、张军凌）

【条件建设】全年工程总投入318万元，完成大小维修改造项目12项，包括文娱活动中心安装座椅等后续改造、11号楼学生宿舍屋顶钢架改造、教学楼粉刷、浴室计量器升级等。积极探索、改进设施管理办法和微课件制作技术，整合、改造了计算机实验室，设计、制作了远程教育精品课件模板和线下独立学习的U盘，并做好远程教育平台维护工作。根据专业设置和教学计划，调整了采购图书结构，突出了图书的适用性和学术质量；完善了图书排架和导引标识，更新了图书防盗设备等。

（张少俭、曹建波、王红艳）

【教学管理与研究工作】继

续加强教师聘任、授课、学员管理、就业等全方位监控，使项目年检年报制度更加程序化、规范化；加强教学基础建设，强化教务管理；召开了以“提高质量、突出特色、强化资源建设”为主题的教学工作会，进一步探讨提高教学质量和育人水平的有效途径；积极开展科研、教研学术交流活动，校区1部教材同时被评为2013年北京市高等教育精品教材和教育部高职“十二五”规划教材立项，3部教材被评为学校“十二五”规划教材，其中1部为重要立项；10项教学研究课题列入校区教学研究项目资助计划，教学研究课题结题12项，验收通过10项；校区教师主持和参与纵向科研项目1项、横向科研项目3项；发表论文11篇，其中核心期刊4篇，出版教材4部。

（张军凌）

【国际合作与交流】2013年，大阪电气通信大学3名学生赴校区短期留学，校区首次独立完成了日本学生教学、接待等工作，得到学生及合作学校的高度好评。

中日合作交流赴日学生43人，创历史新高。同时，27人通过东京电机大学、大阪电气通信大学、东京工科大学编入考试，即将赴日留学；中外合作交流班现有在读学生110人，其中中日合作交流班80人、中美合作交流班30人。

（杨　勇）

【财务管理】继续加强项目收费监管，提高了收费规范性和收入的及时性、安全性；全面贯彻中央及学校厉行节约、反对浪费的指示精神，进一步规范支出管理和预算执行，特别是加大了对会议费、接待费、工程和采购费等费用支出的管理与审核力度。

（向剑锋）

【人事管理】根据学校部署、要求，结合校区定位和发展需要，重新核定岗位编制，完善岗位职责等；及时兑现调整后的岗位津贴和绩效津贴；加强制度建设，完善了教师岗聘实施细则，制定了岗聘条件中关于“教材及教学科研获奖折抵论文”的补充规定等；完成年度职称评聘，2人分别通过讲师、副教授职称评审；完成非事业编制人员招聘、岗前培训和考核工作，新聘11人，续聘53人。

（曹宏生、刘亚宁）

【校友工作】加快校友分会建设，成立了西安校友会、广东校友会；更新、完善校友网站和《校友通讯录》；起草、制定了院庆活动方案和捐款管理办法等。

（马轶民）

【校区史编印】以筹备30周年院庆为契机，以“统一领导，分工负责”为原则，为进一步弘扬传统、总结经验、凝聚力量，校区各学院、各部门在编委会的统一指导下，认真理顺发展脉络，基本完成了管庄校区历史的组稿、编辑和审稿等工作。

（陆春兰、王慧美）

【安全稳定】制定了校区“平安校园”工作方案，尤其是“十八届三中全会”期间及天安门金水桥事件发生后，在III级常规防控要求的基础上，全面启动校区I级超常应急工作预案，具体措施包括：佩戴“治安值勤”袖标，加强巡逻；重点部位、区域专人24小时值守；向全体教职工发放“平安校园”知识手册等。积极配合市教工委对学校“平安校园”检查验收工作，及时报送包括矛盾排查化解、综合防控、安全教育管理、应急处理等七大体系建设的支撑材料；组织师生参加消防灭火演练和疏散演练，聘请专业技术人员对宿管员进行消防报警装置使用培训；新建图书馆、远程与成人教育学院考务科烟感报警器装置；新增培训公寓室内消防栓，并积极协同有关部门解决综合楼消防水池不合格问题。

（任乐松、刘欢欢）

【学生工作】进一步加强学生管理，开展了春季重点关注学生心理健康状况排查与约谈；继续做好文娱活动中心、体育活动中心、学生洗衣房等处的管理与服务；完成评优表彰和征兵工作，3人获国家奖学金，8人获国家励志奖学金，1名学生光荣入伍；规范社团管理，新增2个学生社团；为49名家庭经济困难学生落实专项补贴。

举办了“青春风中国梦”弘扬主旋律系列活动、“最美的年华”毕业臻情音画汇和“金声夺人”主持人大赛等丰富多彩的文体活动；学生志愿者首次开展了社区老人学电脑和家委会老教师帮扶服务项目。在学校第五十二届学生田径暨趣味项目运动会上，校区学生夺得甲组女子团体亚军、甲组男子团体季军、甲组男女团体季军、甲组团体第四名的好成绩。

（吴　瑜）

【党群建设】严格按照“照镜子、正衣冠、洗洗澡、治治病”的总要求和校党委部署、安排，以为民务实清廉为主要内容，以集中解决形式主义、官僚主义、享乐主义和奢靡之风为聚焦点，以贯彻落实中央八项规定为切入点，全面、系统地开展了党的群众路线教育实践活动。活动以校区领导班子和处级干部为重点、以支部为支撑、以全体党员为基础，采取了集中学习、召开座谈会、撰写对照检查材料、召开民主生活会等方式，广泛听取群众意见，查摆问题，制定整改措施，取得了阶段性成果。

进一步加强了中心组和民主生活会制度，根据班子成员分工调整，及时修订了校区党风廉政建设责任制实施细则，并制定了党务公开实施办法；加强支部建设，组织策划了“参观遵义会议旧址”“参观北京现代，感受科技发展”等特色党日活动；重视党员发展，共发展新党员5名，预备党员转正4名。

召开校区三届五次教代会，组织代表团参加学校第七届五次教代会暨十届五次党代会；开展了中国梦、中国工会十六大精神等宣传教育活动，并举办了青年教师教学基本功比赛等；组织了重阳节慰问、集体祝寿等活动。

（王川让）

体育部

【概况】2013年，学校体育部下设男生教研室、女生教研室、群体教研室、竞训教研室、学生体质健康测试中心和体育器材室。至年底，共有教职工47人，其中副教授25人，讲师18人，教辅和党政管理人员4人。在田径、篮球、足球、网球、乒乓球、羽毛球、冰雪项目上，学校拥有国家级裁判7人，国家一级裁判22人。

2013年，在学校党政的领导下，在市教委、北京市大学生体育协会的指导下，体育部认真落实中共中央、国务院提出的“学校教育要树立‘健康第一’的指导思想”精神，以增强学生体质，促进学生健康为工作重点，按照年初制定的年度工作计划和目标，经过师生员工的共同努力，在教学、群体、代表队、学科建设和场地设施管理等方面做了扎实有效的工作，圆满地完成了2013年度的各项工作任务。在2013年学校本科教学学生全员评教中名次列前，体育教学课已成为学生最喜爱的课程之一。

（赵　雨、窦海波）

【课程建设】学校体育课程教学始终坚持“以人为本，健康第一”的指导思想，不断优化课程教育内容，形成了完备的体育课程结构，基本上满足了学生选课需求和兴趣爱好。2013年，学校体育课分男生体育课、女生体育课和男、女混合体育课。为满足广大学生日益增长的体育兴趣，体育部充分挖掘体育师资和体育设施的潜力，不断增设一些学生喜爱的运动项目。为了提高教学质量，进一步端正学风和教风，体育部继续坚持每周一次的集体备课和业务学习制度，组织教师参加说课、看课，互相学习，取长补短，并继续成立教学督导组，对教师的上课情况进行评价，规范了教师教风，对提高教学质量起到了积极的作用。“大体育”已被评为校级精品课程。

（赵　雨、窦海波）

【科研及师资建设】学校注重体育师资队伍建设，不断提高教师的业务水平，有计划地选派体育教师进修学习，参加有关体育方面的学术报告会，举办体育部科学论文报告会，使教师的业务水平和科研能力得到提高。2013年，学校体育部1位教师入选北京市“青年英才计划”，并获得15万元科研经费资助。体育部教师申报并立项了5个校级科研课题，发表10余篇核心期刊论文和50余篇一般期刊论文。

（赵　雨、窦海波）

【竞技体育】2013年，学校的竞技体育基本上完成了既定的目标。在首都高校第51届学生田径运动会上，学校田径队获得了男子甲A组团体第三名；男女甲A组团队总分第三名。在北京高校篮球联赛中，男子篮球队获得第三名，女子篮球队获得第三名。学校学生跆拳道队获北京高校跆拳道比赛女子团体总分第一名、男子团体总分第二名及男女团队总分第二名，女子羽毛球队获得高校羽毛球甲级联赛女子团体第二名。男子足球队获高校联赛第五名，并获得“体育道德风尚奖”。

作为教育部批准建设高水平运动队的学校，学校通过了北京市教委组织的北京高校高水平运动队建设检查评估，获得优秀学校称号，并顺利通过了教育部对学校高水平运动队建设各项指标的评估，继续保持6个高水平运动队建设的资格。

（赵　雨、窦海波）

【群众体育活动】2013年，学校的群众体育活动继续保持良好的传统和风气。积极响应“亿万学生阳光体育运动”的号召，使学校的群众体育工作呈现出蓬勃的发展趋势。紧密围绕学校育人核心，努力将群众体育工作打造成为第二课堂和校园文化建设的桥头堡。年内，按照年初制定的学校体育竞赛计划，在体育部的指导下和学校各体育分会及各单项协会的共同努力下，组织了60余次丰富多彩的群体活动，包括组织举办了13场学校及学院运动会，举办了包括游泳、羽毛球等新项目在内的40余项校内群体赛事；参加了20余项校外群体竞赛，项目多、覆盖面广、自主性强、参与性高，极大地调动了学生参加体育活动的热情，使阳光体育运动惠及全体学生，做到人人有体育项目、班班有体育活动、院院有体育特色。2013年，学校在北京市大学生体育协会组织的“数字运动会”系列比赛中，取得了优异的成绩，被北京市教委授予北京高校阳光体育联赛优胜奖。

（赵　雨、窦海波）

附　录

2013年北京科技大学体育代表队主要竞赛成绩

比赛名称、时间、地点	领队及教练	运动员姓名（单项成绩）							总成绩
		姓名	项目	成绩	名次	项目	成绩	名次	
首都高等院校第51届学生田径运动会（2013年5月，北京建筑大学）	领队： 王瑞平 教练： 周振平 董官清 蒋玉跃	李志珑	400米	*45.98	2	400栏	51.00	1	甲A组 女子团体 总分：85分/第4名 男子团体 总分：130分/第3名 男女团体 总分：215分/第3名 金牌数：3枚
		袁　滔	3000米障碍	9：9.93	6				
		张建东	1万米竞走	48:28.41	4	2万米竞走	2:07:40.88	5	
		葛明韡	1万米竞走	57:22.02	6	2万米竞走	2:22:55.95	6	
		李　峰	1万米竞走	52:8.76	5				
		安　京	400栏	52.52	2	400米	51.07	7	
		吴少龙	110米栏	14.69	4				
		李湘龙	撑竿跳高	4.40米	1				
		么春阳	撑竿跳高	4.20	3				
		蔡文帅	三级跳远	15.63米	2				
	教练： 章荣江 姜　宏 李仕美 王文海 于　祥 董　斌 郭毅平	马浩森	跳远	7.25米	6				
			三级跳远	15.11米	3				
		王　东	铅球	15.76米	4	链球	45.41米	4	
		郑亦言	铅球	15.36米	5	铁饼	47.92米	2	
		柳文凯	十项全能	5871分	6				
		安　京 邓　运 吴少龙 李志珑	男4×100	41.77	5				
		安　京 谢佳楠 宋　琛 李志珑	男4×400	3:27.04	3				
		董睿	400	1:00.11	7				
		邱伟娜	1500米	4:47.99	6	800米	2:17.57	4	
		杨金娟	5000米	19:07.45	6	1500米	4:43.29	3	
		文天佑	400米栏	1:04.46	5				
		翟艳红	3000米障碍	10:56.77	1	10000米	35:35.92	3	
		罗冬冬	3000米障碍	12：19.33	8				
		刘洁琼	10000米	40:52.15	8				
		曹文俊	5千米竞走	23:33.44	4				
		苏文佩	跳高	1.68	5				
		于培媛	铅球	13.78米	5				

续表

比赛名称、时间、地点	领队及教练	运动员姓名（单项成绩）							总成绩
		姓名	项目	成绩	名次	项目	成绩	名次	
首都高等院校第51届学生田径运动会（2013年5月，北京建筑大学）	教练：章荣江 姜宏 李仕美 王文海 于祥 董斌 郭毅平	胡立立	铁饼	37.33米	6				
		李晶爽	标枪	37.68米	8				
		汤萌	七项全能	3907分	5				
		文天佑 郑小晴 董睿 刘晓君	女4×100	48.64	4				
		文天佑 郑小晴 董睿 刘晓君	女4×400	4:05.94	4				

*打破北京高校田径运动会纪录

（赵 雨、窦海波）

比赛名称、时间、地点	领队及教练	运动员姓名（单项成绩）			总成绩
		姓名	项目	名次	
第九届北京大学生跆拳道比赛（2013年12月，北京科技大学）	领队：赵雨 教练：刘洋	宋丹黎	女子49公斤级	1	女子团体总分：第1名 男子团体总分：第2名 男女团体总分：第2名 金牌数：6枚
		张金茜	女子−46公斤级	3	
		刘畅	女子−46公斤级	5	
		刘睿	女子57公斤级	5	
		郑一帆	女子62公斤级	5	
		王露	女子67公斤级	3	
		李童童	女子73公斤级	1	
		周阳	女子73公斤级	5	
		周阳	女子+73公斤级	4	
		陈梦泽	男子-54公斤级	1	
		陈俊江	男子-54公斤级	2	
		安晓宇	男子58公斤级	5	
		许航川	男子58公斤级	5	
		王凯龙	男子63公斤级	1	
		张晟传	男子63公斤级	5	
		刑雨健	男子68公斤级	1	

续表

比赛名称、时间、地点	领队及教练	运动员姓名（单项成绩）			总成绩
		姓　名	项　目	名　次	
第九届北京大学生跆拳道比赛（2013年12月，北京科技大学）	领队:赵　雨 教练:刘　洋	连隶章	男子68公斤级	3	女子团体总分：第1名 男子团体总分：第2名 男女团体总分：第2名 金牌数：6枚
		王晓萌	男子74公斤级	3	
		郭凡诚	男子74公斤级	4	
		吴　野	男子+87公斤级	1	
		陈惠鹏	男子87公斤级	3	

比赛名称、时间、地点	领队及教练	项　目	运动员姓名	名　次
北京高校篮球甲级联赛（2013年5月）	领队:宋一涛 教练:李海涛	篮球男队	刘雨鑫　张舒扬　李帅霖　都建京　赵一霖　孙世佳　王　烁　骆晓天　吉冠宇　孟令卿　李怡霖　冯丹蕾	第3名
	领队:王瑞平 教练:张孔军	篮球女队	孙安琪　雷　雨　付明月　张　钰　张雪童　费　尧　朱晓姝　马　媛　魏　维　甘椏郗　吴　佳　宋佳慧	第3名
第15届CUBA联赛北京预选赛（2013年11月）	领队:宋一涛 教练:李海涛	篮球男队	刘雨鑫　张舒扬　李帅霖　都建京　赵一霖　孙世佳　王　烁　孟令卿　李怡霖　冯丹蕾　赖宇航　杨　帆　贺佳祺　孙东阳　徐浩文	第5名
	领队:赵　雨 教练:张孔军	篮球女队	孙安琪　雷　雨　付明月　张　钰　张雪童　费　尧　甘椏郗　吴　佳　宋佳慧　张雪琳　姜雅琪　于　莹　矫　奢　刘华鑫	第3名
北京高校足球甲级联赛（2013年10月）	领队:赵　雨 教练:刘伟年	足球队	王俊淇　徐安达　李　展　申长林　杨　宜　周亦凡　董鹏程　魏伟楠　白雪飞　商小晨　邬家骥　刘浪　张道玄	第5名
北京高校羽毛球联赛（2013年5月）	领队：宋一涛 教练：胡彦峰	羽毛球队	刘思全　刘秋丽　张依漪　李乐洋　汤文颖　石明帆　黄钰博　曾　俐　刘相宇	第2名

（赵　雨、窦海波）

北京科技大学田径最高纪录

（至2013年年底）

男子

项　目	成　绩	日　期	地　点	创造者	院　别	备　注
100米	10.5	1991.6	国家体委	刘玉刚	机械	北京地区田径邀请赛
200米	21.21（电）	1996.8	西　安	扬子江	经管	全国第5届大学生运动会
400米	45.98	2013.5	北建大	李志珑	经管	北京高校第51届田径运动会
800米	1:50.3	1992.6	国家体委	邹华东	采矿	国家体委田径测验赛
1500米	3:50.2	2005.5	北师大	公　强	经管	北京高校第43届田径运动会
5000米	14:23.1	2005.5	北师大	高月志	经管	北京高校第43届田径运动会
10000米	29:50.8	1997.4	上　海	鞠成军	文法	全国第8届运动会达标赛
3000米障碍	9:10.7	2003.10	交　大	高月志	经管	北京高校第41届田径运动会
110米栏	13.6	1998.5	体　师	白　勇	文法	北京高校第36届田径运动会
400米栏	50.71	2012.5	北　大	李志珑	文法	北京高校第50届田径运动会
4×100米接力	41.38（电）	1999.7	长　春	汤　禹 时宪东 闫二勇 扬子江	校队	全国第7届大学生田径锦标赛
4×400米接力	3:12.04	2012.5	北　大	李志珑 安　京 谢佳楠 宋　琛	校队	北京高校第50届田径运动会
10000米竞走	41:59.51	1995.5	先农坛	奚绍辉	社科	北京市第9届运动会
20000米竞走	1:24:54	1995.5	先农坛	奚绍辉	社科	北京市第9届运动会
跳　高	2.06米	2005.5	北师大	刘　路	经管	北京高校第43届田径运动会
跳　远	7.90米	1989.5	合　肥	梁　超	经管	全国田径锦标赛
三级跳远	16.33米	2010.9	山　东	蔡文帅	经管	山东省运动会
撑竿跳高	5.00米	2011.5	清华大学	周　博	经管	北京高校第49届田径运动会
铅　球	15.67米	2002.5	科　大	尹作为	信息	北京高校第40届田径运动会
铁　饼	59.14米	1996.5	体　大	李加富	社科	北京高校第34届田径运动会
标　枪	66.72米	1990.3	体　大	马　键	经管	北京体院田径邀请赛
链　球	63.37米	2005.5	北师大	李振华	经管	北京高校第43届田径运动会
十项全能	6372分	2008.5	林　大	冯　超	经管	北京高校第46届田径运动会

女子

项　目	成　绩	日　期	地　点	创造者	院　别	备　注
100米	11.70(电)	2000.9	成　都	闫　姝	文法	全国第6届大学生运动会
200米	23.8	1998.10	北　体	王　莉	经管	北京高校田径杯赛
400米	56.8	1999.5	首师大	王　莉	经管	北京高校第37届田径运动会
800米	2:08.9	2004.5	北　航	李志梅	经管	北京高校第42届田径运动会
1500米	4:18.0	2006.4	北科大	谢　芳	经管	北京科大第44届学生田径运动会
3000米	10:12.35	1988.8	南　京	李跃明	热能	全国第3届大学生田径运动会
5000米	15:03.95(电)	2007.11	武　汉	谢　芳	经管	第六届全国城市运动会
10000米	31:21.2(电)	2007.11	武　汉	谢　芳	经管	第六届全国城市运动会
100米栏	13.71(电)	2006.5	郑　州	線　红	经管	2006年全国田径大奖赛郑州站
400米栏	59.92(电)	2006.10	北　大	胡雪婧	经管	北京高校田径精英赛
4×100米接力	47.3	1998.5	体　师	王　莉 许秋红 齐　媛 闫　姝	校队	北京高校第37届田径运动会
4×400米接力	3:51.03(电)	2008.5	林　大	李　烨 边　迪 胡雪婧 赵莹莹	校队	北京高校第46届田径运动会
5000米竞走	21:52.6(电)	2006.10	北　大	伊　群	经管	北京高校田径精英赛
10000米竞走	45:38.91（电）	2007.5	北　邮	伊　群	经管	北京高校第45届田径运动会
3000米障碍	10:10.2(电)	2007.11	武　汉	徐益娜	经管	第六届全国城市运动会
跳　高	1.88米	2009.10	济　南	乔艳蕊	经管	第十一届全运会
跳　远	6.24米	2007.5	北　邮	刘亚男	经管	北京高校第45届田径运动会
三级跳远	14.04米	2009.10	济　南	刘亚男	经管	第十一届全运会
铅　球	20.35米	2009.10	济　南	巩立姣	经管	第十一届全运会
铁　饼	57.7米	1999.5	首师大	王萍萍	信息	北京高校第37届田径运动会
标　枪	47.78米	1995.10	八一队	孙　静	经管	北京高校田径杯赛
七项全能	5189分	1999.5	首师大	王　琳	文法	北京高校第37届田径运动会

（赵　雨、窦海波）

天津学院

【概况】北京科技大学天津学院是2005年4月经教育部批准，由北京科技大学和广东珠江投资有限公司合作举办的本科层次的全日制独立学院，上级主管部门是天津市教育委员会。

学院设有土木工程系、材料科学与工程系、机械工程系、信息工程系、经济系、管理系、法律系、外语系、艺术系、基础部、体育部、思想政治工作教育部12个系（部）；实验室管理中心、图书馆2个教辅部门以及艺术教育中心。2013年，学院面向全国29个省、市、自治区网上录取本科生1885人，截至2013年年底，在校生6953人。2013届毕（结）业生1129人，50人通过硕士研究生入学考试并被录取，20人出国留学深造。截至2013年12月12日，学院就业率达到93.8%。

学院下设学院办公室、人事处、教务处、学生处、基建后勤处、财务处、保卫处、现代教育中心。截至年底，学院共有教职员工256人。其中，北京科技大学派出人员10人，广东珠江投资有限公司派出2人，社会招聘244人。

2013年，教育部独立学院规范验收工作组对学院进行规范工作验收。学院是全国首批接受教育部规范验收的三所独立学院之一，教育部专家组充分肯定学院办学成果，并对学院建设提出了宝贵的意见和建议。年末，学院在由新华网主办的2013年新华教育论坛——“大国教育之声”活动中荣获“2013中国品牌影响力独立学院”称号。

（白　亮）

【教学工作】依据教育部《普通高等学校本科专业目录和专业介绍（2012年）》和学院的具体情况提出了《制订2014版本科培养方案的原则意见》。按照科学规范、主动适应、继承发展的原则，依据《专业介绍（2012年）》内容表述和应用型人才培养要求，启动了2014版培养方案制订工作。11月召开本科教学工作会议，围绕“优化人才培养模式，做好人才培养的顶层设计”的理念，对学院发展定位、办学理念、专业设置、人才培养总目标、人才培养模式等取得了共识，对学院教学工作具有重要意义。

年内申报知识产权和财务管理专业，教育部广泛征求社会意见后报天津市教育委员会备案，财务管理专业2013年9月开始招生。电子信息工程专业获得学士学位授予资格。《Java面向对象程序设计》等7项优秀课程项目通过评估验收，被授予北京科技大学天津学院“优秀课程”称号。

2013年，应届毕业生总计1129人，取得毕业证书的有1111人，占98.4%；获得学士学位的有1082人，占取得毕业证书人数97.3%。2013年11月25日，天津市教委专家组莅临学院进行毕业设计（论文）专项检查，对毕业设计（论文）工作给予高度评价。材料系沈卫平教授指导2013届毕业生郑宇亭完成的论文“钨棒在面向等离子部件中的应用”被评为第四届天津市普通高等学校优秀毕业设计（论文），法律系霍秀云同志被评为天津市普通高等学校毕业设计（论文）管理工作先进个人。

（尹常治）

【师资队伍建设】为满足学院高层次人才需求，切实加强人才队伍建设，提高办学质量，学院启动“特聘教授”聘请工作，聘请了长江学者特聘教授、国家杰出青年基金获得者吴爱祥、曲选辉、隆克平，国家杰出青年基金获得者孙长银，博士生导师王文彬（英籍），博士生导师张海云（美籍）担任学院相关学科带头人，面向大一新生开课，同时指导青年教师教学科研工作。学院加强青年教师培训工作，建立培训机制，以不同形式分类举办针对性强的一系列培训。针对新教师组织岗前培训及教学技能培训；针对行政教辅人员组织管理能力培训；鼓励各系部教师参加遴选并参与校外或其他省市教育机构举办的培训项目，强调培训效果，提供经费支持。继续鼓励青年教师在职攻读学位，4名教师获得博士研究生入学资格。

学院补充完善职称评审文件，制订《北京科技大学天津学院中级专业技术职务评审条件（补充规定）》，确定实验系列中级评审条件。10月启动天津学院2013年专业技术职务评审工作，12月顺利完成，20人获得中级职称，其中，讲师12人，助理研究员1人，实验师2人，馆员5人。截至2013年年底，学院中级职称比例达到49.6%。为激励优秀骨干教师，建立学院人才梯队，带动学院整体师资水平提高，学院制定了《北京科技大学天津学院副教授评审条件》，拟于2014年启动高级职称内部评聘工作。

2013年，共20名教师分获指导学生竞赛奖及教学竞赛奖。其中，省市级教学竞赛一等奖1项，三等奖3项；省市级指导学生竞赛一等奖8项，二等奖5项。

（孟菲菲）

【党建工作】学院始终坚持把党建工作落实到学院的中心工作之中，用完成中心工作的实际效果来体现基层党组织的作用。2013年，学院党建工作围绕深入学习贯彻中共十八大和十八届三中全会精神为主线，积极开展党的群众路线教育实践活动；坚持思想建设、组织建设和作风建设相结合，突出党建工作的政治性、群众性、实践性、创新性；为建设学习型党组织和建设和谐校园服务，为学院教育教学和改革发展服务。在党员发展工作方面，坚持党员发展标准，严把党员质量关，积极稳妥地发展党员。努力做好优秀教师入党工作，引导团员青年及入党积极分子靠拢党组织。加强对入党积极分子的经常性教育和入党前的强化教育。确定重点培养对象和发展对象，积极做好教育培养考察工作。截至年底，学院共有9个党总支，14个教工党支部和29个学生党支部。

按照校党委深入学习贯彻中共十八大精神的具体要求，组织广大党员、教师尤其是学院领导班子成员学习十八大精神，利用报刊、网络、宣传橱窗等载体学习十八大精神，进一步推进学习型党组织建设。扎实推进党的群众路线教育实践活动，完成了“学习教育、听取意见”“查摆问题、开展批评”“整改落实、建章立制”三个阶段的教育实践任务。加强党风廉政建设，提高党员干部党风廉政意识，建立健全党风廉政建设责任制，增强党员服务基层、服务群众、服务发展的意识。加强党对群团工作的领导，推进学校精神文明建设。

在团学工作中，以社会主义核心价值体系为主导，开展“我的中国梦”教育宣传活动；以弘扬中华传统美德孝道文化为宗旨，开展“爱要大声说出来”教育实践活动。按照校党委的要求，积极深入地开展党的群众路线教育活动，在活动评选中，评出学院先进党支部2个、优秀党员6名、党务工作先进个人1名。

（白　亮、叶振楠）

【学生工作】2013年，学生工作始终紧密围绕学院党政中心工作，全面贯彻中共十八大和十八届三中全会精神，围绕立德树人的根本任务，巩固成果、开拓创新，在学生党建、日常服务管理、招生就业、宣传教育等方面，求真务实，不断总结提高。年内，党建工作卓有成效，各项制度逐步完善，不断加强支部建设，严格遵守党员发展规划和流程，调整优化支部规模和结构。以开展党的群众路线实践教育活动为契机，扎实推进党员教育，基层党组织活动蓬勃开展。全面落实辅导员考核制度，切实执行北京科技大学天津学院辅导员工作日志和辅导员工作周报，并作为辅导员年终考核重要依据；严格辅导员例会制度，对辅导员的工作进行协调和指导；继续贯彻执行辅导员谈话制度、进驻学生宿舍值班制度，加强与学生的沟通交流，及时掌握思想动态，有效地进行引导和教育；坚持辅导员“致家长一封信”制度，每学年末给每位学生家长寄信，反映学生在校的综合表现。以教学工作为中心，不断加强学风建设，严抓课堂、宿舍、考场三个阵地，取得明显成效。建立、健全学生奖惩制度，以评促建，奖惩结合，切实提高学生的刻苦精神和守纪意识；以人为本，进一步完善“奖、助”资助工作体系，做好贫困生的助困工作。认真落实日常安全教育检查和宿舍文化建设工作，组织辅导员不定期的巡查，对学生宿舍区、校园进行检查、巡逻，及时发现不良行为并予以纠正、制止。积极开展心理健康教育活动，通过开展集中普查、各系重点筛查、日常危机评估三重保障，坚持实施心理危机重点个案月报制度，全面完善心理危机预防机制。军事训练与素质教育相结合，圆满完成了年度军训任务。年内，就业指导中心为2013届毕业生组织举办了中型毕业生双选会，积极努力搭建就业平台。有30多家单位来学院进行宣讲招聘，近100家单位组织网络招聘或学院推荐面试。就业指导课作为必修课有序开展。11月，为2014届毕业生组织举办大型毕业生双选会，参展企业115家。

学院团委继续认真学习中共十八大和十八届三中全会精神，紧紧围绕“中国梦”主题，根据上级团组织的要求和学院党政中心工作，以服务学生为宗旨，开展党的群众路线教育实践活动，举办丰富的第二课堂活动，加强校园文化建设。学院创办的以“弘扬中华传统美德孝道文化，构建学院德育教育阵地”为宗旨的学生组织“孝心社”，在全院开展“爱要大声说出来”孝道主题教育实践活动，同时结合感恩节、母亲节、父亲节、重阳节等重要节日开展一系列活动，在社会上取得强烈反响，多家媒体对活动进行了采访报道。

2013年，学院学生在各类竞赛中均取得优异成绩。2名学生获得大学生英语竞赛天津赛区一等奖；3名学生获得2013年天津市大学生计算机应用能力竞赛——物联网创新与工程应用设计竞赛本科组二等奖；5名同学荣获第四届“安吉杯”全国大学生物流设计大赛二等奖；2名学生在第四届“拓普杯”天津市大学生物理竞赛中分获二、三等奖；2名学生获得天津市普通高校大学生数学竞赛优秀奖；13名学生在“北京市第二十三届大学生数学竞赛”中获奖，其中2名学生获得一等奖，11名学生分获二、三等奖；院团委荣获天津市高校团干部赴县级团委挂职工作“优秀组织单位”称号、2013年天津市大中专学生暑期社会实践活动“优秀组织单位”称号；会计1109团支部被评为2013年天津市学校系统特色团支部，机械1102团支部、造价1103团支部、管实1101团支部被评为2013年天津市学校系统优秀团支部。在2013年天津市学校文艺展演大学组个人项目和集体项目中，学院共参加11个项目，荣获包含2个一等奖在内的18个奖项；足球队获得中国大学生五人制足球联赛天津赛区冠军；健美操队获得天津市大学生健美操比赛第三名；羽毛球队获得天津大学生羽毛球比赛男子团体、女子单打冠军，女子团体、女子单打亚军及男子单打季军；学院电视台选送的视频节目《爱，待续》《空谷的爱情》《我的大学》在2013年度天津市学校文艺展演中分获校园电视台节目制作（集体项目）一、三等奖。

（叶振楠）

延庆分校

【概况】2013年，延庆分校在校生为1296人，其中外国语学院789人，土木与环境学院265人，数理学院134人，文法学院108人。

年内，分校共招收新生442人，共5个专业，8个专业方向，包括英语教育、英语教育（幼儿教育）、文秘（涉外文秘、策划与主持）、计算机应用技术（影视动画)、数字媒体技术、工程造价（建筑工程、市政工程）。共毕业学生388人，一次就业率95.6%。其中32名学生升入本科深造（北京建筑大学9人、北京联合大学23人)，录取率55.17%。

（尤志华）

【教学工作】2013年，分校专业建设特色进一步凸显。修订了英语教育专业（幼儿教育）人才培养方案，并从2012级正式执行。对英语教育专业（幼儿教育）方向幼教课程进行了优化整合，突出了基础课教学与专业的融合，建立了幼教专兼职师资库，制订了幼教技能类课程标准，规范了分校和外国语学院对幼教方向学生技能、培养职责任务，编写了《幼教理论综述》讲义，逐步提升在幼儿教育方向市场竞争力。聘请县内幼教领域专家到学校开展系列专题讲座，提升英语教育（幼儿教育）人才素质。积极参加县外语协会组织的各项活动，在全县英语比赛中袁乃慈同学获得一等奖，庞明姣和柏敏娜同学并列荣获二等奖，邵静老师获得延庆县“优秀指导教师”光荣称号。

实习实训和双证书工作成效明显。积极拓展实习实训基地建设，圆满完成了实习实训任务。2011级英语教育专业圆满完成保育员见习、实习和教养员实习任务。与通州区教委和延庆教委下属9个公办幼儿园就实习工作进行了专题研究，对实习方案制定、实习动员、实习管理、实习反馈和实习考核的每一环节严格认真把控，达到预期实习目的。落实2010级英语教育专业教育教学实习任务。加强毕业设计辅导，圆满完成答辩工作。加强学生艺术素质培养，为学生提供琴房、舞蹈训练教室、多媒体教室资源。组织开展了学校第七届英语应用能力专业组口语大赛，组织开展了晨读活动，锻炼了学生英语口语表达。年内，各级各类证书报名1541人次，其中有132名2010级英语教育专业学生参加认定并取得教师资格证书，取证率100%；有336人参加普通话水平测试，其中获一级乙等资格141人，占总参考人数的42%；二级甲等资格174人，占总参考人数的52%；二级乙等资格20人，三级甲等资格1人。442人参加英语应用能力考试（AB），A级成绩仍保持在全市高职院校第三名。36人参加全国第五届大学生数学竞赛暨北京市第二十四届大学生数学竞赛高职高专组(丁组)比赛，其中2012级数字媒体专业石玉娇同学荣获二等奖，2011级工程专业董焕焕、王梦两位同学荣获三等奖。

教学服务保障做到准备充分，保障到位，责任到人。年内，圆满地完成33个教学班次排课、教室调度、课程考试管理、学籍管理、教材征订与发放、设备维护更新等任务。年末，对主楼14个多媒体教室的设施进行了全套更新，完备的教学设施为师生提供了良好的教学服务。

（尤志华）

【师资队伍建设】分校基础部教师共11人，其中副教授1人，讲师8人，助理讲师2人。2013年，学校致力于教师的发展与培养，加强规范管理，采取多种形式培养人才的方式加强师资队伍建设，取得了良好效果。鼓励和支持教师在不影响正常教学秩序的前提下，有步骤、有计划地参加在职研究生学习，努力提高师资队伍的学历层次。年内，有3位教师正在进行学位进修，1位教师参加党校研究生班学习。为促进教师课堂教学水平的提高，举办讲课比赛，黄川卉老师获得“最佳课堂设计奖”，刘冬慧老师获得“最佳教学探索奖”，李桂新老师获得“最佳个人风范奖”。积极组织教师进行职业能力培训，支持教师取得资格证书，鼓励教师向“双师型”发展。年内，3位教师例行全国公共英语口语考试考官培训；7位教师参加职业核心能力培训，其中5人获全国职业核心能力认证专业教师证书，2位获礼仪训练教师证书。

（王新宁）

【教科研活动】2013年，分校加大对科研工作的重视程度，成立了专门负责科研管理工作的办事机构——科研处，统筹协调全校科研工作；加强科研指导服务，出台了《关于进一步加强科研管理工作的规定》。年内，分校增设了职工书屋和教师电子阅览室，方便了教师备课、科研；投资10万余元购置新书，并为教师订阅上百种报纸杂志供干部教师查阅，为教师成长成才提供了良好的硬件条件。年内，加强与北京市委党校和兄弟院校间的科研协作，成功申报并完成了1项省部级课题、3项市级课题、2项县级课题。

学校还成立了17个课题组和基层乡镇、街道、农村、社区对接，深入开展调查研究工作，形成了一批“接地气、连民心、解决实际问题”的研究成果。《关于建设“美丽延庆”的研究》《探索小班研修教学规律，提高干部培训质量》在《延庆调研》上发表。《关于延庆县农村党员教育研究》获北京市党建研究会二等奖、延庆县党建研究会优秀调研成果奖。《中国特色生态文明建设的实践及思考——以延庆建设“绿色北京示范区”研究为例》被评为国家行政学院协作课题；《以党的群众路线教育实践活动为载体加强党组织建设》被批复成为北京市党建研究会课题；《新形势下党校保密工作研究》被评为延庆县国家保密局课题；《基层党建科学化》被载入北京市委党校学习贯彻十八大精神理论研讨会论文集、并被评为延庆县优秀调研成果。《关于党内服务体系建设》在《延庆党建》专刊上发表；《毛泽东群众工作思想及启示》在《北京行政学院学报（专刊）》上发表；《“大学生职业生涯规划”课程教学中的得与失》在《职业教育研究》上发表；《探究微博在高职计算机教学中的运用》在《电脑知识与技术》上发表；《关于大学生职业沟通课程评价方式的实践探讨》在《中国科教创新导刊》上发表；《低成本RFID双向认证协议》在《计算机应用增刊1》上发表；《大学生体育教学与终身体育教育》在《赤子》上发表。

（李瑞雪）

【基础建设】年内，根据教学需要，在暑假期间对学生餐厅进行装修改造，改造面积600余平方米，更新了地面照明线路和门窗，粉刷了墙壁。对男生公寓卫生间、门厅和教师宿舍进行粉刷，修缮了全校雨漏管，清除了楼顶垃圾，对食堂屋顶、主楼雨罩、男生公寓雨罩、男生公寓楼顶进行了防水维修。对全校63棵龙爪槐、月季等进行修剪、整形；新栽种了毛竹、八宝景天、红王子、芍药等245棵，对校园76棵柳树进行了全面截头处理，对主楼前130米黄杨进行了移栽和补种，校园环境得到优化。

（李瑞雪）

【党团建设工作】2013年，分校围绕“建设有特色的大学郊区分校”的工作目标，着力抓好党团建设工作。全年培养入党积极分子185名，发展学生预备党员20名，吸收党员1名，预备党员转正14名，延期转正1名。

2013年，分校团委发挥共青团在学校工作中的组织优势、实践优势和先锋模范作用，在共青团的自身建设、思想政治教育、学风建设、校园文化建设、公益活动和志愿服务等方面发挥了积极作用，取得一定实效。年内，共举办业余党校2期，组织精品团课12次、学生干部培训1期。开展了红五月系列活动，组织了社团文化节、宿舍文化节、运动会等各类专场文体演出和竞赛20余场。带领“绿色天使”“微尘”等学生社团和学生志愿者深入校内外开展养老助残、环境保护、禁毒防艾、关注特教儿童等志愿服务活动100余次，其中，市县级大型志愿活动7次，出动志愿者近1000人次。年内，校团委被评为北京市五四红旗团委、延庆县2013年度先进团组织；“微尘”志愿者服务队被评为延庆县学雷锋志愿服务队；周一鸣等3名志愿者被评为延庆县学雷锋志愿服务优秀志愿者。

（王柏霞）

【学生工作】2013年，分校围绕“建设有特色的大学郊区分校”目标要求，归纳总结出“123+*x*”的学生管理工作理念。“1”即一个目标，以提升大学生的综合素养为目标；“2”即两个主题，精细化的服务和科学化的管理；“3”即三条主线，思想政治教育统领、校园文化活动引领、两支队伍带领；“*x*”即多种抓手，如网格化管理、各项规章制度、志愿活动和社团活动等，不断强化学风建设，努力开创学生工作新局面。主要做法：

一是加强行政服务队伍、辅导员队伍和学生干部队伍建设，强化服务技能和工作方法。年内举办学生干部培训班1期，培训学生干部66人。

二是扎实开展思想政治教育。通过理论讲坛、主题班会，引导全校青年学生学习党的先进理论、贯彻党的重要会议精神。

三是围绕学风建设，优化学习环境和氛围。开展文明教育和“查旷课查迟到”活动，有效地减少了迟到、旷课、考试作弊等不良行为。

四是创新组织形式，打造特色校园文化品牌活动，进一步提升校园文化品位、丰富校园文化生活和创造健康和谐的校园。

五是积极构建心理健康教育和贫困生资助工作体系。年内，认真落实奖、贷、助、补各项政策，完成了382名困难生的认定和大学生奖学金的审核工作。共有1名学生获国家奖学金，45名学生获国家励志奖学金，222名学生分别获得了一、二等国家助学金，151名学生获学校奖学金。

（王柏霞）

【表彰奖励】2013年，分校获得北京市第五届端午文化节青年诗文诵读大赛优秀组织奖、延庆县直工委第六届文化艺术节最佳组织奖和优秀表演奖、2013年度交通安全工作先进单位、2013年度工会工作先进单位、2013年度先进单位、北京市五四红旗团委、北京市节水型单位、延庆县2013年度先进团组织、延庆县第二十九届青年文化节跳长绳和三对三篮球赛优秀组织奖、延庆县第二十九届青年文化节团体第二名、延庆县学雷锋志愿服务品牌团队等奖项和称号。在个人获奖方面，周一鸣、郭嘉、蔺天娇被评为延庆县学雷锋志愿服务优秀志愿者；董丹在县直工委系统第六届文化艺术节摄影比赛中获优秀奖；在县直工委系统第六届文化艺术节征文比赛中，杨胜凯获三等奖，李瑞雪获二等奖；刘蕊在县直工委系统第六届文化艺术节绘画比赛中获二等奖；王冉在县直工委系统第六届文化艺术节软笔书法比赛中获优秀奖；在“风雪同行·温暖妫川”抗雪救灾征文活动中，郭广平获一等奖，杨松获三等奖；李瑞雪被延庆县交通安全委员会评为延庆县2013年度交通安全优秀通讯员。

（李瑞雪）

教育教学与学科建设

本科生教育

【概况】2013年，学校共有本科专业48个，按学科划分：工学24个、理学9个、管理学学士6个、文学4个、经济学2个、法学3个。至年底，全校共有全日制本科生13360人。

年内，顺利完成了2013届3319名本科生毕业资格及学士学位资格审核工作。按期毕业3244人，毕业率为97.74%，其中3241人获得学士学位，学位授予率为99.91%；结业学生75人。双学位学生毕业139人，双专业学生毕业14人，新录取338人。

2012－2013学年度学校共开设3291门次课程，安排各种考场1583个，组织358名指导教师带领2010级和2011级47个专业118个实习队共6682名学生完成了实习任务，组织68个班、2000多人参加金工实习，组织并完成2009级本科生3484人论文题目的审查及答辩工作。教务处组织校内外各个学科与科技竞赛27项，6802人参赛，1732人次获奖，其中国家级获奖人数304人，省部级获奖人数401人。组织本科生科技创新项目立项571项，其中国家级66项，北京市级52项，参与学生2264人，指导教师670人次。

为学院路地区其他21所高校1319人次开设13门次选修课，为两个辅修专业30余名学生开设2门课程。学校学生共有500人次选修了18所高校128门次选修课。

（薛庆国）

【教育教学与改革】2013年，学校组织申报了2013年度北京市支持中央在京高校人才培养共建项目，获批8项，资助经费457.3822万元；组织申报2013年度北京高等学校教育教学改革项目，共5个项目获准立项，其中重点项目1项，一般项目4项。根据《北京科技大学"十二五"本科教育教学改革规划》和《北京科技大学2013年度本科教育教学改革与研究项目申报指南》，学校开展了2013年度教育教学改革与研究项目的申报和评审工作，共有7个重点项目和60个面上项目获准立项，资助经费152.7万元。

（袁建美）

【本科教学条件建设（修购项目）】2013年，审批修购项目（本科教学条件建设部分）21个，审批金额3615万元。3月，教务处邀请有关专家组织召开项目启动会，制定项目执行书，签订项目进度表。在项目执行期间，教务处做好服务工作，发挥协调作用，简化办事流程，做好各修购项目中设备与非设备部分的计划、借款、报销手续登记，全程掌握经费使用情况。为督促项目执行，2013年11月初至12月中旬多次召开"2013年修购项目执行会议"，确保了项目的按时完成。

教务处组织相关部门申

报2014年修购项目，并于6月4日邀请督导组、资产处等相关专家对申报项目进行初审，要求各部门根据专家意见对项目申报书进行了修改。随后，相关部门对修改后的项目书进行了整理、汇总，以便教育部指定单位进校审核。7月12日，教育部指定单位进校审核，本科教学条件建设部分共申报修购项目20项，最终入库20项，评审金额4165.95万元。

（刘仁霖）

【教学奖励】2013年，学校材料学院刘国权教授负责的《材料类专业导论》被列为国家精品视频公开课首批专业导论类课程27个选题之一，机械工程学院张欣欣教授负责的《传热传质学》、冶金与生态工程学院郭汉杰教授负责的《冶金物理化学》、土木与环境工程学院李长洪教授负责的《岩石力学与工程》入选第二批国家级精品资源共享课立项项目。11部教材获得2013年度“北京市高等教育精品教材”称号，林海教授获北京市高等学校教学名师奖，孙莹等5名教师获得首届全国高校微课教学比赛北京赛区优秀作品奖。学校举办了首届微课教学比赛，5人获一等奖，10人获二等奖，20人获三等奖。学校组织申报了第七届北京科技大学本科教学优秀奖，其中标兵奖2人，一等奖10人，二等奖20人。

（袁建美、李　虹、王晓晓）

【课程建设】2013年，学校组织开展了第三批研究型教学示范课程建设项目的申报和评审工作，31门课程获准立项，下拨首次建设经费31万元；对2012年度立项的第二批40门研究型教学示范课程建设项目开展中期检查，其中37门通过检查，下拨第二次资助经费37万元，3门课程申请延期。组织2011年度立项的首批研究型教学示范课程建设项目进行结题验收工作，9门课程项目通过验收并授予北京科技大学“研究型教学示范课程”称号，4门课程项目暂缓验收，2门课程项目终止。组织2013年度“全英文教学示范课程”的申报和评审工作，13门课程获准立项，下拨首次资助经费19.5万元。组织对2012年度立项的首批18门全英文教学示范课程建设项目开展中期检查，其中16门通过检查，下拨第二次资助经费24万元，1门课程项目申请延期，1门课程项目终止。组织2013年度“素质教育核心课程”的申报和评审工作，共有16门课程申请，12门课程获准立项，下拨首次资助经费12万元。

（王晓晓）

【教材建设】2013年，学校组织开展了“十二五”校级规划教材的申报和评审工作，经教师申报、学院推荐、专家评审等环节，共批准7个重点项目、62个一般项目和24部讲义立项，先期共拨付建设经费118万元。学校积极组织2013年度北京高等教育精品教材申报工作，经学校申请和北京市教委组织专家评审，共有11部教材获得2013年度“北京高等教育精品教材”称号，是学校参评以来获得精品教材数量最多的一次。2013年，经中国冶金教育学会设立的“冶金优秀教材”评选委员会严格评审，学校申报的13部教材全部通过评审，并获得冶金优秀教材称号。本年度，学校作为第一主编单位正式出版的各类教材共66部。

（李　虹）

【教学督导】2013学年度主要工作体现在6个方面。

（1）常规听课643门次，覆盖全校开课门次的约20%。具有较大的覆盖面和代表性，听课重点包括：开学第1周的第一次上课，新入职教师的课堂教学准入和第一次主讲课跟踪，研究型教学示范课，全英文教学示范课，体育课等。根据第一、二学期及夏季学期教学检查结果，课堂教学优秀率约1/3。

（2）重点关注对教学质量和改革影响较大的工作：推进研究型教学的开展，包括研究型教学质量规范的研究，研究型教学示范课建设，校、院研究型教学研讨会，研究型教学课题研究等；严格执行课堂教学准入制度，落实教书育人的教师基本素质培养（新入职青年教师的培训、帮扶和教学质量跟踪评价）；2009级毕业设计（论文）质量监控，工作重点是普查开题报告、跟踪中期检查、参加论文答辩；跟踪生产实习，评选优秀毕业论文等。

（3）对教学评价“十项指标”进行统计和分析，抽查考试试卷和评阅情况，为教学研究提供基础数据，提出提高教学质量的建议，督促解决教学环境的实际问题。

（4）宣传在教学第一线教学优秀、工作敬业的先进教师典型，宣传CDIO、MOOC等新教学理念与模式，编印“督导简报”，进行校外研究型教学调研。配合学校有关部门开展“教育部精品视频公开课”选拔、青年教学骨干人才评选、青年教师课堂教学基本功比赛、全英语教学示范课中期检查、本科教学优秀奖评审以及各级教改项目的评审、第25届教育教学成果奖评审、大学生科技创新项目的评审与验收、教学设备与修购款项目立项评审预验收、学校“关工委”培养青年教师工作等。

（5）参加第五届北京高校督导工作研讨会，作为分组组长单位组织会议和大会汇报发言，学校参会代表就研究型教学和青年教师培养问题在小组发言。⑥接待中华女子学院、武汉理工大学督导组来访和交流。

（孙　铁、耿　华）

【教学质量监控】学校积极开展干部听课、学生评教、教学资料（试卷、毕业论文、实习报告等）检查、本科教学评估等工作；通过建立实施学生信息员制度、开展第三方评估、状态数据常态监控等措施，深入了解培养质量，改进教学。

（1）干部听课。2013年，学校各级领导干部共听课576门次，由教务处负责收集、汇总听课信息，并将发现的问题反馈给相关部门及学院，督促其进行整改。

（2）课程试卷分析。2013年，各学院进行试卷分析的课程有1493门次。学校对课程考试的试卷分析情况进行抽查。整体来看，抽查情况良好，大部分试卷能够执行教学大纲、题量适当、难度适当。学校还组织专家对各学院的毕业论文及实习报告进行抽查，共随机抽查109份毕业论文、71门课程试卷、33队实习报告。总体看，基本符合规定、个别问题已及时反馈到有关学院。

（3）学生评教。2013年度实际调查2012－2013第2学期、2013－2014第1学期2840个课堂，全校共有190559人次参评。

（4）进一步实施学生信息员制度。召开全体信息员工作大会，重点介绍了学生信息员的工作职责和工作任务，以及教务处各科室的工作职能。建立了学生信息员三级管理制度，在各学院分别设立了学院教学信息站和年级教学信息组，在学生信息员中选拔出了学院站长和年级组长，负责逐级开展学生信息员的日常信息搜集、汇总、反馈、传达，以及协助各项教学检查。

（5）与麦可思公司合作，开展毕业生社会需求与培养质量第三方评估，通过电子问卷调查的形式对毕业生进行就业竞争力、就业质量、基本工作能力及核心课程有效性等方面的测评，从而反映毕业生对所学专业核心课程的满意度和重要性评价，希望通过第三方调研评估培养质量，有的放矢地解决问题和改进教学。

（6）状态数据常态监控。汇总统计相关教学数据，系统梳理本科教学建设与改革经验，立足数据，深入分析，编写了2012年北京市和教育部年度质量报告以及学校本科教学基本状态数据分析报告（《本科教学白皮书》）。通过数据监控及时发现问题，找出差距，有针对性地加强管理，提高教学质量。

（耿　华、魏　鑫）

【免检课堂】为表彰在本科课堂教学评价中成绩优秀的教师，按照校教发〔2004〕40号文件精神，根据2011－2012学年度和2012－2013学年度课堂教学质量（全员）调查（学生）的统计数据，综合校督导组、校院领导、机关干部听查课的相关数据，有132名教师讲授的142个讲台获得免检资格。

（耿　华、魏　鑫）

【教师（教学）发展】为保障教学质量，2013年教师（教学）发展中心继续对新入职教师进行本科课堂教学准入制度，新教师需经过教学培训、助课及试讲、授课考察等环节，全部合格后方能承担本科课堂的主讲任务。2013年共有28人开始助课考察，其中27人通过，通过率96.43%；27人进行了授课考察，27人通过；18人获得主讲教师资格。校院两级76名专家对新教师共听课335次，收回学生评价表900余份。

2013年教师培训的工作重点是在完善培训体系的同时，丰富培训形式，拓宽培训参与面，不断完善多元化、常态化和需求化的教师培训体系。除了以高水平讲座、座谈、骨干教师观摩课等形式为主外，还开展了北京市教学名师示范课、主题教学沙龙等活动，受到教师欢迎。2013年共举办各类教学培训活动26场，参加培训人员916人次。开办了2013年新入职教师教学培训班，共有268名教师接受了集中培训。

2013年教师（教学）发展中心进行了第二届教学骨干人才的评选，共遴选出5位教师获得2013年北京科技大学青年教学骨干人才培养计划立项支持，两届评选共9位教师获得资助。

（张　宁）

【实践教学】2013年，根据教学计划组织安排了358名指导教师带领2010级和2011级47个专业118个实习队共6682名学生完成了实习任务，提高了学生对专业知识的感性认识和实践能力；安排127个班3800余名学生每人40个学时的暑期计算机实践工作，提高了学生计算机应用能力；组织和协调9个专业近900名学生开展了电子技术实习；组织和协调8个专业30个班近1000名学生开展机械课程设计以及机械专业和非机械专业68个班近2000名学生的金工实习，提高了学生的实践能力，为培养高素质的人才奠定了基础。此外，教学科协助学院新建立校外实习基地1个。

2013年12月，科室应邀参加“钢铁行业培训项目推介会暨2014年企业代培和学生实习工作协调会议”。与会期间，与首钢、太钢、宝钢、鞍钢、马钢等企事业单位有关负责人就实习工作安排的相关内容进行了深入沟通，融洽了学校和实习单位的关系，为今后全校实习工作顺利开展打下了良好的基础。

（刘仁霖）

【科技创新】2013年，学校获“国家大学生创新创业计划项目”资助经费85万元，获“北京市大学生科研计划项目”资助经费48万元。2013年，学校本科生科技创新项目立项571项，其中国家级66项，北京市级52项，参与学生2264人，指导教师670余人次；组织专家完成2012年140个校级以上科技创新项目和527个院级科技创新项目的验收工作，共评出校级以上项目一、二等奖78项。

（柳明新）

【成绩管理】2013年，学校共有4596门次课程采用网上模块录入学生成绩，审核成绩数据285290条，收到并处理教师提出的《学生成绩勘误申请》409人次，完成2013届毕业生成绩单和毕业生答辩评语共13246份的归档工作。完成3900余人次33000余份出国成绩单制作翻译及出国相关证明材料的制作翻译；通过电话、E-Mail及书信等方式完成了国外高校及国内外用人单位对学校97名本科毕业生学历及成绩单的认证；为往届毕业生提供成绩单数百份，自助打印成绩单系统共为在校本科生提供境内免费成绩单数千人次。

（李大宽、曹首军、王丽娟）

【教学管理平台建设】2013年，学校继续完善和优化教学管理平台，完成了课程中心部署与运行，完成了实验室开放平台部署与运行，完成了精品课程迁移工作，完成了本科教务管理系统与课程中心数据接口的开发。继续调整和完善选课程序，为华东理工大学、华南理工大学、湖南大学、中南大学和中国海洋大学5所大学的97名校际交换生提供网上选课及成绩单制作服务，处理学生在选课时间外的课程调整申请3060份，处理学生缓考申请104份。

（李大宽）

【毕业设计（论文）结业】2013届共有3484名学生参加毕业设计（论文）结业，参与指导教师917人，生师比为3.80 : 1。指导教师中，正高级职称317人，占34.57%；副高级职称358人，占39.04%；中级职称238人，占25.95%；其他人员4人，占0.44%。从毕业设计题目来源统计，真实题目814个，占23.36%；自拟题目2670个，占76.64%。从学生毕业设计（论文）的结业方式统计，设计性题目占23.88%，论文性题目占76.12%。学校从毕业设计（论文）中评选出优秀论文162篇。

（柳明新）

【校内转专业与免试研究生】2013年，学校共有352名（其中2011级59名，2012级293名）学生提出转专业申请，经考核批准共有316名（其中2011级52名，2012级264名）学生成功转入新专业学习，占同年级在校生总数百分比为：2011级1.33%，2012级5.72%，占申报总人数百分比为2011级86.54%，2012级72.35%。10月，学校从2010级本科生中推荐选拔了683名免试攻读硕士研究生（其中校内256人，校外226人，专业学位201人，支教团18人），非本校指标师范类推免生有9人，总共692人，占该年级学生总数的21.70%。

（王昌言）

【本科生国内外交流】2013年，学校继与华东理工大学、华南理工大学、湖南大学、中南大学、中国海洋大学建立合作关系，各校每年互派30名学生，交流学习一个学期。学校又分别接收北京信息科技大学、北方民族大学两校若干名本科学生来校交流一学年。至2013年年底，学校共向华东理工大学、华南理工大学、湖南大学、中南大学、中国海洋大学5所大学选派了136名学生去交流学习，共有99名学生来校交流学习。

（王昌言）

【四六级外语考试】2013年6月，参加全国大学英语四六级考试的校内考生共有8278人，其中本科生6559人，研究生1719人。12月，参加全国大学英语四六级考试的校内考生共有8708人，其中本科生6518人，研究生1908人，延庆分校专科生282人。

（王昌言）

【学科竞赛】2013年，教务处组织本科生参加国家级学科竞赛和科技竞赛12项，北京市级学科竞赛和科技竞赛15项，本校学生在校内外各种学科竞赛中均取得了较好的成绩，共有6802人次参赛，1732人次获奖，其中国家级学科竞赛和科技竞赛获奖304人，省部级学科竞赛和科技竞赛获奖401人。在第七届“飞思卡尔”杯全国大学生智能车竞赛中，学校参赛队凭借出色的发挥再续辉煌，共夺得国际赛冠军1项，全国赛特等奖3项、二等奖1项，华北赛区一等奖5项的优异成绩。在第六届全国大学生节能减排社会实践与科技竞赛中，学校参赛队伍凭借作品独特的创意和队员们临场出色的表现征服了评委，在全国总决赛中取得了优异成绩，共获一等奖1项、三等奖7项。在2013年全国大学生数学建模竞赛中，取得全国一等奖3项，北京市二等奖10项的好成绩。在第六届“高教杯”全国大学生先进成图技术与产品信息建模创新大赛中，学校学生取得了5个一等奖、8个二等奖、15个三等奖的优异成绩。在2013年全国大学生英语竞赛中，学校学生共获特等奖2项、一等奖11项、二等奖33项、三等奖67项。在第七届物联网创新创业大赛全国总决赛中，学校学生发挥突出，取得特等奖1项、二等奖5项、三等奖8项的优异成绩。在2013年全国大学生计算机博弈大赛取得一等奖6项、二等奖6项的优异成绩。在北京市大学生数学建模、电子设计、物理实验等学科竞赛中，学校学生也取得了较好的成绩，获得一等奖多项。教务处组织了北京科技大学物理竞赛、北京科技大学数学竞赛、北京科技大学首届单片机应用大赛等校内竞赛17项，共有3174人次参赛，973人获奖。

（陈　建）

附　录

2013年北京科技大学本科专业目录

序号	学科门类	二级类	专业代码	专　业　名　称	授予学位	增设	备　注
1	经济学	经济学	020102	国际经济与贸易	经济学学士		
2			020109W	金融工程	经济学学士	2003	
3	法学	法学类	030101	法学	法学学士	1996	
4		社会学类	030302	社会工作	法学学士	2000	
5		政治学类	030404	思想政治教育	法学学士		专升本
6	文学	外国语言文学类	050201	英语	文学学士		
7			050203*	德语	文学学士	2007	
8			050207	日语	文学学士	2003	
9		艺术类	050408	视觉传达设计	文学学士	2004	
10	理学	数学类	070101	数学与应用数学	理学学士		
11			070102	信息与计算科学	理学学士	2000	
12		物理学类	070202	应用物理学	理学学士		
13		化学类	070302	应用化学	理学学士		
14		生物科学类	070402	生物技术	理学学士	2002	
15		电子信息科学类	071205W	信息安全	工学学士	2004	
16		材料科学类	071301	材料物理专业方向	工学学士		归属材料科学与工程专业
17			071302	材料化学专业方向	工学学士	2003	归属材料科学与工程专业
18		环境科学类	071402	生态学	理学学士	2003	

续表

序号	学科门类	二级类	专业代码	专业名称	授予学位	增设	备注
19	工学	地矿类	080107Y	矿物资源工程	工学学士		
20			080101	采矿工程	工学学士	2012	
21			080103	矿物加工工程	工学学士	2012	
22	工学	材料类	080201	冶金工程	工学学士		
23			080203	无机非金属材料工程专业方向	工学学士		归属材料科学与工程专业
24			080205Y	材料科学与工程	工学学士		2005年起按大专业招生
25			080216S	纳米材料与技术	工学学士	2010	
26		机械类	080302	材料成型及控制工程专业方向	工学学士	2000	归属材料科学与工程专业
27			080303	工业设计	工学学士	2000	
28			080305Y	机械工程	工学学士		
29			080306W	车辆工程	工学学士	2004	
30		仪器仪表类	080401	测控技术与仪器	工学学士		
31		能源动力类	080501	能源与动力工程	工学学士		
32		电气信息类	080602	自动化	工学学士		
33			080603	电子信息工程	工学学士	1998	
34			080627S	智能科学与技术	工学学士	2007	
35			080604	通信工程	工学学士	2003	
36			080605	计算机科学与技术	工学学士		
37			080640S	物联网工程	工学学士	2010	
38		土建类	080703	土木工程	工学学士	1997	
39			080704	建筑环境与能源应用工程	工学学士	2002	
40		环境与安全类	081001	环境工程	工学学士	1998	
41			081002	安全工程	工学学士	2007	
42		交通运输类	081207W	物流工程	工学学士	2005	
43	管理学	管理科学与工程类	110102	信息管理与信息系统	管理学学士学士		
44			110103	工业工程	工学学士	2002	
45			110104	工程管理	管理学学士学士	2009	

续表

序号	学科门类	二级类	专业代码	专业名称	授予学位	增设	备注
46	管理学	工商管理类	110201	工商管理	管理学学士学士		
47			110203	会计学	管理学学士学士		
48		公共管理类	110301	行政管理	管理学学士学士	1996	

（陈　建）

"课堂教学质量（学生）评价"各等级比例一览表（按讲台）

学期	>95（含）	比例	95～85（含）	比例	85～70（含）	比例	平均分
2012－2013第2学期	142	10.91%	1127	86.56%	33	2.53%	91.8
2013－2014第1学期	494	32.06%	1038	67.55%	6	0.39%	93.83

（耿　华、魏　鑫）

"课堂教学质量（学生）评价"分学院各等级比例一览表（按讲台）

（2012—2013第2学期）

学院	>95（含）	比例	95～85（含）	比例	85～70（含）	比例	平均分
土木与环境工程学院	5	5.62%	84	94.38%	0	0.00%	91.94
冶金与生态工程学院	1	1.75%	54	94.74%	2	3.51%	90.6
材料科学与工程学院	7	7.37%	87	91.58%	1	1.05%	92.11
机械工程学院	19	12.75%	128	85.91%	2	1.34%	91.39
自动化学院	13	15.85%	67	81.71%	2	2.44%	91.77
计算机与通信工程学院	3	3.37%	79	88.76%	7	7.87%	90.01
数理学院	8	5.97%	117	87.31%	9	6.72%	91.11
化学与生物工程学院	1	1.79%	51	91.07%	4	7.14%	91.25
东凌经济管理学学士院	18	15.79%	93	81.58%	3	2.63%	92.19
文法学院	10	16.67%	49	81.67%	1	1.67%	92.56
马克思主义学院	2	4.08%	47	95.92%	0	0.00%	91.44
外国语学院	43	17.48%	201	81.71%	2	0.81%	92.69
高等工程师学院	0	0.00%	16	100.00%	0	0.00%	91.77
体育部	12	20.34%	47	79.66%	0	0.00%	93.1
其他	0	0.00%	7	100.00%	0	0.00%	92.79

（耿　华、魏　鑫）

"课堂教学质量（学生）评价"分学院各等级比例一览表（按讲台）

（2013—2014第1学期）

学　院	>95（含）	比　例	95～85（含）	比　例	85～70（含）	比　例	平均分
土木与环境工程学院	25	30.86%	56	69.14%	0	0%	93.97
冶金与生态工程学院	16	23.19%	51	75%	1	1.45%	92.83
材料科学与工程学院	40	28.99%	95	69.85%	1	0.72%	93.83
机械工程学院	58	32.40%	121	67.60%	0	0%	93.69
自动化学院	27	32.93%	55	67.07%	0	0%	93.96
计算机与通信工程学院	16	14.95%	90	84.11%	1	0.93%	93.18
数理学院	68	40.48%	99	58.93%	1	0.60%	94.04
化学与生物工程学院	23	24.21%	72	75.79%	0	0%	93.84
东凌经济管理学学士院	28	25%	84	75%	0	0%	93.37
文法学院	20	28.57%	50	71.43%	0	0%	93.81
马克思主义学院	10	13.89%	62	86.11%	0	0%	93.54
外国语学院	123	44.73%	150	54.55%	2	0.72%	94.33
高等工程师学院	3	10.71%	25	89.29%	0	0%	92.58
体育部	37	61.67%	23	38.33%	0	0%	95.36
其他	0	0%	5	100%	0	0%	93.30

（耿　华、魏　鑫）

2013年获免检课堂资格教师及课程

序　号	学　院	教师名	课程名称
1	土木与环境工程学院	陈德平	矿物材料加工技术
2		金龙哲	安全学原理
3		刘　建	安全法律法规
4		刘双跃	事故调查与分析技术
5		杨慧芬	二次资源利用
6		宋　波	环境规划与管理
7	冶金与生态工程学院	王灿国	专业英语阅读与写作
8	材料科学与工程学院	常永勤	电子信息材料
9		连　芳	无机材料热工基础
10		连　芳	玻璃与新型建筑材料
11		任学平	材料制备与加工
12		王会凤	材料加工工程
13		周　成	轧制原理
14		周张健	中国陶瓷介绍

续表

序 号	学 院	教师名	课程名称
15	机械工程学院	曹 彤	工程制图基础
16		冯茂林	汽车构造(双语)
17		金 纯	汽车设计
18		李永玲	火力发电与新能源发电概论
19		马 莉	素描（工设）
20		钮建伟	人因工程
21		申焱华	现代设计方法概论
22		宋 瑶	计算机辅助三维设计(艺设)
23		宋 瑶	数字媒体前期创作
24		王 立	制冷与低温原理
25		王文瑞	微机原理与应用
26		魏 东	摄影
27		魏 东	人机工程学
28		吴秀丽	数据库应用基础
29		肖成勇	可靠性工程基础
30		许 倩	机械设计制图BI
31		杨光辉	三维计算机设计
32		杨 皓	工程制图基础
33		杨 珏	汽车理论（双语）
34		于晓红	机械原理
35		张 舸	工程热力学
36		张盈盈	素描
37	自动化学院	曾 慧	数字图像处理
38		刘 艳	工业组态软件
39		史雪飞	数字电子技术(双语)
40		王粉花	嵌入式系统
41		王 宏	电子技术
42		杨 旭	DSP处理器及应用
43		尤 佳	电子技术
44		赵小燕	工业组态软件
45	计算机与通信工程学院	韩伯涛	微机原理与应用
46		洪 源	离散数学A
47		颉 斌	计算机网络(双语)
48		刘宏岚	离散数学A
49		米振强	通信网基础

续表

序　号	学　院	教师名	课程名称
50	计算机与通信工程学院	米振强	信号与系统
51		王建萍	光纤通信原理(双语)
52		夏克俭	数据结构A
53		姚　琳	C语言程序设计A
54		姚亦飞	程序设计基础
55		姚亦飞	大学计算机基础
56		张冬艳	信息隐藏技术
57		张中山	移动通信(双语)
58	数理学院	陈章华	工程力学D
59		胡志兴	高等数学AI
60		胡志兴	工科数学分析选讲
61		胡志兴	常微分方程
62		李　晶	工程力学AII
63		李　娜	概率论与数理统计A
64		孟凡研	大学物理AI
65		孟凡研	大学物理AII
66		邱　宏	光学
67		申亚男	线性代数A
68		苏永美	工科数学分析II
69		卫宏儒	高等数学AII
70		吴兰鹰	理论力学A
71		肖久梅	工程力学AI
72		徐　美	大学物理AI
73		臧鸿雁	概率论与数理统计A
74		张丽静	概率论与数理统计A
75		张师平	基础物理实验Ⅰ(实验)
76		赵金玲	概率论与数理统计A
77		赵鲁涛	概率论与数理统计A
78	化学与生物工程学院	曹艳秋	现代分离科学与技术（双语）
79		陈飞武	物理化学实验B(实验)
80		杜宏武	生物芯片
81		范慧俐	有机化学AI
82		刘杰民	分析化学实验A(实验)
83		邱丽娜	分析化学实验B(实验)
84		王海鸥	基础分子生物学实验(实验)

续表

序　号	学　院	教师名	课程名称
85	化学与生物工程学院	宣劲松	遗传学(双语)
86		宣劲松	蛋白质化学
87	东凌经济管理学学士院	崔文娟	财务与会计学基础
88		范小华	经济法
89		贾建华	国际贸易
90		李晓辉	管理学学士原理B(双语)
91		刘欣华	税收概论
92		马建峰	国际市场营销(双语)
93		潘　静	软件工程学
94		王宾容	工程合同法律制度
95		武　森	离散数学
96		张俊光	项目评价与管理
97	文法学院	方天丰	围棋与中国文化
98		李婉平	刑事诉讼法学（双语）
99		李　怡	沟通与交流
100		王竹青	模拟法庭实务
101		许　斌	社区工作
102	马克思主义学院	刘　莉	思想道德修养与法律基础
103		鲁春霞	思想道德修养与法律基础
104		陆　俊	马克思主义基本原理概论
105		陆　宁	经济学原理
106		马晓燕	马克思主义基本原理概论
107		王志明	中国近现代史纲要
108		颜　锋	中国山水画基础技法
109		杨彦强	毛泽东思想和中国特色社会主义理论体系概论II
110		周　鑫	思想道德修养与法律基础
111	外国语学院	淡晓红	基础英语I
112		范玉梅	日语初级视听说II
113		顾　巍	大学英语6级读写
114		何君萍	基础外语I
115		侯　佳	基础外语I
116		李金玉	基础外语I
117		李　涛	基础外语I
118		李　微	德语精读I
119		李晓东	基础外语II

续表

序　号	学　院	教师名	课程名称
120	外国语学院	李　欣	英语(二外)II
121		刘荣君	基础外语II
122		刘荣君	数字化英语写作I
123		田常晖	法语(二外)IV
124		Marina　Becker	德语会话I
125		井田正道	日语报刊选读
126		矢野洋子	日语视听V
127		王绪梅	口译I
128		武　威	基础外语I
129		杨　兰	基础外语I
130		张晓帆	基础日语I
131		赵文娟	基础日语III
132		周荣娟	初级英语听力I
133		周　彤	日语高级精读I
134		庄凤英	基础日语II
135		邹妍洵	基础外语II
136	体育部	高　航	体育III
137		宫　平	体育II
138		胡彦峰	体育II
139		李海涛	体育I
140		刘晓云	体育II
141		刘　洋	体育III
142		偰德群	体育III

（耿　华、魏　鑫）

2013年度本科教育教学获奖奖项一览表

级　别	奖励类别	等级	项目名称	获奖人	单位
国家级	精品视频公开课	/	材料类科学导论	王志良等	计算机与通信工程学院
	国家精品资源共享课	/	冶金物理化学	郭汉杰等	冶金与生态工程学院
		/	传热传质学	张欣欣等	机械工程学院
		/	岩石力学与工程	李长洪等	土木与环境工程学院
北京市级	教学名师	/	/	林　海	土木与环境工程学院
	北京高等教育精品教材	/	地下工程系统分析与设计	高　谦　施建俊 李　远　余伟健	土木与环境工程学院
		/	材料科学基础	余永宁	材料科学与工程学院

续表

级别	奖励类别	等级	项目名称	获奖人	单位
北京市级	北京高等教育精品教材	/	能源与环境	冯俊小 李君慧	机械工程学院
		/	离散数学	杨炳儒 谢永红 刘宏岚 洪 源 罗 熊	计算机与通信工程学院
		/	大学生生涯辅导教程	陈 曦 谢 辉	党办、校办
		/	市场营销：理论、案例、与实训（第二版）	杨 勇 束军意	管庄校区
		/	冶金传输原理	吴 铿	冶金与生态工程学院
		/	SPSS在教育统计中的应用（第2版）	杨晓明	教育经济信息网
		/	运营管理（第2版）	马风才	东凌经济管理学院
		/	机械工程制图基础及配套习题集（第2版）	万 静 陈 平	机械工程学院
		/	供应链设计理论与方法	王道平 李 淼	东凌经济管理学院
	北京市第八届青年教师教学基本功比赛	一等	/	赵鲁涛	数理学院
			/	王霁霞	文法学院
		二等	/	国宏伟	冶金与生态工程学院
		三等	/	周 鑫	马克思主义学院
	微课教学比赛	优秀作品奖	/	任 玲	机械工程学院
			/	李江昀	自动化学院
			/	史雪飞	自动化学院
			/	赵东红	数理学院
			/	孙 莹	东凌经济管理学院
校级	第八届青年教师教学基本功比赛	特等奖	/	赵鲁涛	数理学院
			/	赵东红	数理学院
			/	王霁霞	文法学院
		一等奖	/	国宏伟	冶金与生态工程学院
			/	徐 美	数理学院
			/	卢 超	外国语学院
			/	邹妍洵	外国语学院
			/	严可以	天津学院
		二等奖	/	李天昕	土木与环境工程学院
			/	许 倩	机械工程学院
			/	任 玲	机械工程学院
			/	李洪波	机械工程学院
			/	刘 艳	自动化学院

续表

级　别	奖励类别	等级	项目名称	获奖人	单位
校级	第八届青年教师教学基本功比赛	二等奖	/	孙长艳	化学与生物工程学院
			/	马建峰	东凌经济管理学院
			/	周　彤	外国语学院
			/	刘丽敏	马克思主义学院
			/	黄友霞	天津学院
		三等奖	/	宋洪庆	土木与环境工程学院
			/	刘　洋	土木与环境工程学院
			/	滕　蛟	材料科学与工程学院
			/	叶荣昌	材料科学与工程学院
			/	王丽君	冶金与生态工程学院
			/	刘征建	冶金与生态工程学院
			/	陈　华	机械工程学院
			/	胡毅庆	数理学院
			/	宣劲松	化学与生物工程学院
			/	郝　玫	东凌经济管理学院
			/	周　鑫	马克思主义学院
			/	窦海波	体育部
			/	张肖华	管庄校区
			/	胡艳歌	天津学院
校级	微课教学比赛	一等奖	/	任　玲	机械工程学院
			/	李江昀	自动化学院
			/	史雪飞	自动化学院
			/	赵东红	数理学院
			/	孙　莹	东凌经济管理学院
		二等奖	/	杨光辉	机械工程学院
			/	刘　艳	自动化学院
			/	尤　佳	自动化学院
			/	刘蕴络	自动化学院
			/	张丽静	数理学院
			/	刘丽华	数理学院
			/	徐　美	数理学院
			/	王凡姝	东凌经济管理学院
			/	王未卿	东凌经济管理学院
			/	王霁霞	文法学院

续表

级 别	奖励类别	等级	项目名称	获奖人	单位
校级	微课教学比赛	三等奖	/	马鸿志	土木与环境工程学院
			/	王会凤	材料科学与工程学院
			/	成泽伟	冶金与生态工程学院
			/	陈 平	机械工程学院
			/	董冀媛	自动化学院
			/	陈红松	计算机与通信工程学院
			/	路彦珍	数理学院
			/	孟凡研	数理学院
			/	李 娜	数理学院
			/	肖久梅	数理学院
			/	郑连存	数理学院
			/	胡毅庆	数理学院
			/	何庆辉	数理学院
			/	韦美菊	化学与生物工程学院
			/	吕婷婷	外国语学院
			/	边 静	外国语学院
			/	许 斌	文法学院
			/	唐德龙	文法学院
			/	温耀原	文法学院
			/	杨志云	文法学院
	本科教学优秀奖	标兵奖	/	何 伟	外国语学院
			/	孙 莹	东凌经济管理学院
		一等奖	/	刘 洋	土木与环境工程学院
			/	任 玲	机械工程学院
			/	许 倩	机械工程学院
			/	王粉花	自动化学院
			/	石志国	计算机与通信工程学院
			/	谢永红	计算机与通信工程学院
			/	徐 美	数理学院
			/	赵鲁涛	数理学院
			/	王未卿	东凌经济管理学院
			/	张北根	马克思主义学院
		二等奖	/	曾燕屏	材料科学与工程学院
			/	刘 靖	材料科学与工程学院

续表

级　别	奖励类别	等级	项目名称	获奖人	单位
校级	本科教学优秀奖	二等奖	/	常永勤	材料科学与工程学院
			/	李　淳	机械工程学院
			/	郑莉芳	机械工程学院
			/	吴延鹏	机械工程学院
			/	董　洁	自动化学院
			/	段世红	计算机与通信工程学院
			/	赵东红	数理学院
			/	李建强	化学与生物工程学院
			/	宣劲松	化学与生物工程学院
			/	孙长艳	化学与生物工程学院
			/	李晓东	外国语学院
			/	王　娜	外国语学院
			/	周　彤	外国语学院
			/	韩学周	文法学院
			/	鲁春霞	马克思主义学院
			/	窦海波	体育部
			/	陈　森	实验中心
			/	袁建美	教务处
	教育教学研究论文奖	A类	建立分类培养平台提高行业高校研究生质量	吴爱祥	研究生院
		B类	挪威科技大学水处理工程专业的人才培养方案	陈月芳　林　海 宋存义　汪群慧 李长洪	土木与环境工程学院
		B类	“马克思主义基本原理概论”课整体性教学的影响因素与对策	孙文营	马克思主义学院
		B类	微波布拉格衍射实验中发射喇叭张角引起的奇异峰	陈　森　郭敏勇 张师平　吴　平	数理学院
		B类	在数学专业运筹学教学中引入计算机实践环节的探索	胡毅庆	数理学院

（袁建美、李虹、王晓晓）

2013年北京科技大学各学科竞赛获奖情况

序号	项目	参赛人数	获奖人数	奖项	奖项级别	获奖者	指导教师
1	第六届全国大学生节能减排社会实践与科技竞赛	90	50	一等奖	国家级	杨宇航 赵展跃 曹 禹 范 濮 郭霄宇 雷章萍	夏德宏
				三等奖	国家级	孙 静 何泽威 薛庆昊 胡开伟 王 晶 周 尧 徐 艺	王 立
				三等奖	国家级	杨磊磊 翁毅伟 吴 翔 王兴东 杨 宇 马平川 曹文海	郝俊杰
				三等奖	国家级	徐 科 施王影 王鑫彤 孙 升 扈晓敏 张 宁	温 治
				三等奖	国家级	田耀森 吴婷婷 张 蕾 李 扬	弓爱君
				三等奖	国家级	石 森 周 翔 马秀岩 脱浩虎 刘新雯 雷月雯 郭 屿	陈 平
				三等奖	国家级	谢洋旸 陈旭峰 李林桃 夏 天 芦子健 霍诗漫 翟文洁	苏庆泉
				三等奖	国家级	冯 涛 回 声 马世鑫 朱成志 赵 畅	童莉葛
2	第八届全国大学生智能汽车竞赛	142	14	特等奖	国家级	山 峰 郭文俊 刘 刚	张文明 杨 珏
				特等奖	国家级	陈培远 张云飞 王 丰	刘 立 孟 宇
				特等奖	国家级	顿海洋 周 尧 罗林聪	马 飞 杨 珏
				二等奖	国家级	祁俊威 蔡海飘 常晓东 郭曼仪 赵方园	马 飞 杨 珏
			16	一等奖	省部级	山 峰 郭文俊 刘 刚	张文明 杨 珏
				一等奖	省部级	陈培远 张云飞 王 丰	刘 立 孟 宇
				一等奖	省部级	顿海洋 周 尧 罗林聪	马 飞 杨 珏
				一等奖	省部级	程顺均 胡招武 胡 建 杨佳奇	杨耀东 金 纯
				一等奖	省部级	陈 浩 冯 东 王 韬	靳添絮 孟 宇
3	2013年全国大学生计算机博弈大赛	48	19	一等奖	国家级	谭海宁 谭 民 李金苗	周 珂
				一等奖	国家级	王锐君 侯建鹏 盛柯恺	
				一等奖	国家级	丁 锦 王亭亭 启 洁	

续表

<table>
<tr><th>序号</th><th>项目</th><th>参赛人数</th><th>获奖人数</th><th>奖项</th><th>奖项级别</th><th>获奖者</th><th>指导教师</th></tr>
<tr><td rowspan="11">3</td><td rowspan="11">2013年全国大学生计算机博弈大赛</td><td rowspan="11">48</td><td rowspan="3">19</td><td>一等奖</td><td>国家级</td><td>刘　畅　黄　赐　王嘉欣　隗龙超</td><td rowspan="11">周　珂</td></tr>
<tr><td>一等奖</td><td>国家级</td><td>杨佳奇　胡　建　杨文花</td></tr>
<tr><td>一等奖</td><td>国家级</td><td>陈　浩　肖钟雯　金晓媛</td></tr>
<tr><td rowspan="6">18</td><td>二等奖</td><td>国家级</td><td>刘　畅　黄　赐　王嘉欣</td></tr>
<tr><td>二等奖</td><td>国家级</td><td>杨佳奇　胡　建　杨文花</td></tr>
<tr><td>二等奖</td><td>国家级</td><td>刘　畅　黄　赐　王嘉欣</td></tr>
<tr><td>二等奖</td><td>国家级</td><td>宋子尧　田思淘　蔡驰宇</td></tr>
<tr><td>二等奖</td><td>国家级</td><td>钟润兴　袁伟航　张　望</td></tr>
<tr><td>二等奖</td><td>国家级</td><td>徐宝川　王礼鹏　曾国庆</td></tr>
<tr><td rowspan="2">6</td><td>三等奖</td><td>国家级</td><td>王　禹　田晓禾　李思凯</td></tr>
<tr><td>三等奖</td><td>国家级</td><td>张登辉　蒋　凯　李曼玲</td></tr>
<tr><td>4</td><td>全国大学生电子设计竞赛（国家级）</td><td>3</td><td>3</td><td>二等奖</td><td>国家级</td><td>杨　伟　王佳伟　祖红磊</td><td>周　珂　刘　涛　朱漪刚　吕　振</td></tr>
<tr><td rowspan="11">5</td><td rowspan="11">全国大学生电子设计竞赛（北京市级）</td><td rowspan="11">45</td><td rowspan="11">33</td><td>二等奖</td><td>北京市</td><td>刘洪鑫　梁嘉琦　叶家良</td><td rowspan="11">周　珂　刘　涛　朱漪刚　吕　振</td></tr>
<tr><td>二等奖</td><td>北京市</td><td>乌力吉　牛京玉　山　峰</td></tr>
<tr><td>二等奖</td><td>北京市</td><td>程顺均　常晓冬　张云飞</td></tr>
<tr><td>二等奖</td><td>北京市</td><td>李梦君　朱成志　付　强</td></tr>
<tr><td>二等奖</td><td>北京市</td><td>于莹莹　高　策　师英杰</td></tr>
<tr><td>二等奖</td><td>北京市</td><td>刘　刚　赵倩悦　肖钟雯</td></tr>
<tr><td>二等奖</td><td>北京市</td><td>李睿智　林晓波　李小青</td></tr>
<tr><td>三等奖</td><td>北京市</td><td>张一豆　张　望　陈培远</td></tr>
<tr><td>三等奖</td><td>北京市</td><td>黄伟波　杨　冰　孙明亮</td></tr>
<tr><td>三等奖</td><td>北京市</td><td>盛柯恺　郭　坤　侯杰波</td></tr>
<tr><td>三等奖</td><td>北京市</td><td>罗林聪　顿海洋　刘婧媛</td></tr>
</table>

续表

序号	项目	参赛人数	获奖人数	奖项	奖项级别	获奖者	指导教师
6	2013年全国大学生数学建模竞赛	91	9	二等奖	国家级	闫鸿志　刘　庆　王俊鑫	胡志兴
				二等奖	国家级	王　晓　徐晓龙　裴中正	胡志兴
				二等奖	国家级	索　君　张　赛　宋玉鹏	司新辉
			30	一等奖	北京市	温宏远　黄　博　焦凯龙	胡志兴
				一等奖	北京市	李雪松　贾胜占　张　倩	朱　婧
				一等奖	北京市	戴九如　李梦义　李武伟	司新辉
				二等奖	北京市	吴科言　范　金　翟晓波	胡志兴
				二等奖	北京市	周慧斌　江振文　储昭强	朱　婧
				二等奖	北京市	姜培扬　付伟男　李建兴	徐　岩
				二等奖	北京市	黄　凯　刘书同　罗宇宸	徐　岩
				二等奖	北京市	关济寰　李　杰　蔺　瑞	司新辉
				二等奖	北京市	徐霞清　赵　莹　谢洋旸	朱　婧
				二等奖	北京市	张海丽　王徐敏　高　翔	吕国才
7	全国第四届大学生数学竞赛总决赛	4	4	二等奖	国家级	邹　江	胡志兴　郑连存 王　辉　刘　宇
				三等奖	国家级	陈　飞　王　愿　陈善军	
8	2013年全国第五届大学生数学竞赛初赛（北京赛区）		6	一等奖	省部级	陈晓冰　程　斌　刘　海 刘彦辰　王　晓　薛　崇	胡志兴　刘　宇 郑连存
			15	二等奖	省部级	陈韫韬　程　潮　黄宇翔 蒋令杰　孔　浩　李　飘 刘晓川　牟　磊　潘　进 芮少石　王　磊　王　愿 肖　骏　杨博闻　朱洪民	
			28	三等奖	省部级	曾　祥　陈　林　陈紫渝 储昭强　丁　攀　杜赞赞 范海燕　范文强　胡纪相 黄　佳　江振文　刘磊磊 刘文睿　彭　聪　王将平 王莎莎　王世汉　温宏远 吴德浩　吴敦明　谢明雷 辛永健　徐　凡　徐志华 张璁雨　周　楷　朱叶明 章　帅	

续表

<table>
<tr><th>序号</th><th>项目</th><th>参赛人数</th><th>获奖人数</th><th>奖项</th><th>奖项级别</th><th>获奖者</th><th>指导教师</th></tr>
<tr><td rowspan="3">9</td><td rowspan="3">北京市第二十四届大学生数学竞赛</td><td rowspan="3"></td><td>3</td><td>一等奖</td><td>北京市</td><td>杨添博 张 赢 祝佳妮</td><td rowspan="3">胡志兴 刘 宇 郑连存</td></tr>
<tr><td>2</td><td>二等奖</td><td>北京市</td><td>高 姗 杨智淳</td></tr>
<tr><td>3</td><td>三等奖</td><td>北京市</td><td>刘雅璇 王婉秋 吴思源</td></tr>
<tr><td rowspan="7">10</td><td rowspan="7">第六届“高教杯”全国大学生先进成图技术与产品信息建模创新大赛</td><td rowspan="7">19</td><td rowspan="7">9</td><td>团体二等奖</td><td>国家级</td><td>赵德龙 朱浩民 祁俊威 卢 枫 赵 瑞 张毛雨 王 韬 赵展跃 王 斌</td><td rowspan="7">许 倩 陈 平 杨光辉 杨 皓 陈 华</td></tr>
<tr><td>机械类全能一等奖</td><td>国家级</td><td>赵德龙 朱浩民</td></tr>
<tr><td>机械类尺规一等奖</td><td>国家级</td><td>祁俊威 卢 枫</td></tr>
<tr><td>机械类建模一等奖</td><td>国家级</td><td>赵 瑞</td></tr>
<tr><td>机械类全能二等奖</td><td>国家级</td><td>赵 瑞</td></tr>
<tr><td>机械类尺规二等奖</td><td>国家级</td><td>张毛雨 王 韬</td></tr>
<tr><td>机械类建模二等奖</td><td>国家级</td><td>赵展跃 王 斌</td></tr>
<tr><td rowspan="3">11</td><td rowspan="3">2013年第四届“蓝桥杯”全国软件专业人才设计与创业大赛</td><td rowspan="3">30</td><td rowspan="3">29</td><td>一等奖</td><td>北京市</td><td>高宇星 俎 瑞 詹 锟 周 尧 王 禹 蒋 凯 程顺均</td><td rowspan="3">姚 琳 万亚东 汪红兵 李 莉 黄晓璐 张 敏 武航星 姚亦飞</td></tr>
<tr><td>二等奖</td><td>北京市</td><td>侯建鹏 陈沛然 谭海宁 傅树深 程 彤 王锐君 孟 芃 李金苗 范 彬 王泽颖 刘 羊 李丽珊 戴 戈 张宇贤 王 玥 尹 昊 罗宇飞</td></tr>
<tr><td>三等奖</td><td>北京市</td><td>唐汉琦 杜平心 黄 健 张浩杰 程 康</td></tr>
<tr><td rowspan="7">12</td><td rowspan="7">2013年第七届中国大学生物联网创新创业大赛</td><td rowspan="7">56</td><td rowspan="7">56</td><td>特等奖</td><td>国家级</td><td>王晨阳 唐景华 傅全权 谢振环</td><td>王志良 白艳茹</td></tr>
<tr><td>二等奖</td><td>国家级</td><td>王妙茜 程金辉 祝新鹏 周 春</td><td>谢谟文 刘遥峰</td></tr>
<tr><td>二等奖</td><td>国家级</td><td>杨 冰 黄伟波 吕树恩 温明星</td><td>李晓理</td></tr>
<tr><td>二等奖</td><td>国家级</td><td>张登辉 朴雪威 袁 哲 张 昀</td><td>王洪泊</td></tr>
<tr><td>二等奖</td><td>国家级</td><td>柯 莹 李丹阳 高立坤 焦云龙</td><td>王新平</td></tr>
<tr><td>二等奖</td><td>国家级</td><td>于安琪 谷 然 陈红进 陆佳炜</td><td>米振强</td></tr>
<tr><td>三等奖</td><td>国家级</td><td>陈泽轩 王亭亭 徐宝川 丁 锦</td><td>胡四泉 王新平</td></tr>
</table>

续表

序号	项目	参赛人数	获奖人数	奖项	奖项级别	获奖者	指导教师
12	2013年第七届中国大学生物联网创新创业大赛	56	56	三等奖	国家级	周 燕 李睿智 林晓波 万千慧	李 擎
				三等奖	国家级	谢洋旸 李 晨 陈 禺 勾纪舒	解 仑
				三等奖	国家级	王嘉欣 刘 畅 田 蔚 黄 赐	王志良
				三等奖	国家级	王 聪 唐英杰 田晓禾 胡 悦	孙昌爱
				三等奖	国家级	王 田 黄月琴 钟 浩 黄 柳	
				三等奖	国家级	范方芮 贺小辉 汪睦雄 吕 凯	白艳茹
				三等奖	国家级	张万书 马 凯 方 敏 马学智	王粉花
13	2013年全国大学生英语竞赛	2240	113	特等奖	国家级	吴思凡 苗文帅	全国大学生英语竞赛指导团队
				一等奖	国家级	沙咏杰 王 晓 孙 静 田春花 王 鑫 蒋卓霏 王啸洋 陈苑斐 陈 华 叶腾达 刘依然	
				二等奖	国家级	葛小格 姜善学 宋双双 韦梦菡 张 燕 刘靓晨 李浩宇 曾恬恬 潘 淑 崔惊鸿 王汝昕 姜 瑶 刘一鸣 薛 轲 陈欣怡 盛雅楠 郭墨涵 赵 坤 李延豪 刘应轩 邱 垚 李煜琦 周慧秀 杨易铭 王俊鑫 陈百一 张俊飞 韩中杰 于润楠 张 弛 刘 畅 徐向楠 夏建军	
				三等奖	国家级	黄嘉欣 黄诗瑶 秦 宇 李 玲 徐怡然 王瑾雅 马 哲 陈韫韬 黄巧玲 李君琦 申 琳 严明雯 李 臻 饶 胤 朱玉洁 吴 敏 刘 阳 钱彦璇 尹思量 崔晓晗 王 琪 赵 莹 潘 鹤 曹英嘉子 陈诗超 陈小西 李月异 程 康 康 恺 姚 易 王思雪 戴百师 黄映侨 李琛洁 肖璐莎 王兴威 慕媛媛 许 胜 彭子轩 倪彬翔 刘葛亮 吕 臻 徐雯婷 张 蒙 王春琪 卫闻杰 苗 娜 陈良敏 刘世龙 张璁雨 徐莉莉 范 彬 吴思源 张黎莉	

续表

序号	项目	参赛人数	获奖人数	奖项	奖项级别	获奖者	指导教师
13	2013年全国大学生英语竞赛	2240	113	三等奖	国家级	陈文托 陆曼荔 胡婧 刘婧媛 丁玉杰 宋东晓 齐沈桐 席玥 于可 白旸 张海悦 郑芳 刘启晗	全国大学生英语竞赛指导团队
14	2013年北京市大学生英语演讲比赛	1	1	二等奖	北京市	亢哲	李晓东
15	2013年第三十届全国部分地区物理竞赛	347	134	一等奖	北京市	李振 李晓青 尤苑琼 范浩然 张燕 王国栋 陈峰 卢枫 刘文睿 郭墨涵 张定瑞 兰茜	马星桥、邱红梅等物理教研组
				二等奖	北京市	卢晓妮 乔孟惠 常浩然 赵君傲 王磊 邢立东 石荣建 朱叶明 陈晓冰 张晨光 李溢 周文洋 刘倩男 郭呈宇 杨继昆 陈可心 郭升晖 程潮 代宗标 邵珠印 张泽川 廖宝鑫 张初 杨景宇 钱讯 王将平 周俊杰 刘知洋 李车薪 李丹辰 刘尚宇 李珊 吴柯汉	
				三等奖	北京市	刘梓宣 郑潞 梁媛媛 李颖 王硕 吴晓刚 柳家娟 李枭姬 黄炫淇 任建 刘雅璇 侯勇 王璐 林青山 邱秋根 董浩 王黎 韦杉杉 高兴 陈恭巍 刘中群 孔浩 沈心怡 彭聪 朱洪民 包振男 周杨松 范大卫 张雨 刘录 刘烁 刘丹君 何禹治 周宇杰 刘凯 熊嘉欣 龙宇熊 孔得磊 朱书贤 郝磊磊 聂东旭 徐毛潭 刘晓彤 崔立莹 万新宇 周楷 范海燕 周丽鑫 李震睿 俞波 牟磊 陈林 柳超敏 邢磊磊 梅广 朱咸斌 高鹏飞 范云飞 梁凯 崔建京 周元超 郭良锐 崔凯 张振 黄泽宇 王秋鸣 李春媛 赵瑞 王真 邹野 舒密 梁倩 刘成 陈紫渝 吴德浩 张梦雅 邵福会 李春昕 贺凯 谢明雷 张科	

续表

序号	项目	参赛人数	获奖人数	奖项	奖项级别	获奖者	指导教师
15	2013年第三十届全国部分地区物理竞赛	347	134	三等奖	北京市	高龙山 王琦 冯敬轩 王新朝 赵鹏 王启明 李闯 洪俐根	
16	2013年北京市人文知识竞赛	5	5	二等奖	北京市	邵腾飞 李承 张学蕾 李明 刘洋	张健
17	2013年第四届全国大学生物流设计大赛	10	10	一等奖	国家级	刘靓晨 杨丽 刘凌玄 沙聪 张志强	杜彦华
				二等奖	国家级	庞俊喜 窦俊泼 周立杰 保鑫 张念念	梁合兰
18	2013第六届全国大学生信息安全大赛	719	4	二等奖	国家级	谭民 程彤 王禹 余乾圆	

（陈　建）

2013年度本科课程表

矿业资源工程专业

年级	课程设置
2013级	经济与管理，思想道德修养与法律基础，基础外语I，体育I，军事理论，大学生职业发展与就业指导I，大学生心理健康I，大学计算机基础，高等数学AI，线性代数A，普通化学，普通化学实验
2012级	中国近现代史纲要，基础外语II，体育II，大学生心理健康II，VB程序设计，高等数学AII，大学物理AI，采选导论，工程测量

土木工程专业

年级	课程设置
2013级	经济与管理，思想道德修养与法律基础，基础外语I，体育I，军事理论，大学生职业发展与就业指导I，大学生心理健康I，大学计算机基础，高等数学AI，线性代数A，普通化学，普通化学实验
2012级	中国近现代史纲要，基础外语II，体育II，大学生心理健康II，C++程序设计，高等数学AII，大学物理AI
	马克思主义基本原理概论，基础外语III，体育III，工程力学AI，概率论与数理统计A，大学物理AII，工科物理实验I，工程制图基础
2011级	毛泽东思想和中国特色社会主义理论体系概论I，体育IV，金工实习I，工程力学AII，数学实验，工科物理实验II，工程测量，工程地质学，土木工程制图与CAD基础，房屋建筑学
	毛泽东思想和中国特色社会主义理论体系概论II，结构力学I，土力学，混凝土结构原理，土木工程项目管理，土木工程材料，电工技术实验，电工技术
2010级	钢筋混凝土结构课程设计，地下结构课程设计(岩土方向)，房屋建筑学课程设计(结构方向)，结构力学II，岩石力学与工程，流体力学，工程结构荷载与可靠度设计原理，土木工程施工，钢结构基本原理，工程概预算与招投标，基础工程，建筑工程(双语)，高层建筑结构，工程爆破，混凝土结构设计，岩土工程(双语)，土木工程数值计算方法，地下结构设计，地下空间规划与设计

续表

年 级	课 程 设 置
2010级	大学生职业发展与就业指导III，基础工程课程设计，边坡工程课程设计(岩土方向)，钢结构课程设计(结构方向)，土木工程测试方法与技术，城市规划，道路工程，结构抗震，桥梁工程，隧道工程，边坡工程，砌体结构，地震学基础，土木工程勘测，地下工程施工技术，建筑钢结构设计
2009级	形势与政策IV，毕业设计(论文)

环境工程专业

年 级	课 程 设 置
2013级	思想道德修养与法律基础，基础外语I，体育I，军事理论，大学生职业发展与就业指导I，大学生心理健康I，大学计算机基础，高等数学AI，无机化学B，无机化学实验BI
2012级	中国近现代史纲要，基础外语II，体育II，大学生心理健康II，VB程序设计，高等数学AII，大学物理AI，无机化学实验BII，工程测量，环境学导论
	马克思主义基本原理概论，基础外语III，体育III，线性代数A，工程力学C，大学物理AII，工科物理实验I，机械制图B
2011级	毛泽东思想和中国特色社会主义理论体系概论I，体育IV，金工实习I，工科物理实验II，工程制图，工程流体力学，电工技术实验，电工技术，物理化学CI，环境规划与管理，环境工程技术经济
	毛泽东思想和中国特色社会主义理论体系概论II，环境工程微生物学实验，概率论与数理统计A，环境工程微生物学，有机化学，环境工程原理，物理化学CII，分析化学，环境工程仪表及自动控制，泵站及管网技术，环境毒理学，能源与环境（双语），环境生物技术（双语）
2010级	经济与管理，环境监测，物理化学实验B，大气污染控制工程，水污染控制工程，物理污染控制，固体废弃物处理与处置，环境材料学，环境生态学，环境化学，生态卫生排水系统(双语)，环境影响评价
	大学生职业发展与就业指导III，工程训练，研究方法训练，环境工程研究与设计，环境工程施工技术，废水处理新技术(双语)，环境工程CAD辅助设计
2009级	形势与政策IV，研究方法训练，工程训练，毕业设计(论文)

安全工程专业

年 级	课 程 设 置
2013级	思想道德修养与法律基础，基础外语I，体育I，军事理论，大学生职业发展与就业指导I，大学生心理健康I，大学计算机基础，高等数学AI，无机化学B，无机化学实验BI
2012级	中国近现代史纲要，基础外语II，体育II，大学生心理健康II，VB程序设计，高等数学AII，大学物理AI
	马克思主义基本原理概论，基础外语III，体育III，金工实习I，线性代数A，工程力学C，大学物理AII，工科物理实验I，机械制图B
2011级	大学语文与应用写作A，毛泽东思想和中国特色社会主义理论体系概论I，体育IV，工科物理实验II，安全学原理，安全法律法规，热力学与传热学，岩石力学，电工技术实验，电工技术
	毛泽东思想和中国特色社会主义理论体系概论II，概率论与数理统计A，数学实验，工程流体力学，工业通风(双语)，采矿工程概论，电子技术实验，电子技术，环境工程概论，分析化学基础

续表

年　级	课　程　设　置
2010级	经济与管理，安全工程实验，安全系统工程，燃烧与爆炸，安全人机工程，安全经济与管理学学士，职业卫生工程(双语)，机电安全工程，工伤保险，安全监测监控原理及应用，化工概论与安全工程
	大学生职业发展与就业指导III，矿山安全技术，特种设备安全，地震学基础，计算机辅助设计及应用，安全评价应用，事故应急救援，事故调查与分析，产品安全工程，矿井通风设计，防灭火系统设计，建筑概论与安全工程
2009级	形势与政策IV，工程训练，毕业设计(论文)

采矿工程专业

年　级	课　程　设　置
2013级	经济与管理，思想道德修养与法律基础，基础外语I，体育I，军事理论，大学生职业发展与就业指导I，大学生心理健康I，大学计算机基础，高等数学AI，线性代数A，普通化学，普通化学实验
2012级	中国近现代史纲要，基础外语II，体育II，大学生心理健康II，VB程序设计，高等数学AII，大学物理AI，工程测量
	马克思主义基本原理概论，基础外语III，体育III，工程力学AI，大学物理AII，工科物理实验I，机械设计制图AI
2011级	毛泽东思想和中国特色社会主义理论体系概论I，体育IV，金工实习I，工程力学AII，工科物理实验II，工程流体力学，弹性力学与数值模拟，地质学基础，机械设计制图AII，电工技术实验，电工技术
	毛泽东思想和中国特色社会主义理论体系概论II，矿山运输与提升设计，概率论与数理统计A，数学实验，矿山岩石力学，矿山地质学，电子技术实验，电子技术，爆破工程(双语)，资源、环境与可持续发展，边坡工程，矿业固体废物资源化，矿山运输与提升，矿物加工与利用
2010级	矿山运输与提升设计，矿业系统工程基础(双语)，地下工程施工技术，矿床开采工程（露天开采）（双语），矿床开采工程（地下开采）（双语），矿山安全工程，数字矿山技术，矿山现代测试技术，现代充填技术，散体动力学与放矿，矿产经济学
	大学生职业发展与就业指导III，露天采矿设计，矿山机械与自动化，矿山企业管理，通风防尘与空气调节，矿山设计原理，矿产资源法基础，教授专题：采矿工程新技术及发展方向，特殊采矿技术，采矿专业英语，地质统计学与矿床建模，深井开采技术
2009级	形势与政策IV，工程设计训练，矿山开采设计，毕业设计(论文)

矿物加工工程专业

年　级	课　程　设　置
2013级	经济与管理，思想道德修养与法律基础，基础外语I，体育I，军事理论，大学生职业发展与就业指导I，大学生心理健康I，大学计算机基础，高等数学AI，线性代数A，普通化学，普通化学实验
2012级	中国近现代史纲要，基础外语II，体育II，大学生心理健康II，VB程序设计，高等数学AII，大学物理AI，工程测量
	马克思主义基本原理概论，基础外语III，体育III，工程力学C，大学物理AII，工科物理实验I，机械设计制图AI

续表

年　级	课　程　设　置
2011级	毛泽东思想和中国特色社会主义理论体系概论I，体育IV，矿物加工试验技能训练，金工实习I，工科物理实验II，岩石矿物学基础，工艺矿物学，有机化学基础，机械设计制图AII，电工技术实验，电工技术，物理化学CI
	毛泽东思想和中国特色社会主义理论体系概论II，概率论与数理统计A，数学实验，工程流体力学，电子技术实验，电子技术，物理化学CII，矿石粉碎工程(双语)，采矿工程概论，矿物材料学，非金属矿深加工，分析化学基础
2010级	矿物加工实验，矿物生物工程，物理化学实验B，矿物物理分选，矿物界面分选（双语），矿物化学处理，二次资源利用，固液分离，矿业环境工程，矿物加工技术经济，煤炭加工与洁净利用
	大学生职业发展与就业指导III，矿物加工课程设计，矿物加工工程设计，矿物加工研究方法，矿物加工过程检测与控制，复杂金属矿石利用实例，计算机辅助设计及应用，矿物加工工程施工技术，矿物加工工程设计实例
2009级	形势与政策IV，研究方法训练，毕业设计(论文)

冶金工程专业

年　级	课　程　设　置
2013级	思想道德修养与法律基础，基础外语I，体育I，军事理论，大学生职业发展与就业指导I，大学生心理健康I，大学计算机基础，高等数学AI，无机化学B，无机化学实验BI
2012级	中国近现代史纲要，基础外语II，体育II，大学生心理健康II，C语言程序设计，高等数学AII，大学物理AI，无机化学实验BII
	马克思主义基本原理概论，基础外语III，体育III，金工实习I，线性代数A，大学物理AII，工科物理实验I，工程力学C，机械设计制图AI
2011级	毛泽东思想和中国特色社会主义理论体系概论I，体育IV，工科物理实验II，冶金传输原理，机械设计制图AII，电工技术实验，电工技术，物理化学BI
	毛泽东思想和中国特色社会主义理论体系概论II，概率论与数理统计A，数学实验，冶金物理化学（冶金热力学与动力学），冶金电化学，金属学原理，电子技术实验，电子技术，物理化学BII，物理化学实验B，工业生态，煤与焦化工艺，铁矿石造块工艺，有色冶金设备，相结构基础及研究方法，无机非金属材料，能源工程，冶金环境工程与资源循环利用，湿法冶金方法，专业英语阅读与写作，铁合金，功能材料
2010级	经济与管理，金属材料及热处理，钢铁冶金学I，冶金工程实验技术，钢铁冶金学II，有色金属冶金学，冶金单元设计与操作，铁水预处理（双语），炉外精炼(双语)，特种冶金，连铸工艺与设备，铅锌冶金学，稀土冶金学，硅冶金学，高纯金属冶金方法，冶金物理化学前沿讲座，表面工程，相图在冶金中的应用，高温熔体物性，冶金过程检测与自动控制，冶金反应工程学，特殊钢冶金过程工程，纯净钢生产工艺，稀贵金属冶金学
	大学生职业发展与就业指导III，冶金工程实验技术，现代冶金工程设计与实践，微机原理与应用，现代冶金工程设计原理，耐火材料，非高炉炼铁，钢铁材料成形加工，有色冶金新工艺，活度的测量与计算，固体电解质在冶金中的应用，冶金流程工程学，有色生物冶金(双语)，电磁冶金原理与工艺
2009级	形势与政策IV，毕业设计(论文)

生态学专业

年级	课程设置
2013级	思想道德修养与法律基础，基础外语I，体育I，军事理论，大学生职业发展与就业指导I，大学生心理健康I，大学计算机基础，高等数学AI，无机化学B，无机化学实验BI
2012级	中国近现代史纲要，基础外语II，体育II，大学生心理健康II，C语言程序设计，高等数学AII，线性代数A，大学物理AI，无机化学实验BII
	马克思主义基本原理概论，基础外语III，体育III，概率论与数理统计A，大学物理AII，工科物理实验I，运筹学，化工原理
2011级	毛泽东思想和中国特色社会主义理论体系概论I，体育IV，工科物理实验II，生态热力学，系统动力学，物质循环与能量传递原理，普通生态学，物理化学D，地学基础与地理信息系统
	毛泽东思想和中国特色社会主义理论体系概论II，概率论与数理统计A，数学实验，化工原理，工业生态学，产业与城市生态规划及设计I，工业能源转换与高效利用，钢铁冶金学，生态经济学，生态与文明
2010级	经济与管理，产业与城市生态规划及设计II，资源循环与高效利用，生态环境破坏与修复，环境与生态评价，有色冶金学，环境流体力学，固体废弃物生态化利用，水化学及工程应用，温室气体排放与控制，新能源技术(双语)，能源系统评价与规划，工业微生物学
	大学生职业发展与就业指导III，生态数据处理技能训练，产业与城市生态规划课程设计，微机原理与应用，工业废水处理，工业生态园规划案例，大气污染与控制，能源管理与节能技术，现代遥感技术，科技英语技能训练
2009级	形势与政策IV，毕业设计(论文)

材料科学与工程类专业

年级	课程设置
2013级	中国近现代史纲要，基础外语I，体育I，军事理论，大学生职业发展与就业指导I，大学生心理健康I，大学计算机基础，高等数学AI，无机化学B，无机化学实验BI，材料科学与工程导论——名师课堂
2012级	思想道德修养与法律基础，基础外语II，体育II，大学生心理健康II，C++程序设计，高等数学AII，线性代数A，无机化学实验BII，大学物理CI
	毛泽东思想和中国特色社会主义理论体系概论I，基础外语III，体育III，工程力学B，概率论与数理统计A，工科物理实验I，大学物理CII
2011级	马克思主义基本原理概论，体育IV，金工实习I，数学实验，工科物理实验II，大学物理CIII，机械设计制图BI，电工技术，物理化学D

无机非金属材料工程专业

年级	课程设置
2013级	中国近现代史纲要，基础外语I，体育I，军事理论，大学生职业发展与就业指导I，大学生心理健康I，大学计算机基础，高等数学AI，无机化学B，无机化学实验BI，材料科学与工程导论——名师课堂
2012级	思想道德修养与法律基础，基础外语II，体育II，大学生心理健康II，C++程序设计，高等数学AII，线性代数A，无机化学实验BII，大学物理CI

续表

年　级	课　程　设　置
2012级	毛泽东思想和中国特色社会主义理论体系概论I，基础外语III，体育III，工程力学B，概率论与数理统计A，工科物理实验I，大学物理CII
2011级	马克思主义基本原理概论，体育IV，金工实习I，数学实验，工科物理实验II，大学物理CIII，机械设计制图BI，电工技术，物理化学D
	毛泽东思想和中国特色社会主义理论体系概论II，数理方法，无机材料结晶学基础，无机材料制备化学，无机材料热工基础，固体材料结构基础I，固体材料结构基础II，电工技术实验，物理化学实验B
2010级	经济与管理，无机材料物理性能，无机材料现代研究方法I，无机材料现代研究方法II，功能陶瓷材料及应用，无机材料物理化学I，无机材料物理化学II，计算机在材料科学中的应用，固体电解质(双语)
	大学生职业发展与就业指导III，特种陶瓷工艺学，新能源材料，无机材料科学与工程试验I，无机材料科学与工程试验II，耐火材料，涂层材料及其应用，环境材料，MEMS材料及微细制备技术，物理电源，复合材料，结构陶瓷材料及应用，玻璃与新型建筑材料，半导体材料导论，无机纳米材料制备技术
2009级	形势与政策IV，毕业设计(论文)

材料物理专业

年　级	课　程　设　置
2013级	中国近现代史纲要，基础外语I，体育I，军事理论，大学生职业发展与就业指导I，大学生心理健康I，大学计算机基础，高等数学AI，无机化学B，无机化学实验BI，材料科学与工程导论——名师课堂
2012级	思想道德修养与法律基础，基础外语II，体育II，大学生心理健康II，C++程序设计，高等数学AII，线性代数A，无机化学实验BII，大学物理CI
	毛泽东思想和中国特色社会主义理论体系概论I，基础外语III，体育III，工程力学B，概率论与数理统计A，工科物理实验I，大学物理CII
2011级	马克思主义基本原理概论，体育IV，金工实习I，数学实验，工科物理实验II，大学物理CIII，机械设计制图BI，电工技术，物理化学D
	毛泽东思想和中国特色社会主义理论体系概论II，数理方法，材料科学基础实验，材料物理基础，原子物理及量子力学，理论力学(双语)，电工技术实验，理科物理实验BI，物理化学实验B
2010级	经济与管理，材料物理实验I，统计物理A，理科物理实验BII，X射线晶体学，材料物理，有机光电功能材料，合金化原理及应用(双语)，有机分子与纳米器件，薄膜材料与技术，功能材料基础，无机非金属材料
	大学生职业发展与就业指导III，材料物理实验II，电子显微学，固体物理基础A，固体物理，微束分析，低维材料学
2009级	形势与政策IV，毕业设计(论文)

材料成型及控制工程专业

年　级	课　程　设　置
2013级	中国近现代史纲要，基础外语I，体育I，军事理论，大学生职业发展与就业指导I，大学生心理健康I，大学计算机基础，高等数学AI，无机化学B，无机化学实验BI，材料科学与工程导论——名师课堂
2012级	思想道德修养与法律基础，基础外语II，体育II，大学生心理健康II，C++程序设计，高等数学AII，线性代数A，无机化学实验BII，大学物理CI
	毛泽东思想和中国特色社会主义理论体系概论I，基础外语III，体育III，工程力学B，概率论与数理统计A，工科物理实验I，大学物理CII
2011级	马克思主义基本原理概论，体育IV，金工实习I，数学实验，工科物理实验II，大学物理CIII，机械设计制图BI，电工技术，物理化学D
	毛泽东思想和中国特色社会主义理论体系概论II，材料科学基础A，传热学基础，电工技术实验，电子技术，物理化学实验B，固态成形理论基础
2010级	经济与管理，金属材料及热处理A，电子技术实验，材料成形自动控制基础，固态成形工艺学，材料焊接原理与工艺，液态成形理论与工艺，轧制工程学，材料成形摩擦与润滑，电弧物理与弧焊方法，铸造合金及制备工艺
	大学生职业发展与就业指导III，专业课程设计，现代特种液态成形工艺，连铸工艺与质量控制，材料成形过程质量性能控制(双语)，实验测试技术，材料成形设备与车间设计，锻压工艺学，材料成形计算机辅助工程，固态成形模拟与仿真，模具设计与制造，钎焊与电子组装技术，特种连接技术，焊接结构力学，材料短流程近终形成形技术
2009级	形势与政策IV，毕业设计(论文)

材料科学与工程专业

年　级	课　程　设　置
2013级	中国近现代史纲要，基础外语I，体育I，军事理论，大学生职业发展与就业指导I，大学生心理健康I，大学计算机基础，高等数学AI，无机化学B，无机化学实验BI，材料科学与工程导论——名师课堂
2012级	思想道德修养与法律基础，基础外语II，体育II，大学生心理健康II，C++程序设计，高等数学AII，线性代数A，无机化学实验BII，大学物理CI
	毛泽东思想和中国特色社会主义理论体系概论I，基础外语III，体育III，工程力学B，概率论与数理统计A，工科物理实验I，大学物理CII
2011级	马克思主义基本原理概论，体育IV，金工实习I，数学实验，工科物理实验II，大学物理CIII，机械设计制图BI，电工技术，物理化学D
	毛泽东思想和中国特色社会主义理论体系概论II，数理方法，材料科学基础I，材料科学基础实验I，电工技术实验，电子技术，物理化学实验B，冶金工程概述，电化学基础，固体物理基础B
2010级	经济与管理，材料科学基础II，材料科学基础实验II，统计物理B，电子技术实验，材料物理性能A，材料分析方法，材料制备与加工，功能材料，粉末冶金原理，计算材料学与材料模拟技术，高分子材料，金属腐蚀学
	大学生职业发展与就业指导III，金属材料学，材料力学性能，复合材料，薄膜材料制备技术，粉末冶金材料，粉末冶金实验技术，无机非金属材料，生物材料导论，金属腐蚀实验方法，耐蚀材料与防护技术
2009级	形势与政策IV，毕业设计(论文)

材料化学专业

年　级	课　程　设　置
2013级	中国近现代史纲要，基础外语I，体育I，军事理论，大学生职业发展与就业指导I，大学生心理健康I，大学计算机基础，高等数学AI，无机化学B，无机化学实验BI，材料科学与工程导论——名师课堂
2012级	思想道德修养与法律基础，基础外语II，体育II，大学生心理健康II，C++程序设计，高等数学AII，线性代数A，无机化学实验BII，大学物理CI
	毛泽东思想和中国特色社会主义理论体系概论I，基础外语III，体育III，工程力学B，概率论与数理统计A，工科物理实验I，大学物理CII
2011级	马克思主义基本原理概论，体育IV，金工实习I，数学实验，工科物理实验II，大学物理CIII，机械设计制图BI，电工技术，物理化学D
	毛泽东思想和中国特色社会主义理论体系概论II，数理方法，材料科学基础B，电化学原理，电工技术实验，物理化学实验B，分析化学，有机化学，结构化学
2010级	经济与管理，有机化学实验，分析化学实验，高分子化学，有机材料化学（双语），材料分析与表征方法，高分子复合材料，光电功能材料，胶体与表面化学，纳米材料与技术
	大学生职业发展与就业指导III，高分子物理，材料化学基础，生物材料导论，材料化学失效与控制，材料表面技术，涂料化学，材料化学前沿概述
2009级	形势与政策IV，毕业设计(论文)

纳米材料与技术专业

年　级	课　程　设　置
2013级	中国近现代史纲要，基础外语I，体育I，军事理论，大学生职业发展与就业指导I，大学生心理健康I，大学计算机基础，高等数学AI，理科物理实验I，力学，无机化学B，无机化学实验BI，材料科学与工程导论——名师课堂
2012级	思想道德修养与法律基础，基础外语II，体育II，大学生心理健康II，C++程序设计，高等数学AII，线性代数A，理科物理实验II，电磁学，无机化学实验BII
	毛泽东思想和中国特色社会主义理论体系概论I，基础外语III，体育III，概率论与数理统计A，理科物理实验III，光学，热学
2011级	马克思主义基本原理概论，体育IV，金工实习I，理科物理实验IV，电子技术，热力学与统计物理，物理化学D
	毛泽东思想和中国特色社会主义理论体系概论II，军事理论，数理方法，材料物理基础，原子物理及量子力学，材料化学基础，X射线晶体学，纳米材料制备与表征，物理化学实验B，磁电子学，纳米半导体材料

材料科学与工程(国际班)专业

年　级	课　程　设　置
2013级	国际理解，国史与国情，工程伦理与思想道德，基础外语I，体育I，大学生职业发展与就业指导I，大学生心理健康I，计算机基础——原理与应用，高等数学I，材料科学与工程导论——名师课堂

续表

年　级	课　程　设　置
2012级	国际理解，基础外语II，体育II，大学生心理健康II，C++程序设计，高等数学II，大学物理CI
	中国与世界文化引论，工程法学，基础外语III，体育III，线性代数A，工程力学D，工科物理实验I，大学化学，化学实验I，大学物理CII，晶体学与材料结构
2011级	体育IV，金工实习I，概率论与数理统计A，数理方法，工科物理实验II，化学实验II，大学物理CIII，材料热力学与化学，界面与表面，晶体学与材料结构，电工技术
	材料科学基础实验I，材料概论，材料动力学(传热传质界面偏析等)，材料相变，材料变形与再结晶，工程制图，机械设计，电工技术实验，电子技术，物理化学实验C，陶瓷材料及工艺导论，航空航天材料概述，生物材料导论，能源材料，纳米材料与微纳加工，信息材料与技术
2010级	经济与管理，数学实验，材料科学基础实验II，材料电子理论，电子技术实验，金属材料学I，材料实验研究方法(X线、电镜及其他)I，材料力学性能，材料制备与加工(含钢铁冶金)I，计算材料学，粉末冶金材料，高分子材料，功能陶瓷与器件，低维材料与制备技术，复合材料，电子功能材料导论
	大学生职业发展与就业指导III，材料物理性能B，金属材料学II，金属材料学实验，材料实验研究方法(X线、电镜及其他)II，材料制备与加工(含钢铁冶金)II，金属腐蚀实验方法，耐蚀材料与防护技术，材料表面技术，环境材料学，材料选用，制造工程学
2009级	毕业设计(论文)

机械类专业

年　级	课　程　设　置
2013级	沟通与交流，思想道德修养与法律基础，基础外语I，体育I，军事理论，大学生职业发展与就业指导I，大学生心理健康I，大学计算机基础，高等数学AI，机械制图AI
2012级	中国近现代史纲要，基础外语II，体育II，大学生心理健康II，C++程序设计，高等数学AII，线性代数A，大学物理AI，机械制图AII
	毛泽东思想和中国特色社会主义理论体系概论I，基础外语III，体育III，理论力学A，概率论与数理统计A，数学实验，大学物理AII，工科物理实验I

机械工程及自动化专业

年　级	课　程　设　置
2012级	中国近现代史纲要，基础外语II，体育II，大学生心理健康II，C++程序设计，高等数学AII，线性代数A，大学物理AI，机械制图AII
	毛泽东思想和中国特色社会主义理论体系概论I，基础外语III，体育III，理论力学A，概率论与数理统计A，数学实验，大学物理AII，工科物理实验I
2011级	马克思主义基本原理概论，体育IV，金工实习I，材料力学，工科物理实验II，机械原理，热工学，电工技术实验，电工技术
	毛泽东思想和中国特色社会主义理论体系概论II，电子技术实习，微机原理与应用B，工程流体力学，工程材料及成形工艺，机械设计，电子技术实验，电子技术

续表

年　级	课　程　设　置
2010级	经济与管理，机械课程设计，自动控制理论，机械制造工艺基础，互换性与测量技术，液压与气压传动，测试技术，机电传动控制，机械创新设计，机械振动
2010级	大学生职业发展与就业指导III，机械制造装备设计，现代制造系统，计算机辅助制造，液压控制系统，冶金生产工艺及装备，轧制过程控制，工程数值计算，现代设计方法，CAD/CAM技术及应用，微机电系统，数学模型，塑性加工技术，机电一体化技术，生物机械工程，冶金机械设计与制造，现代传感技术，模具设计与制造，现代加工技术，机电系统原理及应用，计算机控制技术，数控机床，机械质量管理分析与控制
2009级	形势与政策IV，毕业设计(论文)

热能与动力工程专业

年　级	课　程　设　置
2012级	中国近现代史纲要，基础外语II，体育II，大学生心理健康II，C++程序设计，高等数学AII，线性代数A，大学物理AI
	毛泽东思想和中国特色社会主义理论体系概论I，基础外语III，体育III，金工实习I，概率论与数理统计A，数学实验，大学物理AII，工科物理实验I，电工学
2011级	马克思主义基本原理概论，体育IV，工程力学C，工科物理实验II，机械设计制图AII，工程热力学，工程流体力学(双语)，热工实验I，物理化学D
	毛泽东思想和中国特色社会主义理论体系概论II，金属材料及热处理B，传热传质学(双语)，工程燃烧学，热工实验II，能源系统优化基础，能量转换与利用，太阳能与风能，气体资源学
2010级	经济与管理，制冷与低温原理，热工自动检测与控制(双语)，工业热工基础，热工过程及设备，压缩机械，流体机械，动力机械A(内燃机)，动力机械B(涡轮机)
	大学生职业发展与就业指导III，专业课程设计，微机原理与应用B，低温工艺及装置，热工过程模化与控制，能源系统优化基础，热能动力装备，空气调节，暖通工程，能量转换与利用
2009级	形势与政策IV，专业课程设计，毕业设计(论文)

工业设计专业

年　级	课　程　设　置
2013级	思想道德修养与法律基础，基础外语I，体育I，军事理论，大学生职业发展与就业指导I，大学生心理健康I，大学计算机基础，高等数学BI，艺术赏析，结构素描，素描（工设），设计导论
2012级	中国近现代史纲要，基础外语II，体育II，大学生心理健康II，C++程序设计，高等数学BII，机械制图B，色彩写生，平面构成（工设），建筑概论
	毛泽东思想和中国特色社会主义理论体系概论I，基础外语III，体育III，金工实习I，大学物理B，立体构成，色彩构成，摄影，效果图，计算机辅助二维设计(工设)，传统工艺
2011级	马克思主义基本原理概论，体育IV，人机工程学，电子产品实用电路和结构，设计方法学，设计基础，计算机辅助三维设计(工设)，视觉传达设计，信息图表设计

续表

年 级	课 程 设 置
2011级	毛泽东思想和中国特色社会主义理论体系概论II，设计工程基础I，计算机辅助动画设计(工设)，交互设计技术，模型设计与制作，产品设计I，商业空间形象设计，数字影像设计
2010级	经济与管理，设计工程基础II，界面设计(双语)，产品设计II，文化创意产品设计，导视系统设计
2010级	大学生职业发展与就业指导III，毕业设计(开题)，交互原型设计，游戏设计，品牌数字化推广
2009级	形势与政策IV，毕业设计(论文)

工业工程专业

年 级	课 程 设 置
2010级	经济与管理，设施规划与设计，现代制造系统，离散系统建模与仿真，人因工程(双语)，质量管理与控制，冶金生产工艺及装备，计算机辅助设计及应用，可靠性工程，项目管理，技术经济学，工业系统概论
	大学生职业发展与就业指导III，专业课程设计III——人因设计，网络计划技术，先进制造技术，企业信息化技术，供应链管理(双语)，工业工程综合案例分析
2009级	形势与政策IV，专业课程设计，毕业设计(论文)

艺术设计专业

年 级	课 程 设 置
2012级	中国近现代史纲要，基础外语II，体育II，大学生心理健康II，立体构成，摄影，计算机辅助二维设计（艺设），图案设计，字体设计，建筑概论
	毛泽东思想和中国特色社会主义理论体系概论I，基础外语III，体育III，标志设计，图形设计，计算机辅助三维设计(艺设)，综合材料表达，视听语言，插图设计，传统工艺
2011级	马克思主义基本原理概论，体育IV，数字摄像，人因设计，设计思维与方法，数字媒体前期创作，动画造型基础，书籍装帧设计，信息图表设计
	毛泽东思想和中国特色社会主义理论体系概论II，形态设计与模型制作，计算机辅助动画设计(艺设)，界面设计(双语)，包装设计，网页设计与制作，动画设计，商业空间形象设计
2010级	经济与管理，广告设计，数字媒体设计，视觉形象设计，文化创意产品设计，导视系统设计
	大学生职业发展与就业指导III，专业记录与表达，毕业设计(开题)，游戏设计，品牌数字化推广
2009级	形势与政策IV，毕业设计(论文)

物流工程专业

年级	课程设置
2013级	思想道德修养与法律基础，基础外语I，体育I，军事理论，大学生职业发展与就业指导I，大学生心理健康I，大学计算机基础，高等数学AI，机械制图AI
2012级	中国近现代史纲要，基础外语II，体育II，大学生心理健康II，C++程序设计，高等数学AII，线性代数A，大学物理AI，机械制图AII
	毛泽东思想和中国特色社会主义理论体系概论I，基础外语III，体育III，概率论与数理统计A，数学实验，大学物理AII，工科物理实验I，工程力学C，数据库应用基础
2011级	马克思主义基本原理概论，体育IV，工科物理实验II，机械设计基础，信息系统开发技术，电工技术实验，电工技术，应用统计学
	毛泽东思想和中国特色社会主义理论体系概论II，金工实习I，计算机网络，机械制造工程基础，物流学，应用运筹学，系统工程，生产计划与控制，控制工程基础，供应链管理(双语)
2010级	经济与管理，设施规划与设计，现代制造系统，物流技术装备，配送与配送中心，离散系统建模与仿真，计算机辅助设计及应用，物流信息系统，可行性研究，PLC控制技术及应用，企业物流管理，质量管理与控制，包装与流通加工技术
	大学生职业发展与就业指导III，专业课程设计III——生产系统仿真，冶金生产工艺及装备，物流系统集成技术，自动识别技术，ERP原理与应用，国际物流(双语)，物流运作与实践
2009级	形势与政策IV，专业课程设计，毕业设计(论文)

能源动力类专业

年级	课程设置
2013级	沟通与交流，思想道德修养与法律基础，基础外语I，体育I，军事理论，大学生职业发展与就业指导I，大学生心理健康I，大学计算机基础，高等数学AI，普通化学，普通化学实验，机械设计制图AI
2012级	中国近现代史纲要，基础外语II，体育II，大学生心理健康II，C++程序设计，高等数学AII，线性代数A，大学物理AI
	毛泽东思想和中国特色社会主义理论体系概论I，基础外语III，体育III，金工实习I，概率论与数理统计A，数学实验，大学物理AII，工科物理实验I，电工学

车辆工程.专业

年级	课程设置
2013级	沟通与交流，思想道德修养与法律基础，基础外语I，体育I，军事理论，大学生职业发展与就业指导I，大学生心理健康I，大学计算机基础，高等数学AI，机械制图AI
2012级	中国近现代史纲要，基础外语II，体育II，大学生心理健康II，C++程序设计，高等数学AII，线性代数A，大学物理AI，机械制图AII
	毛泽东思想和中国特色社会主义理论体系概论I，基础外语III，体育III，理论力学A，概率论与数理统计A，数学实验，大学物理AII，工科物理实验I

续表

年 级	课 程 设 置
2011级	马克思主义基本原理概论，体育IV，金工实习I，材料力学，工科物理实验II，机械原理，热工学，电工技术实验，电工技术
	毛泽东思想和中国特色社会主义理论体系概论II，电子技术实习，微机原理与应用B，工程流体力学，工程材料及成形工艺，机械设计，电子技术实验，电子技术，汽车构造(双语)，发动机原理
2010级	经济与管理，机械课程设计，电子技术实习，机械制造工艺基础，自动控制理论，汽车理论（双语），汽车设计，汽车试验学，现代设计法概论，机电传动控制，汽车电子控制，机械振动
	大学生职业发展与就业指导III，车辆人机工程，专用车辆，车辆可靠性工程，汽车造型设计，车辆维修工程，CAD/CAM技术及应用，汽车安全技术，汽车检测与诊断，智能交通概况，液压与气压传动(汽车类)，嵌入式系统，电动汽车，汽车新技术
2009级	形势与政策IV，毕业设计(论文)

建筑环境与设备工程.专业

年 级	课 程 设 置
2012级	中国近现代史纲要，基础外语II，体育II，大学生心理健康II，C++程序设计，高等数学AII，线性代数A，大学物理AI
	毛泽东思想和中国特色社会主义理论体系概论I，基础外语III，体育III，金工实习I，概率论与数理统计A，数学实验，大学物理AII，工科物理实验I，电工学
2011级	马克思主义基本原理概论，体育IV，工科物理实验II，工程力学C，工程热力学，建筑环境与设备工程基础(双语)，机械设计制图AII，工程流体力学(双语)，热工实验I，可靠性工程基础，建筑概论
	毛泽东思想和中国特色社会主义理论体系概论II，建筑设备工程制图，建筑环境学，传热传质学(双语)，流体输配管网，燃气工程(双语)，热质交换原理与设备
2010级	经济与管理，供热工程，燃气工程(双语)，空调工程，建筑自动化，建筑节能技术，现代物业管理，建筑电气，建筑给排水，通风工程，流体机械
	大学生职业发展与就业指导III，微机原理与应用，建筑环境测试技术，建筑环境与设备进展，热泵，室内净化技术，建筑环境模拟，能量转换与利用
2009级	形势与政策IV，毕业设计(论文)，建筑环境与设备新发展，锅炉房工艺与设备

视觉传达设计专业

年 级	课 程 设 置
2013级	思想道德修养与法律基础，基础外语I，体育I，军事理论，大学生职业发展与就业指导I，大学生心理健康I，大学计算机基础，色彩构成，素描，平面构成，艺术赏析，色彩，设计导论

机械工程专业

年 级	课 程 设 置
2013级	沟通与交流，思想道德修养与法律基础，基础外语I，体育I，军事理论，大学生职业发展与就业指导I，大学生心理健康I，大学计算机基础，高等数学AI，机械制图AI

能源与动力工程专业

年 级	课 程 设 置
2013级	沟通与交流，思想道德修养与法律基础，基础外语I，体育I，军事理论，大学生职业发展与就业指导I，大学生心理健康I，大学计算机基础，高等数学AI，普通化学，普通化学实验，机械设计制图AI

建筑环境与能源应用工程专业

年 级	课 程 设 置
2013级	沟通与交流，思想道德修养与法律基础，基础外语I，体育I，军事理论，大学生职业发展与就业指导I，大学生心理健康I，大学计算机基础，高等数学AI，普通化学，普通化学实验，机械设计制图AI

自动化专业

年 级	课 程 设 置
2013级	中国近现代史纲要，基础外语I，体育I，军事理论，大学生职业发展与就业指导I，大学生心理健康I，程序设计基础，工科数学分析I，大学物理AI，工程制图基础
2012级	思想道德修养与法律基础，基础外语II，体育II，大学生心理健康II，线性代数A，工科数学分析II，大学物理AII，电路分析基础I，电路实验技术
	马克思主义基本原理概论，基础外语III，体育III，复变函数与积分变换B，概率论与数理统计A，工科物理实验I，电路分析基础II，模拟电子技术A，模拟电子技术实验
2011级	毛泽东思想和中国特色社会主义理论体系概论I，体育IV，工程优化数学基础，信号分析基础，数学实验，工科物理实验II，自动控制理论，数字电子技术(双语)，模拟电子技术实验，微机原理及接口技术，控制系统仿真，面向对象程序设计I
	毛泽东思想和中国特色社会主义理论体系概论II，金工实习I，课程设计(微机原理)，EDA课程设计，现代控制理论，数字电子技术实验，过程控制，工程导论，电机及其运动控制I，电力电子技术，现代传感器技术，面向对象程序设计II，数据库技术及应用，可编程控制器及应用(双语)，模式识别基础
2010级	工业组态软件设计，自动化生产线实训，控制网络技术，电机及其运动控制II，计算机控制技术A，嵌入式控制系统，人工智能基础，单片机原理与应用，管理信息系统概论，ERP导论，非线性控制基础，系统辨识与参数估计，最优化与最优控制，多媒体通信技术
	经济与管理，大学生职业发展与就业指导III，课程设计(软件设计)，运动控制系统设计，先进控制技术导论，电力系统设计与优化，智能电网技术基础，流程工业过程控制，系统工程导论，工业企业供电及节能技术，分布式控制系统，智能控制理论基础，DSP原理及应用，智能机器人控制，可编程逻辑器件及应用
2009级	形势与政策IV，毕业设计(论文)

测控技术与仪器专业

年 级	课 程 设 置
2013级	中国近现代史纲要，基础外语I，体育I，军事理论，大学生职业发展与就业指导I，大学生心理健康I，工程制图基础与计算机辅助设计，程序设计基础，工科数学分析I，大学物理AI
2012级	思想道德修养与法律基础，基础外语II，体育II，大学生心理健康II，线性代数A，工科数学分析II，大学物理AII，电路分析基础I，电路实验技术
	马克思主义基本原理概论，基础外语III，体育III，复变函数与积分变换B，概率论与数理统计A，工科物理实验I，电路分析基础II，模拟电子技术A，模拟电子技术实验
2011级	毛泽东思想和中国特色社会主义理论体系概论I，体育IV，误差理论与数据处理，应用力学基础，数学实验，工科物理实验II，数字电子技术(双语)，模拟电子技术实验，信号处理，微机原理及接口技术
	毛泽东思想和中国特色社会主义理论体系概论II，金工实习I，电子技术实习，控制工程基础C，数字电子技术实验，工程光学基础，自动检测技术(双语)，单片机原理及应用，参数检测及仪表，控制微电机
2010级	传感器课程设计，计算机电路辅助设计课程设计，过程控制系统，自动控制装置，智能仪器，机械设计基础，嵌入式系统及应用，仪器与系统可靠性，单片机程序设计实验，微机电系统概论，低功耗系统设计，无人机技术
2010级	经济与管理，大学生职业发展与就业指导III，过程控制系统课程设计，智能仪器课程设计，高频电子电路，DSP原理及应用，光学测试技术，可编程控制器及应用(双语)，专业发展研讨，可编程逻辑器件及应用，工业组态软件，虚拟仪器，光电子技术
2009级	形势与政策IV，毕业设计(论文)

智能科学与技术专业

年 级	课 程 设 置
2013级	中国近现代史纲要，基础外语I，体育I，军事理论，大学生职业发展与就业指导I，大学生心理健康I，程序设计基础，工科数学分析I，大学物理AI，工程制图基础
2012级	思想道德修养与法律基础，基础外语II，体育II，大学生心理健康II，线性代数A，工科数学分析II，大学物理AII，电路分析基础I
	马克思主义基本原理概论，基础外语III，体育III，离散数学B，复变函数与积分变换B，概率论与数理统计A，工科物理实验I，电路分析基础II，电路实验技术，模拟电子技术B，模拟电子技术实验
2011级	毛泽东思想和中国特色社会主义理论体系概论I，体育IV，自动控制系统设计与实现，应用力学基础，数学实验，工科物理实验II，控制工程基础A，数字电子技术(双语)，模拟电子技术实验，信息论与编码，信号处理，计算机电路辅助设计，面向对象程序设计I，数据库技术及应用
	毛泽东思想和中国特色社会主义理论体系概论II，金工实习I，电子技术实习，微机原理课程设计，数据结构与算法分析，数字电子技术实验，微机原理及应用，计算机网络（双语），脑科学与认知科学概论，人工智能基础A，现代传感器技术，电机控制技术，面向对象程序设计II，DSP原理及应用
2010级	嵌入式系统，机器人组成原理，计算智能基础，现代通信技术，机械设计基础，数字图像处理，可编程控制器及应用(双语)，模式识别基础
	经济与管理，大学生职业发展与就业指导III，过程控制系统设计，机器感知基础，机器学习基础，智能监控系统，分布式控制系统，智能控制理论基础，可编程逻辑器件及应用，工业组态软件，智能游戏开发
2009级	形势与政策IV，毕业设计(论文)

电子信息工程专业

年级	课程设置
2013级	中国近现代史纲要，基础外语I，体育I，军事理论，大学生职业发展与就业指导I，大学生心理健康I，程序设计基础，工科数学分析I，大学物理AI，工程制图基础
2012级	思想道德修养与法律基础，基础外语II，体育II，大学生心理健康II，线性代数A，工科数学分析II，大学物理AII，电路分析基础I
	马克思主义基本原理概论，基础外语III，体育III，离散数学B，复变函数与积分变换B，概率论与数理统计A，工科物理实验I，电路分析基础II，电路实验技术，模拟电子技术A，模拟电子技术实验
2011级	毛泽东思想和中国特色社会主义理论体系概论I，体育IV，电子技术实习，数值计算方法，数据结构B，数学实验，工科物理实验II，数字电子技术(双语)，数字电子技术实验，信号与系统，信息论与编码，微机原理及接口技术，控制工程基础B
2011级	毛泽东思想和中国特色社会主义理论体系概论II，信号与系统软硬件综合实验，嵌入式系统课程设计，高频电子电路，数字信号处理，电磁场与电磁兼容，嵌入式系统与单片机，参数检测及仪表，电力电子及运动控制，GIS系统及其应用，数据库技术及应用，电子商务，虚拟现实技术
2010级	FPGA课程设计，嵌入式系统与单片机，FPGA系统设计，计算机网络(双语)，Linux操作系统，物联网工程概论，网络通信实验，JAVA程序设计，VC++语言与编程，DSP处理器及应用，Web开发技术，智能机器人控制，模式识别基础，通信原理概论，高级电脑架构与嵌入式系统
	经济与管理，大学生职业发展与就业指导III，算法设计基础，通信网基础，语音信号处理，数字图像处理
2009级	形势与政策IV，毕业设计(论文)

计算机科学与技术专业

年级	课程设置
2013级	中国近现代史纲要，基础外语I，体育I，军事理论，大学生职业发展与就业指导I，大学生心理健康I，程序设计基础，工科数学分析I，大学物理AI，工程制图基础
2012级	思想道德修养与法律基础，基础外语II，体育II，大学生心理健康II，线性代数A，工科数学分析II，大学物理AII，电路分析基础I，计算机科学导论
	马克思主义基本原理概论，基础外语III，体育III，离散数学A，复变函数与积分变换B，概率论与数理统计A，工科物理实验I，电路分析基础II，电路实验技术，模拟电子技术B
2011级	毛泽东思想和中国特色社会主义理论体系概论I，体育IV，电子技术实习，数值计算方法，数学实验，工科物理实验II，数字电子技术(双语)，数字电子技术实验，计算机组成原理，数据结构A
	毛泽东思想和中国特色社会主义理论体系概论II，信息论与编码，操作系统，计算机网络，微机接口技术，微机接口技术实验，信号与系统概论，人工智能，计算机图形学，计算机控制技术B，面向对象技术，数字签名与身份认证技术，C#程序设计语言
2010级	软件工程课程设计，计算机网络课程设计，数据库系统原理(双语)，编译原理，Linux操作系统，物联网工程概论，算法设计基础，网络安全与管理，JAVA程序设计，计算机体系结构，软件工程，嵌入式计算，信息隐藏技术，高级编程技术，模式识别基础，通信原理概论，数字信号处理B，高级电脑架构与嵌入式系统

续表

年级	课程设置
2010级	经济与管理，大学生职业发展与就业指导III，数据仓库与数据挖掘(双语)，软件测试，应用软件系统设计与案例分析，电子商务，通信网基础，虚拟现实技术，大规模集成电路设计(VLSI)(双语)，数字图像处理，Oracle，计算机系统安全，信息对抗与网络攻防技术，并行计算导论，可编程逻辑器件及应用，电子商务
2009级	形势与政策IV，毕业设计(论文)

通信工程专业

年级	课程设置
2013级	中国近现代史纲要，基础外语I，体育I，军事理论，大学生职业发展与就业指导I，大学生心理健康I，程序设计基础，工科数学分析I，大学物理AI，工程制图基础
2012级	思想道德修养与法律基础，基础外语II，体育II，大学生心理健康II，线性代数A，工科数学分析II，大学物理AII，电路分析基础I
	马克思主义基本原理概论，基础外语III，体育III，面向对象程序与设计，复变函数与积分变换B，概率论与数理统计A，工程物理实验I，电路分析基础II，电路实验技术，模拟电子技术A
2011级	毛泽东思想和中国特色社会主义理论体系概论I，体育IV，电子技术实习，离散数学B，随机过程，数学实验，工科物理实验II，数字电子技术(双语)，数字电子技术实验，微机原理及接口技术，信号与系统，电磁场与天线
	毛泽东思想和中国特色社会主义理论体系概论II，通信原理，通信电子电路，信号系统与信号处理综合实验，数字信号处理，光纤通信原理(双语)，数据库技术及应用，数据结构C，DSP原理及应用
2010级	现代通信技术，现代交换技术，数字通信系统，通信网理论，移动通信(双语)，多媒体通信技术，卫星通信系统(双语)，现代通信保密基础，物联网技术，通信控制器设计与应用，通信调制新技术应用，高级电脑架构与嵌入式系统
	经济与管理，大学生职业发展与就业指导III，光同步传送网和波分复用系统，通信软件设计，通信网安全，现代通信网监控与管理，空间通信概论，无线电定位导航原理及应用，通信系统仿真，通信中的语音信号处理
2009级	形势与政策IV，毕业设计(论文)

信息安全专业

年级	课程设置
2013级	中国近现代史纲要，基础外语I，体育I，军事理论，大学生职业发展与就业指导I，大学生心理健康I，程序设计基础，工科数学分析I，大学物理AI，工程制图基础
2012级	思想道德修养与法律基础，基础外语II，体育II，大学生心理健康II，线性代数A，工科数学分析II，大学物理AII，电路分析基础I
	基础外语III，体育III，离散数学A，概率论与数理统计A，工科物理实验I，电路分析基础II，电路实验技术，模拟电子技术B，信息安全导论

续表

年级	课程设置
2011级	毛泽东思想和中国特色社会主义理论体系概论I，体育IV，电子技术实习，信号与系统概论，数学实验，工科物理实验II，数字电子技术(双语)，数字电子技术实验，数据结构A，信息安全的数学基础，计算机组成原理，现代密码学
	毛泽东思想和中国特色社会主义理论体系概论II，马克思主义基本原理概论，微机原理与应用，现代通信技术，操作系统，计算机网络，人工智能，面向对象技术，计算机系统安全，数字签名与身份认证技术，C#程序设计语言
2010级	软件工程课程设计，计算机网络课程设计，网络安全与管理，数据库系统原理(双语)，数值计算方法，Linux操作系统，JAVA程序设计，多媒体通信技术，计算机体系结构，软件工程，嵌入式计算，信息隐藏技术，模式识别基础，物联网安全，信息内容安全，高级电脑架构与嵌入式系统
	经济与管理，大学生职业发展与就业指导III，网络通信实验，大规模集成电路设计(VLSI)(双语)，数字图像处理，Oracle，信息对抗与网络攻防技术，计算机病毒原理，软件体系结构，高级编程技术，电子商务安全
2009级	形势与政策IV，毕业设计(论文)

物联网工程专业

年级	课程设置
2013级	中国近现代史纲要，基础外语I，体育I，军事理论，大学生职业发展与就业指导I，大学生心理健康I，程序设计基础，工科数学分析I，大学物理AI，工程制图基础
2012级	思想道德修养与法律基础，基础外语II，体育II，大学生心理健康II，线性代数A，工科数学分析II，大学物理AII，电路分析基础I
	马克思主义基本原理概论，基础外语III，体育III，离散数学B，复变函数与积分变换B，概率论与数理统计A，工科物理实验I，电路分析基础II，电路实验技术，模拟电子技术B，模拟电子技术实验，物联网工程导论
2011级	毛泽东思想和中国特色社会主义理论体系概论I，体育IV，电子技术实习，数学实验，工科物理实验II，信号与系统概论，数字电子技术(双语)，数字电子技术实验，现代通信技术，计算机组成原理，数据结构A，嵌入式系统与单片机，现代密码学
	毛泽东思想和中国特色社会主义理论体系概论II，嵌入式系统课程设计，现代传感器技术，操作系统，计算机网络，物联网技术及应用，云计算与物联网，计算机电路辅助设计，人工智能，C#程序设计语言，数据通信网，TCP/IP网络程序设计基础，网络安全技术
2010级	软件工程课程设计，计算机网络课程设计，物联网安全，Linux操作系统，网络安全与管理，JAVA程序设计，DSP处理器及应用，现代交换技术，移动通信(双语)，多媒体通信技术，数据库系统原理(双语)，计算机体系结构，软件工程，嵌入式计算，高级编程技术，模式识别基础，通信原理概论，数字信号处理B，物联网控制基础，高级电脑架构与嵌入式系统
	经济与管理，大学生职业发展与就业指导III，物联网体系结构及综合实训，数据仓库与数据挖掘(双语)，应用软件系统设计与案例分析，通信网基础，大规模集成电路设计(VLSI)(双语)，Oracle，信息对抗与网络攻防技术，可编程逻辑器件及应用，通信网安全，无线电定位导航原理及应用，物联网系统模型
2009级	形势与政策IV，毕业设计(论文)

应用物理学专业

年级	课程设置
2013级	中国近现代史纲要，基础外语I，体育I，军事理论，大学生职业发展与就业指导I，大学生心理健康I，大学计算机基础，高等数学AI，理科物理实验I，力学
2012级	思想道德修养与法律基础，基础外语II，体育II，大学生心理健康II，C++程序设计，高等数学AII，线性代数A，理科物理实验II，电磁学
	马克思主义基本原理概论，基础外语III，体育III，概率论与数理统计A，数学实验，理科物理实验III，光学，分析力学，热学
2011级	毛泽东思想和中国特色社会主义理论体系概论I，沟通与交流，体育IV，数理方程，理科物理实验IV，模拟电子技术B，模拟电子技术实验，热力学与统计物理，分析力学
	毛泽东思想和中国特色社会主义理论体系概论II，电子技术实习，数字电子技术(双语)，数字电子技术实验，电动力学，量子力学，物理效应及应用
2010级	固体物理，光电子技术，计算物理（双语），真空技术与薄膜物理，物理学前沿专题，传感器原理，专业近代物理实验，单片机原理与技术，材料物理导论(双语)，物理学史
2010级	经济与管理，大学生职业发展与就业指导III，固体光学性质，微机接口技术，微机接口技术实验，信息科学原理，传感测试技术实验，无损检测技术，半导体物理(双语)，铁磁学与磁性材料基础(双语)，超导物理(双语)，天体物理
2009级	形势与政策IV，毕业设计(论文)

数学与应用数学专业

年级	课程设置
2013级	中国近现代史纲要，基础外语I，体育I，军事理论，大学生职业发展与就业指导I，大学生心理健康I，大学计算机基础，数学分析AI，解析几何，高等代数I，现代生命科学导论
2012级	思想道德修养与法律基础，基础外语II，体育II，大学生心理健康II，C++程序设计，数学分析AII，高等代数II，常微分方程
	马克思主义基本原理概论，基础外语III，体育III，数学分析AIII，大学物理AI，工科物理实验I，概率论与数理统计，数据库及其应用
2011级	毛泽东思想和中国特色社会主义理论体系概论I，体育IV，大学物理AII，工科物理实验II，数据结构，复变函数与积分变换A，数学模型
	毛泽东思想和中国特色社会主义理论体系概论II，运筹学，实变函数，近世代数，随机过程，偏微分方程，图形与图像处理(双语)，离散数学，多元统计分析(双语)，信息安全与密码学
2010级	经济学，数值分析(双语)，泛函分析(双语)，数学物理方程，组合数学，现代控制理论，人工智能原理及应用，金融统计，微分方程数值解，运筹学通论，计量经济学
	大学生职业发展与就业指导III，数学建模设计，微分几何，数学方法综合应用，微分方程稳定性理论，拓扑学，分形理论，通讯中的数学基础理论
2009级	形势与政策IV，数学建模设计，毕业设计(论文)

信息与计算科学专业

年　级	课　程　设　置
2013级	中国近现代史纲要，基础外语I，体育I，军事理论，大学生职业发展与就业指导I，大学生心理健康I，大学计算机基础，数学分析AI，解析几何，高等代数I，现代生命科学导论
2012级	思想道德修养与法律基础，基础外语II，体育II，大学生心理健康II，C++程序设计，数学分析AII，高等代数II，常微分方程
	马克思主义基本原理概论，基础外语III，体育III，数学分析AIII，大学物理AI，工科物理实验I，概率论与数理统计，数据库及其应用
2011级	毛泽东思想和中国特色社会主义理论体系概论I，体育IV，大学物理AII，工科物理实验II，数据结构，复变函数与积分变换A，数学模型
	毛泽东思想和中国特色社会主义理论体系概论II，运筹学，图形与图像处理(双语)，离散数学，信息系统导论，信息安全与密码学，实变函数，多元统计分析(双语)，近世代数，随机过程，偏微分方程
2010级	经济学，数值分析(双语)，人工智能原理及应用，泛函分析(双语)，数学物理方程，组合数学，现代控制理论，金融统计，微分方程数值解，运筹学通论，计量经济学
	大学生职业发展与就业指导III，认识实习，生产实习，软件工程设计，数学方法综合应用，通讯中的数学基础理论
2009级	形势与政策IV，软件工程设计，毕业设计(论文)

理科试验班专业

年　级	课　程　设　置
2013级	中国近现代史纲要，基础外语I，体育I，军事理论，大学生职业发展与就业指导I，大学生心理健康I，大学计算机基础A，高等代数与解析几何I，数学分析BI，基础物理I
2012级	国际理解，思想道德修养与法律基础，基础外语II，体育II，大学生心理健康II，高等代数与解析几何II，数学分析BII，基础物理I，无机化学B
	马克思主义基本原理概论，基础外语III，体育III，微分方程，基础物理Ⅱ，基础物理实验Ⅰ，无机化学实验BI，机械设计制图AI，电工技术实验，电工技术，物理化学BI
2011级	毛泽东思想和中国特色社会主义理论体系概论I，体育IV，C语言程序设计A，概率论与数理统计C，基础物理实验Ⅱ，无机化学实验BII，工程力学B，机械设计制图AII，电子技术实验，电子技术，数学建模与最优化方法，物理化学实验B

黄昆班专业

年　级	课　程　设　置
2013级	中国近现代史纲要，基础外语I，体育I，军事理论，大学生职业发展与就业指导I，大学生心理健康I，大学计算机基础，高等数学AI，理科物理实验I，力学
2012级	思想道德修养与法律基础，基础外语II，体育II，大学生心理健康II，C++程序设计，高等数学AII，线性代数A，理科物理实验II，电磁学
	马克思主义基本原理概论，基础外语III，体育III，概率论与数理统计A，数学实验，理科物理实验III，光学，分析力学，热学

续表

年 级	课 程 设 置
2011级	毛泽东思想和中国特色社会主义理论体系概论I，体育IV，数理方程，理科物理实验IV，模拟电子技术B，模拟电子技术实验，热力学与统计物理，原子物理
	毛泽东思想和中国特色社会主义理论体系概论II，电子技术实习，数字电子技术(双语)，数字电子技术实验，电动力学，量子力学，物理效应及应用

应用化学专业

年 级	课 程 设 置
2013级	中国近现代史纲要，基础外语I，体育I，军事理论，大学生职业发展与就业指导I，大学生心理健康I，大学计算机基础，高等数学BI，现代生命科学导论，无机化学AI，无机化学实验AI
2012级	沟通与交流，思想道德修养与法律基础，基础外语II，体育II，大学生心理健康II，高等数学BII，大学物理AI，无机化学AII，无机化学实验AII
	马克思主义基本原理概论，基础外语III，体育III，线性代数A，大学物理AII，工科物理实验I，分析化学A，分析化学实验A
2011级	毛泽东思想和中国特色社会主义理论体系概论I，体育IV，VB程序设计，工科物理实验II，物理化学AI，有机化学AI，现代分离科学与技术（双语），现代仪器分析I，胶体化学
	毛泽东思想和中国特色社会主义理论体系概论II，物理化学AII，有机化学AII，有机化学实验A，化工原理，化工制图，环境化学(双语)，化学信息学（双语），生物化学（双语），环境监测与分析技术
2010级	物理化学实验A，结构化学，高分子化学，材料化学导论（双语），有机合成，谱学导论，药物化学，应用电化学（双语），精细化工工艺学，金属有机化学
	经济与管理，大学生职业发展与就业指导III，大学综合化学实验，现代仪器分析II，商品检验，化工新技术（双语）
2009级	形势与政策IV，毕业设计(论文)

生物技术专业

年 级	课 程 设 置
2013级	中国近现代史纲要，基础外语I，体育I，军事理论，大学生职业发展与就业指导I，大学生心理健康I，大学计算机基础，高等数学BI，无机化学B，无机化学实验BI，基础生命科学
2012级	沟通与交流，思想道德修养与法律基础，基础外语II，体育II，大学生心理健康II，C语言程序设计，高等数学BII，大学物理AI，无机化学实验BII，微生物学，微生物学实验
	马克思主义基本原理概论，基础外语III，体育III，大学物理AII，工科物理实验I，分析化学B，有机化学实验B，有机化学B
2011级	毛泽东思想和中国特色社会主义理论体系概论I，体育IV，工科物理实验II，物理化学基础，分析化学实验B，生物化学，生物化学实验，生物技术制药基础，生物芯片，医学生物学
	毛泽东思想和中国特色社会主义理论体系概论II，基础分子生物学，细胞生物学(双语)，基础分子生物学实验，遗传学(双语)，遗传学实验，环境化学(双语)，蛋白质化学，现代生命科学前沿进展，生化分离工程，生化传感器

续表

年　级	课　程　设　置
2010级	基础分子生物学，细胞生物学实验，基础分子生物学实验，基因工程(双语)，现代生物技术导论，发酵工程，生化分析，分子免疫学(双语)，酶工程，植物生物技术(双语)，病毒生物学，毒理学（双语），农药残留与食品安全
	大学生职业发展与就业指导III，发育生物学，生物技术专业实验，生物工程综合实验，生物技术大实验，仪器分析
2009级	形势与政策IV，毕业设计(论文)

工商管理类专业

年　级	课　程　设　置
2013级	大学语文与应用写作B，思想道德修养与法律基础，基础外语I，英语口语I，体育I，军事理论，大学生职业发展与就业指导I，大学生心理健康I，大学计算机基础，高等数学AI，高等数学BI，化学与社会
2012级	中国近现代史纲要，基础外语II，英语口语II，体育II，大学生心理健康II，数据库与VF程序设计，高等数学AII，高等数学BII，宏微观经济学，经济法
	马克思主义基本原理概论，基础外语III，英语口语III，体育III，线性代数A，大学物理B，管理学学士原理B(双语)，会计学原理

国际经济与贸易专业

年　级	课　程　设　置
2013级	大学语文与应用写作B，思想道德修养与法律基础，基础外语I，英语口语I，体育I，军事理论，大学生职业发展与就业指导I，大学生心理健康I，大学计算机基础，高等数学BI，化学与社会
2012级	中国近现代史纲要，基础外语II，英语口语II，体育II，大学生心理健康II，数据库与VF程序设计，高等数学BII，财政金融学
	马克思主义基本原理概论，基础外语III，英语口语III，体育III，线性代数A，大学物理B，管理信息系统，管理学学士原理A(双语)，会计学原理，宏微观经济学I
2011级	毛泽东思想和中国特色社会主义理论体系概论I，英语口语IV，体育IV，概率论与数理统计A，数学实验，国际贸易原理，财务管理，宏微观经济学II，国际商务英语
	毛泽东思想和中国特色社会主义理论体系概论II，运筹学，经济法，应用经济统计学，电子商务，国际金融(英语)，国际贸易实务，国际市场营销(双语)
2010级	国际商务谈判，国际技术贸易概论，财务报表分析，国际商务函电（双语），国际贸易地理，国际经济与贸易专业发展前沿概述，国际经济合作
	大学生职业发展与就业指导III，国际结算，WTO贸易规则，人力资源管理实务，项目投资与融资分析，国际投资实务(双语)
2009级	形势与政策IV，毕业设计(论文)

会计学专业

年级	课程设置
2013级	大学语文与应用写作B，思想道德修养与法律基础，基础外语I，英语口语I，体育I，军事理论，大学生职业发展与就业指导I，大学生心理健康I，大学计算机基础，高等数学BI，化学与社会
2012级	中国近现代史纲要，基础外语II，英语口语II，体育II，大学生心理健康II，数据库与VF程序设计，高等数学BII，宏微观经济学，经济法
	马克思主义基本原理概论，基础外语III，英语口语III，体育III，线性代数A，大学物理B，管理学学士原理B(双语)，会计学原理
2011级	毛泽东思想和中国特色社会主义理论体系概论I，英语口语IV，体育IV，概率论与数理统计A，数学实验，管理信息系统，项目评价与管理，市场营销学(双语)，金融学概论，中级财务会计
	毛泽东思想和中国特色社会主义理论体系概论II，运筹学，运营管理，企业战略管理，应用统计学，会计电算化原理与实务，成本会计，高级会计学，投资学原理
2010级	会计电算化原理与实务，审计学，税收概论，会计理论与实务前沿，Excel在财务管理中的应用，企业财务风险管理，资本市场会计研究，国际会计，财务分析
	大学生职业发展与就业指导III，管理会计（双语），审计专题，计算机审计，政府与非营利组织会计，财务管理案例分析
2009级	形势与政策IV，毕业设计(论文)

工商管理专业

年级	课程设置
2013级	大学语文与应用写作B，思想道德修养与法律基础，基础外语I，英语口语I，体育I，军事理论，大学生职业发展与就业指导I，大学生心理健康I，大学计算机基础，高等数学BI，化学与社会
2012级	中国近现代史纲要，基础外语II，英语口语II，体育II，大学生心理健康II，数据库与VF程序设计，高等数学BII，宏微观经济学，经济法
	马克思主义基本原理概论，基础外语III，英语口语III，体育III，线性代数A，大学物理B，管理学学士原理B(双语)，会计学原理
2011级	毛泽东思想和中国特色社会主义理论体系概论I，英语口语IV，体育IV，概率论与数理统计A，数学实验，管理信息系统，项目评价与管理，市场营销学(双语)，金融学概论，人力资源管理
	毛泽东思想和中国特色社会主义理论体系概论II，运筹学，运营管理，企业战略管理，应用统计学，市场竞争模拟，市场调查与预测，组织行为学，组织理论与实务
2010级	财务管理，管理会计，品牌战略，消费者行为学，管理沟通，心理测量与甄选，绩效与薪酬管理，管理技能开发与培训，企划文案设计，创业管理
	大学生职业发展与就业指导III，劳动关系法律实务，企业文化，财务报表分析，国际营销原理与实务，国际贸易原理与实务，电子商务
2009级	形势与政策IV，毕业设计(论文)

信息管理与信息系统专业

年　级	课　程　设　置
2013级	大学语文与应用写作B，思想道德修养与法律基础，基础外语I，英语口语I，体育I，军事理论，大学生职业发展与就业指导I，大学生心理健康I，大学计算机基础，高等数学AI，化学与社会
2012级	中国近现代史纲要，基础外语II，英语口语II，体育II，大学生心理健康II，数据库与VF程序设计，高等数学AII，宏微观经济学
	马克思主义基本原理概论，基础外语III，英语口语III，体育III，线性代数A，大学物理B，管理信息系统，管理学学士原理B(双语)，运营管理
2011级	毛泽东思想和中国特色社会主义理论体系概论I，英语口语IV，体育IV，概率论与数理统计A，数学实验，离散数学，信息资源管理，财务与会计学基础，计算机组成原理，数据库原理，信息系统分析与设计
	毛泽东思想和中国特色社会主义理论体系概论II，运筹学，决策支持系统，项目评价与管理，应用经济统计学，操作系统(双语)，C++语言程序设计
2010级	数据结构，计算机网络，电子商务，办公自动化，软件工程学，专业发展前沿技术，信息安全技术，企业系统建模，管理系统工程
	大学生职业发展与就业指导III，供应链管理基础，ERP原理与应用，面向对象技术，数据仓库与数据挖掘(双语)，Oracle　应用技术，CRM原理与应用，Java程序设计，信息系统运作与管理，电子商务及网络开发技术，MES原理与应用
2009级	形势与政策IV，毕业设计(论文)

金融工程专业

年　级	课　程　设　置
2013级	大学语文与应用写作B，思想道德修养与法律基础，基础外语I，英语口语I，体育I，军事理论，大学生职业发展与就业指导I，大学生心理健康I，大学计算机基础，高等数学AI，化学与社会
2012级	中国近现代史纲要，基础外语II，英语口语II，体育II，大学生心理健康II，数据库与VF程序设计，高等数学AII，财政金融学
	马克思主义基本原理概论，基础外语III，英语口语III，体育III，线性代数A，大学物理B，管理信息系统，管理学学士原理A(双语)，会计学原理，宏微观经济学I
2011级	毛泽东思想和中国特色社会主义理论体系概论I，英语口语IV，体育IV，运筹学，概率论与数理统计A，数学实验，国际贸易原理，财务管理，宏微观经济学II，国际投资（双语）
	毛泽东思想和中国特色社会主义理论体系概论II，随机过程，经济法，应用经济统计学，电子商务，国际金融(英语)，投资学，保险学，金融营销学，投资基金，税收概论
2010级	计量经济学，金融工程学，金融市场(双语)，信用管理，金融产品设计与应用，金融监管，投资银行，期货实务，固定收益证券，商业银行经营学，金融数据处理
	大学生职业发展与就业指导III，风险管理，风险投资，证券交易分析，金融理论与实践专题，财富管理，实验金融学，金融案例分析
2009级	形势与政策IV，毕业设计(论文)

经济学类专业

年 级	课 程 设 置
2012级	中国近现代史纲要，基础外语II，英语口语II，体育II，大学生心理健康II，数据库与VF程序设计，高等数学AII，高等数学BII，财政金融学
	马克思主义基本原理概论，基础外语III，英语口语III，体育III，线性代数A，大学物理B，管理信息系统，管理学学士原理A(双语)，会计学原理，宏微观经济学I

工程管理专业

年 级	课 程 设 置
2013级	大学语文与应用写作B，思想道德修养与法律基础，基础外语I，英语口语I，体育I，军事理论，大学生职业发展与就业指导I，大学生心理健康I，大学计算机基础，高等数学AI，化学与社会
2012级	中国近现代史纲要，基础外语II，英语口语II，体育II，大学生心理健康II，数据库与VF程序设计，高等数学AII，宏微观经济学
	马克思主义基本原理概论，基础外语III，英语口语III，体育III，线性代数A，大学物理B，管理信息系统，管理学学士原理B(双语)，运营管理
2011级	毛泽东思想和中国特色社会主义理论体系概论I，英语口语IV，体育IV，工程力学C，概率论与数理统计A，数学实验，信息资源管理，财务与会计学基础，土木工程概论，工程制图基础
	毛泽东思想和中国特色社会主义理论体系概论II，运筹学，决策支持系统，项目评价与管理，应用经济统计学，房屋建筑学，工程项目管理（双语），工程造价
2010级	工程合同法律制度，工程监理，工程项目风险与安全管理，工程项目质量管理，招投标管理，房地产开发与经营，国际工程咨询，国际信贷，国际贸易实务
	大学生职业发展与就业指导III，国际工程承包与合同管理（双语），工程保险学，投资经济学，项目融资分析
2009级	形势与政策IV，毕业设计(论文)

工商管理T专业

年 级	课 程 设 置
2013级	大学语文与应用写作B，思想道德修养与法律基础，基础外语I，英语口语I，体育I，军事理论，大学生职业发展与就业指导I，大学生心理健康I，大学计算机基础，高等数学BI，化学与社会
2012级	中国近现代史纲要，基础外语II，英语口语II，体育II，大学生心理健康II，数据库与VF程序设计，高等数学BII，宏微观经济学，经济法
	马克思主义基本原理概论，基础外语III，英语口语III，体育III，线性代数A，大学物理B，管理学学士原理B，会计学原理
2011级	毛泽东思想和中国特色社会主义理论体系概论I，英语口语IV，体育IV，概率论与数理统计A，数学实验，管理信息系统，项目评价与管理，市场营销学，金融学概论，人力资源管理
	毛泽东思想和中国特色社会主义理论体系概论II，运筹学，运营管理，企业战略管理，应用统计学，市场竞争模拟，市场调查与预测，组织行为学

续表

年　级	课　程　设　置
2010级	财务管理，管理会计，品牌战略，消费者行为学，管理沟通，心理测量与甄选，企划文案设计，创业管理
	大学生职业发展与就业指导III，劳动关系法律实务，财务报表分析，国际贸易原理与实务，电子商务
2009级	形势与政策IV，毕业设计(论文)

管理科学与工程类专业

年　级	课　程　设　置
2013级	大学语文与应用写作B，思想道德修养与法律基础，基础外语I，英语口语I，体育I，军事理论，大学生职业发展与就业指导I，大学生心理健康I，大学计算机基础，高等数学AI，化学与社会
2012级	中国近现代史纲要，基础外语II，英语口语II，体育II，大学生心理健康II，数据库与VF程序设计，高等数学AII，宏微观经济学
	马克思主义基本原理概论，基础外语III，英语口语III，体育III，线性代数A，大学物理B，管理信息系统，管理学学士原理B(双语)，运营管理

经济与贸易类专业

年　级	课　程　设　置
2013级	大学语文与应用写作B，思想道德修养与法律基础，基础外语I，英语口语I，体育I，军事理论，大学生职业发展与就业指导I，大学生心理健康I，大学计算机基础，高等数学AI，高等数学BI，化学与社会

法学专业

年　级	课　程　设　置
2013级	思想道德修养与法律基础，基础外语I，体育I，军事理论，大学生职业发展与就业指导I，大学生心理健康I，大学计算机基础，现代生命科学导论，法理学，社会学概论，心理学概论
2012级	大学语文与应用写作A，中国近现代史纲要，沟通与交流，基础外语II，体育II，大学生心理健康II，民法学I，刑法学I，宪法学
	马克思主义基本原理概论，基础外语III，体育III，多媒体基础及应用，现代科学技术概论，社会调查方法，经济学原理，民法学II，刑法学II，国际法学
2011级	毛泽东思想和中国特色社会主义理论体系概论I，体育IV，国际法学，民事诉讼法学，刑事诉讼法学（双语），形式逻辑，政治学概论，侵权行为法学，婚姻家庭法，社会公益组织专题研究，西方思想史专题，社会科学研究简论
	毛泽东思想和中国特色社会主义理论体系概论II，SPSS软件运用，行政法与行政诉讼法学，商法学I，合同法学，模拟法庭实务，经济法学，中国思想史专题，伦理学，电子政务

续表

年 级	课 程 设 置
2010级	国际经济法学，商法学II，中国法制史，知识产权法学，劳动法，行政改革专题研究，当代中国社会问题研究
	大学生职业发展与就业指导III，合同法学，金融法学，律师实务（双语），当代中国社会保障，公共关系学，后现代西方社会思潮
2009级	形势与政策IV，毕业设计(论文)

社会工作专业

年 级	课 程 设 置
2010级	社会服务机构实践与督导II，社会政策概论，社会工作行政，当代中国社会问题研究，发展社会学，后现代西方社会思潮，老年社会工作，转型社会学，科学社会学，健康社会学，农村社会工作，企业社会工作
	大学生职业发展与就业指导III，社会服务机构实践与督导III，现代社会学理论，西方社会学理论，人力资源开发与管理，公共关系学，中国思想史专题，人口社会学，青少年社会工作，女性社会工作，社会项目评估
2009级	形势与政策IV，毕业设计(论文)

行政管理专业

年 级	课 程 设 置
2013级	思想道德修养与法律基础，基础外语I，体育I，军事理论，大学生职业发展与就业指导I，大学生心理健康I，大学计算机基础，高等数学C，现代生命科学导论，社会学概论，心理学概论
2012级	大学语文与应用写作A，中国近现代史纲要，沟通与交流，基础外语II，体育II，大学生心理健康II，线性代数B，概率论与数理统计B，经济学原理，政治学原理(双语)
	马克思主义基本原理概论，基础外语III，体育III，多媒体基础及应用，现代科学技术概论，社会调查方法，行政公文写作，西方行政思想史，政府经济学(双语)，公共行政学，形式逻辑
2011级	毛泽东思想和中国特色社会主义理论体系概论I，体育IV，法学概论，当代中国政府与政治，比较政治制度，行政法与行政诉讼，管理心理学，政府经济学(双语)，婚姻家庭法，西方思想史专题，社会科学研究简论
	毛泽东思想和中国特色社会主义理论体系概论II，秘书学，企业管理，管理哲学，行政组织学，公共财政学，社会保障概论，行政领导与决策(双语)，电子政务，府际关系研究，中国思想史专题
2010级	SPSS软件运用，公共政策学，人力资源开发与管理(双语)，公务员管理，劳动法，行政伦理学，当代中国社会问题研究，中国行政改革概论，政府绩效评估，制度经济学，后现代西方社会思潮，非营利组织管理
	大学生职业发展与就业指导III，现代城市管理学学士，公共危机管理，公共部门的全面质量管理，公共政策分析方法，公共关系学
2009级	形势与政策IV，毕业设计(论文)

社会工作(社会管理)专业

年级	课程设置
2013级	思想道德修养与法律基础，基础外语I，体育I，军事理论，大学生职业发展与就业指导I，大学生心理健康I，大学计算机基础，高等数学C，现代生命科学导论，社会学概论
2012级	大学语文与应用写作A，中国近现代史纲要，沟通与交流，基础外语II，体育II，大学生心理健康II，线性代数B，概率论与数理统计B，社会调查方法，社会工作概论，社会人类学（双语）
	马克思主义基本原理概论，基础外语III，体育III，多媒体基础及应用，现代科学技术概论，社会统计学，人类行为与社会环境，个案工作
2011级	毛泽东思想和中国特色社会主义理论体系概论I，体育IV，SPSS软件应用，经济学原理，法学概论，政治学概论，社会心理学，小组工作，家庭社会工作，西方思想史专题
	毛泽东思想和中国特色社会主义理论体系概论II，社会服务机构实践与督导I，网络与办公自动化，组织社会学，现代社会学理论，西方社会学理论，社区工作

英语专业

年级	课程设置
2013级	中国近现代史纲要，体育I，军事理论，大学生职业发展与就业指导I，大学生心理健康I，大学计算机基础，现代生命科学导论，初级英语视听I，英语口语日常对话，英语泛读与课外必读I（时事新闻），基础英语I，初级英语听力I，英语应用文与初级写作，高等数学C，劳动关系法律实务，企业文化，电子商务，人力资源管理实务
2012级	沟通与交流，思想道德修养与法律基础，体育II，大学生心理健康II，数据库与VF程序设计，初级英语视听II，英语泛读与课外必读II（网络阅读），基础英语II，初级英语听力II，英语口语与演讲辩论，英语修辞与写作，圣经与希腊罗马神话
	毛泽东思想和中国特色社会主义理论体系概论I，体育III，高级英语视听I，英语泛读与课外必读III（文学经典），英语名篇鉴赏与写作，高级英语听力I，基础英语III，英语口语：演剧与辩论，英国和大洋洲社会与文化，劳动关系法律实务，企业文化，电子商务，人力资源管理实务，英美报刊选读，名篇翻译鉴赏，国际工程基础（英语）
2011级	马克思主义基本原理概论，体育IV，高级英语视听II，英语泛读与课外必读IV（欧美历史），英语新闻写作，高级英语听力II，基础英语IV，英语口语与演讲面试，北美社会与文化，英美短篇小说，德语(二外)I，日语(二外)I，法语(二外)I，俄语(二外)I，实用文体翻译，英语词汇学，欧洲文化概论
	毛泽东思想和中国特色社会主义理论体系概论II，英国文学史与作品选读，高级英语阅读I，当代语言学导论I，外贸函电写作，英译汉理论与实践，劳动关系法律实务，企业文化，电子商务，人力资源管理实务，德语(二外)II，日语(二外)II，英美诗歌选读，英汉语言对比分析，语义学基础，法语(二外)II，俄语(二外)II，英汉对比与翻译
2010级	口译理论与实践，高级英语阅读II，高级英语写作，美国文学史与作品选读，当代语言学导论II，汉译英理论与实践，概率论与数理统计B，德语(二外)III，日语(二外)III，法语(二外)III，俄语(二外)III，语篇分析，英美文学与电影
	经济与管理，大学生职业发展与就业指导III，交传与同传，学术论文写作，劳动关系法律实务，企业文化，电子商务，人力资源管理实务，德语(二外)IV，日语(二外)IV，法语(二外)IV，俄语(二外)IV
2009级	形势与政策IV，毕业设计(论文)

日语专业

年　级	课　程　设　置
2013级	中国近现代史纲要，体育I，军事理论，大学生职业发展与就业指导I，大学生心理健康I，大学计算机基础，基础外语I，基础日语I，日语初级视听说I，日语会话与实践I，高等数学C，劳动关系法律实务，企业文化，电子商务，人力资源管理实务
2012级	沟通与交流，思想道德修养与法律基础，体育II，大学生心理健康II，数据库与VF程序设计，基础外语II，基础日语II，日语初级视听说II，日语会话与实践II
2012级	毛泽东思想和中国特色社会主义理论体系概论I，体育III，基础外语III，基础日语III，日语初级视听说III，日语会话与实践III，日语初级阅读I，劳动关系法律实务，企业文化，电子商务，人力资源管理实务，国际工程基础（英语）
2011级	马克思主义基本原理概论，体育IV，基础日语IV，日语初级视听说IV，日语会话与实践IV，日语初级阅读II，日本概况，日语初级写作I
	毛泽东思想和中国特色社会主义理论体系概论II，日语口译I，日语高级视听说I，日语高级阅读I，日本文学史与作品选读I，日语初级写作II，日语高级精读I，劳动关系法律实务，企业文化，电子商务，人力资源管理实务，日本外事礼仪，外贸函电写作，经贸日语，日语报刊选读
2010级	日语高级写作，日语口译II，日语笔译I，日语高级视听说II，日语高级阅读II，日本文学史与作品选读II，日语高级精读II，中日比较文学概论，日本社会历史与文化，名著翻译鉴赏，古典日语语法
	经济与管理，大学生职业发展与就业指导III，学术论文写作，日语笔译II，日语高级精读III，劳动关系法律实务，企业文化，电子商务，人力资源管理实务，日语语言学概论，同声传译
2009级	形势与政策IV，毕业设计(论文)

德语专业

年　级	课　程　设　置
2013级	中国近现代史纲要，体育I，军事理论，大学生职业发展与就业指导I，大学生心理健康I，大学计算机基础，现代生命科学导论，德语精读I，德语会话I，基础德语I，高等数学C，劳动关系法律实务，企业文化，电子商务，人力资源管理实务，国际工程基础（英语）
2012级	沟通与交流，思想道德修养与法律基础，体育II，大学生心理健康II，数据库与VF程序设计，德语精读II，德语会话II，德语视听I，基础德语II
	毛泽东思想和中国特色社会主义理论体系概论I，体育III，德语泛读I，德语精读III，德语视听II，基础德语III，初级德语写作I，劳动关系法律实务，企业文化，电子商务，人力资源管理实务
2011级	马克思主义基本原理概论，体育IV，德语泛读II，德语精读IV，德语视听III，基础德语IV，英语(二外)I，初级德语写作II，德语国家国情
	毛泽东思想和中国特色社会主义理论体系概论II，德语视听IV，英语(二外)II，笔译I，高级德语I，经贸德语I，德语文学导论，高级德语写作I，劳动关系法律实务，企业文化，电子商务，人力资源管理实务，德国历史与文化，德国影视鉴赏
2010级	笔译II，高级德语II，口译I，经贸德语II，语言学导论，高级德语写作II，概率论与数理统计B，德国报刊选读，德语文学选读
	经济与管理，大学生职业发展与就业指导III，高级德语III，口译II，学术论文写作，劳动关系法律实务，企业文化，电子商务，人力资源管理实务，德国外交与文化

续表

年　级	课　程　设　置
2009级	形势与政策IV，毕业设计(论文)

理科留学生专业

年　级	课　程　设　置
2013级	科技汉语，综合汉语，大学计算机基础，高等数学AI，大学物理AI，普通化学
2012级	中国概况，C语言程序设计，高等数学AII，线性代数A，概率论与数理统计A，数学实验，大学物理AII

文科留学生专业

年　级	课　程　设　置
2013级	科技汉语，综合汉语，大学计算机基础，高等数学BI，大学物理B，化学与社会
2012级	中国概况，数据库与VF程序设计，高等数学BII，线性代数A，概率论与数理统计A，数学实验，宏微观经济学，财政金融学

矿物资源工程(卓越计划)专业

年　级	课　程　设　置
2013级	思想道德修养与法律基础，基础外语I，体育I，军事理论，大学生职业发展与就业指导I，大学生心理健康I，大学计算机基础，高等数学AI，无机化学B，普通化学实验
2012级	中国近现代史纲要，基础外语II，体育II，大学生心理健康II，C++程序设计，高等数学AII，线性代数A，大学物理AI，工程测量
	毛泽东思想和中国特色社会主义理论体系概论I，基础外语III，体育III；金工实习A，微机原理与应用，概率论与数理统计A，大学物理AII，工科物理实验I，工程力学AI，机械设计制图AI
2011级	马克思主义基本原理概论，英语口语与写作，体育IV，数学实验，工科物理实验II，工程力学AII，工程流体力学，弹性力学与数值模拟，地质学基础，机械设计制图AII，电工技术实验，电工技术，工程创新与创业（国际课）
	毛泽东思想和中国特色社会主义理论体系概论II，矿山岩石力学，矿山地质学，电子技术实验，电子技术，矿山运输与提升，爆破工程(双语)，资源、环境与可持续发展，边坡工程，矿业固体废物资源化，矿物加工与利用，矿产经济学，煤与焦化工艺，专业英语阅读与写作，泡沫冶金学，机电传动控制
2010级	质量管理，矿业系统工程基础(双语)，地下工程施工技术，矿床开采工程（露天开采）（双语），矿床开采工程（地下开采）（双语），矿山安全工程，数字矿山技术，矿山现代测试技术，现代充填技术，散体动力学与放矿，矿产经济学，冶金单元设计与操作，特种冶金，连铸工艺与设备，冶金过程检测与自动控制，特殊钢冶金过程工程，纯净钢生产工艺，材料成形摩擦与润滑，数学模型及计算机控制，机电传动控制，机械创新设计，钢铁生产全流程专题课程I，钢铁生产全流程专题课程II，钢铁生产全流程专题课程III，工程创新与创业（国际课）

续表

年级	课程设置
	大学生职业发展与就业指导III，生产运作管理，矿山开采设计，矿山机械与自动化，通风防尘与空气调节，矿山设计原理，矿产资源法基础，教授专题：采矿工程新技术及发展方向，特殊采矿技术，采矿专业英语，地质统计学与矿床建模，非高炉炼铁，冶金流程工程学，电磁冶金原理与工艺，轧钢生产工艺，材料成形过程质量性能控制(双语)，实验测试技术，锻压工艺学，材料成形计算机辅助工程，固态成形模拟与仿真，工程数值计算，现代设计方法，CAD/CAM技术及应用，数学模型，机电一体化技术，现代传感技术，模具设计与制造，现代加工技术，钢铁生产全流程专题课程IV，钢铁生产全流程专题课程V，钢铁生产全流程专题课程VI
2009级	形势与政策IV，工程实践与毕业设计

冶金工程(卓越计划)专业

年级	课程设置
2013级	思想道德修养与法律基础，基础外语I，体育I，军事理论，大学生职业发展与就业指导I，大学生心理健康I，大学计算机基础，高等数学AI，无机化学B，无机化学实验BI
2012级	中国近现代史纲要，基础外语II，体育II，大学生心理健康II，C++程序设计，高等数学AII，线性代数A，大学物理AI，无机化学实验BII
	毛泽东思想和中国特色社会主义理论体系概论I，基础外语III，体育III，金工实习A，微机原理与应用，概率论与数理统计A，大学物理AII，工科物理实验I，工程力学C，机械设计制图AI
2011级	马克思主义基本原理概论，英语口语与写作，体育IV，数学实验，工科物理实验II，冶金传输原理B，机械设计制图AII，电工技术实验，电工技术，物理化学BI，工程创新与创业（国际课）
	毛泽东思想和中国特色社会主义理论体系概论II，冶金物理化学（卓越计划），金属学原理，电子技术实验，电子技术，物理化学BII，物理化学实验B，资源、环境与可持续发展，边坡工程，矿业固体废物资源化，矿物加工与利用，矿产经济学，煤与焦化工艺，专业英语阅读与写作，泡沫冶金学，机电传动控制
2010级	质量管理，金属材料及热处理，冶金工程实验技术，钢铁冶金学I，钢铁冶金学II，有色金属冶金学，数字矿山技术，矿山现代测试技术，现代充填技术，散体动力学与放矿，矿产经济学，冶金单元设计与操作，特种冶金，连铸工艺与设备，冶金过程检测与自动控制，特殊钢冶金过程工程，纯净钢生产工艺，材料成形摩擦与润滑，数学模型及计算机控制，机电传动控制，机械创新设计，钢铁生产全流程专题课程I，钢铁生产全流程专题课程II，钢铁生产全流程专题课程III，工程创新与创业（国际课）
	生产运作管理，现代冶金工程设计与实践，轧钢生产工艺，耐火材料，矿产资源法基础，教授专题：采矿工程新技术及发展方向，特殊采矿技术，采矿专业英语，地质统计学与矿床建模，非高炉炼铁，冶金流程工程学，电磁冶金原理与工艺，材料成形过程质量性能控制(双语)，实验测试技术，锻压工艺学，材料成形计算机辅助工程，固态成形模拟与仿真，工程数值计算，现代设计方法，CAD/CAM技术及应用，数学模型，机电一体化技术，现代传感技术，模具设计与制造，现代加工技术，钢铁生产全流程专题课程IV，钢铁生产全流程专题课程V，钢铁生产全流程专题课程VI
2009级	形势与政策IV，工程实践与毕业设计

材料科学与工程(卓越计划)专业

年 级	课 程 设 置
2013级	思想道德修养与法律基础，基础外语I，体育I，军事理论，大学生职业发展与就业指导I，大学生心理健康I，高等数学AI，无机化学B，普通化学实验，机械制图AI
2012级	中国近现代史纲要，基础外语II，体育II，大学生心理健康II，C++程序设计，高等数学AII，线性代数A，大学物理AI，机械制图AII
	毛泽东思想和中国特色社会主义理论体系概论I，基础外语III，体育III，金工实习A，微机原理与应用B，概率论与数理统计A，大学物理AII，工科物理实验I，工程力学AI
2011级	马克思主义基本原理概论，英语口语与写作，体育IV，数学实验，工科物理实验II，工程力学AII，机械设计基础，电工技术实验，电工技术，物理化学D，工程创新与创业（国际课）
	毛泽东思想和中国特色社会主义理论体系概论II，金属学原理，电子技术实验，电子技术，物理化学实验B，控制理论基础，固态成形理论基础，资源、环境与可持续发展，边坡工程，矿业固体废物资源化，矿物加工与利用，矿产经济学，煤与焦化工艺，专业英语阅读与写作，泡沫冶金学，机电传动控制
2010级	质量管理，金属材料及热处理，热工学，材料焊接原理与工艺，轧制原理，轧制工艺，轧钢过程自动控制，数字矿山技术，矿山现代测试技术，现代充填技术，散体动力学与放矿，矿产经济学，冶金单元设计与操作，特种冶金，连铸工艺与设备，冶金过程检测与自动控制，特殊钢冶金过程工程，纯净钢生产工艺，材料成形摩擦与润滑，数学模型及计算机控制，机电传动控制，机械创新设计，钢铁生产全流程专题课程I，钢铁生产全流程专题课程II，钢铁生产全流程专题课程III，工程创新与创业（国际课）
	大学生职业发展与就业指导III，生产运作管理，轧钢车间设计，钢铁冶金学，材料成形设备与车间设计，矿产资源法基础，教授专题：采矿工程新技术及发展方向，特殊采矿技术，采矿专业英语，地质统计学与矿床建模，非高炉炼铁，冶金流程工程学，电磁冶金原理与工艺，材料成形过程质量性能控制(双语)，实验测试技术，锻压工艺学，材料成形计算机辅助工程，固态成形模拟与仿真，工程数值计算，现代设计方法，CAD/CAM技术及应用，数学模型，机电一体化技术，现代传感技术，模具设计与制造，现代加工技术，钢铁生产全流程专题课程IV，钢铁生产全流程专题课程V，钢铁生产全流程专题课程VI
2009级	形势与政策IV，工程实践与毕业设计

机械工程及自动化(卓越计划)专业

年 级	课 程 设 置
2013级	思想道德修养与法律基础，基础外语I，体育I，军事理论，大学生职业发展与就业指导I，大学生心理健康I，高等数学AI，机械制图AI
2012级	中国近现代史纲要，基础外语II，体育II，大学生心理健康II，C++程序设计，高等数学AII，线性代数A，大学物理AI，机械制图AII
	毛泽东思想和中国特色社会主义理论体系概论I，基础外语III，体育III，微机原理与应用B，概率论与数理统计A，大学物理AII，工科物理实验I，理论力学A
2011级	马克思主义基本原理概论，英语口语与写作，体育IV，金工实习A，数学实验，工科物理实验II，材料力学，机械原理，电工技术实验，电工技术，工程创新与创业（国际课）
	毛泽东思想和中国特色社会主义理论体系概论II，电子技术实习，工程流体力学，工程材料及成形工艺，机械设计，电子技术实验，电子技术，控制理论基础，资源、环境与可持续发展，边坡工程，矿业固体废物资源化，矿物加工与利用，矿产经济学，煤与焦化工艺，专业英语阅读与写作，泡沫冶金学，机电传动控制

续表

年　级	课　程　设　置
2010级	机械课程设计，热工学，机械制造工艺基础，互换性与测量技术，液压与气压传动，测试技术，质量管理与控制，轧钢过程自动控制，数字矿山技术，矿山现代测试技术，现代充填技术，散体动力学与放矿，矿产经济学，冶金单元设计与操作，特种冶金，连铸工艺与设备，冶金过程检测与自动控制，特殊钢冶金过程工程，纯净钢生产工艺，材料成形摩擦与润滑，数学模型及计算机控制，机电传动控制，机械创新设计，机械振动，钢铁生产全流程专题课程I，钢铁生产全流程专题课程II，钢铁生产全流程专题课程III，工程创新与创业（国际课）
	大学生职业发展与就业指导III，生产运作管理，冶金装备设计应用实训，冶金生产工艺及装备，冶金机械设计与制造，矿产资源法基础，教授专题：采矿工程新技术及发展方向，特殊采矿技术，采矿专业英语，地质统计学与矿床建模，非高炉炼铁，冶金流程工程学，电磁冶金原理与工艺，轧钢生产工艺，材料成形过程质量性能控制(双语)，实验测试技术，锻压工艺学，材料成形计算机辅助工程，固态成形模拟与仿真，工程数值计算，现代设计方法，CAD/CAM技术及应用，数学模型，机电一体化技术，现代传感技术，模具设计与制造，现代加工技术，钢铁生产全流程专题课程IV，钢铁生产全流程专题课程V，钢铁生产全流程专题课程VI
2009级	形势与政策IV，工程实践与毕业设计

（耿悦杰）

研究生教育

【招生工作】2013年，学校全面完成了研究生招生计划，共招收博士研究生539人，硕士研究生2580人，在职人员专业学位研究生536人（其中工程硕士486人、MPA50人）。

2013年，博士生报名964人，录取539人，考录比约1.79:1。其中硕博连读、学士直攻博学生共257人，占录取总数的48%；来自“211工程”高校的毕业生共417人，占总录取人数的77%；与科研院所联合培养36人，占总录取人数的6.7%。

2013年，硕士生报名9379人，录取2580人，考录比3.64：1。其中推荐免试生456人，占录取总数的17.7%；来自“211工程”高校的毕业生共1184人，占总录取人数的46%。

2013年，在职人员攻读专业学位研究生报名1044人，录取536人，考录比1.95：1。学校与宣化钢铁公司、承德钢铁公司、攀枝花钢铁公司、青岛钢铁公司及中国民航公司等24家单位签订了联合培养在职人员专业学位研究生协议，为在职专业学位研究生生源稳定增长提供了有力保障。国务院学位委员会办公室公布的在职人员攻读硕士专业学位录取结果排序显示北京科技大学工程硕士招生质量较好。此外，经国务院学位办公室批准，学校招收高级管理人员工商管理硕士研究生（EMBA）56人。

（韩　经、刘成杰）

【研究生招生改革举措】2013年，研究生招生工作以提高生源质量为核心，完善招生管理办法，为进一步提高研究生培养质量奠定基础。

保证国家级考试安全，完善标准化考场的建设。教育部将2013年定为“考试安全年”，要求各考点、招生单位高度重视考试安全工作，落实保密安全措施，切实保证考试安全，务必做到零差错。学校既是考点又是招生单位（每年国家级大型考试3次），考务工作艰巨，安全责任重大，为保证国家级考试安全，重点做了以下工作：①按照教育部和北京考试院的要求，完善标准化考场建设工作。②结合教育部对考务政策的调整，细化考务组织工作。③增强责任意识，严格考务纪律。

完善招生资源动态调整机制，优化招生计划分配办法。以教育部博士研究生招生分配办法为指导，弱化导师招生基数，重点以“科研经费、科研平台、人才队伍、效益指标”等影响高校博士生规模的主要因素与指标为基础，实施绩效评价，进一步完善了博士生招生计划分配办法。

完善推免生接收政策，优化生源结构。推免生是优质生源的核心构成部分，增加推免生接收人数，是提高学校生源质量和优化生源结构的有效方式和手段。2013年进一步优化申请条件，推进推免生接收政策改革，适度扩大了学校硕士推免生及学士直攻博推免生选拔范围和接收人数；同时，推动与高水平高校间的“校际推免生交流与合作平台”，吸引“211工程”高校优质生源。

（韩　经、刘成杰）

【研究生教育发展基金的结题检查及立项工作】2013年9月，研究生院组织专家对2011年研究生发展基金的重点项目、课程建设及研究生教育创新类项目进行了结题验收，大多数项目完成情况良好，顺利通过结题。10月，完成2013年北京科技大学研究生教育发展基金新项目的立项工作，研究生院组织有关专家对项目申请书进行了评审，一共评出48项立项项目，其中重点项目4项，面上项目中的课程建设22项，教材建设14项，研究生教育创新8项。

（班晓娟、周　涛）

【规范研究生课程教学管理】根据校发〔2011〕29号的文件精神规定，研究生院于2013年5月和11月，组织了2次第一次讲授研究生课程讲师的试讲工作，全校共有23名教师报名参加试讲，经过专家及督导的评议，一共有16名讲师获得了讲授研究生课程的资格。

（班晓娟、周　涛）

【承办北京高校学生学籍管理工作研讨交流会】为发挥好北京地区高校研究生学籍管理工作交流组的作用，加强各高校间的经验交流、问题探讨，共同做好高校研究生学籍学历管理工作。根据北京市教委《关于进一步完善北京高校学生学籍管理工作研讨交流机制的通知》的要求，由学校承办了2013年北京高校学生学籍管理工作研讨交流第九组研讨会。此次研讨会对促进学校建立完善研究生学籍管理机制，科学、合理地开展相关工作起到了积极作用。

（班晓娟、周　涛、陶国银）

【研究生培养过程管理】①教务管理。落实校内研究生教学计划、排课、选课等校内教学工作，完成《研究生开课信息一览表》，打印、发放任课教师《授课时间表》，负责落实日常教学管理的调课、借教室等工作。2013年，学校校内计划开设939门研究生课程，因选课人数不足5人或者教师其他原因停开31门次，实际开课数为908门次。因教师和教室等原因调课208门次，组织校内研究生公共课程考试近20门，完成2013年度监考费的发放。2013级学校招生17个专业学位课外班，完成了各个教学点的教学计划制定和公共课程安排以及与办班点的联系沟通工作，组织了校外14个班级的研究生外语考试。②学籍管理。2013年春夏两季毕业硕士生2298人（含留学生67人），博士生406人（含留学生11人），完成毕业生数据上报、制作和发放毕业证书工作。完成2013级新生3031人（其中博士生532人，硕士生2499人）的学籍电子注册工作。完成了2013级工程硕士587人，EMBA54人，

MPA39人的报到工作。办理学籍变动手续447人次

（班晓娟、周　涛）

【学位授予工作】 2013年，共召开2次校学位委员会会议，共授予403名研究生博士学位，授予2292名研究生硕士学位，评选出34篇校优秀博士学位论文，83篇校优秀硕士学位论文。对162名博士、158名硕士的学位论文进行了评估。

（宁晓钧、洪　歌）

【全国及北京市优秀博士学位论文评选工作】 在2013年全国优秀博士学位论文评选工作中，学校张跃教授指导的材料物理与化学专业博士生杨亚撰写的学位论文《准一维氧化锌纳米材料的力电性能与器件基础》获得全国优秀博士学位论文奖，材料学专业陈国良院士指导的吴渊撰写的学位论文《多尺度下金属玻璃变形行为研究》和矿物加工工程专业林海教授指导的董颖博撰写的学位论文《含铜尾矿微生物浸矿菌种的选育和浸出规律研究》获得全国优秀博士学位论文提名。

在2013年北京市优秀博士学位论文评选工作中，学校共有2篇博士学位论文被评为北京市优秀博士论文。分别为：周国治院士指导的冶金物理化学专业博士生张国华撰写的学位论文《冶金熔体物理性质的研究及模型预报》和张跃教授指导的材料物理与化学专业博士生秦子撰写的学位论文《纳米氧化锌光阳极染料敏化太阳能电池性能研究》。

（宁晓钧、洪　歌）

【优博培育基金评选工作】 组织第七次优博培育基金评选工作。共22人申报，经专家组讨论表决后，共评选出9名博士生进行资助。同时，对2012年全国优博指导教师、2012年全国优博提名指导教师及2013年北京优博指导教授也分别给予科研经费资助。

（宁晓钧、洪　歌）

【实施"创新人才培养"项目】 根据《北京科技大学继续实施研究生"创新人才培养"项目的通知》（校研发〔2012〕7号）文件精神，自2013年1月起资助海外学者短期讲学18项（已完成17项），博士生参加国际会议35项（全部完成），博士生短期访学19项（已完成9项，正在进行的10项）。

（宁晓钧、王　黎）

【"国家建设高水平大学公派研究生项目"选拔申报工作】 2013年3月，学校组织了"国家建设高水平大学公派研究生项目"申报工作，有攻读博士学位研究生和联合培养博士生两大类，涉及12个培养单位22个学科专业。采取"个人申请，单位推荐，专家评审，择优录取"的方式进行选拔，本着"公开、公平、公正"的原则，组织专家对联合培养博士生申请者进行了面试，面试内容为本人学习经历、科研经历和出国学习研究计划，从而选拔出综合素质较高，具有竞争力的研究生。2013年，共有70人申请公派项目，选拔并上报57人，国家留学基金委录取35人，录取率约为61%。

（宁晓钧、杨　栋）

【研究生教育奖评选工作】 2013年6月，根据《关于设立北京科技大学研究生教育发展基金的决定》（校发〔2002〕34号）文件精神，经过学校研究生教育奖专家组评审，评选出学校第六届"研究生教育奖"，研究生教育管理先进集体奖3项，研究生论文指导优秀奖10项，研究生教学优秀奖10项。

（宁晓钧、王　黎）

【考务工作】 2013年5月26日，作为北京市考点之一，学校承担了2013年同等学力人员申请硕士学位全国统一考试工作，完成了共150个考场4500人次的考务工作，教育部杜占元副部长到学校巡视；2013年10月27日，作为北京市考点之一，学校承担了2013年在职攻读硕士学位全国联考(GCT)工作，完成了75个考场共2250人次的考务工作。

（韩　经、宁晓钧）

附 录

北京科技大学第六届“研究生教育奖”名单

奖 项	学 院	名 单
研究生教育管理先进集体	机械工程学院	
	东凌经济管理学学士院	
	新金属材料国家重点实验室	
研究生论文指导优秀奖	土木与环境工程学院	林 海 冯雅丽
	冶金与生态工程学院	周国治 梅建军 王福明
	材料科学与工程学院	范丽珍 赵海雷 郑裕东
	东凌经济管理学学士院	孙 莹
	化学与生物工程学院	胡继业
研究生教学优秀奖	土木与环境工程学院	孙体昌
	冶金与生态工程学院	李素琴
	材料科学与工程学院	李成明
	东凌经济管理学学士院	李晓静 王凡妹
	数理学院	尚新春 张晓丹
	化学与生物工程学院	刘旭东
	马克思主义学院	马晓燕
	外国语学院	范 虹

（王 黎）

高等职业教育

【综述】2013年，高职招生计划99人，实际报到80人。毕业生81人，其中6名学生通过专接本考试升入北京信息科技大学普通本科相关专业学习，有13名学生通过中日合作交流项目编入日本大阪电气通信大学、东京电机大学、京都产业大学及文京学院大学三年级留学深造，另有30名中日合作交流班学生顺利完成在学院的学习计划，赴日本合作大学实训、学习。截至年底，高职有班级14个，在校生242人。

（杨 勇）

【教学与学生工作】2013年总计开课180门，计划学时14031学时。高职中日、中美合作交流班日常教学运行平稳；1部教材被评为2013年北京市高等教育精品教材，1部被评为教育部高职“十二五”规划教材立项，4部教材被分别评为校级“十二五”规划教材重点项目及“十二五”规划教材一般项目。

进一步加强学风建设，认真落实校规校纪，形成良好的学习风气；严格按照标准开展评优活动，通过树立优秀典型，激发学习积极性。2013年，2人、8人、30人分别荣获校区人民奖学金一、二、三等奖；68人、34人分别被评为校区三好学生、优秀学生干部；11人被评为学校优秀共青团员，18人被评为优秀共青团干部；3人、8人分别荣获国家奖学金、国家励志奖学金。严抓考风考纪，培养教育学生树立正确的学习观念和端正考试态度；进一步抓好学生队伍建设，强化班级学生干部、学生会干部选拔、考核、管理，提高干部责任心、工作能力；加强团组织管理，102名团员参加了第十六期业余党校学习；开展了跳蚤市场、摄影大赛、圣诞晚会等学生活动。

（杨　勇）

继续教育

【成人学历教育】2013年，成人学历教育在校生23212人，较2012年增加2127人，其中业大2854人、函授4611人、远程15747人。成人业大、函授教育计划招生4200人，实际报到注册3582人，远程教育注册新生7591人（春季3831人，秋季3760人）。毕业9434人，其中业大、函授3041人，远程6393人；毕业生中本科生4612人，占毕业生总数的48.9%，学位授予1419人，学位授予率为31%。

2013年度新建远程教育校外学习中心3个（知金教育学习中心、新疆学习中心、呼和浩特学习中心）；撤销2个校外学习中心（南昌学习中心、汕头学习中心）；新建函授站2个（呼和浩特函授站、鄂尔多斯函授站）；撤销3个函授站（包头市函授站、运城函授站、莱芜函授站）。

完成了远程教育教学管理平台服务模式转换，网上教学工作进一步铺开并顺利开展。根据远程教育协作组和北京市教委要求，对远程教育招生宣传等工作进行了自检自查；统筹管理校外学习中心、函授站资源，对珠三角、长三角地区校外学习中心、函授站进行了整合；开拓边远地区生源市场，新设新疆巴音郭楞校外学习中心、内蒙古呼和浩特校外学习中心，填补了学校远程教育在新疆和内蒙古地区的空白。为充分利用公共服务平台优势，新设北京知金校外学习中心。注重为企业生产一线服务，与北京钨钼有限公司、北京中北华宇建筑工程公司签订了订单式培养企业员工的合作协议。强化校外学习中心学生管理工作，提高学习支持服务质量，出台了《远程教育班主任工作职责》《班主任岗位职责和工作标准》等文件，并配套了《班主任工作手册》等应用表册。推进微课制作试点工作，有6名教师参加了全国高校微课教学比赛；组织各校外学习中心进行了远程教育教学服务质量自评自查工作。

完成了北京市教委组织的2013年在京成人高等教育校外教学站的检查评估工作；业大教育采取以面授为主，课内外教学相结合、相融通的复合教学方式进行教学，教学安排由周末两天排课改为一天排课，教学改革效果初显，学生满意度90%以上；组织业大学生代表6人参加北京市教委举办的首届成教学生英语口语竞赛。

2013年度教师主编及参编出版教材5部，有1部教材列入学校“十二五”规划教材建设立项；公开发表论文16篇；教师主持、参与横向科研项目3项，科研经费到账7.2万元；2013年度学院有6项教学研究课题列入校区教学研究项目资助计划。

（赵桂娟、高　航）

【非学历教育】2013年，进一步提升办学层次和品牌效应，全年共培训各类学员1909人（次），其中高层次培训126人（次），冶金前沿技术培训480人（次），前沿技能培训 1303 人。

举办了2个国家级专业技术人才知识更新工程高级研修班和2个国家知识更新工程急需紧缺人才培训班，共培训各大钢铁企业教授级高工、高工、重点岗位工程师等175人；开展大型钢铁企业中高层管理人员培训，举办了第七期鞍钢中青年干部培训班，培训学员30人；继续开展面向钢铁企业的冶金前沿技术培训，举办了钢铁营销、安全工程等培训班，并为攀钢、武钢、太钢、酒钢集团公司举办前沿技术相关专题培训班，培训学员405人；完成了内蒙古森工集团采矿工程专业本科层次培训计划，被森工集团作为成功模式借鉴、应用到与其他学校的合作之中。

注重加强培训质量监管，挖掘社会潜在培训需求，参与教育部MITT项目，推广“三网融合”人才培训；加强项目收费和教学实训管理；注重研发各类课程设计及运作方案、网络课件制作工作等。

（张满银、陈妍茹）

留学生培养

【概况】2013 年，学校入选首批教育部来华留学示范基地，以此为契机，以来华留学基地建设为着力点，推动留学生中心建设，促进留学生教育水平的提升。截至年底，学校共有来自 117 个国家和地区的 857 位留学生在校学习，其中学历生 744 人。留学生规模在北京市高校中列第 10 位。

2013 年，学历留学生共毕业 157 人，其中博士生 11 人，硕士生 56 人，本科生 90 人；留学生结业 132 人，其中本科生 4 人；汉语生 110 人，进修生 18 人。新入学的长期留学生 374 人（含春季入学 19 人，秋季入学 355 人），其中博士生 24 人，硕士生 109 人，本科生 123 人，专业进修生 12 人，汉语生 106 人。

（赵立英）

【留学生招生工作】2013 年，留学生招生工作以完善招生规划为重点，以保持学生数量持续增长为根本目标，圆满地完成了招生任务，新生入学 374 人，创历史新高。

在保持原有招生渠道的前提下，积极与外国驻华使领馆合作，成为官方认证推荐的学校，与外国官方形成良好的合作伙伴关系，成功发掘出具有学校特色的渠道。泰国使馆和老挝使馆都已成为学校良好的合作伙伴。

奖学金项目的稳定运行为招生人数屡创新高提供了有力支撑，同时在调整留学生结构的层面上发挥了极为重要的作用。年内，学校依托国家留学基金委中国政府奖学金项目平台招收留学生 148 名，其中自主招生项目和支持地方项目人数 26 名。在校硕博研究生人数占留学生总人数的 36%，留学生结构得到进一步优化。

（李宝铭）

【留学生培养工作】2013 年度，留学生培养工作继续完善留学生培养体系，加强来华留学品牌课程的建设，完善教师和学生激励机制，提高留学生的教学质量，力促留学生形成积极向上的学习风气。

（1）留学生教学工作已逐渐纳入学校整体教学体系，留学生中心在教学中进行过程管理，协调教学中出现的问题。同时，留学生中心通过班主任考勤、课堂听课、经常与任课老师沟通等方式，对留学生的学习态度、学习效果和学业水平进行跟踪了解，督促留学生努力学习，从而促进留学生学业水平的提升。对外汉语教学中心加大情景教学、案例教学等教学方法的力度，提升了教学效果。继续强化小班分级教学，结合学生评教等手段调动师生的积极性。

（2）在留学生中进行“我爱我师——我心目中的优秀教师”评选活动，表彰在留学生教学过程中做出贡献的优秀教师。根据所指导研究生的综合水平（包括发表文章情况、日常表现等）评选出对留学生教育做出杰出贡献的优秀留学研究生指导教师。通过以上奖励激励措施，进一步推动了留学生教育质量的提高。

（3）在已有奖学金项目的基础上，2013年增设优秀留学生干部、留学生精英计划等荣誉激励项目，激励留学生努力学习，形成良好的学习风气。2013年，在参加中国政府奖学金年度评审的210名留学生中有209名通过评审；参加北京科技大学校长奖学金留学生年度评审的52名留学生中有50名通过评审。15名留学生获教育部设立的“优秀自费来华留学生奖学金”；54名留学生获得“北京市外国留学生奖学金”；66名留学生获得北京科技大学优秀留学生奖学金，其中一等奖11名，二等奖20名，三等奖35名。2013年度，留学生首次参评北京科技大学校长奖章，巴基斯坦留学生红叶榜上有名。

（4）推动本科留学生基础课培养方案、教学大纲、教材等的建设。2013年度“留学生大学基础课程的教学实践与研究”作为北京市教改项目已获准立项。

（5）在留学生的培养过程中，逐渐建立学校留学生教育的品牌课程，增强学校对来华留学生的吸引力。年内，学校《财务管理》入选教育部来华留学英文授课品牌课程。

（郝建鸿）

【留学生管理工作】2013年，留学生中心优化人员分工、规范日常工作、探索创新留学生工作方法：

（1）留学生活动方面，进一步丰富留学生文化体育生活，加强留学生和中国学生的协作配合；辅导留学生登上更大的传媒平台，向全世界展示北京科技大学留学生的形象；积极创造实习实践机会，建立教学与实习对接的培养模式。3月，巴布亚新几内亚留学生雅各布（Ilave，Jacob）进入前20强，获得第五届北京外国留学生汉语之星大赛决赛二等奖。4月，学校获得“我是北京控”外籍作者征文大赛最佳高校组织奖。5月，“开窗看世界”——2013北京科技大学留学生文化节中首次邀请汉服社、茶道社、太极拳社等中国学生社团和留学生一起参展表演，为留学生了解中国文化提供了新的途径。6月，8名留学生获得“欢动北京”2013国际青少年文化艺术交流周优秀表演奖、最佳组合奖、最佳舞蹈奖，学校也获得了优秀组织奖。7月，在海淀区第二届“五洲春天”留学生才艺比拼大赛中，学校将一、二、三等奖均收入囊中。8月，学校第一次参加“汉语桥”在华留学生汉语大赛，孟加拉留学生瑞江明（Rashedul Islam）晋级30强获得优秀奖，巴布亚新几内亚留学生雅各布（Ilave，Jacob）晋级100强获得决赛入围奖。10月，学校获得2013年北京外语游园会突出贡献奖，选送的4个节目获得优秀奖，中心老师获得优秀辅导教师奖。留学生新生参加中华文化体验课活动，学习了书法、国画、中国菜烹饪等课程。11月，学校与中国国际广播电台建立了常态化的留学生实习合作机制，为留学生提供汉语实践、深度体验媒体工作的机会，先后有10名留学生到中国国际广播电台实习。

（2）签证、保险方面，人员明确分工，规范管理，对留学生各项统计和动态信息报送“及时更新、及时沟通、及时处理”，积极配合北京市外事办公室、北京市教育委员会和北京市出入境管理总队等有关部门的工作，严格执行国家政策，并结合学校实际情况，做好留学生涉外管理和服务工作。7月，新的《中华人民共和国外国人出入境管理法》实施，留学生中心根据新法规定，及时调整学校签证护照管理规定，并通过多种形式宣讲，保证了有关工作的顺利进行，累计办理留学生签证900余人次，受到北京市公安局出入境管理总队通报表扬。9月，教育部对来华留学生综合医疗保险方案进行了调整，留学生中心通过新生见面会、各班级班会、张贴展板海报、发放宣传材料等多种形式，帮助留学生解读新政策。并结合学校实际完善办理保险购买与理赔的规定，共为618名学生购买了保险，办理保险理赔21例。

（3）日常管理方面，积极探索创新留学生管理机制。多次举办留学生座谈会，了解留学生的状况和需求；大力宣传优秀留学生，对优秀留学生事迹进行宣传，发挥优秀留学生的示范作用。2013年9月，面向留学生的《留学在科大》创刊，充分展现了留学生精神风采，使在校师生了解留学生，让留学生文化也进一步融入校园文化。完善留学生班主任工作体制建设，进一步发挥班主任在学风监督和日常管理方面的核心作用。根据不同层次留学生的特点，采取分层管理和指导。通过加强思想教育、制定学习计划、督促按时上课、每月上报学习状况、国内学生帮扶、加大学术激励等措施，强化留学生日常管理。继续实行留管干部值班制度，确保各类事项尤其是应急事项的及时管理与服务。

（郭凯琳、贾兆义）

附　录

北京科技大学2013年度留学生情况一览表

类　别	本科	硕士	博士	高进	普进	汉语生	合计
毕业生人数	90	56	11				157
结业生人数	4			6	12	110	132
新生人数	123	109	24	2	10	106	374
9月份在校生人数	453	224	67	2	8	103	857
其中英语授课	1	124	44		7		176
中国政府奖学金	116	134	40	2	4	36	332
校长奖学金		50	18			1	69
外国政府奖学金	17	13	6			7	43
自费	320	27	3			52	402
交换生					4	7	11

（毕惠芳）

学科建设工作

【概况】2013年是学校深入落实“十二五”教育事业发展规划、全面探讨学科发展方向的关键年。为开创学科建设新局面，学校开展学科建设大讨论，加大学科建设经费投入，加强学科建设，提升学科建设水平。

（乔　兰、胡晓军、张云仙、刘　畅）

【学科建设大讨论】为了明确学科发展定位，科学规划学科建设目标，形成新的办学特色与优势，促进学科可持续发展，开展了全校参与的学科建设大讨论。

3～5月，由规划与学科建设办公室牵头，会同相关部门，利用网络、现场、会议等方式开展了多种调研活动，并与研究生院一起专程到兄弟院校开展了实地调研，深入探讨和交流学科建设中的具体做法，形成了调研报告。

6月21日，学校召开由全体校领导、学院院长、系主任、学科建设负责人、教授、相关职能部处负责人等参加的学科建设大讨论动员会。张欣欣校长作动员报告，就学校开展学科建设大讨论的目的、意义及工作安排进行了全面动员和部署，提出了顶层设计、坚持特色、符合国家需求、学科交叉融合的建设思路，为学习讨论活动奠定了思想基础。罗维东书记对学科建设大讨论所要达到的目标提出了具体要求，希望通过学科建设大讨论，明确学科现状，寻找对标高校，确立发展目标，落实对策措施，要求学科建设相关部门怀有强烈的改革意识，开展深入调研和讨论，广泛征求意见，提出切实可行、促进学科建设的做法。

6月下旬至7月，各学院根据学校动员会精神，召开学院大会，部署相关工作，利用暑假小学期时间，全面展开了学科建设大讨论的调研和研讨工作，研讨学科定位、特色，分析学科建设的不足，讨论学科未来发展方向，探索学科建设新的管理体制和管理模式，提出学科建设规划初稿。

8～9月，以党的群众路线教育实践活动为契机，相关业务部处组成学科大讨论调研工作组，由校领导带队，深入各学院及相关单位，认真听取了各学科建设单位的调研汇报和各学科建设与发展规划，围绕共同关心的、制约学科发展的影响因素进行了分析和探讨。在专家意见和建议的基础上，各学院修改完善了相应的学科规划。

9～10月，负责联系各学院的校领导与各自学院进行了反复讨论，主管校领导、规划与学科建设办公室与各学院主要领导进行沟通，根据学校发展的新形势和新要求，立足校情，进行合理的顶层设计，使学科发展具有战略性、宏观性和前瞻性，并达成初步共识。

11～12月，讨论形成了学科建设大讨论总结报告初稿。

（乔　兰、胡晓军、张云仙、刘　畅）

【北京市重点学科建设】为促进学校学科水平的整体提升，增强学科间交流合作，学校于2013年1月15日召开了北京市重点学科及学科群建设2012年度总结会，副校长张跃教授、各学院主管学科院长、北京市重点学科及学科群负责人以及相关职能部处负责人参加了会议。会上，新材料学科群和各北京市重点学科负责人从学术队伍、科学研究、人才培养、条件平台、交流合作、标志性成果等方面进行了总结汇报，并对下一期建设提出了建议。张跃副校长强调，新材料学科群和北京市重点学科负责人要高度重视，全力迎接北京市教委验收和总结工作，保证高质量地完成验收和总结任务。

根据《北京市教育委员会关于开展北京市重点学科验收工作的通知》和《北京市教育委员会关于开展北京地区高等学校学科群二期建设项目阶段总结工作的通知》的要求，学校纳米材料与器件物理学、光电信息材料与器件2个交叉北京市重点学科，机械工程和管理科学与工程2个一级北京市重点学科，思想政治教育、工程力学、工程热物理、控制理论与控制工程、计算机系统结构与岩土工程6个二级北京市重点学科参加北京市重点学科验收工作；新材料学科群参加二期建设项目阶段总结工作。

3月12日，召开了北京市重点学科及学科群校内验收会。校长张欣欣教授、副校长张跃教授、各学院主管学科院长、北京市重点学科及学科群负责人以及相关职能部处负责人参加了会议。会上，新材料学科群和各北京市重点学科负责人根据总结和验收要求进行了汇报，与会专家逐一对验收总结材料提出了意见和建议。张欣欣校长在总结中强调，新材料学科群和北京市重点学科负责人要高度重视，认真组织，紧抓落实，做到实处，争取在总结验收中取得好成绩，并以此为契机，展开学科建设大讨论，实现学科建设水平的进一步飞跃。

规划与学科建设办公室对验收和总结材料进行了仔细审查和整合，上报北京市教委，圆满地完成了此次验收和总结任务。

（乔　兰、胡晓军、张云仙、刘　畅）

【北京市共建项目】根据北京市共建项目总体安排，学校确定2013年学校共建项目共25项，预算控制总额2358万元。规划与学科建设办公室召开共建项目经费预算申报布置会，要求各项目严格按照文件规定，科学预算，控制指标，并组织专家认真审核各项目提交的预算材料，如期将共建项目申报书及支撑材料上报北京市教委。

北京市教委于11月拨付学校2013年共建项目经费2340.2094万元。规划与学科建设办公室及时将经费拨付相应项目负责人，并由相关部门进行归口管理。

10月，北京市教委发布《北京市教育委员会办公室关于填报2014年度支持北京市重点学科建设申报表的通知》，2014年度支持中央高校重点学科建设工作已经启动。本着“整合资源，重点支持，突出优势，体现特色”的原则，北京市教委确定学校用于重点学科建设的支持经费额度为430万元，支持学科限额数为4个。学校经过科学论证，最终确定重点建设“动力工程及工程热物理”“通信与信息系统”“环境工程”三个北京市重点学科和“新材料学科群”。规划与学科建设办公室及时部署，请各学科做好2014年度共建项目经费预算申报准备工作。

12月，根据《北京市教育委员会关于组织北京市支持中央在京高校共建项目经费预算申报工作的通知》，规划与学科建设办公室及时将项目申报材料上报北京市教委。

（乔　兰、胡晓军、张云仙、刘　畅）

【优势学科创新平台】规划与学科建设办公室全程追踪“优势学科创新平台”建设项目的组织实施、经费使用及管理维护等，提高项目经费的使用效益，为项目的顺利实施创造良好的管理环境。2013年拨付优势学科创新平台建设经费1000万元，其中300万元用于钢铁冶金新技术国家重点实验室建设，232万元用于“复杂工业过程高精度误差检测与识别”项目建设，233万元用于“面向行业物联网和云应用的综合实验平台”建设，235万元用于“化学与生物先进功能材料”项目建设。办公室会同实验室、管理处和财务处，跟踪项目进度，掌握项目进展情况并及时进行协调沟通，督促项目完成，至年底，项目全部执行完毕。

（乔 兰、胡晓军、张云仙、刘 畅）

【条件建设】2011年开始，学校将改善基本办学条件专项经费（修购专项）的三分之一结合学科条件建设执行。规划与学科建设办公室精心组织，整体推进此项工作的顺利实施。2013年3月，对2012年执行的9个项目（共1935万元）进行认真总结验收，各项目提交验收报告；对2013年执行的10个项目（共2270万元）组织专家进行了评审，各项目按时提交了项目建设执行审核与责任书，项目正式启动执行。办公室加强对项目执行过程的管理，及时与项目负责人沟通协调，解决执行过程中的困难，督促项目按计划执行，经过密切监管和督促，2013年的10个项目全部执行完毕。

5月，召开2014年项目申报布置会。6月，组织专家对申报的16个项目进行了校内评审，对申报材料中存在的问题及时反馈、调整和修改。2013年7月12日，共15个项目通过了教育部组织的专家评审。

（乔 兰、胡晓军、张云仙、刘 畅）

科学研究与产业开发

科 研 工 作

【概况】2013年，学校深入贯彻落实《国家“十二五”科学和技术发展规划》，紧密围绕实施创新驱动发展战略、建设创新型国家的重大战略任务，突出“高水平研究型大学科技创新体系建设”这一主题，继续强化科研质量和科研创新，统筹布局，圆满完成了年度工作目标任务。

（郝晓云）

【科研项目与经费】2013年，全校科研经费规模保持稳定，全年实到科研经费总额达72230.43万元，同比降低1.64%。其中，纵向经费34451.92万元，同比降低2.55%；横向经费37778.51万元，同比降低0.79%。新增合同经费54011.40万元，其中，新增纵向合同经费28158.90万元，新增横向合同经费25852.5万元。

（1）纵向科研课题。2013年新增纵向科研项目387项。①“863”项目（课题）21项，总经费6443万元。②国家科技支撑计划项目（课题）11项，总经费1988万元。③国家自然科学基金项目141项，总经费8806.3万元。④“973”项目12项，总经费992.45万元。⑤国家重大专项项目1项，总经费27.11万元。⑥北京市纵向项目（含北京市自然科学基金）30项，新增合同经费2605.267万元。⑦人文社科项目58项，总经费620.84万元。

（2）横向科研课题。2013年新增横向合同757项。①由国家政策引导，高技术企业认定需要而签订专利许可合同的数量大幅度增加，共签订15份，专利实施许可合同签订金额为232万元。②横向合同经费100万元以上的合同数为48项，合同经费11672.68万元。③与战略合作钢铁企业保持了良好、持续的合作关系。与武钢签订13项合同，经费461万元；与首钢签订16项合同，经费894.93万元；与包钢签订2项合同，经费788万元；与宝钢签订8项合同，经费281.8万元；与河北钢铁签订3项合同，经费240万元；与南京钢铁签订9项合同，经费460.3万元；与莱钢签订7项合同，经费265万元；与攀钢签订5项合同，经费189万元；与淄博张钢签订5项合同，经费353万元；与太钢签订4项合同，经费161.7万元；与马鞍山钢铁签订6项合同，经费184.28万元。

（郝晓云）

【科研水平与成果】2013年，学校获得国家科学技术奖2项，省部级科学技术奖42项。

其中，朱荣教授参与完成的“高钒高耐磨合金及复合技术的工程化应用”项目荣获2013年度国家科技进步奖二等奖。该项目围绕矿山、冶金和水泥等行业对高性能耐磨材料的需求，经过16年系统研究，解决了高钒合金成分、组织控制、复合技术集成等关键问题，成功研制出高品质高钒高耐磨合金及其系列复合技术，大大提高了机械装备使用寿命和作业效率。

学校参与完成的“钢铁企业低压余热蒸汽发电和钢渣改性气淬处理技术及示范”项目荣获2013年度国家科学技术进步二等奖。该项目研发了具有自主知识产权的钢渣气淬处理与余热回收和烧结、转炉烟气余热回收发电关键技术与成套装置，将余热、钢渣变废为宝，实现钢铁工业节能减排。

在学校获得的各类省部级奖励中，一等奖10项，二等奖11项，三等奖21项。学校评选出2013年北京科技大学优秀科研成果奖4项，分别是姜建壮等完成的“卟啉酞菁类配合物功能分子材料的磁电性能研究”、孙文营完成的“基于循环经济发展对策研究的哲学维度分析法”、李晓岑完成的“远古至民国时期云南科学技术史实证研究及特点分析”、郇建立完成的“慢性病人的社会适应与生存策略”。

2013年，学校共申请发明专利575项，实用新型专利76项；授权发明专利267项，实用新型专利92项。其中有5件发明专利申请提出了PCT国际申请，办理计算机软件登记25项。2012年学术论文被SCIE收录911篇，同类机构排名第36；EI收录论文1225篇，同类机构排名第25；CPCI-S收录520篇，同类机构排名第13。

（郝晓云）

【科研基地建设】2013年，新增稀贵金属绿色回收与提取北京市重点实验室、北京市工业波谱成像工程技术研究中心、北京市融合网络与泛在业务工程技术研究中心、生物工程与传感技术北京市重点实验室、北京市交通与能源用特殊钢工程技术研究中心、功能性纳器件基础与应用引智基地6个科研基地，对提升学校科研地位和实力起到重要作用。

积极组织、整合学科，向北京市科委推荐申报了6个北京市重点实验室，多点布局，申报了3种类型的5个国际科技合作基地，为学校开展国际科技合作与交流搭建了良好的平台。现有的其他各级各类科研基地运转良好。新金属材料国家重点实验室、钢铁冶金新技术国家重点实验室顺利通过科技部评估，分别被评为材料领域和工程领域良好类实验室，且后者通过了建设验收。国家材料自然环境腐蚀实验台网考核成绩优秀，获科技部、财政部资助2900万元。

（郝晓云）

【产学研合作交流】2013年，学校产学研合作交流进一步深化。①先后与多个省、市级政府和企业签订了13项产学研合作协议。②瞄准珠三角、长三角区域发展需求，依托广东省省部产学研合作项目、广西科学研究与技术开发计划和教育部推出的“蓝火计划”等，重点在广东、广西、徐州、龙岩卓有成效地开展了与政府间的合作。③持续、深入地推进与首钢、河北钢、马钢、南京钢铁、云冶集团等一批大型企业合作。④广东研究院各项工作稳步推进，基地建设取得突破性进展；湛江工业技术研究院正式挂牌成立，并首次承担了湛江科技重大专项。深圳和广州基地的建设也取得重大进展，已与相关部门和单位达成初步合作意向，相关工作正在积极推进之中。

（郝晓云）

【军工科研生产】2013年，学校国防科研不断进步。签订国防科研合同49项，合同额4586万元，经费规模稳定。其中，军工横向合同18项，国防项目成果转移初见成效。重大专项进展顺利，在某重大专项领域获得国防科工委认可。配套科研优势得到连续保持，共有9个项目获得立项，合同额2754万元，较2012年增加了71%，继续保持了在教育部直属高校中的领军地位。依托学校建设的两个教育部重点实验室（B类）顺利通过验收，形成了具有学校学科特色的国防科研平台。国防保障体系建设卓有成效，通过了中国新时代认证中心的质量管理体系综合评议（换证审核）与“钛合金及其制品”扩项审核。

（郝晓云）

【基本科研业务费】2013年，学校对中央高校完成了两个批次的立项工作，共确定资助项目161项，立项经费1476.3万元。对44项学科发展基金、5项交叉学科基金和9项青年人才科研基金项目进行了中期检查，对46项理科与人文学科基金项目基本科研业务费项目组织了结题验收。在择优滚动、持续资助的政策支持下，科研部还进行了有针对性的学院调研，总结经验，探索高校基本科研业务费的改革方向，以期推动学校科学研究的可持续发展。

（郝晓云）

【科技期刊】2013年，期刊中心圆满地完成了出版任务。出版《北京科技大学学报》《北京科技大学学报（社会科学版）》《矿物冶金与材料学报（英）》《物流技术与应用》《粉末冶金技术》和《金属世界》共54期，载文937篇。其中自然科学研究论文827篇，社会科学研究论文110篇；SCI收录论文172篇；EI收录论文412篇；中文核心期刊论文491篇。《北京科技大学学报》荣获2012年度中国科技论文在线科技期刊优秀组织单位奖；《矿物冶金与材料学报（英）》入选全国“百强科技期刊”，并获得中国科技期刊影响力提升计划C项目资助；《金属世界》成为美国《化学文摘》收录期刊以及万方数据中国核心期刊数据库收录期刊。

（郝晓云）

【人才培育】2013年，学校高水平领军人才队伍建设取得了新进展。材料工程与科学学院姜勇教授获得了国家杰出青年基金资助；冶金与生态工程学院取得了新进展，陈骏教授和焦树强教授获得了国家自然科学基金委优秀青年科学基金项目资助立项；唐晓龙、尹升华、苗君、覃京燕、丁大伟、刘宇、刘雄军、田建军共8人入选教育部“新世纪优秀人才支持计划”。

（郝晓云）

【科协、学会、学术交流】2013年，学校主办国际会议9次；参加国际会议1959人次，交流论文1372篇，特邀报告93篇；派遣132人次、接收216人开展合作研究。学校科协组织学生科协举办了第六届百科知识竞赛，普及科普知识，受到师生欢迎；组织30余件专利参加了第二届首都大学生科技创新作品与专利成果展示推介会，并荣获北京市科协“第二届首都大学生科技创新作品与专利成果展示推介会”最佳组织奖。

（郝晓云）

【科研管理】经过近4年的建设发展，学校科研管理信息系统建设日臻成熟。系统内有科研人员信息3000余条，科研项目1万余条，科研成果2万余条，数据库信息量已经初具规模。通过修改底层数据设计，在系统运行稳定性、系统人性化设计、系统安全保护等方面做出了新的调整，使科研管理系统为广大教师的科研项目和经费管理服务，配合学校完成了岗位聘任、人事考核、职称评定等任务，并成为全校信息化、数字化校园建设中的一个重要组成部分。

（郝晓云）

附　录

2013年科研成果统计表

单　位	成果鉴定（项）	获奖数（项）	申请专利（件）			授权专利（件）			软件著作权（项）	国际PCT申请（件）
			发明	实用新型	合计	发明	实用新型	合计		
土木与环境工程学院	5	19	54	12	66	36	12	47	1	0
冶金与生态工程学院	2	8	88	22	108	31	39	70	7	0
材料科学与工程学院	0	2	151	6	150	74	7	81	0	2
机械工程学院	1	8	35	15	50	11	16	25	7	1
自动化学院	0	1	12	2	14	2	1	2	2	0
计算机与通信工程学院	0	2	43	5	46	16	3	19	7	0
数理学院	0	0	5	0	5	1	0	3	0	0
化学与生物工程学院	0	0	24	0	23	9	0	7	0	0
东凌经济管理学院	0	0	1	0	1	0	0	0	1	0
文法学院	0	0	0	0	0	0	0	0	0	0
外国语学院	0	0	0	0	0	0	0	0	0	0
新金属材料国家重点实验室	0	0	38	0	38	13	0	13	0	0
冶金工程研究院	0	2	18	0	17	12	2	14	0	0
新材料技术研究院	2	2	102	12	109	62	10	70	0	2
国家材料服役安全科学中心（筹）	0	1	4	0	4	0	2	2	0	0
其他	0	0	0	2	2	0	0	0	0	0
合计	10	45*	575	76	651	267	92	359	25	5

*注：有2项获奖成果为多个学院合作完成

2013年科研获奖项目一览表

序号	项目名称	奖励名称	奖励单位	获奖等级	完成人	完成单位	所在单位
1	高钒高耐磨合金及复合技术的工程化应用	国家科技进步奖	国务院	二	朱　荣（5）	河南科技大学、中信重工机械股份有限公司、北京科技大学、东北大学、中国一拖集团有限公司、北京工业大学	冶金与生态工程学院
2	钢铁企业低压余热蒸汽发电和钢渣改性气淬处理技术及示范	国家科技进步奖	国务院	二	无	河北联合大学、唐山钢铁集团有限责任公司、中国钢研科技集团有限公司、北京科技大学	冶金与生态工程学院
3	金属和合金纳米晶的稳定性量化研究与尺度效应调控机制	高等学校科学研究优秀成果奖	教育部	二	刘国权（5）	北京工业大学、北京科技大学	材料科学与工程学院

续表

序号	项目名称	奖励名称	奖励单位	获奖等级	完成人	完成单位	所在单位
4	氧化钛（锌、铈）一维纳米复合材料制备及其应用研究	北京市科学技术奖	北京市人民政府	二	张　梅（2） 郭　敏（3） 李玉祥（7） 王亚丽（8） 马　腾（9）	北京大学、北京科技大学	冶金与生态工程学院
5	高性能全数字化交流异步伺服系统关键技术及应用	北京市科学技术奖	北京市人民政府	三	张卫冬（1） 余达太（2） 郭　峰（5）	北京科技大学、时光科技有限公司、大连电机集团有限公司	国家科学中心、自动化学院
6	烧结烟气双碱法脱硫技术及应用	北京市科学技术奖	北京市人民政府	三	邢　奕（1） 宋存义（2） 童震松（3） 汪　莉（4） 钱大益（5） 常冠钦（6）	北京科技大学、北京北科环境工程有限公司	土木与环境工程学院
7	化学驱多相渗流理论和开发方法及工业化应用	北京市科学技术奖	北京市人民政府	三	朱维耀（1） 雷光伦（4） 鞠　岩（6）	北京科技大学、中国石油化工股份有限公司胜利油田分公司采油工艺研究院	土木与环境工程学院
8	三种宽带隙半导体一维材料的生长和物性研究	北京市科学技术奖	北京市人民政府	三	李建业（1）	北京科技大学	冶金与生态工程学院
9	钢铁企业制氧系统最佳节能模式的理论研究及实践	冶金科学技术奖	中国钢铁工业协会、中国金属学会	一	童莉葛（2） 李化治（5）	北京科技大学、唐山唐钢气体有限公司、唐山钢铁集团有限责任公司	机械工程学院
10	大型矿山设备实时台效管控研究	冶金科学技术奖	中国钢铁工业协会、中国金属学会	一	张德政（8） 阿孜古丽（14）	鞍钢集团矿业公司、中国矿业大学（北京）、东北大学、辽宁科技大学、中勘冶金勘察设计研究院有限责任公司、北京科技大学	计算机与通信工程学院
11	超大型高炉高效低耗技术集成项目	冶金科学技术奖	中国钢铁工业协会、中国金属学会	一	张建良（8） 国宏伟（19）	首钢总公司、钢铁研究总院、北京科技大学、首钢京唐钢铁联合有限责任公司、北京首钢国际工程技术有限公司、北京首钢自动化信息技术有限公司	冶金与生态工程学院
12	钢中非金属夹杂物原貌分析技术及应用	冶金科学技术奖	中国钢铁工业协会、中国金属学会	二	包燕平（1） 王　敏（2） 赵立华（5） 林　路（6） 蒋　伟（7） 王毓男（8） 马文俊（9） 彭　尊（10） 李怡宏（11） 张立强（12） 张乐辰（13） 李文博（14） 张超杰（15）	北京科技大学、杭州钢铁集团公司	冶金与生态工程学院

续表

序号	项目名称	奖励名称	奖励单位	获奖等级	完成人	完成单位	所在单位
13	钢铁行业节能减排技术筛选与评估	冶金科学技术奖	中国钢铁工业协会、中国金属学会	三	姜泽毅（9）	冶金工业信息标准研究院、冶金工业规划研究院、北京科技大学	机械工程学院
14	高性能中厚板正火控制冷却工艺及装备的研制与应用	冶金科学技术奖	中国钢铁工业协会、中国金属学会	三	余　伟（1） 何春雨（5） 张立杰（6） 郭　锦（10） 刘　涛（12） 李　珂（15） 李彦彬（16） 邓宏玉（17） 韩　爽（18） 蔡庆伍（19） 井　梁（20）	北京科技大学、舞阳新宽厚钢板有限责任公司轧钢厂、河北钢铁股份有限公司邯郸分公司中板厂、湖南华菱湘潭钢铁有限公司	冶金工程研究院
15	基于微地震监测的大水矿区厚煤层围岩破裂特征研究及应用	国家能源科技进步奖	国家能源局	三	姜福兴（2） 孔令海（6）	焦作煤业集团赵固（新乡）能源有限责任公司、北京科技大学	土木与环境工程学院
16	矿井粉尘分布规律及高效防降尘综合技术研究	国家能源科技进步奖	国家能源局	三	蒋仲安（2） 牛　伟（6）	开滦（集团）有限责任公司、北京科技大学	土木与环境工程学院
17	IEC 62601:2011用于过程自动化的WIA通信网络与通信规范	中国标准创新贡献奖	国家质量监督检验检疫总局、国家标准化管理委员会	贡献奖	王　沁（6）	中国科学院沈阳自动化研究所、浙江中控研究院有限公司、机械工业仪器仪表综合技术经济研究所、北京科技大学、重庆邮电大学、沈阳中科博微自动化技术有限公司	计算机与通讯工程学院
18	热连轧机组状态监测与故障诊断技术及应用	湖北省科学技术奖	湖北省人民政府	一	阳建宏（2） 黎　敏（4） 杨德斌（6）	武汉科技大学、北京科技大学、武汉钢铁（集团）公司	机械工程学院
19	钢铁企业低压余热蒸汽发电和钢渣改性气淬处理技术及示范	河北省科学技术进步奖	河北省人民政府	一	无	河北联合大学、唐山钢铁集团有限责任公司、中国钢研科技集团有限公司、北京科技大学	冶金与生态工程学院、机械工程学院
20	矿井粉尘分布规律及高效防降尘综合技术研究	河北省科学技术进步奖	河北省人民政府	二	蒋仲安（2） 牛　伟（6）	开滦（集团）有限责任公司、北京科技大学	土木与环境工程学院
21	中厚板TMCP技术中间冷却工艺与装备的研发应用	福建省科学技术奖	福建省人民政府	二	余　伟（2） 刘　涛（4） 程知松（6）	福建省三钢（集团）有限责任公司、福建三钢闽光股份有限公司、北京科技大学	冶金工程研究院
22	大断面井巷穿越极不稳定地层围岩控制关键技术研究	甘肃省科学技术进步奖	甘肃省人民政府	二	王金安（2） 纪洪广（8）	窑街煤电集团有限公司、北京科技大学	土木与环境工程学院
23	挤压铝型材快速冷却的数值模拟与系统的研发	广东省科学技术奖	广东省人民政府	三	杨海波（2）	广州钢铁企业集团有限公司、北京科技大学、广州铝材厂有限公司	机械工程学院

续表

序号	项目名称	奖励名称	奖励单位	获奖等级	完成人	完成单位	所在单位
24	高性能钕铁硼整体辐向磁环产业化关键技术	广东省科学技术奖	广东省人民政府	三	张深根（1） 田建军（2） 曲选辉（3） 潘德安（7）	肇庆三环京粤磁材有限责任公司、北京科技大学	新材料技术研究院
25	钢铁企业制氧系统优化与创新	河北省科学技术进步奖	河北省人民政府	三	童莉葛（5）	唐山唐钢气体有限公司、北京科技大学、唐山钢铁集团有限责任公司、河北钢铁股份有限公司唐山分公司	机械工程学院
26	通钢热连轧轧机振动研究及在线监测	吉林省科学技术奖	吉林省科学技术进步奖励委员会	三	闫晓强（2） 孙志辉（4） 王文瑞（6）	通化钢铁股份有限公司、北京科技大学	机械工程学院
27	优质预应力钢丝及钢绞线用钢开发研究	江西省科学技术进步奖	江西省人民政府	三	陈伟庆（5）	新余钢铁集团有限公司，北京科技大学	冶金与生态工程学院
28	煤矿应急避难安全防护体系研究	山西省科学技术奖	山西省科学技术奖励委员会	三	金龙哲（2） 欧盛南（4） 詹子娜（6）	山西潞安环保能源开发股份有限公司常村煤矿、北京科技大学	土木与环境工程学院
29	铜管高效短流程技术装备研发及产业化	中国有色金属工业科学技术奖	中国有色金属工业协会	一	谢建新（4） 刘新华（14）	金龙精密铜管集团股份有限公司、中国科学院金属研究所、北京科技大学	新材料技术研究院
30	高性能镁/铝合金控制凝固与直接流变成形关键技术及应用	中国有色金属工业科学技术奖	中国有色金属工业协会	二	康永林（1） 朱国明（3）	北京科技大学、东莞宜安科技股份有限公司	材料科学与工程学院
31	深部高地应力、破碎条件下卸荷高效采矿关键技术及应用	中国有色金属工业科学技术奖	中国有色金属工业协会	二	高　谦（4）	金川集团股份有限公司、长沙矿山研究院有限责任公司、北京科技大学	土木与环境工程学院
32	复杂地层溜井掘砌新技术研究	中国有色金属工业科学技术奖	中国有色金属工业协会	三	尹升华（7）	金诚信矿业管理股份有限公司、金川集团股份有限公司、北京科技大学	土木与环境工程学院
33	井下紧急避险系统研究与应用	中国职业安全健康协会科学技术奖	中国职业安全健康协会	一	金龙哲（1） 李芳玮（5） 汪　声（8） 高　娜（9） 詹子娜（12） 欧盛南（13） 栗　婧（14） 黄志凌（15）	北京科技大学、中国矿业大学、徐州大屯工贸实业公司、山西潞安环保能源开发股份有限公司、山东矿安避险装备有限公司	土木与环境工程学院
34	5米大直径反井钻井技术及装备	中国煤炭工业协会科学技术奖	中国煤炭工业协会	一	纪洪广（8）	北京中煤矿山工程有限公司、山西长平煤业有限责任公司王台铺煤矿、北京科技大学、沧州海岳矿山机电设备有限公司、北京三安联创科技有限公司、山西兰花焦煤有限公司、天地科技建井研究院	土木与环境工程学院

续表

序号	项目名称	奖励名称	奖励单位	获奖等级	完成人	完成单位	所在单位
35	采空区滞留可控干冰防止遗煤自燃技术研究	中国煤炭工业协会科学技术奖	中国煤炭工业协会	二	张英华（3） 黄志安（6）	阳泉煤业（集团）股份有限公司、北京科技大学	土木与环境工程学院
36	巨厚砾岩下强冲击特厚煤层下山煤柱区巷道防冲技术	中国煤炭工业协会科学技术奖	中国煤炭工业协会	三	姜福兴（2） 魏全德（5） 王存文（7）	河南大有能源股份有限公司、北京科技大学	土木与环境工程学院
37	大采深厚煤层冲击地压危险性评价与监测预控技术	中国煤炭工业协会科学技术奖	中国煤炭工业协会	三	姜福兴（3）	肥城矿业集团梁宝寺能源有限责任公司、北京科技大学	土木与环境工程学院
38	基于微地震监测的大水矿区厚煤层围岩破裂特征研究及应用	中国煤炭工业协会科学技术奖	中国煤炭工业协会	三	姜福兴（2） 孙金海（6）	焦作煤业集团赵固（新乡）能源有限责任公司、北京科技大学	土木与环境工程学院
39	特厚煤层区段窄煤柱沿空掘巷围岩控制技术	中国煤炭工业协会科学技术奖	中国煤炭工业协会	三	姜福兴（2） 刘金海（4）	山东新巨龙能源有限责任公司、北京科技大学	土木与环境工程学院
40	山东黄金数字化矿山建设关键技术研究	中国黄金协会科学技术奖	中国黄金协会	一	胡乃联（2） 李国清（6） 姚旭龙（15） 张延凯（19） 李　迪（20）	山东黄金矿业股份有限公司、北京科技大学	土木与环境工程学院
41	三山岛金矿地表变形控制综合技术研究	中国黄金协会科学技术奖	中国黄金协会	一	胡乃联（2） 李国清（5） 张　磊（10） 张延凯（14） 明　建（18）	山东黄金矿业（莱州）有限公司三山岛金矿、北京科技大学、中南大学	土木与环境工程学院
42	缓倾斜薄矿体残矿安全高效回采关键技术	中国黄金协会科学技术奖	中国黄金协会	二	吕文生（4） 毛市龙（6） 于跟波（8） 梁乃跃（14）	山东黄金矿业（莱州）有限公司三山岛金矿、北京科技大学、北京联合大学	土木与环境工程学院
43	企业节能规划编制通则	中国资源综合利用协会科学技术奖	中国资源综合利用协会	二	冯俊小（2）	莱芜钢铁集团有限公司、北京科技大学、中国节能监察倍思网、中国标准化研究院	机械工程学院
44	研究生教育与国家创新体系	北京市第六届教育科学研究优秀成果奖	北京市教育委员会北京市教育科学规划领导小组办公室	三	许　放（2）	北京科技大学	文法学院

2013年科研成果鉴定项目明细

序号	鉴定号	成果名称	组织鉴定单位	成果水平	完成（承担）单位	完成人	单位
1	鉴字〔2013〕第01号	井下紧急避险系统研究与应用	中国职业安全健康协会	国际领先	北京科技大学、中国矿业大学、徐州大屯工贸实业公司、山西潞安环保能源开发股份有限公司、山东矿安避险装备有限公司	金龙哲（1） 李芳玮（5） 高　娜（9） 詹子娜（12） 欧盛南（13） 栗　婧（14） 高志凌（15）	土木与环境工程学院
2	鲁科成鉴字〔2012〕第1080号	深埋复杂应力条件下锚杆破断机理与控制技术	山东省科技厅	国际先进	山东新巨龙能源有限责任公司、北京科技大学	姜福兴（2） 刘金海（4）	土木与环境工程学院
3	冶矿科成鉴字〔2013〕第07号	程潮铁矿崩落法转充填法联合开采关键技术研究	中国冶金矿山企业协会	国际先进	武汉钢铁集团矿业有限责任公司程潮铁矿、武汉钢铁集团矿业有限责任公司、北京中矿联盟科技有限公司、北京科技大学	宋卫东（2） 谭玉叶（7） 母昌平（9） 吴　姗（13） 马瑞雯（18）	土木与环境工程学院
4	冶矿科成鉴字〔2013〕第08号	金山店铁矿残矿及难采矿开采综合研究与实践	中国冶金矿山企业协会	国际先进	武汉钢铁集团矿业有限责任公司金山店铁矿、北京科技大学、武汉钢铁集团矿业有限责任公司	宋卫东（3） 谭玉叶（6） 杜建华（8） 徐文彬（11） 吴　姗（13）	土木与环境工程学院
5	中煤科鉴〔2012〕第W46号	特厚煤层区段窄煤柱沿空掘巷围岩控制技术	中国煤炭工业协会	国际先进	山东新巨龙能源有限责任公司、北京科技大学	姜福兴（2） 刘金海（4）	土木与环境工程学院
6	中国金属学会评字〔2013〕第1号	钢中非金属夹杂物原貌分析技术及应用	中国金属学会	国际先进	北京科技大学、杭州钢铁集团公司	包燕平（1） 王　敏（2） 赵立华（5） 林　路（6） 蒋　伟（7） 王　男（8） 马文俊（9） 彭　尊（10） 李怡宏（11） 张立强（12） 张乐辰（13） 李文博（14） 张超杰（15）	冶金与生态工程学院
7	中色协科（鉴）字〔2013〕第052号	碳氧化钛可溶阳极电解提取金属钛的新工艺	中国有色金属工业协会	国际领先	北京科技大学	朱鸿民（1） 焦树强（2） 顾学范（3） 汪秋雨（4） 宁晓辉（5） 侯军刚（6） 黄　凯（7） 江　波（8）	冶金与生态工程学院
8	航空技鉴字〔2012〕第382号	国防科技工业项目管理系列标准先期研究	国防科学技术工业委员会	国内领先	中国航空综合技术研究所、北京航空航天大学、南京航天管理干部学院、北京科技大学	赵　宁（4）	机械工程学院
9	鉴字〔2012〕第15号	典型钢铁材料土壤环境腐蚀规律与机理	中国腐蚀与防护学会	国际先进	北京科技大学、中国特种设备检测研究院	李晓刚（1） 杜翠薇（2） 刘智勇（3） 程学群（5）	新材料技术研究院
10	鉴字〔教SW 2013〕第002号	废旧线路板铜和贵金属绿色回收工艺	教育部科技发展中心	国际领先	北京科技大学	张深根（1） 潘德安（2） 曲选辉（3） 田建军（4） 李　彬（5） 刘　波（6）	新材料技术研究院

2013年发明专利申请明细表

序号	申请日期	申请号	所属单位	第一发明人	专利名称
1	2012-12-25	201210573175.2	土木与环境工程学院	韩　斌	一种充填料浆现场取样装置及取样方法
2	2013-1-7	201310004357.2	土木与环境工程学院	邢　奕	一种剩余污泥调理脱水的方法
3	2013-1-8	201310007029.8	土木与环境工程学院	姚　俊	一种厌氧简易岩心驱油模拟系统模拟方法
4	2013-1-16	201310015313.X	土木与环境工程学院	马鸿志	一种提高抑菌保存后餐厨垃圾乙醇发酵产率的方法
5	2013-1-25	201310027418.7	土木与环境工程学院	冯雅丽	一种利用生物质焦制备海绵铁的方法
6	2013-1-28	201310029638.3	土木与环境工程学院	孙体昌	通过煤基直接还原焙烧分离海滨钛磁铁矿中铁和钛的工艺
7	2013-2-1	201310043856.20	土木与环境工程学院	周文娟（外）	一种多孔高强反滤植生砼的制备方法
8	2013-2-6	201310046479.8	土木与环境工程学院	南世卿（外）	一种高精细复杂地表三维建模方法
9	2013-2-27	201310061950.0	土木与环境工程学院	周　喻	一种节理岩体表征单元体积的取值方法
10	2013-3-7	201310073786.5	土木与环境工程学院	周　喻	一种节理岩体表征各向异性的确定方法
11	2013-3-12	201310077369.8	土木与环境工程学院	周北海	饮用水处理中臭氧接触优化投加方法
12	2013-3-13	201310077954.8	土木与环境工程学院	倪　文	一种废渣泡沫混凝土与纳米孔真空板复合材料的制造方法
13	2013-3-15	201310084188.8	土木与环境工程学院	金龙哲	一种多驱动方式的避难硐室用空气净化装置
14	2013-3-28	201310105123.7	土木与环境工程学院	孙体昌	通过煤基直接还原焙烧分离海滨钛磁铁矿中铁和钛的工艺
15	2013-4-1	201310110183.8	土木与环境工程学院	周北海	一种光催化臭氧水处理装置
16	2013-4-1	201310110106.2	土木与环境工程学院	周北海	一种光催化臭氧化去除水中有机物的方法
17	2013-4-1	201310110245.5	土木与环境工程学院	周北海	一种Fe掺杂TiO_2纳米管光催化剂及其制备方法和途径
18	2013-4-20	201310138992.X	土木与环境工程学院	王少勇	一种电场强化细粒尾矿原地浸出的方法
19	2013-4-27	201310153471.1	土木与环境工程学院	马鸿志	一种节能型可除烟台灯装置及其使用方法
20	2013-4-27	201310151624.9	土木与环境工程学院	王洪江	一种矿山活动塌陷区回填处置方法
21	2013-4-30	201310157009.9	土木与环境工程学院	朱维耀	一种模拟微生物驱油的高温高压可视化装置以及模拟方法
22	2013-5-10	201310170779.7	土木与环境工程学院	倪　文	一种氧化气氛窑炉中处理镍弃渣生产铁镍铜合金粉的方法
23	2013-5-10	201310170360.1	土木与环境工程学院	倪　文	一种还原气氛窑炉快速还原镍渣生产铁镍铜合金粉的方法
24	2013-5-15	201310179992.4	土木与环境工程学院	张英华	一种矿井紧急避险帽

续表

序号	申请日期	申请号	所属单位	第一发明人	专利名称
25	2013-5-15	201310180678.8	土木与环境工程学院	张英华	一种黄泥浆添加凝胶防遗煤自燃材料
26	2013-5-15	201310180213.2	土木与环境工程学院	黄志安	一种用于井下紧急避险系统支撑的地面机动救援车
27	2013-5-15	201310180288.0	土木与环境工程学院	高玉坤	一种用于井下紧急避险系统支撑的孔口对接装置
28	2013-5-17	201310183203.4	土木与环境工程学院	朱维耀	一种开采页岩气的方法
29	2013-6-9	201310231305.9	土木与环境工程学院	李子富	一种生物炭肥的生产方法
30	2013-6-18	201310241601.7	土木与环境工程学院	周北海	一种风力搅拌充氧装置
31	2013-6-30	201310267482.2	土木与环境工程学院	杨志强（外）	利用熔态镍渣还原提铁后的二次熔渣生产微晶铸石的方法
32	2013-7-15	201310296207.3	土木与环境工程学院	高　娜	紧急避险空间的氧烛供氧系统
33	2013-7-23	201310311988.9	土木与环境工程学院	吴爱祥	一种膏体充填料浆流变特性测试系统及其使用方法
34	2013-7-26	201310317707.0	土木与环境工程学院	董颖博	稀土尾矿中综合回收有价矿物的方法
35	2013-7-31	201310326749.0	土木与环境工程学院	冯雅丽	一种石煤与低品位软锰矿共同利用回收钒锰的方法
36	2013-8-2	201310334574.8	土木与环境工程学院	倪　文	一种赤泥深度还原提铁及二次尾渣制备胶凝材料的方法
37	2013-8-5	201310337155.X	土木与环境工程学院	韩　斌	注浆式充填挡墙、构建方法以及空区充填系统、充填方法
38	2013-9-5	201310399790.0	土木与环境工程学院	吴爱祥	一种膏体饱和浓度测量装置及其使用方法
39	2013-9-27	201310452807.4	土木与环境工程学院	段旭琴	一种脉冲喷射式泡沫浮选机
40	2013-9-29	201310455413.4	土木与环境工程学院	金龙哲	一种矿用防水型救生舱
41	2013-9-29	201310455309.5	土木与环境工程学院	金龙哲	矿用防水型救生舱耐水压性能检测平台
42	2013-10-18	201310490151.5	土木与环境工程学院	汪群慧	利用甲乙醇作为酯交换剂制备生物柴油的新方法
43	2013-10-25	201310512983.2	土木与环境工程学院	金龙哲	一种用于煤矿用可移动式应急救生舱的自动化空气净化器
44	2013-10-29	201310520253.7	土木与环境工程学院	乔　兰	一种三维应力下废物地质处置多场耦合试验台架系统
45	2013-10-31	201310530275.1	土木与环境工程学院	蔡珉敏	利用注射器管筒制作的简易岩心驱油测试系统及其模拟方法
46	2013-10-31	201310530251.6	土木与环境工程学院	乔　兰	一种远程边坡内部位移自动监测系统
47	2013-10-31	201310529525.X	土木与环境工程学院	乔　兰	一种岩体三维应力监测系统及测量装置
48	2013-11-1	201310536054.5	土木与环境工程学院	姚　俊	纳米农药羧甲基-β-环糊精-Fe_3O_4磁性纳米–敌草隆的制备方法
49	2013-11-7	201310549934.6	土木与环境工程学院	姜福兴	利用抽帮充填防治沿空巷道冲击低压的方法
50	2013-11-22	201310598485.4	土木与环境工程学院	王贻明	一种缓倾斜薄–中厚矿体的新型采矿方法

续表

序号	申请日期	申请号	所属单位	第一发明人	专利名称
51	2013-11-25	201310602932.9	土木与环境工程学院	朱维耀	水力压裂裂缝在砂泥岩薄互层地质界面断裂扩展判识方法
52	2013-12-18	201310697933.6	土木与环境工程学院	张　磊	一种进行岩石直接拉伸强度及变形测量的系统及方法
53	2013-12-20	201310713555.6	土木与环境工程学院	谭卓英	一种磷矿山路面生态抑尘技术
54	2013-12-20	201310714538.4	土木与环境工程学院	李子富	一种一体化净化与提纯沼气的装置及其工艺
55	2012-12-31	201210594521.5	冶金与生态工程学院	朱鸿民	钽基分级结构空心纳米光催化材料制备方法及应用
56	2013-1-1	201310001065.3	冶金与生态工程学院	朱　荣	一种采用燃气加热的高废钢比的冶炼方法
57	2013-1-7	201310004120.4	冶金与生态工程学院	张立峰	一种连续且可调深度取样装置
58	2013-1-7	201310005045.3	冶金与生态工程学院	吴　铿	一种测量风口焦的反应性及反应后强度的方法
59	2013-1-15	201310013884.X	冶金与生态工程学院	于会香	一种控制高强度低合金钢中低熔点夹杂物的方法
60	2013-1-17	201310018385.X	冶金与生态工程学院	李素芹	一种利用超导HGMS技术处理废弃物的分离提纯装置
61	2013-1-22	201310024115.X	冶金与生态工程学院	李素芹	一种利用超导磁分离装置同时提取固废中铁硅元素的方法
62	2013-1-24	201310025769.4	冶金与生态工程学院	刘　青	一种控制连铸机矫直点处铸坯表面温度的方法
63	2013-1-24	201310026381.6	冶金与生态工程学院	刘　青	一种辅助预报转炉炼钢终点的方法
64	2013-1-30	201310036347.7	冶金与生态工程学院	蓝金辉	一种三维信息复原提取的道路遗洒物识别方法
65	2013-1-30	201310035277.3	冶金与生态工程学院	李素芹	超导高梯度磁分离技术分离回收提钒废渣有价物质的方法
66	2013-2-22	201310057281.X	冶金与生态工程学院	李宏煦	一种利用微生物表面还原制备纳米银颗粒的方法
67	2013-2-22	201310057222.2	冶金与生态工程学院	王新东	一种粉体材料电导率与膜电极阻抗的测试装置与方法
68	2013-3-6	201310071125.9	冶金与生态工程学院	李　晶	一种转炉冶炼重点钢液磷含量低于30ppm的控制方法
69	2013-3-14	201310080490.6	冶金与生态工程学院	董　凯	一种是用钒铁电弧炉生产含氮钒铁合金的方法
70	2013-3-15	201310082275.X	冶金与生态工程学院	张炯明	一种利用低压缩比生产＞60mm特厚板的方法
71	2013-3-19	201310088495.3	冶金与生态工程学院	张立强	一种遥控式连铸坯射钉装置与方法
72	2013-3-19	201310088587.1	冶金与生态工程学院	张立峰	一种板坯结晶器连续浇注方坯的方法
73	2013-3-22	201310092898.5	冶金与生态工程学院	张炯明	一种基于末端电磁搅拌的连铸大方坯轻压下工艺
74	2013-4-2	201310112206.9	冶金与生态工程学院	张建良	一种冲天炉处理钢铁厂含铁粉尘的方法

续表

序号	申请日期	申请号	所属单位	第一发明人	专利名称
75	2013-4-2	201310113396.6	冶金与生态工程学院	张炯明	一种在钢包放钢时抑制钢包内旋流下渣的方法
76	2013-4-3	201310116665.4	冶金与生态工程学院	王学斌（外）	一种研究单颗粒铁矿石还原性的试验装置
77	2013-4-7	201310117067.9	冶金与生态工程学院	刘　青	一种基于精准热物性参数的连铸坯凝固冷却过程模拟方法
78	2013-4-10	201310122308.9	冶金与生态工程学院	于然波	一种壳层数可控的多壳层氧化球的制备方法
79	2013-4-15	201310128289.0	冶金与生态工程学院	侯新梅	一种六方氮化硼纤维的制备方法
80	2013-4-18	201310134315.0	冶金与生态工程学院	张国华	一种含钛高炉渣铝热法提钛工艺
81	2013-4-19	201310139498.5	冶金与生态工程学院	李宏煦	海水体系钝顶螺旋藻生物矿化固定二氧化碳装置及方法
82	2013-4-26	201310150737.7	冶金与生态工程学院	王新华	一种基于炉渣物性控制的转炉快速足量倒渣的方法
83	2013-4-28	201310156744.8	冶金与生态工程学院	郭占成	一种粉尘提浸装置
84	2013-5-2	201310159242.0	冶金与生态工程学院	王学斌（外）	一种非真空条件下清洗积碳的方法
85	2013-5-3	201310160930.9	冶金与生态工程学院	王丽君	IT-SOFC电池堆合金连接体及电池堆的连接方法
86	2013-5-8	201310167403.0	冶金与生态工程学院	国宏伟	一种基于多特征分析的高炉除尘灰成分分析方法
87	2013-5-9	201310167762.6	冶金与生态工程学院	国宏伟	铁矿石粗糙度自动数字量化测量方法
88	2013-5-13	201310174224.X	冶金与生态工程学院	焦树强	电解精炼-液态阴极原位定向凝固制备高纯单晶硅的方法
89	2013-5-14	201310176151.8	冶金与生态工程学院	王新华	一种较低碱度脱磷渣快速高效脱磷的转炉冶炼方法
90	2013-5-17	201310184631.9	冶金与生态工程学院	孙俊民（刘晓明）	一种透水砖的制备方法
91	2013-5-17	201310183480.5	冶金与生态工程学院	孙俊民（刘晓明）	一种复合路基材料
92	2013-5-20	201310187894.5	冶金与生态工程学院	张宗旺	旋流状态下双燃料多级混烧的方法和装置
93	2013-5-29	201310206471.3	冶金与生态工程学院	唐惠庆	一种利用生物质木炭实现鲕状高磷铁矿脱磷的方法
94	2013-6-5	201310219094.7	冶金与生态工程学院	张建良	一种改善高炉冶炼钒钛磁铁矿中高钛渣流动性的方法
95	2013-6-9	201310232102.1	冶金与生态工程学院	侯军刚	一种低维钽基纳米阵列光电极制备方法
96	2013-6-17	201310239510.X	冶金与生态工程学院	张建良	一种高炉喷吹煤粉多功能添加剂及其添加方法
97	2013-6-17	201310239584.3	冶金与生态工程学院	周国治	一种低水蒸气含量气体湿度精确控制装置

续表

序号	申请日期	申请号	所属单位	第一发明人	专利名称
98	2013-6-17	201310239617.4	冶金与生态工程学院	周国治	一种固体氧化物燃料电池电极自动浸渍系统
99	2013-6-21	201310250389.0	冶金与生态工程学院	郭占成	一种超重力分离钛渣中钛资源的方法
100	2013-6-26	201310257767.8	冶金与生态工程学院	苍大强	一种超声、富氧助燃装置及其工作方法
101	2013-7-3	201310276920.1	冶金与生态工程学院	陈伟庆	一种易切削钢液中低熔点金属铋的添加方法
102	2013-7-5	201310280935.5	冶金与生态工程学院	侯新梅	一种氮化铝纤维的制备方法
103	2013-8-9	201310347373.1	冶金与生态工程学院	黄　凯	逆Irving-Williams顺序生物吸附材料的制备方法
104	2013-8-20	201310364481.X	冶金与生态工程学院	刘建华	一种采用氩氧炉冶炼低碳TWIP钢的生产方法
105	2013-8-21	201310365418.8	冶金与生态工程学院	张建良	一种含钛高炉渣中钛的富集方法
106	2013-8-21	201310365423.9	冶金与生态工程学院	张建良	一种冶炼铝钙铁合金的方法
107	2013-8-30	201310386672.6	冶金与生态工程学院	孙彦辉	一种从石灰石粉中脱砷脱铅的方法
108	2013-9-2	201310392489.7	冶金与生态工程学院	郭汉杰	一种CEO复合型熔融还原炼铁装置及其工艺
109	2013-9-9	201310407521.4	冶金与生态工程学院	郭占成	利用钢铁企业高炉瓦斯灰生产氯化钾的方法
110	2013-9-11	201310259402.90	冶金与生态工程学院	焦树强	一种双电解槽熔盐电解制备纯钛的装置及其工艺
111	2013-9-13	201310406429.4	冶金与生态工程学院	郭占成	一种超重力分离钒渣中钒资源的方法
112	2013-9-13	201310416337.6	冶金与生态工程学院	郭占成	一种超重力分离稀土渣中稀土资源的方法
113	2013-9-16	201310421132.7	冶金与生态工程学院	朱鸿民	一种含钛可溶阳极熔盐电解提取金属钛的方法
114	2013-9-27	201310452279.2	冶金与生态工程学院	张建良	一种利用富氧热风竖炉处理红土镍矿生产镍铁合金工艺
115	2013-9-27	201310453085.4	冶金与生态工程学院	张建良	一种密闭冲天炉处理钢铁厂含锌、铅粉尘工艺方法
116	2013-9-27	201310453102.4	冶金与生态工程学院	李　晶	一种细化H13模具钢碳化物的方法
117	2013-10-9	201310467396.6	冶金与生态工程学院	张　梅	一种用冷轧泥和废玻璃生产泡沫玻璃的方法
118	2013-10-9	201310466944.3	冶金与生态工程学院	张延玲	带桨叶型转子的旋转粘度计及其测量颗粒流体粘度的方法
119	2013-10-14	201310477512.2	冶金与生态工程学院	李　宏	一种铁水气化脱硅回收纳米SiO_2的方法
120	2013-10-14	201310477120.6	冶金与生态工程学院	张建良	采用不同粘结剂和两次成球方式制作冶金复合球团的方法
121	2013-10-31	201310532855.4	冶金与生态工程学院	左海滨	一种超高温煤粉燃烧实验装置
122	2013-11-5	201310541499.2	冶金与生态工程学院	国宏伟	高炉熔渣生产微晶玻璃的模铸工艺方法及其设备

续表

序号	申请日期	申请号	所属单位	第一发明人	专利名称
123	2013-11-5	201310542523.4	冶金与生态工程学院	国宏伟	高炉熔渣生产微晶玻璃的烧结工艺方法及其设备
124	2013-11-5	201310544436.2	冶金与生态工程学院	国宏伟	高炉熔渣生产铸石的可控温模铸工艺方法及其设备
125	2013-11-5	201310541239.5	冶金与生态工程学院	国宏伟	高炉熔渣生产微晶玻璃的连铸压延工艺方法及其设备
126	2013-11-5	201310541643.2	冶金与生态工程学院	国宏伟	高炉熔渣生产铸石的连铸压延工艺方法及其设备
127	2013-11-11	201310556866.6	冶金与生态工程学院	侯新梅	利用除杂后的煤矸石为原料制备堇青石质多孔陶瓷的方法
128	2013-11-18	201310575371.8	冶金与生态工程学院	白　皓	一种制备硬脂酸-二氧化硅复合相变储热浆体的方法
129	2013-11-22	201310597154.9	冶金与生态工程学院	王新华	一种铸坯中心疏松定量化的测量方法
130	2013-11-26	201310610850.9	冶金与生态工程学院	成泽伟	一种双钢包同时浇注钢液的连铸中间包
131	2013-11-26	201310611864.2	冶金与生态工程学院	郭兴敏	一种高MgO型烧结矿的复合熔剂及制备方法、及其应用
132	2013-11-27	201310616400.0	冶金与生态工程学院	张俊涛	一种柔性光阳极材料、制备方法、装置及其应用
133	2013-11-27	201310616734.8	冶金与生态工程学院	王静松	一种转底炉直接还原-电炉熔分综合利用硼铁矿的方法
134	2013-11-29	201310627886.8	冶金与生态工程学院	郭占成	超重力分离硼渣中硼资源的设备、方法及系统
135	2013-12-2	201310631052.4	冶金与生态工程学院	李　宇	一种利用硅钙渣制备陶瓷砖的方法
136	2013-12-2	201310629955.9	冶金与生态工程学院	左亮珠	一种长寿无修补免烧高炉冲渣槽用陶瓷耐磨料及应用方法
137	2013-12-3	201310643630.6	冶金与生态工程学院	张立峰	分析钢中非金属夹杂物的多级取样、系统分析法
138	2013-12-6	201310659226.8	冶金与生态工程学院	张建良	一种熔融炉处理钢铁厂固体废料工艺方法
139	2013-12-20	201310711253.5	冶金与生态工程学院	张立峰	一种伸缩式可调扒渣板
140	2013-12-19	201310701589.3	冶金与生态工程学院	张立峰	一种高碳铝铁合金及其制备工艺
141	2013-12-19	201310703153.8	冶金与生态工程学院	朱鸿民	一种钛铁氧化矿的选矿富集工艺
142	2012-12-25	201210572437.3	材料科学与工程学院	杨　槐	基于环氧树脂热聚合法制备聚合物分散液晶膜的防方法
143	2012-12-31	201210594504.1	材料科学与工程学院	杨　穆	磺化聚苯乙烯/聚苯乙烯油水两亲性异形为符合微球及工艺
144	2013-1-3	201310000265.7	材料科学与工程学院	李　勇	一种不烧Al-Al_2O_3无碳复合滑板的制备方法
145	2013-1-4	201310001041.8	材料科学与工程学院	王　冬	一类苝类D-π-A型不对称盘状染料化合物
146	2013-1-4	201310001491.7	材料科学与工程学院	杨　洲	一类双对位给受体型卟啉分子的不对称合成方法及其用途

续表

序号	申请日期	申请号	所属单位	第一发明人	专利名称
147	2013-1-4	201310001006.6	材料科学与工程学院	杨　洲	一类不对称卟啉太阳能电池燃料及其制备方法
148	2013-1-5	201310002073.X	材料科学与工程学院	孙建林	一种利用地沟油生产冷轧板带钢轧制液的方法
149	2013-1-5	201310002300.9	材料科学与工程学院	孙建林	一种含纳米TiO_2的水基热轧轧制液及其制备方法
150	2013-1-8	201310005676.5	材料科学与工程学院	李立东	一类吡嗪并二噻吩衍生物及其制备方法
151	2013-1-9	201310007838.9	材料科学与工程学院	赵海雷	一种锂离子电池二氧化硅/碳复合负极材料的制备方法
152	2013-1-15	201310014932.7	材料科学与工程学院	龙　毅	一种高耐蚀性稀土-铁铬硅碳磁热材料及其制备方法
153	2013-1-16	201310016190.1	材料科学与工程学院	王国杰	基于硝基苯的三重响应聚合物自组装体的制备方法和应用
154	2013-1-21	201310020778.4	材料科学与工程学院	薛文东	一种可用于高温材料的Si-B-C-N材料及制备方法
155	2013-1-22	201310025560.8	材料科学与工程学院	肖　葵	一种室内综合模拟/快速评价大气环境腐蚀的装置
156	2013-1-25	201310029887.2	材料科学与工程学院	张　津	钛合金表面黑色抗高温氧化涂层制备方法
157	2013-1-28	201318000401.3	材料科学与工程学院	徐桂英	一种P型和N型碲化铅集合金系列热电材料及其制备方法
158	2013-1-28	201318000402.8	材料科学与工程学院	徐桂英	一种锗硅系热电材料的制备方法
159	2013-1-28	201318000403.2	材料科学与工程学院	徐桂英	一种P型和N型铋 基合金系列热电材料及其制备方法
160	2013-2-1	201310042019.8	材料科学与工程学院	田文怀	一种加工成型蹄合金紫外蒸发源材料的模具及成型方法
161	2013-2-2	201310042846.7	材料科学与工程学院	赵海雷	一种促进硅基磷灰石电解质材料致密化的方法
162	2013-2-2	201310042633.4	材料科学与工程学院	贾成厂	一种近球形钨粉的制备方法
163	2013-2-18	201310052829.1	材料科学与工程学院	赵海雷	一种中低温固体氧化物燃料电池阴极材料
164	2013-2-28	201310064538.4	材料科学与工程学院	常永勤	一种制备纳米晶低活化马氏体钢的方法
165	2013-2-28	201310064362.2	材料科学与工程学院	冯　春	一种利用大弹性应变提高磁记录薄膜的剩磁比的方法
166	2013-2-28	201310064558.1	材料科学与工程学院	刘泉林	一种高性能近球形微单晶YAG基发光材料的制造方法
167	2013-2-28	201310064193.2	材料科学与工程学院	王国杰	一种光/PH敏感型两亲性偶氮苯聚合物胶束的制备方法
168	2013-3-6	201310071486.3	材料科学与工程学院	沈卫平	一种超高压钎焊连接钨-金刚石/铜-低活化钢的方法
169	2013-3-8	201310075003.7	材料科学与工程学院	庞晓露	一种处理有机物元件表面以防挥发及实现电磁屏蔽的方法

续表

序号	申请日期	申请号	所属单位	第一发明人	专利名称
170	2013-3-8	201310074074.5	材料科学与工程学院	庞晓露	一种快读沉积类金刚石薄膜的装置
171	2013-3-11	201310076393.X	材料科学与工程学院	乔利杰	一种持续加载压痕式应力腐蚀试验机及实验方法
172	2013-3-11	201310076729.2	材料科学与工程学院	于　浩	一种二氧化钛纳米粉体改性含氟丙烯酸酯乳液的制备方法
173	2013-3-13	201310080321.2	材料科学与工程学院	韦玉平	一种制备含Ga笼状化合物的方法
174	2013-3-14	201310081236.8	材料科学与工程学院	赵海雷	一种用于中低温质子传输固体氧化物燃料电池的复合阴极材料
175	2013-3-15	201310082902.X	材料科学与工程学院	王丽萍	一种半导体硫化物生物高分子纳米复合薄膜的制备方法
176	2013-3-15	201310082139.0	材料科学与工程学院	李明华	一种磁电阻薄膜的制备及平面霍尔效应提高的方法
177	2013-3-15	201310084389.8	材料科学与工程学院	张　跃	一种制备图案化硅纳米井阵列的方法
178	2013-3-18	201310086311.X	材料科学与工程学院	郑裕东	一种制备碳纳米管复合导电水凝胶涂层修饰电极的方法
179	2013-3-20	201310088893.5	材料科学与工程学院	刘雅政	一种23CrNi$_3$Mo钎具用材料的硬度分布控制工艺
180	2013-3-21	201310092358.7	材料科学与工程学院	王开坤	一种高导电率的铝合金板挤压成形装置及工艺
181	2013-3-22	201310092995.4	材料科学与工程学院	于　浩	用于百万千瓦级大型水轮机顶盖的环板钢及其制造方法
182	2013-3-25	201310096899.7	材料科学与工程学院	李　勇	一种不烧氮化硅铁-尖晶石-刚玉复合耐火材料及制备方法
183	2013-3-25	201310096692.X	材料科学与工程学院	李　勇	一种不烧氮化硅铁-棕刚玉复合耐火材料的制备方法
184	2013-3-25	201310097247.5	材料科学与工程学院	赵海雷	用于中低温质子传输固体氧化物燃料电池的复合阴极材料
185	2013-3-25	201310097231.4	材料科学与工程学院	王　戈	聚苯胺级次结构的可控合成方法
186	2013-4-2	201310113326.0	材料科学与工程学院	张　跃	利用石墨烯修饰高电子迁移率晶体管测量DNA杂化方法
187	2013-4-3	201310114034.9	材料科学与工程学院	康永林	一种制备30GPa%级辐相钢的Q&PB热处理工艺
188	2013-4-3	201310113895.5	材料科学与工程学院	王　戈	一种yolk/shell结构碱式硫酸铜的制备方法
189	2013-4-9	201310121054.9	材料科学与工程学院	周张健	一种原位合成碳化物增强钨基复合材料的制备方法
190	2013-4-9	201310121671.9	材料科学与工程学院	周张健	弥散析出相强化高Cr高Ni奥氏体不锈钢及热加工方法
191	2013-4-11	201310125316.9	材料科学与工程学院	王　戈	一种剑麻状CuO-ZnO复合氧化物的制备方法
192	2013-4-12	201310126630.9	材料科学与工程学院	章　林	纳米β相和纳米氧化物复合强化铁基ODS合金的方法
193	2013-4-12	201310126361.6	材料科学与工程学院	王　戈	一种多级孔二氧化硅基复合气凝胶的制备方法

续表

序号	申请日期	申请号	所属单位	第一发明人	专利名称
194	2013-4-14	201310128005.8	材料科学与工程学院	赵海雷	一种Cu掺杂促进硅基磷灰石电解质致密化的方法
195	2013-4-17	201310133521.X	材料科学与工程学院	王　戈	一种梯级多孔异质复合相变材料的制备方法
196	2013-4-18	201310135994.3	材料科学与工程学院	栾　奕	一种铜催化三组分偶联反应制备β-氨基酯的方法
197	2013-4-19	201310138461.0	材料科学与工程学院	宋仁伯	一种高强韧高耐磨不锈轴承钢轴承零件的生产工艺
198	2013-4-22	201310140939.3	材料科学与工程学院	刘雪峰	一种温型铸造方法
199	2013-4-23	201310146555.2	材料科学与工程学院	赵海雷	一种锂离子电池二氧化硅/碳复合负极材料的制备方法
200	2013-4-24	201310146575.X	材料科学与工程学院	尚成嘉	一种屈服强度690MPa级高塑性中厚板钢的制备方法
201	2013-4-24	201310146573.0	材料科学与工程学院	赵海雷	一种锂离子电池氧化硅/碳复合负极材料的制备方法
202	2013-4-24	201310146961.9	材料科学与工程学院	赵海雷	一种锂离子电池氧化硅/碳复合负极材料的制备方法
203	2013-4-24	201310145924.6	材料科学与工程学院	赵海雷	一种锂离子电池氧化铁负极材料的制备方法
204	2013-4-24	201310145956.6	材料科学与工程学院	赵海雷	一种锂离子电池氧化铁基高性能负极材料的制备方法
205	2013-4-25	201310146791.4	材料科学与工程学院	李俊儒	Cr12型马氏体耐热钢原奥氏体晶界的显示处理方法
206	2013-4-25	201310147886.8	材料科学与工程学院	燕青芝	一种超临界水堆用马氏体钢及其制备方法
207	2013-4-27	201310150972.4	材料科学与工程学院	燕青芝	一种长径比可调节的非晶炭纳米管的大规模制备方法
208	2013-4-27	201310150950.8	材料科学与工程学院	燕青芝	一种钨纳米线材料及其制备方法
209	2013-4-27	201310153788.5	材料科学与工程学院	郑裕东	一种刺激响应型酯化纳米纤维素前药缓释材料的制备方法
210	2013-5-9	201310166935.2	材料科学与工程学院	李　勇	一种不烧氮化硅铁-氧化硅复合无碳滑板及其制备方法
211	2013-5-10	201310171149.1	材料科学与工程学院	李　勇	$Al_{23}O_{27}N_5$结合的刚玉复合滑板及其制备方法
212	2013-5-12	201310172805.X	材料科学与工程学院	张　跃	一种Si纳米井/ZnO纳米棒阵列二级结构的制备方法
213	2013-5-16	201310181817.9	材料科学与工程学院	于　贵（外）	一种线形可溶性含硫原子的并五苯衍生物及其制备方法与应用
214	2013-5-20	201310187373.X	材料科学与工程学院	赵海雷	一种锂离子电池介孔氧化亚硅碳复合负极材料的制备方法
215	2013-5-24	201310199228.3	材料科学与工程学院	官月平	一种磁性混凝法处里含铬制革废水的方法
216	2013-5-31	201310211312.2	材料科学与工程学院	曹文斌	一种防污闪绝缘子的制备方法

续表

序号	申请日期	申请号	所属单位	第一发明人	专利名称
217	2013-6-3	201310215572.7	材料科学与工程学院	黄继华	一种铝/铜钎焊用锡基钎料及其制备方法
218	2013-6-3	201310216782.8	材料科学与工程学院	黄继华	一种Zn-Al-Cu基钎料及其制备方法
219	2013-6-3	201310216081.4	材料科学与工程学院	黄继华	一种铝/铜钎焊用Zn-Al-Cu基钎料及其制备方法
220	2013-6-3	201310215569.5	材料科学与工程学院	黄继华	一种铝/铜钎焊用锌基钎料及其制备方法
221	2013-6-7	201310226997.8	材料科学与工程学院	姚志浩	一种实现GH4738镍基高温合金涡轮盘成形方法
222	2013-6-7	201310226497.4	材料科学与工程学院	姚志浩	一种实现GH4738镍基高温合金铸锭均匀处理方法
223	2013-6-9	201310231733.1	材料科学与工程学院	连　芳	一种聚合物多孔膜及其制备方法和在凝胶聚合物电解质中的应用
224	2013-6-14	201310234229.7	材料科学与工程学院	董建新	一种难变形镍基高温合金超塑性成形方法
225	2013-6-17	201310239683.1	材料科学与工程学院	王树明	一种大尺寸钨铜面向等离子体部件制备方法
226	2013-6-18	201310240523.9	材料科学与工程学院	高克玮	一种评定金属腐蚀产物膜有效孔隙率的方法
227	2013-6-18	201310240742.7	材料科学与工程学院	王树明	一种碳纳米管掺杂改性钨及其爆炸固结制备方法
228	2013-7-3	201310276318.8	材料科学与工程学院	曹　林	一种利用硼酸钠制备粒状锰方硼石纳米材料的方法
229	2013-7-3	201310276079.6	材料科学与工程学院	曹　林	一种添加锰方硼石的铜基摩擦材料的制备方法
230	2013-7-3	201310276365.2	材料科学与工程学院	薛文东	一种可用于中间包的高镁质覆盖剂材料及其制备方法
231	2013-7-3	201310276300.8	材料科学与工程学院	李殊霞	一种超塑性双相不锈钢夹层结构的制造方法
232	2013-7-16	201310298280.4	材料科学与工程学院	康永林	一种分流汇合浇道制备半固态浆料和流变成形设备
233	2013-7-16	201310298037.2	材料科学与工程学院	康永林	一种摇摆搅拌装置制备半固态浆料和流变成形设备
234	2013-7-18	201310302904.5	材料科学与工程学院	连　芳	一种全固态聚电解质薄膜及其制备和应用方法
235	2013-7-19	201310307020.9	材料科学与工程学院	范丽珍	一种碳包覆锂正极材料及其制备方法
236	2013-7-19	201310306442.4	材料科学与工程学院	范丽珍	制备石墨烯气凝胶及石墨烯/金属氧化物气凝胶的方法
237	2013-8-2	201310334432.1	材料科学与工程学院	燕青芝	一种铜基粉末冶金摩擦材料和钢背的连接方法
238	2013-8-2	201310334681.0	材料科学与工程学院	燕青芝	一种铜基复合材料摩擦块的连续气压烧结方法
239	2013-8-9	201310347303.6	材料科学与工程学院	潘德安	一种废线路板多金属粉末熔炼预处理的方法

续表

序号	申请日期	申请号	所属单位	第一发明人	专利名称
240	2013-8-16	201310359168.7	材料科学与工程学院	姚志浩	一种应用于超大型镍基高温合金涡轮盘锻造的包套方法
241	2013-8-23	201310373022.8	材料科学与工程学院	李俊儒	一种马氏体耐热钢中δ铁素体相面积含量统计方法
242	2013-8-23	201310372990.7	材料科学与工程学院	李俊儒	一种马氏体型耐热钢原奥氏体晶界的显示方法
243	2013-8-23	201310373483.5	材料科学与工程学院	刘雪峰	一种多坯料闭式组合孔型拉拔方法
244	2013-8-23	201310374174.X	材料科学与工程学院	王国杰	一种可见光和pH响应性自组装聚合物材料的制备方法
245	2013-8-28	201310381587.0	材料科学与工程学院	韩静涛	组合模具板金属连续冲压成形工艺及成形设备
246	2013-8-28	201310381488.2	材料科学与工程学院	曹文斌	一种气相光催化反应装置
247	2013-9-6	201310404343.X	材料科学与工程学院	曹文斌	一种五氧化二钒溶胶的制备方法
248	2013-9-6	201310404319.6	材料科学与工程学院	刘泉林	一种红色硅铝氧氮化物荧光材料及其制备方法
249	2013-9-9	201310407358.1	材料科学与工程学院	龙　毅	稀土铁硅合金从包析反应中得到$NaZn_{13}$结构的退火方法
250	2013-9-10	201310409437.6	材料科学与工程学院	王自东	一种在普碳钢中形成Ti_5O_9纳米颗粒的制备方法
251	2013-9-10	201310409451.6	材料科学与工程学院	王自东	一种制备原位纳米颗粒强化Q195钢的方法
252	2013-9-17	201310424651.9	材料科学与工程学院	张欣欣	一种采用自模板法制备纳米环状硫化镉光催化材料的方法
253	2013-9-23	201310435183.5	材料科学与工程学院	李立东	一种橙光铱配合物及其在有机电致白或橙光器件中的应用
254	2013-9-23	201310436252.4	材料科学与工程学院	周　成	一种金属薄板近终形成形装置及其成形方法
255	2013-9-25	201310445711.5	材料科学与工程学院	王学敏	一种高Nb原油船货轮舱底板用耐蚀钢
256	2013-9-27	201310452322.5	材料科学与工程学院	王国杰	一种光/pH敏感型芘功能化聚合物胶束的制备方法
257	2013-10-9	201310467146.2	材料科学与工程学院	刘雪峰	一种表面具有多孔结构的处理铜箔及其制备方法
258	2013-10-9	201310466887.9	材料科学与工程学院	刘雪峰	一种表面处理铜箔及其制备方法
259	2013-10-12	201310474147.X	材料科学与工程学院	李立东	一类红光铱配合物及其在有机店致白或红发光器件中应用
260	2013-10-14	201310477158.3	材料科学与工程学院	王自东	一种Cr纳米结构晶粒铜的制备方法
261	2013-10-15	201310482098.4	材料科学与工程学院	张　丹	显示珠光体状态的$GCr_{15}SiMn$钢院士奥氏体晶粒的方法
262	2013-10-17	201310487881.X	材料科学与工程学院	苗　君	阻变存储器单元及其制造方法
263	2013-10-18	201310489326.0	材料科学与工程学院	王学敏	一种海洋平台用高铝低密度中厚钢板及其制备方法
264	2013-10-22	201310497601.3	材料科学与工程学院	文新理	钢板生产现场快速检测管线钢包辛格效应的方法及装置

续表

序号	申请日期	申请号	所属单位	第一发明人	专利名称
265	2013-10-23	201310505454.X	材料科学与工程学院	李静媛	一种双相不锈钢铸态钢坯固溶处理后直接冷轧的加工方法
266	2013-11-6	201310549757.1	材料科学与工程学院	王国杰	一种多重响应纳米凝胶的制备方法及其应用
267	2013-11-6	201310544849.0	材料科学与工程学院	康永林	一种减少铜合金板带热轧温降的方法
268	2013-11-11	201310557047.3	材料科学与工程学院	刘　弘	一种促进带氧化皮钢生成稳定锈层的喷液处理方法
269	2013-11-13	201310565486.9	材料科学与工程学院	高克玮	一种利用反应烧结工艺制备多孔碳化铬的方法
270	2013-11-13	201310571294.9	材料科学与工程学院	吕　政	一种高比重高硬度霰弹枪圆柱型弹丸的制造方法
271	2013-11-13	201310562449.2	材料科学与工程学院	王丽萍	一种油溶性氧化锡纳米微粒及气敏薄膜的制备方法
272	2013-11-20	201310587104.2	材料科学与工程学院	常永勤	一种Sn掺杂ZnO半导体材料及制备方法、及其应用
273	2013-12-2	201310630931.5	材料科学与工程学院	刘雪峰	一种端面金属化陶瓷电真空管及其制备方法
274	2013-12-10	201310664940.6	材料科学与工程学院	田文怀	一种用于制备电铸铜-铝复合药型罩的电铸芯模及方法
275	2013-12-10	201310670910.6	材料科学与工程学院	杨　穆	一种Ag掺杂TiO_2材料、及其制备方法和应用
276	2013-12-13	201310687772.2	材料科学与工程学院	杨　槐	有光响应特性的多反射带层状胆甾相液晶复合薄膜及工艺
277	2013-12-16	201310690543.6	材料科学与工程学院	张波萍	一种CuS纳米片光催化材料及制备方法
278	2013-12-18	201310697949.7	材料科学与工程学院	赵志毅	一种基于主成分回归分析的结构影响无取向硅钢磁性能的分析方法
279	2013-12-18	201310697805.1	材料科学与工程学院	赵志毅	基于主成分回归分析的晶粒尺寸影响无取向硅钢磁性能的分析方法
280	2013-12-18	201310697981.5	材料科学与工程学院	赵志毅	基于主成分回归分析的夹杂物影响无取向硅钢磁性能的分析方法
281	2013-12-18	201310701496.0	材料科学与工程学院	毛卫民B	一种制备半固态金属的振动倒锥形通道方法及装置
282	2013-12-18	201310701547.X	材料科学与工程学院	毛卫民B	一种半固态金属的振动蛇形通道制备方法及装置
283	2013-12-18	201310701597.8	材料科学与工程学院	毛卫民B	一种制备半固态金属的垂直直管通道方法及装置
284	2013-12-24	201310718590.7	材料科学与工程学院	谢锡善	用多种纳米析出相复合强化铬镍型奥氏体耐热钢的方法
285	2013-12-24	201310719141.4	材料科学与工程学院	谢锡善	一种复合强化22/15铬镍型高强抗蚀奥氏体耐热钢
286	2013-12-26	201310733453.0	材料科学与工程学院	宋仁伯	一种低密度、高强韧汽车用钢板及制备工艺

续表

序号	申请日期	申请号	所属单位	第一发明人	专利名称
287	2013-12-26	201310740594.5	材料科学与工程学院	宋仁伯	一种球磨机用轻质高锰钢衬板及其制备方法
288	2013-12-27	201310741088.8	材料科学与工程学院	张迎春	一种湿法制备高活性LiH微球的方法
289	2013-12-30	201310743768.3	材料科学与工程学院	张波萍	一种Al掺杂ZnO织构热电材料的制备方法
290	2013-12-30	201310743438.4	材料科学与工程学院	张波萍	一种Ni掺杂ZnO织构热电材料的制备方法
291	2013-12-30	201310743440.1	材料科学与工程学院	张波萍	一种Ga掺杂ZnO织构热电材料的制备方法
292	2013-12-30	201310746964.6	材料科学与工程学院	高克玮	测量应力作用下材料微观力学性能的加载装置及方法
293	2013-1-18	201310020295.4	机械工程学院	冯俊小	一种熔融高炉渣粒化过程的螺旋振动床余热回收装置
294	2013-1-18	201310020115.2	机械工程学院	冯俊小	一种熔融高炉渣气固喷射粒化装置及方法
295	2013-2-25	201310058545.3	机械工程学院	范让林	一种高稳定性的三线扭摆法刚体动力学参数测试台
296	2013-2-25	201310058692.0	机械工程学院	范让林	一种等半径的三线扭摆法刚体动力学参数测试台
297	2013-2-25	201310058645.6	机械工程学院	范让林	一种主动平衡的三线扭摆法刚体动力学参数测试台
298	2013-2-25	201310058544.9	机械工程学院	范让林	一种三线扭摆法刚体动力学参数测试台
299	2013-3-6	201310072157.0	机械工程学院	闫晓强	一种轧机振动抑振装置
300	2013-4-8	201310120133.8	机械工程学院	张　辉	一种基于容量法测定气液化学反应速率的装置及测定方法
301	2013-4-9	201310120091.8	机械工程学院	刘应书	一种测定酸性气体在碱性吸收液中平衡溶解度的装置
302	2013-4-15	201310128448.7	机械工程学院	阳建宏	用于活套区冷轧带钢跑偏检测的自供电无线传感器节点
303	2013-5-7	201310163362.8	机械工程学院	张　辉	同步跟踪测定气固吸附过程微热量变化的装置及测定方法
304	2013-5-15	201310178450.5	机械工程学院	童莉葛	一种用于局部调温的空气调节器
305	2013-5-21	201310190177.8	机械工程学院	冯俊小	一种气体双循环辐射管加热装置
306	2013-5-27	201310201059.2	机械工程学院	吴迪平	一种氧枪防落制动装置
307	2013-7-5	201310280432.8	机械工程学院	田义胜(外)	轧辊和带钢三维表面形貌功能特征参数的测量方法及装置
308	2013-8-1	201310331443.4	机械工程学院	刘训良	一种连续运行的移动床化学链反应系统
309	2013-8-2	201310334215.2	机械工程学院	豆瑞锋	一种带卷材料径向等效导热系数的测量装置及测量方法
310	2013-8-15	201310356940.X	机械工程学院	曹建国	用于宽幅带钢板形控制的通用变凸度轧辊辊形设计方法

续表

序号	申请日期	申请号	所属单位	第一发明人	专利名称
311	2013-8-22	201310368624.4	机械工程学院	孟　宇	一种地下矿用铰接车的驾驶模拟系统
312	2013-9-2	201310392370.X	机械工程学院	陈　兵	一种具有简易窜辊功能的冷轧带钢拉伸弯曲矫直机
313	2013-9-3	201310392367.8	机械工程学院	陈　兵	一种具有窜辊功能的冷轧带钢拉伸弯曲矫直机
314	2013-9-3	201310392474.0	机械工程学院	陈　兵	一种冷轧宽幅薄带钢碎边剪切系统及其剪切方法
315	2013-9-10	201310410120.4	机械工程学院	黎　敏	一种高温环境下声场测量与分析装置及其分析方法
316	2013-9-13	201310418010.2	机械工程学院	张欣茹	一种快速高通量可直接测量细胞表面自由能的方法
317	2013-10-14	201310479314.X	机械工程学院	杨翠芹	一种半轴套管的楔横轧精密成形方法
318	2013-10-29	201310523169.0	机械工程学院	孙朝阳	一种大型多管嘴管道热挤压成形工艺制定与模具设计方法
319	2013-11-12	201310561207.1	机械工程学院	杨　珏	一种行星式自动变速器
320	2013-11-12	201310561619.5	机械工程学院	金　纯	一种用于自动变速器的整体式制动器
321	2013-11-17	201310575202.4	机械工程学院	刘应书	一种用于沼气低温燃烧脱氧的节能装置及其工艺
322	2013-11-18	201310576288.2	机械工程学院	刘训良	一种继续运行的固体燃料化学链反应系统
323	2013-12-6	201310659289.3	机械工程学院	肖成勇	矿用车辆运行状态信号采集装置
324	2013-12-22	201310714351.4	机械工程学院	冯俊小	一种扁双P型辐射管
325	2013-12-20	201310713374.3	机械工程学院	冯　涛	一种LNG公交车冷量回收系统
326	2013-1-18	201310018394.9	自动化学院	刘　涛	OFDM系统中存在I/Q不平衡时的盲载波频率偏移估计方法
327	2013-3-4	201310067026.3	自动化学院	刘　涛	正交频分复用系统中的频偏、直流和失衡的联合估计方法
328	2013-3-25	201310095932.4	自动化学院	徐令仪	基于油门踏板位置和车速的道路纵向坡度检测装置及方法
329	2013-6-17	201310237706.5	自动化学院	李　擎	基于低压电力线的载波表自组网方法
330	2013-6-17	201310239261.4	自动化学院	崔家瑞	基于低压电力线载波的自组网抄表方法
331	2013-6-18	201310241560.1	自动化学院	王粉花	一种基于手势识别技术的3D虚拟交互方法及系统
332	2013-9-13	201310418199.5	自动化学院	陈先中	一种基于溜槽位置判断的多点雷达协同成像装置及方法
333	2013-10-22	201310498870.1	自动化学院	刘　涛	分布式无线气象编码监测方法、装置及系统
334	2013-10-23	201310502728.X	自动化学院	刘　涛	带有时变直流偏移的OFDM系统的载波频率偏移估计方法

续表

序号	申请日期	申请号	所属单位	第一发明人	专利名称
335	2013-11-27	201310616839.3	自动化学院	景　鹏	一种基于手势控制器的控制系统
336	2013-11-27	201310616728.2	自动化学院	景　鹏	一种家庭环境远程监控系统及监控方法
337	2013-12-3	201310643539.4	自动化学院	刘　欣	面向孤独症儿童的智能远程社交辅助治疗机器人
338	2012-12-27	201210581849.3	计算机与通信工程学院	班晓娟	一种交通标志标线只能设计系统及方法
339	2013-1-25	201310028535.5	计算机与通信工程学院	杜利平	一种基于瑞利商的加权协作频谱感知方法
340	2013-1-28	201318000404.7	计算机与通信工程学院	周贤伟	一种基于超网络模型的空间通信网络组网方法
341	2013-1-30	201318000434.8	计算机与通信工程学院	周贤伟	一种基于超网络模型的ASPHM路由算法
342	2013-2-25	201310057842.6	计算机与通信工程学院	杜利平	基于回溯检查凸集投影的认知无线电主用户定位方法
343	2013-3-7	201310073790.1	计算机与通信工程学院	陈月云	一种适用于超宽带的无线接入控制与时隙分配方法
344	2013-3-20	201310089615.1	计算机与通信工程学院	谢　仑	一种大容量晶闸管变流型矢量控制装置的主动防危系统
345	2013-3-21	201310092381.6	计算机与通信工程学院	王志良	一种用于健忘老人或强迫症患者的智能语音提示装置
346	2013-4-12	201310127841.4	计算机与通信工程学院	邹丽晖	一种视觉认知模型驱动的全局图像信息合成方法
347	2013-4-16	201310130442.3	计算机与通信工程学院	邹丽晖	一种基于云计算的大规模热连轧数据主题定制系统
348	2013-4-17	201310133742.7	计算机与通信工程学院	阳小龙	CDN-P2P中内容属性可区分的流媒体缓存替换方法
349	2013-4-19	201310137231.2	计算机与通信工程学院	阳小龙	基于物理位置的内容副本一致性维护方法
350	2013-5-3	201310159610.1	计算机与通信工程学院	林福宏	一种基于主动另据选择的卫星网络切换备份方法
351	2013-5-13	201310175251.9	计算机与通信工程学院	吕博良	一种内容互联网的路由转发方法
352	2013-6-24	201310254203.9	计算机与通信工程学院	周贤伟	一种无线网络中智慧速率分配方法
353	2013-7-4	201310278209.X	计算机与通信工程学院	周贤伟	容迟容断网络的路由算法
354	2013-7-10	201310287814.3	计算机与通信工程学院	张娜娜	OFDM-PON中实现ONU无色化的方法和系统
355	2013-7-22	201310306864.1	计算机与通信工程学院	马忠贵	一种物流车辆实时定位方法和装置
356	2013-7-24	201310314361.9	计算机与通信工程学院	闫　琛	室内定位方法和装置
357	2013-8-2	201310334149.9	计算机与通信工程学院	柴晓萌	面向食品安全的二维码验证方法
358	2013-8-2	201310333072.3	计算机与通信工程学院	张　旭	标签识别方法及终端设备
359	2013-8-2	201310333096.9	计算机与通信工程学院	李　燕	标签识别方法及终端设备
360	2013-8-13	201310351190.7	计算机与通信工程学院	李　燕	一种射频标签转二维码的方法

续表

序号	申请日期	申请号	所属单位	第一发明人	专利名称
361	2013-8-16	201310359105.1	计算机与通信工程学院	杨炳儒	用于构建企业创新方法库的数据挖掘方法
362	2013-9-10	201310409920.4	计算机与通信工程学院	马　静	一种基于低功率电小天线的地下低频无线通信系统
363	2013-9-12	201310415580.6	计算机与通信工程学院	阳小龙	一种CDN-P2P融合网络中跨域流量最小化的内容分发方法
364	2013-11-19	201310585625.4	计算机与通信工程学院	张雁翎	电子站牌显示屏
365	2013-11-19	201310582972.1	计算机与通信工程学院	张雁翎	智能公交定位查询系统
366	2013-11-20	201310586649.1	计算机与通信工程学院	张雁翎	GPS定位导航方法
367	2013-11-21	201310590839.0	计算机与通信工程学院	杨　扬	一种基于MapReduce机制的数据密集型成本优化方法
368	2013-11-22	201310598429.0	计算机与通信工程学院	陈桂梅	一种基于多源分布式网络的多跳协作传输方法
369	2013-11-27	201310613199.0	计算机与通信工程学院	李　洋	一种海洋航线检测数据的压缩方法
370	2013-11-20	201310589891.4	计算机与通信工程学院	周贤伟	一种计算深空通信链路损耗值的方法
371	2013-11-28	201310624670.6	计算机与通信工程学院	周贤伟	一种深空航天器到地球的Ka波段信道建模方法
372	2013-12-3	201310643679.1	计算机与通信工程学院	张雁翎	电梯控制系统
373	2013-12-3	201310644138.0	计算机与通信工程学院	张雁翎	智能公交定位查询终端
374	2013-12-4	201310645841.3	计算机与通信工程学院	张雁翎	一种基于二维码的公交站信息查询方法及查询系统
375	2013-12-4	201310645832.4	计算机与通信工程学院	王建萍	基于限幅技术降低OFDM系统中峰值平均功率比的方法
376	2013-12-4	201310645795.7	计算机与通信工程学院	张　楠	一种差错容忍的网络冗余消除实现方法
377	2013-12-9	201310659852.7	计算机与通信工程学院	何　振	基于量化理论降低OFDM系统中PAPR的限幅方法
378	2013-12-18	201310697911.X	计算机与通信工程学院	谢永红	一种热连轧产品生产流程的工艺参数预测方法
379	2013-12-30	201310744478.0	计算机与通信工程学院	王洪泊	一种防拔式抗金属RFID电子标签及制造方法
380	2013-12-30	201310744882.8	计算机与通信工程学院	王建萍	一种基于迭代的选择映射降低OFDM系统峰均比方法
381	2013-1-8	201310006528.5	数理学院	巨　新	一种单分散碳纳米碗的制备方法
382	2013-2-4	201310044018.7	数理学院	杨运旭	一种水解动力学拆分制备(S)-3，4-二氟苯基环氧乙烷的方法
383	2013-2-4	201310043982.8	数理学院	杨运旭	一种合成制备(S)-(3，4-二氟苯基)环氧乙烷的方法
384	2013-5-23	201310193449.X	数理学院	吴　平	一种新型的振动式液体泵
385	2013-6-7	201310224974.3	数理学院	胡建玲	银纳米片厚度可控的自组装银球SERS基底的制备方法
386	2013-2-18	201310052618.8	化学与生物工程学院	董　彬	一种机械喷射高效消除泡沫装置

续表

序号	申请日期	申请号	所属单位	第一发明人	专利名称
387	2013-5-28	201310202897.1	化学与生物工程学院	张学记	一种具有多级结构的光子晶体薄膜重金属传感器制备方法
388	2013-7-3	201310276375.6	化学与生物工程学院	罗　晖	一种固定化头孢菌素C酰化酶的制备方法
389	2013-7-19	201310306377.5	化学与生物工程学院	李建强	用废弃电路板溶铜——电沉积联用法制备超细铜粉的方法
390	2013-7-29	201310321485.X	化学与生物工程学院	闫　海	一种利用餐厨垃圾培养蛹虫草的方法
391	2013-8-9	201310347284.7	化学与生物工程学院	李建强	一种氨性条件下二维羽毛状铜粉的制备方法
392	2013-8-20	201310364617.7	化学与生物工程学院	张美芹	一种蛋白质保护的荧光金纳米簇显现潜指纹的方法
393	2013-9-5	201310401009.9	化学与生物工程学院	罗　晖	一种制备固定化头孢菌素C酰化酶的方法
394	2013-9-22	201310432381.6	化学与生物工程学院	张　怀	一种提高L-苯丙氨酸基因工程菌产L-苯丙氨酸的方法
395	2013-10-9	201310467454.5	化学与生物工程学院	霍怡廷	一种SCR废烟气脱硝催化剂的回收方法
396	2013-10-29	201310519113.8	化学与生物工程学院	杨运旭	苯并噻唑骨架的双洛丹宁份菁增感染料的制备方法
397	2013-10-30	201310522525.7	化学与生物工程学院	杨运旭	动物抗菌素泰拉霉素的制备方法
398	2013-11-11	201310556976.2	化学与生物工程学院	苏　磊	一种中性至碱性下高稳定普鲁士蓝修饰电极的制备方法
399	2013-11-12	201310562127.8	化学与生物工程学院	苏　磊	一种聚木犀草素抗菌涂层的制备方法及抗菌效果测试方法
400	2013-11-13	201310562605.5	化学与生物工程学院	范慧俐	一种石墨烯/聚苯胺/钴复合吸波材料及制备方法
401	2013-11-26	201310607128.X	化学与生物工程学院	闫　海	一种提高红法夫酵母产虾青素的方法
402	2013-12-2	201310637273.2	化学与生物工程学院	李建强	一种用固相合成法制备Ca_2PbO_4粉体的方法
403	2013-12-20	201310712073.9	化学与生物工程学院	温永强	通过静电纺丝将核酸适配体修饰的高分子体系纺成纤维膜应用于控制释放
404	2013-12-23	201310718532.4	化学与生物工程学院	温永强	一种量子点功能化的纳米纤维检测癌细胞的传感器及制备方法
405	2013-12-20	201310712621.8	化学与生物工程学院	温永强	一种核酸修饰的纳米纤维光学传感器及其制备方法
406	2013-12-23	201310718451.4	化学与生物工程学院	郝开红	一种表面等离子体共振（SPR）传感芯片及其制备方法和应用
407	2013-12-18	201310697479.4	化学与生物工程学院	黄冬华	用于分离二氧化钛/甲烷的高性能炭分子筛的制备方法
408	2013-7-19	201310306192.4	生物工程与传感技术研究中心	张美芹	一种采用化学沉积显现金属表面潜指纹的方法

续表

序号	申请日期	申请号	所属单位	第一发明人	专利名称
409	2013-11-13	201310562591.7	生物工程与传感技术研究中心	张学记	基于扫描电化学显微镜高分辨率血潜指纹图像采集方法
410	2013-1-2	201310000406.5	东凌经济管理学院	武　森	一种基于集合特征向量的快速聚类方法和装置
411	2012-12-26	201210574427.3	新金属材料国家重点实验室	袁　超	一种高性能磁致伸缩薄板带制备方法
412	2012-12-31	201210593276.6	新金属材料国家重点实验室	杨　滨	一种大块铝基非晶/纳米晶复合材料及其制备方法
413	2013-1-5	201310001784.5	新金属材料国家重点实验室	王西涛	一种消除双相不锈钢低温时效脆性的方法
414	2013-1-5	201310001748.9	新金属材料国家重点实验室	王西涛	一种耐热老化的双相不锈钢及其制备方法
415	2013-1-5	201310002516.5	新金属材料国家重点实验室	王西涛	一种在线检测双相不锈钢热老化状况的方法及其系统
416	2013-1-8	201310005467.0	新金属材料国家重点实验室	杨　滨	一种含Sn和Nb的锆基大块非晶合金、制备方法及其应用
417	2013-1-14	201310013155.4	新金属材料国家重点实验室	宋西平	一种制备纳米镁的方法
418	2013-2-27	201310061956.8	新金属材料国家重点实验室	张济山	一种汽车车身用铝合金板材及其制备方法
419	2013-2-28	201310064454.0	新金属材料国家重点实验室	宋西平	一种利用气相沉积工艺制备纳米金的方法
420	2013-2-28	201310063299.0	新金属材料国家重点实验室	张　跃	一种利用扫描电镜在单根微钠线上制作金属电极的方法
421	2013-4-16	201310131265.0	新金属材料国家重点实验室	隋延力	一种利用铁尾矿制备环保型透水砖的方法
422	2013-4-23	201310143639.0	新金属材料国家重点实验室	宋西平	一种无裂纹锆合金的制备工艺
423	2013-5-20	201310187669.1	新金属材料国家重点实验室	刘雄军	一种基于Ag基非晶合金制备纳米多孔银的方法
424	2013-6-25	201310254998.3	新金属材料国家重点实验室	张　跃	一种新型自驱动紫外探测器及其制作方法
425	2013-6-27	201310259647.1	新金属材料国家重点实验室	张　跃	一种ZnO纳米阵列紫外探测器及其制作方法
426	2013-7-3	201310275808.6	新金属材料国家重点实验室	王西涛	生物医用可降解耐腐蚀Mg-Zn-Zr合金及制备方法
427	2013-7-17	201310300924.9	新金属材料国家重点实验室	侯陇刚	一种显著改善高强铝合金变形能力和力学性能的处理方法
428	2013-10-12	201310476383.5	新金属材料国家重点实验室	郭明星	Al-Mg-Si-Cu-Zn系铝合金、其制备方法及其应用
429	2013-10-14	201310477135.2	新金属材料国家重点实验室	包小倩	一种致密细晶钕铁硼烧结磁体的制备方法
430	2013-10-18	201310489117.6	新金属材料国家重点实验室	包小倩	一种晶界富钕相被替换的烧结钕铁硼永磁材料的制备方法

续表

序号	申请日期	申请号	所属单位	第一发明人	专利名称
431	2013-10-25	201310511420.1	新金属材料国家重点实验室	高学绪	一种测量整体磁致伸缩系数的方法及其装置
432	2013-10-25	201310511938.5	新金属材料国家重点实验室	高学绪	一种超磁致伸缩凝固组织均匀化的制备方法
433	2013-10-30	201310526023.1	新金属材料国家重点实验室	惠希东	Zr-Al-Cu-Fe-Nb块体非晶合金及制备方法
434	2013-10-31	201310530812.2	新金属材料国家重点实验室	惠希东	一种TiZrNbVMox高熵合金及其制备方法
435	2013-10-31	201310533010.7	新金属材料国家重点实验室	高学绪	一种利用柱状晶板坯制备取向磁致伸缩薄板的方法
436	2013-11-6	201310546083.X	新金属材料国家重点实验室	惠希东	一种高强度铸造Ti-Si-Al-B-Zr基合金
437	2013-11-11	201310556786.0	新金属材料国家重点实验室	惠希东	含稀土和金属间化合物增强相的Ti-Si-Al基合金
438	2013-11-13	201310571262.9	新金属材料国家重点实验室	包小倩	一种高磁致伸缩系数Fe-Ga基薄片材料及其制备方法
439	2013-11-13	201310571565.0	新金属材料国家重点实验室	高学绪	一种烧结钕硼永磁材料的制备方法
440	2013-11-13	201310571290.0	新金属材料国家重点实验室	高学绪	一种改善超磁致伸缩材料力学特性的制备方法
441	2013-11-18	201310577265.3	新金属材料国家重点实验室	张济山	一种7000系铝合金的晶粒细化处理方法
442	2013-11-18	201310582389.0	新金属材料国家重点实验室	林均品	一种高Nb-TiAl合金及其制备方法
443	2013-11-21	201310593871.4	新金属材料国家重点实验室	惠希东	高强度低弹性模量TiZrNbHf高熵合金及其制备方法
444	2013-12-13	201310677574.8	新金属材料国家重点实验室	包小倩	一种高矫顽力高强韧高耐蚀烧结钕铁硼永磁体的制备方法
445	2013-12-16	201310688257.6	新金属材料国家重点实验室	李龙飞	一种制备亚微米复相钢的热机械处理方法
446	2013-12-16	201310690502.7	新金属材料国家重点实验室	惠希东	一种氧强化的TiZrNbHfO高熵合金及其制备方法
447	2013-12-19	201310710919.5	新金属材料国家重点实验室	惠希东	一种铸造Ti-Si-Al基高温高强度合金
448	2013-12-24	201310721694.3	新金属材料国家重点实验室	蔡元华	高应变强化指数AlMgSi合金板材及其制备方法
449	2013-1-23	201310024360.0	冶金工程研究院	赵爱民	一种具有TRIP效应的球墨铸铁的制备工艺
450	2013-3-5	201310069652.6	冶金工程研究院	余　伟	一种低温用途的低屈强比高强度高韧性钢及其制备方法
451	2013-3-5	201310069713.9	冶金工程研究院	余　伟	一种特厚板的制造方法
452	2013-3-7	201310073798.8	冶金工程研究院	江海涛	一种高强度高塑性中锰冷轧钢板及其制造方法

续表

序号	申请日期	申请号	所属单位	第一发明人	专利名称
453	2013-3-14	201310081126.1	冶金工程研究院	宋　勇	一种热连轧粗轧短行程曲线参数的在线计算方法
454	2013-4-2	201310112938.8	冶金工程研究院	苏　岚	一种低屈强比超高强冷轧钢板及其制备方法
455	2013-4-8	201310119002.8	冶金工程研究院	赵爱民	低碳热轧全铁素体基超高强超高扩孔率钢及其制备方法
456	2013-4-8	201310119753.X	冶金工程研究院	赵爱民	一种1000MPa超级铁素体钢及其制备方法
457	2013-9-6	201310403246.9	冶金工程研究院	荆丰伟	提高薄规格热轧不锈钢全长宽度均匀性的变张力控制方法
458	2013-9-17	201310423334.5	冶金工程研究院	陈银莉	一种超高强热成形钢的退火方法
459	2013-9-17	201310424351.0	冶金工程研究院	赵爱民	一种低温温轧制备2000MPa级纳米尺度贝氏体钢工艺
460	2013-9-17	201310423172.5	冶金工程研究院	赵爱民	一种2100MPa纳米贝氏体钢及其制备方法
461	2013-9-17	201310424687.7	冶金工程研究院	张勇军	一种防止逆变颠覆的智能过流保护装置及其控制方法
462	2013-9-24	201310455888.3	冶金工程研究院	耿志达	一种高淬透性大直径65MnCr磨球及其制备方法
463	2013-9-27	201310452082.9	冶金工程研究院	江海涛	利用双面包覆铝板轧制超薄镁合金板材或箔材的制备方法
464	2013-10-22	201310499144.1	冶金工程研究院	刘建华	一种高强度高塑性TWIP钢电渣重熔生产方法
465	2013-12-3	201310642618.3	冶金工程研究院	张　飞	一种冷轧工作辊弯辊控制方法及其应用
466	2013-12-26	201310733931.8	冶金工程研究院	赵征志	1400MPa级低屈强比高延伸率冷轧超高强汽车用钢的制备方法
467	2012-12-25	201210572629.4	新材料技术研究院	刘智勇	一种模拟天然气气相冲刷腐蚀的回路实验装置
468	2012-12-28	201210582344.9	新材料技术研究院	郭志猛	一种Mo_2FeB_2基热喷涂合金粉末的制备方法
469	2012-12-28	201210587572.5	新材料技术研究院	郭志猛	一种将尾铁矿制备成陶瓷熔块釉的方法
470	2013-1-6	201310004233.4	新材料技术研究院	董超芳	一种可由PH控制释放的长效智能缓蚀剂的制备
471	2013-1-7	201310004646.2	新材料技术研究院	郭志猛	一种高密度铁基粉末冶金零件的制备方法
472	2013-1-8	201318000055.9	新材料技术研究院	李成明	一种金刚石自支撑膜叠层窗口的制备方法
473	2013-1-8	201318000054.4	新材料技术研究院	李成明	一种金刚石整流罩的制备方法
474	2013-1-8	201318000056.3	新材料技术研究院	李成明	一种大面积金刚石自支撑膜拼接外延生长的方法
475	2013-1-8	201318000057.8	新材料技术研究院	李成明	一种硫化锌复合窗口的制备方法

续表

序号	申请日期	申请号	所属单位	第一发明人	专利名称
476	2013-1-8	201310006565.6	新材料技术研究院	章　林	一种近终成形多孔镍基ODS合金的方法
477	2013-1-8	201310004620.8	新材料技术研究院	郭志猛	一种提高铁粉压制性的方法
478	2013-1-13	201310011857.9	新材料技术研究院	章　林	一种快速成形制备氧化物弥散强化合金的方法
479	2013-1-15	201310014888.X	新材料技术研究院	章　林	一种复杂形状铌基ODS合金的制备方法
480	2013-1-15	201310013091.8	新材料技术研究院	章　林	一种高分散超细钼基粉末的制备方法
481	2013-1-17	201310018707.0	新材料技术研究院	张深根	一种新型(FeCo)B微波吸收材料
482	2013-1-17	201310018088.5	新材料技术研究院	张深根	一种由废杂铝再生目标成分铝合金的方法
483	2013-1-21	201310020390.4	新材料技术研究院	潘德安	一种多场耦合制备磁电复合材料的方法
484	2013-1-21	201310020154.2	新材料技术研究院	潘德安	一种火法回收电路板铜阳极泥分银渣铅锡的方法
485	2013-2-4	201310043824.2	新材料技术研究院	张　弛（外）	一种含氟单体的合成与纳米氧化铝改性含氟聚芳醚酮的制备方法
486	2013-2-19	201310053764.2	新材料技术研究院	高　瑾	微创手术用盘旋状髓核假体的制备方法及应用
487	2013-2-28	201310062678.8	新材料技术研究院	董超芳	一种简便快速电化学测试的装置
488	2013-2-28	201310064487.5	新材料技术研究院	刘　烨	一种制备多孔镍基ODS合金的方法
489	2013-3-19	201310086579.3	新材料技术研究院	曲选辉	一种制备微细球形Nb-W-Mo-Zr合金粉末的方法
490	2013-3-19	201310086498.3	新材料技术研究院	曲选辉	一种制备纳米晶Nb-W-Mo-Zr合金粉末的方法
491	2013-3-19	201310086534.6	新材料技术研究院	曲选辉	一种制备小尺寸、薄壁Nb-W-Mo-Zr合金零件的方法
492	2013-3-20	201310090825.2	新材料技术研究院	张　雷	一种管材局部腐蚀蚀坑深度的便携式测量仪
493	2013-3-25	201310096126.9	新材料技术研究院	孙爱芝	硅酮树脂_铁氧体复合包覆的软磁磁粉芯及其制备方法
494	2013-3-25	201310096661.4	新材料技术研究院	郭志猛	一种弥散强化铝基复合材料的制备方法
495	2013-3-28	201310104789.0	新材料技术研究院	秦明礼	一种制备碳化硅纳米纤维的方法
496	2013-4-10	201310123415.3	新材料技术研究院	郭志猛	一种纳米氧化钇弥散强化钨合金的制备方法
497	2013-4-16	201310130886.7	新材料技术研究院	范丽珍	一种锂离子电池用多孔碳基单块复合材料及制备方法
498	2013-4-25	201310148199.8	新材料技术研究院	郝俊杰	一种弥散强化铜基粉末冶金刹车片及其制备
499	2013-4-26	201310150661.8	新材料技术研究院	魏俊俊	一种研磨抛光机的磨料自动添加装置

续表

序号	申请日期	申请号	所属单位	第一发明人	专利名称
500	2013-4-27	201310153016.1	新材料技术研究院	秦明礼	一种生产纳米氮化铬粉末的方法
501	2013-4-28	201310155646.2	新材料技术研究院	王瑞俊	一种平行力连续自加载装置样品及试验方法
502	2013-4-28	201310153156.9	新材料技术研究院	邵慧萍	一种油基磁性流体的制备方法
503	2013-5-12	201310173160.1	新材料技术研究院	刘新华	一种铜包铝复合材料界面厚度与性能调控退火方法及装置
504	2013-5-13	201310175547.0	新材料技术研究院	刘新华	一种藕状多孔金属材料的原位反应析出制备装置及工艺
505	2013-5-14	201310178145.6	新材料技术研究院	王瑞俊	一种平行力连续自加载压缩装置样品
506	2013-5-22	201310193818.5	新材料技术研究院	曲选辉	一种近终形制备粉末超合金的方法
507	2013-5-23	201310193544.X	新材料技术研究院	章　林	一种具有中空内部结构增压涡轮的近终成形方法
508	2013-5-23	201310193629.8	新材料技术研究院	张志豪	一种制备块体β-$FeSi_2$热电和光电转换材料的方法
509	2013-5-23	201310195714.8	新材料技术研究院	尹海清	一种高速压制成形制备Ti_6Al_4V合金的方法
510	2013-5-24	201310198770.7	新材料技术研究院	付华栋	一种纯铁/柱状晶高硅电工钢复合板坯的制备方法
511	2013-5-24	201310199428.9	新材料技术研究院	付华栋	一种短流程高成材率制备高硅电工钢带材的方法
512	2013-6-3	201310215703.1	新材料技术研究院	董超芳	一种测试薄液膜厚度的装置
513	2013-6-9	201310231261.X	新材料技术研究院	李成明	金刚石自支撑膜-金刚石颗粒-金属复合材料的制备方法
514	2013-6-18	201310240502.7	新材料技术研究院	刘智勇	·种可定量改变液膜厚度的电化学测量装置及其使用方法
515	2013-6-18	201310240381.6	新材料技术研究院	曲选辉	一种粉末冶金工艺制备纯铁、铁磷软磁合金产品的方法
516	2013-6-18	201310240215.6	新材料技术研究院	郭志猛	一种铸件表面反应熔覆氧化铝基涂层的方法
517	2013-6-18	201310241358.9	新材料技术研究院	尹海清	一种高速压制成形制备$A1_2O_3$弥散强化铜合金的方法
518	2013-6-25	201310254663.1	新材料技术研究院	孔祥华	一种在不锈钢基体上制备阻氢及其同位素渗透层的方法
519	2013-6-27	201310261400.3	新材料技术研究院	秦明礼	一种铜/碳复合空心球颗粒材料及其制备方法
520	2013-7-5	201310282171.3	新材料技术研究院	徐晓娟	一种金属零部件的凝胶超声震荡成形方法
521	2013-7-5	201310280981.5	新材料技术研究院	郭志猛	一种辐照凝胶注模成形方法
522	2013-7-10	201310288678.X	新材料技术研究院	郝俊杰	一种制备高致密度熔融石英陶瓷的方法
523	2013-7-18	201310303961.5	新材料技术研究院	许立宁	高温高压动态电化学测试及pH原位监测实验装置

续表

序号	申请日期	申请号	所属单位	第一发明人	专利名称
524	2013-7-18	201310302911.5	新材料技术研究院	田建军	一种柔性敏化太阳能电池光阳极的制备方法
525	2013-8-13	201310351188.X	新材料技术研究院	吴俊升	一种金属防腐蚀疏水性膜层的制备方法
526	2013-8-15	201310356505.7	新材料技术研究院	尹海清	一种高速压制成形制备FeSiAl合金的方法
527	2013-8-28	201310382103.4	新材料技术研究院	李　平	一种从水系废旧磷酸铁锂电池中回收再生正极材料的方法
528	2013-8-28	201310381994.1	新材料技术研究院	郭志猛	一种采用内氧化法制备氧化钙颗粒弥散强化铁粉的方法
529	2013-8-28	201310379158.X	新材料技术研究院	郭志猛	一种采用内氧化法制备氧化镁颗粒弥散强化铁粉的方法
530	2013-9-5	201310400060.8	新材料技术研究院	秦明礼	一种制备高性能复杂形状纯铁软磁产品的方法
531	2013-9-6	201310403433.7	新材料技术研究院	郭志猛	一种基于有机物理凝胶的凝胶注模成形方法
532	2013-9-6	201310401758.1	新材料技术研究院	郭志猛	一种高纯微细低氧钛粉制备方法
533	2013-9-6	201310401759.6	新材料技术研究院	潘德安	一种重金属化学石膏钙硫资源化的方法
534	2013-9-12	201310415417.X	新材料技术研究院	郭志猛	一种铁粉硫化处理获得高密度铁基粉末冶金零件的方法
535	2013-9-12	201310414116.5	新材料技术研究院	郭志猛	一种自润滑轴承材料的粉末冶金制备方法
536	2013-9-17	201310425182.2	新材料技术研究院	尹海清	一种钼镍铬硼多元硼化物基金属陶瓷的制备方法
537	2013-9-17	201310424272.X	新材料技术研究院	郭志猛	一种钢丝缠绕制备储能飞轮转子环套
538	2013-9-17	201310423341.5	新材料技术研究院	郭志猛	一种高耐蚀性耐候钢的粉末冶金制备方法
539	2013-10-9	201310467022.4	新材料技术研究院	潘德安	一种重金属石膏复合无害化处理方法
540	2013-10-11	201310471959.0	新材料技术研究院	刘智勇	一种土壤环境阴极保护电位范围评价方法
541	2013-10-18	201310489311.4	新材料技术研究院	孙爱芝	一种采用两步成型工艺制备各向异性粘结磁体的方法
542	2013-10-21	201310494939.3	新材料技术研究院	章　林	一种带侧斜面零件的注射成形模具
543	2013-10-24	201310508592.3	新材料技术研究院	杨振明	一种缝隙腐蚀电化学性能试验装置
544	2013-10-24	201310507370.X	新材料技术研究院	杨振明	一种喷射式冲刷腐蚀试验装置
545	2013-10-30	201310525285.6	新材料技术研究院	孙爱芝	高矫顽力NdFeB重稀土扩散层的非水电镀制备方法
546	2013-11-13	201310571725.1	新材料技术研究院	张深根	一种用于废旧金属油漆层热脱除的装备和方法
547	2013-11-13	201310571869.7	新材料技术研究院	张深根	一种鳞片状纳米晶高温微波吸收剂的制备方法

续表

序号	申请日期	申请号	所属单位	第一发明人	专利名称
548	2013-11-13	201310562626.7	新材料技术研究院	孙爱芝	永磁材料室温和高温不合格产品快速无损检测方法
549	2013-11-19	201310585889.X	新材料技术研究院	杜翠薇	防止汽车排气系统腐蚀的阴极保护方法及镁合金牺牲阳极
550	2013-11-20	201310590509.1	新材料技术研究院	张志豪	一种7000系铝合金高温快速均匀化处理方法
551	2013-11-21	201310594027.3	新材料技术研究院	任淑彬	一种低成本制备高精度金刚石/Cu复合材料零件的方法
552	2013-11-21	201310593978.9	新材料技术研究院	任淑彬	一种低成本制备高精度金刚石/Al复合材料零件的方法
553	2013-11-21	201310593990.X	新材料技术研究院	吴　茂	一种制备锂离子电池正极材料氟磷酸钒锂的方法
554	2013-11-21	201310590655.4	新材料技术研究院	任淑彬	一种制备二维散热用取向增强Cu复合材料的方法
555	2013-11-21	201310590670.9	新材料技术研究院	吴　茂	镁离子改性锂离子电池正极磷酸钒锂/碳材料的制备方法
556	2013-12-10	201310664557.0	新材料技术研究院	潘德安	一种重金属石膏制备地质聚合物胶凝材料的方法
557	2013-12-10	201310659314.8	新材料技术研究院	郭志猛	一种以氢化钛铝合金粉末短流程制备钛铝金属间化合物的方法
558	2013-12-10	201310674092.7	新材料技术研究院	唐伟忠	一种圆顶式微波等离子体化学气相沉积金刚石膜装置
559	2013-12-12	201310681352.3	新材料技术研究院	吴　茂	一种制备圆环形Ag-Cu-Sn中温钎料片的方法
560	2013-12-13	201310687614.7	新材料技术研究院	唐伟忠	TM021模式的高功率微波等离子体金刚石膜沉积装置
561	2013-12-19	201310707031.6	新材料技术研究院	吴成义	一种岩石深孔高速水钻头及其制备工艺
562	2013-12-19	201310706661.1	新材料技术研究院	郭志猛	一种海底石油麻花钻头及其制备工艺
563	2013-12-20	201310713563.0	新材料技术研究院	吴成义	一种高速重载刹车片的连续加压烧结装置及其烧结工艺
564	2013-12-11	201310676521.4	新材料技术研究院	孙爱芝	一种烧结NdFeB磁体的重稀土附着方法
565	2013-12-25	201310728253.6	新材料技术研究院	肖　葵	一种模拟PM2.5污染环境腐蚀试验箱
566	2013-12-27	201310741908.3	新材料技术研究院	秦明礼	一种制备难熔泡沫金属钨的方法
567	2013-12-30	201310742015.0	新材料技术研究院	林　涛	一种纳米碳化钨粉末的制备方法
568	2013-12-30	201310742106.4	新材料技术研究院	林　涛	一种纳米三氧化钨粉末的制备方法
569	2013-11-12	201310562442.0	钢铁冶金新技术国家重点实验室	高金涛	一种超重力去除钢水中非金属夹杂物的方法
570	2013-1-16	201310018243.3	国家材料服役安全科学中心	冯　强	一种高温稳定γ’相强化的钴基高温合金及制备方法

续表

序号	申请日期	申请号	所属单位	第一发明人	专利名称
571	2013-9-3	201310395329.8	国家材料服役安全科学中心	金　莹	一种基于模块化的多因素大气环境模拟试验装置及方法
572	2013-10-31	201310529456.2	国家材料服役安全科学中心	任学冲	一种可在线观测的高效冷热疲劳试验装置及方法
573	2013-12-23	201310718439.3	国家材料服役安全科学中心	冯　强	一种用于检测镍基单晶高温合金体界面稳定性的人工晶制备方法
574	2013-1-18	201310020345.9	国家板带生产先进装备工程技术研究中心	王　敏	一种定量分析铸坯中气泡类缺陷分布的方法
575	2013-10-24	201310508874.3	国家板带生产先进装备工程技术研究中心	王晓晨	一种针对六辊轧机的弯辊力组合板形控制方法

2013年国防专利申请明细表

序号	申请日期	申请号	所属单位	第一发明人	专利名称
1	2013-1-8	201318000054.4	材料科学与工程学院	李成明	一种******的制备方法
2	2013-1-8	201318000055.9	材料科学与工程学院	李成明	一种******的制备方法
3	2013-1-8	201318000056.3	材料科学与工程学院	李成明	一种*******生长的方法
4	2013-1-8	201318000057.8	材料科学与工程学院	李成明	一种*******的制备方法
5	2013-1-28	201318000401.3	材料科学与工程学院	徐桂英	一种******材料及其制备方法
6	2013-1-28	201318000402.8	材料科学与工程学院	徐桂英	一种******材料的制备方法
7	2013-1-28	201318000403.2	材料科学与工程学院	徐桂英	一种******材料及其制备方法
8	2013-1-28	201318000404.7	计算机与通信学院	周贤伟	一种*******组网方法
9	2013-1-30	201318000434.8	计算机与通信学院	周贤伟	一种*******路由算法
10	2013-7-3	201318003077.0	新金属材料国家重点实验室	黄进峰	******耐热耐磨钢及制备技术
11	2013-9-17	201318004483.9	计算机与通信学院	林福宏	基于*******路由算法
12	2013-9-17	201318004364.3	新材料技术研究院	张　津	一种******耐蚀层的方法

2013年实用新型专利申请明细表

序号	申请日期	申请号	所属单位	第一发明人	专利名称
1	2012-12-25	201220727112.3	土木与环境工程学院	韩　斌	一种充填料浆现场取样装置
2	2013-3-15	201320118268.6	土木与环境工程学院	金龙哲	一种多驱动方式的避难硐室用空气净化装置
3	2013-4-19	201320199515.X	土木与环境工程学院	金龙哲	一种避难硐室用防水排气装置
4	2013-4-27	201320225337.3	土木与环境工程学院	马鸿志	一种节能型可除烟台灯装置
5	2013-6-5	201320322114.9	土木与环境工程学院	任奋华	一种翻斗式矿车
6	2013-6-5	201320322111.5	土木与环境工程学院	任奋华	一种保温磨矿机
7	2013-8-5	201320474355.5	土木与环境工程学院	韩　斌	注浆式充填挡墙以及空区充填系统
8	2013-9-5	201320550330.9	土木与环境工程学院	吴爱祥	一种膏体饱和浓度测量装置
9	2013-9-17	201320576384.2	土木与环境工程学院	唐晓龙	一种多通道并行吸附剂或催化剂评价系统
10	2013-9-27	201320603963.1	土木与环境工程学院	段旭琴	一种脉冲喷射式泡沫浮选机
11	2013-10-30	201320676532.8	土木与环境工程学院	李正胜	一种边坡深部位移测量装置
12	2013-12-20	201320851497.9	土木与环境工程学院	李子富	一种一体化净化与提纯沼气的装置
13	2013-1-7	201320005511.3	冶金与生态工程学院	张立峰	一种新型连续且可调深度取样装置
14	2013-1-17	201320026349.3	冶金与生态工程学院	李素芹	一种利用超导HGMS技术处理废弃物的分离提纯装置
15	2013-1-23	201320035518.X	冶金与生态工程学院	张立峰	板坯连铸浇注方坯的新型结晶器
16	2013-1-24	201320036968.0	冶金与生态工程学院	刘　青	转炉炼钢终点辅助预报系统
17	2013-1-24	201320039474.8	冶金与生态工程学院	张立峰	一种板坯连铸浇铸方坯的装置
18	2013-1-25	201320039358.6	冶金与生态工程学院	杨树峰	一种烧注方坯的新型结晶器
19	2013-2-22	201320082844.6	冶金与生态工程学院	王新东	一种粉体材料电导率与膜电极阻抗的测试装置与方法
20	2013-3-19	201320126280.1	冶金与生态工程学院	张立强	一种遥控式连铸坯射钉装置
21	2013-4-3	201320167145.1	冶金与生态工程学院	王学斌（外）	一种研究单颗粒铁矿石还原性的试验装置
22	2013-4-7	201320166826.6	冶金与生态工程学院	刘　青	一种基于精准热物性参数的连铸坯凝固冷却过程仿真系统
23	2013-4-22	201320205567.3	冶金与生态工程学院	李宏煦	海水体系钝顶螺旋藻生物矿化固定二氧化碳的装置
24	2013-4-28	201320230195.X	冶金与生态工程学院	郭占成	一种粉尘提浸装置
25	2013-5-2	201320232747.0	冶金与生态工程学院	王学斌（外）	一种消除高炉积碳的测试装置
26	2013-5-16	201320268594.5	冶金与生态工程学院	刘　青	转炉炼钢终点辅助预报系统
27	2013-6-17	201320346204.1	冶金与生态工程学院	周国治	一种低水蒸气含量气体湿度精确控制装置
28	2013-6-17	201320346520.9	冶金与生态工程学院	周国治	一种固体氧化物燃料电池电极自动浸渍系统
29	2013-6-26	201320369849.7	冶金与生态工程学院	苍大强	一种超声、富氧助燃装置

续表

序号	申请日期	申请号	所属单位	第一发明人	专利名称
30	2013-7-18	201320430208.8	冶金与生态工程学院	刘　青	一种关于搅拌釜的进料装置
31	2013-9-12	201320565052.4	冶金与生态工程学院	张江山	一种耗散型钢包长水口
32	2013-10-25	201320664035.6	冶金与生态工程学院	张立峰	一种新型防尘电解装置
33	2013-12-25	201320865583.5	冶金与生态工程学院	刘　青	一种使连铸结晶器内磁场区域集中的电磁制动装置
34	2013-12-25	201320865396.7	冶金与生态工程学院	刘　青	一种转炉溅渣水力学模拟实验装置
35	2013-2-1	201320061940.2	材料科学与工程学院	田文怀	一种加工成型蹄合金紫外蒸发源材料的模具
36	2013-7-5	201320400126.9	材料科学与工程学院	常永勤	一种薄片样品的测量装置
37	2013-8-28	201320528118.2	材料科学与工程学院	曹文斌	一种气相光催化反应装置
38	2013-9-26	201320599712.0	材料科学与工程学院	苗　君	铁电/铁磁超晶格结构及其存储器件
39	2013-12-10	201320807433.9	材料科学与工程学院	田文怀	一种制备电铸铜-铝复合药型罩的电铸芯模
40	2013-12-16	201320828771.0	材料科学与工程学院	田文怀	一种制备微光像增强碱金属蒸发器用模具
41	2013-1-22	201320030865.3	机械工程学院	王长松	一种用于钻探时电磁波随钻测量中传输数据用的绝缘短节
42	2013-2-25	201320085055.8	机械工程学院	范让林	一种高稳定性的三线扭摆法刚体动力学参数测试台
43	2013-2-25	201320084177.5	机械工程学院	范让林	一种等半径的三线扭摆法刚体动力学参数测试台
44	2013-2-25	201320085051.X	机械工程学院	范让林	一种主动平衡的三线扭摆法刚体动力学参数测试台
45	2013-2-25	201320085017.2	机械工程学院	范让林	一种三线扭摆法刚体动力学参数测试台
46	2013-3-7	201320103375.1	机械工程学院	闫晓强	一种轧机振动抑振装置
47	2013-4-8	201320172106.0	机械工程学院	张　辉	一种基于容量法测定气液化学反应速率的装置
48	2013-4-9	201320172544.7	机械工程学院	刘应书	一种测定酸性气体在碱性吸收液中平衡溶解度的装置
49	2013-4-15	201320185986.5	机械工程学院	阳建宏	用于活套区冷轧带钢跑偏检测的自供电无线传感器节点
50	2013-5-7	201320239974.6	机械工程学院	张　辉	一种同步跟踪测定气固吸附过程微热量变化的装置
51	2013-5-20	201320276676.4	机械工程学院	石博强	一种曲轴表面检测装置
52	2013-8-2	201320470723.9	机械工程学院	豆瑞锋	一种带卷材料径向等效导热系数的测量装置
53	2013-9-2	201320541822.1	机械工程学院	陈　兵	一种拉伸弯曲矫直机耐磨工作辊
54	2013-10-15	201320635946.6	机械工程学院	杨海波	一种铸件料柄弧形刃口切除装置
55	2013-11-17	201320726259.5	机械工程学院	李皓琰	一种用于沼气低温燃烧脱氧的节能装置及其工艺

续表

序号	申请日期	申请号	所属单位	第一发明人	专利名称
56	2013-3-25	201320136639.3	自动化学院	徐令仪	基于油门踏板位置和车速的道路纵向坡度检测装置
57	2013-12-20	201320850597.X	自动化学院	张雨童	弹簧线控柔性象鼻机械臂
58	2013-3-21	201320131570.5	计算机与通信工程学院	王志良	一种用于健忘老人或强迫症患者的智能语音提示装置
59	2013-7-24	201320444919.0	计算机与通信工程学院	弓　丞	一种仓储环境监测系统
60	2013-7-25	201320445698.9	计算机与通信工程学院	祝新鹏	一种仓储环境信息监测节点
61	2013-8-22	201320515737.8	计算机与通信工程学院	彭笑东	冶金气态污染物监测装置
62	2013-8-22	201320516221.5	计算机与通信工程学院	彭笑东	冶金气态污染物监测系统
63	2012-12-25	201220726596.X	新材料技术研究院	刘智勇	一种模拟天然气气相冲刷腐蚀的回路实验装置
64	2013-4-24	201320214289.8	新材料技术研究院	王洁军	一种土壤及溶液环境下电化学测试的装置
65	2013-4-28	201320226066.3	新材料技术研究院	王瑞俊	一种平行力连续自加载装置样品
66	2013-5-14	201320262122.9	新材料技术研究院	王瑞俊	一种平行力连续自加载压缩装置样品
67	2013-6-18	201320347592.5	新材料技术研究院	刘智勇	一种可定量改变液膜厚度的电化学测量装置
68	2013-7-18	201320430086.2	新材料技术研究院	许立宁	高温高压动态电化学测试及pH原位监测实验装置
69	2013-9-17	201320576165.4	新材料技术研究院	郭志猛	一种钢丝缠绕制备储能飞轮转子环套
70	2013-9-30	201320613596.3	新材料技术研究院	刘智勇	一种U形弯试样压样机
71	2013-10-21	201320649096.5	新材料技术研究院	章　林	一种带侧斜面零件的注射成形模具
72	2013-10-24	201320661145.7	新材料技术研究院	杨振明	一种缝隙腐蚀电化学性能试验装置
73	2013-10-24	201320661171.X	新材料技术研究院	杨振明	一种喷射式冲刷腐蚀试验装置
74	2013-11-19	201320735899.2	新材料技术研究院	杜翠薇	一种防止汽车排气管腐蚀的镁合金牺牲阳极
75	2013-10-31	201320681270.4	国家材料服役安全科学中心	任学冲	一种可在线观测的高效冷热疲劳试验装置
76	2013-10-9	201320621152.4	高等工程师学院	王　旭	一种PWM方式控制的电磁控制器

2013年发明专利授权明细表

序号	申请日	申请号	所属单　位	第一发明人	专利名称
1	2011-4-15	201110095686.3	土木与环境工程学院	孙体昌	一种褐铁和赤铁矿石直接还原焙烧生产还原铁用的还原剂
2	2011-8-18	201110236675.2	土木与环境工程学院	孙体昌	一种用大粒度褐铁和赤铁矿石生产直接还原铁的工艺方法

续表

序号	申请日	申请号	所属单　位	第一发明人	专利名称
3	2011-3-15	201110061360.9	土木与环境工程学院	吴顺川	一种摩擦套筒式大变形锚杆
4	2011-3-10	201110057413.X	土木与环境工程学院	邢　奕	一种脱硫石灰处置剩余污泥的工艺方法
5	2011-3-15	201110061303.0	土木与环境工程学院	吴顺川	一种锥阻式摩擦套筒大变形锚杆
6	2011-11-16	201110363314.4	土木与环境工程学院	刘娟红	一种管桩混凝土材料
7	2011-3-10	201110057038.9	土木与环境工程学院	邢　奕	一种低热值剩余污泥处置方法
8	2010-4-27	201010161646.X	土木与环境工程学院	谭卓英	一种深部地应力随钻测试系统
9	2011-5-31	201110149776.6	土木与环境工程学院	宋存义	用于SO_2的半干法烟气脱硫除尘一体化装置
10	2011-1-30	201110032906.8	土木与环境工程学院	冯雅丽	一种利用天然气还原热解硫酸镁生产高纯氧化镁的方法
11	2011-6-2	201110147226.0	土木与环境工程学院	吴顺川	一种锚杆（锚索）用止浆塞及止浆系统
12	2012-4-5	201210098480.0	土木与环境工程学院	孙体昌	一种从低镍高铁红土镍矿中分别回收镍和铁的工艺方法
13	2010-12-4	201010550062.1	土木与环境工程学院	杨　鹏	一种高原非煤矿山井下空气环境参数实时监测仪
14	2012-1-16	201210012991.6	土木与环境工程学院	邢　奕	一种改性膨润土及光助芬顿法联用处理印钞废水的方法
15	2011-11-14	201110359334.4	土木与环境工程学院	王进强	一种基于能量的微地震震源自动定位方法
16	2012-2-28	201210048588.9	土木与环境工程学院	周北海	接种生物滤池去除水中MIB和Geosmin的方法
17	2011-10-20	201110321163.6	土木与环境工程学院	宋存义	一种波纹板式SCR脱硝催化剂
18	2012-2-16	201210035537.2	土木与环境工程学院	董颖博	一种用于工业园区混合工业污水处理的方法
19	2012-9-25	201210362689.3	土木与环境工程学院	倪　文	一种铁矿尾矿强磁预富集深度还原提铁方法
20	2010-11-23	201010562885.6	土木与环境工程学院	汪群慧	絮凝-过滤联合工艺预处理餐厨垃圾乙醇发酵液的方法
21	2012-10-11	201210384520.8	土木与环境工程学院	汪群慧	紫外/纯氧微气泡协同处理印染废水的系统及方法
22	2011-9-28	201110299700.1	土木与环境工程学院	冯雅丽	一种生产铬酸钠的方法
23	2009-2-13	200910077729.8	土木与环境工程学院	汪群慧	一种利用除臭保氮装置实现有机固体废弃物好氧堆肥除臭保氮的方法
24	2011-8-29	201110251282.9	土木与环境工程学院	高永涛	一种采空区上覆岩体浅层加固方法
25	2012-6-20	201210210648.2	土木与环境工程学院	倪　文	一种还原气氛窑炉中快速还原铜渣生产铁铜合金的方法
26	2012-4-5	201210098280.5	土木与环境工程学院	倪　文	一种利用低硅铁尾矿控制铁走向制备加气混凝土的方法
27	2012-7-10	201210238618.2	土木与环境工程学院	王洪江	一株产氨浸矿细菌及其培养方法和应用

续表

序号	申请日	申请号	所属单　位	第一发明人	专利名称
28	2011-11-16	201110363312.5	土木与环境工程学院	宋少民	一种管桩尾浆混凝土复合掺合料的制备方法
29	2011-6-16	201110162176.3	土木与环境工程学院	冯雅丽	一种生产锰酸钾或锰酸钠的方法
30	2011-4-21	201110100305.6	土木与环境工程学院	宋存义	一种半干法烟气脱硫装置
31	2011-3-11	201110059394.4	土木与环境工程学院	王存文	矿井下深孔微震监测传感器的安装装置
32	2011-3-10	201110057421.4	土木与环境工程学院	段旭琴	一种利用粉煤灰处置剩余污泥的工艺方法
33	2011-3-3	201010116385.X	土木与环境工程学院	谭卓英	一种地层地质界面仪器钻探感应识别系统
34	2009-10-12	200910235543.0	土木与环境工程学院	韩　斌	一种混凝土坍落度快速测定装置及使用方法
35	2010-12-29	201010610962.0	土木与环境工程学院	刘娟红	一种橡胶颗粒耐水保温砂浆及制备方法
36	2011-3-10	201110057411.0	土木与环境工程学院	邢　奕	一种剩余污泥的处理方法
37	2011-4-28	201110108272.X	冶金与生态工程学院	于然波	一种花状Y_2O_3：Eu^{3+}微球的合成方法
38	2010-5-28	201010194506.2	冶金与生态工程学院	邢献然	一种氧化锌矿的碱浸出方法
39	2011-1-10	201110003442.8	冶金与生态工程学院	王新东	直接甲醇燃料电池用三维网络结构膜电极的制备方法
40	2011-4-15	201110095129.1	冶金与生态工程学院	侯新梅	一种水蒸气压可控的饱和水蒸气发生装置
41	2011-11-14	201110364957.0	冶金与生态工程学院	朱鸿民	一种颗粒均匀包覆的异质结型光催化材制备方法及应用
42	2011-3-31	201110079670.3	冶金与生态工程学院	闫柏军	一种高温试验用的双坩埚实验装置
43	2011-9-6	201110262650.X	冶金与生态工程学院	张建良	一种环保型高炉喷煤助燃剂及加入方法
44	2011-9-28	201110301312.2	冶金与生态工程学院	侯军刚	CdS@TaON核壳结构——石墨烯复合光催化剂的制备方法及其应用
45	2011-8-15	201110232745.7	冶金与生态工程学院	朱　荣	一种电弧炉与余热回收装置协调生产的方法及设备系统
46	2012-1-20	201210019531.6	冶金与生态工程学院	黄　凯	一种利用大蒜废弃物从电子垃圾溶浸液中提取黄金的方法
47	2011-8-3	201110221510.8	冶金与生态工程学院	沈少波	一种两步酸浸脱除高磷铁矿中磷的方法
48	2012-1-20	201210019530.1	冶金与生态工程学院	黄　凯	一种利用大蒜废弃物吸附清除废水中重金属及染料的方法
49	2011-10-19	201110317648.8	冶金与生态工程学院	刘　青	一种指导转炉补吹过程操作的方法
50	2011-3-15	201110061504.0	冶金与生态工程学院	王新东	一种直接甲醇燃料电池用高电导率质子交换膜的制备方法
51	2011-9-11	201110268556.5	冶金与生态工程学院	郭占成	一种利用微硅粉湿法制备水玻璃的方法

续表

序号	申请日	申请号	所属单　位	第一发明人	专利名称
52	2012-3-23	201210080751.x	冶金与生态工程学院	左海滨	一种以生物质含碳球团为原料的转底炉炼铁工艺
53	2011-8-15	201110232756.5	冶金与生态工程学院	朱　荣	一种基于炉气分析的电弧炉冶炼过程控制方法
54	2012-1-20	201210020025.9	冶金与生态工程学院	黄　凯	一种利用山竹渣选择性吸附提取黄金的方法
55	2012-5-7	201210139447.8	冶金与生态工程学院	佘雪峰	一种使用富氧和煤粉的转底炉直接还原工艺
56	2011-7-27	201110211421.5	冶金与生态工程学院	沈少波	一种除去率高、用时少的同时脱除高硫煤中硫和砷的方法
57	2012-7-17	201210247399.4	冶金与生态工程学院	国宏伟	一种基于煤气化原理的高炉渣余热利用系统
58	2012-4-24	201210123055.2	冶金与生态工程学院	朱　荣	采用超音速氧枪喷粉脱磷的转炉炼钢方法及超音速氧枪
59	2012-8-22	201210300035.8	冶金与生态工程学院	张立峰	一种表面活性氧化铝泡沫陶瓷过滤器的制备及使用方法
60	2012-4-24	201210123084.9	冶金与生态工程学院	朱　荣	一种电弧炉炼钢中利用喷粉剂提高射流冲击效果的装置及方法
61	2011-9-14	201110271320.7	冶金与生态工程学院	薛庆国	用于直接还原生产方式的2~3段布料和出料的转底炉
62	2011-4-28	201110109178.6	冶金与生态工程学院	王静松	一种用于含铁稀土原矿中铁和稀土分离富集的方法
63	2011-3-17	201110065722.1	冶金与生态工程学院	吴　铿	一种COREX或高炉风口前焦炭或半焦透气性指数的测量方法
64	2011-1-27	201110029023.1	冶金与生态工程学院	李素芹	一种聚硅酸硫酸硼酸铁锌复合絮凝剂
65	2011-1-18	201110020807.8	冶金与生态工程学院	侯军刚	一种多元素掺杂钛酸铋基无铅压电陶瓷材料及其制备方法
66	2010-12-1	201010575226.6	冶金与生态工程学院	成国光	一种含稀土氧化物的炼钢精炼渣及制备和使用方法
67	2009-9-25	200910093014.1	冶金与生态工程学院	贺东风	一种应用于炼铁-炼钢界面的鱼雷罐管理系统
68	2011-10-26	201110329537.9	材料科学与工程学院	何业东	一种多用途的低导热陶瓷/贵金属层状复合热障涂层
69	2011-6-15	201110160004.2	材料科学与工程学院	王　戈	一种双层空腔结构及海胆状的二氧化钛磁性微球制备方法
70	2011-10-20	201110320428.0	材料科学与工程学院	燕青芝	一种机械合金化制备均匀分散金属基复合摩擦材料的方法
71	2010-10-14	201010506732.X	材料科学与工程学院	纪　箴	一种氧传感器用纳米级氧扩散障混合导体粉体的制备方法
72	2009-3-3	200910079153.9	材料科学与工程学院	白　洋	一种基于左手特性的低损耗可调带通滤波器
73	2011-10-9	201110303594.X	材料科学与工程学院	赵海雷	$Li_4Ti_5O_{12}$-TiO_2复合电极材料的制备方法

续表

序号	申请日	申请号	所属单　位	第一发明人	专利名称
74	2010-8-13	201010252884.1	材料科学与工程学院	赵海雷	一种钴-氧化硅/碳纳米复合材料的制备方法
75	2010-12-17	201010608783.3	材料科学与工程学院	姜　勇	一种可电场调节磁电阻的自选法结构及其制备工艺
76	2011-6-24	201110172527.9	材料科学与工程学院	任学冲	一种车轮钢增韧的热处理工艺方法
77	2011-5-13	201110124785.X	材料科学与工程学院	任学平	一种泡沫铝板的制造方法
78	2010-12-17	201010594640.1	材料科学与工程学院	杨　槐	一种可用于盘状液晶取向的二元协同交联型光敏液晶取向剂
79	2011-5-10	201110120707.2	材料科学与工程学院	连　芳	一种改进的低热固相反应制备层状富锂锰镍氧化物的方法
80	2011-9-21	201110282267.0	材料科学与工程学院	董建新	一种GH864镍基高温合金组织精确控制的热加工方法
81	2010-9-15	201010283963.9	材料科学与工程学院	刘泉林	一种氧化物荧光材料及其制备方法
82	2011-10-20	201110320062.7	材料科学与工程学院	海明潭	一种制备碳酸钙-抗癌药物阿霉素纳米粒子的方法
83	2011-4-6	201110084712.2	材料科学与工程学院	高克玮	一种多功能盐雾试验箱
84	2011-7-18	201110200005.5	材料科学与工程学院	杨　穆	一种二氧化钛碗状颗粒或哑铃形中空颗粒及其制备方法
85	2011-6-23	201110172171.9	材料科学与工程学院	杨　槐	一种环氧树脂基聚合物分散液晶薄膜材料的制备方法
86	2010-11-23	201010562547.2	材料科学与工程学院	赵海雷	一种高电导率双钙钛矿型阳极材料及其制备方法
87	2010-5-28	201010194860.5	材料科学与工程学院	张迎春	一种锂基陶瓷微球的制备方法
88	2012-1-13	201210009855.1	材料科学与工程学院	尚成嘉	一种石油天然气开采N80钢级膨胀管的制备方法
89	2011-9-7	201110262781.8	材料科学与工程学院	任学冲	一种利用钢中第二相改善车轮钢白点敏感性的方法
90	2011-4-14	201110093380.4	材料科学与工程学院	李静媛	一种304替代性节镍奥氏体不锈钢及其制备方法
91	2011-5-16	201110126525.6	材料科学与工程学院	康永林	高刚度轧机
92	2012-3-13	201210065521.6	材料科学与工程学院	尚成嘉	一种含Nb高速列车车轮用钢的生产方法
93	2011-6-2	201110147435.5	材料科学与工程学院	郑裕东	一种碳纳米管增强环氧树脂自修复微胶囊的制备方法
94	2011-6-16	201110162472.3	材料科学与工程学院	田建军	一种磨削废铁屑制备软磁复合粉末的方法
95	2010-11-11	201010541219.4	材料科学与工程学院	康永林	一种X100抗大变形管线钢及其制造工艺
96	2012-1-10	201210005820.0	材料科学与工程学院	庞晓露	一种压铸铝合金表面锆盐化学转化处理方法
97	2011-1-30	201110033486.5	材料科学与工程学院	郑裕东	壳芯结构的生物功能复合拉胀水凝胶的制备方法

续表

序号	申请日	申请号	所属单　位	第一发明人	专利名称
98	2011-10-9	201110303494.7	材料科学与工程学院	赵海雷	一种锂离子电池复合负极材料的制备方法
99	2010-10-14	201010506733.4	材料科学与工程学院	纪　箴	汽车氧传感器用的氧化锆基固体电解质粉料及其制备方法
100	2011-7-1	201110184611.2	材料科学与工程学院	王国杰	一种光响应性聚合物自组装膜对蛋白质控制吸附的方法
101	2011-11-21	201110371197.6	材料科学与工程学院	李立东	一种带电修饰层的有机场效应晶体管及制备方法
102	2011-11-1	201110339603.0	材料科学与工程学院	康永林	一种轻合金半固态浆料制备装置
103	2011-10-13	201110310649.X	材料科学与工程学院	燕青芝	一种掺杂钨基复合粉体的制备方法
104	2011-8-9	201110227386.6	材料科学与工程学院	张波萍	一种金银纳米颗粒分散氧化物光学薄膜及制备方法
105	2012-4-1	201210096502.X	材料科学与工程学院	杨　槐	一种胆甾相硅氧烷侧链液晶高分子的制备方法
106	2012-4-6	201210100221.7	材料科学与工程学院	吴春京	一种双金属包长碳纤维复合材料压力充芯连铸设备与工艺
107	2011-11-2	201110341031.X	材料科学与工程学院	赵海雷	一种锂离子电池硅铝碳复合负极材料的制备方法
108	2011-6-13	201110157139.3	材料科学与工程学院	庞晓露	一种压铸铝合金零部件无铬稀土环保化学转化处理方法
109	2012-2-29	201210049353.1	材料科学与工程学院	连　芳	采用尾矿复配料改质高温钢渣的方法
110	2011-5-13	201110124535.6	材料科学与工程学院	任学平	一种金属/泡沫金属/金属夹层结构管材的制造方法
111	2012-3-3	201210053359.6	材料科学与工程学院	连　芳	一种采用钢渣尾渣和脱硫石膏制备建筑用无机防火板的方法
112	2012-1-13	201210009845.8	材料科学与工程学院	尚成嘉	一种石油天然气开采用P110级膨胀管的制备方法
113	2012-3-21	201210076096.0	材料科学与工程学院	赵海雷	一种高透氧率双相致密透氧材料的制备方法
114	2011-7-1	201110185357.8	材料科学与工程学院	张　跃	一种基于超长氧化锌纳米线的尿酸传感器的构建方法
115	2011-7-29	201110216468.0	材料科学与工程学院	杨　洲	4-(5-二甲基氨基噻吩乙烯基)甲基吡啶类磺酸盐、其非线性光学晶体及制备方法
116	2010-12-1	201010575387.5	材料科学与工程学院	杨　穆	一种SBA-15负载金属或金属氧化物复合材料的制备方法
117	2011-6-14	201110158460.3	材料科学与工程学院	董超芳	静载拉应力下金属在气态介质中氢渗透行为的装置及方法
118	2012-1-13	201210009842.4	材料科学与工程学院	尚成嘉	一种高扩径性能的J55钢级ERW膨胀管的制备方法
119	2011-11-21	201110372005.3	材料科学与工程学院	李立东	一种淀粉/纳米银抗菌复合薄膜及其制备方法
120	2010-11-11	201010541482.3	材料科学与工程学院	王国杰	一种使用偶氮苯调控液晶光学性能的方法

续表

序号	申请日	申请号	所属单　位	第一发明人	专利名称
121	2011-11-15	201110362257.8	材料科学与工程学院	杨　洲	一种芘类不对称盘状发光化合物及其制备方法
122	2012-6-8	201210189050.X	材料科学与工程学院	田文怀	一种利用模具制备夜视仪用碱金属蒸发器蒸发本体的方法
123	2012-7-20	201210252567.9	材料科学与工程学院	张　跃	一种光刻胶模板及图案化ZnO纳米棒阵列的制备方法
124	2011-10-24	201110324879.1	材料科学与工程学院	顾有松	一种Ga掺杂ZnO纳米材料的制备方法
125	2012-6-18	201210205217.7	材料科学与工程学院	杨　槐	一种三唑类弯曲棒状液晶化合物及其制备方法
126	2011-12-20	201110430560.7	材料科学与工程学院	王国杰	一种利用丙烯酸芘甲酯制备水溶性共聚物的方法
127	2012-6-27	201210217809.0	材料科学与工程学院	付　松	固态扩散制备具有$NaZn_{13}$结构的稀土化合物方法
128	2012-1-12	201210009216.5	材料科学与工程学院	赵海雷	一种锂离子电池氧化钼碳复合负极材料的制备方法
129	2012-10-18	201210397803.6	材料科学与工程学院	黄继华	一种Cf/SiC陶瓷基复合材料连接方法
130	2011-9-21	201110282755.1	材料科学与工程学院	葛昌纯	一种喷射成形高钒高速钢复合轧辊的制造方法
131	2011-8-1	201110218183.0	材料科学与工程学院	张波萍	一种微量Cu掺杂Bi_2S_3基热电材料
132	2011-6-2	201110146711.6	材料科学与工程学院	郑裕东	一种增强型环氧树脂/固化剂双壁微胶囊的制备方法
133	2011-3-10	201110058283.1	材料科学与工程学院	王丽萍	一种低温下制备掺杂型六方晶系纳米ZnS的方法
134	2010-12-1	201010575304.2	材料科学与工程学院	张　跃	一种SiO_2-ZnO纳米棒阵列复合电极的制备方法
135	2010-11-23	201010562546.8	材料科学与工程学院	张　跃	一种制备致密的固体氧化物燃料电池阳极材料的方法
136	2010-9-27	201010289783.1	材料科学与工程学院	康永林	热轧带钢无头轧制中间坯的连接方法
137	2010-8-19	201010256906.1	材料科学与工程学院	范丽珍	一种石墨烯/二氧化钛锂离子电池负极材料及制备方法
138	2010-7-23	201010237748.5	材料科学与工程学院	张迎春	一种高Q值微波介质陶瓷及其制备方法
139	2010-7-16	201010232853.X	材料科学与工程学院	郑裕东	一种磺胺嘧啶银/细菌纤维素复合伤口敷料的制备方法
140	2010-4-19	201010048045.8	材料科学与工程学院	徐桂英	一种硅锗系热点材料的制备方法
141	2009-10-12	200910235547.9	材料科学与工程学院	郑裕东	生物相容性定向碳纳米管阵列增强复合水凝胶的制备方法
142	2010-1-13	201010034206.8	机械工程学院	刘应书	一种低浓度瓦斯安全吸附富集的方法
143	2011-3-21	201110067655.7	机械工程学院	雷小平	一种高效内热式粉末油页岩提油装置及方法
144	2011-4-11	201110089252.2	机械工程学院	刘　江	五轴五联动倒置式车铣复合加工装置

续表

序号	申请日	申请号	所属单　位	第一发明人	专利名称
145	2009-7-15	200910088963.0	机械工程学院	王　立	一种制冷系统的变频节能控制方法
146	2011-4-28	201110107968.0	机械工程学院	金　纯	一种牵引电机轴承的润滑装置
147	2012-7-30	201210266534.X	机械工程学院	刘训良	一种回转式固定床化学链燃烧反应装置
148	2011-12-7	201110403873.3	机械工程学院	张康生	一种内燃机凸轮轴毛坯楔横轧精密制坯模锻成形工艺
149	2009-1-8	US12/811, 373	机械工程学院	苏庆泉	ABSORPTIVE HEAT PUMP SYSTEMS AND HEATING METHOD
150	2009-1-19	US12/811, 371	机械工程学院	苏庆泉	ABSORPTION HEAT PUMP SYSTEMS AND METHODS FOR IMPROVING ENERGY GRADE OF LOW TEMPERATENCE WASTE HAET
151	2010-12-16	201010591014.7	机械工程学院	刘　江	压弹式自动上料装置
152	2010-5-20	201010184480.3	机械工程学院	张文明	一种矿用汽车液力机械传动系统
153	2011-1-13	201110007124.9	自动化学院	郭　敏（外）	一种城市交通事故自动识别方法和系统
154	2010-10-25	201010523680.7	自动化学院	王洪泊	数字COSTAS环
155	2010-5-28	201010194590.8	计算机与通信工程学院	万亚东	一种可重构频道集合上的跳频装置及方法
156	2010-5-24	201010188614.9	计算机与通信工程学院	杜利平	一种降低滤波器组多载波系统的峰均比的方法
157	2011-3-18	201110066836.8	计算机与通信工程学院	解　仑	多传感器信息采集分析系统及自闭症儿童监护辅助系统
158	2009-9-18	200910177066.7	计算机与通信工程学院	解　仑	一种智能情感机器人多模态行为关联表达系统
159	2010-5-24	201010189277.5	计算机与通信工程学院	赵东峰	一种利用改进球译码算法实现FBMC系统的均衡的方法
160	2010-5-19	201010181763.2	计算机与通信工程学院	周贤伟	一种基于最大概率的认知无线电多径组播路由方法
161	2010-10-13	201010512737.3	计算机与通信工程学院	齐　悦	一种用于微处理器的硬件多线程控制方法及其装置
162	2012-7-25	201210260524.5	计算机与通信工程学院	陈先中	基于实测数据和布料模型的数据结合融合进行料面检测方法和系统
163	2011-1-31	201110034052.7	计算机与通信工程学院	孙昌爱	面向服务组装的声明式事务集成方法和系统
164	2012-3-15	201210068892.X	计算机与通信工程学院	徐令仪	一种汽车油门踏板误踩测试方法及其检测装置
165	2011-8-1	201110217898.4	计算机与通信工程学院	齐　悦	微处理器硬件多线程动态变频控制装置
166	2012-6-18	201210206000.8	计算机与通信工程学院	陈先中	一种雷达、视频、激光系统组合的测量高炉料面的装置
167	2011-9-13	201110269951.5	计算机与通信工程学院	段世红	支持无线传感网并行仿真和实物模拟的装置及方法

续表

序号	申请日	申请号	所属单　位	第一发明人	专利名称
168	2010-8-26	201010262942.9	计算机与通信工程学院	王　超	一种基于WSN的矿下安全监控系统网关设备
169	2010-5-19	201010181769.X	计算机与通信工程学院	周贤伟	认知无线电网络中基于重复博弈的组播路由算法
170	2011-11-21	201110371988.9	计算机与通信工程学院	马忠贵	高效与公平的动态频谱分配方法
171	2012-6-27	201210217803.3	数理学院	巨　新	一种3维层次多孔碳的制备方法
172	2012-6-16	201110162473.8	化学与生物工程学院	常志东	并、逆流耦合式连续反萃青霉素设备及工艺
173	2012-5-23	201210163387.3	化学与生物工程学院	党智敏	一种高驱动敏感度硅橡胶基介电弹性体复合材料及其制备方法
174	2012-5-17	201210153626.7	化学与生物工程学院	党智敏	高储能聚合物纳米管电容器陈列的制备方法
175	2012-5-18	201210157909.9	化学与生物工程学院	范慧俐	一种抗冻融的聚醋酸乙烯酯纳米乳液的制备方法
176	2011-8-15	201110232757.X	化学与生物工程学院	刘世香	一种发白光的低温共烧陶瓷材料及其制备方法
177	2011-3-22	201110069142.X	化学与生物工程学院	闫　海	一种促进植物生长并防止虫害微生态叶面肥的制备方法
178	2010-10-29	201010530536.6	化学与生物工程学院	闫　海	一种利用餐厨垃圾生产微生态制剂的方法
179	2010-5-20	201010177670.2	化学与生物工程学院	杨运旭	一种以(R)-(-)-3-氯-1，2-丙二醇为手性起始原料合成L-肉碱的方法
180	2010-11-15	201010546192.8	化学与生物工程学院	闫　海	一种利用益生菌和微藻生产微生态叶面肥的方法
181	2011-12-15	201110421466.5	新金属材料国家重点实验室	吕昭平	一种铁钴基内生非晶复合材料
182	2011-12-9	201110407961.0	新金属材料国家重点实验室	包小倩	一种生产超粗钨粉的方法
183	2011-10-26	201110329570.1	新金属材料国家重点实验室	周香林	一种制备高钨含量、均匀致密W-Cu复合材料的方法
184	2011-10-10	201110303052.2	新金属材料国家重点实验室	林均品	提高TiAl-Nb合金耐液锌腐蚀性能的处理方法
185	2011-12-9	201110409750.0	新金属材料国家重点实验室	林均品	耐液锌腐蚀超音速喷涂TiAl-Nb复合涂层的制备方法
186	2011-9-13	201110268594.0	新金属材料国家重点实验室	杨　滨	一种制备细晶粒变形铝合金半固态浆料的方法
187	2011-12-13	201110413441.0	新金属材料国家重点实验室	梁永锋	一种利用高能电脉冲提高高硅钢制备加工能力的方法
188	2011-9-13	201110267984.6	新金属材料国家重点实验室	杨　滨	一种制备变形铝合金半固态浆料的方法
189	2012-1-29	201210020461.6	新金属材料国家重点实验室	梁永锋	一种高硅钢板带材热处理方法

续表

序号	申请日	申请号	所属单　位	第一发明人	专利名称
190	2013-1-5	201310001784.5	新金属材料国家重点实验室	王西涛	一种消除双相不锈钢低温时效脆性的方法
191	2011-11-25	201110382548.3	新金属材料国家重点实验室	吕昭平	一种开孔泡沫钢的制备方法
192	2011-4-26	201110105288.5	新金属材料国家重点实验室	王西涛	高压气体辅助熔渗制备金属基复合材料的装置及方法
193	2012-12-14	201010588064.X	新金属材料国家重点实验室	周香林	一种聚合物复合材料表面金属化涂层的制备方法及装置
194	2012-1-30	201210020934.2	冶金工程研究院	岳　峰	一种高效低成本转炉生产超低磷钢水的工艺技术方法
195	2011-10-26	201110330154.3	冶金工程研究院	王晓晨	一种单张板精密冷轧板厚测量系统的厚度控制方法
196	2012-5-3	201210134154.0	冶金工程研究院	武会宾	一种低活化核聚变用钢以及制备方法
197	2011-5-11	201110121177.3	冶金工程研究院	刘华强	一种制备高强韧、高成形性镁合金薄板带卷用的轧制装置
198	2012-3-14	201210067496.5	冶金工程研究院	张立强	一种用于连铸轻压下机理研究的高温实验室装置与方法
199	2011-5-11	201110121205.1	冶金工程研究院	吕志民	一种热连轧工艺过程采集数据同步化方法
200	2012-7-26	201210262701.3	冶金工程研究院	赵征志	一种汽车厢体用热轧酸洗高强钢的制备方法
201	2012-9-4	201210324665.9	冶金工程研究院	苏　岚	一种高r值高强IF钢生产工艺
202	2012-4-26	201210127483.2	冶金工程研究院	武会宾	一种纳米结构超高强塑性低合金钢及其制备方法
203	2012-9-10	201010279562.6	冶金工程研究院	邓宏玉	一种中厚板在线淬火倾斜射流冷却器
204	2011-9-2	201110258213.0	冶金工程研究院	赵征志	一种高塑性应变比的超深冲双相钢的制备方法
205	2011-5-20	201110132766.1	冶金工程研究院	何安瑞	一种彩涂基料中部起筋的控制方法
206	2011-4-2	201110083293.0	新材料技术研究院	曲选辉	一种陶瓷颗粒选择性增强铝基复合材料的制备方法
207	2009-5-19	200910084729.0	新材料技术研究院	何业东	一种加压微波烧结制备陶瓷涂层的方法
208	2011-12-1	201110392471.8	新材料技术研究院	郭志猛	一种金属基复合材料制备方法
209	2010-12-8	201010586489.7	新材料技术研究院	张　津	一种铝合金板材内部残余应力定点无损检测方法
210	2010-12-3	201010578826.8	新材料技术研究院	李成明	一种电子器件用硅基复合片的制备方法
211	2010-12-10	201010584438.0	新材料技术研究院	杨仁春	一种劣化胺液的净化方法
212	2011-6-14	201110159029.0	新材料技术研究院	黄金营	一种无醛酸化缓蚀剂及制备方法
213	2011-5-4	201110114389.9	新材料技术研究院	刘雪峰	一种有模/无模联合拉拔工艺与装置
214	2011-6-28	201110175857.3	新材料技术研究院	吴　茂	一种氧化铝陶瓷表面金属化的组合物

续表

序号	申请日	申请号	所属单位	第一发明人	专利名称
215	2011-10-10	201110304752.3	新材料技术研究院	吴成义	一种真空气凝胶碳化工艺制备纳米WC粉的工艺
216	2011-10-19	201110319430.6	新材料技术研究院	郭志猛	一种致密钨涂层的制备方法
217	2011-6-23	201110171832.6	新材料技术研究院	何　勇	一种无模拉拔工件尺寸精确控制方法
218	2012-3-23	201210080906.X	新材料技术研究院	何新波	一种石墨晶须增强铜基复合材料的制备方法
219	2011-11-11	201110355922.0	新材料技术研究院	吴成义	一种用硫酸沉淀-H_2透气还原工艺制备纳米钨粉的方法
220	2012-4-5	201210096647.X	新材料技术研究院	郭志猛	一种MO_2FeB_2基钢结硬质合金的制备方法
221	2011-11-6	201110346836.3	新材料技术研究院	李静媛	铝镁合金预测模糊控制温度闭环等温挤压系统及方法
222	2011-12-1	201110392527.X	新材料技术研究院	郭志猛	一种多孔材料的制备方法
223	2011-6-9	201110153527.4	新材料技术研究院	张深根	一种含油工业废弃物的无污染连续处理设备及其方法
224	2011-5-10	201110119884.9	新材料技术研究院	张深根	一种微晶玻璃及其制备方法
225	2012-1-13	201210009830.1	新材料技术研究院	肖　葵	一种微量腐蚀性气体环境试验箱
226	2011-5-12	201110122231.6	新材料技术研究院	范丽珍	一种以硅藻土为原料制备多孔硅/炭复合材料及应用
227	2011-5-20	201110131920.3	新材料技术研究院	曹江利	一种剥离材料表面镀覆的金属薄膜的方法
228	2011-6-14	201110159030.3	新材料技术研究院	黄金营	一种油气田pH调节稳定剂的制备方法
229	2012-3-13	201210065949.0	新材料技术研究院	郝俊杰	一种制备高强高导弥散强化铜的方法
230	2012-2-29	201210050641.9	新材料技术研究院	曲选辉	一种高速压制技术成形粘结化铁基粉末的方法
231	2011-11-11	201110354667.8	新材料技术研究院	孙建林	一种含水性钼的热轧轧制功能液及其制备方法
232	2010-11-23	201010562535.X	新材料技术研究院	郭志猛	一种低成本大规模工业化生产铁基弥散强化材料的方法
233	2011-4-28	201110108042.3	新材料技术研究院	冀红彦	一种铝封微晶玻璃及其制备方法
234	2011-12-7	201110402732.X	新材料技术研究院	孟惠民	一种网孔状纳米结构锰系氧化物电极组装的超级电容器
235	2012-5-7	201210139332.9	新材料技术研究院	何新波	一种化学液气相沉积工艺用SiC陶瓷先驱体的制备方法
236	2012-7-4	201210230990.9	新材料技术研究院	刘雪峰	有两表面不同粗糙度和非对称梯度组织的铜材及成形方法
237	2012-3-26	201210080907.4	新材料技术研究院	何新波	一种高导热石墨晶须/铜复合材料的制备方法
238	2011-6-30	201110180482.X	新材料技术研究院	李　平	一种电动车用锂离子电池的正极材料的制备方法
239	2011-4-25	201110103839.4	新材料技术研究院	范丽珍	一种多孔碳原位复合磷酸铁锂正极材料及其制备方法

续表

序号	申请日	申请号	所属单　位	第一发明人	专利名称
240	2011-5-11	201110121481.8	新材料技术研究院	董超芳	一种研究金属在酸性大气介质中氢渗透行为的装置及方法
241	2011-11-30	201110389769.3	新材料技术研究院	曲选辉	一种制备碳化锆陶瓷粉末的方法
242	2012-4-27	201210128799.3	新材料技术研究院	秦明礼	一种制备稀土氧化物掺杂钨粉的方法
243	2012-3-14	201210066627.8	新材料技术研究院	孙建林	一种水基乳化型带钢轧制液的制备方法
244	2011-12-22	201110435831.8	新材料技术研究院	宋西平	一种氢诱发Mg还原TiO_2制取金属Ti的方法
245	2012-3-13	201210065503.8	新材料技术研究院	张深根	一种电路板铜阳极泥分银渣共沉淀制备铅酸钡粉体的方法
246	2010-11-2	201010527703.1	新材料技术研究院	曲选辉	一种共沉淀-碳热还原制备氮化铝粉末的方法
247	2012-9-27	201210365381.4	新材料技术研究院	吴成义	纳米颗粒充填钨骨架特种结构电触头合金的制备方法
248	2012-1-14	201210009548.3	新材料技术研究院	邵慧萍	一种超薄壁多孔金属管件的成形方法
249	2012-3-23	201210080138.8	新材料技术研究院	何新波	一种石墨晶须增强铝基复合材料的制备方法
250	2012-4-17	201210112516.6	新材料技术研究院	章　林	一种溶液法制备γ′相强化钴基ODS合金的方法
251	2011-11-30	201110389741.X	新材料技术研究院	曲选辉	一种制备SiC-AlN固溶体陶瓷粉末的方法
252	2011-11-8	201110349449.5	新材料技术研究院	谢建新	一种提高高硅电工钢室温塑性的热处理方法
253	2011-11-4	201110344241.4	新材料技术研究院	颉芳霞	一种复杂形状生物医用多孔钛钼合金植入体的制备方法
254	2011-10-24	201110324357.1	新材料技术研究院	孙建林	一种含纳米ZnO的水基板带钢轧制液的制备
255	2011-7-26	201110210015.7	新材料技术研究院	谢建新	一种纯铜管材的短流程高效生产方法
256	2011-7-22	201110207295.6	新材料技术研究院	杜艳霞	一种埋地钢质管道阴极保护极化测试探头及测试方法
257	2011-7-22	201110207276.3	新材料技术研究院	谢建新	一种实现周向均匀冷却的水平连铸结晶器
258	2011-7-21	201110207269.3	新材料技术研究院	谢建新	异型断面铜包铝复合材料的连铸直接成形模具及其制备方法
259	2011-7-6	201110187691.7	新材料技术研究院	章　林	一种机械化学反应法制备钴基ODS合金的方法
260	2011-6-10	201110155367.7	新材料技术研究院	袁　勇（外）	一种绝缘铁粉的生产设备和方法
261	2011-4-20	201110099294.4	新材料技术研究院	郭志猛	一种超细球形镍包钛复合粉末的制备方法
262	2011-10-13	201010513453.6	新材料技术研究院	郭志猛	一种利用铁尾矿制备通体砖的方法
263	2010-9-30	201010500526.8	新材料技术研究院	高　瑾	一种防缝隙腐蚀专用电化学活性密封胶及制备工艺

续表

序号	申请日	申请号	所属单　位	第一发明人	专利名称
264	2010-6-9	201010211472.3	新材料技术研究院	贾成厂	一种超高导热、低热膨胀系数金刚石复合材料及制备方法
265	2010-5-26	201010192221.5	新材料技术研究院	田建军	一种制备具有辐向织构整体永磁环温压成形方法及模具
266	2010-12-7	201010585794.4	新材料技术研究院	程学群	固态Ag/AgCl电极芯、其制备方法及应用
267	2010-12-23	201010620993.4	新材料技术研究院	柳　伟	一种高温高压环路喷射腐蚀模拟及电化学测试实验装置

2013年实用新型专利授权明细

序号	申请日期	申请号	所属单　位	第一发明人	专利名称
1	2012-10-11	201220520554.0	土木与环境工程学院	王洪江	一种预防深锥浓密机压耙装置
2	2012-10-16	201220529802.8	土木与环境工程学院	宋存义	一种半干法脱硫设备
3	2012-11-9	201220592264.7	土木与环境工程学院	吴爱祥	一种测试尾矿膏体堆存体受雨水侵蚀的试验装置
4	2012-12-25	201220727112.3	土木与环境工程学院	韩　斌	一种充填料浆现场取样装置
5	2012-12-14	201220694117.0	土木与环境工程学院	韩　斌	一种边坡自动排水系统
6	2013-4-19	201320199515.X	土木与环境工程学院	金龙哲	一种避难硐室用防水排气装置
7	2013-3-15	201320118268.6	土木与环境工程学院	金龙哲	一种多驱动方式的避难硐室用空气净化装置
8	2013-4-27	201320225337.3	土木与环境工程学院	马鸿志	一种节能型可除烟台灯装置
9	2013-6-5	201320322114.9	土木与环境工程学院	任奋华	一种翻斗式矿车
10	2012-03-21	201220107888.5	土木与环境工程学院	成　旭	大幅增加岩体边坡爆破开挖稳定性的缓冲垫
11	2012-8-16	201220408486.9	土木与环境工程学院	宋存义	一种新型竖窑
12	2012-7-13	201220342966.X	土木与环境工程学院	尹升华	超细尾矿流态化开采及细菌浸出的系统
13	2012-8-3	201220385240.4	冶金与生态工程学院	孙彦辉	一种转炉水模型实验模拟装置
14	2012-8-23	201220421488.1	冶金与生态工程学院	张立峰	一种测量钢水液面波形及保护渣液渣层厚度的装置
15	2012-9-19	201220479332.9	冶金与生态工程学院	张立峰	一种净化金属用新型过滤器
16	2012-9-14	201220472139.2	冶金与生态工程学院	张立峰	一种用于金属精炼的反向过滤器
17	2012-10-9	201220515865.8	冶金与生态工程学院	周国治	一种差热分析与伏安法联用的分析系统
18	2012-10-21	201220540171.X	冶金与生态工程学院	侯新梅	一种测量反应过程中挥发易凝结产物的热重装置
19	2012-10-20	201220539128.1	冶金与生态工程学院	张立峰	一种提高金属洁净度的模铸浇注装置
20	2012-9-17	201220473933.9	冶金与生态工程学院	张立峰	一种高度净化钢液用新型中间包
21	2012-9-6	201220452811.1	冶金与生态工程学院	张立峰	一种真空精炼装置

续表

序号	申请日期	申请号	所属单　位	第一发明人	专利名称
22	2012-9-17	201220474040.6	冶金与生态工程学院	张立峰	一种净化金属用多级孔度过滤器
23	2012-10-20	201220539130.9	冶金与生态工程学院	张立峰	一种减少铸锭中夹杂物的浇注装置
24	2012-11-9	201220591625.6	冶金与生态工程学院	张立峰	一种顶吹氩侧开口双桶样钢液取样器
25	2012-9-14	201220472157.0	冶金与生态工程学院	张立峰	一种吹氩侧开口高纯度钢液取样器
26	2012-10-22	201220542806.X	冶金与生态工程学院	李建玲	一种空气电池测试模具
27	2012-9-19	201220474011.X	冶金与生态工程学院	张立峰	一种净化金属用多级过滤器
28	2012-9-14	201220472134.X	冶金与生态工程学院	张立峰	一种抽真空侧开口高纯度钢液取样器
29	2012-11-9	201220592245.4	冶金与生态工程学院	张立峰	一种侧开口双桶样钢液取样器
30	2012-12-20	201220713193.1	冶金与生态工程学院	张立峰	一种单嘴真空精炼装置
31	2012-12-18	201220702452.0	冶金与生态工程学院	侯新梅	一种用于热重分析仪的液封连接装置
32	2013-1-17	201320026349.3	冶金与生态工程学院	李素芹	一种利用超导HGMS技术处理废弃物的分离提纯装置
33	2013-2-22	201320082844.6	冶金与生态工程学院	王新东	一种粉体材料电导率与膜电极阻抗的测试装置与方法
34	2013-1-23	201320035518.X	冶金与生态工程学院	张立峰	板坯连铸浇注方坯的新型结晶器
35	2013-1-24	201320039358.6	冶金与生态工程学院	杨树峰	一种烧注方坯的新型结晶器
36	2013-1-24	201320039474.8	冶金与生态工程学院	张立峰	一种板坯连铸浇铸方坯的装置
37	2013-4-23	201320205567.3	冶金与生态工程学院	李宏煦	海水体系钝顶螺旋藻生物矿化固定二氧化钛的装置
38	2013-1-7	201320005511.3	冶金与生态工程学院	张立峰	一种连续且可调深度取样装置
39	2013-4-28	201320230195.X	冶金与生态工程学院	郭占成	一种粉尘提浸装置
40	2013-3-19	201320126280.1	冶金与生态工程学院	张立强	一种遥控式连铸坯射钉装置
41	2013-6-17	201320346204.1	冶金与生态工程学院	周国治	一种低水蒸气含量气体湿度精确控制装置
42	2013-6-26	201320369849.7	冶金与生态工程学院	苍大强	一种超声、富氧助燃装置
43	2013-6-17	201320346520.9	冶金与生态工程学院	周国治	一种固体氧化物燃料电池电极自动浸渍系统
44	2012-8-23	201220421278.2	冶金与生态工程学院	张立峰	一种长水口连铸中间包
45	2012-8-23	201220421464.6	冶金与生态工程学院	张立峰	一种用于双水口浇注宽厚板坯的浇注系统
46	2012-8-23	201220421318.3	冶金与生态工程学院	张立峰	一种金属模铸用旋流浇注系统
47	2013-8-22	201220419850.1	冶金与生态工程学院	张立峰	一种用于金属连续浇注的旋流反应系统
48	2013-8-21	201220416982.9	冶金与生态工程学院	张立峰	一种利用电磁法生产超纯多晶硅锭装置
49	2013-8-21	201220417818.X	冶金与生态工程学院	张立峰	一种电磁法回收线锯硅泥中硅组分的装置
50	2013-4-3	201320167145.1	冶金与生态工程学院	王学斌（外）	一种研究单颗粒铁矿石还原性的试验装置

续表

序号	申请日期	申请号	所属单　位	第一发明人	专利名称
51	2013-5-2	201320232747.0	冶金与生态工程学院	王学斌（外）	一种消除高炉积碳的测试装置
52	2012-9-25	201220493112.1	材料科学与工程学院	康永林	一种连续制备半固态浆料装置
53	2012-12-12	201220682890.5	材料科学与工程学院	田文怀	一种用于制备铝铁合金药型罩的热压模具
54	2013-2-1	201320061940.2	材料科学与工程学院	田文怀	一种加工成型蹄合金紫外蒸发源材料的模具
55	2013-7-5	201320400126.9	材料科学与工程学院	常永勤	一种薄片样品的测量装置
56	2012-9-10	201220460251.4	材料科学与工程学院	康永林	一种复合搅拌半固态浆料连续制备装置
57	2012-8-31	201220444005.X	材料科学与工程学院	吴成义	一种高速固相颗粒喷射成形装置
58	2012-6-8	201220270607.8	材料科学与工程学院	田文怀	一种制备夜视仪用碱金属蒸发器蒸发本体的模具
59	2012-11-8	201220586698.6	机械工程学院	王　恒	高浓度煤粉燃烧器
60	2012-12-11	201220681361.3	机械工程学院	杨　珏	一种电驱动矿用汽车制动过程节能控制系统
61	2012-8-10	201220396620.8	机械工程学院	闫晓强	一种轧机振动监测分析装置
62	2013-1-18	201320030865.3	机械工程学院	王长松	一种用于钻探时电磁波随钻测量中传输数据用的绝缘短节
63	2013-3-7	201320103375.1	机械工程学院	闫晓强	一种轧机振动抑振装置
64	2013-2-25	201320085055.8	机械工程学院	范让林	一种高稳定性的三线扭摆法刚体动力学参数测试台
65	2013-2-25	201320085051.X	机械工程学院	范让林	一种主动平衡的三线扭摆法刚体动力学参数测试台
66	2013-2-25	201320085017.2	机械工程学院	范让林	一种三线扭摆法刚体动力学参数测试台
67	2013-2-25	201320084177.5	机械工程学院	范让林	一种等半径的三线扭摆法刚体动力学参数测试台
68	2013-4-8	201320172106.0	机械工程学院	张　辉	一种基于容量法测定气液化学反应速率的装置
69	2013-4-9	201320172544.7	机械工程学院	刘应书	一种测定酸性气体在碱性吸收液中平衡溶解度的装置
70	2013-4-15	201320185986.5	机械工程学院	阳建宏	用于活套区冷轧带钢跑偏检测的自供电无线传感器节点
71	2012-8-30	201220438151.1	机械工程学院	范让林	一种三线扭摆振动自动周期测量装置
72	2012-7-30	201220375279.8	机械工程学院	刘训良	一种回转式固定床化学链燃烧反应装置
73	2013-8-2	201320470723.9	机械工程学院	豆瑞锋	一种带卷材料径向等效导热系数的测量装置
74	2013-5-7	201320239974.6	机械工程学院	张　辉	一种同步跟踪测定气固吸附过程微热量变化的装置
75	2013-3-25	201320136639.3	自动化学院	徐令仪	基于油门踏板位置和车速的道路纵向坡度检测装置

续表

序号	申请日期	申请号	所属单位	第一发明人	专利名称
76	2013-3-21	201320131570.5	计算机与通信工程学院	王志良	一种用于健忘老年或强迫症患者的智能语音提示装置
77	2012-6-25	201220296206.X	计算机与通信工程学院	李　刚	组合式专用高亮LED补光照明装置
78	2012-6-25	201220295960.1	计算机与通信工程学院	李　刚	全天候一体化摄像机防护罩
79	2012-7-20	201220356223.8	冶金工程研究院	刘华强	一种镁合金薄板带卷连续异步轧制装置
80	2012-7-20	201220356747.7	冶金工程研究院	刘华强	一种全连续镁合金带卷精整装置及精整方法
81	2012-6-21	201220301176.7	新材料技术研究院	郭志猛	一种钢丝预应力缠绕飞轮转子转毂
82	2012-10-30	201220561678.3	新材料技术研究院	赵　博	一种适用于薄层溶液电化学测试的参比电极
83	2012-11-12	201220593443.2	新材料技术研究院	柳　伟	一种评价原油油船货油舱甲板用腐蚀性能的实验系统
84	2012-12-25	201220726596.X	新材料技术研究院	刘智勇	一种模拟天然气气相冲刷腐蚀的回路实验装置
85	2013-4-24	201320214289.8	新材料技术研究院	王洁军	一种土壤及溶液环境下电化学测试的装置
86	2013-4-28	201320226066.3	新材料技术研究院	王瑞俊	一种平行力连续自加载装置样品
87	2013-6-18	201320347592.5	新材料技术研究院	刘智勇	一种可定量改变液膜厚度的电化学测量装置
88	2013-5-14	201320262122.9	新材料技术研究院	王瑞俊	一种平行力连续自加载压缩装置样品
89	2013-7-18	201320430086.2	新材料技术研究院	许立宁	高温高压动态电化学测试及pH原位监测实验装置
90	2012-5-6	201220201458.X	新材料技术研究院	魏俊俊	一种大面积沉积金刚石膜的热丝架
91	2012-12-26	201220729408.9	重大项目指挥部	兰成明	套筒式磁通量传感采集装置
92	2012-12-26	201220728578.5	重大项目指挥部	兰成明	智能同步张拉系统

2013年国际PCT申请明细表

序号	申请日期	申请号	国内优先权申请号	优先权日	单位	第一发明人	名称
1	2013-2-26	PCT/CN2013/071866	2012100493531	2012.2.29	材料科学与工程学院	连　芳	采用尾矿复配料改质高温钢渣的方法
2	2013-5-6	PCT/CN2013/075193	2012102006573	2012.6.14	材料科学与工程学院	李成明	一种用CVD金刚石增强的聚晶金刚石复合片的制备方法
3	2009-1-8	PCT-P101071			机械工程学院	苏庆泉	吸收溶液循环系统及方法

续表

4	2013-1-17	PCT/CN2013/070583	2012100659490	2012.3.13	新材料技术研究研究	郝俊杰	一种制备高强高导弥散强化铜的方法
5	2013-1-17	PCT/CN2013/070582	2012102857462	2012.8.10	新材料技术研究研究	张深根	一种两代酸解分解废旧稀土发光材料的工艺

2013年计算机软件登记明细表

序号	登记号	软件名称	单　位	第一设计人
1	2013SR032789	滇池流域水污染治理项目评估系统	土木与环境工程学院	宋　波
2	2013SRBJ0250	LF精炼过程钢水成分与合金加入量预测软件	冶金与生态工程学院	刘　青
3	2013SRBJ0249	基于“炉机对应的炼钢-连铸过程调度软件”	冶金与生态工程学院	刘　青
4	2013SRBJ0248	炼钢-连铸过程物质流参数解析与评价软件	冶金与生态工程学院	刘　青
5	2013SRBJ0251	连铸方坯二次冷却控制优化软件	冶金与生态工程学院	刘　青
6	2013SRBJ0247	转炉冶炼过程在线模拟辅助控制软件	冶金与生态工程学院	刘　青
7	2013SRBJ0254	中厚板坯连铸凝固冷却过程模拟与优化软件	冶金与生态工程学院	刘　青
8	2013SR008175	ANSYS与FLUENT中MHD模型(Magnetohydrodynamics)接口软件	冶金与生态工程学院	张立峰
9	2013SR015470	汽车动力总成悬置系统设计分析软件	机械工程学院	范让林
10	2013SR081163	钢铁冶炼工序能耗计算软件	机械工程学院	姜泽毅
11	2013SRBJ0220	平面连杆机构自有搭建及自动分析软件	机械工程学院	韩建友
12	2013SR125737	炼铁系统能耗排放计算软件	机械工程学院	姜泽毅
13	2013SR129541	钢铁企业蒸汽系统多目标优化分配软件	机械工程学院	童莉葛
14	2013SRBJ0599	地下矿用车驱动桥设计软件	机械工程学院	石博强
15	2013SR146849	高炉热流密度三维可视化软件	机械工程学院	刘训良
16	2013SR052175	蓄电池性能参数在线监测及故障诊断智能管理软件V1.0	自动化学院	赵小燕
17	2013SR006663	太赫兹时域光谱系统仿真软件	自动化学院	张朝晖
18	2013SR011874	基于计算机视觉的特种车辆仪表自动识别与校准系统	计算机与通信工程学院	白真龙
19	2013SR087308	基于北斗/GPS双模导航模块的物流车辆定位系统V1.0	计算机与通信工程学院	马忠贵
20	2013SR086259	基于离散Adaboost的人脸检测系统	计算机与通信工程学院	王先梅
21	2013SR002349	基于可变性管理的适应性服务组装运行时管理软件	计算机与通信工程学院	孙昌爱
22	2013SR010530	基于工业云的监测数据管理平台	计算机与通信工程学院	张晓彤
23	2013SRBJ0055	课程辅助教学系统	计算机与通信工程学院	王洪泊
24	2013SRBJ0071	基于Agent的Web会议智能调度系统	计算机与通信工程学院	王洪泊
25	2013SR073394	个性化推荐实验系统	东凌经济管理学院	武　森

2013年科研项目奖励明细

单位：元

序号	单位	负责人	项目名称	项目类别	合同金额（万元）	累计到款金额（万元）	已经奖励软件（万元）	上交学校管理费（元）	奖励金额（元）
1	土木与环境工程学院	吴爱祥	谦比希铜矿西矿体采矿方法和支护技术研究(人民币)2012-0330	厂校协作	320.00	318.91	0	165075.00	33015.00
2	土木与环境工程学院	王金安	工程地质体结构模型与地质状态基本信息分析方法	“973计划”	625.00	562.00	0	119376.00	23875.00
3	土木与环境工程学院	高　谦	金川特大型复杂难采矿体开采支撑理论与关键技术总结与研究2010-838	厂校协作	240.00	240.00	0	108600.00	21720.00
4	土木与环境工程学院	金龙哲	井下紧急避险系统研究与应用2012-1020	厂校协作	530.00	457.00	0	231360.00	46272.00
5	土木与环境工程学院	金龙哲	朱仙庄煤矿井下紧急避险系统的研究与应用2012-649	厂校协作	551.38	495.00	0	249600.00	49920.00
6	土木与环境工程学院	金龙哲	矿用两栖救生车及避难舱关键技术研发	科技支撑计划	716.00	716.00	0	50793.00	10159.00
7	土木与环境工程学院	张英华	大淑村矿井下紧急避险系统建立与研究2012-984	厂校协作	383.00	345.00	0	177600.00	35520.00
8	冶金与生态工程学院	王新华	夹杂物稳定性和铸坯均匀度控制的研究	“973计划”	487.00	436.00	0	94320.00	18864.00
9	冶金与生态工程学院	程树森	7号高炉炉缸水温差及热流强度在线监测系统	厂校协作	238.00	214.20	0	114816.00	22963.00
10	冶金与生态工程学院	郭占成	利用钢铁企业烧结电除尘灰生产氯化钾的方法2012-534	厂校协作	300.00	200.00	0	108000.00	21600.00
11	冶金与生态工程学院	张建良	操作平台型矿热炉节能控制专家系统开发2012-970	厂校协作	260.00	210.00	0	112800.00	22560.00
12	冶金与生态工程学院	张建良	炼铁原、燃料技术经济指标评价体系及高效炼铁2012-482	厂校协作	212.00	212.00	0	115224.00	23045.00

续表

序号	单位	负责人	项目名称	项目类别	合同金额（万元）	累计到款金额（万元）	已经奖励软件（万元）	上交学校管理费（元）	奖励金额（元）
13	冶金与生态工程学院	周国治	高速铁路扣件系统弹条关键技术研发2012-0097	厂校协作	400.00	260.00	0	108000.00	21600.00
14	材料科学与工程学院	曹文斌	氮掺杂纳米二氧化钛室内墙用空气净化喷剂中试开发2013-0045	厂校协作	400.00	400.00	0	156000.00	31200.00
15	材料科学与工程学院	任学平	挤压导轨、钢球开发	厂校协作	400.00	353.97	0	181904.00	36381.00
16	材料科学与工程学院	曹文斌	高可见光活性氮掺杂纳米TiO2粉体的规模化制备技术及应用	“863计划”	990.00	594.00	0	78527.00	15705.00
17	材料科学与工程学院	李立东	单层OLED白光照明材料与器件研制	北京市科委、新星	200.00	200.00	0	8820.00	1764.00
18	材料科学与工程学院	连　芳	非金属矿渣共掺制取低碳胶凝材料关键技术	科技支撑计划	501.00	501.00	230	8412.00	1682.00
19	材料科学与工程学院	龙　毅	新型稀土磁热和磁应变材料及其应用	“863计划”	914.00	914.00	0	61553.00	12310.00
20	材料科学与工程学院	尚成嘉	第三代高强高韧低合金钢精细组织的研究	“973计划”	475.00	454.00	0	104918.00	20984.00
21	材料科学与工程学院	燕青芝	面向等离子体材料和模块的设计及制备基础研究	“973计划”	884.00	884.00	600	25349.00	5070.00
22	材料科学与工程学院	詹　倩	低活化结构材料的辐照损伤机理研究	“973计划”	276.00	276.00	0	99576.00	19915.00
23	机械工程学院	杨耀东	170/240吨电动轮矿用自卸车2012-0304	厂校协作	430.00	320.00	0	165600.00	33120.00
24	机械工程学院	杨耀东	130/300/400吨电动轮矿用自卸车2012-606	厂校协作	430.00	260.00	0	136800.00	27360.00
25	机械工程学院	张大志	1#2#卷取机控制系统技术开发	厂校协作	350.00	210.00	0	112800.00	22560.00
26	机械工程学院	刘　立	地下金属矿设备精确定位与智能导航	“863计划”	935.00	680.00	0	148464.00	29693.00

续表

序号	单位	负责人	项目名称	项目类别	合同金额（万元）	累计到款金额（万元）	已经奖励软件（万元）	上交学校管理费（元）	奖励金额（元）
27	机械工程学院	张清东	新一代节能高效连续热处理关键技术研究及示范——新型板型仪的开发和平整板型控制系统研发	科技支撑计划	268.00	268.00	0	111000.00	22200.00
28	机械工程学院	张文明	地下智能矿用汽车	“863计划”	1233.00	875.00	0	181130.00	36226.00
29	机械工程学院	张欣欣	全氧条件下高炉高温热化学反应与能质传递协同原理	“973计划”	490.00	409.00	0	91680.00	18336.00
30	机械工程学院	张欣欣	焦炉炉体优化设计与仿真软件开发	“863计划”	300.00	300.00	0	51300.00	10260.00
31	新金属材料国家重点实验室	林均品	高温TiAl合金成分-组织-性能设计和优化原理	“973计划”	676.00	497.00	0	136631.00	27326.00
32	新金属材料国家重点实验室	吕昭平	块体非晶合金原子尺度下的变形机理及动态纳米晶化过程	国家自然基金	200.00	200.00	0	49800.00	9960.00
33	冶金工程研究院	郭　强	重钢1780热连轧生产线软件升级	厂校协作	460.00	299.00	0	155520.00	31104.00
34	冶金工程研究院	唐　荻	汽车板低成本稳定生产技术研究及新一代高强度汽车用钢前沿钢种开发	厂校协作	550.00	400.00	0	204000.00	40800.00
35	冶金工程研究院	张勇军	热轧生产线卷取机变频控制关键技术的开发2012-1013	厂校协作	420.00	252.00	0	132960.00	26593.00
36	新材料技术研究院	高　瑾	微创手术仿生功能性水凝胶椎间盘髓核假体制备技术2010-850	厂校协作	210.00	210.00	0	109200.00	21840.00
37	新材料技术研究院	郭志猛	SHS熔覆钢结硬质合金涂层复合材料的研究与产业化	产学研	300.00	300.00	0	90000.00	18000.00
38	新材料技术研究院	李成明	2011150570101	USTB	225.00	225.00	0	85500.00	17100.00
39	新材料技术研究院	李成明	2013150570101金刚石	USTB	570.00	342.00	0	82600.00	16520.00

续表

序号	单位	负责人	项目名称	项目类别	合同金额（万元）	累计到款金额（万元）	已经奖励软件（万元）	上交学校管理费（元）	奖励金额（元）
40	新材料技术研究院	李晓刚	国家材料环境腐蚀野外科学观测研究平台（2013）	科技部项目	2900.00	2900.00	0	403200.00	80640.00
41	新材料技术研究院	刘雪峰	高性能铜材短流程生产组织控制关键技术	科技支撑计划	457.00	457.00	0	167868.00	33574.00
42	新材料技术研究院	路民旭	荔湾3-1气田设施内腐蚀控制机选材设计	科技支撑计划	580.00	498.00	0	136895.00	27379.00
43	新材料技术研究院	罗　骥	2012150120101	USTB	228.00	228.00	0	86400.00	17280.00
44	新材料技术研究院	秦明礼	2012150320101-用高	USTB	200.00	200.00	0	78000.00	15600.00
45	新材料技术研究院	曲选辉	2012150010101	USTB	385.00	385.00	0	133500.00	26700.00
46	新材料技术研究院	孙爱芝	HDDR各向异性NdFeB磁粉产业化制备技术及粘结磁体成型技术的研究	“863计划”	242.70	242.70	0	103587.00	20717.00
47	新材料技术研究院	谢建新	脆性难加工材料精确控制制备加工的基础研究	“973计划”	750.00	554.00	0	183362.00	36672.00
48	新材料技术研究院	张深根	带钢高效清洗工艺和冷轧工序废弃物利用技术开发	科技支撑计划	282.00	282.00	0	92675.00	18535.00
49	新材料技术研究院	章　林	2012150840101	USTB	315.00	315.00	0	112500.00	22500.00
50	国家材料服役安全科学中心（筹）	冯　强	单晶高温合金成分设计与强韧化基础研究	“973计划”	272.00	224.00	0	77850.00	15570.00
51	国家材料服役安全科学中心（筹）	冯　强	2011140080103与11139958同题	USTB	500.00	305.00	0	71736.00	14347.00

2013年北京科技大学优秀科研成果奖明细

序号	项目名称	完成人	所属单位
1	卟啉酞菁类配合物功能分子材料的磁电性能研究	姜建壮等	化学与生物工程学院
2	基于循环经济发展对策研究的哲学维度分析法	孙文营	马克思主义学院
3	远古至民国时期云南科学技术史实证研究及特点分析	李晓岑	冶金与生态工程学院
4	慢性病人的社会适应与生存策略	郇建立	文法学院

2013年北京科技大学出版学术专著奖励明细

序号	专著名称	作　者	出版社	所属单位
1	高应力碎裂围岩巷道变形控制技术	高　谦等	科学出版社	土木与环境工程学院
2	活性粉末混凝土——配制、性能与微结构	刘娟红等	化学工业出版社	土木与环境工程学院
3	Landslide Hazard Assessment Using GIS	谢谟文	科学出版社	土木与环境工程学院
4	复杂气藏有效开发非线性渗流理论和开发方法	朱维耀等	科学出版社	土木与环境工程学院
5	井下紧急避险技术	金龙哲	煤炭工业出版社	土木与环境工程学院
6	云南科学技术简史	李晓岑	科学出版社	冶金与生态工程学院
7	电工钢的材料学原理	毛卫民等	高等教育出版社	材料科学与工程学院
8	国外冷轧硅钢生产技术	王　浩等	冶金工业出版社	材料科学与工程学院
9	链箅机-回转窑-环冷机系统质量、热量、火用平衡	冯俊小	冶金工业出版社	机械工程学院
10	单兵装备人机工程建模、仿真与评价	钮建伟等	科学出版社	机械工程学院
11	连铸设备的热行为及力学行为	秦　勤等	冶金工业出版社	机械工程学院
12	连杆机构现代综合理论与方法——解析理论、解域方法及软件系统	韩建友等	高等教育出版社	机械工程学院
13	拟人学与拟人系统	涂序彦等	国防工业出版社	计算机与通信工程学院
14	专利技术创新——法与经济学分析	杨　武	科学出版社	东凌经济管理学院
15	敏捷供应链中的客户知识管理：产品评论视角	郝　玫	电子工业出版社	东凌经济管理学院
16	慈善组织财务信息披露质量研究	刘亚莉	化学工业出版社	东凌经济管理学院
17	中国高技术产品贸易——实证与策略	孙　莹	冶金工业出版社	东凌经济管理学院
18	中国自主创新动态	俞文华	知识产权出版社	文法学院
19	中心与边缘：当代英国戏剧家汤姆·斯托帕德	陈红薇等	北京大学出版社	外国语学院
20	中国大学生英语词汇习得策略模式研究	段成钢等	九州出版社	外国语学院
21	现代日语形容词词组研究	周　彤	北京大学出版社	外国语学院
22	芥川龙之介与中国	王书玮	新世界出版社	外国语学院
23	走出“三农”困境的城镇化发展研究	李红梅	知识产权出版社	马克思主义学院
24	中国共产党执政道德建设研究	赵　静	光明日报出版社	马克思主义学院
25	循环经济哲学维度研究	孙文营	光明日报出版社	马克思主义学院
26	氢脆和应力腐蚀——基础部分	武　扬等	科学出版社	新材料技术研究院
27	氢脆和应力腐蚀——典型体系	武　扬等	科学出版社	新材料技术研究院

2001～2012年北京科技大学SCIE、EI、CPCI-S在全国高校排序表

年　份	SCIE	排　名	EI	排　名	CPCI-S	排　名
2001	197篇	23名	223篇	16名	32篇	48名
2002	287篇	22名	206篇	22名	64篇	40名
2003	255篇	24名	254篇	22名	56篇	49名
2004	241篇	31名	347篇	25名	34篇	71名
2005	383篇	26名	571篇	27名	156篇	42名
2006	376篇	34名	618篇	27名	147篇	54名
2007	441篇	33名	838篇	25名	296篇	36名
2008	552篇	33名	981篇	22名	373篇	42名
2009	577篇	37名	941篇	29名	335篇	36名
2010	680篇	39名	1156篇	26名	608篇	30名
2011	816篇	33名	1137篇	28名	473篇	13名
2012	911篇	36名	1225篇	25名	520篇	13名

数据来源：中国科学技术信息研究所

2012年各单位SCIE、EI、CPCI-S收录论文统计表

单　位	SCIE	EI	CPCI-S
土木与环境工程学院	47	168	137
冶金与生态工程学院	165	179	68
材料科学与工程学院	281	310	80
机械工程学院	36	100	153
自动化学院	23	54	46
计算机与通信工程学院	38	90	51
数理学院	85	75	32
化学与生物工程学院	72	49	8
东凌经济管理学院	18	26	25
文法学院	0	0	0
马克思主义学院	0	0	0
外国语学院	0	0	0
新金属材料国家重点实验室	53	63	12
冶金工程研究院	20	67	23
新材料技术研究院	123	178	58
国家材料服役安全科学中心（筹）	9	14	4
其他单位	2	8	8
合　计	972	1381	705

数据来源：北京科技大学图书馆

2012年SCIE高影响因子论文排名

名次	姓名	影响因子	题名	刊名
1	党智敏	23.899	Fundamentals, processes and applications of high-permittivity polymer matrix composites	*PROGRESS IN MATERIALS SCIENCE*
2	张　跃	13.843	Size Dependence of Dielectric Constant in a Single Pencil-Like ZnO Nanowire	*NANO LETTERS*
3	董海峰	13.195	Target-Cell-Specific Delivery, Imaging, and Detection of Intracellular MicroRNA with a Multifunctional SnO_2 Nanoprobe	*Angew. Chem. Int. Ed.*
4	姜建壮	12.813	High-Performance Air-Stable Ambipolar Organic Field-Effect Transistor Based on Tris (phthalocyaninato) Europium (III)	*ADVANCED MATERIALS*
4	张　跃	12.813	Scanning Probe Study on the Piezotronic Effect in ZnO Nanomaterials and Nanodevices	*ADVANCED MATERIALS*
6	王　戈	12.524	Building Robust Architectures of Carbon and Metal Oxide Nanocrystals toward High-Performance Anodes for Lithium-Ion Batteries	*ACS NANO*
7	王国杰	11.952	Photoresponsive molecular switches for biotechnology	*JOURNAL OF PHOTOCHEMISTRY AND PHOTOBIOLOGY C-PHOTOCHEMISTRY REVIEWS*
8	徐新军	10.342	Organozinc Compounds as Effective Dielectric Modification Layers for Polymer Field-Effect Transistors	*ADVANCED FUNCTIONAL MATERIALS*
9	何万里	8.262	Hysteresis-Free Blue Phase Liquid-Crystal-Stabilized by ZnS Nanoparticles	*SMALL*
10	吕昭平	7.435	Ductilizing Bulk Metallic Glass Composite by Tailoring Stacking Fault Energy	*PHYSICAL REVIEW LETTERS*
11	郑　磊	7.368	Mechanism of Intermediate Temperature Embrittlement of Ni and Ni-based Superalloys	*CRITICAL REVIEWS IN SOLID STATE AND MATERIALS SCIENCES*

数据来源：北京科技大学图书馆

产业工作

【概况】2013年，学校深入学习贯彻党的群众路线教育实践活动和中共十八届三中全会精神，以科学发展观为指导，加强对科技产业的经营管理，确保科技产业持续、健康、快速地发展。科技产业在学校党政的坚强领导下，坚持解放思想、开拓创新，理清了科技产业的发展思路，明确了管理机制，为科技产业的发展打下了坚实的基础。年内，科技产业全体职工群策群力，在节约开支、压缩成本、规范管理、创新发展和党群行政工作等方面取得了不错的成绩，圆满完成了2013年的工作任务和工作目标。至年底，学校科技产业全口径统计企业共有45家，其中全资企业9家，控股企业5家，参股企业31家。科技产业共有职工900余名，其中学校编制职工52名。投资企业总资产为20.6亿元，实现收入总额14.8亿元，缴纳各类税费1524.52万元，净利润1699.4万元。

（杨　林）

【资产公司经营业绩】2013年，资产公司克服经济增速下滑、钢铁行业低迷的影响，采取多项举措压缩成本，提高工作效率，有效节约了管理成本。①将资产公司、分析检验中心、宏洁物业公司的人事工作统一由资产公司负责，减少了招聘费用和社保公积金办理人员。②开展资产公司、分析检验中心、宏洁物业公司、科技园和孵化器等公司财务统一管理的试运行，减少了人员，加强了财务监管，规范了财务报销审批流程。③资产公司、科技园、孵化器、物业、分析检验等公司全面实行预算管理，实现了预算编制科学规范。年内，各公司运营成本大幅下降，招待费、办公费、会议差旅费等费用下降幅度在40%以上。

（杨　林）

【规范化建设】2013年，为规范学校科技产业的发展，资产公司通过制定管理制度、清理整顿企业和加强内控管理，逐步规范企业分红行为，进一步理顺了科技产业的管理体制和机制。

（1）加强调查研究，制定多项制度，规范投资企业管理。①在深入调研相关高校科技产业治理和决策机制的基础上，经多次交流研讨，初步明确了科技产业“明晰治理、分类管理、自主经营、风险管控”的管理思路，并结合北科大科技产业实际，起草并完善了《北京科技大学经营性资产管理委员会议事规则》和《资产公司管理体制和议事规则》，明确了各级管理机构的组织形式、管理职责和管理权限。②结合科技产业实际，起草并修订了《科技产业发展现状及下一步发展思路》，对科技产业的发展方向、定位、思路以及工作重点等进行了探讨和研究。③起草并完善《北京科技大学校办企业管理办法》，报第十四次经资委会讨论通过，并依上述办法探索企业分类管理工作，企业规范化管理取得初步成效。④起草并完善《北京科大资产经营有限公司股东代表、董监事派出管理办法（草案）》，报董事会批准后颁布试行，加强了对投资企业的管理，确保了学校收益。

（2）开展清理整顿，关停并转企业，确保国有资产安全。年内共完成了13家企业的清理整顿，分别是：①开展了最后一家全民所有制企业“北京科技大科教技术服务中心”的清理，年内已完成税务注销。②完成了苏州创基、方兴爆破公司的股权转让工作。③完成了鼎新公司、迈锐思镁公司的注销工作。④推动科大博联、鑫冶机电、科大迈捷、麦特金属4家公司的股权退出工作。⑤完成了永兴公司、印刷公司的股权划转和工商变更，阻断了公司与学校之间的经营性风险。⑥完成了分析检验中心的股权转让、划转和增资工作，将分析检验中心改制为资产公司的全资子公司。⑦推动新材料孵化器公司的股权谈判事宜，初步达成了股权处置意向。为规范管理，提升风险防控能力，参加企业“三会”20余次，开展了20家企业的审计、4家公司的内控评价、10余项统计上报工作。

（3）加强股权管理，规范企业分红，确保获得持续收益。年内，通过加强考核、规范分红，有效地维护了校方权益。①全面落实投资企业股东代表、董事、监事派出制度，规范投资企业分红行为和各项会议决议审批流程。截至年底，参加各企业召开的“三会”20余次，全年获得分红和任务770万元。对经营不规范，不能上缴任务和分红的企业依据管理办法进行了警示。②对A类企业负责人推行目标责任制，打破大锅饭传统，科技园与孵化器公司、宏洁物业公司和分析检验中心从2013年开始向资产公司上缴任务30万元。

（杨　林、张宏伟）

【A类企业经营业绩】 2013年，学校共有A类企业7家，分别是资产公司、科技园公司、方兴孵化器、宏洁物业公司、分析检验中心、方兴加油站和华科公司，其中科技园与孵化器合并办公，除方兴加油站租赁经营和华科公司正在加强监管外，其他几家公司都推行了目标责任制和全面预算管理。

（1）2013年，科技园和孵化器公司克服自身硬件不足等诸多不利因素，开拓进取，认真完成了各项工作。①认真做好方兴大厦的房屋租赁工作，截至年底，房屋出租率100%，租金及物业费收缴率99%，房租收入183万元。②积极为企业提供政策咨询和项目培训等方面的服务，帮助企业获得创新基金支持140万元；提供政策咨询100人次，开展培训20余次，获得咨询服务费16.05万元。③联络《中关村导报》等媒体对园区内的10家在孵企业的12个项目进行了重点宣传推介。④协同团委和招生就业处等部门共同举办第十届北京科技大学“科技园杯”学生创业计划竞赛。⑤积极寻求政府项目支持，年内累计获得280万元的资金支持。

（2）年内，产业院主要完成了以下工作：①作为中关村示范区产业技术研究院联盟秘书处，组织开展培训交流等活动5次，为联盟成员搭建合作交流平台。②中试基地入驻了“低成本、清洁型钛金属电化学提取新技术”和“高性能特种细丝材料制备技术”两个项目。钛项目已成功实现日产百千克级海绵钛规模，且质量达到国家一级金属钛的标准。③与生物医用材料研究中心副主任郑裕东教授合作，成功地完成了BC医用敷料等三种产品的研究与开发工作。④获中关村管委会2012年度产研院支持资金260万元。获得北京市教委科技成果中试产业化支持项目1项，支持资金50万元；技术转移中心获得市科委专项支持35万元，合计获得专项支持资金345万元。⑤继续推进与青海瑞和铝箔有限公司、广西贺投集团等公司的合作，获得技术咨询和技术支持收入12万元。⑥积极开展“校地企”产学研合作交流与对接，除与首钢贵阳特钢、修文县人民政府签订了校地企合作协议，还与太原市科技局、日本特殊电极株式会社等单位开展了洽谈交流，达成多项合作意向。

（3）2013年，宏洁物业公司从制度、团队和项目建设入手，压缩人员和管理成本，提高物业管理水平。①通过加强安全管理、深化教育培训，保障方兴大厦和西三旗基地的安全、稳定运行，全年安全、消防、交通、重大设备事故零发生。组织维修维护服务390项次，装修改造工程管理4项，提示、警示18次，安全检查20次，消防演习2次。②进一步提升物业服务水平，拓展物业服务项目。全年共进行质量运行检查21次，保安培训44次，保洁培训11次，专项业务培训19次，拓展物业服务项目3项。③通过加强成本控制，拓展收益渠道，提高经营效益。全年减少成本支出约34.1万元，拓展物业服务项目创收约21.9万元。

（4）年内，分析检验中心在学校测试业务继续下滑的情况下，积极扩展业务范围，努力拓宽盈利渠道，获得了较好的经营效益。①加强实验基地建设，新增电工套管、电线电缆、电力井盖、防火槽盒、防水卷材等几大类电力产品检测项目，实现了从常规参数检测向产品综合性能检测的重要跨越，为下一阶段以产品检测为重点的第三方商业化实验室建设奠定了良好的基础。②认真做好实验室质量管理和检测资质建设，年内完成资质认定扩项评审工作。截至年底，中心检测资质涉及

21个领域320个项目，全年发出规范的“科测”报告616份，CNAS、CMA资质报告133份。③加快推进机加工服务中心建设，初步建立起比较完备的机加工、电加工、精密加工服务体系，全年共完成2303批次加工任务，服务用户138家。④努力做好首都科技条件平台和中关村开放实验室等项目建设工作，年内成功申报了首都科技条件平台2013年试点项目——北京科技大学研发实验服务基地仪器设备产业化服务集成平台建设，为加快推动学校仪器设备研发成果产业化奠定了基础。

（刘俊友、刘亚东、陈兴禹）

【B类企业经营业绩】学校共有B类企业6家，占科技产业投资企业总数的13%、总产值的18%、净利润的4%。其中：设计院和恒兴由冶金工程研究院负责管理，广东北科由科研部负责管理；科大永兴由新材料研究院负责管理；印刷厂和科教服务中心由后勤集团负责管理。除设计院公司外，其他公司经营情况不好。截至2013年，设计院公司新签合同35项，合同总额1.88亿元，主营业务收入2.41亿元，净利润369.3万元；恒兴公司主营业务收入971.3万元，净利润-28.9万元；广东北科主营业务收入19.4万元，净利润-36.5万元；科大永兴主营业务收入114.9万元，净利润-56.7万元；印刷公司主营业务收入17.1万元，净利润0.4万元，科教服务中心主营业务收入21.1万元，净利润-45.4万元。

（张宏伟、杨　林）

【C类企业经营业绩】学校共有C类企业31家，占企业总数的69%，占科技产业产值的73%，净利润的92%。C类企业中有25家的主营业务是围绕钢铁行业开展，2013年，钢铁行业呈现持续低迷状态，发展形势依然非常严峻，严重影响和制约了学校科技产业的发展。

年内，C类企业新签订、正在施工及上年结转的各类重大合同共计30余项，合同总金额4.88亿元。其中赛能杰公司、麦思科、首科兴业、朗涤公司、莱芜冶金等公司签订1000万元以上项目11项，合同额4.47亿元。年内，C类企业发展遇到几大问题。①应收账款数额巨大。麦思科、中冶等6家产值较大公司，应收款项累计5.1亿元，存在巨大的财务风险。②新签订合同明显减少。2013年新签订合同仅4.88亿元，比2012年的7.6亿元下降了35%。③利润减少，部分企业出现亏损。销售利润率从2011年的6.45%减少到2013年的3.39%。④面对钢铁行业低迷的形势，部分企业已着手转型，赛能杰、中冶等公司先后裁撤部门、裁员减资，麦思科自动化公司开始对原有工程技术进行改造，并开始探索有色金属方面的业务。

（张宏伟、杨　林）

【D类（天工公司）企业经营业绩】2013年，公司根据学校对天工大厦年度工作的总体要求，重点在提高经济效益、保证安全稳定、提升服务质量、争创优质品牌四个方面开展工作，较好地完成了公司全年的工作计划和任务指标。①顺利完成大厦租赁任务。写字楼签约进驻企业83家，出租面积62037.25m^2，出租率97%。商业配套签约进驻服务企业9家，出租面积11666m^2，出租率99%，完成全年财务收支预算，超额完成年度上缴经济任务指标。②大厦资产管理运营良好，无安全责任事故，设备设施运行维护及完好率达到100%，客户满意度良好。③年度重点续建工程项目按时完成并投入使用。④各项规章制度日趋完善，新增管理制度及管理办法近20项，内部管理逐步规范，员工队伍层次逐步提高。第四季度，公司举办了工作技能展示比赛，大赛最终评选出全能标兵、优秀奖，活动促进了部门之间的交流与沟通，普及了各岗位的专业技术知识与技能，提高了大家在工作中的服务意识和创新意识。⑤中关村高端人才创业基地成绩显著，进驻企业共申请各类政府项目22项，获得资金支持2.2亿元人民币；获得荣誉、资质共42项；申请专利、软件著作权等253项，批准授权128项。中关村高端人才创业基地被北京市科委认定为北京市战略性新兴产业科技成果转化基地。

（何民庆）

【党建和行政工作】2013年，科技产业认真组织开展党的群众路线教育实践活动，学习贯彻中共十八大精神和十八届三中全会精神，加强安全管理和组织建设，为科技产业发展保驾护航。

（1）2013年，按照学校关于开展党的群众路线教育实践活动的要求，科技产业领导班子结合自身实际，制订了《科技产业集团党的群众路线教育实践活动实施方案》。召开动员会、群众座谈会、领导班子研讨会等8次，认真梳理了领导班子在“四风”方面存在的问题，并及时整改。对于近期能整改的，严格整改，如已起草并完善了有关科技产业决策管理的体制文件，适时提交学校通过；对于近期无法实现的，坚持边整边改，正在探索为学校创造效益的新途径。领导班子成员严格自律，以身作则，确保各项整改措施落到实处。

（2）年内，按照《北京科技大学深化“平安校园”创建工作方案》（校党发〔2012〕24号）文件要求，科技产业围绕“大事不出，小事减少，管理有效，秩序良好”的创建目标，细化分解“平安校园”创建的各项要求，认真查找问题和不足，积极整改落实，制定切实可行的安全工作制度和应急预案，配合学校完成了“平安校园”创建的各项工作。

（3）2013年，科技产业集团党委继续推动各党支部开展基层立项活动。9个党支部都参加了基层立项活动。在开展立项活动的过程中，各党支部把立项活动与企业发展相结合，既注重提高党员素质，也注重团队精神和创新精神的培养；既注重业务技能的提高，也注重忧患意识的培养。所有立项活动都经支部党员大会讨论通过，调动了广大党员参与的积极性和主动性。

（刘　焱、杨　林）

附　录

北京科技大学企业一览表

单位：万元

序号	公司名称	法定代表人	注册资本
1	北京科大资产经营有限公司	王维才	4500
2	北京科大科技园有限公司	刘俊友	1000
3	北京宏洁物业管理有限公司	王会中	100
4	北京科大分析检验中心有限公司	张明忠	100
5	北京科大天工科技服务有限公司	何民庆	500
6	北京科大方兴科技孵化器有限责任公司	刘　临	100
7	北京科大恒兴高技术有限公司	唐　荻	500
8	北京科技大学设计研究院有限公司	唐　荻	453
9	北京科大华科高新技术有限公司	郭　俊	100
10	北京科大方兴加油站有限公司	张　岩	200
11	北京科大中冶技术发展有限公司	陈向明	5000
12	赛能杰高新技术股份有限公司	刘　洪	5000
13	北京北科麦思科自动化工程技术有限公司	刘伟嶂	3334
14	北京银河昊星置业投资有限公司	洪　亮	1000
15	北京科大朗涤环保工程技术有限公司	黄钢汉	1000
16	北京中渣冶金技术有限公司	牛四通	50
17	北京科大方兴高新技术有限公司	王会中	100
18	广东北科科技发展有限公司	何新波	600
19	北京科技大科教技术服务中心	赵　雨	50
20	北京科大永兴科技有限公司	张深根	500
21	北京科大印刷有限公司	张文平	200
22	北京首科兴业工程技术有限公司	陆　钢	1000
23	北京科大华冶工程技术有限公司	王满元	300

续表

序号	公司名称	法定代表人	注册资本
24	北京科大机翔科技有限公司	胡正寰	100
25	北京科大京科技术有限公司	王振声	100
26	北京科大京都高新技术有限公司	刘　勇	108
27	亿源科大磁性材料有限责任公司	丁穆源	5000
28	蓝天科大新材料有限责任公司	朱明龙	7500
29	北京新材料孵化器有限公司	王　兵	500
30	北京科大和兴科技有限公司	刘　钊	50
31	北京科大森浪信息技术有限公司	王宗杰	501
32	北京科大联创冶金技术有限公司	刘京山	220
33	北京北科威斯迈技术发展有限公司	向永清	200
34	时光科技有限公司	杜宏斌	3000
35	新冶高科技集团有限公司	张启富	7500
36	北京北科麦思科新材料技术有限公司	刘伟嶂	1000
37	北京科光磁性材料有限公司	黄光南	50万（美元）
38	常熟中科创管理有限公司	李　军	200
39	莱芜冶金生态工程技术有限公司	姜　雷	1000
40	北京联力源科技有限公司	苏庆泉	100
41	北京科大博联科技发展有限公司	黄重国	50
42	北京科大鑫冶机电设备有限公司	高　庆	100
43	北京科大迈捷科技有限公司	闫晓强	100
44	北京麦特金属科技有限公司	黄重国	400
45	北京科大国泰能源环境工程技术有限公司	李士琦	200

科研基地及研发平台

“重大工程材料服役安全研究评价设施”暨“国家材料服役安全科学中心（筹）”

【概况】“国家材料服役安全科学中心（筹）（以下简称NCMS）”于2008年12月由国家发展改革委员会批复组建，依托于我国重大科技基础设施“重大工程材料服役安全研究评价设施”（以下简称MSAF），由“重大工程材料服役安全研究评价设施”项目建设指挥部（以下简称指挥部）负责相关筹建工作，中国科学院金属研究所、西北工业大学共建，哈尔滨工业大学参与建设。NCMS位于国家自主创新基础能力建设“十一五”规划研究实验体系的最高层，是首个由教育部部属高校承建的国家科学中心，位于北京市昌平区的中关村国家工程技术创新基地，共占地475亩，建设总投资约12亿元，建成后将达到研究人员（含客座研究员、访问学者、博士后）500人，研究生（含博士、硕士研究生）2000人的规模。

NCMS建设包括多相流环境结构材料试验装置，高温高压水汽环境结构材料试验装置，极端、多因素耦合环境材料试验装置在内的8套具有公共性、通用性，开放共享、世界领先水平的大型的工程结构材料服役安全科学研究试验装置，全面提升大尺寸/全尺寸构件及材料的试验研究能力和安全评价技术的整体实力，建立我国自主的工程材料安全服役标准和规范。NCMS的战略目标是在建设世界先进水平的大型工程结构材料服役安全科学研究试验装置——MSAF的基础上，凝聚一支世界一流的研发团队，建立我国自主的工程材料安全服役标准和规范，最终成为世界一流的、国际化的科学研究机构。

（徐文超）

【人员状况】指挥部共有建设人员70人（北京科技大学36人、中科院沈阳金属研究所9人、西北工业大学10人、哈尔滨工业大学15人），其中北科大专职在编人员29人，兼职、外聘及返聘人员7人。现有国家千人计划支持人才2名，美国、日本、法国工程院院士3人，聘请了国际高级顾问3人，国际兼职教授6人，同时培养了教育部跨/新世纪人才4名，北京市科技新星2名，“五四奖章”标兵1名，“新世纪百千万人才工程”国家人选1名。为保障MSAF暨NCMS建设的顺利进行，指挥部的子项目设立了专家组，聘请业内知名专家、学者，共同参与装置详细的设计工作。

（于龙洋）

【装置建设工作】在关键技术难点突破上，高温高压子项目突破了温度－压力梯度下的薄壁管道双回路力学化学加载技术，解决了由于试验管伸缩而导致的形变协调问题，并利用装置中回路的大流量特征，在内外回路都增设了流动促进腐蚀试验段，使亚临界水汽环境试验装置从单一的管件应力腐蚀功能转变为具有管件应力腐蚀、CT试样应力腐蚀和流动促进腐蚀功能的综合材料和构件失效试验装置。力学-化学多场耦合环境结构材料试验装置完成了大型构件的大吨位多自由度加载控制技术、环境模块化与分布式多点加载的耦合技术及对国内最大反力墙和强力地板的施工图设计工作。自然大气子项目突破了大型复杂环境试验均匀性控制技术与大型构件试验的合仓方法。目前，以上三个装置的关键工艺指标设计已明显高于可研和初步设计指标。多相流子项目完成了顶部腐蚀分试验系统、腐蚀-磨蚀分试验系统的设计，具备了实现顶部腐蚀、腐蚀-磨蚀试验研究的能力。通过了对装置平立面布置的进一步优化，规划了合理的配管方案，实现了技术可行、成本优化的设计。特殊地域环境结构材料子项目在详细设计方案的基础上，对开放式环道与封闭式直道方案进行了深入设计，重点对直道加速加载装置进一步优化。通过对装置各部件采用疲劳设计，用渐变线过渡及弹簧减振等设计来缓解加载单元冲击疲劳，在保证加载效率的同时，显著提高装置的使用寿命。蠕变子项目不断优化试验机群的整体规划和试验机的选型配置。开放共享配套设施子项目提出了与物理子项目各试验装置的可选数据格式与接口规范，为实现各物理试验装置试验数据及试验过程监控的统一管理与开放共享奠定了基础。

（陆永浩、于龙洋）

【土建与园区规划工作】年内，昌平创新园基建工程全面展开。二期24580m^{2}生活区的学生宿舍、博士后公寓、专家公寓及食堂2012年12月27日开工建设，已完成结构封顶及外墙装饰工程。2013年8月30日，园区的1200m^{2}动力中心开工建设，11月20日完成结构封顶。2013年10月30日，三期49996m^{2}主楼办公区和力学化学厂房开工建设。截至年底，主楼的CFG桩已完成，力学化学厂房的地基处理已完成。在昌平创新园规划初期，学校确定了“以科研需求为龙头、打造国际化的研发基地”的建设目标，旨在将昌平创新园打造成国内领先，世界一流的人才培养、研发基地，形成高端人才培养和汇聚地。

年内，指挥部先后考察中国石油科技园沙河基地、中国科学院等离子研究所、华中科技大学国家脉冲强磁场科学中心等，为园区的建设、入住管理、档案管理、项目验收、装置运行等积累经验。

（王志强）

【装置招标工作】在专家团队和子项目团队的共同努力下，指挥部突破了装置设计难点，完成了高温高压、自然大气、力学化学等子项目的主体设备招标工作，共完成设备投资额约1200万美元（约7300万元人民币）。

指挥部制定了《重大工程材料服役安全研究评价设施设备、材料和设计招标采购实施办法》，并成立了指挥部招标采购领导小组，保证了整个设备招标采购过程合理、合规，并且全程可追溯。另一方面，指挥部与学校资产处、财务处等单位密切沟通协作，解决了关于重大项目装置采购过程中面临的各种难题，如共管账户设立、外贸代理招标等。指挥部也与中关村海关、设备代理商、设备生产商、外贸代理商、兄弟单位经过多方、多次的沟通协调，理顺了设备采购过程中牵涉的外部关系，确保了重大项目主体装置设备的招标采购工作顺利实施，保证了重大项目的建设进度。重大项目的设备复杂，不是简单的单个常规产品，2013年招标的约7300万元的设备均为非标设备群。不仅是设备招标，还涉及项目组设计方案的细化落实、现场施工等问题。截至年底，几个主要子项目的招标工作顺利完成，一方面是项目经过前期几年的技术积淀，对设备的工艺有了较强的把握；另一方面，基于前期的广泛调研，在学校资产处的组织和协调下，制定了严格的流程和制度。

（王志强、杨　斌）

【国际化进程推进工作】通过国际化平台建设，NCMS在装置建设、前沿科学问题追踪、学生培养、用户群汇聚、先进管理方式与运行模式等方面不断吸取先进经验，不断提升科研实力与人才积淀。2013年度，通过海外高层次文教专家项目的持续支持，共邀请外国材料服役领域相关专家30余人次来华指导装置建设、进行讲学、授课以及学术交流。

NCMS还与德国斯图加特大学MPA材料测试研究所签订了长期合作协议；与瑞典皇家理工学院(KTH)建立了工程材料基因组联合研究中心(Co-GEM)；与美国福特汽车公司签订了为期5年的国际合作协议，并成立北京科技大学—美国Ford汽车公司集成材料工程联合研究中心。

（金　莹、贺诗淇）

【人才引进和团队建设】年内，NCMS加大人才引进力度。聘请了德国Roos教授、美国UIUC香槟分校Spencer教授作为高级顾问，指导力学化学实验室建设并开展项目合作研究。聘请金炯华、乔宇两位专家为北京科技大学客座教授，聘请李惠教授为兼职教授。庄子哲雄教授入选国家“千人计划”特聘教授，NCMS申请的“高端外国专家—本田博志教授”项目成功获批。

（贺诗淇）

【预研工作与用户拓展】为配合做好装置建设，NCMS开展的围绕装置相关研究工作也取得一定进展。2013年度，在“工程构件大气环境适应性试验关键技术研制”中，完成了盐雾试验箱搭建，盐雾、淋雨环境模拟以及验证性试验等工作；“管道试样与加载系统的夹持、连接方式及环境相容性研究—焊接子课题”顺利结题；在“工程结构材料服役安全数字仿真系统集成技术”中开展了集成仿真平台的详细设计，完成了仿真项目流程管理等基本模块的设计开发以及仿真分析软件和第三方程序的集成方案和用例的设计等工作。NCMS参与的国家重大科技基础设施项目先进光源预研建议已经基本完成，该项目紧跟重大工程材料研究前沿，将为工程材料服役研究提供更精细的原位检测分析手段。

NCMS申报国家重大仪器专项、创新团队等项目30余项，新增“863计划”专项1项、“国家自然科学基金”4项、“973计划”专项二期2项，中心在研科研项目50余项。通过适度争取和参与国家和企业项目，稳步提高科研能力，积累服务国家和企业的科研经验。年内，已经形成具有实质合作关系的用户20余家，涵盖核电火电、能源交通、高速铁路、航空航天以及有色冶金等领域的生产制造和研究单位。

（张利欣、于龙洋）

【研究生培养】在学生培养方面，NCMS借鉴国际一流研究机构的做法，创新研究生培养模式，增加研究生进入实验室之前的实习环节，增强研究生的实践与协调等综合能力。继续践行国际化教育理念，邀请国际知名研究机构学者讲授专业课程、进行学术报告，与NCMS导师一同联合指导研究生。2013年度，开设研究生英语科技写作课程1门，组织研究生参与国际学术研讨会3次。2013年度共派出5名研究生赴美国、欧洲、日本等国家参加高水平国际学术会议。

NCMS重视学生就业工作，特别鼓励学生到西部地区以及冶金、航天、电子、汽车等行业就业。2013届研究生整体就业率100%，获学校“就业工作贡献奖”。在2013届毕业生中，3人获得“启航奖励金”，6人获得“志愿服务西部奖”，1人获得“基层就业奖”。

（章立军、贺诗淇）

【党建工作】2013NCMS党支部在学校组织部和机关党委的领导和支持下,围绕项目建设中心工作，积极开展群众路线教育活动，创新基层支部活动形式，在项目建设中锻造和发扬攻坚克难、敢为人先的团队品质。6月，《学科交叉抓共建，引智借脑促发展——“1+N”跨科学联合支部系列活动》案例获得中共北京市委教育工作委员会颁发的北京高校基层党支部活动创新案例一等奖。特色支部活动《通过群众路线教育活动促进“1+N”联合支部深入开展》获得北京科技大学优秀基层党组织活动一等奖。党支部抓住学校开展学校群众路线教育活动的契机，通过多种形式深入听取师生对党支部建设及“1+N”联合支部活动开展的意见和建议，注重实效，由教师牵头搭线，组织教工及学生党小组与中国科学院化学研究所高分子物理与化学国家重点实验室党支部开展了“1+N”联合支部活动。2013年度“1+N”联合支部活动的开展重在以党建活动的开展促进教育教学主战场，落实了学生的联合培养，共同开展实验，参与联合科研项目等实际工作。2013年，支部共发展7名预备党员，培养了8名入党积极分子。

（于龙洋、王祎炜）

新金属材料国家重点实验室

【概况】新金属材料国家重点实验室（以下简称“重点实验室”）在继续保持优良治学传统、特色和优势的基础上，在国家科技部和学校领导的大力支持下，重点实验室在条件建设、学科建设、科学研究、队伍建设和人才培养、开放与合作交流等方面均取得了很大发展。重点实验室围绕国家在金属材料领域发展的战略目标，以增强国家在这方面的科技储备和原始创新能力为核心，开展长期的、系统的基础研究和应用基础研究。

重点实验室的研究方向主要包括：新金属结构材料、新金属功能材料、新一代基础金属材料、材料制备新技术与新工艺、新材料的计算模拟与辅助设计、能源电站材料及寿命评估。学术研究立足于金属材料科学的前沿问题和我国国民经济建设中的重大金属材料科学的基础研究和应用基础问题，从先进金属材料的科学规律、制备技术与工艺、计算模拟与设计、服役评价与安全等方面进行系统研究，目标是发展以新金属间化合物结构材料及功能材料为主的新型金属材料、新一代基础材料及先进制备技术，实现对材料的优化设计，组织结构和服役性能的有效控制。研究工作以基础研究为主，强调发展新材料，注重新材料的设计模拟、制备技术、组织结构、性能表征、服役行为等之间的关系与规律研究。强化开放与合作交流，深入开展产学研合作和成果转化，力争获得有影响力的、代表国家金属材料研究水平的创新性成果。

重点实验室建设了材料性能测试、物理模拟系统、组织结构分析、制备与加工以及高性能计算模拟5个公共实验检测平台，以及若干个专业实验研究平台，正在建设（国家111创新引智基地、国家优势学科创新平台、军工材料平台、轻合金国际研发中心、产学研合作基地）5个合作研究基地。具备了较完备的材料合成与加工、性能测试与组织结构分析、材料计算模拟与安全服役评估的仪器设备和装置系统。重点实验室正建设成为聚集和培养优秀科技人才、开展高水平学术交流、科研装备先进的重要基地。

（隋延力）

【学术梯队建设】2013年度，重点实验室参加了科技部组织的五年一度的考核评估。在学校大力支持下，实验室精心准备、统筹安排、齐心协力，对实验室的研究成果进行了提炼和整合，对科研数据进行了统计和核准，对运行制度创新进行了考量和提升。在听取重点实验室主任工作汇报、现场考察和座谈，以及对科研成果和统计数据评审的基础上，评估专家对实验室近年来的发展和取得的成绩给予了高度的评价和一致的肯定，同时对存在的问题进行了梳理，并对实验室今后的发展提出了建设性的意见。评估专家认为，实验室立足于金属材料发展国际前沿，满足国民经济发展和国家安全对金属材料的重大需求，围绕新型金属结构与功能材料、材料制备新技术与新工艺、传统金属材料等的应用基础研究，计算机模拟与辅助设计、能源电站材料及寿命评估预测等研究方向开展了卓有成效的工作，取得了一批创新性并具有国际影响的研究成果，部分成果实现了产业化，为我国材料科学与工程技术的进步做出了重要贡献。实验室研究方向特色明显，总体定位准确。

根据评估专家反馈意见，实验室对人才引进与培养的规章制度、梯队考核建设与考核办法进行了修订，采取加大青年人才培养力度，加强学术梯队建设，充分调动广大科研人员的积极性和自主创造性，完善培养和引进人才并举的机制，鼓励探索性、原创性工作，以学术梯队建设为核心，挖掘人才优势资源，培养青年领军人才等措施，促进高水平学术团队的成长，为实验室可持续发展奠定了基础。

2013年，重点实验室在高层次人才引进和学科梯队建设方面取得了进展。新一代钢铁材料梯队引进长江学者1名、三层次人才1名，有效增强了实验室在此研究方向的学术力量，以人才引进为契机带动了学科梯队建设。同时，从国外引进高水平电镜研究人才1名，对于提升实验室大型设备研究和使用水平，以实验促进和带动科研起到了重要的推动作用，有效地提高了实验室的综合实力。年内重点实验室还有3名青年教师入选北京高校青年英才计划。

重点实验室现有美国工程院院士、中国工程院外籍院士1人，博士生导师40人，教授和研究员37人、副教授和高级工程师19人；教师中博士学位人员占100%。有“973计划”首席科学家2人，国家“千人计划”入选者1人，国家“外专千人计划”入选者1人，国家自然科学基金杰出青年基金获得者5人，教育部“长江学者奖励计划”特聘教授7人、讲座教授1人，教育部跨（新）世纪优秀人才14人，北京市科技新星4人。实验室共有18人兼任各种学术机构的委员、理事、理事长、秘书长及学术期刊编委等职务。高层次人才队伍正在不断壮大，重点实验室正努力造就学术严谨、勇于创新的高水平学术梯队。

（吕昭平）

【科研工作】2013年，共计承担科研项目198项，其中纵向课题127项（新增36项）、横向课题71项（新增23项）。纵向课题包括“973计划”课题12项（新增2项），“863计划”课题8项（新增2项），国家自然科学基金课题35项（新增11项），国际合作课题8项（新增3项），其他省部级项目45项（新增18项）等。科研经费到款8431万元，其中纵向课题经费7478万元，横向课题经费953万元。

科研产出继续攀升，成果突出。共发表期刊论文285篇，其中国外期刊189

篇，国内核心期刊76篇。SCI收录190篇，EI收录68篇。Science1篇（王沿东，第三单位，IF31），影响因子大于3的有40篇，3-2的有62篇，2-1的有41篇。在论文数量保持稳定的基础上，论文质量得到大幅度提升，影响因子大于3的有40篇，明显多于2012年，创历史新高。2013年度出版英文专著2部、中文专著2部。

授权国家发明专利40项，申请发明专利58项，授权数量与2012年相当，但申请数量比2012年增加57%。获省部级一等奖2项，二等奖2项、三等奖1项。承办学术会议6次，其中国际会议4次。有学术报告46篇，其中特邀报告24篇，国际会议29篇。组织学术会议的大幅度增加，反映出实验室在这个领域国内外的学术影响力得以提升。

（李龙飞）

【实验室建设】 重点实验室建设有5个公共实验平台，6个专业实验研究平台，以及5个合作研究基地。2013年，继续紧紧围绕实验室的主要任务和研究方向，致力于公共实验平台和基地的软、硬件建设。

在软件方面，重点实验室一直注重制度建设和实验技术人员的培训工作。健全了质量管理体系，确保了实验的规范化，量值的溯源化，检测结果的公正性、准确性、可靠性，提高了科研教学服务质量和实验技术的知名度。作为同时取得CNAS和CMA资质的国家重点实验室，2013年的主要工作是通过3年一次的“二合一”评审，继续保持质量体系的运行，持续提高检测技术与管理水平。

重点实验室在公共实验平台软件建设的同时，积极、稳妥地进行实验仪器设备升级改造工作等硬件建设。实验室注重建立管理有序、运行高效的仪器设备公共和科研平台，并优化布局实验场地。仪器设备集中放置，采用按功能划分的原则，将所有仪器设备按功能集中放置，统一管理，专人负责，较大提高了实验空间的利用率。截至2013年年底，实验室拥有仪器设备共1614台套，设备原值近8000万元，其中100万元以上设备21台套，30万元以上设备43台套，具备了较完整的从材料合成与制备、相与组织结构分析、性能测试与服役评价到计算与模拟的各种精密仪器设备和装置。

重点实验室为了充分利用仪器设备，在完成学校的教学科研和实验任务的同时，大型精密仪器与设备还均向社会开放，积极为科研院所、大专院校和工矿企业提供优质服务。同时利用基地与平台的优势开展相关技术培训，培养研究生的技术创新能力。

（王建国）

【开放交流与合作】 2013年，重点实验室接待了国际科研院所16批30人次来访。全年组织学术报告6场。有两位教授在重点实验室短期访问，进行合作研究。来访者中有许多国际知名的学者，如美国T.G.Nieh教授，TiAl合金权威Yong-Kim教授。他们都与重点实验室有着稳固的合作关系。杨滨教授与美国犹他大学冶金工程系的ZhigangZakFang教授在块体纳米晶材料的微结构与性能之间关系的理论框架及工艺参数优化控制理论等方面全面展开合作，双方合作撰写的学术论文已发表在*JOM*期刊上。林均品教授与TiAl金属间化合物界国际权威Young-WonKim博士合作，Kim教授在实验室访问授课，指导研究生。吕昭平教授与美国田纳西大学及橡树岭国家实验室TGNieh教授研究组在大块非晶领域进行了密切合作。张勇教授与美国波音公司合作开发新型轻质高熵合金。

2011年度资助的开放课题进行结题验收，开放课题研究成果继续保持良好的发展势头：共发表学术论文30余篇，接受8篇（其中，影响因子不低于3的论文3篇；影响因子不低于2的论文9篇；影响因子不低于1的论文6篇；包括*ElectrochimicaActa*，*Corrosion Science*等）。

重点实验室积极面向全社会开放，2013年共接待了来自全国8个省市地区参观考察1000余人次。其中包括：广西科技厅、广东科技厅、兰州高新区等政府职能部门；华为集团、宝钢集团、唐山华强环保公司等企业单位；绵阳九院、中国原子能院、202所等科研院所；清华大学、上海大学、北京师范大学、兰州理工大学、浙江工业大学等高校和全国青少年科技夏令营，促进了科技交流与青少年科普教育，取得了良好的社会影响。

（蔡元华、叶　丰、乔　祎）

【党建、工会与研究生工作】重点实验室分党委在校党委的正确领导下，在全体干部党员的共同努力下，紧紧围绕学校中心工作开展了党的群众路线教育实践活动，较好地完成了党委立项活动、重点实验室领导班子的换届工作、党支部改选工作和学生思想工作。非晶梯队党支部获2013年北京科技大学“先进党支部”称号，结构金属间化合物研究梯队获2013年度北京科技大学“保密工作先进集体”荣誉称号。

重点实验室分工会实施以教代会为基本形式的民主管理制度，以工会活动为载体搭建职工沟通平台。开展了为职工办实事、慰问退休职工等活动。组织了丰富多彩的文体活动，全年坚持工间操活动，并普及养生气功“八段锦”。参加了校工会组织的春季奥体森林公园十千米健步走活动、校级教职工羽毛球邀请赛、排球联赛、乒乓球邀请赛、冬季健身长跑活动。还组队参加了第九届研究生师生轻体运动会并获团体总分第1名、学生组第1名、开幕式第1名及教师组亚军。在学校传统的集体项目拔河比赛中继续蝉联桂冠；积极参加庆祝校工会成立六十周年文艺会演，编排了生动有趣的舞蹈“健康工作、快乐生活”，获得文艺会演三等奖。还组织了重点实验室2013春季乒乓球比赛、梯队篮球比赛、第五届拖拉机比赛。

分工会举办营养讲座，邀请食品营养卫生专业人士介绍日常生活中常见的、各种饮品的营养成分和养生经验；组织女职工集体学习《女职工劳动保护特别规定》。为庆祝六一儿童节，分工会组织教职工陪伴孩子们看电影活动。同时分工会关心职工健康，组织教职工集体到北医三院体检中心进行体检。

重点实验室研究生培养工作坚持以科学发展观为指导，在实验室的正确领导和全体师生的共同努力下，在培养工作中严把“三关”：一是生源关，举办招生宣传咨询会，吸引优质生源。二是培养关，因材施教、开展各种形式多样的学术研讨活动，定期组织活动，每两周举办一次实验室研究生学术论坛活动，邀请国内外同行专家、学者来室讲学，资助和支持学生到国外参加高水平学术会议等丰富多彩的学术活动，并有考核记录。三是加强研究生教务管理，完善研究生培养制度，使实验室的研究生培养工作保持规范化与制度化的有效运行。

重点实验室以解决研究生最迫切的需要为目标，认真做好研究生党建和学风建设两项重点工作，推进实验室的学风建设。骨干队伍建设及班级建设，从新生入学教育、科研能力教育、心理健康教育及生涯规划教育等4个方面入手，开展丰富多彩的学术、文体等活动，促进师生、年级、梯队的交流，形成团结合作的良好氛围。胡磊等4名同学获北京市“优秀毕业生”称号，公维佳等7名同学获国家奖学金。2013年实验室荣获学校“研究生教育管理先进集体”称号。

（孙学辉、王海骊、刘斌斌）

钢铁冶金新技术国家重点实验室

【概况】 钢铁冶金新技术国家重点实验室（以下简称“重点实验室”）以国家重大需求为导向，紧密围绕碳素能源高效转化、冶金资源高效利用、高端钢铁材料高效生产等关乎我国钢铁工业可持续发展的基础理论和关键新工艺、新技术开展系统深入的科学技术研究。实验室坚持有组织的科学研究与自由探索相结合、基础研究与技术创新并重、长期目标与短期目标兼顾的原则，针对高温过程反应机理与动力学、能量高效转换与链接、铁矿资源高效利用、钢的纯净化及夹杂物控制4个方向开展科学技术基础研究，通过基础理论的突破，力争在复杂矿选择性还原与元素高效分离、煤氧强化燃烧与氧气高炉炼铁、洁净钢高效精炼等关键技术上建立工业技术原型。研究成果为我国钢铁工业CO_2减排、复杂共生和劣质化铁矿高效利用、钢铁产品的低成本高效冶炼等提供理论基础和技术支撑，对于提高我国钢铁冶金及相关学科的基础理论研究水平、提升自主创新能力、培养钢铁冶金领域的创新人才、促进我国钢铁工业的可持续发展都具有重要作用。

（郭占成）

【科研工作】 2013年，实验室共承担“973计划”“863计划”、科技支撑计划、国家自然科学基金重点、优青和面上项目、教育部创新团队和引智计划、重大国际合作项目等纵向项目139项、横向项目188项，实到纵向科研经费6025.62万元、横向科研经费4097.94万元，经费总计10123.56万元。2013年，实验室发表SCI、EI论文234篇，其中SCI收录论文151篇；发表1区论文13篇、2区论文20篇，1区论文比例7.7%；获授权国家发明专利33项、实用新型专利40项、计算机软件著作权6项；出版专著2部；“高钒钢耐磨合金及复合技术的工程化示范”和“钢铁企业低压余热蒸汽发电和钢渣改性气淬处理技术及示范”2项成果获得国家科技进步二等奖，获得省部级科技奖7项。

在自主研发方面，2013年,利用依托单位北京科技大学提供的经费，实验室在4个方向上安排了16项自主研究课题，每个课题12万元，重点资助了以下研究领域：高温过程矿相/金相重构理论、复杂矿冶炼新技术、特种钢的夹杂物去除与凝固组织控制、冶金过程节能减排新技术、熔体物性/反应动力学。

在开放课题方面，2013年,利用依托单位北京科技大学提供的经费，实验室在4个方向上安排了10项开发研究课题，每个课题6万元，重点资助以下研究领域：共生矿的冶金理论与新技术、低碳冶金新工艺、冶金能源技术（焦化/生物质能源）、连铸凝固组织控制、熔体结构与性质、二次资源综合利用。

（张迎芳）

【师资队伍与研究生培养建设】 重点实验室现有固定研究人员64人，其中教授、研究员43人（博士生导师34人），副教授、高工9人，讲师和工程师等12人，具有博士学位研究人员占83%；其中，中科院院士1人、“国家杰出青年科学基金”获得者3人、长江学者3人、“973计划”首席科学家1人、”青年千人计划“1人、“百千万人才工程”4人、国家自然科学基金优秀青年基金获得者2人、新世纪人才7人、北京市名师1人、北京市突出贡献专家1人。还有400多名博士后、博士研究生和硕士研究生在实验室从事研究工作。实验室设有行政管理、仪器设备管理人员11人。还聘请国内外知名专家、学者40多人作为客座和兼职人员，参与实验室的研究。

在人才培养方面，以培养和造就高水平创新人才为目标，建立完善的人才培养机制，以国家重要科研项目为依托，加强国内外学术交流，营造良好的学术氛围，促进拔尖创新人才脱颖而出，帮助青年学术骨干快速成长，使实验室形成若干以学术带头人为核心的充满活力的科技创新团队。2013年，实验室2人获得国家自然科学基金优秀青年基金资助，5位教师晋升为教授，5位教授入选北京科技大学“建龙特聘教授”，1篇学位论文入选2013年北京市优秀博士论文。

（张迎芳）

【对外交流】2013年，重点实验室共主办/承办了3次学术会议，其中国际会议2次，国内会议1次。实验室7人次应邀在国内外钢铁冶金、冶金物理化学、熔岩电化学等学术会议上做特邀报告，参加各类学术会议80余人次，邀请美、日、德、英等7国的7位知名专家及30余位学者来校学术交流，扩大了国际影响，提升了实验室的学术地位。东京大学月桥文孝教授被聘为学校名誉教授，并举行中国材料名师讲坛第63讲“钢铁冶金过程的物理化学”，多伦多大学杨印东研究员被聘为学校客座教授。

在加强国际学术交流的同时，实验室注重实质性的国内外合作，与国家“千人”–莱斯特大学董洪标教授确立科研与人才培养合作关系，并联合申报外专局高端人才引智项目，与塔塔集团的联合研发中心在积极筹备中，还与莱钢合作建立钢渣资源综合利用研发中心。实验室也注重在复杂矿、节能减排、特殊钢研究领域具有一定优势的学者开展合作，如：与中国科学院过程工程研究所朱庆山研究员（“国家杰出青年科学基金”获得者）合作开展钒钛磁铁矿流态化直接还原研究，与武汉工程大学池如安教授（“国家杰出青年科学基金”获得者）开展高磷铁矿微生物脱磷研究等，提升了实验室的研究水平。从2012年开始，实验室与冶金与生态工程学院合作举办“冶金大讲堂”，2013年有5名国内外知名学者应邀做报告。

开展公众开放活动，不仅充分宣传实验室，展示实验室的科研成绩，为实验室汇集和吸纳优秀人才起到促进作用；同时，还促进科普资源共享，向社会公众尤其是青少年普及科学知识，宣传科学思想和科学方法，使得实验室更好地履行服务社会的职能。2013年，实验室面向广大科技爱好者在开展科普教育、宣传科学思想等方面做了许多工作：接待参观访问12次，学生夏令营1次，学生社会实践1次，共接待参访500余人次，其中有韩国浦项工业大学教授及其课题组成员、印度塔塔集团总裁、西南能矿集团领导等。参访活动加强了实验室与研究单位、国内外知名企业间的合作，拓宽了学生视野，使其增长了知识，感受到了科学精神和科技魅力，促进了研究生培养等。本年度实验室公众开放活动不仅充分展示了实验室自主创新的成果，提升了实验室的公众影响力，而且通过与企业的互动交流活动，扩展了发展空间，取得了积极的社会效应，开辟了在开放中实现共赢的良好局面。

（程惠静）

【实验平台建设与管理】实验室的仪器设备不仅为实验室自身提供了服务，也为校内外其他单位提供服务。利用实验室的研究条件，多家大型钢铁企业与实验室建立了联合研发中心，为企业开展技术研发创造了条件。实验室为社会提供分析检测服务，并参加了首都科技服务平台。

结合实验室设备条件，实验室对钢铁企业及其他单位开放仪器设备应用技术培训服务，许多企业及高校科研及工程技术人员来实验室参观、咨询仪器设备，实验室配备专人给以接待、演示。这些工作不仅服务了社会，同时对实验室的建设也起到了促进作用，对于实验室了解社会需求、了解兄弟单位新的仪器设备情况起到了积极作用；特别是实验室参加了首都科技服务平台后，对于实验室规模设备管理、提高分析检测水平起到了很好的作用。

（李　晶）

附录

2013年钢铁冶金重点实验室承担的主要纵向课题

序号	项目类别	项目（课题）名称	负责人
1	国家自然科学基金重点项目	CO_2应用于炼钢的基础理论研究	朱　荣
2	国家自然科学基金重点项目	冶金法从多晶硅中去除硼和非金属夹杂物的基础研究	张立峰
3	国家自然科学基金重点项目	连铸坯低压缩比轧制制造特厚板的机理研究	张炯明
4	国家自然科学基金优青项目	电化学冶金	焦树强
5	国家自然科学基金优青项目	固体无机化学	陈　骏
6	国家自然科学基金面上项目	基于转底炉直接还原的高磷铁矿铁磷分离新工艺基础研究	薛庆国
7	国家自然科学基金面上项目	合金元素与热处理工艺对高强度工程结构钢相变、组织与性能的影响	王福明
8	国家自然科学基金面上项目	氧化钐直接高温电解制备Sm_2Fe_{17}合金方法的研究	郭兴敏
9	国家自然科学基金面上项目	用后废弃MgO-CaO砖耐火材料功能再生与抗水化协同作用机制	张　梅

（赵世强）

钢铁冶金新技术国家重点实验室部分仪器设备表

实验室名称	主要仪器、设备	主要检测项目
物相分析实验室	Kratos AXIS Ultra DLD X射线光电子能谱仪（XPS）	表面分析、元素成分、组成、价态、价带分析、晶体结构及深度剖析等
	矿相解离分析仪（MLA250）	矿物物质组成分析、成分定量、矿物粒级分布、矿物解离度等自动定量分析
	JSM-6701F冷场发射扫描电镜及Thermo NS7能谱仪	电镜观察和能谱（低真空、高放大倍数）
	JSM-6480LV扫描电镜及Noran System Six能谱仪	电镜观察和能谱
	Laitz DMRX偏光显微镜及LEICA Q500图像分析仪	岩、矿相、金相分析，夹杂物鉴定、图像分析等
X射线物相及成分分析实验室	XRF-1800X荧光光谱仪	元素及成分分析
	高分辨拉曼光谱仪	拉曼测量、拉曼成像、远距离测量及温度测量等
	MAC-21及超高功率高温X射线衍射仪	物相、结构分析

续表

实验室名称	主要仪器、设备	主要检测项目
综合热分析实验室	STA409C热分析仪 DSC204扫描量热仪 DIL402热膨胀仪	差热、热重、扫描量热、热膨胀等热分析
粉体物性分析实验室	LMS-30激光粒度分布测定仪	粉体粒度分析
	MT-1000粉体物性测定仪	粉体密度、堆角、喷流性及流动性等检测
仪器分析实验室	AUTOSORB-1C物理化学吸附仪	比表面积、孔隙测定
	AA-6800原子吸收分光光度计	元素分析（带石墨炉）
	AA-6300原子吸收分光光度计	元素分析
	OPTIMA　7000DV电感耦合等离子体光谱仪（ICP）	微量元素分析（含硼元素）
	TCH600氧、氮、氢分析仪	氧、氮、氢含量分析
	EMIA-820V碳、硫分析仪	碳、硫含量分析
	GCMS-QP2010气质联用仪	化合物定性、定量分析
实验车间	50千克及10千克真空感应炉	金属熔炼
	电渣炉	电热渣冶金
	高温真空碳管炉	真空加热反应
	铁矿粉烧结、球团装置	铁矿粉造块

（李　晶）

固体电解质冶金测试技术国家专业实验室
（新能源材料与技术北京市重点实验室）

【概况】固体电解质冶金测试技术国家专业实验室（以下简称“专业实验室”）的学术研究立足于功能材料，特别是新能源材料的学科前沿问题以及纳米材料和技术在能源材料方面的应用基础问题，主要进行锂离子电池、燃料电池、混合导体透氧材料、太阳能电池关键材料，以及核能、热电、介电、传感器等材料及纳米技术的研究。专业实验室的目标是建设成为北京地区新能源材料的研究基地，进而加强北京地区在新能源理论、技术与应用上的研究，促进北京地区能源、电力、交通、电子等相关行业的迅猛发展；同时成为立足北京、面向全国的培养博士和硕士学位研究生的先进育人基地。

自2005年11月批准成立新能源材料与技术北京市重点实验室以来，固体电解质冶金测试技术国家专业实验室并新能源材料与技术北京市重点实验室拥有注射成型机、磁控溅射仪、热压炉、热分析仪、表面性质分析仪、电化学工作站、热膨胀仪、冷等静压机、高温X射线仪、多功能热分析仪、红外分析仪、真空烧结炉、交流阻抗频谱仪、手套箱、显微拉曼光谱仪、热场发射扫描电子显微镜等8万元以上设备26台（套），具备开展诸如高能锂离子电池、燃料电池、太阳电池、热电材料、薄膜传感器、氧化物-非氧化物复合陶瓷、陶瓷注射成型等较高水平的研究能力。实验室面积1000m²，专职人员27人，兼职人员10人。2013年专业实验室培养本科生55人、研究生125人。

（赵海雷）

【科研活动】2013年，专业实验室承担各种科研项目60项，其中国家级项目35项，其他项目25项；科研经费到位2855.5万元；发表论文195篇，其中SCI、EI、ISTP检索收录120篇；申报专利45项，获授权专利35项。

（赵海雷）

【对外交流】专业实验室按照国家重点实验室开放、联合与交流的方针，利用设备及技术上的优势，实行对外开放，承担了国内外高校、科研单位和企业的科学研究、性能测试、检验及分析等技术服务与咨询工作。2013年，实验室与北京市青少年科技创新学院合作进行“翱翔计划”培养活动，让优秀的中学生走进专业实验室，接触前沿的科学问题，培养科研的兴趣和创新能力。同时，专业实验室还加强了与国际材料科学领域的学术交流与合作。年内，专业实验室人员参加国际学术会议60人次。

（赵海雷）

国家板带生产先进装备工程技术研究中心

【概况】2006年，经教育部批复（教技函〔2006〕30号），依托学校建设“先进板带生产装备与控制教育部工程研究中心”。2011年，研究中心通过验收（教技函〔2011〕9号）并开放运行，任命了工程技术委员会主任和中心主任。2009年，经科技部批复（国科发计〔2009〕73号），依托学校建设“国家板带生产先进装备工程技术研究中心”。学校成立了专门机构承担建设任务。经过3年建设期的努力拼搏，出色地完成了各项组建任务，于2012年8月18日进行了科技部组织的现场考察，11月22日完成了总汇报。12月28日科技部发文（国科发计〔2012〕1215号），同意国家板带生产先进装备工程技术研究中心（以下简称“板带中心”）等25个中心通过验收，并予以正式命名。国家板带中心验收结果为优秀，总排名第2。“教育部板带中心”和“国家板带中心”的组织管理机构归一，与机械工程学院共建。校内外的协建单位主要有冶金工程研究院和北京赛能杰高新技术股份有限公司等。

板带中心设管理委员会、建设工作组、工程技术委员会、主任管理团队和技术研发部、工程项目部、综合管理部等职能部门。中心建立健全了管理制度，初步形成人才队伍、管理机制和经营效益的自我良性循环，在国内本研发领域具有一流的专业人才团队、一流的实验设备和开发条件、一流的科技创新成果和一流的开放式服务体系，为今后的长期高效运行和发展打下了坚实的基础。

（杨　荃）

【管理运行】板带中心作为北京科技大学的二级单位，其机构建设及管理运行特点是：①健全规章制度管理体系。板带中心按照“边建设、边运行、边发展”的运行模式，树立“模拟法人，集中管理，用心工作，开心生活”的现代化管理理念，参照工程技术公司管理制度和质量认证体系，初步建立了规章制度管理体系，并将通过“十二五”的具体实践加以改进和健全。这是确保板带中心各项事业和谐发展、繁荣校园文化的一项基本制度保证。管理制度包括例会制度、财务管理制度、项目管理制度、福利激励制度以及人才培育制度。人才培育制度是在学校人事管理制度下，根据板带中心的工作性质及特点设立的“三个自主”的人才培育制度，即“自主聘职”“自主资助”和“自主奖学”。②充分发挥依托单位学科人才优势，探索人员双聘制度。板带中心在人事管理上，具有充分的用人自主权，除管理委员会任命的板带中心主要负责人外，其他人员全部由板带中心自主聘任与解聘，依托单位对板带中心使用人员提供充分支持与帮助。针对依托单位现行的人事考核体系特点，中心采用“双聘双算”的原则，发挥依托单位人才资源优势，完善双聘专家的激励机制和考核机制。还充分利用流动岗，使中心的人才需求得到有效补充。

（梁治国）

【科研活动】新一代板带生产技术装备的发展趋势是：生产过程的绿色化、产品质量的精准化和装备运行的可靠化。板带中心根据国内外发展的需要，进一步凝练了主要研究领域和研究方向。板带中心的主要研究方向有：板带生产的新流程和新工艺，板带生产的质量测控和信息化，板带生产的节能环保技术和装备。2013年，板带中心及其协作单位在板带装备设计和板型质量控制、热工设备节能减排、设备监测和故障诊断等关键技术方面又有新的进展，开发了具有自主知识产权的先进技术，并继续在行业中辐射推广：

（1）新增精密轧制技术及成果板带辐射企业3家。板带中心完成了鞍钢股份有限公司硅钢断面质量优化、首钢汽车板板形质量全流程控制技术攻关、天津轧一精密极薄带复杂模态板形攻关3项精密轧制技术攻关课题，形成了包括粗轧镰刀弯在线控制系统模型、针对硅钢断面控制的连轧机多机架EVC辊形优化设计及精密极薄带板形表面质量优化成套技术的一批国际先进技术成果，取得了良好的现场应用效果，为企业赢得了巨大的经济效益。同时，进一步延伸开展鞍钢1500mm窜辊改造工程辊形模型，首钢迁安1580mm薄规格集装箱板与硅钢板形攻关课题两项新课题。

（2）钢中非金属夹杂物原貌分析技术及应用。作为2013年冶金科学技术奖二等奖达到国际先进水平的成果，主要应用于炼钢连铸技术领域，提供了一套分析钢中非金属夹杂物三维真实形貌的方法和技术手段。通过夹杂物原貌分析技术可以研究冶炼各个环节非金属夹杂物的三维形态、含量、成分、尺寸的演变规律，准确指导洁净钢生产。这项技术成果在杭州钢铁集团公司成功应用于齿轮钢、轴承钢、履带钢、弹簧钢等钢种，应用后齿轮钢、履带钢的全氧含量低于0.0015%的比例从原料的40%上升到85%以上，轴承钢全氧≤0.0010%的比例从50%提高到95%以上，弹簧钢全氧含量全部有效控制在0.0013%以下。2012，年稳定生产以上各类钢740775.04吨，较工艺优化前质量有明显提高，为企业新增产值35.78亿元，新增利税1.72亿元。这项成果同时在首钢、石家庄钢铁公司、唐山钢铁公司等企业开展应用，应用效果良好。

（3）转炉炼钢教学培训仿真平台的技术集成与创新。本项目主要应用于冶金行业员工在岗培训、炼钢技术拓展、职业技能鉴定及高校、高职校的冶金专业培训，提供了一套转炉虚拟炼钢的仿真平台及成套技术。平台的操控界面与现场高度一致，且具有大量冶金操作控制模型、工艺模型和数学模型做后台支撑，仿真结果与真实冶炼进程和趋势一致，实现了真正意义上虚拟炼钢。通过该技术可以模拟和再现真实的转炉炼钢进程，为炼钢技术人员提升工艺操作水平，预判工艺效果提供手段。2014年1月中国金属学会在组织专家对“转炉炼钢教学培训仿真平台的技术集成与创新”项目成果进行了评价，专家委员会听取了技术研究报告、应用报告、经济效益报告与查新报告，经专家质询和讨论，一致认为该项目成果达到国际先进水平。该成果已与北京金恒博远冶金技术有限公司联合推广，2013年为企业新增产值971.98万元，利税256万，并应用于北京科技大学、安徽工业大学、内蒙古科技大学、首钢技师学院、包头钢铁职业技术学院、内蒙古机电职业技术学院、河北工业职业技术学院等10余所高校和高职校，平均每年服务冶金专业学生超过3000人次，培养和输送冶金专业人才超过1000人次；2013年9月，中国金属学会采用该平台成功地举办了首届全国转炉模拟炼钢比赛，包括来自企业、高校、高职校的23家单位参与了比赛，取得良好的效果。

（4）新增轧制过程仿真实训教学系统。板带中心开发了包括中厚板、热连轧、冷连轧、单机可逆冷轧、小棒材、高速线材及加热炉共7套轧制过程仿真实训教学系统，已完成伊春职业技术学院等4所专科职业学校以及北京科技大学、内蒙古科技大学等本科高校的教学推广应用，并培育潜在客户10余家，有力地推动了我国轧制技术教学实训水平的进步。

（王晓晨、王　敏）

【与企业共建研发基地】 2013年11月16日下午，由北京坤泰镕创公司投资的江苏南通40万吨金属复合板建设项目在海安国家级经济技术开发区举行了隆重的开工奠基仪式，该金属复合板生产基地是由北京坤泰镕创公司投资建设的金属高新材料研发和生产基地，占地222亩，建筑面积11.4万平方米，总投资12亿元，建成后将形成年产40万吨宽薄不锈钢-碳钢复合冷轧板和2.5万吨不锈钢箔的生产能力。同时，成立了北京科技大学海安金属新材料研究院（筹）以及国家板带生产先进装备工程技术中心·坤泰镕创金属复合板联合研究所。该联合研究所将充分发挥国家板带中心、地方政府、企业的集成优势，持续推动金属新材料领域的产品创新、技术创新、装备创新及科技成果产业化，立足海安，辐射长三角、面向全球，打造国内领先、国际一流的金属复合材料技术创新和产业化基地。

（梁治国）

【学术交流与合作】 2013年，主办各类学术研讨和技术交流会，为相关高校专家学者、相关研究机构研究人员和相关企业技术人员提供交流平台，并积极参加相关领域的技术交流会，将最新研究成果展示给相关同行。成功举办了“2013故障诊断与板带质量测控新技术国际研讨会”，筹备成立了“中国金属学会冶金设备分会故障诊断学委会”，参加了“2013中国冶金装备论坛暨冶金装备产业技术创新战略联盟成立大会”等国内外学术交流共22场160余人次，为企业进行了技术培训290人次，有效地扩大了板带中心的影响。

（马　粹）

附　录

国家板带中心2013年参加国内外学术交流情况一览表

序号	会议和交流名称	人次
1	冶金设备故障诊断学委会和2013故障诊断与板带质量测控新技术国际研讨会（北京）	100
2	2013中国冶金装备论坛暨冶金装备产业技术创新战略联盟成立大会（南京、北京）	3
3	江苏海安40万吨金属复合板项目开工仪式，金属复合板联合研究所揭牌	2
4	2013冶金设备学术研讨会（秦皇岛）	4
5	东方特钢2013年国际年会（嘉兴）	1
6	首届全国绿色冶金装备前沿科学技术发展论坛（CMETF2013南京）	1
7	走访江苏、浙江多家企业并达成合作意向（江苏、浙江）	2
8	中国重机协会、太钢技术交流（西安、太原）	2
9	燕山大学“国家冷轧板带装备及工艺工程技术研究中心”技术委员会会议（秦皇岛）	2
10	2013年全国冷轧板带生产技术交流会（西安）	2
11	2013钢铁大会冶金设备分会（北京）	5
12	2013全国炉外精炼叙述会议（桂林）	1
13	全流程质量分析与诊断系统技术交流（涟源、北京）	6
14	ANSYS软件技术交流（北京）	20
15	比利时鲁汶大学Christ Glorieux教授来访（北京）	5
16	鲁汶大学技术交流（比利时）	2
17	亚琛工业大学技术交流（德国）	4
18	鲁汶大学博士生联合培养（比利时）	1
19	澳大利亚乌伦贡大学博士生联合培养（澳大利亚）	1
20	美国佐治亚理工大学访学（美国）	1
21	中国工程院“工业装备绿色成形工程发展与战略对策”项目研讨（北京）	1
22	中国工程院“流程工业机械装备在役再制造工程战略研究”项目研讨（北京）	1

国家板带中心2013年进行行业技术培训情况一览表

序号	培训名称	人次
1	转炉炼钢生产仿真培训班暨全国转炉炼钢大赛（北京）	100
2	轧钢实训软件培训（伊春等多校）	100
3	冷连轧工艺设备自动化技术培训（宜昌三峡全通）	20
4	冷轧板形控制技术培训（首钢顺义冷轧）	50
5	热轧板形控制技术培训（首钢迁钢）	20

材料科学数据共享网

【概况】材料科学数据共享网项目于2009年10月由国家科技部批复建设，由教育部担任牵头部门。项目承担单位包括北京科技大学、中国科学院金属研究所和西北工业大学等16家高校和科研院所，项目管理办公室设在北京科技大学。

材料科学数据是工程与装备设计、制造与服役安全评估，新材料研发等活动不可缺少的重要信息。材料科学数据共享网项目建设的总体目标是：以满足国家经济与国防建设和材料科学技术创新研究与快速发展需求为目标，以现有较为成熟的材料科学数据资源为基础，结合国家重大工程、支柱产业发展、国防建设等实际应用需求，评价、整合、重构材料科学数据资源，建立跨部门、跨地区、多层次、异构、分布、有序共享的材料科学数据体系，形成数据齐全完整、存储安全可靠、使用灵活方便的材料数据服务体系和共享网，最大限度地发挥数据信息的效益，满足国家建设、社会发展与科技创新的迫切需要。研究制定符合材料数据特点的共享机制和数据共享相关的标准规范体系。构建面向社会的网络化、智能化的材料科学数据共享服务平台，形成数据采集提交、质量控制、数据存储、安全保障、资源共享、面向应用与数据重构的管理体系。按照统一的标准，规范对材料数据进行整合集成，形成材料领域专门化数据共享资源结点，在此基础上建设数据管理服务中心，初步构建成材料科学数据共享网。

至2013年年底，材料科学数据共享网项目已完成了全部10个材料数据共享资源结点和2个面向应用的主体库的结构建设，即材料基础、有色金属材料及特种合金、黑色金属材料、复合材料、有机高分子材料、无机非金属材料、生物医用材料、能源材料、信息材料、天然材料及制品数据共享资源结点和建筑材料、道路交通材料应用主体库。制定形成了26个标准规范草案，形成了5项相关技术软件，并已登记。形成1个名词术语对照词典，5项规章制度，3个材料数据的环境、收集整理及质量分析的分析评价方法。完成了材料科学数据共享网的网站建设，建成了共享网管理与服务中心，纳入中心的数据为25.2万条，分布数据源的数据为40.7万条，合计65.9万条，涉及材料约24250种。向科技基础条件平台中心信息技术中心提交了共享网运行日志，提交元数据236条。通过搜索引擎的多种检索方式，可以实现对各类材料数据的检索。

（尹海清）

【科研活动】2013年1月14日，材料科学数据共享网在北京召开了材料科学数据共享网项目中期汇报会，对项目总体建设情况、共享网功能网上演示、经费使用情况进行了总结，根据科技部领导、专家们的意见，对共享网建设中存在的问题进行了深入剖析，并提出下一步工作核心。

2013年12月7日，材料科学数据共享网在北京召开了材料科学数据共享网子项目验收总结汇报会，材料科学数据共享服务平台建设、有色金属材料及特种合金数据共享资源结点建设、黑色金属材料数据共享资源结点建设、复合材料数据共享资源结点建设、有机高分子材料数据资源共享结点建设、材料基础数据共享资源结点建设、无机非金属及其他材料数据资源共享结点设计与建设等7个子项目就3年多的共享网建设工作和经费使用情况向专家进行了汇报，最终均通过验收。

（尹海清）

【国际交流】2013年9月22～28日，在青岛召开的中国材联先进材料大会上，组织并承办了“材料数据及其应用”分会，使材料数据的研究与应用第一次成为该会议的分会主题。

2013年11月，材料科学数据共享网项目组成员与亚洲材料数据库同行交流了2014第四届亚洲材料数据会议的筹备情况，就会议主题等问题进行了讨论，最终确定在2014年11月由韩国负责承办该会议，中国与日本协办。

（尹海清）

【队伍建设与人才培养】2013年共有40余名学者参与了材料科学数据共享网项目的建设，其中教授23人，副教授14人，讲师或博士后4人，全部具有博士学位，50岁以下的中青年占95%。共有15人参与到项目的建设中，其中教授9人，副教授4人。材料科学数据共享网项目已经基本建成一支稳定的建设队伍。2013年共培养硕士生4人。

（尹海清）

环境断裂教育部重点实验室

【概况】环境断裂研究室（以下简称“研究室”）具有30多年的发展历史，长期从事结构材料特别是钢铁材料的腐蚀、断裂和环境敏感断裂的基础和应用基础研究，获得了丰硕的研究成果，在国内外具有重要影响。几十年来，研究室培养了一批高水平的研究型人才，他们在国内外知名研究单位、大学和首钢、宝钢等国家大型企业从事科研工作，取得了重要成绩。近年来，研究室在保持原有优势的基础上，开展铁电、铁磁等新型功能材料的制备和性能研究，以及纳米材料的性能研究。

经过近多年的发展和积累，1990年，教育部正式批准其为教育部开放实验室；1999年，更名为环境断裂教育部重点实验室（以下简称“实验室”）。

2013年，实验室有固定人员34人。其中中国科学院院士1人，教授18人、副教授14人；博士生导师18人，长江学者奖励计划特聘教授2人、讲座教授1人，国家杰出青年基金获得者1人，跨（新）世纪优秀人才5人，新世纪百千万创新人才1人，北京市科技新星6人；中组部拔尖人才1名，国家自然科学基金优秀青年基金获得者1名。实验室拥有原子力显微镜、高分辨率电镜、透射电镜、俄歇电子能谱仪、场离子显微镜、宏－微摩擦磨损测试系统、纳米力学探针仪等较为先进的仪器设备149台/套，设备价值2200万元，其中30万元以上设备21台/套。

（李金许）

【科研活动】2013年，实验室承担国家支撑计划项目4项，国家科技重大专项2项，“973计划”项目4项，“863计划”项目2项，十二五国家科技基础条件平台建设重点任务研究1项，国家自然科学基金重点项目2项、面上项目24项、青年项目5项，军工课题4项，其他省部级项目多项，合同额50万以上的厂协项目18项。在国内外核心期刊上发表论文约85篇，其中SCI收录50余篇。

（李金许）

【人才培养】实验室采取加强国内外交流、培养和引进高层次人才、创造有利的学术环境等措施，积极建设高水平研究队伍，拓宽研究领域，已经培养出一支年龄结构合理、专业方向有机结合、学术气氛浓厚、凝聚力强的研究队伍。

2013年，实验室在读研究生160余人（硕士生100余人，博士生近60人）；毕业硕士生46人，博士生12人。

（李金许）

【学术交流】2013年，实验室进一步加强材料科学领域的学术合作与交流。9月，实验室6名教授和副教授参加了在葡萄牙举办的2013欧洲腐蚀大会（EUROCORR2013）；2013年实验室共有15人次参加了国际学术交流；邀请了来自加拿大、英国、日本、美国、中国香港等国家和地区的多位知名学者到实验室讲学和交流。7月，实验室协助中国腐蚀与防护学会举办了第七届全国腐蚀大会，参会代表人数1100余人，创该会议参会人数的历史最高水平。

（李金许）

附　录

环境断裂教育部重点实验室2013年在研课题一览表

项目名称	项目来源	负责人	起止年限	经费（万元）
基于纳米材料及结构力学新理论的表征方法和测量原理	国家“973计划”	宿彦京	2012.7.1～2016.12.31	160
高性能钢的组织调控理论与技术基础研究	国家“973计划”	尚成嘉	2010.7.1～2014.12.31	193
核电关键材料及焊接部位在微纳米尺度下的环境形为与蚀效机理工——辐照损伤的计算机模拟和实验研究	国家“973计划”	宿彦京	2011.1.1～2015.12.31	70
大型水利水电工程高陡边坡全生命周期性能演化与安全控制——高陡边坡体锚固机理与性能演化特征	国家“973计划”	何积铨	2011.1.1～2015.12.31	70
南海深水油气开发示范工程	国家科技重大专项	路民旭	2011.1.1～2015.6.30	233
大型油气田及煤层气开发—南海深水油气开发示范工程——荔湾3-1气田设施内腐蚀控制及选材设计	科技部重大专项	路民旭	2011.1.1～2015.6.30	580
基于风险的特种设备事故预防关键技术研究	国家科技支撑计划	李晓刚	2011.1.1～2014.12.31	51
化工园区公用管道安全生产风险防范关键技术研究	国家科技支撑计划	许立宁 杜艳霞	2012.1.1～2014.12.31	131
高强度耐腐蚀石油天然气集输和输送用管线钢生产技术	国家科技支撑计划	柳　伟	2012.2.14～2014.12.31	50
基于风险的油气管道事故预防关键技术研究	国家科技支撑计划	李晓刚 杜翠薇	2012.1.1～2014.12.31	51
中国材料腐蚀现状及材料腐蚀对自然环境污染情况调查	科技部	李晓刚 杜翠薇	2012.4.1～2017.4.30	919
新型功能材料的理化性能分析表达方法及应用	科技部	曹江利	2012.9.15～2015.9.30	91

续表

项目名称	项目来源	负责人	起止年限	经费（万元）
集束射流气动热－力耦合环境模拟试验舱	科技部	俞宏英	2011.10.1～2015.10.31	774
国家材料环境腐蚀野外科学观测研究平台（2012）	科技部、财政部	李晓刚	2012.12.1～2013.12.31	3200
“十二五”国家科技基础条件平台建设重点任务研究	科技部	李晓刚	2010.1.1～2013.12.31	5667
国家材料环境腐蚀野外科学观测研究平台（2013年度）	科技部	李晓刚	2013.11.27～2014.12.31	2900
典型酸碱性土壤环境油气管道用高强钢腐蚀评价方法研究；油气管道用高强钢环境应力腐蚀寿命预测方法研究	国家“863计划”	李晓刚	2012.1.1～201.12..1	76
先进燃料元件包壳材料和外套管材料的辐照考验研究	国家“863计划”	宿彦京	2011.1.1～2014.12.31	180
高强度管线钢土壤腐蚀的关键影响因素及机理研究	国家自然科学基金重点项目	李晓刚	2012.1.1～2016.12.31	300
大气环境中材料薄液膜腐蚀的电化学基础理论研究	国家自然科学基金重点项目	李晓刚	2012.1.1～2016.12.31	90
纳米多孔金属的力－电－化学介质多场耦合效应研究	国际（地区）合作与交流项目	乔利杰	2012.1.1～2014.12.31	45
金属的腐蚀与防护	国家自然科学基金优秀青年基金项目	董超芳	2013.1.1～2015.12.31	100
高强铝合金搅拌摩擦焊内部残余应力分布的多因素关联研究	国家自然科学基金面上项目	张　津	2013.1.1～2016.12.31	79
氧阴极法节能环保制备二氧化锰电解规律研究	国家自然科学基金面上项目	孟惠民	2013.1.1～2016.12.31	80
弥散贵金属微粒增韧复合热障涂层的结构与特性研究	国家自然科学基金面上项目	何业东	2013.1.1～2016.12.31	80
低维纳米尺度金属（Cu、Ni）的腐蚀行为及电化学特征研究	国家自然科学基金面上项目	吴俊升	2013.1.1～2016.12.31	80
深水及阴极保护下双相不锈钢氢致应力开裂的氢行为与临界电位研究	国家自然科学基金面上项目	张　雷	2013.1.1～2016.12.31	80
双相不锈钢的相腐蚀及应力腐蚀裂纹萌生发展机制研究	国家自然科学基金面上项目	程学群	2013.1.1～2016.12.31	80
非稳态薄液膜下PCB微纳米尺度环境损伤机制	国家自然科学基金面上项目	肖　葵	2013.1.1～2016.12.31	80
多场耦合条件下铁电多层厚膜电卡效应的动力学研究	国家自然科学基金面上项目	白　洋	2012.1.1～2015.12.31	60
高强管线钢在深海环境中的应力腐蚀规律与机理研究	国家自然科学基金面上项目	李晓刚	2012.1.1～2015.12.31	60

续表

项目名称	项目来源	负责人	起止年限	经费（万元）
裂纹在沿晶氧化膜内形核的应力腐蚀新机理	国家自然科学基金面上项目	李金许	2012.1.1～2015.12.31	55
先进超高强度不锈钢钝化膜稳定性及其主控机制研究	国家自然科学基金面上项目	董超芳	2012.1.1～2015.12.31	65
大面积阴极等离子电解沉积金属涂层的机理及其涂层特性研究	国家自然科学基金面上项目	何业东	2012.1.1～2015.12.31	55
高含H_2S湿天然气管道冷凝液膜环境下的氢渗透机制	国家自然科学基金面上项目	张　雷	2012.1.1～2015.12.31	60
逆变奥氏体对马氏体时效钢氢致开裂性能的影响	国家自然科学基金面上项目	李金许	2011.1.1～2013.12.31	39
金属防护涂层下锈蚀萌生、长大规律及对涂层失效的作用机制	国家自然科学基金面上项目	高　瑾	2011.1.1～2013.12.31	38
应力腐蚀与腐蚀产物膜力学行为的相关性研究	国家自然科学基金面上项目	宿彦京	2011.1.1～2013.12.31	38
强弱相间和强强相间层状复合涂层的结构与抗高温氧化特性研究	国家自然科学基金面上项目	何业东	2011.1.1～2013.12.31	38
氢调控铁电陶瓷性能规律及机理研究	国家自然科学基金面上项目	乔利杰	2011.1.1～2013.12.31	38
光加速老化条件下有机涂层/金属界面微区腐蚀电化学行为及规律研究	国家自然科学基金青年项目	卢　琳	2011.1.1～2013.12.31	20
氧化铬薄膜摩擦磨损行为的尺度效应及机理研究	国家自然科学基金青年项目	庞晓露	2011.1.1~2013.12.31	20
316L不锈钢在高温高压水中沿晶应力腐蚀开裂裂尖钝化膜的微纳米尺度行为研究	国家自然科学基金青年基金项目	陈　旭	2013.1.1～2015.12.31	25
金属生物膜的形成机理及其润滑和耐磨蚀特性的研究	国家自然科学基金青年基金项目	岩　雨	2013.1.1～2015.12.31	25
交流干扰与阴极保护在管/地界面上的叠加效应研究	国家自然科学基金青年基金项目	杜艳霞	2012.1.1～2014.12.31	25
压水堆核电站蒸汽发生器用690合金传热管的应力腐蚀行为及机理	国家自然科学基金联合基金项目	李晓刚	2013.1.1～2016.12.31	240
功能陶瓷基左手材料与新型微波器件的研究	教育部	白　洋	2010.1.1～2014.12.31	50
2011150080101	军工课题	乔利杰	2010.1.1~2016.12.31	100
2011150130101/201115030010/2011150550101	军工课题	李晓刚	2010.1.1~2016.12.31	220
油漆涂料大气暴晒试验研究2011-836	厂协	李晓刚	2011.12.6～2013.12.30	80

续表

项目名称	项目来源	负责人	起止年限	经费（万元）
大型工程混凝土钢筋的SCC敏感性与腐蚀控制技术开发2011-549	厂协	曹　备	2011.8.22～2013.12.30	52
MEG与pH值稳定剂应用技术研究2013-463	厂协	许立宁 路民旭	2013.7.1～2014.1.31	65
海底输油输气管道缓蚀剂缓释效果第三方评价服务合2014-050	厂协	路民旭 张　雷	2013.9.1～2014.3.30	107
超薄工件超音速火焰喷涂时的热变形、工艺与装备研究2009-227	厂协	樊自拴	2009.5.25～2014.5.31	125
高温及多元热流体对防砂筛管过滤精度影响实验	厂协	柳　伟	2014.1.2～2014.6～.0	68
青石与钛酸铝蜂窝陶瓷载体的研发2011-473	厂协	白　洋	2011.7.1～2014.6.30	60
汽车尾气催化剂失活或活性下降机理研究2011-472	厂协	乔利杰	2011.7.1～2014.6.30	60
金风风力发电机组典型腐蚀环境防护设计2013-339	厂协	王旭东	2013.6.27～2014.8.30	64
高压铝箔涂覆有序孔遮蔽膜及隧道孔腐蚀技术的研究开发2009-441	厂协	何业东	2009.8.1～2014.12.31	2000
原油船货油舱耐蚀钢生产关键技术研究与产品研发2012-434、2011-317	厂协	李晓刚 程学群	2011.4.29～2014.12.31	140
土壤环境下材料的可靠性评估方法研究项目	厂协	李晓刚	2013.11.30～2015.9.30	53
镍基铁镍基合金油井管第二相的演变及其对耐蚀性的影响	厂协	张　雷	2011.12.1～2015.12.1	50
电力变压器用高磁感取向硅钢研发及应用技术研究2013-493	厂协	何业东	2013.1.1～2015.12.31	320
重工业污染区输电线杆塔和接地网腐蚀防治技术研究与示范2012-588	厂协	李晓刚 高　瑾	2012.1.30～2015.12.31	120
高压铝箔多V高效腐蚀技术的研究开发2012-560	厂协	何业东	2012.8.1～2015.12.31	120
大气环境下金属材料腐蚀寿命研究项目	厂协	李晓刚	2013.11.30～2016.6.30	90
规整填料在减压条件下的腐蚀机理及失效预防2012-865	厂协	岩　雨 乔利杰	2012.12.19～2017.12.30	100

（李金许）

金属矿山高效开采与安全教育部重点实验室

【概况】金属矿山高效开采与安全教育部重点实验室（以下简称“实验室”）于2003年经教育部批准建立，2004年开始建设，2012年通过教育部评估。实验室覆盖4个二级学科博士点，即采矿工程（国家重点学科）、工程力学（北京市重点学科）、岩土工程（北京市重点学科）、防灾减灾工程与防护工程和安全科学及工程（一级学科）；拥有性能先进的MTS岩石力学实验机、电液伺服岩石三轴试验机、EH-4大地连续电导率成像系统、矿山减灾结构综合试验系统、数字开采模拟实验系统等一批现代化实验设施；建设了金属矿山采矿系统优化与地压控制、金属矿床高效开采理论与方法、矿山人工环境研究及采动灾害预测与防治、“数字矿山”理论与应用4个实验区，实验室现有建筑面积6400m^2。

截至2013年年底，实验室设备总值6836万元，设备总数3576台/套，其中10万元以上大型设备89台/套，40万元以上大型设备31台/套。

（宋卫东）

【科研活动】实验室以岩石力学理论研究为基础，以金属矿山安全高效开采为目标，形成了采矿系统优化与地压控制、矿床高效开采理论与方法、矿山安全与灾害防治、矿山系统工程与矿业经济4个研究方向。2013年，实验室承担包括“973计划”“863计划”、国家科技支撑计划、自然科学基金重点项目在内的各类科研项目100余项，项目经费6000余万元；获省部级科技奖励17项，申请专利30余项，授权专利18项。

（宋卫东）

【学术交流】实验室与国内外同行开展了广泛的学术交流活动，提高了实验室在国内外的影响力。2013年，实验室先后接待前来参观和进行技术交流的学术团体10余次；组织国内外学术会议5次，参加国际学术会议30余人次。

（宋卫东）

钢铁流程先进控制教育部重点实验室

【概况】实验室依托控制科学与工程、仪器科学与技术、计算机科学与技术等学科，主要在“数据驱动和信息融合建模理论与方法”“钢铁流程先进控制理论与方法”“高精高速控制系统实现技术”“嵌入式高性能专用控制器”“冶金传感器”等方面开展科学研究和人才培养工作。

在2012年全国学科评估中，实验室主要依托的控制科学与工程一级学科排名第17（并列），进入前20%。

2013年度围绕重点实验室的建设目标，开展了重点项目申报、技术开发、人才培养、学术交流等工作，于11月份进行了工作总结，并于2013年年底向学术委员会委员发送了工作简报。

（胡广大）

【队伍建设】2013年，在前一年组建的多支学术梯队的基础上，通过优势互补、强强联合，形成冶金自动化团队，承担了“863计划”项目，并成功申报国家自然科学重点项目。通过具体的项目驱动，强化了冶金自动化团队的集体攻坚意识，项目策划、项目执行能力得到了加强。

（胡广大）

【人才培养】2013年，重点实验室为学校共培养毕业博士生10人，普通及专业硕士生46人。

（胡广大）

【科研活动】2013年，尹怡欣教授领导多个研究方向的科研团队，对电解铝过程高能耗问题集中攻关。其中，“基于精确感知与智能决策的铝电解MES开发与应用”被列入科技部“863计划”先进制造领域2013年度优先启动项目，已于年内组织实施。尹教授负责的科研团队申请的“面向指标优化的高炉布料过程建模与控制”获批2014年国家自然科学基金重点项目。

童朝南教授、彭开香教授等领导的科研梯队发挥实验室传统优势，并不断取得新成就。2013年，该梯队承担了“板带冷轧机板形仪及控制系统技术开发”“不锈钢中板在线外形检测系统”重点项目2项，承担“模具钢在线预硬装置计算机控制系统研究与开发”“CSP轧机精度诊断及控制优化”“热轧质量包与模型开发”等普通项目。

陈先中教授领导的科研梯队在雷达系列高炉料面监测系统研发中取得重大成果。2013年，该梯队承担了“基于旋转雷达的高炉料面监测技术”“2500m^{3}高炉炉身热负荷与渣皮厚度及脱落诊断模型”“武钢7#高炉料面测量用相控阵雷达研制”等项目。

重点实验室还承担了“DCS相关软件开发”“矿业智慧物流系统研究”“工业无线网络设备配套软件设计开发”等项目。

（胡广大）

【学术交流】重点实验室承办了2013年智能科学与大数据工程国际会议（IScIDE2013）；邀请海外学者来院进行学术交流13次，主题涉及控制与检测系统集成，模型与数据驱动方法，非线性控制等。

（胡广大）

【与企业共建研发基地】为巩固与企业之间业已存在的合作关系，积极探索新的合作方式。实验室在2012年与宣钢、安钢、中冶南方、唐钢等企业签署联合研发基地协议的基础上，2013年又与北京佰能电气技术有限公司签署了联合研发基地协议，着力推进由问题驱动的立项、研发、互利、人才培养等全方位的合作关系。

（胡广大）

科技部材料模拟设计实验室

【概况】科技部材料模拟设计实验室前身是国家“863计划”新材料模拟设计实验室。实验室结合北京科技大学在材料科学方面的优势，依靠独创的晶格反演方法建立起固体材料体系和界面系统第一性原理计算到原子级计算机模拟的桥梁，在材料模拟计算方面进行了多方面的探索，努力拓展了新的学科发展方向。

成立以来，实验室先后承担了国家“973计划”—“材料计算设计与性能预测基础问题”（2000～2005年）以及“面向性能的材料集成设计的科学基础问题”（2006～2010年）项目中的课题研究。2011年，实验室承担国家“973计划”项目“基于集成计算的材料设计基础科学问题”（2011～2015年）项目中课题。实验室有研究人员6人，其中中国科学院院士1人，教授2人，副教授3人。

（陈难先、申　江）

【科研活动】2013年，实验室重点工作主要围绕国家“973计划”项目“基于集成计算的材料设计基础科学问题”中的课题“复杂材料原子间相互作用势库的创新与拓展”（课题经费484万元）进行。2013年12月该课题通过了国家科技部组织的“973计划”项目年度审查。2013年实验室进行的主要研究进展有：①用晶格反演方法改进EAM势，分别在晶格反演MEAM势、晶格反演EAM势和多重晶格反演EAM势3个方面进行了探索，取得一定进展。用新的方法获得了27个纯元素的晶格反演EAM势以及合金中的交叉势，对Ni-Al、Fe-Al、Co-Al、Ti-Al等二元合金的力学及热力学性质进行了原子级模拟计算。②采用晶格反演方法获得层状材料的层间势，重点对石墨烯材料进行了研究。③用第三类晶格反演方法获得金属-GaN (ZnO) 界面和金属-碳化物界面原子相互作用势并进行了系列性应用。④利用晶格反演对势在金属间化合物中进行应用拓展，对含有无序子晶格结构体系的处理提供新的方法。

（陈难先、申　江）

【科研展望】材料中原子势库是材料集成设计中的一个重要组成部分。精确、可靠的原子势是当前材料学科发展的重大瓶颈。如果有了有效的势场，将大大促进材料设计的发展。在研究中，实验室尽力发掘第一原理难以解决、而原子势和分子模拟能够回答的问题。在具体工作中，很多材料科学家所关心的问题都是微米量级、介观尺度。实验室的办法是用理论分析结合中等规模的原子级模拟计算来解决问题。事实上，在现有计算机条件下，将模型扩大几倍会极大地增加计算时间和资源，但模拟的特性并不会因此得到本质性提高。反而选择适当的模型，控制计算时间，结合理论分析和合适的唯象模型能够解答一些材料科学中的基本问题。下年度实验室一方面要继续进行探索性研究，另外要在推广应用上加大力度。根据研究进展情况，应当深入地研究晶格反演嵌入原子势，同时拓展到不同领域中加以应用。对界面系统方面将加大研究力度，在金属/碳化物、金属/氮化物、金属/ZnO及金属/III-VI半导体的界面势研究方面推广应用。年内和瑞典皇家工学院联合培养了一名博士生，被学校以副教授待遇聘任留在实验室，利用其在高熵合金第一原理计算方面获得的经验，结合晶格反演方法探索高熵合金中原子相互作用势的获取，希望在这一领域有新的进展。在晶格反演对势有应用优势的稀土与锕系金属间化合物及其他复杂金属间化合物中继续拓展应用领域。我们将加强与中科院半导体所、中科院物理所、中科院力学所、中科院金属所、瑞典皇家工学院等研究机构交流合作。

（陈难先、申　江）

北京市先进粉末冶金材料与技术重点实验室

【概况】2013年，北京市先进粉末冶金材料与技术重点实验室（以下简称“实验室”）有教师和研究人员25人，其中教授8人，博士生导师9人，主要学术骨干均有在国外留学和工作的经历。

2013年，实验室下设4个研究室：①纳米粉体及材料研究室。研究方向：超细和纳米粉体制备技术、机械合金化技粉技术、雾化制粉技术、磁屏蔽材料、纳米硬质合金、钨基高比重合金、难熔金属与合金和高温合金等。②反应合成技术与复合材料研究室。研究方向：自蔓延高温合成技术、陶瓷/钢复合管制造技术、核废料处理技术、粉末冶金多孔材料、粉末冶金层状与梯度结构材料、AlN-BN复合陶瓷、耐热及抗氧化涂层粉末与涂层技术、高性能SiC和Si_3N_4陶瓷、C/SiC陶瓷基复合材料、超高温陶瓷基复合材料、高性能粉末冶金金属基复合材料等。③先进成形与烧结技术研究室。研究方向：粉末注射成形技术及其智能化、粉末微注射成形技术、温压成形技术、高速压制成形技术、等静压成形技术、胶态成形技术、放电等离子烧结技术、粉末冶金材料设计与工艺过程模拟等。④功能材料研究室。研究方向：NdFeB粘结磁体、Sm-Co合金、磁温度补偿合金、超磁致伸缩材料、电工合金、新型电子封装材料、能源材料、储氢合金、光电信息材料、功能陶瓷等。

（何新波、曲选辉）

【科研活动】2013年，实验室共承担各类科研课题59项，包括国家“973计划”课题2项、国家“863计划”课题4项、国家支撑计划项目1项、国家科技基础条件平台建设计划项目1项、国家自然科学基金项目16项、国防军工项目11项，教育部项目6项、北京市项目3项，其余为各类厂协(横向）等项目，在研项目合同经费总计超过5451万元。年内，实验室实到研究经费2500万元；发表学术论文141篇；申请国家发明专利40项，获专利授权21项；出版专著一部，字数总计487千字。

（何新波、曲选辉）

【师资队伍】2013年，实验室师资队伍得到进一步加强。7月，章林博士晋升副研究员职称。

（何新波、曲选辉）

【人才培养】2013年，24名博士生、82名硕士生和29名本科生在实验室进行毕业论文等相关研究工作。年内，实验室毕业博士生6名，硕士生23名。

（何新波、曲选辉）

【学术交流与合作】2013年，实验室继续与美国、英国、日本、澳大利亚、俄罗斯等国家以及大陆、香港、台湾地区的学校、科研机构和企业保持紧密的合作关系，学术交流活动频繁。2013年3月曲选辉赴日本九州工业大学进行讲学（Materials Education and R&D at USTB 2013），6月受甘肃省兰州市人民政府邀请做了“现代粉末冶金技术及其工业化应用”报告；2013年4月郭志猛教授出席了在上海举办的全国粉末冶金会议,7月参加了第二届金属间化合物学会学术研讨会，8月出席第八届环太平洋先进材料与工艺国际会议（PRICM8）；2013年6月范丽珍教授赴日本京都参加了The19th International Conferenceon Solid State Ionics会议，7月赴西宁参加了第五届无机非金属材料专题——先进功能陶瓷材料研讨会；李平副教授2013年3月赴美国德州圣安东尼奥参加了TMS 2013 142nd Annual Meeting & Exhibition年会；2013年12月吴茂博士赴美国犹他大学进行为期一年的访问学者研究。

（何新波、曲选辉）

附 录

2012年北京市先进粉末冶金材料与技术重点实验室主要在研项目

序号	项目名称	项目来源	起止时间	经费（万元）	负责人
1	金属材料智能制备成形技术的基础研究	国家“973计划”子课题	2011～2015年	450	曲选辉
2	新型三维纳米集流体材料及三维复合电极的可控制被与应用机理	国家“973计划”子课题	2013～2017年	45.2	范丽珍
3	氧化物弥散强化粉末冶金材料组织控制与致密化技术	国家“863计划”子课题	2013～2015年	224	罗 骥
4	金属/陶瓷层状结构复合材料的研究及其在热镀锌工业和重型车辆中的应用	国家“863计划”子课题	2013～2015年	108	任淑彬
5	高强韧钢/镁合金跨尺度设计与制备技术	国家“863计划”子课题	2013～2015年	546	张瑞杰
6	高密度铁基粉末冶金关键构件制备与应用技术	国家“863计划”子课题	2013～2015年	250	秦明礼
7	钒、钛材料的清洁生产及高附加值产品开发	国家科技支撑计划	2012～2014年	250	何新波
8	熔渗法制备二维散热用（鳞片状石墨+金刚石颗粒）/铜复合材料的相关基础问题研究	国家自然科学基金	2014～2017年	80	任淑彬
9	粉末冶金超合金近终形制造相关基础问题研究	国家自然科学基金	2014～2017年	81	曲选辉
10	高导热Diamond/SiC复合材料近终形成形的基础研究	国家自然科学基金	2013～2016年	80	何新波
11	基于TiH_2制备高Nb-TiAl合金微球粉的几个基础问题	国家自然科学基金	2013～2015年	26	路 新
12	金属粉末非水基凝胶注模成形中的浆料悬浮及凝胶化机理	国家自然科学基金	2013～2016年	79	贾成厂
13	高导热金刚石/Al复合材料界面设计与近净形成形研究	国家自然科学基金	2011～2013年	20	任淑彬
14	层状结构铝基复合材料近终形制备技术基础的研究	国家自然科学基金	2012～2015年	68	曲选辉

续表

序号	项目名称	项目来源	起止时间	经费（万元）	负责人
15	高导热氮化铝（AlN）陶瓷近净成形的相关基础问题	国家自然科学基金	2012～2015年	60	秦明礼
16	微米尺度氧化铝微型齿轮的微注射成形研究	国家自然科学基金	2012～2015年	60	尹海清
17	基于相场法对时效强化过程材料机械性能的预测	国家自然科学基金	2012～2015年	24	张瑞杰
18	γ'相和纳米复合氧化物强化新型钴基ODS合金的研究	国家自然科学基金	2012～2015年	25	章　林
19	全固高比能量锂离子电池聚合物电解质与正负电极的作用机制	国家自然科学基金	2012～2015年	60	范丽珍
20	新世纪优秀人才支持计划	教育部	2011～2013年	50	秦明礼
21	新型钴基ODS合金中纳米复合氧化物的粒径和界面结构演化规律	北京市自然科学基金	2013～2015年	14	章　林
22	钨材料应用基础研究	横向课题	2011～2014年	40	果世驹
23	×××	军工	2011～2013年	385	曲选辉
24	×××	军工	2011～2013年	228	罗　骥
25	×××	军工	2011～2013年	200	秦明礼
26	×××	军工	2011～2013年	92	田建军
27	×××	军工	2011～2013年	315	章　林
28	×××	军口“863计划”	2011～2013年	300	秦明礼
29	×××	武器装备预研基金项目	2011～2013年	100	曲选辉
项目合同经费总计：				4260	

北京市腐蚀、磨蚀与表面技术重点实验室

【概况】北京市腐蚀、磨蚀与表面技术重点实验室（以下简称“实验室”）设材料表面科学与技术、腐蚀控制系统工程、电化学工程与材料、环境敏感断裂、环境损伤评估与控制研究共5个学术梯队。有固定人员32人，其中中国科学院院士1人、国家级突出贡献专家1人、博士生导师13人、教授14人、副教授18人、讲师2人。50岁以下的中青年研究人员中，有长江学者1人，全国模范教师1人，教育部跨世纪人才2人，北京市科技新星3人，国家自然科学基金优秀青年基金获得者1人。

实验室拥有一系列世界水平的成套仪器和设备，包括在研究开发新测试技术基础上研制的一系列新型实用研究设备和测试装置，总计1217台（套），总价值11042.5万元。在硬件建设方面，建设了具有国际先进水平的材料环境腐蚀研究中心，拥有开展材料环境腐蚀基础研究的环境扫描电子显微镜、X射线光电子能谱、傅立叶红外光谱、M370微区电化学工作站、多通道电化学工作站等先进的分析检测设备，原子力显微镜、纳米力学压痕仪、UMT摩擦磨损仪以及Atlas综合腐蚀试验箱、Atlas氙灯老化和紫外老化等加速腐蚀设备，并拥有自主知识产权的多种类型的自然环境腐蚀加速模拟试验设备，如用于模拟管道腐蚀和在多相流环境工作的高压釜装置等。在保证材料环境腐蚀基础研究工作的同时，还可以为国内外的企事业单位提供材料环境腐蚀试验。

腐蚀、磨蚀与表面技术涉及材料科学、化学、电化学、力学、表面科学和生物、生命科学等众多学科领域。实验室主要从事基础、应用基础和高新技术研究。基于科学、经济和社会的发展，实验室形成了独具特色的研究方向：①腐蚀与防护机理研究，包括环境敏感断裂、高温腐蚀与防护机理研究、煤化工腐蚀机理与控制技术研究、油气田腐蚀与控制、电化学腐蚀机理研究、腐蚀防护系统工程。②磨蚀机理及其控制研究，包括生物、医用材料研制、磨蚀机理及控制、材料微振腐蚀机理及控制研究、多相流中材料的腐蚀及控制研究、摩擦条件下金属材料的电化学行为。③高新表面技术研究与应用，包括锌溴电池电极材料表面修饰处理、磁性材料防蚀技术、电子器件抗磁干扰处理等高新功能表面技术研究与应用。

（张　津、王德仁）

【科研活动】实验室在腐蚀、磨蚀与表面技术领域开展了大量的科研工作，获得一批重要的成果，其中一些具有创新性的成果达到了世界先进水平或国内领先水平。实验室在材料环境腐蚀观察平台建设、燃气管道安全评估、国家高新国防工程等领域进行了大量的研究，开展了卓有成效的工作，取得了较为突出的成果。负责承担了国家“973计划”项目3项，国家“863计划”项目6项，国家科技重大专项2项，科技支撑计划项目3项，国家自然科学基金34项，各部委项目20项，厂协项目142项，累计科研经费6436.97万元。实验室加强自身条件建设，新增各类设备137台/套，增加设备费417.5万元，申请专利12项，获得专利授权20项。获得省部级一等奖2项、省部级二等奖2项、省部级三等奖

1项、中国腐蚀与防护学会优秀论文奖、教育教学研究论文奖多项，出版专著4部。发表EI收录论文43篇，SCI收录论文56篇，核心期刊收录论文53篇。

（张　津、王德仁）

【人才培养】实验室所属学科专业在国内高校中首批获得硕士、博士学位授予权，是当时该学科专业的唯一的博士点和设立博士后流动站的单位。2013年实验室共培养博士生10人、硕士生62人、本科生73人。

（张　津、王德仁）

【对外交流】2013年，实验室邀请国际知名教授学者来校讲学10次，并派出25余人次到国外进行短期访问交流，与国外相关单位进行联合研究，实验室教师应邀在国际学术会议做报告50余次，国内学术会议做报告60余次。

（张　津、王德仁）

金属与矿冶文化遗产研究国家文物局重点科研基地

【概况】金属与矿冶文化遗产研究国家文物局重点科研基地（北京科技大学）（简称“基地”）是国家文物局批准设立的18个重点科研基地之一，总体定位于开展全国范围内的金属与矿冶文化遗产研究与保护工作。基地有全职研究人员19名，其中教授9名，副教授6名，博士后2名，实验员1名，图书资料室管理员1名；兼职研究人员16名，其中教授（研究员）6人，副教授（副研究员）9名。

（李延祥、陈坤龙）

【科学研究】2013年，基地新获资助或参与的课题主要包括：“中华文明探源工程”第四期“中华文明形成过程中的资源、技术与生业研究”课题“早期金属资源利用研究”和“早期冶金术研究”两项子课题；国家社科基金重大项目“早期中西文化交流研究”“早期冶金技术交流”子课题。自然科学基金项目有：“陕西省洛南县辣子洞绿松石采矿遗址综合研究”“中国古代生铁冶炼竖炉演变的仿真研究”“关中东部地区的商代冶金”“运城盆地东部早期冶金遗址的考察研究”。

科研项目取得重要进展：“中国古代冶铁炉型复原研究”项目首次在山西进行了古代冶铁工艺的模拟实验研究，包括炉型构造、筑炉材料、矿石原料、鼓风设置等内容，取得了一批重要的实验参数。这是对以往古代冶铁技术研究的重要突破。在古代矿冶遗址调查和研究方面，发现并确认了陕西省洛南县辣子洞绿松石采矿遗址的重大学术价值；在辽西牛河梁遗址周边新发现了一批夏家店下层文化时期的含有冶炼遗迹的遗存。在早期青铜冶铸技术及其社会文化背景研究方面，通过与西北地区出土早期铜器的比较，提出新石器时代以来业已形成的祭祀礼制是导致青铜礼容器和范铸技术在中原地区兴起的关键性社会因素的观点。

2013年，基地师生发表期刊（文集）论文计37篇，会议论文12篇，合计49篇。

（李延祥、陈坤龙）

【人才培养】2013年9月，新入学学生26名，其中博士研究生8名，硕士研究生18名；2013年1月和7月毕业的学生共计21名，其中博士研究生3名，硕士研究生18名。至年底，在校就读的学生总数为98名。

2010届毕业生陈坤龙的博士论文“陕西汉中出土商

代铜器的科学分析与制作技术研究”荣获全国百篇优秀博士学位论文提名奖；李延祥教授荣获北京市“优秀教师”称号，梅建军教授荣获北京科技大学第六届研究生教育奖。

（李延祥、陈坤龙）

【国际交流】2013年，基地国际学术交流与合作活动频繁，梅建军教授先后应邀赴德国法兰克福大学、香港大学、英国曼彻斯特大学和中国澳门出席国际学术会议。李晓岑教授应邀赴美国理海大学访学，期间赴美国纽约大都会博物馆进行学术调研。陈坤龙副教授在英国剑桥李约瑟研究访学一年，多次应邀在牛津大学、剑桥大学和伦敦大学做学术演讲，并前往德国图宾根大学-曼海姆博物馆科技考古联合实验室做学术交流，赴塞尔维亚参加欧洲最早冶铜工艺的模拟冶炼实验。潜伟教授赴美国夏威夷参加美国考古学会年会，并作大会发言。韩汝玢教授应邀赴港参加香港中文大学举办的梦蝶轩藏中国古代金饰展。魏书亚教授赴意大利比萨参加第六届气相色谱质谱应用会议。应李晓岑教授邀请，苏里南共和国驻华大使洛伊德·皮那斯、美国理海大学麦克·诺替斯教授来基地访问。博士生黄超、黄兴和刘海峰分别应邀赴德国柏林工业大学、英国剑桥李约瑟研究所和美国理海大学做访问研究；博士生刘海峰、黄超赴日本奈良出席第八届国际冶金史大会。

（李延祥、陈坤龙）

冶金工业节能减排北京市重点实验室

【概况】冶金工业节能减排重点实验室（简称“重点实验室”）建设单位，包括机械工程学院热能工程系和土木与环境工程学院环境工程系，依托学科是动力工程及工程热物理和环境科学与工程学科。至2013年年底拥有动力工程及工程热物理一级学科博士学位授予权，其中热能工程学科和工程热物理学科分别是国家重点学科和北京市重点学科。还拥有环境工程学科博士学位授予权。动力工程及工程热物理学科和环境科学与工程学科均已设立了博士后流动站。上述学科均为北京科技大学国家“211工程”和优势学科创新平台等重点建设项目的主要学科方向。

实验室自2011年初得到北京市科委的认可后，在平台建设、人才队伍建设、研究成果转化、管理体制、产学研合作等方面取得长足的进步。

（温　治、尹少武）

【人才队伍】重点实验室作为北京科技大学工业节能减排领域科学研究和成果转化的平台，通过学科队伍建设、科研实验平台建设以及成果转化机制建设等体制建设，在人才资源管理探索过程中，不断总结经验，吸引和稳定了一大批该领域高水平人才。至2013年年底，有研发人员46名，技术人员7名，管理人员2名，其他人员8名，合计63人。

（温　治、尹少武）

【研究生培养】2013年，毕业硕士研究生69名，博士研究生14名。至2013年年底，在读硕士研究生和博士研究生共计190人。

（温　治、尹少武）

【实验室建设】2013年，重点实验室获得了来自中央高校基础科研业务费、中央级普通高校改善基本办学条件专项资金等项目的重点资助。至2013年年底，有大型设备110余台套，例如固体表面Zeta电位/流动电势分析仪、火焰瞬态观测ICCD、颗粒高温流化与输送系统、气相色谱质谱联用仪、高温热重仪、高温高精度热成像仪、激光粒度分析仪、扫描探针显微镜、Material Studio材料与物性模拟软件、人工环境气体监测与净化平台、高炉渣粒化及余热回收实验平台、中央空调输配系统综合测试平台、气液两相流动与传质实验装置、移动床反应器传输过程实验测试系统、激光多普勒测速仪等。

（温　治、尹少武）

【科研成果】重点实验室自成立以来，积极响应北京市中长期发展规划和北京市科委“发展循环经济、建设节约型社会”的主题，在脱硫脱硝、CO_2捕集处理、垃圾及废弃物焚烧、污水处理、天然气重整制氢、分布式能源、建筑节能、建筑材料和低谷电利用等方面进行了节能与环保技术的推广与示范工作，为首都建设、学校学科建设和国家的节能与环保做出贡献。2013年，重点实验室承担项目总数为35项，经费总额为1409万元，获得包括国家自然科学基金重点基金、国家自然科学基金、国家科技支撑等高水平科研项目经费支持。作为首席科学家单位，承担了国家“973计划”项目1项。发表SCI检索论文40篇，EI检索论文49篇，申请发明专利14项，申请软件著作权4项。

（温　治、尹少武）

【产学研合作】重点实验室与重庆赛迪工业炉有限公司、山东大展冶金科技有限公司等企业合作开展科学研究，涉及科研项目经费共计583万元。这些研究项目的开展，大幅度提升了本学科的科研实力与行业影响力。

（温　治、尹少武）

【交流与合作】重点实验室邀请英国皇家工程院院士、国家“千人计划”入选者林建国教授为重点实验室师生开设了专题报告以及其他10余次学术报告，还组织重点实验室全体成员举办和参加了10余次学术沙龙活动。

（温　治、尹少武）

教育部金属电子信息材料工程研究中心

【概况】教育部金属电子信息材料工程研究中心（以下简称“中心”）于2001年4月经教育部批准成立，依托于北京科技大学建设，是由教育部和北京市共建的技术创新和高新技术产业化基地。中心采用现代企业制度进行管理，实行多元化投资，与注册成立的具有独立法人资格的北京科大永兴科技有限公司为同一个实体。中心设有粉末冶金事业部、高技术薄膜材料事业部、微电子辅助材料事业部、有色加工事业部，另设有办公财务部、投资发展部。

（雷　诺）

【粉末冶金事业部】粉末冶金事业部成立于2001年，至2013年年底，有教师和研究人员25人，其中教授7人，博士生导师9人，主要学术骨干均有在国外留学和工作的经历。2013年24名博士生、82名硕士生和29名本科生在实验室进行毕业论文等相关研究工作。年内，实验室毕业博士生6名，硕士生23名。

事业部拥有较为先进的专用仪器设备，设备原值近800万元，其中，进口设备日本岛津烧结炉一台，价值205万。进口10万元以上设备10台/套，如永磁材料测量系统、磁滞回线仪、磁场注射机、粉末冶金注射机、转矩流变仪、高效混炼挤出造粒机、热等静压烧结炉等。

事业部主要业务范围是高技术新材料的研究、开发与生产，新材料制备与加工设备的制造，新型电子信息元器件的开发与制造，计算机控制系统集成、机电一体化技术开发，铁基合金、不锈钢、高比重合金、硬质合金、磁性材料、金属陶瓷、高温合金、难熔合金、低合金钢、钛合金等产品的生产与销售。产品广泛应用于医疗器械、电子通讯、办公机械、仪器仪表、纺织机械、食品饮料机械、计算机工程、汽车工业、机械武器、体育娱乐器械等领域。

近期重点研究与产业开发方向有：①纳米粉体及材料的研究。超细和纳米粉体制备技术、机械合金化技粉技术、雾化制粉技术、磁屏蔽材料、纳米硬质合金、钨基高比重合金、难熔金属与合金、高温合金。②反应合成技术与复合材料的研究。自蔓延高温合成技术、陶瓷/钢复合管制造技术、核废料处理技术、粉末冶金多孔材料、粉末冶金层状与梯度结构材料、AlN-BN复合陶瓷、耐热及抗氧化涂层粉末与涂层技术、高性能SiC和Si_3N_4陶瓷、C/SiC陶瓷基复合材料、超高温陶瓷基复合材料、高性能粉末冶金金属基复合材料。③先进成形与烧结技术的研究。粉末注射成形技术及其智能化、粉末微注射成形技术、温压成形技术、高速压制成形技术、等静压成形技术、胶态成形技术、放电等离子烧结技术、粉末冶金材料设计与工艺过程模拟。④功能材料的研究。NdFeB粘结磁体、Sm-Co合金、磁温度补偿合金、超磁致伸缩材料、电工合金、新型电子封装材料、能源材料、储氢合金、光电信息材料、功能陶瓷。⑤钴基高温合的研究等。

（雷　诺）

【微电子辅助材料事业部】

微电子辅助事业部成立于2002年，截至2013年年底，有教授1人，副教授2人，技术员2人，在读博士生和硕士生15人。

事业部具有较完备的材料制备和组织性能检测的设备，如100kg真空熔炼下拉式连续定向凝固设备、50kg下拉式连续定向凝固设备，反重力铸造设备以及完整的拉丝设备等，能生产各种规格的高性能有色金属丝材。主要业务集中在微电子超细丝材的研究、开发与生产，高性能铜及铜合金、铝及铝合金超细丝材制备与加工成套设备及产品的研制和开发。产品主要有：直径为100μm、75μm、50μm、32μm和25μmAl-Si合金集成电路用键合丝，具有单晶或连续纤维晶组织的各种规格的高性能铜及铜合金线材等。广泛应用于电线电缆、集成电路、仪器仪表、纺织机械、汽车工业、航空航天、高级音响等领域。

近期重点研究与产业开发方向有：①航空航天用特种电线电缆。②高性能无氧铜杆。③25μmAl-Si合金集成电路用键合丝。④高性能铂金丝。⑤微细Ag包Al丝。⑥高性能铜及白铜管等。

（雷　诺）

【高技术薄膜材料事业部】

高技术薄膜材料事业部至2013年年底有教授1人，副教授3人，技术人员2人，在读博士生10人，硕士生8人。

事业部拥有包括100kW直流电弧等离子体喷射、10kW直流电弧等离子体喷射、5kW微波等离子体化学气相薄膜沉积系统和强电流直流伸展电弧（HCEDCA）等离子体CVD系统等多种金刚石薄膜制备设备，拥有电子束真空蒸镀机、磁控溅射仪、射频等离子体CVD装置、金刚石膜研磨机、金刚石膜抛光机及光学材料砂蚀试验机、金刚石膜力学性能试验机等常规薄膜材料制备手段。固定资产总价值约300万元。主要业务集中于以金刚石厚膜、薄膜为主的各种高技术薄膜材料、各种硬质涂层材料与技术、各种非常规的等离子体化学沉积设备等方面。

近期重点研究和产业开发方向有：①大面积金刚石光学窗口材料。②金刚石薄膜光学涂层。③声表面波器件金刚石薄膜基片。④金刚石膜热沉材料及其在微电子和光电子器件或系统中的应用。⑤掺硼金刚石膜（BDD）及其在废水处理和生物医学中的应用。⑥高性能粒子探测器、紫外探测器、X-射线探测器用高质量（探测器级）金刚石膜材料。⑦金刚石涂层硬质合金工具。⑧金刚石膜基探测器和传感器。⑨类金刚石硬质防护涂层。⑩金刚石薄膜化学气相工业化生产技术和设备开发等。

（雷　诺）

高效零件轧制技术研究推广中心
（零件近净轧制成形教育部工程研究中心）

【概况】高效零件轧制技术研究推广中心（以下简称“轧制中心”）主要从事轴类零件轧制（楔横轧与斜轧）技术的研究、开发与推广工作。总体技术水平与实验条件处于国内领先地位，并达到国际先进水平。2007年，经教育部批准，建设成立零件近净轧制成形教育部工程研究中心。

2013年，轧制中心下设：①研究与开发室。主要从事理论研究、模具设计、设备设计、新产品开发等。②轧制实验室。主要从事实验研究、新产品试制，拥有楔横轧与斜轧机6台及其相关设备与仪器等。③模具制造车间。主要从事楔横轧与斜轧模具的制造，每年开发并生产300副左右的模具供生产厂使用。至2013年年底，轧制中心共有数控机床7台，其中大型数控车床3台，高速铣床1台；大型模具专用加工机床4台。共有工作人员20余人，其中中国工程院院士1人、国家“千人计划”特聘教授1人、具有高级技术职称人员8人。

（郑振华）

【科研活动】轧制中心与工厂合作，在北京、重庆、山东、湖北等27个省市建成零件轧制生产线200余条，其中有10余条生产线出口美国、日本、俄罗斯、印尼等国家，建成零件轧制专业化工厂10余家。累计开发并投产的零件500余种，如红旗轿车的输出轴、玉林柴油机六缸凸轮轴、东风与解放载重车变速箱传动轴等。已累计生产轴类零件500余万吨，产值260余亿元，直接经济效益30余亿元。由于推广工作成绩显著，这项技术被国家科委评为“全国十大典型推广项目”之一。项目先后获国家级奖5项、省部级奖13项。

2013年，轧制中心承担的主要任务有：国家科技部重点研究与推广项目，平均每年推广零件轧制生产线6～10条；广东省科技厅院士工作站建设项目“广东省登云汽配零件轧制成形新技术院士工作站”；国家自然科学基金项目“楔横轧近净成形非对称轴类零件的理论研究”；厂协项目“AGBT Minerals S.A.C.（秘鲁）60mm钢球生产线项目”和“鞍钢矿山机械制造有限公司100mm钢球生产线项目”等。年内，轧制中心发表论文近20篇，其中SCI检索论文1篇,EI检索论文11篇，获国家发明专利1项，获有色金属协会科技进步一等奖一项，完成课题10余项，经费收入1300余万元。

（郑振华）

【人才培养与对外交流】轧

制中心从1995年开始招收研究生。2013年，共有30余名研究生在轧制中心就读和从事科研工作，主要研究零件轧制成形机理、轧制工艺模具CAD/CAM、轧制设备控制与自动化技术等。

轧制中心派出1人次到香港参加国际会议，派出数人次参加科技合作交流和访问研究等活动，并与英国帝国理工学院合作开展零件近净轧制成形项目的研究。

（郑振华）

附　录

高效零件轧制研究推广中心2013年科研项目

编号	性质	项目名称	年度	经费（万元）
1	江苏省科技基础设施建设计划	江苏省企业院士工作站	2012～2014年	100
2	首都钢铁公司	超高强度硼钢热成形技术研究与开发	2012～2014年	70
3	广东省科技厅院士工作站建设项目	广东省登云汽配零件轧制成形新技术院士工作站	2011～2014年	100
4	国家自然科学基金项目	楔横轧近净成形非对称轴类零件的理论研究	2011～2013年	39
5	高等学校博士学科点专项科研基金	汽车轴类零件近净轧制成形工艺与装备研究	2013～2015年	12
6	湖北新冶钢有限公司	高铁车轴生产技术研究与开发	2011～2013年	300
7	AGBT Minerals S.A.C.（秘鲁）	60 mm钢球生产线项目	2012～2013年	120
8	土耳其	40 mm钢球生产线项目	2012～2013年	70
9	鞍钢矿山机械制造有限公司	100 mm钢球生产线项目	2013～2014年	300

（郑振华）

北京表面纳米技术工程研究中心

【概况】北京表面纳米技术工程研究中心(简称“中心”)于2002年4月由北京市科委批复成立，依托北京科技大学建设，集中北京地区表面纳米科技优势，吸纳优秀成果和杰出人才，开发具有自主知识产权的表面纳米工程技术和产品，形成一流的研发平台、技术转移平台和信息服务平台，成为推动国家表面纳米产业发展的重要节点。

中心设有中心建设管委会，下设学术委员会及战略研究委员会，具体包括3个专业实验室、1个管理办公室及1个信息服务中心。2013年，中心有研究人员11人，其中教授8人，副教授3人；长江计划特聘教授2人，国家杰出青年基金获得者1人，跨世纪优秀人才1人、新世纪百千万创新人才1人，北京市科技新星2人。

中心拥有宏观－微观摩擦磨损测试系统、纳米力学探针、超音速火焰喷涂设备、金属纳米粉末制备系统等10余套先进的仪器设备，建设经费1500万元，建设面积1000m^2；建立了表面纳米摩擦磨损检测平台、表面纳米微观性能测试平台。

（孟惠民）

【科研活动】中心以国家和北京市项目为基础，围绕纳米功能涂层材料与制备技术、纳米催化净化材料与制备技术、纳米光电（能源）材料与制备技术、表面纳米检测、分析、表征及标准4个研究方向，建设了3个专业研究实验室。2013年，中心在研项目16项，其中省部级以上项目12项，包括国家重大专项1项，国家自然科学基金项目4项，横向合作4项。在先进武器装备，海洋腐蚀与装备制造，京沪、京深等高铁建设，南水北调工程等国家重大工程中均做出了贡献。授权国家发明专利3项，在国内外学术期刊上发表论文56篇，其中SCI/EI收录36篇；参加国际学术交流会议3次，国内学术交流会议6次；培养毕业博士生4人、硕士生52人、本科生12人。至2013年，在读硕士研究生43人，在读博士研究生16人。

（孟惠民）

【对外交流】中心利用设备和技术优势，积极加强与国内外企业的合作，承担了性能测试、检验及分析等技术服务与咨询工作。同时，中心与国内外表面纳米技术研究机构建立了广泛的合作关系，通过主办和联合举办国际国内学术研讨会，积极加强表面纳米技术领域内的学术交流与合作。

（孟惠民）

北京高校节能与环保工程研究中心

【概况】节能与环保工程研究中心成立于1997年，并于2010年1月获得北京高等学校工程研究中心批复，立项建设。工程研究中心建设单位包括机械工程学院热能工程系和土木与环境工程学院环境工程系。中心依托动力工程及工程热物理学科和环境科学与工程学科，致力于节能与环保技术研发和推广，已建设成为学科队伍齐整、科研业绩突出、成果转化畅通、综合效益显著的科研开发和技术推广平台。

工程研究中心拥有动力工程及工程热物理一级学科博士学位授予权，其中热能工程学科和工程热物理学科分别为国家重点学科和北京市重点学科；拥有环境工程学科博士学位授予权；拥有动力工程及工程热物理和环境科学与工程两个博士后流动站。工程研究中心已逐步形成了能量转换与梯级利用、清洁燃烧与污染治理、节能新工艺、新设备和新材料、新能源技术、气体制备与处理等多个高水平的研究方向。

（温　治、尹少武）

【研究生培养】2013年，工程研究中心招收研究生70人，其中硕士生62人，博士生8人。毕业硕士研究生69人，其中普通硕士生59人，冶金工程专业1人，动力工程3人，全日制工程硕士6人。毕业博士生12人。至2013年年底，在读硕士和博士研究生190人。

（温　治、尹少武）

【实验室建设】2013年，工程研究中心现有大型设备110余台/套，其中包括固体表面Zeta电位/流动电势分析仪、火焰瞬态观测ICCD、颗粒高温流化与输送系统、气相色谱质谱联用仪、高温热重仪、高温高精度热成像仪、激光粒度分析仪、扫描探针显微镜、Material Studio材料与物性模拟软件、人工环境气体监测与净化平台、高炉渣粒化及余热回收实验平台、中央空调输配系统综合测试平台、气液两相流动与传质实验装置、移动床反应器传输过程实验测试系统、激光多普勒测速仪等。

（温　治、尹少武）

【科研成果】工程研究中心成立以来，积极响应北京中长期发展规划要求，围绕北京市科委“发展循环经济、建设节约型社会”主题，在脱硫脱硝、CO_2捕集处理、垃圾及废弃物焚烧、污水处理、天然气重整制氢、分布式能源、建筑节能、建筑材料和低谷电利用等方面进行了节能与环保技术的推广与示范工作，为学校学科发展、首都建设和国家的节能与环保事业做出贡献。至2013年年底，工程研究中心获得纵向科研经费826万元，横向科研经费583万元，其中包括科技支撑计划、自然科学基金、军工“973计划”、教育部博士学科点专项等项目经费支持。工程研究中心作为首席科学家单位，承担了国家“973计划”项目1项。发表SCI检索论文40篇，EI检索论文49篇，申请发明专利14项，申请软件著作权4项。

工程研究中心在节能与环保领域成果显著，近3年科技成果转化的典型成果包括：①蓄热式有机废气焚烧炉关键技术研究与应用示范。②质子交换膜燃料电池核心技术研发。③脱硫技术成果转化。④低谷电蓄能供暖技术。⑤煤矿乏气瓦斯分离富集与氧化作用关键技术与设备。⑥干熄焦成套技术。⑦工业炉节能减排成套技术。⑧新一代辐射管研发。⑨全氧高炉炼铁关键技术研究。⑩炉顶煤气循环氧气鼓风高炉炼铁技术。⑪钢铁企业制氧系统最佳节能模式的理论研究及实践。⑫钢铁行业节能减排技术筛选与评估。⑬钢铁企业制氧系统优化与创新。

（温　治、尹少武）

【产学研合作】2013年，工程研究中心与企业合作开展科学研究，涉及科研项目经费583万元。这些合作研究项目的开展大幅提升了本学科的科研实力与行业影响力。

（温　治、尹少武）

【交流与合作】2013年，工程研究中心邀请英国皇家工程院院士、国家“千人计划”入选者林建国教授等国内外相关领域的专家学者到学校进行专题讲座与专题报告，还组织工程研究中心全体成员举办和参加了10余次学术沙龙活动。2010年1月，由北京科技大学组织成立的“中国工业节能减排大学联盟”发展至2013年已具有80家联盟单位，并与美国劳伦斯伯克利国家实验室、美国橡树岭国家实验室等国际著名实验室签署了合作协议。

（温　治、尹少武）

国家环境与能源国际联合基地

【概况】国家环境与能源国际联合基地（以下简称“基地”）于2010年11月由国家科技部国际合作司批复成立，依托北京科技大学建设，集中国内外环境与能源研究领域的一流优势科研院所，吸纳优秀成果和杰出人才，开发具有自主知识产权的环境与能源领域技术与产品，形成了一流的研发平台、技术转移平台和信息服务平台，达到国内领先及国际先进水平。

基地现有固定人员27名，流动人员80名。其中教授10人（全部为博士研究生导师），副教授10人，外聘中国工程院院士2人、中国科学院院士2人、外籍院士2人、著名国外学者客座教授4人。拥有国家“千人计划”入选者3人、国家杰出青年基金获得者1人、中科院“百人计划”入选者1人、新世纪百千万人才工程北京市人选1人、北京市优秀青年骨干教师和北京市科技新星培养计划各1人。基地的国际科技合作与学术交流十分活跃，先后与美国、德国、英国、加拿大、俄罗斯、瑞典、挪威、意大利、法国、日本、韩国、欧盟和联合国环保署UNEP等国家和组织的同行建立了长期稳定的科研合作关系，主持、参加过多次国际学术会议，形成了“基地—项目—人才培养—成果”的循环模式，有力地推动了基地的科研水平。

（姚　俊）

【科研活动】基地以国家、北京市、厂协项目为基础，围绕环境生态毒理学、工业废气污染控制与治理、水污染控制与治理、固体废物处理及资源化、环境生物技术、能源与环境流体力学及环境管理7个研究方向，建设有5个专业研究实验室。2013年，基地在研项目86项。新申请到国际科技合作项目6项，包括比尔和梅琳达·盖茨基金会项目资助2项、科技部科技合作项目2项、国家留学基金管理委员会与德意志学术交流中心合作项目1项、法国ACF项目1项。申请并授权专利10余项，在国内外学术期刊发表学术论文共100余篇，其中SCI检索论文62篇，出版英文专著2本、中文专著1本。

（姚　俊）

【对外交流】基地积极与国内外一流的科研院所及知名公司合作。年内，已经与基地建立良好合作关系的科研单位有：美国耶鲁大学、哈佛大学、麻省理工、杜克大学、俄克拉荷马大学、德国国家UFZ环境研究中心、德国国际沼气与生物质能源中心、瑞典斯德哥尔摩环境研究院、英国伦敦大学、意大利比萨国家研究中心、法国巴黎十一大、挪威科技大学、加拿大国家生物技术中心、加拿大卡尔加里大学、匈牙利罗兰大学、日本九州大学；国外公司有：德国技术合作公司、德国KFW开发银行、德国IHC公司、德国MUP环境技术咨询公司、法国ACF公益组织、挪威SOBY公司、亚洲开发银行（ADB）等。2013年，基地人员参加国际会议63人次，进行国际学术交流与讲座36人次。为促进我国环境治理和修复行业的发展，加强国际交流与合作，基地于2013年举办了首届中国（北京）膏体充填采矿国际学术研讨会和2013北京国际环境技术研讨会。

（姚　俊）

北京企业低碳运营战略研究基地

【概况】北京企业低碳运营战略研究基地（简称“研究基地”）成立于2012年3月，以学校优势学科为基础，整合首都地区生产管理、环境管理、生态经济等相关学科研究资源，发挥学科交叉、渗透和融合优势，加强北京市企业低碳运营数据平台建设和人才培养，使基地成为服务绿色北京建设、促进城市低碳化进程的公共政策智库。

研究基地联合北京市政府部门、其他科研院所等以服务“三个北京”特别是“绿色北京”为目标，主要涉及以下几个研究领域：①北京市重点工业企业低碳运营战略研究。研究企业的工艺流程、管理技术，运用发达国家城市或者城市群进行低碳运营的先进经验，建立低碳排放评价指标体系，计算碳成本，进行碳效率研究，探索实现“绿色北京”，降低碳排放，实现低碳运营的技术路线，为北京市城市绿色发展规划和环保政策制定提出建议。②北京市公共事业“绿色运营服务链”研究。研究实现公共服务业向绿色运营的跨越式发展转变，建立公共服务运营的绿色服务链，在其运营服务链上实现低消耗、低排放、低成本、高效能的优质服务，并实现资源的优化部署。③北京企业低碳文化与市民低碳行为研究。研究市民建立低碳生活的理念，形成低碳文化，使低碳成为人们的一种时尚生活方式，分析低碳社区对居民行为的影响，以及向低碳社区转变过程中，居民行为方式从单一具体行为向系统性行为的转变。

（李　岭）

【管理运行】基地实行实体与虚拟形式相结合的管理方式；以项目作为牵引，加强与政府、企业、其他学术研究机构的合作。研究基地设主任1名、副主任2名，建立专家委员会。

专家委员会由研究基地负责人和知名专家组成。其主要职责是负责提出研究基地的发展规划和研究方向，以及年度研究计划；负责基地重大研究项目的立项、申报、评审、验收等工作。

研究基地主任负责日常管理工作，负责基地人员的招聘和管理，负责向专家委员会汇报工作，负责向政府相关部门汇报研究基地的工作。

（李　岭）

【科研活动】2013年，基地承担并完成各级各类科研项目10项，其中国家自然科学基金2项，基本科研业务费4项。基地自建设以来，撰写研究报告，出版相关著作、译作，在高层次学术刊物发表学术论文60余篇，其中SCI 4篇，EI 10篇。

（李　岭）

【学术交流】2013年，研究基地与国外相关机构合作组织国际会议1次，组织国内会议3次，参加国际国内学术交流会议3次。组织成员参加国内相关研究领域的其他会议，如自然基金委组织召开的稀土发展战略研讨会等。

（李　岭）

材料领域知识工程北京市重点实验室

【概况】2012年5月，经北京市科委组织初审、专家评审，北京科技大学计算机与通信工程学院组织申报的材料领域知识工程北京市重点实验室（以下简称“重点实验室”）被认定为2011年度北京市重点实验室。

重点实验室依托北京科技大学计算机科学与技术、智能科学与技术、材料科学与工程等优势学科，以解决材料领域的知识工程、材料创新方法以及支撑技术等共性关键问题为研究重点，以材料领域创新知识工程技术体系的形成、发展与产业化为目标，通过人工智能、知识工程与材料科学领域的学科交叉，研究基于知识的新材料开发、新材料制备、材料优化设计支撑理论与技术，形成具有自主知识产权的技术成果，切实满足材料科学与工程发展需要的智能技术。

重点实验室已经成为材料科学数据集成、数据分析挖掘，高性能金属材料设计与计算机仿真，新材料开发相关智能技术研究和应用示范的综合研究机构。高性能金属材料制备与加工、材料成形过程控制与模拟仿真、加工技术工艺等材料科学与工程试验测试数据的数据分析挖掘、面向材料设计与技术创新支撑平台建设、材料领域知识管理系统建设以及材料生产工艺优化仿真等提供咨询、技术与产品服务。走在国内材料领域知识产品与知识服务领域的前列，并逐渐具备国际竞争能力。通过汇聚优势资源，逐步建成国家一流的材料领域知识工程的理论与技术创新成果转化及培养高层次科学技术人才的基地。

（张德政）

【科研工作】在北京市科委和北京科技大学的支持下，重点实验室在深化原有在智能技术与知识发现、机器翻译与自然语言处理、智能控制与智能管理系统、创新方法与知识管理、大系统智能管理与控制、高性能计算技术与数据工程等方面研究基础的同时，改进重点实验室组织结构，初步形成了海量材料数据整合挖掘技术研究、大规模知识处理与获取技术研究及材料领域智能应用共性技术研究3个主要的研究方向。

2013年，重点实验室新增45项国家“973计划”项目、国家“863计划”项目、国家自然科学基金、国家科技攻关、国家科技基础平台等国家级以及省部级与企业的重大课题。重点实验室经费总计1873.85万元，其中“863计划”100万元，国家自然科学基金526万元，“973计划”234.25万元，北京市科委支持项目经费191万元。申请专利38项，发表三大检索论文99篇，其中SCI 16篇，EI 78篇。

（张德政）

【学术梯队建设】重点实验室由19位国内著名专家组成的学术委员会和55名固定研究人员组成。其中，中国工程院院士1人，中科院长江学者特聘教授1人，国家杰出青年科学基金获得者1人，教育部新世纪优秀人才2人，北京市教学名师1人。具有副高级职称以上的研究人员占4/5以上。另有部分兼职、流动研究人员和200多名博士、硕士研究生参与重点实验室的项目研究工作。2013年，重点实验室引进1名高水平人才，并吸收1名博士后和2名博士，更加充实了重点实验室的科研队伍。

重点实验室设主任1名，副主任3名，其中专职管理副主任1名，负责重点实验室日常行政管理与对内对的外协调工作。重点实验室下设1个办公室，3个研究室。学术委员会负责重点实验室建设目标、发展规划、学科建设和发展、科研方向和学术活动、人才培养和开放课题等重大问题的研究、制定。

（张德政）

【交流与合作】开放和交流是重点实验室的基本特征之一。近一年来，重点实验室对开放与交流的认识不断升华。不断加大重点实验室的开放力度，通过参加国际会议、邀请讲学、聘请兼职研究人员等方式，吸引国内外高水平研究人员进行交叉研究，制度化与国际同行的实质性交流与合作，并选派部分中青年教师到国外进行访问交流。

2013年，重点实验室聘请25位国际、国内著名教授和学者来讲学；积极组织人员参加高水平国际学术会议，加强与同行的学术联系，扩大重点实验室的学术影响。2013年，30余人次参加高水平学术会议，多名优秀中青年研究人员到国外高水平高等院校（如麻省理工学院等）进行访问交流，积极与高等院校、科研院所、骨干企业或者其他单位建设长效稳定的产学研联盟，与国内大型钢铁企业如宝钢、鞍钢建立紧密的合作关系，合作承担项目。

（张德政）

北京市弱磁检测及应用工程技术研究中心

【概况】北京市弱磁检测及应用工程技术研究中心（简称“中心”）成立于2012年5月。中心针对现代先进智能测量技术及控制系统、电子通信设备、工业测试设备以及军事应用领域中对新型小尺寸、高灵敏度、高热稳定性、低功耗磁敏传感器的巨大需求，以学校已有的低维磁性材料、磁敏芯片的制备技术、磁敏传感器的设计制造技术为基础，以特殊功能IC芯片的设计与开发、传感器通用结构设计及磁路优化为手段，研究系列磁敏旋转和线性位移传感器制造技术、高灵敏度隧道结巨磁电阻（TMR）器件制造技术、高灵敏度高温超导量子干涉器件（SQUID）制造技术、高灵敏磁光和磁激发拉曼散射器件制造技术，建立完整的弱磁检测技术框架、知识库和工程技术标准。开发出能实现高精度、轻量化、多用途的系列无触点磁敏传感，用于恶劣工业环境下的自动控制系统、惯性导航系统和地磁匹配制导领域；研制弱磁无损检测装置，解决特殊行业大型金属工程构件的无损检测难题。建立了空间三维正交磁场测量系统，解决影响弱磁检测器件的温度稳定性和噪声，研制出先进磁敏载荷，服务我国重点重大科学技术专项。

（孙明明、张　超）

【管理运行】中心已建立GJB9001B－2009质量管理体系，产品生产获得武器装备科研生产许可授权。中心设主任1名，常务副主任1名。中心实行主任负责制，主任由学校聘任和考核。主任负责中心全面工作，包括技术开发、科研计划的制定、新项目开展、项目的组织落实和监督管理、协调与共建单位的合作事宜等。常务副主任负责日常管理，包括研究生培养、各学术梯队的科研协调、技术推广、技术培训、产品开发及市场协调等工作。

（孙明明、张　超）

【人才队伍培养和建设情况】至2103年底，中心有固定成员25人，其中18人拥有博士学位，12位有海外研究经历。包括长江学者特聘教授1名、国家杰出青年科学基金(B)获得者1名、教育部新世纪优秀人才1名、北京市科技新星2名和霍英东青年教师奖获得者1名。

（孙明明、张　超）

【科研活动】中心全面贯彻GJB9001B－2009标准，形成了稳定的供货能力。为多个重点型号配套，并实现经济效益100余万元。先后承担重点国防科研任务3项。

（孙明明、张　超）

北京市融合网络与泛在业务工程技术研究中心

【概况】北京市融合网络与泛在业务工程技术研究中心（以下简称“工程中心”）由学校与中国移动设计院共同建设，瞄准融合网络与泛在业务领域亟待解决的关键问题，重点开展光网络和无线网络、地面网络与卫星网络、电信公网与行业专网的融合与通信新业务的研究与技术创新，集技术研发、成果转化、工程应用、标准制定和人才培养于一体。

（隆克平）

【管理运行】工程中心的组织结构包括技术委员会、理事会、中心主任，以及办公室、融合网络体系架构技术研发部、无线网络技术研发部、光网络技术研发部、泛在业务及应用工程部5个下属部门。工程中心实行理事会领导、技术委员会指导下的主任负责制。理事会由各上级主管部门和依托单位的主要领导组成，旨在确定工程中心产业发展方向，引导工程中心成果规模转化、技术持续创新和产业化推广；技术委员会由本领域的院士、“973计划”首席科学家及具有行业引领作用的企业高级技术专家组成，指导工程中心技术发展方向，确保核心技术创新的前瞻性；中心主任负责和主持日常工作。

工程中心的运行以北京科技大学为依托，同时与中国移动通信集团联合。一方面高校在关键技术攻关、设备研发初试、行业应用（冶金、工矿等）和成果的小规模运行具有优势，而中国移动设计院处于产业链前端，在通信建设和业务部署方面具有引领作用。工程中心为这两者合作、联合提供了良好的平台，有助于学术界和工业界实现优势互补、合作共赢。在此基础之上，工程中心将积极参与首都科技条件平台开放资源，实现资源共享，大力推动北京市产业联盟建设，促进产学研联合，通过设立国际国内企业合作基地、博士后流动站等方式加强人才的流动和交流，通过采取灵活的人才聘用制度和激励机制引入竞争机制、提高研发水平。

（隆克平）

【科研工作】2013年，工程中心主要承担项目90余项，其中纵向项目40余项，包括国家级、省部级以及其他；横向项目50余项。

2013年，工程中心的“巨厚砾岩下强冲击特厚煤层下山煤柱区巷道防冲技术”项目分别在河南省工业和信息化厅、煤炭工业协会荣获一等奖和三等奖。工程中心的“用于过程自动化的WIA通信网络与通信规范”项目获得中国标准创新贡献奖（IEC62601:2011，部级一等奖，由国家质量监督检验检疫总局、国家标准化管理委员会颁发）。

2013年，工程中心移动设计院曾先后获得中国通信学会科学技术一等奖1项、中国通信学会科学技术二等奖2项。宽带移动通信频谱高效利用技术创新与应用研究宽带无线移动频率规划研究获全国优秀工程咨询成果一等奖、全国优秀通信工程咨询成果奖、中国移动通信集团科技进步奖。

2013年，工程中心在互联网和卫星通信方面、无线网络方面等方面申请发明专利、实用型专利37项，其中2项为国防专利。申请国际专利3项，其中“一种宽频带双极化全向天线及馈电方法”已经进入美国和印度等国家，“一种基站天线振子的监测方法、系统及集成监测设备”已经取得PCT授权，启动进入美国、印度等国家。申请软件著作权12项。

2013年，工程中心向3GPP、NGMN和TMF、CCSA、ITU-TSG17等国际标准组织提交文稿62篇，向国内标准化组织提交文稿25篇，参与并完成行业标准CCSA等8项，制修订企业标准共58个。

工程中心团队在*IEEE Trans*系列、*IEEE Wireless Commun*、*IEEE CCNC* 2014等国际国内重要刊物和国际学术会议上发表/录用论文近110余篇，国际会议特邀报告10余次、国内会议特邀报告30余次。发表论文被三大检索收录80余篇次(SCI28篇、EI60余篇)，其中论文发表期刊的影响因子最高为6.524。

（隆克平）

【师资队伍与研究生培养建设】至年底，工程中心团队副高级职称以上共计48人，其中教授/教授级高工/研究员20人、副教授/高工/副研究员28人，这其中也包含大量企业界的高级管理人员和工程技术人员。特别的，团队拥有长江学者1人、国家杰出青年基金获得者1人、全国工程勘察设计大师1人、享受国务院政府特殊津贴专家6人以及教育部新世纪人才3人，这些专家学者组成了中心的领军人才团体。

2013年，工程中心增加正高级职称1名、副高级职称3名、在站博士后8名、北京市英才计划3名以及香江学者1名。引进“千人计划”入选者1名，高级职称人才1名。

在人才培养方面，2013年，工程中心拥有硕士研究生200余名、博士研究生30余名、留学生40余名。“秋菠网”“七彩贝壳·掌上校园”等校园学生科技创新创业项目已成为品牌项目，引起人民网、中国教育新闻网等媒体的广泛关注。其中，“秋菠网”作为国家级创业实践项目已获得风险投资15万元和国家配套资金5万元。在第七届中国大学生物联网创新创业大赛中，由工程中心学生组成的“遥控随心”团队勇夺全国特等奖，并代表中国参加了在日本仙台举行的第五届国际微纳米应用技术大赛全球总决赛。中心的其他参赛队伍中，5支获得二等奖、8支获得三等奖、4支获得优胜奖，创造了学校学子参赛以来的历史最佳成绩。工程中心学生在“挑战杯”全国大学生课外科技作品竞赛、ACM国际大学生程序设计竞赛亚洲区域赛、“蓝桥杯”全国软件和信息技术专业人才大赛、全国“电脑鼠走迷宫”竞赛、全国大学生信息安全竞赛、飞思卡尔杯智能汽车大赛等竞赛中也屡获殊荣。

（隆克平）

【科研成果】基础/应用基础研究方面，自组织网络技术、全双工中继技术研究取得一系列成果，获得国际国内学术界的广泛认可。其中自组织网络技术相关论文发表在IEEE通信领域顶级期刊*IEEE Communications Surveys and Tutorials*（SCI收录，影响因子6.49）上。全双工中继技术的相关论文被IEEE权威期刊*IEEE Transactionson Vehicular Technology*录用（SCI收录，影响因子2.642），是国内较早进行该领域学术研究的成果之一。

（隆克平）

【成果转化】2013年，工程中心积极推动已有科技成果转化，并新承担了多项校企合作研发项目，所研发的产品/科技成果产生了很好的直接和间接经济效益。

截至2013年，工程中心为广东移动研发的手机仿真与业务体验系统已上线运行2年，并且还在持续升级开发当中。这一系统为运营商终端销售和业务推广节省了大量的直接、间接费用，使广东移动每年减少终端铺货成本数千万元，同时也提升了用户业务体验度和满意度。

工程中心正承担北京市支持中央在京高校共建项目“食品安全的网络监控系统及应用示范”，初步开发了食品安全监控与溯源的核心功能模块，并将开展几种典型食品溯源的应用示范。

作为工信部物联网专项，工程中心2013年还参与了港域航道交通信息监测及发布系统的建设。监测系统实现了基于可视化技术的发布平台，可以为港口调度联动提供支持。

2013年，工程中心承接了冶金企业污染物排放监测应用项目。由于钢铁冶金能源消费量占全国总能源消费量的比重一直在12%～15%，单位增加值能耗是全部工业能耗平均值的3倍以上，同时大量形成废气、废水、废渣等对环境有害的排放物，因此这一项目将会产生较高的社会效益。

中国移动设计院有限公司在医疗信息化方面不断加大科研投入，以创新的医疗健康终端产品、管理平台软件，建立基于远程监护的健康管理技术解决方案，帮助行业客户实现全方位的健康运营服务为目的，联合部分具有较强医学电子设备研制的科研单位和口碑较好的地市医院共同研制了3种远程健康监护终端原型设备（移动式跌倒探测与无线报警通信系统、远程心电监测系统、胎儿心音监护系统）及信息管理系统。制造了可穿戴医疗设备的样机。

作为移动医疗的重要组成部分，可穿戴医疗设备有着广阔的应用前景和巨大的市场价值。由于可以随身携带，设计的系统可以监测老年人、病人的日常活动的数据，从而有助于为监护对象提供更有效、更具针对性的健康护理服务。为了进一步做好系统示范和产品推广，移动设计院正与部分省公司和医疗机构进行合作交流，以确定能更好地服务客户并创造效益的合作模式。

（隆克平）

【应用示范】在中试示范应用方面，工程中心为广东移动研发的手机仿真与业务体验系统体现了业务体验（QoE）驱动的思路，通过先进的3D捕捉与动画技术，快速建立多种品牌手机的三维模型，并利用软件模拟技术，实现对于虚拟三维手机的模拟操作，从而为用户带来逼真的操作体验。

工程中心承担的“食品安全的网络监控系统及应用示范”项目提出了基于二部图的食品链建模方法（专利），支持食品链复杂的加工、物流、仓储流程和一对一、一对多、多对一的映射关系，实现了统一的追溯和质量推断，支持对生产、仓储、冷链物流等连续过程的全程监控。

在港域航道交通信息监测及发布系统项目中，监测系统利用传感器采集得到的、并通过北斗卫星回传到数据中心的各种海洋数据，对航道各水文层面的洋流方向、速度以及水面可见度等信息进行监测。工程中心研发了水文信息预测算法，并实现了基于Web的交互可视化系统，实现了水文信息的管理、查询，并为决策提供便利条件。

冶金企业污染物排放监测应用项目已完成了硬件设计，可监测多种气态排放物，实现了少量节点的组网监测。进一步的工作则考虑实现区域的组网监测，分析污染物的流向和预警。

移动设计院完成了基于TD-SCDMA网络的远程移动

心电监测系统。对院外高危患者的心电监测是国内临床工作中的一个盲区。早期对恶性心律失常和急性心肌梗死等急性心血管事件进行干预和治疗，能明显改善患者的预后，降低其死亡率和致残率。远程心电监测能有效监测携带者的心律失常和ST段改变，从而能早期检测到发生的恶性心律失常和心肌缺血事件，能为医生诊治提供及时、有效的临床依据。

（隆克平）

【原理样机】 在原理样机研制方面，移动设计院研发了移动式跌倒探测与无线预警通信系统。这一系统采集用户日常活动产生的加速度值，分析区分日常的活动和跌倒动作。系统可以缩短病人和医护人员之间的距离，为病人提供及时的救助，从而减轻了病人的压力。又可以对自理能力较差的老年人和残疾人的日常生活活动进行远程监护，不仅可以提高老年人的生活质量，通过对日常活动的数据检测还可以评估监护对象的独立生活能力和基本健康状况。系统中特别设计的健康档案管理功能还可以为用户提供日常必要的健康管理服务。

（隆克平）

【产业化推广】 在产业化推广方面，移动设计院研发的WPM（无线参数管理系统）实现了对无线参数及相关优化工作的集中管理。围绕四网协同的技术需求，WPM提供了多厂家无线参数和参数优化规则的统一化管理，使得参数运维更加流程化和规范化，因而降低了管理复杂度，提高了优化工作效率，实现了经验共享。通过集采招标、商务谈判，WPM已在25省公司、CMPAK共部署66套。投入生产后，网优工作效率可提升10倍，受到省公司用户的好评。

（隆克平）

附　录

2013年工程中心承担省部级以上项目（课题）情况

序号	项目（课题）名称	编号	主持人	起止时间		2013年度经费（万元）	项目级别	项目类型	项目状态	产业化阶段
				开始时间	结束时间					
1	曙光亿级并发云服务器系统研制	2013AA01A209	阳小龙	2013.04		100.00	国家级	“863计划”	在研	基础/应用基础研究
2	无线通信	NECT-12-0774	张中山	2013.01		50.00	省部级	教育部新世纪优秀人才支持计划	在研	基础/应用基础研究
3	互联云环境中基于效用模型的跨云协同服务优化研究	61370191	隆克平	2014.01	2017.12	73.00	国家级	面上项目	在研	基础/应用基础研究
4	损伤感知的光网络自适应传输控制与优化策略研究	61302064	赵冬岩	2014.01	2016.12	24.00	国家级	青年科学基金项目	在研	基础/应用基础研究
5	基于TOA的人员定位系统中人体对测距精度的影响研究	61302065	何　杰	2014.01	2016.12	24.00	国家级	青年科学基金项目	在研	基础/应用基础研究
6	移动群智网络信道模型的研究	61304257	段世红	2014.01	2016.12	25.00	国家级	青年科学基金项目	在研	基础/应用基础研究

续表

序号	项目（课题）名称	编号	主持人	起止时间		2013年度经费（万元）	项目级别	项目类型	项目状态	产业化阶段
				开始时间	结束时间					
7	网电空间技术国际研讨会	61310306043	周贤伟	2014.01	2016.12	3.00	省部级	合作与交流项目	在研	基础/应用基础研究
8	港域航道信息监测及发布系统		皇甫伟	2013.09	2013.9	40.00	省部级		在研	基础/应用基础研究
9	地下水污染源强评价、分类与防控技术研究		陈月云	2013.01		10.00	省部级		在研	基础/应用基础研究

2013年工程中心横向协作项目一览表

序号	项目名称	合同号	主持人	委托单位	合作省份/国家	承担任务	起止时间		2013年度经费（万元）
							开始时间	结束时间	
1	穆利亚希露天矿边坡稳定性评价与控制技术研究		胡乃联	CNMC LUANSHYA COPPERMINE RS PLC .中色卢安夏铜业有限公司			2013.06.07	2015.04.30	200.00
2	山东能源集团冲击地压治理技术体系研究与应用		姜福兴	山东能源集团有限公司	山东		2013.07.01	2015.06.30	635.00
3	无线传感器网络组网关键技术及仿生学优化算法研究	2013D12	张中山	东南大学移动通信国家重点实验室			2013.09.22		8.00
4	分组光电路混合网络的S2013GZKF031311DN统一控制机制研究	2013GZKF031311	彭云峰	区域光纤通信网与新型光通信系统国家重点实验室			2013.09.19		5.00
5	广东移动电子渠道产品体验优化项目技术服务		隆克平	中国移动通信集团广东有限公司			2013.09.02	2014.12.30	125.00
6	物联网技术在冶金企业污染物排放监测中的应用		皇甫伟	北京国能中天环保科技有限公司			2013.04.22	2014.04.30	10.00

2013年工程中心获奖成果一览表

序号	成果名称	类别	等级	评奖单位	完成人
1	基于微地震监测的大水矿区厚煤层围岩破裂特征研究及应用	中国煤炭工业科学技术奖	三等	中国煤炭工业协会	姜福兴（2）孔令海（6）
2	IEC62601:2011用于过程自动化的WIA通信网络与通信规范	中国标准创新贡献奖	一等	国家质量监督检验检疫总局、国家标准化管理委员会	王沁（6）
3	巨厚砾岩下强冲击特厚煤层下山煤柱区巷道防冲技术	中国煤炭工业科学技术奖	三等	中国煤炭工业协会	姜福兴（2）魏全德（5）王存文（7）

续表

序号	成果名称	类别	等级	评奖单位	完成人
4	大采深厚煤层冲击地压危险性评价与监测预控技术	中国煤炭工业科学技术奖	三等	中国煤炭工业协会	姜福兴（3）
5	基于微地震监测的大水矿区厚煤层围岩破裂特征研究及应用	中国煤炭工业科学技术奖	三等	中国煤炭工业协会	姜福兴（2）孙金海（6）
6	特厚煤层区段窄煤柱沿空掘巷围岩控制技术	中国煤炭工业科学技术奖	三等	中国煤炭工业协会	姜福兴（2）刘金海（4）

冶金工程研究院
（高效轧制国家工程研究中心）

【概况】冶金工程研究院（以下简称“冶研院”）成立于2005年，主要由高效轧制国家工程研究中心（以下简称“高效轧制中心”）和冶金技术工程研究中心组建而成。其中，高效轧制国家工程研究中心成立于1996年，依托于北京科技大学建设，是原国家计委第一批批复设立的47家国家工程研究中心之一，也是轧制技术领域唯一的国家级工程中心，获得“国家工程研究中心杰出贡献奖”。2013年入围“全国钢铁工业先进集体”公示名单。

2013年，冶研院共有教职员工63人。其中教授11人，副教授及高级职称21人，中级职称26人，博士生导师13人。另有特聘专家6人，其中有中国工程院院士2人。

2013年6月，按照学校的统一部署，院党委配合学校组织部门，经过对班子成员的基本情况调研、民主测评和组织推荐等工作，完成了冶研院行政班子的调整。同时，为了满足冶研院发展的需要，新任命了一批年轻、技术水平高、能开拓创新的二级部门负责人，为冶研院今后的发展注入了新的活力。

（郭　强）

【科研工作】2013年，冶研院新增科研经费2148万元；其中纵向科研项目15项，合同经费764万元；横向科研项目4项，合同经费1348万元；新增国际合作项目1项，合同经费6万美元。新增的纵向项目中包括国家自然科学基金面上项目3项、国家“863计划”课题1项、其他纵向项目9项。冶研院正在执行的纵向项目总数为40项。

2013年，冶研院公开发表科技论文158篇，其中EI/SCI检索收录89篇。共申请发明专利18项。获得两项省部级科技奖，其中“中厚板TMCP技术中间冷却工艺与装备的研发应用”获福建省科学技术进步二等奖；“金属板带表面缺陷在线检测技术的研发与应用”获教育部科技进步二等奖。

（张勇军）

【工程技术领域】2013年，冶研院新签工程项目46个，合同总额为21386.865万元，与2012年相比增长了30%，超过了年初制定的1亿元的目标。这既是冶研院上下群策群力、团结一心、努力奋斗的结果，也是冶研人不断创新、敢于突破的结果。在新增的项目中，实现了4个方面的大突破。

（1）2250双机架不锈钢炉卷轧机工程三电系统供货及技术服务。这个项目是在与德国西马克、宝钢宝信等公司充分竞争后赢得的，这也是世界上最宽的双机架炉卷轧机，在工艺、装备、控制等方面与传统的热连轧有很大差别，有很多技术难点需要攻克。冶研院在国内首次承担此类项目有利于提升技术实力、扩大影响力。

（2）冷轧控制系统及技术服务。冷轧领域一直是冶研院的弱项，业绩不好。2013年，通过技术挖潜，主动突击，一举获得带钢平整机三电控制系统、双机架冷轧铝二级控制系统改造、精密薄带五机架冷连轧机组技术服务3个项目，总经费突破1000万元，为今后进入冷轧领域扩展业务奠定了基础。

（3）表面质量检测系统供货。表面质量检测系统是冶研院瞄准企业需求及技术发展趋势、自主投资研发的技术。经过短短几年的技术培育，成功实现了工业转化和定型生产，并取得很大发展。2013年，新增表面检测类项目经费近1000万元，并取代国外供货商，首次将该系统用于酸洗固溶线生产线的表面质量检测。

（4）全流程质量数据采集和分析系统。经分析，钢铁生产全流程质量数据采集和分析系统为新兴的钢铁共性技术，有广阔的市场前景。国家“863计划”课题的技术研发后，经过运作，成功击败众多对手，将此成果实现转化，为占据今后的技术及竞争制高点创造条件。

对于冶研院来讲，2013年依然是非常繁忙的一年，共计进行了51个工程项目的实施，尤其是自动化类、表面检测类的项目实施任务重、压力大，人员调配困难，员工出差频繁，很多技术人员项目出差天数超过200天，最多的330天。在工程项目的实施中，取得了几项突出业绩。

一是首次承担宽幅铝合金板带热连轧三电系统的实施并取得成功。浙江永杰1850mm铝板带1+3热连轧、锦宁巨科1850mm铝板带1+4热连轧、柳州银海粗轧3300mm、精轧2850mm铝板带1+4热连轧生产线分别于1月28日、2月28日、8月22日一次热试成功，另一条3950mm铝板生产线正在紧锣密鼓地调试中，预计2014年1月底热试。3条高水平宽幅铝板带热连轧生产线的成功投产，意味着冶研院成功地将业务领域由黑色领域拓展至有色领域，也打破了以往铝板带热连轧自动控制系统由国外公司垄断的局面，在有色行业取得很大的反响。

二是完成了国内首套宽幅热轧板横切线电气系统项目的实施和验收。这个项目内容包括过程控制系统（L2）、基础自动化系统（L1）、传动系统（L0）及配套大型宽幅板带横切机组的全套核心张力控制、剪切控制、矫直机控制等关键数学模型，这也是国内首套自主设计、集成和调试的宽幅横切生产线电气系统。项目实施的成功为冶研院今后业务的拓展奠定了基础，积累了经验。

（何安瑞）

【合作交流】2013年，冶研院先后派出13名教职工出国参加各类国际会议及交流培训。其中有4位教职工参加了意大利第九届国际轧钢会议，2位教职工参加了在芬兰举办的国际物理模拟及数值模拟研讨会，3位教职工到英国参加电磁检测技术合作交流，3名教职工到德国进行高速拉伸试验机的验收及培训，1名教职工到德国参加欧洲汽车展及汽车技术研讨会（2013 Euro Car Body），并访问了Benteler、Thyssen-krupp、国际钢铁协会，Aleris铝业等单位。2013年还资助一名副教授到美国进行了为期半年的访问学习。

冶研院作为学校的科研基地和实验平台，坚持对外开放的态度，每年接待大量的国内外参观访问团体和个人。据不完全统计，2013年，冶研院实验中心接待来访和参观者计510余人次，其中涉及国际交流的人次占总接待量的10%以上。2013年9月，接待了澳大利亚国立卧龙岗大学工程与信息科学学院Christopher Cook院长一行，双方就人才培养、项目合作等进行了友好的交流。

2013年，冶研院与韩国POSCO技术研究院进入第3年的合作期，项目人员分别于8月、11月到POSCO技术研究院进行了项目中期汇报和结题汇报，期间访问了POSCOERC（工程研究中心）和浦项科技大学GEM学院。12月，POSCOERC主任对冶研院进行了回访，并确定了2014年POSCOERC与冶研院的合作内容。与塔吉克斯坦塔中钢铁公司签订合作协议，为该公司的冶炼和棒线材项目提供全面的技术评估服务。

（郭　强）

【实验室建设】2013年，为了提高创新能力，为学科建设提供更好的实验研究平台，冶研院利用自筹经费和发改委为工程中心提供的创新能力建设资金，不断加强实验室的建设。经多方调研和比较，克服多种困难，在学校资产处等多部门的配合和支持下，共采购低温冲击实验机、双喷减薄设备、ZwickHTM16020高速拉伸试验机等大小设备及软件11项。这些设备及软件的购置将进一步提升实验室的装备水平，提高师生的科研创新能力。

（胡水平）

【研究生培养】2013年，研究院共招收研究生97人,其中博士研究生19人，学术型硕士研究生33人，全日制专业学位研究生45人，硕士生、博士生生源来自“211工程”及以上院校的比例分别为68%、74%，超过学校平均水平。通过校内招聘宣讲、答疑以及进宿舍发放宣传材料等手段，不断加强招生宣传，进一步提高生源质量。

进一步加强研究生培养的过程管理，在重点环节严格把关，完成了研究生开题、中期考核、申报毕业、答辩等相关工作。至年底冶研院的在校研究生共292人，其中博士生81人，硕士生211人。在制定规章制度方面需兼顾6个专业方向的特点及各学院的管理特点，2013年针对参与各类项目的研究生制定了《研究生出差管理办法和实施细则》。

2013届毕业研究生整体就业率100%，荣获学校“2013年度总就业率优胜奖”，连续两年实现全就业。近七成毕业生进入国企、事业单位及科研院所工作。毕业生就业分布多集中在钢铁冶金、机械制造、电子信息、航空航天、汽车等行业领域。近六成学生选择留京工作，其余大多选择回生源地或二三线城市发展，1名毕业生荣获学校颁发的“志愿服务西部奖”。冶研院以多种方式拓展研究生的就业渠道，2013年共举办院内就业相关讲座及活动6场，参与校级就业相关活动2场，获“北京科技大学2014届毕业生个人简历设计大赛”二等奖和优秀奖各一名。

完成创新人才培养海外学者讲座及博士生短期访学项目，邀请奥地利莱奥本大学Christian Bernhard教授进行了为期一周的讲学。冶金专业博士生庄昌凌已派往奥地利莱奥本大学进行为期6个月的短期访学。机械专业博士生殷安民参加在日本举办的第三届国际激光超声和遥感研讨会，并作为2013年国家建设高水平大学项目联合培养人才公派意大利鲁汶大学。材料专业博士生李亮赴美国俄亥俄州立大学进行为期2年的联合培养。

完善了冶研院第四届（暨学校第九届）研究生学术论坛实施方案，新增“基础实验”系列和“我爱分享”系列两个创新点，共安排50场学术报告（学科前沿及多学科交叉系列报告9场，专业课题系列报告34场，对外交流论坛5场，本爱分享系列报告2场）；本院研究生在本届学术论坛优秀论文评选活动中积极提交论文108篇，涉及5个专业。经专家小组评审，共评选出“学院学术之星”3人，学术论坛优秀论文3篇。

2013年，冶研院共评出校级研究生优秀共青团干部

5人、研究生优秀共青团员11人、三好研究生27人、优秀三好研究生19人、优秀研究生干部9人，1人获北京市“三好学生”称号，2012级普通硕士班荣获北京科技大学“团结合作标兵班集体”荣誉称号；8人获研究生国家奖学金，1人获建龙一等奖学金，1人获建龙二等奖学金；26人获院奖学金，其中博士研究生一等奖学金2人，二等奖学金5人；硕士研究生一等奖学金6人，二等奖学金13人。推荐2013届夏季优秀毕业生5人，其中市级优秀毕业生1人，校级优秀毕业生4人；2014届春季优秀毕业生10人，其中市级优秀毕业生2人，校级优秀毕业生8人。在2013年的学生宿舍检查和评比中成绩良好，其中1个宿舍被评为标兵宿舍，7个宿舍被评为文明宿舍，1人为标兵宿舍长，9人为优秀宿舍长。

（米振莉、刘云清）

【党建与工会工作】①按照学校党委的统一部署，开展了党的群众路线教育实践活动，完成了“学习教育、听取意见”“查摆问题、开展批评”两个阶段的工作，并已展开“整改落实、建章立制”第三阶段的工作。通过这次党的群众路线教育实践活动，进一步找准了班子和班子成员在“四风”方面存在的问题以及产生问题的原因，为冶研院今后班子的建设、发展定位统一了思想，明确了目标。②基层党组织建设。有党支部9个，其中3个教工支部和6个学生支部。有党员217人，其中学生党员160人，教工党员57人。2013年发展预备党员15人，转正8人。6个学生支部进行了换届改选。党校培训15人结业。凌智、武会宾、李维、向楠4人当选2011－2013年度优秀共产党员，苏岚荣获优秀党务工作者称号，徐言东当选“最美支部书记”，郑诗圣当选“最美共产党员”，教工二支部获得学校“十佳标杆党支部”称号。③学生党建工作。2013年，6名学生支部支书参加了“红色钢铁摇篮”训练营，19名预备党员参加了“红色钢铁摇篮”第208期研究生预备党员培训班，19名2013级新生参加了第213期入党积极分子培训班。工艺设备学生支部在红色“1+1”主题教育活动中表现优异，荣获北京市优秀奖。7月，由冶研院材料和冶金专业共11名研究生组成的“首钢长治钢铁实践服务团”获得校研工部的优秀创新奖，并有4名学生获得“科技服务先进个人”称号。④“平安校园”创建。认真贯彻落实创建平安校园以“安全第一，预防为主”的方针，健全长效机制，加强安全防范体系建设，提高预防、应对和处理各种安全事故的能力，确保校园安全稳定和全体师生员工的生命财产安全。不断完善、加强制度建设，以制度促安全；加强日常管理，安全检查常态化；安全教育工作常抓不懈；专项工作组定期开展培训、宣传活动；充分发挥各层力量，做好重点学生的管理；开展消防演习，防患于未然。⑤工会工作。顺利通过校工会对二级教职工小家的验收，自动化和传动工会小组当选三级模范教职工小家。积极组织教职工参加学校工会的各类文体活动，并取得较好成绩。在“工会成立60周年教职工文艺会演”活动中荣获三等奖，在教职工排球赛中荣获第三名，在师生轻体运动会上获得教工团体总分第七，获教职工乒乓球赛团体前八名。关心职工的生活，年内慰问教职工及家属7人次；在教师节之际，对院士、教授进行了走访慰问；组织了对困难职工和患病职工的捐款捐物活动。

（米振莉、刘云清、彭笑艳）

附　录

2013年冶研院新增纵向科研项目表

序号	项目名称	项目来源
1	面向钢铁行业的全流程智能分析技术研究	"863计划"
2	轧制变形区热润滑粗糙界面的非线性接触振动机理研究	国家自然科学基金
3	精密钛合金板材无张力冷轧关键质量模型研究	国家自然科学基金
4	超细晶Q&P钢的碳、锰配分规律和塑性变形机理	国家自然科学基金
5	基于流变学理论的相变诱导塑性TRIP钢的本构模型研究	国家自然科学基金
6	汽车尾气净化器用高铝不锈钢凝固特性和调控机制研究	国家自然科学基金
7	薄带钢局部屈曲及局部内应力生成机理的模型研究	教育部博士点专项科研基金
8	北京实验室高性能低成本金属结构材料制备加工技术研究（改革试点）	北京市教委共建项目
9	基于多元化职工构成的工会建家的实践与思考	人文社科其他
10	热轧高效变凸度工作辊辊形设计理论及弯窜辊策略研究	中央高校基本科研业务费
11	现代交通用高性能金属材料与成形技术	中央高校基本科研业务费
12	基于灰度与深度信息融合的表面缺陷三维检测方法	教育部博士点专项科研基金
13	促进技术转移服务发展专项	北京市科委
14	科技创新基地培养与发展工程专项	北京市科委
15	中欧节能减排项目	北京市财政局

2013冶研院新增横向科研项目表

序号	项目名称	甲方名称
1	不锈钢渣铬去除技术开发	HARSCO Metals哈斯科金属
2	钢包吹氩工艺和控制模型的研究	江苏联峰能源装备有限公司
3	北满特钢圆坯表面质量和内部质量的控制研究	东北特钢北满特殊钢有限责任公司
4	冷轧板表面缺陷试验分析研究	山东钢铁股份有限公司济南分公司
5	北京科技大学与铜山区人民政府战略合作	徐州市铜山区人民政府
6	800MPa纳米粒子析出强化型高扩孔钢开发	马鞍山钢铁股份有限公司
7	汽车钢板性能检测及应用技术研究	湖南华菱涟源钢铁有限公司

续表

序号	项目名称	甲方名称
8	新一代汽车用钢生产工艺技术开发	河北钢铁股份有限公司邯郸分公司
9	中厚板及棒材产品基础技术研究	福建省三钢（集团）有限责任公司
10	热轧超高强钢析出机理与应用技术研究	首钢总公司
11	高品质轴承钢D类和DS类夹杂物的控制应用研究	东北特钢北满特殊钢有限责任公司
12	双流板坯中间包浇铸不同断面的研究	首钢总公司
13	连退深冲钢质量稳定性研究	新余钢铁股份有限公司
14	经济型抗CO_2腐蚀无缝钢管的研制与开发	攀钢集团成都钢钒有限公司
15	KOCKS轧机轧制工艺研究与分析	淄博张钢钢铁有限公司
16	中空钢轧制关键技术的研发	首钢贵阳特殊钢有限责任公司
17	全流程板形质量改进研究	新余钢铁股份有限公司
18	矿用救生舱用钢的研制与开发	南京钢铁股份有限公司
19	10.9级和12.9级紧固件用盘条开发	张家港联峰钢铁研究所有限公司
20	锻钢辊的研究与开发	唐山志威科技有限公司
21	高性能变凸度辊的设定控制模型开发(6万美元)	POSCO
22	埋弧焊和气体保护焊用焊丝钢盘条的研发	淄博张钢钢铁有限公司
23	热轧带肋钢筋低成本生产工艺研究与开发	淄博张钢钢铁有限公司
24	合金工具钢轧制热模拟及高温性能测试	杭州钢铁集团公司

2013年冶研院新增工程项目表

序号	合同名称
1	西南不锈钢1450mm热连轧粗轧新增AGC、AWC和优化剪切系统
2	西南不锈钢1450mm热连轧精轧自动化系统功能完善
3	西南不锈钢1450mm热连轧生产线数据采集系统
4	北海诚德2#加热炉区机械设备电气自动化控制系统
5	日钢1580mm带钢厂自动化系统升级改造
6	莱钢1500mm宽带生产线升级改造
7	河南昌泰不锈钢1780mm热轧带钢工程自动化系统
8	山东瑞丰不锈钢有限公司1420mm平整机组三电系统

续表

序号	合同名称
9	福建吴航2250mm双机架不锈钢炉卷轧机工程三电系统供货
10	邯郸钢铁一冷轧镀锌线三电系统
11	河南万达铝业1850mm双机架冷连轧机组过程控制系统技术开发
12	宜昌三峡全通涂镀板有限公司冷连轧极薄板生产线技术服务
13	鞍钢股份冷轧硅钢厂1500mm轧机工作辊窜辊改造工程辊形模型设计
14	日钢1580mm热轧过程控制服务器维修升级
15	日钢1580mm热轧MES改造
16	湖南涟钢生产排产系统
17	湖南涟钢全流程工艺质量在线判定与分析诊断系统
18	凌源第二轧钢厂中宽带机组R1主传动功率柜改造
19	新万鑫（福建）精密薄板有限公司取向硅钢玻璃膜表面质量改进技术开发
20	新万鑫（福建）精密薄板有限公司0.27mm取向硅钢的工艺技术开发
21	河北恒祥投资有限公司高强度钛合金石油套管生产工艺及产品开发
22	吉林油田CO_2输送及循环注气系统材质评价测试
23	邯郸红日冶金有限公司1580mm炉卷轧机层流冷却装置总包
24	福建吴航不锈钢2250mm炉卷轧机轧后控制冷却系统供货
25	宝钢新疆八一轧钢厂热轧薄板层流冷却设备技术服务
26	太钢集团临汾钢铁有限公司中板厂控冷装置技术改造
27	山东钢铁济钢宽厚板厂正火炉新增常化控冷项目常化控冷装置总承包
28	重钢长材炼钢项目表面质量检测仪
29	重钢4100mm厚板厂表面检测易地设备采购
30	北海诚德酸洗固溶线表面检测设备供货
31	北海诚德连铸板坯表面检测设备供货
32	唐山春兴三高线建设项目工程设计

新材料技术研究院

【概况】2013年，新材料技术研究院（简称“研究院”）再创历史辉煌。一年来，全体师生本着“组织大项目、出标志性成果、积极推进成果转化”的定位和目标，刻苦努力、扎实工作，积极创建地方产、学、研基地和平台，着力建设具有国内领先、国际一流的高水平研究院。

（曲选辉、吴春京）

【党风建设】严抓党风建设，积极响应和执行党中央号召和规定。研究院班子成员在材料学院党委直接领导下，认真学习十八大文件精神和中央领导关于群众路线教育实践活动的一系列重要讲话，严格履行《北京科技大学党的群众路线教育实践活动“查摆问题、开展批评”阶段的实施计划》，仔细对照学校党委经过梳理汇总“四风”问题的19种具体表现，针对是否遵守政治纪律，是否贯彻落实中央八项规定精神、转变作风方面基本情况，是否存在“四风”方面问题及具体表现，经过4个月集中学习、剖析讨论、师生座谈、批评与自我批评、深刻反思，班子成员对自己“四风”存在的问题做出深刻认识和对照检查，以及今后整改落实、建章立制的思路和举措，在认识和行动上都获得显著效果。

（曲选辉、吴春京）

【师资队伍建设】加强高水平人才引进和培养，提高教师队伍整体水平。乔利杰教授入选中国第四届“973计划”材料领域咨询专家组成员；李晓刚教授入选国家“973计划”首席科学家和科技北京百名领军人才；乔利杰教授和秦明礼教授入选国家“863计划”主题项目首席专家；田建军入选教育部新世纪优秀人才；白洋等6名教师入选北京市“青年英才计划”；潘德安入选北京市科技新星；孔祥华入选建龙特聘教授；曲选辉教授当选冶金高校学科建设先进工作者以及一批优秀共产党员。此外，计划引进国外知名大学3名博士。

学校给研究院新增教学科研岗2个名额。2013年接待求职人员10人，接收简历30份。按照进人程序，组织6场学术报告，通过教授专家面试答辩，有2人已入站师资博士后，1名经出站考核正式进梯队工作，完成2013年进人计划。晋升研究员1名，副研究员4名；教师资格认定2名；2名教师通过教育部留学基金委全额资助，2名教师通过学校1:1配套资助。已派5位教师出国访学，40位教师因公短期出国进行不同层次的学术交流和特邀报告。

到2013年年底，研究院有教师66人，其中教授28人；副教授32人，讲师6人。师资博士后3人；45岁以下44人，占67%；具有博士学位64人，占96.97%；本校毕业38人，国内高校24人，国外高校7人，41人具有境外半年以上留学经历。职称结构、年龄结构、学位结构合理，学源结构还有待改善，今后应注重海外人员引进。

（曲选辉、李　芊）

【学科建设】顺利地完成第三轮国家重点学科评估工作。在学校主管部门领导和支持下，在两院相关工作人员配合下，做到汇总和整理的所有数据零误差，并取得优异评估结果。在全国材料科学与工程学科98所参评高校中排名第2，得到校领导和广大师生的普遍认可。

按照学校统一部署，

2013年组织两院教师认真完成学科建设大讨论，仔细分析本学科的优势、特色、差距及未来5～10年发展趋势，明确本学科基本定位、学科方向、建设思路、建设内容以及具体措施等。

（曲选辉、乔利杰）

【科学研究】 加强团队合作，积极申请重大、重点项目，科研经费再次突破亿元。研究院在科研工作中继续坚持“注重基础，加强应用，发展交叉，促进联合”的科技工作方针，面向国际科技前沿和国家重大需求，开展基础研究和技术创新工作，积极推进科技成果的转化与产业化。2013年，全年进校科研经费11146.6万元，比2012年增长6.8%，其中纵向8577.3万元，横向2569.3万元，再创历史最高水平。新增项目138项，总合同额10947万元。其中上千万级有3项：乔利杰教授负责的“863计划”新材料领域主题项目“基于材料基因组工程的高性能材料设计、制备与表征技术”，总经费3000万元；秦明礼教授负责的“863计划”新材料领域主题项目“高性能粉末冶金材料及其关键构件先进制备技术”，总经费2928万元；李晓刚教授负责的国家科技基础平台建设项目“国家材料环境腐蚀野外科学观测研究平台建设”进入第二年运行，科技部继续投入2780万元。国家自然基金14项、“863计划”课题5项、军工13项，教育部、北京市、其他省部级及厂协等103项，申请额度远高于2012年。可见，研究院科研经费逐年上涨，尤其近两年，经费到款连续上亿。

加强团队建设，标志性成果突出。2013年，研究院实行新一轮岗位聘任考核，对上一聘期考核中的中间1/3和后20%，研究室进行了人员调整和重建，组成13个不同研究领域研究室。大家加强团队协作，共同奋进。经过一年努力，出版著作7部，比2012年增长40%。发表三大检索论文338篇，其中SCI收录143篇，比2012年增长23%；EI收录188篇。IF大于1的81篇，比2012年增长16%，IF大于4的8篇（2012年2篇）。共申请专利120项，比2012年增长45%。授权63项，也高于2012年。省部级获奖6项，其中一等奖3项（2012年1项）。鉴定项目2项。可见，研究院涌现出一批标志性科研成果，且均高于2012年水平。

（曲选辉、李晓刚）

【实验室平台、基地建设及市场开发】 加强实验室创建，推动实体化运作。结合现有“基于材料基因组工程的高性能材料设计、制备与表征技术”和“多组份材料跨尺度集成设计与精确制备技术”两个“863计划”主题项目以及北京市学科群项目，申报了北京市材料基因组工程重点实验室，获校学术委员会讨论通过，推荐到北京市科委。同时，拟在校内结合数理学院、化生学院成立材料基因组交叉学科中心。国家材料环境腐蚀平台主办的中国腐蚀与防护网于7月28日上线开通，该网目前是国内信息和数据量最大的材料腐蚀共享网，在科技部平台中心评比中名列第一。

加强与地方科技合作，成果转化有成效。2013年，研究院派3位教师前去江苏省各区县挂职锻炼，进一步促进了研究院与地方政府、企、市行业间以及需求单位间的科研合作和交流。

成果转化取得新的进展。经研究院推广，材料学院的曹文斌教授负责的“863计划”重大项目“高可见光活性氮掺杂纳米TiO_2粉体的规模化制备技术及应用”研究与山东省进一步合作依托临沂高新区的亿康公司完成了中试，被科技部新材料处评为6个亮点项目之一。与淄博高新区合作成立山东金属材料研究院，与淄博亿凯集团联合成立表面工程研究所，与淄博莱宝公司签订课题合作研发协议框架，与淄博高新区联合进行军工项目“炮管内壁处理的中试”，在淄博高新区成立海洋防腐联合研究小组，与江苏理工学院签订科研项目合作协议框架。其他成果转化项目有4项，到校经费125万元。为了进一步与地方建立合作渠道，让地方需求单位更多地了解研究院教师研究领域、创新及成果，研究院特编辑材料两院《科技年报》和《创新科研及成果转化》杂志，进行广泛宣传和推广。

（曲选辉、乔利杰）

【对外交流】主办或参加国内外学术会议共41次，其中国际23人次（主办2次），国内18次（主办5次），特邀报告25次，外出讲学22次。7月28日，在中国腐蚀防护之都河南长垣县召开的“全国第七届腐蚀大会”，创造了在县级城市召开全国学术会议参会人数达1200人的记录，成为材料腐蚀学科前所未有的一次盛会。

（曲选辉、乔利杰）

【实验室建设】继续做好、做精实验教学工作，鼓励各实验室多开综合性和设计性实验课。共承担学校实验教学课程40门次，新增3门次，计划实验教学学时532学时，实验学生人数700人，实际实验总时数42466人时，实验内容共计118项。本科生实验课程396门，计划实验学时522学时，实际实验总人时数40966人时；承担研究生实验教学课1门，计划实验学时10学时，实际实验总人时数1500人时。承担计算机暑期实践课程40学时，共396人参加暑期实践，实际实验总人时数15840人时。

实验室建设与推广工作有起色。年初，国家级实验教学示范中心高票通过验收，正式挂牌。3月在河南郑州召开材料虚拟实验室建设与应用研讨会。10月完成并申报国家级虚拟仿真实验教学中心工作，正在评审中。

举办各类实验教学培训和大赛，成绩显著。4月举办全国透射电镜显微分析技术培训班；6月承担北京市海淀区中小学科技骨干教师培训班的培训参观；8月接待全国青少年高校科学营观摩、实验，举办第三届北科大金相技能大赛暨第二届全国大学生金相技能大赛选拔赛和新生家长开放日活动；9月为全院研究生进行实验室安全培训，编写的“材料实验室安全讲义”获学校2013年教材建设立项；10月在东南大学参加第二届全国大学生金相技能大赛；11月举办透射电镜技术讲座，服务全校相关教师和广大研究生。

积极配合两院，做好安全保障工作。对金物楼一层楼道进行地面改造；为金物楼每个房间安装烟感报警装置，加装终端监控室；发放管理两院1000多名学生、200多名教师的教学补贴用电；配合两院完成安全检查及平安校园验收工作。配合环保办处理废弃化学品及废液及空瓶，配合学校基建处做好逸夫楼北拆迁的前期工作，对主楼、金物楼、腐蚀楼、原冶金楼的冷却循环水站进行日常维护和维修工作，确保教师教学、科研实验的顺利进行。

（曲选辉、孙建林）

广东研究院

【概况】北京科技大学广东研究院（以下简称“研究院”）始终遵循“学校指导与市场导向相结合原则，协同创新与成果共享为一体机制”，充当广东省产学研工作的桥头堡，不断扩大学校在广东省的影响力。2013年，研究院紧紧围绕学校深化广东省产学研合作的总体部署和要求，以谋划研究院基地建设为重点，以在建地市研究院、联合研发中心的建设和发展为基础，积极加强对外交流合作，使得研究院各项工作平稳地向前推进。在学校各级领导、科学研究与发展部等相关职能部门和学院的大力支持下，研究院充分发挥平台和窗口作用，不断推进在广东省的产学研合作、成果转化及人才培养，产学研合作的方式、层次均得到提升。

研究院在广东省现有5个实体机构：①广东北科科技发展有限公司，主要负责广东省相关产学研项目的对接、技术研究与开发、成果转让及相关实验室建设等。②佛山市北京科技大学研究院，主要负责佛山地区的产学研工作以及佛山、广州、深圳等珠三角地区的远程教育招生和研究生培养等。③北京科技大学云浮研究院，主要开展广东粤东地区的产学研相关工作。④北京科技大学湛江工业技术研究院，主要以钢铁、石化产业为基础，开展技术开发、科技服务、人才培养、成果转化、产业培育等工作，服务粤西北。⑤新材料制备加工技术联合研究中心，主要开展腐蚀与防护技术实验室的建设及相关项目的合作等工作，服务于广东海洋经济。

截至2013年年底，研究院有工作人员21人，学校在编人员3人。其中博士学历1人，硕士学历5人，本科学历10人，大专学历3人，中专学历2人。研究院还聘请了多位教授和副教授作为兼职研发人员，协助研究院完成与企业合作的项目。

（何　惠）

【科研工作】2013年，研究院积极发挥桥梁作用，加强学校科技成果在广东省的转化，积极组织项目申报，共申报广东省部产学研重点和重大项目10余项。“新材料制备加工技术联合研究中心”与广州中国科学院工业技术研究院联合申报广州市和南沙区项目，获批准2项。研究院还积极创造条件促成与企业的合作，先后与惠州市金益光电、天雁机械等企业签订合作协议3项。年内，研究院与东莞企业共同承担的“汽车冰箱用硼化铝合金材料制备及挤压产业化开发”项目也顺利通过验收。

新材料制备加工技术联合研究中心与江苏金陵特种涂料有限公司正式签订了“共建海洋防腐涂层新材料技术产品产业化基地”的合作协议。这次合作是为了企业升级转型、引领中国海洋涂料、打造龙头企业的一个战略性举措。年内，新材料研究中心开展的新型海洋涂层新技术新材料新产品的项目研发已进入到攻坚阶段，新成果不断涌现，现已形成自主知识产权的技术产品4项。

研究院于2012年与广东省云浮市质量计量监督检测所合作建成的“广东省质量监督不锈钢制品检验站（云浮）暨北京科技大学云浮研究院与云浮市质计所共建不锈钢制品实验室”已对外开展服务，为云浮市不锈钢制品企业开展了100项以上的检测业务。

（刘锦洲）

【基地与实验室建设】2013年，研究院大力筹划基地建设，谋求长期可持续发展。年内到访深圳市、广州市、佛山区政府及企业等相关部门单位，筹划研究院基地建设事宜。10月中旬，北京科技大学湛江工业技术研究院正式挂牌成立，就湛江钢铁、炼化两大产业的发展需要，开展科技开发、科技成果产业化、高新技术企业孵化、科技咨询、学历教育等工作。

研究院还与惠州市金益光电科技有限公司合作共建轻质绝缘材料联合研发中心，共同开发高分子填充类复合物相关技术等。积极筹划在佛山与企业共建防腐涂层新材料技术产品研发基地。

新材料制备加工技术联合中心经过近3年的建设，已成功开发出多款新型涂料产品，并与广州健邦化学有限公司签订相关中试及产业化协议，共同开展车间底漆的产业化和推广工作。新材料制备加工技术联合中心还与江苏金陵特种涂料有限公司共建海洋防腐涂层新材料技术产品产业化基地。

（姚 迪）

【合作交流】2013年，研究院应邀参与广东省科技厅、各地市科技局、企业召开的各项产学研会议50多次；研究院积极与各市区科技局开展科技交流合作，利用相互资源优势促成科技成果转化，为北京科技大学在广东省开展产学研结合工作打下坚实的基础。年内，研究院先后参加“2012年度佛山市科学技术奖励”大会。其中，佛山研究院承担的“大型船用电控共轨柴油机共轨单元研制”项目获一等奖。应邀参加云浮市科技服务业座谈会，与省科技厅领导、云浮科技局及企业相关人员共同商讨产学研合作事宜；参加三水区科技创新大会产学研对接交流活动，旨在为企业发展搭建科技、金融、产业、人才交流平台，进一步推动三水区产业转型升级，推动科研院校与三水区企业的联系与合作。重点走访深圳、佛山、云浮、惠州、湛江等科技局及相关企业，进一步强化高校与地方、高校与企业的长效合作机制。

（张 涛）

【人才培养】佛山远程学习中心在佛山市、东莞市、广州市等地区通过现场宣传及网络媒体、合作机构等形式，积极开展本、专科学历教育及研究生教育。截至2013年年底，共招生1300余人。年内，研究院与北京科技大学文法学院合作，正式开始招收公共管理硕士（MPA）学位研究生，它标志着研究院在招生工作中的另一新起点。

（杜 娟）

管理与服务

校务管理

【概况】学校校务管理工作主要由党委办公室、校长办公室承担。党委办公室、校长办公室是学校党委和行政的综合办事机构，负责处理学校党委和行政的日常工作。校长办公室成立于1953年10月（时称院长办公室），1964年5月改为政治部办公室，“文化大革命”期间停止工作，1978年恢复建制。党委办公室成立于1956年4月，1964年9月学校建立政治部后属政治部领导，“文化大革命”期间停止工作，1978年恢复建制。根据不同时期的工作需要，校长办公室下设机构几经调整，到1992年，下设综合室、文秘室、信息室、档案室、校史编辑研究室。1997年，档案室、校史编辑研究室与人事处的人事档案室合并成立档案馆。1999年5月学校机构改革后，党委办公室、校长办公室、统战部合署办公，下设综合接待室、信息文秘室、校友会与校董会办公室、法律事务中心。2001年统战部从党办、校办、统战部合署中分离，党办、校办合署办公，下设机构不变。2013年，党办、校办（以下简称办公室）设有信息文秘室、综合接待室、法律事务中心等下设机构。

（张卫冬）

【重点工作】2013年，办公室紧紧围绕学校发展稳定的大局和建设高水平研究型大学的奋斗目标，稳步推进学校各项重点工作开展，取得了良好的工作成效。

以制度为“基”，大学章程建设取得阶段性成果，编制完成《北京科技大学章程（第三稿）》。加强大学章程建设，是学校“十二五”发展规划中的重大任务，也是完善学校治理结构，建立现代大学制度的根本要求。2013年，办公室作为牵头单位，领导章程建设工作办公室扎实、有序地推进大学章程的制定，主要完成了三个方面的工作：一是经过考察和调研，理清了工作思路，认真设计了章程制定工作的路线图和时间表。二是注重通过梳理法律文献、走访调研、聘请专家指导、参加专题培训班等方式，做好研究论证和前期准备工作。三是结合学校工作实际，对章程初稿进行细致修改，科学设计章程结构框架和具体内容，形成《北京科技大学章程（二稿）》，标志着章程建设取得了阶段性进展。12月中旬，学校召开章程建设推进会，在梳理前段工作的基础上，对涉及章程制定的相关部门进行了工作布置和说明。年内，工作组将根据各单位的修改意见对章程进行整理完善，最终形成《北京科技大学章程（三稿）》，为下一阶段教代会讨论通过奠定了基础。

以和谐为“本”，与保卫保密处共同牵头圆满地完成了“平安校园”建设及迎评相关工作。创建“平安校园”是构建和谐校园的重要举措，也是实现学校自身改革和发展的基本前提。2013年，作为创建迎评工作的牵头单位，办公室与保卫保密处共同牵头，按照“六抓并举”的思路，即通过抓组织领导、抓责任落实、抓联动协作、抓宣传引导、抓理论研究、抓长效机制建设，扎实地开展“平安校园”创建工作，奠定了开展迎评工作的坚实基础。11月29日，首都高校“平安校园”创建工作检查验收工作组来校检查验收。办公室牵头梳理并汇总了支撑材料，高质量地起草完成了“平安校园”创建工作主体报告和特色报告，并协调各部门严格按照部署方案高标准完成了迎接“平安校园”检查工作。从反馈情况来看，学校迎评创建工作取得了优秀的成绩。

以求实为“要”，与组织部共同牵头、稳步推进党的群众路线教育实践活动有序开展。根据党中央和教育部党组的有关部署，学校自7月份开始开展党的群众路线教育实践活动。党委办公室与组织部牵头组建了教育实践活动领导小组办公室（下简称“教育实践办”），切实发挥“枢纽”“笔杆”“窗口”的作用，扎实稳步地推进教育实践活动有序开展。

“学习教育、听取意见”阶段，教育实践办通过编发学习读物和组织召开专题辅导报告，引导党员干部通过学习教育，真正提高认识。同时，开设群众意见箱和电子信箱，组织学校领导深入二级单位走访调研18场，召开征求意见座谈会3场，分类梳理100余项师生群众的意见和建议，并进行了有效督办。

“查摆问题、开展批评”阶段，教育实践办认真梳理并查摆学校存在的突出问题，组织全校二级单位和党员干部撰写对照检查材料。同时，协调校领导班子成员间、分管校领导与各单位负责人间谈心谈话114人次。12月，学校领导班子及全校63个单位共30场专题民主生活会顺利举行。

“整改落实、建章立制”阶段，坚持立行立改、边整边改，解决了一大批涉及师生利益的问题。同时，针对存在的问题，全面梳理学校各项规章制度，研究制订学校《专项整治方案》和《制度建设计划》。已着手进行总结，基本上完成了教育实践活动的预期目标。在教育实践办的扎实工作下，学校党员领导干部的思想经受了群众路线的洗礼，工作作风有效转变，一大批师生意见强烈的问题和矛盾得到解决，形成了基本的整改措施和工作机制，确保了教育实践活动取得实效。

（张卫冬）

【综合管理工作】2013年，办公室注重强化“精品、责任、服务”意识，综合协调工作狠抓质量和效率的工作要求，努力做到“运转有序、协调有力、督办有效、服务到位”，塑造良好的“窗口”形象。

（1）各类重要活动的接待服务工作。以星级标准提升综合接待服务水平。年内，办公室先后为“校长公选”、寒假、暑假党（常）委扩大会议，第十次党代会五次会议、第七届教代会五次会议暨2013年春季全体教授会议，教师节庆祝大会，十八大精神学习辅导系列报告会等重大活动提供高质量会议服务；顺利地完成数百次上级领导、企业、兄弟院校、外宾来校参观视察合作等接待工作。

（2）信访接待工作。以和谐校园建设为目标做好信访接待工作。处理来信（含电子邮件）80余封，受理校长信箱平台反映问题77件，接待群众来访120余人次，开展人民内部矛盾排查2次。全年专门安排校领导接待群众来访42次，主动到老干部活动站接待离退休人员来访9次，接待来访离退休人员70多人次，妥善解决了网球运动场地使用纠纷、暖气供应、两起学生非正常死亡等复杂疑难问题和群体上访等案件，集中处理了职工工资待遇调整、学生退学处理、转专业等问题，营造了安全稳定的校园环境。

（3）督查督办工作。以

师生利益为出发点，切实履行督查督办职能。办公室将督促检查工作和信访工作相结合，加强对信访案件的催办检查，确保师生员工关心的热点和难点问题得以切实解决；以“校长信箱”平台开通为契机，探索加强对相关部门工作的督促检查力度，通过公开透明问题，进一步增强了相关单位的工作力度，取得了较好的效果。

（4）安全稳定工作。以高度的责任感确保特殊敏感时期校园安全稳定。根据上级工作部署，起草了《2013年安全稳定工作方案》，并按照学校安保工作方案等要求，积极协调各部门认真开展矛盾隐患排查工作，清查校园安全管理和整体防控中存在的死角、漏洞和不足。在重大政治活动和重大事件等敏感时期，坚持认真做好值班和各类安全稳定信息的搜集和零报告工作；与教育部、市委教育工委等上级部门保持信息通畅。全年编辑整理《情况反映》8期，信息零报告60余期。

（5）定点扶贫工作。2013年，学校与甘肃省秦安县正式签署《结对帮扶工作框架协议》，确立了从智力、信息、科技、人才、教育、社会帮扶六个方面加强扶贫协作。年内，学校首批向秦安县捐赠电脑50台，授予秦安县一中“北京科技大学优质生源基地”称号，加大对秦安县贫困地区高考招生的倾斜力度，定点扶贫工作取得了显著成绩。

（郭志恒）

【信息工作】2013年，信息工作继续保持教育部先进水平。全年编写、报送《北科大信息》《简报》《情况反映》《情况通报》130余期，连续12年获得“教育部信息工作先进单位”称号；办理学校公文600余份，处理上级文件10000余份、内部公文120份；起草各类文件、报告、讲话等80余份；完成79次党委常委会和校长办公会的材料准备、记录和会议纪要编发工作。

（金剑苣）

【办公自动化工作】年内，办公室以节约为“纲”，研发并顺利地运行网络电子会议平台系统，推进学校无纸化办公进程。“厉行节约、反对浪费”既是党中央的作风要求，也是推进节约型校园建设的需要。2013年，办公室联合信息化建设与管理办公室以办公自动化为抓手，推进协同办公自动化系统建设，着力创建节约型机关。12月，经过意见征集、需求讨论、团队开发、反复测试后，成功地试运行并正式上线网络会议系统。

网络会议系统的建成和运行，实现了议题征集、议题审核、议题材料查阅、通知列席人参会等全部通过网络展示端完成相应工作，极大地提高了会议组织的效率。经测算，全年可节约会议资料打印用纸98%以上，实现了真正意义上的无纸化办公，走在了全国高校会议组织方式创新的前列。

（李　凯）

【信息公开、党务公开工作】年内，学校进一步提高信息公开水平和质量，推动学校依法治校、民主管理的进程。11月5日，教育部信息公开工作专项监督组来校开展专项监督检查，通过听取汇报、现场调阅、实地考察等方式对学校信息公开工作进行了全面了解，对学校信息公开工作给予了高度评价。年内，学校获得“北京市厂务公开民主管理先进单位”称号。

（金剑苣）

【附中共建工作】办公室牵头，建立起海淀区教委、北科大、钢院附中三方会商机制，就北科大与附中共建事宜展开洽谈，签订了合作备忘录。9月1日，举行了北京钢铁学院附属中学更名北京科技大学附属中学揭牌仪式。以此为契机，学校积极推进与附中在教育资源共享、子女入学、招生等方面的实质性合作，共建工作取得了重大进展。

（李　凯）

【统计工作】牵头做好综合统计工作，年内按时保质地统计并向上级单位报送了《普通高等学校基层报表》《普通高等学校科技统计年报》等数十份大型统计报表，荣获教育事业统计工作质量评估优秀集体二等奖。

（李　凯）

【**法律事务**】2013年，法律事务中心继续做好学校对外法律事务的协调与处理工作，参与处理山西古交市财源洗煤有限公司、北京欣天和怡机电设备安装工程有限公司与学校的合同纠纷，北京科学技术出版社有限公司与学校著作权纠纷，以及《粉末冶金技术》期刊违规广告等案件6起。同时，进一步发挥法律服务在学校管理、师生权益保护等工作中的作用，主动帮助学校各职能部门解决管理过程中遇到的法律问题，协助学生部门处理了学生意外死亡补偿事件；进一步规范合同管理，制定了北京科技大学合同签订审批表，草拟、审查合同10余份。此外，开展了12·4法律宣传周活动，联合招生就业处开展学生就业权益保护宣传工作，并为学校师生提供多项法律咨询服务。

（郗基辉、胡智林）

校友会、基金会工作

【**概况**】2013年，校友会、基金会办公室秉承“开拓创新、服务共赢”的工作思路，紧紧围绕北京科技大学中心工作，凝聚和服务广大校友、充分挖掘社会资源、搭建校内外合作平台，圆满地完成了年度工作计划，努力为学校建设发展做出贡献。

（吕朝伟、常馨悦）

【**校友信息收集与整理**】校友会办公室采取“时时、处处、人人”的原则，编织“网格式”校友信息收集体系，维护并完善校友信息系统。一是建立毕业班联络员制度，编好“网格”纬线，从2013届本科生开始，聘请毕业生担任校友信息联络员，确保毕业生虽离校但与母校的联系不断线。二是收集专项校友信息，织好“网格”经线，整理了历年“2+2”辅导员和历任团委干部、研究生会干部名单。三是拓宽信息收集渠道，加大“网格”密度，积极通过各地校友分会、校友会网站、官方QQ群、官方微博、官方微信、人人网公共主页等多渠道随时收集信息。四是实施动态信息更新，保持“网格”活度，充分利用校友返校、聚会等机会掌握校友信息变更情况，积极发挥群体力量，广泛动员校领导、教职工、校友积极为校友会提供各自掌握的校友信息。截至2013年年底，学校校友信息库中校友人数已有10多万人。

（常馨悦）

【**校友分会建设**】校友分会是联系和凝聚各地校友的重要平台，承担着联络和服务当地校友、扩大学校社会影响力、促成校企合作等重要职能。2013年主要完成的工作包括：①搭建组织，大力推进校友分会的新建和恢复。积极促成地方校友分会的建设，新建了青岛和江西2个地方校友分会。努力探索“专业校友会”新形式，组建了法学、行政管理、社会工作3个专业校友会，在专业校友会组织框架内将系所教师、毕业校友、在校学生三方有机地融合在一起，形成了专业指导、学长辅导、学生受益的良性循环。截至年底，学校共有正常开展活动的校友分会51个。②创新机制，积极促进已建校友分会的良性发展。一是推动校领导走访校友分会常态机制。2013年校领导走访了广东、海南、陕西、江西、深圳、秦皇岛、哈尔滨、青岛等地的校友分会。二是实施总会扶植分会制度，调动校友分会自主性和积极性。广州、深圳、海南三个校友分会根据广大校友的自身特点，定期开展活动凝聚校友，为校友发展提供帮助，加强校企产学研合作和校友之间合作，扩大了学校在以上地区的影响力。三是推行校友工作年会制度。召集各地校友分会负责人举行校友工作研讨会，进一步促进各地校友分会之间的沟通与交流，增进母校与各校友分会之间的密切联系，探讨校友工作的新思路、新方法，促进各地校友分会可持续健康发展。

（郭晓东）

【校友日常联络与服务】校友会办公室作为广大校友与母校之间的桥梁纽带，在日常工作中格外重视广大校友的联络和服务工作。①积极搭建校友的联络载体，给予校友细致的亲情关怀。一是优化信息发布平台，让学校师生、校友都能尽快了解到母校的发展情况和校友的有关动态。做好校友会官方网站、官方微博、官方微信、人人网公共主页等信息平台的更新与维护，全年发布各类消息1000余条，受众近万人；定期编辑《北科大校友工作动态》，并以电子邮件形式发送给广大师生校友（年内发行10期，每期发送电子邮件数超过2万封）。二是密切掌握校友动态，以党委书记和校长名义及时为升迁、获奖等取得优异成绩的校友寄发贺信；每逢重要节假日，都制作精美贺卡或编制祝福短信向校友分会负责人和重要校友发送，有效地增强校友与母校间的感情。三是推行校友分会迎新制度，将毕业生名单及详细信息发送给各校友分会，倡导各地校友会及时吸纳新校友，并在各方面给予帮助和支持。2013年，哈尔滨、海南、广东等校友分会均举行了迎新活动。②积极举办校友返校活动，增进校友与母校感情。2013年校庆日，在原有“毕业20周年值年返校”活动的基础上，首次增加“毕业30周年值年返校”活动，举办了“熔情钢院，筑梦北科——79级、89级校友值年返校纪念活动”，海内外700多名校友带着对授业恩师和同窗挚友的思念再次聚首母校。此外，校友会利用各种机会为校友的日常聚会搭建平台。2013年总计接待校友3000人次，组织校友活动10余场次，进一步加深了校友对母校的感情，为今后学校的发展扩展了资源。

（郭晓东）

【整合与开发校友资源】校友是支持母校发展的重要资源和力量，开发校友资源对于学校事业发展具有重要意义。2013年，校友会办公室协同相关部门在开发校友资源方面进行了有益的探索。一是联合招生就业处举办首届校友企业招聘会，共有35家校友企业参加，涉及冶金、材料、机械制造、电子信息等多个重点行业，提供就业岗位1000余个，为毕业生提供了更多的就业机会，进一步加强了校友企业与母校的交流与合作。二是与学生处、团委等部门合作，举办“杰出校友讲坛”“校友面对面”等活动，邀请到林继排、邓电明、郎晓雷、刘峰、刘惠普等校友与母校师生分享成长经历和奋斗历程，助力学生成长成才。三是积极促成学院与校友企业开展科研、人才培养合作，促成冶金学院与青岛钢铁集团正式签订《青钢新品种开发与关键共性技术集成研究项目计划书》和《联合培养冶金工程硕士专业学位研究生协议书》。

（吕朝伟、郭晓东）

【捐赠项目开发】明确学校发展需求，深挖社会和校友资源，做好捐赠项目的开发工作。一是征集和梳理捐赠项目，协同相关部门，开发了企业冠名、校董聘任、奖助学金、科技合作、人才合作等模式，进一步拓展筹资渠道。二是做好捐赠的宣传工作，充分利用校友返校聚会、走访地方校友分会、开办校友讲坛、招生就业宣讲等机会，宣传学校发展建设方案和捐赠倡议，营造捐赠氛围，鼓励校友捐资助学。三是调动校内各方力量，制定发布了《北京科技大学募集捐赠奖励暂行办法》，调动学校二级单位资金募集的积极性。2013年，学校教育基金会共接受捐赠1153.3万元，举办捐赠仪式6场。其中新增专项基金13项，新增非指定用途基金330万元。全年公益项目支出总计749.43万元，资助公益项目35个，举办颁奖仪式8场。2013年9月，基金会向教育部申请中央级普通高校捐赠收入财政配比资金，获教育部配比510余万元。

（陈晔明）

【基金运营与管理】一是着手建设“基金管理系统”，赋予实时查询基金概况、子基金详情、待办事宜等功能，进行多级筛选、多维度数据统计、添加完善信息等功能，实现了基金项目化、流程化、高效化、协同化的管理。二是构建信息公开体系，北京科技大学教育基金会和北京科技大学教育发展基金会分别接受了年度审计，并通过了北京市民政局和民政部的年度检查，在《法制晚报》和《公益时报》公布基金会年度工作报告。同时在基金会官方网站上发布捐赠和资助信息以及内部管理制度，及时向捐赠者寄送“基金使用情况报告”，接受捐赠人的监督。多项举措确保了基金运作的公开、公正、透明，以提高社会的信任度，争取更多的认可和支持。三是推进投资运作保值增值，改变资金管理模式，进行投资理财方面的探索，从而拓展多元化的基金运作形式，拓宽投资渠道，提升投资效益，达到通过有效的投资实现基金的保值增值的目标，保障基金会的长期可持续发展。四是做好基金统一管理，按照《基金会管理条例》及有关规定，学校及北京科技大学教育基金会理事会决定注销北京科技大学教育基金会，原有基金全部纳入新成立的北京科技大学教育发展基金会。基金会分别向北京市教委、北京市地税局递交注销申请，历经税控注销、发票缴销、补缴税款等烦琐的环节，已在《京华时报》刊登了《北京科技大学教育基金会清算公告》。

（吕朝伟、陈晔明）

发展规划工作

【概况】2013年是全面落实“十二五”教育事业发展规划的关键年。学校以编写完成的《北京科技大学“十二五”教育事业发展规划》为蓝本，着眼校情，顶层设计，从规模化发展向内涵式发展转换，将规划落到实处。

（乔　兰、胡晓军、张云仙、刘　畅）

【落实规划】全校各部门统一思想、凝心聚力、坚定信仰、与时俱进，力争从根本上落实规划工作。根据《北京科技大学“十二五”教育事业发展规划》的总体要求，学校领导及相关部门及时深入各学院二级和三级单位调研，了解实际的工作情况，要求各学院对学校总体规划内容做到深刻领会、准确把握，并以本单位实际情况为切入点，切实落实各学院的规划工作。

首先，建立正确鲜明的目标导向机制。领导部门充分提高对规划地位和作用的认识，把执行规划放在学校贯彻科学发展观的重要位置，不断强化规划工作在综合决策中的地位，充分发挥其战略性、宏观性和前瞻性。

其次，建立综合协调的宏观指导机制。学校领导及相关部门与规划编制单位保证强有力的领导和协调的关系，在规划执行阶段，完善保障质量体系，在规划施行阶段，协调有关职能部门，切实把规划理念和内容贯穿于日常的各项活动当中。

最后，建立层次分明的跟踪评价机制。规划的执行是一个长期的、动态的过程，也是一个不断修改完善的过程。学校领导及相关部门在规划实施的过程中做到及时跟踪、及时反馈、细化调整、科学评估，在规划工作执行的过程中做到完善的政策保证、组织保证和计划保证。

（乔　兰、胡晓军、张云仙、刘　畅）

【学科规划】根据《北京科技大学“十二五”教育事业发展规划》的总体目标，学校坚持以重点学科为主体，基础学科和支撑学科为两翼，形成多学科协调发展的学科体系。为明确学校各学科在国内同类高校的位置，反映学科建设的特色和优势，反映学科建设的优势与不足，学校在2013年展开了学科建设大讨论。学科建设大讨论期间，各相关部门高度重视、通力协作，开展深入的调研和讨论，广泛征求意见，最终形成学科建设大讨论总结报告。基于学科建设大讨论的成果，对学校学科建设与布局进行规划与调整。

（乔　兰、胡晓军、张云仙、刘　畅）

【学科调整】为了加强学校本科专业设置、调整和管理工作，完善学科组织模式，促进学校教育规模、结构、质量、效益的协调发展，合理配置学科建设资源，更好地实现学校学科设置的合理化，学校实行内部学科动态调整。经过深入调研，了解学科情况，遵循学科调整的科学性、适应性、预见性和层次性原则，对部分学科体系进行调整。冶金与生态工程学院下设生态学专业近年来转专业率和就业率屡亮黄牌，按照《北京科技大学本科专业设置及管理办法》（校发〔2013〕77号）的相关规定，停止招收本科生，这也是学校内部对学科进行调整的一个重大举措。

（乔　兰、胡晓军、张云仙、刘　畅）

【部门调整】为加强学校对各部门的管理，最大限度地实现学校现有资源的主动性和创造性，更好地体现管理层次和管理跨度兼顾的原则，经2013年1月14日十届党委第169次常委会研究决定，同意材料科学与工程学院成立核能与新能源系统材料研究所；经2013年3月18日十届党委第174次常委会研究决定，同意东凌经济管理学院成立北京科技大学复杂系统故障预测和管理研究所；经2013年4月15日十届党委第178次常委会研究决定，同意自动化学院成立智能科学与技术系。部门调整便于实现横向协调和纵向沟通，提高各部门的运作效率，便于规划的进一步实施与落实。

（乔　兰、胡晓军、张云仙、刘　畅）

人事管理

【概况】2013年，学校共补充人员89人，其中教师岗位51人（含引进的高水平拔尖人才及人才团队），全部为具有博士学位人员占57%。补充人员中，具有博士学位的53人，占60%；具有高级专业技术职务的14人；具有海外留学经历17人，教师博士后26人。

截至2013年年底，学校在职职工总数为2896人，其中专任教师1791人，教辅人员251人，行政人员380人，专职科研人员21人，工勤人员及其他人员453人。专任教师队伍中具有博士学位的1136人，占63%。

（郝　媛、苏　靖、焦丽君）

【处级以下党政管理岗位人员聘任及轮岗交流工作】 为进一步深化人事制度改革，加强学校党政管理队伍建设。根据学校相关文件精神，进行了处级以下党政管理岗位人员聘任及轮岗交流工作，共涉及35个单位的39名人员调整岗位。

（苏　靖）

【开展2013年度非教学科研岗位人员考核工作】 为进一步加强各类岗位人员队伍建设，完善考核管理体系。12月，开展2013年度非教学科研岗位人员考核布置工作。考核人员范围包括各教学科研单位、机关部（处）、直（附）属单位处级以下在编非教学科研岗位人员，并从工作实绩、工作能力、工作态度等方面对其进行综合考核评价。

（郝　媛）

【专业技术职务评聘工作】 2013年，学校在专业技术职务评聘工作中，公开评聘标准，规范评聘程序，加强公示监督。经过资格审查、校外专家评审、学科评议组评议、学校评审委员会评审、结果公示等环节，全校共有131人晋升9个系列高一级专业技术职务，其中教师系列71人（正高级24人、副高级45人、中级2人），非教师系列60人（正高级1人、副高级7人、中级52人）。

这次学校评审委员会评审会议改革以往纸质投票办法，采用了电子投票系统，在保证公平、公正的前提下，大大地提高了评审效率。

（刘　伟、白云菲）

【高层次人才引进工作】 2013年，学校进一步推进实施人才强校战略和人才振兴工程，设立北京科技大学特聘教师岗位，颁布实施《关于设立北京科技大学特聘教师岗位的暂行办法》（校发[2013]73号），把目光瞄准海内外高层次人才，大力加强人才引进力度。年内，引进"千人计划"入选者、美国耶鲁大学鲁思·布莱克（Ruth Elaine Blake）教授，"千人计划"入选者、日本东北大学庄子哲雄（Tetsuo Shoji）教授，"长江学者奖励计划"特聘教授、国家杰出青年科学基金获得者王沿东教授，"青年千人计划"入选者、加拿大阿尔伯塔大学王鲁宁博士后，澳大利亚迪肯大学从道永博士后，比利时安特卫普大学何战兵博士后，维也纳艺术学院研究员魏书亚，以及来自国内高校和科研院所的易红宏教授、唐晓龙教授、郑新和研究员、朱岩副研究员、宁焕生副教授等高层次人才；聘请中国科学院院士郑厚植教授为北京科技大学特聘教授。

（刘　伟）

【高层次人才推评工作】 2013年，学校结合国家高层次人才特殊支持计划（"万人计划"）的实施，进一步规范和完善人才遴选办法及评审程序，坚持"公正公开、实事求是、宁缺毋滥"的原则，做好各类人才工程推评和管理。经科研、教务、人事等部门推荐，蔡美峰入选中国工程院院士，庄子哲雄（Tetsuo Shoji）入选"千人计划"创新人才短期项目，姜勇获"国家杰出青年科学基金"资助，王戈、姜建壮入选"国家百千万人才工程"并被授予"有突出贡献中青年专家"，白洋入选"万人计划"青年拔尖人才，陈骏、焦树强获"国家优秀青年科学基金"资助，罗维东、刘雅政、马星桥、梅建军、吴顺川被评为"享受政府特殊津贴专家"，丁大伟、刘雄军、刘宇、苗君、覃京燕、唐晓龙、田建军、尹升华入选"新世纪优秀人才支持计划"，林海被评为"北京市教学名师"，吴爱祥获"宝钢教育基金"优秀教师特等奖，赵海雷、魏钧获"宝钢教育基金"优秀教师奖，89人入选北京市"青年英才计划"，10人入选北京科技大学“建龙讲座教授”。“千人计划”入选者张学记当选为俄罗斯工程院外籍院士，“千人计划”入选者林建国当选为英国皇家工程院院士。

（刘　伟、白云菲）

【考核聘任工作】（1）聘用合同期满教师考核工作。6月，完成2012年12月31日前聘用合同期满的13名教师考核工作，与其中5名业绩能力较强、发展潜力较大的教师续签了聘用合同，其余8人终止合同。12月，对2013年12月31日前聘用合同期满的99名教师进行考核，主要从业绩能力、发展潜力和总体表现等方面进行综合评价，于学期末完成业绩统计公示和二级单位续聘意见等工作。

（2）教职工年度考核工作。按照学校相关规定及管理办法，12月，组织实施教职工年度考核工作。参加考核的教职工2722人，其中，优秀160人、合格2490人、基本合格43人、不合格29人。

（3）回国人员期满考核工作。学校分别于5月、12月对60名回国满一年的公派留学人员进行考核，按照留学人员签订的《出国留学协议书》中“留学目标”的要求，对教师进行了综合考评。教师均严格履行协议，圆满地完成了留学任务目标。回国人员考核工作有利于加强教师跟踪培养，提高留学经费投入产出比，促进师资队伍建设。

（郝　媛、刘　伟、白云菲）

【师资培养培训工作】（1）教师国际学术交流工作。学校做好教师队伍出国留学选派工作整体指导和规划，按照各单位出国人数比例，对长期出国人员申请进行总量控制，有层次、有步骤地进行选派。一方面，积极拓宽出国留学渠道，组织申请国家留学基金委的各类出国项目，2013年入选国家各类公派项目41人，其中全额资助项目15人、青年骨干教师（1∶1配套资助）项目22人、高校优秀学生工作者项目1人、国家汉办孔子学院/课堂汉语教师项目3人。另一方面，充分利用海外经费资助及科研经费资助，以单位公派形式灵活选派19人赴海外高水平大学或机构进行学术研修。年内，学校派出69人出国研修，其中国家公派50人、单位公派19人；完成学术交流按期回国人员60人，其中国家公派34人、单位公派26人。

（2）新教师岗前培训工作。学校积极开展新入校教师岗前培训，共39人参加，其中教学科研岗位19人、实验岗位9人、行政岗位9人、其他岗位2人。学校组织17人参加北京市高校师资培训中心组织的高等学校教师岗前培训，提高新教师教育教学能力和专业素养。

（3）教师资格认定工作。2013年，学校组织落实北京市教育委员会的教师资格认定工作。经过资格审查、能力测试、综合评定，共对54人认定了教师资格，其中教学科研岗位38人、辅导员岗位16人，具有博士学位的36人、具有硕士学位的18人。

（4）其他培养培训工作。2013年，学校根据《北京科技大学青年骨干人才培养计划实施办法》，继续实施对35岁以下青年教师提供科研启动费的有效政策。鼓励和资助教师在职攻读学位，申请在职攻读学位31人，审批通过29人，录取17人；在职攻读学位毕业18人，其中取得博士学位14人、硕士学位2人、学士学位2人。选派26名教师参加英语培训，旨在提高教师的英语交流及双语教学能力。对39名青年教师进行职业道德、科研素质和校园安全稳定等方面的培训，进一步提高了青年教师的综合素养。

（白云菲、刘　伟）

【研究生助教、助管岗位管理】根据学校相关规定，开展了研究生助教岗位设置、岗位职责制定、竞聘人员选拔、签约上岗及聘后管理等工作，选拔博士研究生助教38名，硕士研究生助教143名，硕士研究生助管15名。

（郝　媛）

【博士后科研流动站工作与博士后管理工作】学校共招

收博士后研究人员68人，其中学校流动站单独招收55人（含拟聘教师博士后26人），与企业联合招收13人，办理博士后出站59人。截至12月31日，在站博士后201人，其中教师博士后60人。年内，学校有18名博士后人员申报中国博士后科学基金特别资助，其中7人获得资助，资助金额共105万元；71名博士后人员申报中国博士后科学基金面上资助，其中7人获得一等资助，23人获得二等资助，资助金额共171万元。

（焦丽君）

【社会保障工作】对全校在职员工3700余人次进行了养老、失业、工伤、医疗、生育保险的日常管理工作，其中办理1000余人次的新增及转出手续。为非事业编制人员6人办理补缴保险手续，1人办理外地转本城的退休手续，5人办理退休手续，12人办理生育津贴及生育医疗保险报销手续；为2人办理工伤的申报及认定。全年收缴各部门保险费1336万元。做好32名一级人事代理人员及50余名二级人事代理的日常管理工作。组织人员参加业务学习和培训共计49人次（财务人员39人次、护士8人、审计室、档案馆2人）。组织5名工人参加中央国家机关工委组织的工人考核。加强了20名待岗人员的分类服务管理。

（陈小玲、张茵波）

财务工作

【概况】学校实行“统一领导、集中管理”的财务管理体制。财务处是学校的一级财务机构，在主管校长的直接领导下开展工作。财务处负有贯彻执行国家财经法规、执行上级主管部门指示精神的职责，统一管理学校的各项财经工作。

2013年，学校财务工作以科学发展观为统领，以服务广大师生为宗旨，以财经法规为依据，以规范化管理为手段，积极筹措办学经费，统筹各项经费支出，努力提高经费使用效益，圆满地完成了2013年各项工作计划为学校发展提供了有力保障。

（曹光远）

【总体财务状况】2013年，学校收入总计206396万元，包括：教育经费拨款82428万元，占收入的39.9%；科研经费拨款30957万元，占总收入的15%；其他拨款8819万元，占总收入的4.3%；教育事业收入25521万元，占总收入的12.4%；科研事业收入24339万元，占总收入的12.4%；基本建设拨款13837万元，占总收入的6.7%；其他收入20495万元，占总收入的9.3%。学校收入中，国家拨款为136056万元，占总经费的65.9%；自筹经费为70340万元，占总经费的34.1%。2013年，学校支出总计201475万元，包括工资福利支出37848万元，占总支出的18.8%；商品和服务支出76857万元，占总支出的38.2%；对个人和家庭补助支出37711万元，占总支出的18.7%；基本建设经费支出30550万元，占总支出的15.2%；其他资本性支出17166万元，占总支出的8.5%；经营支出1343万元，占总支出的0.6%。

2013年，学校基本建设完成投资30550万元，其中教育部拨款27999万元，自筹经费2551万元。

至年底，学校拥有资产总值577320万元，比2012年增加61822万元，增长12%。其中，固定资产30510

万元，比2012年增加12101万元，增长4%。

至年底，学校负债总额为24361万元，比2012年增加276.5万元，增长了12.8%。资产负债率为4.22%，比2012年提高了0.03个百分点。

至年底，学校账面净资产552959万元，占资产总值的96%，比2012年增加59056万元，增长12%。

（管　耘）

【财务管理】（1）制定管理办法。为适应国家教育财政及高校财务管理的改革发展要求，加强学校财务管理工作，财务处依据上级主管部门新出台的制度、政策与要求，《北京科技大学资金内部控制制度》等20余个管理文件进行了认真讨论、修改，并陆续出台了《北京科技大学现金借支管理办法》《北京科技大学支票借款管理办法》等文件。

（2）协助开展科研经费自查自纠工作。为落实《教育部办公厅关于在部属高校开展科研经费管理自查自纠工作的通知》（教财厅函〔2013〕12号）要求，4～5月，财务处协同其他部处在全校范围内开展了科研经费管理自查自纠工作。期间，有针对性地对相关科研项目经费的预算编制、使用情况进行了抽查，对发现的问题及时反馈，辅助科研经费的自查自纠工作有效展开。着重对2010－2013年科研经费支出数据进行了统计整理，分析各项支出中存在的问题。同时，重点关注大的经费项目支出，专门组织财务人员对超过300万元的项目支出数据进行了重点抽查。

（3）清理借款。2013年，学校先后出台了《北京科技大学现金借支管理办法》（校发〔2013〕49号）、《北京科技大学支票借款管理办法》（校发〔2013〕82号）。依据办法，财务处先后集中开展了现金借款、支票借款的清理工作。其中现金借款清理工作已完成，学校的现金借款由清理前的408笔减少到清理后的40笔，借款总金额由清理前786万元减少到清理后的23万元，效果显著。通过以上清理工作，加强了资金管理，提高了资金使用效益，减少了不合理的资金占用，有效防范了资金风险。

（4）进一步规范财务行为。2013年末，财务处依据学校《八项规定》的要求下发了《关于严禁以票据报销方式变相领取人员经费的通知》，规范二级单位人员经费领取和财务报销行为，严肃财经纪律。通知明确要求，人员经费发放一律按照学校《关于薪金发放方式的暂行规定》要求，根据收入类别填写相应发放表，执行相应程序报财务处统一发放。任何应发放至个人（包括校内、外人员）的酬金、补助、津贴、提成、奖励、福利、劳务费及其他个人收入，均不得利用票据报销的方式从相关经费中支取。

（5）进一步加强专项经费的执行力度。根据财政部、教育部要求，财务处高度重视基本建设、改善基本办学条件、优势学科平台、基本科研业务费、长效补助机制等财政专项经费的管理工作。为督促各项目相关单位提高专项经费的管理水平，加大资金执行力度，财务处实行了专项资金执行进度排名月度通报制度，将每月底各专项资金执行进度排名情况向校领导、项目主管部处、项目具体执行单位进行通报。同时，在下半年召开了校长、主管财务工作的副校长参加的专项经费执行情况推进会，对各专项资金的相关要求、使用情况、存在的问题等进行逐一梳理和分析，督促各单位在加强专项经费管理的同时，加大资金执行力度。进入12月后，财务处以天为单位将项目执行进度通报给各相关单位，并及时根据项目资金结余情况协助校领导统筹安排资金，加快项目执行进度。经过以上各项具体措施的实施，2013年学校财政专项经费执行情况取得了较好成绩：2013年财政性结转资金1.2亿元，比2012年结转资金3.28亿元减少了

2.08 亿元。

（6）加强网络信息化服务。信息化建设作为提高财务服务质量和水平的重要辅助手段，财务处高度重视。主要体现在以下两个方面：一是近年来财务处为提高服务能力，先后引进了 POS 机支付系统、报销排队叫号系统，自行开发了学生补助网上申报系统等。2013 年，财务处推出了财务信息申报与查询系统，陆续完成了教工补贴网上申报模块、汇款业务网上申报模块，实现了各类津补贴和汇款业务的 24 小时在线申报、信息初步审核以及业务处理信息及时反馈，方便广大教工的同时也提高了工作效率。同时，财务处还推出了财务短信平台系统，已经在离退休干部公费医疗报销中试用。通过短信方式将相关要求、通知等服务信息及时反馈到每一位离退休老干部，真正做到第一时间通知、第一时间处理、第一时间反馈的服务目标。二是开展网络化报销系统建立前期调研工作。2013 年，财务处组织队伍分赴北京航空航天大学、北京交通大学、上海交通大学、中国人民大学等高校进行财务信息新系统的前期调研工作，已与两三家知名财务软件公司进行了前期了解和接洽，力争在 2014 年建立新的财务信息化系统，并通过网络化报销模式逐步解决仍然存在的财务报销难问题。

（曹光远）

资产管理

【概况】至年底，北京科技大学共有本科教学实验室 60 个，校级公共服务平台 2 个，国家级实验教学示范中心 2 个，北京市级实验教学示范中心 7 个，实验室及实习场所面积 13.8 万多平方米。全校实验技术人员 244 人，其中高级职称 61 人（正高职 1 人），中级职称 111 人，初级职称 50 人，工人 24 人。

至 2013 年年底，学校各类在账仪器设备 49171 台/套，价值 10.28 亿元；家具 57257 件/套，价值 0.62 亿元；软件 1406 套，价值 1.05 亿元。学校土地面积共 80.38 万平方米（合 1205.78 亩），其中，本部 57.8 万平方米（合 867.06 亩）、管庄校区 5.69 万平方米（合 85.35 亩），西二旗校区 3.53 万平方米（52.98 亩），昌平科学园 13.36 万平方米（合 200.39 亩），全校总建筑面积 97.01 万平方米。

（孟兆磊、刘晓楠、柯红岩、何　勇）

【实验室管理】①公共用房（科研实验室用房）有偿使用为 2013 年重点工作。完成《北京地区相关高校实验用房有偿使用制度调研报告》。细化教学科研单位用房分类指标，建立 4 大类 18 小类的分类标准；对学校二级教学科研单位进行实测，总面积 99904.15m^2，完善了公共用房信息数据库；提出了《公共用房（科研实验室用房）有偿使用初步方案》。②启动教育部“高等学校仪器设备和优质资源共享系统”（CERS）项目，开展大型仪器设备开放共享平台建设，通过网上预约、实时计费、安全准入、效益评价、视频监控等功能，有效地监管仪器设备的实时运转情况。经自主报名，遴选钢铁冶金新技术国家重点实验室、冶金工程研究院的 20 台设备作为先期试点进行入网管理。③组织材料学科国家级实验教学示范中心申报虚拟仿真国家级实验教学示范中心。④组织北京市级实验教学示范中心自然科学基础实验中心（物理）、工程训练中心、东凌经济管理学院实验信息中心的验收评审工作。⑤ 2013年9月，进行了资质认定（CMA）扩项评审，总计扩项6类产品36个检测项目。至2013年12月10日，学校实验室检测资质共涉及21个领域和320个项目。⑥完成国家重点实验室开放运行经费和基本科研业务费管理。至2013年年底，全年教育部拨开放运行费380万元，支出381.2万元（含上年结转部分）。⑦实验室生产与社会服务费用管理。至年底，学校全年对外服务收入907.5万元，2013年结算维修费226.7万元。支持教学和公共服务仪器设备维修75台/套。

（柯红岩）

【设备管理】2013年学校在设备管理方面主要开展以下工作：①针对仪器设备校外放置、低值设备及耗材管理中存在的问题，出台《低值设备及耗材使用管理暂行办法》（校发〔2013〕66号）和《仪器设备校外放置使用管理暂行办法》（校发〔2013〕65号），填补管理制度空白。② 2013年，全校购置仪器设备5473台/套，价值13727.77万元；家具类4137套，价值814.49万元；软件类280套，价值2120.33万元。③ 2013年，完成招标采购83批/次，其中，委托招标22批/次，总值人民币11413.76万元；，校内招标61批/次，总值人民币4664.78万元。④通过协议供货、网上竞价等方式采购通用类设备1676台/套，价值1280.04万元。⑤顺利通过北京海关2013年度年审；完成50万元以上进口仪器设备申报审批22批/次，共计126台/套。完成外贸代理124批/次，共计设备173台/套、软件7套，价值折合人民币约12515.96万元（含重大工程服役安全研究评价设施项目建设指挥部5013.12万元）。⑥ 2013年，共办理报废仪器设备1861台/套，报废处理变现21.62万元。⑦ 2013年，继续开展对40万元以上（含）教学科研贵重仪器设备使用效益考核。参加考核设备174台，其中考核优秀16台、考核合格129台、考核不合格29台。

（孟兆磊、刘晓楠）

【国有资产综合管理】国有资产综合管理探索是2013年的重点工作。资产管理处在调研清华大学、华南理工大学、中山大学等京内外10余所高校的国有资产管理现状的基础上，系统地总结兄弟高校国有资产管理的现状、问题及加强管理的可行性措施；详细梳理了学校国有资产管理在机制，制度，资产配置、使用、处置、考核环节存在的问题，制订《国有资产综合管理初步方案》。

（何　勇）

【专项工作】①根据学校工程实践基地建设规划和工作安排，经校长办公会讨论确定搬迁安置基本原则，资产管理处对一、二期工程所涉及的冶金轧钢厂区5330m^{2}范围进行了测量及调查，详细摸排核实了厂区使用单位、实验室构成及用房情况，逐台落实了仪器设备具体情况，依据总体部署和搬迁安置原则，提出有针对性的搬迁安置方案。②经过与相关单位的多次沟通，安排化生学院、数理学院等8家单位及科研团队入驻化生楼。在逐一调研各单位及科研团队实验室布局情况和通风需求后，设计、遴选通风系统整体安装方案，于9月份安装完毕。

（杨超华）

【公房管理】按照北京市房屋管理局等部门要求，办理产权证的楼宇需统一编号，参照《北京市地方标准门牌、楼牌设置规范》，着手制订《北京科技大学公共用房门楼牌号编号方案》。

（何　勇）

【人防及地下空间管理】①地下空间（人防工程）的使用管理是2013年的重点工作。资产管理处通过实地走访，摸清了学校地下空间的基本情况和使用现状：学校地下空间共计38处，涉及使用单位28个，总建筑面积10.71万平方米，其中人防工程5.44万平方米，普通地下室5.27万平方米。重点对私自占用、违规使用、私自出租等现象进行了整治和清理。明确了“谁使用、谁管理、谁负责”的使用原则，提出了《地下空间（人防工程）使用管理初步方案》，并经第33次校长办公会讨论后，制定使用规划。②加强地下空间安全监督管理，组建了8人的队伍，负责地下空间的日常性巡视、检查和设施维修、维护任务。尤其在两会、十八大、汛期等重点时期内，坚持做到24小时值班制。汛期前完成地下空间入口处防汛沙袋（约1400袋）的布放，汛期后及时回收。③完成了家属楼19栋、24栋、26栋、35栋地下室积水的抽取，总抽水量约600吨。④施工地下室防水堵漏工程6项，共完成堵漏8处；对人防通风系统、排水泵、照明灯等进行了检修。

（谭　豪）

【环保与技术安全管理】①首次将实验室安全教育纳入研究生新生入学、新任辅导员上岗、“平安校园”建设等工作环节中，共开展安全教育培训讲座14场次，受众2600余名。②编写了学校首个有关实验室安全的读物——《实验室安全知识读本》，并印制3000册发放给广大师生学习。③将实验室安全工作纳入二级单位考核观测点指标，并按年度签订了《实验室安全管理责任书》。④进行了6次全面检查和燃气、氨气等2项专项检查。⑤完成全校实验室气瓶的固定工程，固定气瓶601个。⑥将集中消纳废弃物的频次由每季度一次增加至每两月一次，共处理废弃试剂、废液25.91吨，废弃试剂瓶12.94吨。⑦对校园污水、饮用水、食堂油烟等环保指标进行了检测。

（牛　犁）

【数据统计及报表】①根据国务院机关事务管理局要求，完成2012年度中央行政事业单位资产决算报表编报。②根据财政部要求，完成2012年行政事业单位资产管理信息系统报表编报。③根据教育部要求，完成2013年教育事业统计报表中高基511表（校舍情况）、高基521表（资产情况）编报。

（何　勇）

【其他工作】①学校获得北京高教学会实验室工作研究会2012年学术研讨会优秀组织奖，并有7篇论文获奖；组织10篇实验室相关论文参与评选北京市高教学会技术物资研究会2012年学术年会学术论文征集；资产管理处联合北京部分高校，申报“高校无形资产管理研究”“高校实验技术队伍的考核聘任机制研究”题目分别获批北京市高等教育学会技术物资研究会重点课题、一般课题。

（柯红岩）

信息化建设与管理

【概况】2013年，信息化建设与管理办公室在编人员共计12名，负责全校校园网、校园卡和数据的管理、运维，数字化校园建设、校园网中英文主页的建设与维护、校园网站的安全与管理、校园信息化基础保障环境改造与规范等工作。

2013年，围绕学校中心工作，在学校各级领导、广大师生的支持和帮助下，信息化建设与管理办公室按照“服务师生，立足校情，不断进步”的原则，在优化、简化业务流程，推进网络无纸化办公，校园信息安全管理体系建设，有序整合数据资源，改善信息化基础环境等方面进行了深入细致的工作，为学校的教学、科研、管理、服务提供了良好支撑，在推进学校信息化工作的道路上又迈出坚实的一步。

在全力做好学校信息化建设的顶层规划和系统建设同时，坚持以师生为本、实用为先的原则，充分挖掘和发挥信息化的优势，积极为学校的各项工作提供信息化支撑和保障。在改善信息化基础环境，简化、优化业务流程，整合数据资源、构建服务平台等方面开展了大量的工作。充分利用信息化的技术和手段，为师生员工创建良好的信息化环境和保障条件，推进教学、科研、管理、服务等信息化的应用。通过信息业务系统、数据中心的建设与拓展，逐步强化校园信息化在学校教学、科研、管理和服务的支撑作用。

（杨德斌）

【数字化校园】2013 年，通过全新改版迎新网站，将新生网上报到平台融入其中，将现场报到、实际迎新中的众多环节和手续前移到迎新网上，为新生和家长提供了一站式有关学习、生活、服务等信息。实现了“网”前移，“早”沟通，“享”数据，“简”流程，“快”流转，“绿”迎新的目标，为新生单独、自主地完成报到提供了良好的保障。新生入学报到前通过简单、易懂的网上报到平台，即可快捷地完成入校前的网上预报到。新生入校报到时只需扫描通知书上的条形码或二代身份证即可完成身份核验，规范的数据极大地简化了现场报到流程。

2013 年，数字迎新系统受到师生、学院以及相关职能部门的一致好评，包括 CCTV 在内的多家媒体予以报道，多家高校也慕名前来学习和交流，为高校的迎新模式起到良好的示范作用。

2013 年，配合学校各部处做好数字化校园工作：①协助配合党办、校办做好协同办公自动化系统的开发和应用。用于党委常委会、校长办公会的电子会议系统已开始试用，有效推进了无纸化办公进程。②配合人事部门的需求，自主研发的无记名电子评议与投票系统实现了无纸化支撑材料的评阅、快速配置投票方案、即时生成统计结果，大大地减少了相关部门的工作量。这一系统已经推广至其他评议、投票应用。③配合科技处构建科研财务预约取号系统，可有效改善取号报销排队情况。④搭建了校内资讯、信息推送统一平台，已使用部门有人事处、科研部、规划办、财务处、离退休处等。⑤设计制作了财务处、平安校园、组织部干部竞聘、国际处的交流项目报名、校友会基金项目管理等各网站和系统。

（何　敏）

【网络中心】网络中心主要承担为学校的教学、科研提供更加安全、稳定、快捷的网络环境和网络技术支持，校园网络的维护、监控、实施和技术培训等任务。年内，主要完成如下工作：①在完善校园网络基础环境的前提下，建设下一代互联网管理、认证服务体系。②对教学区主要区域以及部分学生宿舍公共区建设双栈无线网，为学校校园网用户提供了除有线网之外的更加便捷有效的上网环境和上网方式，更好地服务于学校的校园网用户。③针对学校原有邮件系统已不能满足日益增多的用户发展需要的实际情况，尤其是大附件的发送等问题，通过市场调查和调研多家知名高校的邮件系统，对邮件系统进行了升级。设计后的系统反垃圾邮件有效率超过 98%。④对所有教职工账号进行升级，为教职工上网提供快捷的网络环境。⑤通过对防火墙和流量控制设备的不断完善和升级，设备可以监控外网每条链路的带宽使用情况，针对设备提供的数据可以让网络管理者根据应用做出调整，使当前的带宽配置完全满足学校正常业务的应用，节约了网络带宽成本。⑥新增智能存储为数据中心的虚拟化建设提供支撑条件。

数据中心虚拟化硬件平台的建立，为各种资源在统一平台之上的高度融合提供硬件保障，为全校教师生员工提供良好的网络化、数字化教学、科研、办公、管理与服务平台。⑦分布式校园网节点设备间智能监控系统实现了节点设备间温、湿度、烟雾监测及交换机电力供给的在线监控，为网络设备故障早期预警、提高校园网络的稳定性提供了准确、科学的依据。⑧自主研发的网上客服平台（网上报修系统和网络服务）用信息化手段解决各类信息化相关的咨询和求助，大幅度提升了网络中心的服务水平。⑨定期对校园网络常规线路及端口进行检修、更换和维护。对每个新学期新生入校前宿舍区网络和端口进行全面维护。服务范围覆盖教学区、学生宿舍区共计约2万个点。⑩针对外教公寓无法上网影响教学科研等一系列问题，结合楼宇环境的实际情况，增加了无线路由器和接入交换机，为外教公寓提供了良好的网络环境。

（梁　哲、谢海波）

【校园卡管理中心】2013年，圆满地完成了校园卡的各项卡务管理工作，共计制卡、发卡、补卡2万余张，其中新办卡8306张，补卡11832张，接待师生用户近两万余次。按时完成2013级新生大批量制卡、发卡工作，全力配合数字迎新，实现了校园卡数据与数字迎新系统的对接。配合学校迎新工作中的新生党员、国防生提前报到工作，完成校园卡的提前制作与发放；为团委组办的2013全国青少年高校科学营、外语学院外教设计制作了特有的卡面；广泛调研，制定适合学校校情的校园卡系统全面升级和改造方案，并开始进入实施阶段。

（钱大益）

招生与就业指导

【招生工作】2013年8月上旬，学校圆满完成招生录取工作，本科和高职在全国各省市继续实行网上录取。学校2013年本科一批共有36个理工科专业、8个文科专业、1个艺术类视觉传达设计专业招生，其中文理兼收的专业共有6个，日语和德语只在保送生中招理工科考生。理科实验班，“五大类”（包括机械类、能源动力类、工商管理类、管理科学与工程类和经济与贸易类）和“四卓越”（包括材料科学与工程（卓越计划）、机械工程（卓越计划）、冶金工程（卓越计划）和矿物资源工程（卓越计划））继续招生。另有材料科学与工程（实验班）继续作为独立专业进行招生。本科招生面向全国31个省、市、自治区，共计录取本科生3357人，其中文科391人，理工科2966人，总人数中含新疆、西藏内地班学生20人，视觉传达设计（艺术类）39人，保送生31人，自主招生128人，艺术特长生33人，国防生100人，体育特长生33人，由北京邮电大学转入学校学习的2012年学校招收的少数民族预科生22人及新疆民考汉19人。招收专科生（高职）100人。同时，2013年新录取的少数民族预科生24人和新疆民考汉20人转入北京邮电大学攻读一年预科。

从新生情况看，男生2084人，占62.08%；女生1273人，占37.92%。城镇户口2144人，占63.87%；农村户口1213人，占36.13%。应届生3029人，占90.23%；往届生328人，占9.77%。汉族学生3011人，占89.69%；少数民族学生346人，占10.31%。党员9人，占0.27%；团员3252人，占96.87%；其他96人，占2.86%。

（1）走近考生，全方位、多形式加大招生宣传力度。①认真组织立足本校的现场咨询、电话咨询和网上答疑。如组织校园开放日活动，开通多部电话、在线咨询BBS、咨询电子邮箱、微博等。参加了2013年全国普通高校招生网上咨询周（教育部“阳光高考”信息平台）以及北京市、上海市、湖南省、重庆市、安徽省、四川省、江苏省等各省的网上咨询。②走出学校参加各类现场咨询、报刊、广播电视及网络宣传活动。2013年，在京参加了各种现场咨询活动逾35场，参加了京外现场咨询活动逾140场及走访多所重点中学，覆盖了全国94个地市。在《山东艺考报考指南》《高考志愿辅导读本》《北京考试报》《求学》《安徽青年报》《全国重点大学报考指南》等报刊上刊登了招生宣传稿件。参加了包括网易、搜狐、人民网等各大网站在内的访谈。参加了北京市2013高招广播咨询。向全国4000多所中学邮寄了招生宣传材料。此外，进一步开展了与知名重点中学共建优质生源基地工作，新增优质生源基地中学9所。

（2）公平公正，做好各类型的招生录取工作。2013年，顺利地组织完成自主招生及保送生的报名、考试、阅卷、成绩登录等各项工作，组织两场艺术类的报名和考试，完成艺术类的阅卷、成绩登录等工作。在招生网上录取中，严格按照教育部要求，加强完善学校招生录取制度，制作了《北京科技大学2013年招生工作手册》。认真落实“阳光工程”六公开、六不准各项要求，保证做到“逢录必考”，保证每一人次录取均经招生工作领导小组研究审批决定，保证录取结果全部公开，保证纪检监察部门全程参与、监督，保证群众投诉渠道公开、畅通、“首问负责”。通过实现“有章可循”“有章必循”的责任制度，本年度的招生录取工作继续实现零投诉。

（王占奎、王 彬）

附 录

北京科技大学2013年录取分数统计表（理工类）

		学生来源															
理工类		北京	天津	河北	山西	内蒙古	辽宁	吉林	黑龙江	上海	广东	广西	海南	重庆	四川	贵州	云南
	招生人数（不含保送生）	204	57	185	148	97	81	60	57	11	56	55	13	59	91	62	48
	重点线（理工科）	550	521	538	493	482	538	535	527	405	574	510	608	520	562	449	495
	最高分	686	615	630	574	615	642	629	622	456	626	603	797	609	639	590	624
	最低分	620	601	605	552	561	611	602	603	425	605	511	704	521	586	455	578
	学校录取平均分	639	606	611	558	585	622	612	610	436	609	576	732	562	609	550	597
		江苏	浙江	安徽	福建	江西	山东	河南	湖北	湖南	西藏	陕西	甘肃	青海	宁夏	新疆	
	招生人数（不含保送生）	83	79	124	63	96	119	137	103	103	6	92	59	35	34	68	
	重点线（理工科）	338	617	490	501	517	554	505	527	495	470	485	489	383	455	443	
	最高分	371	686	590	607	598	664	595	598	616	589	612	593	541	569	618	
	最低分	338	654	567	581	577	631	570	572	559	545	564	537	390	534	535	
	学校录取平均分	357	675	573	592	584	637	579	582	568	561	578	567	482	546	558	

北京科技大学2013年录取分数统计表（文史类）

		学生来源							
文史类		北京	天津	河北	山西	内蒙古	辽宁	吉林	黑龙江
	招生人数（不含保送生）	28	18	27	22	19	17	11	16
	重点线（文科）	549	535	561	507	474	554	510	504
	最高分	626	597	616	555	557	610	582	577
	最低分	602	586	602	545	519	583	530	557
	学校录取平均分	611	590	607	549	541	596	560	563
		浙江	江西	山东	河南	湖南	重庆	四川	江苏
	招生人数（不含保送生）	15	16	21	24	20	13	17	15
	重点线（文科）	619	532	570	519	557	556	567	328
	最高分	660	578	632	574	615	613	610	353
	最低分	651	562	616	557	599	578	580	331
	学校录取平均分	655	567	621	562	604	596	589	341

【就业工作】2013年全校共有毕业生5549人，其中研究生2230人，本科生3319人。截至8月31日，全校平均就业率95.10%，其中研究生就业率98.61%，本科生就业率92.74%。本科生国内读研率首次超过40%。学校荣获“2012－2013年度全国毕业生就业典型经验高校”称号；《大学生职业发展与就业指导》课程被评为“北京地区高校大学生职业发展与就业指导示范课程”；学校自主编写的教材《大学生生涯辅导教程》获评“北京市精品教材”。

(1)构建“课堂教育＋个性化辅导＋网络引导＋岗位实践”四位一体的生涯辅导体系。一是继续完善《大学生职业发展与就业指导》课程建设。2013年，《大学生职业发展与就业指导》课程累计授课672学时，课程满意度为93%，获评“北京地区高校职业发展与就业指导示范课程”，并获得北京地区高校大学生职业发展与就业指导课程提升项目支持。二是开展个性化职业辅导。以“生涯辅导活动月”为载体，学生就业指导中心共组织“校友话就业”等讲座22场，模拟面试大赛15场，专题工作坊10余场。6月，召开了“我的事业梦在这里起航——北京科技大学西部·起航奖励金颁奖仪式”，对赴西部基层就业的200余名毕业生进行了表彰，受到中国教育新闻网、人民网、《光明日报》等多家媒体的报道。10月，启动“毕业生求职季公开课”，针对毕业生就业过程中面临的各类问题，举办公开课8堂。三是充分利用新媒体进行就业指导。在微博、人人网、手机APP、网站在线答疑的基础上，适应大学生信息获取特点，创建微信公共平台。四是搭建实习实践平台。继续推进“大学生预就业实习计划”，召开“实习生专场招聘会”，建设就业实习基地年内，学校已与75家重点企业签订就业实习基地协议，为在校生实习实践提供了坚实保障。

(2)大力开拓就业市场，规范就业市场管理。2013年，学生就业指导中心共举办大型双选会2场、中型双选会18场、专场宣讲会347场，引进用人单位1296家，为毕业生提供就业岗位30000余个，通过就业信息网为4015家单位发布岗位需求信息20000余个，毕业生供需比为1∶6。毕业生就业单位领域除钢铁冶金、能源化工、装备制造、电子信息等传统行业外，还覆盖国防工业、航空航天、汽车、金融、新能源、新材料等国家战略新兴产业。

同时，学生就业指导中心还联合校友会充分利用校友资源开拓就业市场，共同举办首届校董、校友企业双选会，邀请35家企业进校园招聘，为毕业生提供了1000余个工作岗位。同时，积极加强与地方政府的联系，开展与亦庄经济技术开发区、张家港地区、深圳市南山区等地区的合作，实现互利共赢。据毕业生签约调查显示，“校园招聘会及就业信息网”和“校友或导师推荐”是学生获得就业机会的主要途径。在已经就业的毕业生中，有97.67%的毕业生对自己的就业选择表示满意。

（3）细化就业服务，力求关注到每一位毕业生。一是就业工作标准化。制作了《毕业生就业指导手册》《就业维权经典案例分析》等材料，方便毕业生了解就业政策和手续办理流程。同时出台西部、基层奖励和重点群体帮扶文件，保障就业工作有据可依。二是建立毕业生就业信息台账。依据毕业生求职意向调查，建立毕业生就业信息数据库，明确就业困难群体范围，动态关注就业困难毕业生和离校未就业毕业生，多角度地帮助其顺利就业。三是加强就业队伍建设，提升就业工作水平。启动“就业工作队伍职业能力提升计划”，组织培训活动11场，从理论学习、工作技能提升、课题实践研究3方面对就业工作队伍进行系统培训，提高教师整体指导水平。

（4）践行群众路线，完善各项工作。学生就业指导中心针对“学生口‘四风’方面存在的主要问题”召开了专题座谈会。结合实际工作情况，梳理了本单位“四风”方面存在的主要问题，并提出了整改方案。一是规范常规工作，加强和学生口其他部门、学院、学生的沟通。坚持现有的毕业生求职过程全程调研制度，结合学生实际需求开展工作，不讲排场，不走过场；结合各学院实际情况布置工作，在保证完成任务的前提下，给学院更多自由发挥的空间；优化工作流程，提高工作效率，加强特殊群体帮扶，加强对学生的个性化辅导；加强与学生口其他部门的配合协调，在第二课堂开展方面进行活动整合，减少学院工作的重复性。二是关注年轻辅导员自身的成长。学生就业指导中心将加大各方面投入，启动并实施“就业工作队伍职业能力提升”计划，对就业工作队伍开展认证培训、基本业务素质提升、个人能力提升和课题研究等内容的培训，满足就业专任教师自我提升的需求。

（孙长林 、王英辉）

审计工作

【概况】2013年，审计室紧紧围绕学校中心工作，认真执行审计工作计划，积极地开展各项工作，很好地完成了本年度的经济责任与财务收支审计任务，顺利地完成了基建与修缮项目的审计工作，确保了各项工作的稳步开展，充分发挥了内部审计的监督和服务职能，在规范资产、财务、科研管理和节约建设资金等方面发挥了积极的作用。

（李霞飞）

【制度建设】为加强对学校科研经费使用的监督，完善学校科研经费管理制度体系，审计室起草制定了《北京科技大学科研项目审计办法》（校发〔2013〕45号），为下一步开展科研经费审计提供了依据。

（王小力）

【经济责任和财务收支审计】根据学校安排和2013年审计工作计划，审计室对居委会、离退休职工工作处、宣传部、学生工作部(处)(含武装部)、冶金工程研究院和土木与环境工程学院6个二级单位负责人进行了经济责任审计，并同步开展了其所在单位的财务收支审计；针对审计过程中发现的问题提出了相应的审计建议，并积极督促各二级单位及时整改。

（肖雅珠）

【专项审计】根据学校工作需要，2013年审计室完成了7个专项审计工作：①组织开展科研经费抽查审计。组织外部审计机构抽查审计了部分科研项目。负责落实后续整改工作。督促学校完善了科研经费管理、材料采购等方面的管理制度，②对科研经费中的支出发票开展专项检查、通过抽查科研经费支出发票，分析不合规发票的分布情况，为加强科研经费管理和领导决策提供了可靠依据。③校工会2012年度财务收支审计。通过对学校工会的独立核算账户和学校代管账户进行审计，使学校领导了解工会整体财务收支情况和主要经济事项。④暂借款延伸审计。针对科研经费自查中发现的特殊事项，审计室对个别科研项目暂借款进行了延伸审计，向财务处提出清理暂借款的建议。⑤东凌经管学院UTAEMBA项目专项审计。⑥测试平台项目专项拨款检查。⑦管庄校区人员经费支出统计分析。

（肖雅珠）

【基建工程审计】①大项目跟踪审计。本年度审计室协调跟踪审计单位积极配合项目建设进度，按时完成了动力中心、生活区、主楼和力学化学厂房工程相关项目的招标文件审核、招标控制价编制、合同审核以及工程款付款进度审核等工作。②天工大厦的结算审计。根据基建处的工程结算进度，审计室及时组织招投标领导小组确定了结算审计的中介机构，通过谈判最大限度地降低审计取费标准，现已完成了主体工程的结算审计，审计过程中还配合基建部门对该项目总承包方的承诺事项进行了处理，规避了相应风险，节省了建设资金。③完成了冶金厂房等项目的跟踪审计招标工作。

（纪国东）

【修缮项目审计】2013年度完成修缮工程结算审计项目99项，在后勤基建管理处和管庄校区审核基础上审减119.59万元。对重点的修缮项目引进了全过程管理的思路，加强了对整个项目关键点的监督。协助相关部门审查招标文件和施工合同，参加工程招标和项目竣工验收工作。

（高文义）

【其他工作】①及时对学校科研部报送的纵向科研经费以及学校财务处定期报送的银行对账单进行审签。②出席学校相关部门组织的设备采购、修缮项目等招投标活动。③负责“CEE-中国教育审计网”重大信息审核、网页改版、定期更新以及不同栏目间的协调和联系工作。④按时完成审计档案的整理和移交工作。

（王小力）

【临时任务】①根据学校要求，组织外部审计机构协助资产经营公司和天工大厦完成天工大厦开业前期相关支出审计，理清了两公司及学校间的垫付款情况。②指定专人配合新校区建设工作，完成相关工作。

（曹　勇）

【队伍建设】结合学校岗位聘任情况，对审计人员结构进行了调整，使专业构成和年龄结构更趋合理。组织党员积极参与党的群众路线教育实践活动。按照审计和会计岗位资格后续教育的要求，参加了相应的后续教育，不断地提高审计人员工作水平。

（李霞飞）

国际及港澳台交流与合作

【概况】2013年，学校以“统筹谋划、重点突破、注重质量、务实求效”为指导思想，以更好地服务师生国际化发展为出发点，积极构建全方位的国际化建设格局，加强引才引智高层次平台建设，多元推进学生国际化培养体系，注重留学生质与量的和谐发展，扎实推进国际化建设的各项工作。

年内，学校新签约14所海外合作高校，并与4所知名海外高校续签了合作协议；共执行62项学生海（境）外交流项目，新达成学生项目10个，共计派遣556名学生出国（境）进行学术交流；共接待各类来访人员800余人；共聘请来自亚、欧、美等30多个国家和地区的专家学者446人。

（梁志扬）

【校际交流与合作】年内，进一步加强与欧美、亚洲等地区高水平高校/机构的合作交流，拓展新的合作伙伴并积极落实实质性合作。

(1)依托优势工科专业，与英国华威大学、西班牙马德里理工大学、泰国朱拉隆功大学等高校签署协议，实行强强合作；与英国邓迪大学等高校签署了新的项目协议，拓展了新的合作领域和新的合作模式。

(2)校领导率团出访比利时鲁汶大学、德国亚琛工业大学、英国邓迪大学、法国巴黎第十一大学等院校，为学校深化与合作院校的联系与合作奠定基础。

(3)学校与英国德蒙福特大学共建的孔子学院正式成立并运行，双方共同成立理事会，制定了孔子学院发展规划；学校出台了《北京科技大学孔子学院管理办法》，为孔子学院的运行提供了制度保障；罗维东书记出席了第八届孔子学院大会，学校派出的孔子学院中方院长以及两位教师已赴任。

(4)与塔塔钢铁集团（世界十大钢企之一）合作建立了钢铁技术联合研发中心。以此为依托，与英国华威大学建立合作关系，开创了与世界知名钢铁企业和世界一流大学的校－企－校合作新模式，提升了学校的科研水平和国际声誉。

(5)精心策划、组织了“大师进校园”“海外高校大学日”等大型校际交流活动。年内，先后邀请了美国工程院院士、加州理工学院Michael Hoffmann教授，剑桥大学李约瑟研究所所长Christopher Cullen，原日本钢铁协会副会长、东京大学月桥文孝教授来校访问，并授予名誉教授学衔。举办澳洲大学日活动，邀请了3所全球百强院校和两所全球排名前2%的高水平院校前来参加活动，并推动了新的合作意向。

（郭侃俊、梁志扬）

【学生国际化培养】年内，共执行各类项目62项，派出学生556人，较2012年增长约13%，其中本科生373人，研究生183人。积极拓展校际合作，新增各类项目10项。寻求管理形式创新，为学生国际化培养提供持续发展力。

(1)加强自我宣传，提升学校的知名度。共接收来自德国、法国、爱沙尼亚、日本、中国台湾等国家（地区）高校的23名交换生到校学习，接收人数为历年之最。首次接收欧洲国家交换生。

(2)努力争取多渠道、多形式资助，鼓励更多优秀学生出国学习。大力申报国家公派留学资助，重点推动本科生公派立项；与法国巴黎第十一大学、奥尔良大学开展免学费交换研修项目。

（3）充分利用优质国际教育资源，构建多元化、国际化素质培养平台。开展国际理解教育，加强课程规划，凝练课程特色，课程所形成的教学特色获《中国科学报》载文报道；开设海外教育讲座，邀请邓迪大学、斯旺西大学、昆士兰大学、阿德莱德大学的教师到学校做专题讲座或授课；举办项目报告会、项目开放日等活动，促进学生海外学习经验分享。

（4）建成并正式使用学生海外经历拓展项目在线报名系统，实现了学生项目从报名到派出全程信息化管理；设立专项项目答疑会，创建人人网、QQ群等网络社交媒体，构建方便简易的交流项目咨询平台；集聚留学校友资源，发起成立了Hi World海外学习交流会，助推学生项目发展；邀请国外院校项目负责人参与项目宣讲、面试，加强项目的指导性，共同推进项目的高效管理。

（李　贝、梁志扬）

【港澳台地区交流】年内，把握台湾教育主管部门首次承认大陆211高校学历的机遇，进一步推动两岸校际互访和师生交流，增进与台湾地区高校的合作。

（1）与3所台湾高校新签署合作协议，首次实施与台湾高校联合科研合作计划，学校赴台交流和交换的师生127名，共计300余名港澳台师生来学校短期交流，学校接收来自台湾东海大学、台北科技大学、朝阳科技大学等高校的交换学生18人。

（2）成功地举办了海峡两岸青年研习交流营，邀请来自17所台湾高校及3所大陆高校的200余名师生，以“可持续发展与青年责任”为主题，从文化、科技、环境等方面探索社会可持续发展的途径，收到了良好的社会效益，扩大了学校在台湾地区的影响，开创了港澳台工作的新格局。

（3）积极推进高层管理人员之间的交流，成功地主办了海峡两岸教育论坛，共有台湾15所高校和北京9所高校的高层管理人员参加了论坛，居历届之最。以此活动为依托，学校开拓了与东华大学、高雄第一科技大学等台湾高校的校际合作关系。

（4）搭建学术交流平台，积极引导两岸合作格局，促使合作模式转型。制定《与台湾高校专题联合研究计划》，以设立项目的形式鼓励学校教师与台湾教授学者开展合作研究、共建实验室，每年评选优秀项目给予资助，推动两岸合作方式从一般学术交流向专项合作转化。

（郭侃俊、李　贝、梁志扬）

【引智工作】年内，通过国家引智项目、学校国际化合作平台、主办高水平国际会议等，聘请了一批高层次专家来校交流。共聘请来自亚洲、欧洲、北美洲等30多个国家和地区的专家学者446人，其中名誉教授4人，海外院士8人。

（1）积极引导引智格局的调整，构建国家级－校级－院级三级国际化平台体系。继续发挥行业特色院校优势，强化工程学科建设，建设国家材料服役安全科学中心平台。服务国家重大热点问题，支持学校冶金矿业安全学科，建设工业节能减排平台，积极推进能源与环境交叉学科研究。面向国家战略需求与布局，促进学科交叉与融合，积极推进高温超导材料、航空航天材料、高性能纳米材料的研究与开发。实施“鼎新北科”国际化平台建设计划，有计划地引导各二级单位规划建设院系引智平台。

（2）学校申报的国家级引智项目全部获批，共执行各类项目45项，包括海外名师项目4项、学校特色项目3项、高端外国专家项目3项、111创新引智基地4个。聘请了英国华威大学、塔塔钢铁集团及英国皇家工程院联席科学家Sridhar Seetharaman、美国劳伦斯伯克利国家实验室的工业节能减排专家Lynn Price、日本东京工业大学防灾减灾工程专家川岛一彦（Kazuhiko Kawashima）、美国田纳西大学材料专家 T. G. Nie 等大批国际一流专家学者来校进行短期访学及合作研究。

(3) 主办了9个大型国际学术会议，来自世界30多个国家的一流高校及科研机构的代表以及中科院等国内众多科研院所逾600名知名学者参加了会议，与学校师生共同发表了学术论文800余篇。

（郭侃俊）

【出访派出工作】年内，共办理短期因公出入境手续共477人次。召开短期因公出国（境）最新精神传达会，对各上级单位的最新政策精神进行了传达，进一步规范了学校因公出国(境)管理工作。

（李俊海）

安全保卫与校园综合治理

【概况】2013年，保卫保密处、综合治理办公室在学校党政统一领导下，与各部门积极配合，认真履行安全管理服务职能，扎实开展维护校园安全稳定各项业务工作，深入推进“平安校园”创建工作，校园总体安全环境平稳有序，顺利地通了过北京市“平安校园”创建工作检查验收并获评示范校荣誉称号。学校先后荣获“首都国家安全工作先进集体”“北京市交通安全先进集体”“2010－2013北京市保密工作系统先进集体”等称号。1名干部获评“北京市保密工作系统先进个人”；2名保卫干部获“高校系统交通安全先进个人”等称号。

（刘兴德）

【校园综合治理】学校认真贯彻教育部、北京市工作部署，切实加强校园综合治理，全面推进校园综合治理工作。年初，与学校二级单位签订了校园防火、危险物品安全管理、安全生产、保密、交通、治安和综合治理等校园安全稳定工作责任书，并督促各单位细化分解责任到岗、到人；与有施工项目的单位签订消防安全、安全生产、交通和综合治理责任书65份，明确施工期间各项安全责任，确保施工安全有序；细化各单位任务分工，提高学校精细化管理水平，实现校园安全属地管理、网格化管理的目标要求；对教学区、学生宿舍区外来人员进行统计，协助有关单位做好教学区出租房屋、外来人员管理工作；整顿入校快递公司投递包裹秩序，规划专用区域，集中快件派发；加强对教学区违规丢弃化学实验用品、违规堆放建筑垃圾、公共设施是否完好的日常巡查，及时发现并处理随意丢弃化学实验用品3起、丢弃建筑垃圾5起，督促有关单位对损坏的公共设施进行维修；组织保卫力量制止散发、张贴小广告50余起。全年审批文艺演出、毕业生双选会、各类考试等大型活动60余场次并提供安全保障。指导活动主办单位、承办单位编制应急预案，落实安全措施；重大政治活动、国庆等节假日时期及敏感时期严格落实安全管理责任制，切实加强校园巡逻、门卫值守、重要区域监控、矛盾纠纷排查、消防设备巡检和车辆出入管理等工作，实现了维护校园安全稳定的工作目标。

（田　园）

【治安防范】严格执行门卫管理制度，完善等级化防控措施；强化校内各楼宇值守并不定期检查与抽查；合理安排巡逻安保力量频度和密度，加强对教学区、学生宿舍区等学校重点区域、部位的巡逻。积极配合公安机关查处各类案件。处理各类案件16起，协助公安机关办案5起，抓获并移送公安机关盗窃自行车5人，其中治安拘留2人，刑事拘留3人。开展矛盾调处和重点人排查管控工作，努力把矛盾纠纷解决在基层、解决在诉讼外，最大限度地减少校园不和谐因素。2013年共调处各类矛盾纠纷8起，涉及调解金额9475元。协助相关单位做好重点人员管控，全年开展重点人排查工作2次。组织保卫力量，有效地保障各类大型活动安全有序进行。全年为文艺演出、毕业生双选会、各类考试等共计50项次大型活动提供安全保卫。

（徐亚伟）

【消防安全】开展日常巡查，在节假日及各类重大政治活动期间，对校内重点部位、人员密集场所有效地开展消防安全检查，对检查存在的隐患及问题督促责任单位认真整改。在上级消防部门协助下对家属区居民在疏散通道堆放的杂物进行了清理；根据消防安全“四个能力”建设消防设施标识化要求，补充印制消防设施设备器材标识33种，共计2900张；相继为办公楼、工程训练中心西区、金物楼安装了火灾自动报警设备，并将其纳入火灾自动报警联网监控范围；对逸夫教学楼老旧消防自动报警设备进行了更换，满足了消防工作需要；为16斋、机电楼、逸夫楼、经管楼等易冻部位消防设施进行了保温施工处理。组织消防维保公司对各建筑火灾自动报警系统、消火栓、喷淋给水系统等进行检查，对存在的故障设备进行修复。其中，对校内39处建筑物电气防火安全进行了年度检测；对校内17栋建筑147个电磁疏散门进行了月巡查；全年共检修灭火器13449具、室内（外）消火栓2434处；更换消防水带229条、安全出口指示标志和疏散指示标志688个；对食堂、学生公寓、机电楼、冶金楼消防应急配电进行维修，更新电池333个。对逸夫楼、经管楼、土环楼、主楼等楼宇进行防避雷设施设备隐患排查，对存在的问题进行检修。

（王　晨）

【安全生产】根据国家相关法律法规，结合学校实际情况，制订了《北京科技大学实验室及相关场所安全管理规定》，修改了《北京科技大学危险化学品安全管理规定》。配合资产管理部门对实验室进行安全监督检查，特别是实验室消防安全及危险化学品、特种设备安全监督管理；配合、指导有关单位加强施工现场安全的监督管理。“安全生产月”期间，通过设置相关安全生产知识展板和在重点部位悬挂安全生产宣传横幅等形式开展宣传活动。认真组织开展了安全生产大检查，对检查中存在的隐患和问题责令相关单位做好整改。

（刘文秀）

【交通安全】加强校园机动车管理。根据学校上课时间变化，对货运车辆进入教学区的时间及时进行调整；加强日常巡视，对违规进入教学区的车辆及时处理，对违规停放车辆告知、清理，以保证教学区的交通安全。进一步完善交通安全设施及标志。在4块区域（路段）增加中心隔离护栏，改善家属区部分区域行（停）车秩序；在路口增加可视镜，消除盲区，提高行车安全；根据校园交通情况，为家属区增配自行车停车护栏；对公车违规行为，向单位下发整改处理通知，加强公车司机教育与管理。对学校所属公车辆进行年检日期核实，增加年检时间提醒服务；严格管控进入教学区的摩托车。依据《关于加强教学区环境综合治理工作的通知》对摩托车、电动自行车进行治理，处理在教学区内违规行驶和停放的摩托车、电动自行车25辆，对车主进行有关法律法规、校规教育。

（贾秀芳）

【政保工作】学校根据国内国际安保形势，加强对各类重点人员的监控力度和校园巡逻检查工作，防止不法分子在校内散发非法宣传资料或进行各种破坏活动。加大校园各类信息安全管理力度，加强值班，确保校园舆论环境和谐稳定。努力做好重大政治活动、重大事件等敏感时期的安全稳定工作，确保了重大活动期间校园的安全稳定。

（王叶波）

【保密工作】根据保密委员会决议，认真组织指导各单位开展各项保密工作，使各项工作措施得到有效落实。开展了“六五”保密法制宣传教育中期检查督导工作，有针对性地组织开展了保密宣传教育与培训活动，增强师生员工特别是全体涉密人员的保密意识，提高保密工作安全防范技能；组织落实各项工作措施，加强保密管理。及时开展定密工作，重点加强秘密载体、计算机信息系统和办公自动化设备的管理；严格履行涉密人员、涉密会议、涉外活动和宣传报道的审查审批；指导国家各类统一考试保密工作，确保国家秘密安全；加强各单位特别是军工科研项目监督检查，积极整改存在的隐患；组织开展保密普查工作，建立保密工作基础数据库。

（田　斌）

【户籍管理】完成了2013年各类入校人员户口的接收、变更及离校人员户口迁出工作。其中办理新生、教师及新生儿等户口迁入3673人次，办理学生毕业、教师调出和退学等户口迁出手续1398人次；为526名师生员工补（初）办二代身份证；完成婚姻、户口迁移地址、主项等变更手续424人次；接待日常查阅、借用户口7900余人次。在保卫保密处设立工作站，方便新生户口迁入所需二代身份证照片和指纹采集工作。

（刘京民）

【科技创安】年内对校园安防系统显示系统和控制系统进行数字化升级改造，为逸夫楼、学生公寓11、12斋公共区域新建网络高清视频监控系统。依托校园“110”综合服务机制，以原校园安防控制中心为基础，组织建设了“平安校园”综合管理平台和学校安全稳定工作管理信息系统，初步建立了校区网格、安全稳定工作队伍、师生员工、居民、重点管控人员、重点部位、出租房屋、校园备案车辆等信息库。“平安校园”综合管理平台的建立，实现了综合值班、视频监控、消防报警、入侵报警、门禁管理、远程会议、应急指挥及以上子系统之间联动的功能。将日常维修保养与重点集中维护结合，对出现各类故障的安防设施设备及时维修、更换，保障系统正常运行；为公安机关侦办案件、大型考试和活动保障提供视频资料20余份。

（刘　伟）

后勤与基建管理

【概况】2013年，学校后勤基建管理处紧紧围绕学校重点工作，深入开展党的群众路线教育实践活动，稳步推进学校基本建设规划，不断增强后勤保障能力，加强周转房管理和节能改造工作，立足本职，强化服务，为学校长远发展服务，为学校教学科研服务，为师生员工生活服务。年内，2人荣获评北京市高校后勤系统节能先进个人，1人被评为北京科技大学优秀党务工作者，1人被评为北京科技大学优秀共产党员。

（金仁东）

【基建管理】（1）稳步推进基本建设工作，创新基本建设管理模式。①进一步完善制度建设，补充完善《后勤基建管理处规章制度汇编》中涉及施工现场管理的各项规章制度，使之更加具备可操作性，如制定了北京科技大学关于招标控制价管理流程和办法等规定。②认真贯彻校内甲方乙方管理模式，创新认质认价体系，全面落实项目招标管理办法。③创新设计管理模式，实现专家咨询、使用单位全程参与决策设计过程。如：两次组织结构专家对主楼单面装饰墙的结构安全进行论证，在保证外立面效果和结构安全前提下不断优化结构设计，降低超常规设计带来投资增加的风险；组织使用单位共同讨论专家公寓室内精装修设计方案，研究每个功能用房的平面布局，反复论证流线的合理性。多次研讨园区外部交通流线和安防规划，结合园区功能分区、管理模式、园林绿化等条件认真研究大门、围墙设计方案，确保勤俭办事落到实处。2013年12月10日，组织各参施单位赴太原参观调研山西省交通科学研究院产业化基地在施的反力墙及强力地板工程；现场与该项目所有参加单位的技术人员进行了交流，详细了解关键、核心部位的施工方案和注意事项，针对项目的不足也研究了改进方案。力学化学厂房等2项工程施工过程中，多次组织召开土方、护坡、降水等方案的专项协调会议，专门组织专家对13米深基坑降水和基坑支护方案进行了论证研究。最终实现了减少降水影响东侧厂房的范围，同时也消除回填土高差太大而影响地面结构沉降的隐患，工程费用相应节约。

（2）积极推进园、区规划和基本建设，进一步拓宽学校办学空间。①扎实推进学校工程实践基地和11栋教工住宅翻扩建等项目的前期报批工作，夯实项目实施进程。②工程实践基地项目的立项、设计招投标以及一期建设筹备工作均取得了实质性进展：完成了项目立项报批工作，依据2012年11月26号北京市规划委员会关于工程实践基地项目规划意见批复（2012规调字0164号）的条件，编制了工程实践基地项目的项目建议书，在学校同意后于2013年8月17日上报教育部，2013年10月20日得到教育部立项批复，同意学校在工厂区分三期建设工程实践基地；完成了设计招标投标工作，在取得教育部立项批复后，组织力量会同项目招标代理单位北京科技园拍卖招标有限公司，在北京市工程承包发包交易中心完成了工程实践基地设计招标投标工作，确定了项目中标设计方案和设计单位中科院建筑设计研究院有限公司，并按照北京市规划委员会要求完成了项目注册备案工作。积极推进11栋教工住宅翻扩建项目的前期工作，与北京市规划委员会沟通，于2013年12月取得了11栋教工住宅翻扩建项目的规划意见书，依据该项目的规划条件，完成了11栋教工住宅翻扩建工程建设方案构想设计，编制了11栋教工住宅翻扩建项目《项目建议书》，于2013年12月28日上报教育部。

（3）全面推进昌平创新园建设，强化项目前期报批工作。①完成昌平创新园动力中心所有报建手续，与北京市规划委员会沟通，于2013年2月6日取得了规划许可证（2013规（昌）建字0016号），于2013年3月7日取得了项目的施工图设计审查意见书及报告。完成了项目消防备案工作，于2013年8月27日顺利取得动力中心开工许可证（〔2013〕施建字0573号）。②完成昌平创新园主楼、南配楼、力学-化学试验厂房的所有报建手续，2013年8月12日取得了人防工程施工备案通知书（国机防工施备字〔2013〕46号），2013年8月14日取得了项目规划许可证（2013规（昌）建字0065号），2013年8月29日取得建设工程消防设计审核意见书（京公消审字〔2013〕第0628号），2013年9月25日取得了项目的施工图设计审查意见书及报告，并督促设计院完成了施工图修改，2013年10月29日取得了项目的开工许可证（〔2013〕施建字0702号）。③完成昌平创新园供电报批手续，调研统计昌平创新园用电负荷需求，编制了昌平创新园用电方案及可研报告，经北京市供电局审批同意后确定了外接电力电源接入方案。按照北京市供电局审定的方案，督促设计单位完成了外电源和中心配电室的设计工作，并据此办理了创新园区电力电源报装申请手续。考虑到非居民用电电费是学校教育用电电费的2倍，经过与供电部门多次沟通、协调，最终将创新园园区供电性质由原来方案中定的非居民用电改成了学校教育用电，夯实了后续电费计算方法，降低了创新园区后期运行的成本。

（4）落实安全、质量、进度、投资、功能五统一管理模式，强化项目施工现场过程精心化管理。①按照使用单位要求完善试验设备的基础条件建设并协助使用单位完成部分设备进场、调试、验收等工作；进一步深入了解使用单位需求，优化厂房使用功能，使之更加切合使用单位的具体要求，为将来大量试验设备进场安装调试做好前期准备工作；补充完善试验厂房等3项工程施工过程中的相关资料，督促施工单位做好变更洽商的现场签认、预算编制工作，为竣工验收做好准备。②完成生活区项目、动力中心、力学-化学厂房等项目施工进场前的“三通一平”工作，并与施工单位办理相关交接手续；组织各参施单位开展图纸会审和设计交底工作，及时办理变更，避免返工。③生活区项目主体结构及二次结构施工均已完成，博士后宿舍、专家宿舍及食堂外墙涂料粉刷完毕，现已正式亮相，学生宿舍外墙底层砂浆已完成；动力中心主体结构已完成；力学化学厂房等2项A、C区CFG桩已打桩完成，B区土方挖运及深基坑围护工作正在进行。④2013年后勤基建管理处严格按照工作程序审核各项工程的招标文件，避免现场采用商务谈判进行认质认价，配合总承包方完成暂估项目工程的招投标工作。2013年共计完成了28项招标，累计合同金额2.97亿元。

（5）加快天工大厦项目的工程结算，完善项目交付移交手续，认真做好维保服务工作。①2013年11月完成了天工大厦《建设项目配套节水设施竣工验收》，核定年用水量指标110294立方米，确保学校用水总体平衡。②协助天工大厦完成了雨水管线接入市政管网，完成天工大厦西侧广场绿化与停车场工程的施工，并交付使用。③督促施工单位维修天工大厦西侧台阶、卫生间防水问题，加快处理地下室人防临战封堵事并积极与幕墙施工单位协调更换被损坏玻璃、给幕墙开胶部位打胶以及屋顶钢构防火涂料脱落处理方案。④年内完成了除室外道路工程、弱电工程以外的所有项目(35项)工程结算审计，涉及金额约3.5亿。天工大厦的概算为4.65亿元，项目结算累计约为3.85亿元，节约投资约为8000万元。

(6)组织编制上报文本，为学校多渠道争取资金解决项目建设资金不足提供支撑。①2014年，修购，组织编制了昌平创新园生活区专家宿舍VRV空调、学生宿舍太阳能生活热水供应系统、学生食堂厨房排油烟系统以及厨具采购修购文本。②2013年长效机制，编制国家材料服役安全科学中心东区基础设施配套（一期）项目长效机制资金申请文本，申报金额为3453万元，下达金额为1900万元。③加快推进长效机制项目的建设进程，落实投资计划。截至2013年年底，完成了国家材料服役安全科学中心东区基础设施配套（一期）项目中所有系统的设计和全部工程的招投标手续并签订了施工合同，合同累计金额为3400万元。现施工单已位全部进场施工。

（7）进一步完善已完工交付使用项目的备案手续。①7号学生公寓及活动中心消防验收工作在通过了北京市规划委员会的规划审批后，于2013年初进行了消检和电检，并于2013年4月取得消电检测报告。针对报告中提出的问题，会同保卫保密处多方配合协调整改以及组织实施了老旧设备翻新改造，加强了消防联动系统的启动和维护。②完成了体育馆、老干部活动中心所有基建档案对校档案馆的移交手续，便于后期维修人员查阅。其他项目正在抓紧进行资料整理、编号和系统录入。

年内，为拓展教学资源，研究北京科技大学湛江工业技术研究院建设规划，开拓学校科研平台，集中优势资源培养创新人才，并考虑到实现优势互补、科学发展战略推动地区发展的目的，在与科研处积极配合下，编制了《北京科技大学湛江工业研究院建设规划方案》，并在此基础上，结合区域和科研要求，起草了湛江工业研究院建设规划方案草图。研究院项目的推进将拓宽学校优势资源，吸引人才，也将通过学科优势加快推动地区产业发展，实现互利共赢，稳步发展。

（金仁东、冯建明）

【后勤管理】积极推进后勤服务管理改革，进一步提升学校后勤服务和基础设施保障能力。

（1）2013年，进一步完善了后勤服务质量监督体系，编制并实施了《北京科技大学后勤服务质量评价实施细则》，细化、量化了质量标准及评价办法。积极地推进制度建设，编制了《北京科技大学修缮工程预算结算编制及审核管理办法》《北京科技大学学生食堂价格平抑资金管理使用办法》《北京科技大学供暖燃气节能目标管理办法》，以进一步规范完善后勤管理制度，提高后勤服务质量与保障能力，做到后勤服务监管工作规范化、常态化，确保各项后勤服务工作正常有序地运转。

（2）2013年，进一步完善了地下管网综合信息管理系统，重点梳理了暖气、给排水管线等基础设施状况，校核地下综合管网图，普查了全校供水管网现状，调整改造了部分校园供水系统管线。根据北京市水平衡测试要求，对全校给水阀门井、表井、阀门、计量仪表等进行了改造，逐步实现全校供水管网分区域、分级计量和管理，减少水、电、气等能源的消耗。与依托于山东建筑大学的济南格林节能开发有限公司联合申请了2013年度住房和城乡建设部支持的《节约型校园高校能耗监管平台项目》建设专项资金300万元，用于建设全校水、电、气等能源消耗监测平台，对用能设备设施有计划地进行节能改造，减少能源消耗，积极推进节约型校园建设。

（3）2013年，完成学校中央普通高校改善基本办学条件专项资金改造项目11项，包括：留学生宿舍楼装修改造工程（二期）、水平衡测试二期工程、热水锅炉更新改造工程、西三旗实验基地污水系统改造工程、机电信息楼地下二层电力增容改造、校园排水干管（北部）修复工程、学生公寓8、9斋换热站及室外管线改造工程、管庄校区11号学生宿舍屋顶改造及外墙粉刷、图书馆西配楼（南部）裂缝处理及加固工程、管庄校区教学楼修缮改造工程、体育馆篮球场地木地板更换工程。

（4）2013年，完成学校大修工程累计40项，有西锅炉房锅炉年检及安全阀校验、16斋西侧道路拓宽及维修工程、铭德楼拆换广场砖、体育部维修等。

（5）2013年完成学校教学区专项维修工程52项，有学生公寓2斋、3斋卫生间暖气立管拆除、封堵，逸夫科技馆进口截门及地沟到一层的暖气管更换，理学楼西侧地沟暖气管和截门更换，21、22 栋绿化及维修，南三门拆除外移、环形自行车架安装，逸夫楼 7 层顶东屋面修漏等。

(6) 2013 年，完成学校家属区专项维修工程 39 项，有小学校小楼地下暖气管更换，1 ~ 9 栋房顶修漏，24 栋地下室防水及室外上下水管线，道路改造，35 栋、37 栋屋面防水及原屋顶电梯间门更换，38 ~ 47 栋平改坡屋面防水及雨水管、排烟管维修，40 栋地下室采光井防水处理、周转房维修、44 栋雨水沟维修等。

(7) 2013 年，完成学校计划外工程 25 项，有办公楼空调维修，16 斋西侧热水管道安装工程，鸿博园地下地面改造，宣传部隔墙拆除、改门洞。

(8) 2013 年完成的其他改造工程项目 8 项。包括综合楼（原科技园 D 座）改造工程、马列学院及模拟法庭改造、高等工程师学院房屋维修及照明改造、管理学院外墙维修、图书馆西侧及外语楼北侧绿化改造、教学楼西侧及逸夫楼东侧绿化改造、机电信息楼等地下空间改造工程、学生公寓配电室建设工程。2013 年，共完成各类工程项目共计 175 大项。

通过上述工程的实施和完工，不仅保障学校教学区、家属区水、电、气、供暖的正常运行，同时，也改善了教学条件及居民的生活条件美化了校园环境。

（仇安兵、金　播）

【房产管理】2013 年，在房产管理方面，积极做好日常工作。

(1) 加强学校周转房管理，完善并实施新的周转房管理办法。①制定周转房管理办法。为进一步加强周转房管理，解决无房年轻教职工短期住房困难，改变周转房租金暗补的现状，实现周转房公平和存进周转房合理、有序流转，2013 年 3 月 22 日，经多方征求意见，周转房管理委员会研究并报校长办公会批准，下发《北京科技大学周转房管理办法》（校发〔2013〕11 号）文件，明确周转房的性质、租住对象、使用期限、安排程序及违约处理事项，为加强周转房管理从制度上提供了保证。②逐步调整周转房租金价格。根据《北京科技大学周转房管理办法》，2013 年 4 月和 12 月，根据市场调研情况，经周转房管理委员会研究，报校长办公会批准，对 2013 年和 2014 年周转房租金价格进行了调整，出台了《关于调整周转房租金价格的通知》（校发〔2013〕15 号）和《关于调整 2014 年周转房租金价格的通知》（校发〔2013〕83 号）两个文件，稳步推动周转房租金市场化，优先解决无房年轻教职工住房问题。③加强周转房管理，公开排队及安排情况。为进一步加强周转房管理，2013 年加大了社会户租住清退和转租转借周转房住户的清理力度，共清退租住周转房的社会户 17 户，回收存在转租转借行为的周转房 5 套。由于部分教职工出国、调出、自购房等退出周转房，2013 年累计收回周转房 52 套。安排入住周转房教职工 74 人次，其中 47 人次安排了成套住房，27 人次安排床位。

为了促进周转房管理的公开透明，从 2013 年 12 月开始在学校 OA 网基建处栏目下对周转房申请及安排情况进行公示。公开申请人基本情况和申请时间，安排周转房时按照申请时间的先后顺序进行安排。学校教职工都可以通过 OA 系统查看周转房的安排情况。

(2) 住房补贴预决算和审核发放。①上报住房补贴预决算。2013 年度上半年完成了《北京科技大学 2014 年住房补贴预算》的编制和上报工作，享受补贴的职工共计 1490 人，拟落实补贴总计 2130 万元。2013 年 12 月至 2014 年 1 月期将完成《北京科技大学 2013 年住房补贴决算》的编制和上报工作。

预计享受补贴的职工约1513人，预计落实补贴约2080.10万元。②无房月补贴计发工作。2013年度新进职工发放国家无房按月补贴共104人，老职工发放国家无房按月补贴共1390人，共计1494人（含管庄55人），补贴总计1914.90万元。③差额补贴计发工作。2013年度分批次对申请差额补贴的个人进行信息审核与发放，全年共涉及2人，合计发放差额补贴25.96万元。④级差补贴计发工作。全年调整并补发由于提职而产生的晋级级差补贴共涉及17人，发放金额约57.03万元。调整并补发无房提职人员无房按月补贴共涉及130人，补发金额4.65万元。

（3）全体校外购房职工的供暖补贴、物业补贴、交通补贴的计发。①供暖补贴计发。截至2013年12月20日，校外购房职工2013－2014年度供暖费报销共涉及职工210人，总计报销30.76万元，剩余29人将在2014年3月15日之前报销完成。此外，本年度完成校外购房职工2013－2014年度供暖补贴发放工作，共涉及职工902人，总计137.29万元。②物业补贴和交通补贴发放至一次工资中。2013年新申请物业补贴人员30人，补发额度为0.79万元；新申请交通补贴24人，补发补贴总计1.1万元。

（4）公房上市办理及统计。截至2013年12月20日，全年全校申请办理已售公房上市手续共71户。其中出售43户（已成交23户），继承或过户20户，办理住房抵押贷款4户，户内增加共有权人4户。从上述数据看，办理人数约为2012年的2倍（2012年共37户）。

（5）改善周转房租住环境。针对学校周转房年久失修、环境较差等情况，教师入住前都要进行装修维修。为改善青年教职工周转房住宿条件，2013年开始对所有周转房入住前都进行粉刷、卫生间防水、老旧线路改造和木质窗户更换，保证了周转房入住的基本条件。

（6）房屋租金、社会户供暖费回收情况。对于周转房租金的收取，采取工资扣除方式收缴，本校教师租住周转房租金回收率为100%。社会户房租包含承租公房租金和社会户租住周转房租金，2013年度收取社会户房租（3.05元/平方米）共计13.46万元，收取社会户租房租金共计168.37万元。

在学校居住的社会户人员应该缴纳供暖费。经过统计，应交供暖费户数为473户，供暖面积约3万平方米，应收取供暖费金额为919828元。因学校尚未进行社区物业改革，对社会户供暖费收取工作带来很大难度，截至12月底，实际总收入478009.6元，其中支票为90896.6元，现金387113元。

（张东平、熊　梅）

【节能管理】2013年，学校积极推进节能工作，开展节能教育宣传，稳步落实节能要求。按照北京市发改委的相关要求，按时填写并报送学校能源管理负责人备案表及2012年度能源利用状况报告，加强售电经济往来监督，重新规范节能收费办公室现金收支流程和管理制度，制定《节能收费办公室现金管理规定》。为了解留学生用能收费情况，对周边十所高校留学生用电、用水、热水洗浴和开水使用收费情况进行了调查；按照市统计局的要求，完成了新能源与可再生能源调查；调查周边11所院校的供暖节能情况，出台《北京科技大学供暖燃气节能目标管理办法》。

2013年，学校共上缴水电费3213万元，比2012年增加357万元，增长12.5%。全校总用电量为4970万千瓦时，与2012年相比增加512万千瓦时，增长11.49%，增长原因主要为科研教学设备增加及建筑面积增加用电量增加。全校总用水量为202.2万吨，与2012年相比增加11.2万吨，自来水用量比重增大。全校供暖、热水天然气消耗量为805万立方米，与2012年相比减少21万立方米。2013年学校共下达补贴167.87万元，比2012年增加20099元。学校回收各项能源费用共计2637.11万元，比2012年增加697.35万元。

根据国家发改委《关于印发万家企业节能低碳行动实施方案的通知》，完成了2012年度节能目标责任制考核，“十二五”期间发改委下达学校的节能量目标为2544吨标煤，截至2012年度，已完成累计节能量4680吨标煤，考评为96分；根据北京市发改委《北京市用能单位能源审计推广实施方案（2012－2014年）》要求，组织实施了2013年度能源审计工作，对学校可重点实施的节能项目做出了建议。为贯彻落实财政部、住建部《关于进一步推进公共建筑节能工作的通知》，提高学校建筑能效，加强全校各项节能管理工作，创建节约型学校，制定了《北京科技大学节约型校园建筑节能监管体系建设实施方案》；根据党中央、国务院关于应对气候变化工作的总体部署，为落实“十二五”规划关于逐步建立国内碳排放交易市场的要求，学校展开碳排放权交易相关工作，2013年发改委下达的配额为42423吨二氧化碳；根据国家发展改革委、财政部联合批复的《北京市服务业清洁生产试点城市建设实施方案（2012－2015年）》工作部署，北京科技大学被列为2013－2015年度服务业清洁生产试点单位名单，清洁能源审核工作将于2014年度完成。

（武绍杰、鲁　晓）

后勤服务

【概况】后勤服务集团下设10个单位。其中，机关单位4个，包括集团办公室、财务部、调度督察室、人力资源部；实体单位6个，包括物业服务部、运行保障部、经营管理部、饮食中心、幼教中心和会议中心。主要工作内容涉及餐饮、学生宿舍、物业维修、环境卫生、校园绿化、动力运行、经营管理、幼儿教育、会议接待等多个方面。至2013年年底，集团共有职工909人，其中事业编制职工261人，非事业编制职工648人。年内，集团运行保障部被评为北京市高校后勤先进集体，2人获评“北京高校后勤物业工作先进个人”，3人获评“北京高校后勤思想政治工作先进个人”，2人获评“海淀区高校系统交通安全工作先进个人”。

（张文平）

【党建工作】2013年，后勤党委认真开展党建和思想政治工作，大力加强基层党组织和党员队伍建设，以党建营造氛围、凝聚人心、推动发展、促进和谐，圆满完成了各项工作任务。年内，后勤党委被北京市教育委员会评为北京高校后勤思想政治工作先进集体。截至2013年12月，后勤党委有党支部10个，党员166人。其中，非事业编制党员42人，全年共发展党员13人，其中非事业编制党员11人。

（1）深入学习领会中共十八大及十八届三中全会精神，抓好党员干部的学习工作，为各党支部以及党员干部发放《党员就是责任》《做真正的党员》《党支部书记的工作方法与领导艺术》等学习材料，购置《为民　务实　清廉——党的群众路线教育实践活动专题讲座》DVD，轮流在各党支部组织学习，不断提高后勤系统党员干部的理论学习水平。

（2）扎实开展党的群众路线教育实践活动，加强后勤作风建设。2013 年 7 月开始，开展了党的群众路线教育实践活动，后勤党委积极筹备，稳步推进各阶段各项活动的进展，先后制定《后勤党委党的群众路线教育实践活动实施方案》《后勤党委“学习教育、听取意见”阶段实施计划》《北京科技大学后勤党委党的群众路线教育实践活动民主生活会方案》等文件，在学习教育、听取意见阶段，提出了“四个一”的工作要求，先后组织了不同层面代表座谈会，收集意见建议 100 余条。在查摆问题、开展批评阶段，后勤党委认真组织处级领导干部民主生活会，各单位领导按照“照镜子、正衣冠、洗洗澡、治治病”的总体要求，以“为民、务实、清廉”为主题，以“反对‘四风’、服务群众”为重点，聚焦“四风”方面存在的突出问题，对自身及班子成员进行了批评与自我批评。在整改落实、建章立制阶段，后勤各部门制定整改的路线图、时间表，建立健全相应的规章制度和长效机制，在后勤系统形成“深入基层、勤于思考、快速响应、清正廉洁”的工作格局，营造积极向上的工作氛围。

(3) 组织各党支部开展丰富多彩的活动，幼教中心党支部的“加强基层组织建设，增强基层党组织的凝聚力、创造力、战斗力”活动以及物业服务部党支部的“立足岗位，服务师生，永葆共产党员的先进性”活动。在北京科技大学优秀基层党组织活动中荣获二等奖；饮食中心党支部被评为北京科技大学 2013 年“十佳标杆党支部”；5 人获得“2011 - 2013 年度北京科技大学优秀共产党员”称号。后勤党委举办了第一届体育文艺节，陆续开展了后勤职工健步走、“我的后勤梦”演讲比赛、“我的后勤梦”征文比赛、书法摄影作品评选、后勤歌手大赛等系列文体活动，不断推进后勤文化建设。此外，组织员工积极参加北京高校后勤第三届文化艺术节活动，在艺术节的书画摄影大赛、演讲比赛、“后勤好声音”歌手大赛比赛中都取得了好成绩。

(4) 加强理论研究，提高理论水平。年内，后勤党委顺利完成了《加强创先争优基层组织建设年活动，努力推进“四个一”建设工作》《高校后勤外来务工人员团建工作研究》《深化大学生“党建进宿舍”工作实效的实践研究》3 项党建课题研究的结题工作，并成功申报重点课题《充分发挥学生“三自”功能，努力打造高效和谐学生公寓》党建课题研究。在《思想教育研究》上发表了《加强高校后勤党的培训，构建多层次培训体系》《高校学生公寓管理新模式的探索与实践》等论文。

(5) 2013 年，后勤党委坚持以人为本，切实关注后勤系统职工的生活，特别是生活上有困难的职工，不断拓宽党内激励、关怀和帮扶机制。年内，后勤党委开展了面向老党员、生活困难及大病党员的慰问工作。在中秋佳节前夕走访慰问了服务在后勤系统一线职工；在重阳节到来之际，给后勤高龄离退休老职工送去了温暖和关怀；为 6 名家庭有经济困难的党员申请了“共产党员献爱心”专项行动慰问金。

(6) 继续加强对工会组织、共青团组织的领导，引导各项工作顺利开展。后勤分工会顺利通过了校工会“二级教职工之家”的验收；组织开展了 2013 后勤秋季趣味运动会；组织后勤职工参加校工会冬季健步走活动，取得了团体第六名的成绩。后勤团委幼教中心团支部的孙龙被评为北京科技大学第九届“十佳团支书”；幼教中心团支部荣获 2012 - 2013 年度首都大学、中专院校“先锋杯”优秀团支部称号；曹振素被评为“先锋杯”优秀团员。

（张俊燕、童　华）

【机制改革】2013 年 5 月集团新班子上任，通过分析和研究当前后勤现状，提出以

“三型、四化”构造后勤改革发展的基本框架——把“学习型后勤、服务型后勤、创新型后勤”作为后勤改革发展追求目标；把“服务人本化、管理网格化、流程标准化、效率现代化”作为后勤改革创新的基本方法。“三型、四化”是“后勤梦”的主要内容，“后勤梦”的核心是“以人为本”，即以广大师生员工的需求作为后勤工作的出发点和落脚点，全心全意服务于学校教育教学发展、服务于师生员工生活。围绕“三型、四化”发展思路，集团在工作作风、服务机制、人事制度等方面进行改革，进一步提高服务水平和质量。

（1）以学校开展党的群众路线教育实践活动为契机，按照“为民、务实、清廉”的原则，推动集团工作作风转变。①提出领导干部必须保持“想干事、会干事、干成事”的精神状态，必须坚持“说实话，办实事，求实效”的工作作风，深入基层，开展调查研究，及时发现问题、解决问题。②主动派人参加学校每月一次的校长接待日，组织座谈会，主动听取师生、离退休职工的意见。③求实效，集中人力物力，重点攻关，解决难点问题。一些住户存在多年的下水堵塞问题得到彻底解决；48、49栋一批住户存续多年暖气不热问题得到根治。④倡导靠前服务的理念，服务先行，不做救火队，确保后勤服务保障工作先行。

（2）零修机制改革取得初步成效。年内，将零修机制改革作为后勤改革的突破口，11月零修机制改革方案出台并试行。新机制的突出特点：①建立维修服务网格化管理机制，明确职责范围，责任落实到人。②业绩与薪酬挂钩，变以往的“被动干、派活干”为现今的“主动干、抢着干”。③面对面调度，提高维修响应速度。④监督机制高效，维修回访百分百全覆盖。⑤零修工作实现信息化，提高了工作的规范性和科学性。

（3）大力推进人事制度改革。6月起，按照“以需设岗，以岗定编，以责定薪，以考定聘”的原则，逐步推进人事制度改革，减员增效。为此，严格人事管理制度：①冻结干部职数，原则上不新提任干部；通过干部年终述职、工作考核、群众测评等构造干部考核评价体系，加强干部管理，强化岗位责任落实，优化干部队伍。②冻结非事业编制，通过满负荷岗位工作量核算、工作流程再造、机械化、信息化等手段，减员增效。③通过培训提升员工服务技能，从而提高生产效率。全年，共组织各类培训60余场，培训2100余人次。

（张文平、孟祥国、张　林）

【服务工作】（1）完成学生宿舍改造工程。3月，在对新生宿舍床位预测、核算中发现，硕士床位存在200多个缺口。为满足新生住宿需求，积极走访调研，研讨宿舍改造方案，全力做好改造工程监理，做好善后卫生清洁工作，8月底完成宿舍房间改造工作。6～7月，完成全校5500余名毕业生退宿工作，暑期共完成91967平方米学生宿舍的粉刷，完成1200多间宿舍家具的维修配置、清洁工作，为做好迎新工作奠定了基础。9月，学生公寓顺利地完成6000名新生入住。

（2）完成垃圾楼改造工程。2013年，学校将垃圾楼改造作为党的群众路线教育实践活动为群众办实事的一项工程。集团积极联系海淀区环卫部门，争取支持，邀请其来现场考察，研究解决办法。9月，先后走访调研周边大学，考察海淀区、东城区垃圾转运站。10月初，垃圾楼改造方案获学校批准，改造工程正式启动。12月初改造工程竣工；12月25日，新的垃圾楼启用，改善了垃圾楼周边居民的生活环境。

（3）完成学生宿舍空调安装工程前期工作。根据学校工作安排，7月初开始协助有关部门走访、调研了清华大学、北京大学等高校学生公寓空调安装情况，提交了调研报告；根据学生宿舍实际状况，提供初步安装方案和经费预算，为学校决策提供了可靠依据。寒假前完成了学生宿舍空调、智能电表的招标工作。

(4) 饭菜价格基本稳定，伙食质量稳步提升。2013年，原材料、能源、人工价格都有不同程度的上涨，从采购、加工、管理、监督等环节入手，降低原料采购价格、提高材料利用率、节能降耗，防止浪费、提高效率，全面加强成本控制和管理，使学生食堂饭菜价格基本保持稳定。为增加花样品种、提升伙食质量，启动菜品库建设工程。为提升员工业务技能，饮食中心开展了“师徒传帮带”活动，12月举办了厨艺大赛。食堂日常供应主食190种、副食495种。

(5) 做好教室、楼宇物业保洁服务。全年，共完成逸夫楼、教学楼公共区域23931平方米，73间教室，11881个座位的保洁工作，除配合教务处完成正常教学计划以及考试的后勤保障工作外，还成功地配合完成了12次大型考试的保洁工作；完成机电信息楼等10栋楼宇28360平方米保洁工作。

(6) 做好校园环境绿化工作。全年，种植樱花34棵，修剪校园大树60多棵，改造绿地1900平方米；种植花卉2600多盆，移植各种树木花卉15000多棵（包括黄杨、金银木等6个品种），修剪灌木500余棵、月季1500余棵；大操场防寒盖无纺布8000平方米；清理树叶垃圾600余袋；全年租摆会议用花650盆；树木草坪防虫打药120车。

(7) 打造幼儿教育特色品牌，解决教师后顾之忧。幼儿园始终坚持为学校服务、为学校教师服务的理念，确保学校教师子女优先、优惠入园，解决教师的后顾之忧，为支持学校事业做出贡献。

(8) 全年共完成全校师生信件收发94万件，接收本、硕、博新生档案4500多份，投递各类文件、报纸、杂志约18万件。为学生新办补办公交卡6805张，为师生预订火车票约1.1万张。

（张文平、张晓媛、路子茂、宋玉梅、张志民）

【保障工作】2013年，在“平安校园”创建工作检查验收、北京地区高校图书馆第九届运动会、北京高校控烟效果检查等工作中，后勤集团做到提前准备、认真部署、精心安排，主动自觉地服务于学校工作。

(1) 做好冬季供暖运行保障工作。在后勤基建处的支持下，暑期集中对教学区、住宅区老旧管线实施更新改造，有效地消除管道堵塞、渗漏等影响供暖效果的不利因素；提前对校内供暖系统进行上水、加压试运行，检验系统运行状况，做到早发现、早解决有关问题；公开征集住户暖气不热问题，供暖开始前完成各类维修100余次。

(2) 做好教材、科研用品等物资供应工作。全年发放春季、秋季教材9.94万册，课前到书率为100%；协助各学院、教师完成自印教材70余种、约8300册，公文100余种、累计7万余本（册）。严格执行试卷印刷、装订保密工作，全年共印制各科考试卷25.6万张，做到期中、期末试卷印刷装订无泄密。

（孟祥国、张　林、李建达、张志民）

【经营工作】整合资源，规范房屋出租管理工作，2013年集团新签合同8家，续签合同31家，合同金额共计454.8万元。在保证行驶安全的前提下，车队全年共行驶3.8万千米，出行370多次，在为教学科研服务的同时也取得了一定的经济效益。

（孟祥国、张志民）

图书馆

【概况】北京科技大学图书馆下设“五部一室”：资源建设部、流通部、期刊部、信息咨询部、技术部和办公室。2013年，图书馆设有新书、保存本、中外文书刊等阅览室，以及冶金、材料外文过刊阅览室、“摇篮书斋”阅览室、文献检索与学位论文阅览室等独具特色的阅览室，图书馆为全校近3万名师生读者提供印本文献与电子文献，实体馆与藏虚拟馆藏、单馆保障与多管互借传递相结合的全方位文献信息服务。包括：纸质文献借阅、数字资源服务、科技查新、论文收录与引用、信息咨询与情报分析、学术研讨与交流、多媒体服务、读者咨询、读者主题活动、学科服务和移动图书馆等服务项目。

截至2013年年底，图书馆馆藏文献总量达192万余册卷，共有79种数字资源、202个数据库。除国家法定假日以外，全年开放326天，每周开放94.5小时。网上文献信息资源每天24小时对外服务。

图书馆在职正式职工62人，其中高级职称人员10名；中级职称人员26人，中级职称及以上人员占总人数的58%；拥有大专学历人员49人，占总人数的79%，其中硕士及以上学位人员24人，占总人数的38%。

（季淑娟、张　涛）

【文献资源建设】2013年，图书馆进一步规范和完善了印本文献招标的相关工作，完成了2013年印本中外文图书、期刊招标工作，订购印本中外文图书38063种、92067册，订购印本中外文报刊1920种，接收赠书196种339册。在分析评估109种电子资源的基础上，完成了73种数字资源的订购，其中续订64种，新增9种。2013年，完成了37035种、90014册印本图书、19725册印本期刊、40000余份报纸、1723册期刊合订本、487本报纸装订本、5914张光盘等文献资源的编目、加工、典藏和上架工作；下架装订期刊7532本，完成了学校研究生学位论文印本2632册的收集、整理、加工、上架流通等工作，完成了研究生电子学位论文2470条全文数据的收集、上传、标引及发布。完成了学校教学参考信息服务平台2013学年数据更新。积极宣传和推广馆际互借与原文传递服务。2013年，馆际互借累计431人460册；完成原文传递16073篇论文+180102页图书，文献满足率由2012年的88.5%上升到95.4%。由于对北京地区高校的服务贡献，2013年图书馆荣获“BALIS馆际互借优质服务馆二等奖”“BALIS原文传递先进集体二等奖”“学科服务三等奖”和“CASHL服务最佳推广奖三等奖”。2013年，学校机构库被国际开放获取机构资源库、学科资源库目录检索系统OpenDOAR收录，仅两个多月时间，浏览总量54411次，下载总量6410次，国外的浏览与下载超过50%。

（季淑娟、王　瑜）

【文献信息服务与新技术应用】图书馆始终践行“读者第一、服务至上”的服务宗旨。①2013年，入馆读者128.98万人次，主页访问量90.17万人次，借还纸质图书92.9258万册，中外文电子图书阅读、下载量15.2737万次，多媒体资源点播访问56万余次，数据库全文下载量507万余篇。②为进一步提高电子资源的利用率，2013年，图书馆除开设了《科技文献检索与计算机应用》《文献检索与学术活动》等课程，还开展了形式多样的电子资源宣传推广与读者培训活动。如举办电子资源宣传日活动、分层次、分学科、分专题及网络培训等均取得了良好的效果。③ 2013 年，完成科技查新项目 1002 项。完成论文收录检索 1733 项，较 2012 年有大幅增长。完成人事处、科研处职称评审、绩效考核、科研奖励等论文收录检索 4100 余项。年内教育部首次在全国范围内评选与表彰科技查新先进集体和先进个人，学校图书馆查新站被授予“教育部科技查新工作站先进集体”荣誉称号，江晖同志被评为“教育部科技查新工作站先进个人”。④图书馆积极拓展学科服务，利用国外分析工具，积极开展基本文献分析的学科学术评价工作。2013 年，基于文献计量分析，为学校提供材料、工程、化学、物理 4 个进入全球机构排名 1% 的学科评价分析报告。利用国际分析工具对学校从 1985 年至 2013 年 9 月以来专利进行总体态势分析，撰写了学校机构专利竞争力分析报告。完成了土木/矿业工程、经济管理等 2 个学科信息服务平台的建设。⑤为寻求满足学校需求的移动图书馆系统平台，对移动图书馆进行了全面详尽的研究与测试。利用已有主流的各种移动终端设备，分别对移动图书馆客户端、基于移动终端浏览器访问的网页版从系统功能、界面布局、访问效率、用户习惯等多维度进行测试研究，并组织了读者现场体验活动，受到了广大读者的欢迎与赞同。⑥加强设备巡检与保养、硬件配置升级、故障更换等工作，保证了图书馆各类资源、应用设备与服务器稳定运行，确保全校读者 365 天 724 小时网上无障碍利用图书馆资源。

（季淑娟、王　瑜）

【学术研究与对外交流】图书馆十分重视馆员队伍建设，努力提高馆员素质。2013 年，馆内举办业务培训、文化讲座 6 场，派出参加国内图书情报领域的各类培训与交流会议等 38 人次，培训学时共计 345.5 学时。图书馆通过设立科研基金、制订《图书馆关于学术研究奖励办法》，激发了馆员参与学术研究的积极性，活跃了馆内学术研究气氛。2013 年，新增加 6 个图书馆科研基金项目，新增 1 个校级基本科研业务费资助项目并已于年内完成结题。2012 年的 4 个图书馆科研基金项目完成结题。1 人荣获北京高校数字图书馆技术应用案例评比三等奖。全馆累计发表论文（第一作者）16 篇，其中核心期刊 7 篇，EI 收录论文 2 篇，CSSCI 收录论文 6 篇。图书馆积极加强馆际交流与合作，2013 年举办了“北京科技交流学术月——信息服务发展与创新高层论坛”“专利信息与高校知识产权服务培训”等 5 场专题活动，接待了北京航空航天大学、中国矿业大学等高校图书馆的来访。5 月，组织全体员工前往中国人民大学图书馆参观。这些活动进一步密切了与同行之间在业务领域的交流，开拓了馆员视野，为开展合作奠定了基础。

（王　瑜、路春梅）

【党建与工会建设】按照学校党委的部署与要求，图书馆党支部把开展党的群众路线教育实践活动作为 2013 年的重点工作，召开党的群众路线教育实践活动动员大会，对图书馆的教育实践活动进行了具体部署。通过座谈会、民主生活会等形式，广泛面向群众征求意见，深入查摆图书馆在服务意识、服务能力和服务质量等方面存在的问题，每名党员对照党章、对照廉政准则、对照改进作风要求，联系思想和岗位实际，认真查找自身在“四风”方面存在的问题和不足，开展批评与自我批评，提出改进措施。

充分发挥教代会的民主管理、民主监督作用，2013 年 1 月召开了图书馆第一届第三次教代会。组织丰富多彩的文体活动，如北京最美新农村参观学习活动、“文化之旅”活动、参观国家博物馆和观看国家大剧院表演等，陶冶馆员情操，提高文化修养及欣赏水平。荣获北京地区高校图书馆第九届运动会团体总分第二名；获校第十一届教职工排球比赛B组第二名；获机关党委运动会团体总分第二名；获得校工会成立60周年文艺演出三等奖。深入开展三级小家建设，信息咨询部、技术部、流通部三个小家荣获校级模范三级小家称号。

（张　涛、路春梅）

【北京地区高校图书馆第九届运动会】 2013年10月12日，学校成功地举办了北京地区高校图书馆第九届运动会，有来自清华大学、北京大学等49所高校图书馆代表队1500多人参加了本次盛会。本届运动会的成功举办促进了北京地区高校图书馆之间的交流，进一步增进了友谊，为未来的合作奠定了坚实的基础。同时，也进一步扩大了学校在北京地区高校中的影响力，为学校赢得了赞誉。

（张　涛、路春梅）

附　录

图书馆2013年各种文献资源的订购情况

项　目		总　计	
		种	册
图书	中文	36052	89517
	外文	2011	2550
	图书总计	38063	92067
报刊	中文期刊	1586	
	报纸	124	
	外文影印	49	
	外文原版	161	
	报刊总计	1920	
数据库		73	
接收赠书		196	339

图书馆2013年读者服务情况表

项　目	2013年服务数量
接待进馆人次（万）	128.98
图书馆主页访问量（万次）	90.17
借出书刊(万册)	46.27
归还书刊(万册)	46.6558
阅览书刊（万册）	11.7291
读者注册（人）	7614
上架图书（万册）	75.2699
借还光盘（张）	5638
复印/打印/扫描（张）	122955

续表

项　目	2013 年服务数量
校外读者办证（个）	155
上机检索（万人次）	7.49
上机检索（万小时）	7.18
课题查新	1002
检索与收录	1733
资源宣传与推广（场 / 人）	42/1600
馆际互借（人 / 册）	431 人 460 册
原文传递服务	16073 篇论文 +180102 页图书
科技文献检索与计算应用（学时 / 人）	70 学时 /207 人
空间和设施服务（场次）	3486

2013 年各类电子资源使用情况

<table>
<tr><th>电子资源名称</th><th>使用量</th><th>电子资源名称</th><th colspan="2">使用量</th></tr>
<tr><td rowspan="2">外文电子期刊全文下载篇数</td><td rowspan="2">1487050</td><td rowspan="2">自建电子资源下载篇数</td><td>学位论文</td><td>144258</td></tr>
<tr><td>机构库</td><td>6410</td></tr>
<tr><td rowspan="2">中文电子期刊全文下载篇数</td><td rowspan="2">2637691</td><td rowspan="2">外购多媒体资源</td><td>访问量</td><td>334620</td></tr>
<tr><td>点播量</td><td>233309</td></tr>
<tr><td>外文学位论文全文下载篇数</td><td>14087</td><td colspan="2">随书光盘下载频次</td><td>26132</td></tr>
<tr><td>中文学位论文全文下载篇数</td><td>654040</td><td colspan="2">在线考试访问量 / 下载频次</td><td>112240/89813</td></tr>
<tr><td>中文会议论文全文下载篇数</td><td>133276</td><td colspan="2">外文文摘数据库检索频次</td><td>717133</td></tr>
</table>

档案馆

【概况】2013 年，北京科技大学档案馆下设办公室、综合档案室和人事档案室，定编 9 人。截至 2013 年年底，在册正式职工 6 人，其中 3 人具有档案专业背景，4 人具备档案系列中级职称。

2013 年，档案馆入馆档案 15512 卷，移出档案 4605 卷。截至 2013 年年底，馆藏总计 135624 卷，其中包括《高等学校档案管理办法》规定的 12 门类档案 104563 卷，干部人事档案和全日制本科、硕士研究生、博士研究生档案 31061 卷。

2013 年，档案馆在基本工作方面仍然围绕综合档案管理、干部人事档案管理和学生档案管理 3 大块内容进行。年内加强了培训、利用服务和人员考核，实现了两项突破：①暑期毕业生档案转递工作历史性地实现了学期内转出，缩短了从学生离校到档案派出的时间；②档案馆内部专项培训工作从无到有，形成固定时间、灵活模式，其内容贴合工作实际需要，取得显著效果。

2013年，档案馆首次立项跨年度重点工作，包括：专职队伍的吐故纳新和培育提升，档案资源数字化调研和单类试点，干部人事档案专项整理核查和馆库改造。

（罗明书）

【重点工作】2013年，照学校整体要求完成了以下聘任考核工作和岗位安排：①5月和8月，馆长在中层干部竞聘中获得连任，综合档案室主任由专业技术业务岗转入行政岗，综合档案室1人调至学校工会；②2月和7月，人事档案室有2人先后退休；③7月和8月，为综合档案室和人事档案室分别补进档案专业研究生1人、两年保研学生1人；④12月，按照学校整体部署制定了科以下非教学科研人员考核细则并上报备案。在此基础上，为保证专职队伍频仍变动不至于影响稳定的工作水准，档案馆自10月起6次组织档案业务专题内训，4度参加或接待与二级立档单位、外地同行和供应商之间的对口交流，并参与了高校档案研究会课题。年内，结合群众路线教育实践活动，全馆空前融洽，工作热情高涨，极大地降低了减员的影响。

2013年，档案馆对综合档案开展数字化试点工作，根据学校档案案卷情况和保管利用需要，优先对20世纪50年代行政类档案进行抢救性数字化扫描和挂接，并同步补录文件级机读目录，以减少案卷老化和字迹褪色洇化的不利影响。为此，档案馆指派2人利用6个月时间对拟数字化的档案案卷做了预检，专门组织全馆进行图像技术方面的内部培训，于项目前期对数图类公司和部分高校档案馆进行了标准调研和工作现场考察，对北京市城建档案馆等示范单位进行走访。12月，档案馆与紫光图文公司签订2.8万页残损案卷的数字化合同，工期2个月，预计金额1.96万元，实行逐页验收。数字化场地设于综合档案室库房，期间同步完成档案馆新人定题培养和转岗工作交接。

2013年，档案馆落实教育部、中组部《关于做好文件改版涉及干部人事档案有关工作的通知》规定，经学校批准开展为期2年的干部档案专项工作，进行干部人事档案的整理核查和库房保障条件建设。年内，专项经费到位20万元，工作取得进展，包括：3月完成制定学校干部人事档案整理细则工作；4～5月完成211卷在职处以上干部的人事档案整理与查缺审核工作；10～12月完成半个库房的密集架拆建与新建并使原地存放空间扩容1倍，并对下年的工作进程做了必要准备和铺垫。在项目进程中，汉龙思琪公司承接了部分整理工作；天津万茂档案设备公司承担了密集架拆建与新建工程。由于馆舍紧张，档案馆人事档案室搬至过厅办公和接待利用，职工档案5998卷暂时存入综合档案库房，原人事档案库房一半空间重新布局，综合档案库房因此饱和，全馆阅档空间大幅压缩。

（罗明书）

【综合档案管理】综合档案管理是档案馆的重头工作，涉及12门类档案，与学校各部、处、学院均发生关系，基本工作包括完整收集、安全保管和有效利用。日常管理包括：①按期组织完成学校各类档案的收集、整理和管理；②根据学校各个部门的实际工作需求提供相应的档案利用；③自主开展招生录取材料、学籍档案、科研证书和专利等档案的数字化工作；④配合项目（课题）审计、干部经济责任审计提供财会凭证的查阅复印工作；⑤配合科研管理，协助组织学校部分军工项目的档案分项验收；⑥追补各单位历年积存不交的应归档材料；⑦配合基建项目查档、接待校友查证本人学历学位、为学校史料的挖掘提供素材等。

2013年，全校年度归档工作限期恢复为截至6月底，档案馆通过网络通知、电话指导、上门服务等多种方式完成具体的业务协调和指导工作。当年接收档案9153卷

（较上年增长42%），文件24122件（增长117%），图片与电子文档上传1366件（增长61%），自主进行数字化扫描74卷14922件（为上年12倍）。综合档案部分的馆藏已有10万卷，档案存量在北京高校中名列前茅。

2013年，因校庆年结束，档案利用需求回落。档案馆年中为配合学校各项工作共提供档案查借阅服务1795人次（较上年减少），查阅档案10040件，借出档案574卷（减少）；提供学历认证信息148人次（增加），查无相关信息7人次（持平），提供档案材料复印或拍照17346件（减少）；出具房产证明54份。

2013年，档案馆指派综合档案室承担档案馆数字化试点项目，完成调研与签约工作，实质性地推进了档案数字化项目外包方式的尝试，并通过调研、规划、预检和验收等环节对新入职人员进行了专业能力的挖潜。

（李丹黎、李 倩、王 领）

【人事档案管理】职工的人事档案管理主要配合人事处、组织部的工作需要，与各级党委、离退休职工处、居委会工作关联，与学校职工个人利益密切相关。

2013年，职工人事档案在日常工作照常的前提下，着重紧抓3项工作：①严格执行归档材料逐份登记核对的手续，明晰责任，规范管理。②研究政策，修订了《干部人事档案查阅制度》和《北京科技大学人事档案材料收集归档鉴别规定》，把好归档关，为干部档案的核查工作准备工作细则。③在干部档案新标准专项工作中，做好外包整理工作的前后期工作（材料准备和检查复核），完成密集架拆改新建工程中需要先期进行的案卷登记和5998卷档案（合$32m^3$）的打捆搬迁工作。

2013年，档案馆接收新入校教职工档案76卷，接收并归档各类零散材料2979件，转出教职工档案27卷，整理核查职工档案505卷（其中处级干部档案整理212卷，核查55卷，整理近年新入校职工档案238卷），接待利用243人次405卷次，向人事处、组织部借出档案112卷，各项利用复印材料221张。

（王桂珍、高 阳）

【学生档案管理】学生档案管理与学校招生就业工作、学生工作、教务管理、学院学生工作等多方面工作密切相关，与学生利益直接联系。在政策执行、工作量及进度等多方面，受到相关部门工作规定的约束。日常有繁杂的收集、整理、利用、转递和接待工作，每年在迎新和毕业前后均有大量工作需要集中人力抢时间完成。学生档案管理分为研究生档案管理和本科生档案管理两部分。

2013年，档案馆接收本科与研究生档案6241卷，其中本科生档案3362卷，研究生档案2879卷，合计较2012年增加11%；接收博士后档案42卷；整理各类档案8743卷；转递毕业生档案4578卷，其中本科生档案2505卷，研究生档案2073卷；接收各种原因退档77卷。

2013年，档案馆日常接收并归入档案的零散材料41354份，其中研究生19374份，本科生21980份；转出零散材料446份。除转入数据库的有关信息外，特殊事项变更信息共603人次，申报查单4人次，回执收发粘贴核对1000余份，建立目录26册。日常接待办理学籍咨询、查档、调档、阅档、交档和出国公证等事项的各类人员1500余人次，提供档案利用3000余卷次。年内，在招生就业处配合下，档案馆完成了2013级新生8省市高考报名材料的补充打印归档工作。

2013年，档案馆首次实现暑期前学期内派档，大大缩短了学生离校到档案派出的时间。年内，为配合干部档案新标准专项工作进行库房周转，对学生档案实行大规模倒架，共搬迁案卷2.6万袋（合43立方米）。

（王桂珍、王增辉）

【业务提升与交流】2013年，

档案馆继续出任北京高校档案研究会理事，注重于繁重工作压力之下的专业素质养成和服务能力建设。年内，档案馆基本完成2012年在北京高校档案研究会申请的科研立项，及时进行了2012年《全国档案事业年报》北京科技大学相关数据的统计、申报和有关数据库的整理工作，完成了2012年《北京科技大学年鉴》的供稿。年内，档案馆1人新定中级职称，1人评为保密先进个人，1人获评机关党委优秀党员。

2013年，档案馆组织8次图像技术专题培训，2次与校区、独立学院对口交流，1次数字化工作现场调研，1次密集架生产现场调研，1次外校档案馆经验学习，1次城建档案馆经验学习，5人次参加国家档案局和北京市档案局的工作培训，并随时就馆内工作开展讨论，每月定期交流。年内，先后接待北京师范大学档案馆、江南大学档案馆和内蒙古科技大学档案馆等院校同行来馆调研。

（罗明书）

现代教育技术中心

【**概况**】2013年，现代教育技术中心（简称“电教中心”）现有在编工作人员7人，中级职称4人，初级职称3人；长期患病在家休息职工1人，返聘退休教工6人。拥有各类设备900余台/件，固定资产2000余万元。拥有多个结构完整、功能齐备的数字化教学平台。其中本科教学服务管理平台包括：教学资源管理系统、教学评估系统、电子巡考系统；多媒体课件制作平台，包括教学资源存储系统、多媒体课件制作系统、精品课程录制系统、云录播系统和一套电视节目制作系统；RF教学传输平台，包括用于播放教学课件的教学区有线电视系统、支持多种语言教学的卫星接收系统和家属区有线电视模转数系统。公共服务体系的72间设施齐全的网络化多功能教室，为本科教学顺利开展夯实基础。在教学管理方面学校实现了课堂教学活动全方位、全信息纪录应用新理念，在北京市高校乃至全国高校中名列前茅，有众多高校来校考察，先后接待中国农业大学、北京航空航天大学、北京中医药大学、大连大学、哈尔滨工业大学、郑州轻工业大学等学校。此外中心还拥有相当数量的录音复制设备及课件刻录设备等。

（段海涛）

【**教学服务工作**】2013年，共有3618门类课程，公共服务体系有2846个讲台使用多媒体教室，总计约112894学时服务本科教学，在北京科技大学数字化教学资源平台上载课程370余学时，接收传输12套IPTV节目，点击率8650次，向外国语学院提供BBC、CNN、NHK、DW、NGC、STARMOVIE六套卫星境外接收节目源。中心积极搭建公共服务体系多媒体课件技术教学平台，为教学工作提供技术支持，完成教学素材编目620学时；复制、刻录教学软件180学时；为兄弟院校复制各类教学软件240学时。

利用2013年修购项目，修购计划款项200万元，利用下拨2009年修购资金项目的144万元，搭建全新数字精品课程录制系统。经过与厂商技术人员多次磋商，修改设计方案、经过反复实验，建设了适合学校课程录制的全方位、多功能精品录课系统平台，解决了多年来录制精品课程“打游击”的现象。更新学院多媒体教室投影机24台，更换教学电脑34台，更换下来的电脑经过维修，调拨到学院的多媒体教室继续使用。利用招标后剩余资金为学院多媒体教室安装了6台多媒体教室机柜，为本科教学督导组更换电脑等设备，利用修购追加经费，与教学科、注册中心一起商议，建设了逸夫教学楼、教学楼《无课教室信息发布平台》，彻底解决学生上自习找教室难的问题。

经领导批准，为学校会议中心学术报告厅更新投影机等设备，解决学术交流中多媒体课件显示不清等问题，提高学校学术研究的知名度。经过与北京考试院、北京竞业达数码公司多次调试，实现了学校电子巡考系统与北京考试院监控平台无缝对接。多媒体教室维修维护共计2600余次，安装各类教学软件百余次，保证了全校200余间多媒体教室设备正常运行，设备完好率100%。

（张　捷、王　敬）

【精品课程和电视片制作】 2013年，现代教育技术中心制作各种电视片及课件共计68部，申报教育部国家精品视频公开课2门课，获准录制的1门课8学时；教育部资源共享课5门课335学时。制作教育部组织的首届全国高校微课教学比赛申报课程5部；制作北京市第九届名师申报课程2门课，共计10学时。制作国际交流处由教育部办公厅组织的2013年度来华留学英语授课品牌课程申报课程2门课；与材料科学与工程学院合作，制作资产管理处申报国家级《材料虚拟仿真实验中心》综合专题片1部；制作教师教学发展中心组织的教师教学能力提升讲座3部；制作由组织部申报的北京市教委组织的第三届北京高校入党积极分子《精品一课》评比课程3部；制作学生处心理咨询竞赛片1部；摄制2013年本科教学表彰会1部；摄制第八届青年教师教学基本功大赛33讲；制作国际交流处创新人才推进计划申报片1部；录制精品课程8门课，共计329学时。往北京科技大学数字化教学资源平台中上传精品课程，共计19门类，主讲教师15位，上传369学时；电教中心素材编目整理85盘。

（冀燕丽、高玉峰）

【有线电视网络系统】 2013年，接待北京市文化市场行政执法总队进行的文化市场检查。对会议中心、国际处、博士后公寓等单位及16斋，21、22栋宿舍有线电视信号光缆传输进行改造，并对会议中心有线电视信号传输链路进行升级改造。对有线电视网络前端系统故障设备进行维修和更新。中心还完成有线电视系统前端机房设备测试40余次，对卫星地面站进行检查、测试、调试与维修20多次。由于学校家属区有线电视系统已于2011年1月1日归北京歌华有线公司进行维修，中心负责提供学校自办节目转成数字电视节目，融入北京歌华公司的有线电视系统内，供学校教职工收看。更换学生区、教学区、办公区光站7台，因遭雷击、刮大风、密封不严导致接头氧化，维修更换室外光站、放大器30多次。对有故障的有线电视用户进行登记，上门进行测试和维修，更换损坏严重的线路及器件。据不完全统计，进行故障维修150余次，保证了系统的正常运行，线路传输畅通，使教师和学生收看到清晰的电视图像。

（段海涛、余　涛）

社区卫生服务中心（校医院）

【概况】 社区卫生服务中心（校医院）始建于1954年，由医务室逐步发展为校医院，1989年新建成了建筑面积3586m²，业务用房2000平方米的医院。1996年定为“一级甲等”医院，2002年4月通过市评审成为社区卫生服务中心，可对外服务，服务辐射半径为43万多平方米，服务人口约3.5万人。承担预防、医疗、保健、健康教育、康复、计划生育技术指导等“六位一体”的医疗卫生服务。

2013年，中心设有急诊科、内科、药剂科、外科、妇科、中医科、眼科、耳鼻喉科、口腔科、推拿针灸科、预防保健科及护理部，另有药房、化验室、B超室、心电图室、放射科等辅助科室。有医务人员54人，其中在职38人、返聘2人、人事代理合同制14人；临床大夫16人，临床护士12人，医技人员18人，财会人员4人，党政管理人员4人；正高级职称2人，副高级职称4人，中级职称26人，初级及以下职称22人；具有硕士研究生及以上学历6人，本科学历26人。

（褚　洪）

【医疗服务】 2013年，社区卫生服务中心紧紧围绕和服务于学校中心工作，结合中共十八大的学习，以“规范服务、和谐发展”为理念，以提高医疗质量、加强慢性病管理、降低医疗费用为落脚点，认真落实年初工作计划，不断加强质量监督和考核，努力提高健康管理水平，合理降低公费医疗支出，较好地完成了各项工作目标和任务。

2013年，中心完成门诊、急诊量142646人次，比2012年增加了9.4%；处方总数为124109张。肌肉注射3962人次，静脉输液7146人次，换药4118人次，生化、透视、B超、心电图等各类特殊检查12237人次。完成各种体检12237人次，包括学生入学、离校、就业体检、职工体检及居民体检等。

（李素君）

【健康教育及预防保健】 2013年，中心成立了健康教育组织，由副院长负责，院办及相关科室参与，积极开展健康教育及各项宣传活动。全年共组织各种健康教育讲座和宣传服务活动52次，受教育者近5.2万人次。还完成了每年为学生开设96学时的公共卫生选修课教学任务。

2013年，对3364名新生进行了PPD（结核菌素）筛查，筛查率99.8%，强阳人数为236人；并对所筛出的强阳性同学进行结核病防治知识讲座及拍胸片检查，对PPD试验强阳性并同意预防用药的同学进行免费预防用药122人次。同时对16例水痘、3例流行性腮腺炎、1例感染性腹泻、2例菌痢等传染病例进行了处理、访视、消毒和宣教。

中心还承担着全校学生、教职工、流动人口、居民、散居儿童等的计划免疫工作。全年共接种疫苗18668人次，其中为儿童接种2330人次、小学生接种775人次、大学生接种13946人次，为本社区及周边地区60岁以上老人免费接种季节流感疫苗1079人次，为其他人员接种538人次。多年来，社区计划免疫接种率均达到100%。

（李素君）

【重点工作】 ①加强健康教育及管理，提高健康管理水平。2013年，中心本着“以人为本、以病人为中心”的思想，不断加强健康教育和健康管理，深入开展慢性病

（高血压、糖尿病、冠心病、脑卒中）和知己规范管理工作，努力提高医疗卫生服务水平。通过首诊负责制、病例讨论、处方点评、绩效考核督查等多层面加强服务质量管理，以学校和区卫生局绩效考核内容为依据，以服务质量为根本，加强质量监督和考核，切实提高医疗卫生服务质量。②调整药品品种结构，控制公费医疗支出。在加强公费医疗日常审核和管理的基础上，通过加强教育、强化监督、考核和奖惩机制，进一步调整与完善医生工作站，制定协定处方，强化内部管理，调整药品品种结构，合理控制处方量，努力降低药费支出。

（褚　洪、刘明明）

体育馆

【概况】2013年，北京科技大学体育馆贯彻落实中共十八大精神，并以中共十八大精神为指导思想，认真学习领悟党的群众路线工作内容，根据学校总体工作部署及场馆2013年工作计划，紧密围绕服务校内师生的工作目标，不断加强队伍建设，扎实推进工作，锐意进取，以热情饱满的精神状态圆满完成了年度各项工作，并连续4年获得“北京市优秀体育场馆”荣誉称号。

（邹华东）

【党建工作】2013年，根据中央八项规定精神，按照《中共中央关于在全党深入开展党的群众路线教育实践活动的意见》《北京科技大学党的群众路线教育实践活动实施方案》等文件要求，结合全年工作计划，体育馆组织开展了丰富多彩的党建与思想教育主题活动，在传达中央精神的同时，提高全体员工的思想认识和政治理论高度。体育馆积极申报学校党建研究课题，一手抓理论学习，一手抓实践创新。为了能够得到真实客观的反馈，体育馆针对全体职工、部分顾客开展了问卷调查工作，根据职工和顾客所提出的问题和建议积极整改落实，广开言路，及时总结，认真调整工作思路，实现了上下联动，全面推进的高效模式。

（鞠　洋）

【团队建设】为进一步健全制度建设，在2010年制度汇编手册的基础上修订完善了新版管理制度汇编。总结场馆开放5年以来的运营经验，根据工作需要和员工的建议与意见，有效增补、修订了各项管理细节和制度规范，细化规范工作流程，明确责权分工，实现制度管理的人性化和时效性。积极推进人事管理工作程序化、规范化，健全员工电子档案系统及员工请休年假、合同续签、会议签到等各项制度；进一步明确库管员、安全检查员等岗位员工的职责，进一步优化考核形成方案；加强安全生产工作观念，建立健全安全工作的防控预案。

严格员工选聘制度，合理配置各岗位人才，保证形成一支优秀、稳定的员工队伍。2013年，体育馆新聘用员工13人，占员工总数的23%。体育馆与北京市多家技职院校建立合作关系，为在校生提供实习岗位，既为学生提供了实践的平台，又拓宽了体育馆招聘优秀人才的渠道，全年有3名技术类专业学生在体育馆实习。新员工、新实习生的加入，为体育馆员工队伍注入了新鲜血液，各部门顺利地完成了新老交替。

（邹华东、鞠　洋）

【安全管理】加强安全管理工作，加大安全工作检查力度，体育馆严格落实北京市体育局、北京市安全生产监督管理局等有关部门下发的安全生产工作要求，积极配合平安校园建设要求，在各个环节认真检查，保证“低风险，零事故”平稳运营。

针对特定岗位特殊环节开展相应的培训工作。体育馆分别于5月、11月进行了全员消防知识培训及应急疏散演练，提高消防中控值班员的岗位技能，增强员工防火用电的安全意识，杜绝安全麻痹大意思想；开展游泳馆救生员的模拟救生演练，保证救生员在抢救过程中能迅速反应，准确操作。

（李　龙）

【服务师生】体育馆准确地把握以服务学校师生为主、促进学校体育事业发展的功能定位，满足学校需求，为学校体育教学、代表队训练、师生课余运动、大型活动场地支持等提供有力保障。2013年，体育馆共接待校内学生102380人次，全年共开设了羽毛球、游泳、乒乓球、跆拳道、健美操等9项体育课程，在体育教学期间，体育馆全体员工积极配合相关部门的工作，为学校师生、代表队训练提供了优良的场地设施与人员服务。

2013年，体育馆圆满完成了校内大型活动的承办工作。全年承担学校大型活动有：开学典礼，毕业典礼，校园春季招聘会、秋季招聘会，校友返校活动，大学生CUBA联赛，2013年新生羽毛球、乒乓球、游泳比赛等10余项。

（郑　璐）

【设施维护】进一步提高体育馆硬件设施水平。2013年7月，完成了篮球场地板更换工作；2013年12月，完成了游泳馆地暖改造工程项目。在更新设备设施的同时，更注重了设备设施的日常保养工作，全年完成了多项零修、保养维护工作，及时地更换游泳馆救生物资器材及泳池循环水过滤器，检修羽毛球馆顶层照明方灯，处理强电设备间应急电源存在的安全隐患，维修了三台地下污水泵，对冷却塔的管道、场馆外围的护栏进行了除锈防腐刷漆处理等。在为学校师生及顾客提供优质运动环境的同时，更将安全意识作为日常运营工作的方向盘，认真排查安全隐患，让广大师生顾客能够感受到舒心、安心、放心。

（李小红、刘定贵）

【市场开发】在满足校内使用需求的同时，体育馆遵循“以馆养馆”管理模式，积极开拓市场，实现了满足校内使用需求及适度对外开放的平衡运营，提高场地使用效率。2013年1月1日至11月30日，体育馆接待校外顾客314618人次。全年，承接的校外单位大型活动有：21世纪不动产安信瑞德年会、联想控股集团年会、高德软件年会、绫致时装有限公司运动会、2013万智牌大奖赛－北京站、北京爱慕内衣公司年会、太平人寿保险公司年会、EMBA商学院羽毛球赛、KFC三人篮球赛和多家公司篮球比赛等。通过承办各类大型活动，提高了体育馆的营业收入，同时在一定程度上扩大了体育馆的社会知名度，拓宽了体育馆的宣传渠道，实现了经济效益与社会效益的双重收效。

（邹华东）

附属小学

【概况】2013年，北京科技大学附属小学在校学生826人，教学班23个。毕业学生162人，新招学生172人。全校教职工52人（其中在职教职工31人，代课教职工21人），中学高级教师1人，小学高级教师28人；所有任课教师均达到国家规定学历。

2013年，学校迎来建校60周年。校庆的主题是知校、爱校、创造、梦想。大学领导、退休老教师代表及全校师生参加了庆祝活动。大学副校长权良柱在会上发表了热情洋溢的讲话，附小的校长也表达了全校师生的共同心声——科大附小的明天会更好！在校长的提议下，全校师生将自己手中的纸飞机掷向天空，放飞师生共同的梦想！

2013年10月30日，海淀区人民政府教育督导室会同东升学区组成督导评价组，依据《海淀区贯彻落实<北京市区县政府、教委、中小学校、幼儿园全面实施素质教育评价方案>的实施方案》，对附小全面实施素质教育情况进行了督导复查。学校做了《育心于乐，和谐发展》的主题报告，并引领督导组成员巡视校园，了解学校情况。复查得到督导组的好评。

（张美娜）

【德育工作】2013年，附小严格落实了中央、市、区德育要求，认真完成各项德育工作，坚持科学育人，加强德育交流和学习。组织教师学习了《中共中央第十八次代表大会报告》《习近平讲话》《北京市学科德育指导纲要》《减负》等教育文件，积极开展践行“中国梦”“北京精神”的相关活动。①教师集会和教研组活动按时、有效。附小组织教师学习朱永新《我的教育理想》中有关学校文化建设、教师职业理想、家校合作理念、学生成长方向等方面的内容，为更好地开展学校教育建立了统一的思想基础。组织教师先后赴海淀区、东城区、朝阳区、昌平区等有办学特色的兄弟学校进行参观交流，积极参加东升学区班主任工作室活动和专家讲座，增强教师队伍的责任意识和教育理论。5月，附小接受了东升学区对学校德育工作的视导任务，经过听取工作汇报、实地考察、问卷调查等方式反馈的结果，附小德育工作得到了东升学区领导和兄弟学校的肯定和褒奖。②重视学生日常习惯养成。根据儿童认知水平，开展了“最美的我”“最美班级”“最美校园”等系列活动，重点对学生的个人卫生、着装仪表、自理能力、文明行为进行指导，为班级文化建设积极献计献策，在课间操和课间活动时对班级风貌提出要求和目标，利用附小60年校庆的契机让全体学生参与到美化校园的活动中去，并形成爱护学校公物、合理使用教学设备和器材的良好意识，均取得了显著的效果。与学生值周和日常常规检查并行，实施开展文明习惯优秀班级“积分”制，每周针对不同项目，随机抽检年级，对表现突出的班级予以积分奖励，督促学生在校期间遵守日常规范常态化，增强遵规意识和集体观念，推进良好班风的建设。③充分发挥教育活动和少先队组织的作用，不断拓宽教育思路，创新教育方式。在严格落实升旗仪式、晨检、午检、红领巾广播、班队会活动等常规教育活动的基础上，积极推行“文明课间、多彩校园”的特色校园活动，调整优化了社团模式，让学生在课间、课后能有更多增长才干、提升技能、强化体质的实践活动机会。如开放的图书阅览架，引导学生文明有序的课间活动，也培养了学生强烈的读书意识；足球队精简队员、增派教练，梯队建设更趋于合理化，保证了足球队运动成绩和日常训练水平；指导音乐、美术教师丰富课外活动内容，定期在校内展出学生作品，活跃校园气氛；引进北科大法学院、绿盾社团，为学生开设普法讲堂、环保教育课，拓宽了学生的课堂知识维度，也为大学生志愿工作提供了平台；重点扶持田径队、啦啦操队建设，吸引了一批有能力、有天赋的孩子开展阳光体育锻炼，活跃校园文化。其中，啦啦操队组建3个月，就在第一次参加的全国比赛中获得第5名的好成绩，足球队在北京市“小西甲”联赛中取得第6名。④把握节日、纪念日等时机，精心组织大型教育主题活动。六一儿童节附小162名一年级新生加入了少先队，并举行全校课本剧展演作为庆祝活动。附小师生与北科大话剧社的同学们精心编排了《包公审驴》《田忌赛马》《项链》《音乐之声》（英语课本剧）等剧目，通过一个多月的紧张准备，从筹划剧本、分派角色，制作道具，直到整体排练，凝聚了孩子们集体的智慧，增强了合作意识，在舞台上淋漓尽致的完美表现，最终让他们收获了成功与喜悦。9～10月，围绕附小建校60周年，开展了为期一个月的校庆系列活动。活动以学校科技特色为主要活动方式，确定了“知校、爱校、创造、梦想”的活动主题，活动涵盖了校史回顾照片展、“最美校园”学生作品展、“生日快乐，我的科大附小”班级板报展、科幻校园剧和科幻作家报告会、北科大各学院科技作品互动展示、校庆日与科学季主题庆祝活动等。全体师生认真筹备、积极参与，出色地落实了主题目标：一是知校——了解学校发展历史，加深师生情感。二是爱校——增强主人翁意识与责任，提高日常行为行动力。三是创造——明确自己是学校发展的见证者与创造者，勇于突破自我，崇尚奉献精神；四是梦想——对校园生活充满希望和畅想，健康、快乐、积极地成长。⑤附小少先队积极开展红领巾相约中国梦系列活动。队员们通过绘画和制作手抄报来描绘中国梦和心中的梦想；以“红领巾相约中国梦”为主题进行创编传唱新童谣和中队主题活动；各中队进行“放飞我心中的梦想”为主题的演讲比赛，同时推荐演讲优秀队员参加“科大附小——放飞我心中的梦想”校级演讲比赛。11月，参与了东升学区第二届少先队代表大会。⑥继续开展校外教育基地实践活动。3月，配合家委会开展文明养犬宣传活动；4月，为雅安地震组织了师生捐款活动；5月，带领全校学生到蟹岛参观恐龙展。继续利用大学体育馆资源做好游泳、乒乓球校本课程的开发与实施，定期组织高年级学生参访北科大实验室的科普活动。

（潘　翔）

【教学工作】（1）减轻过重负担，提高课堂实效。学校认真落实北京市、海淀区“减负增效”精神，制定了《科大附小“减负增效”工作预案及要求》，将减轻学生过重的课业负担，提高课堂教学实效性落实到位。各组各学科教师围绕“拓展学生学习空间，构建高效课堂教学”的主题开展组内校本教研活动，深入地进行构建高效课堂教学的研究，切实提高教师整体专业技能和实施素质教育的实践能力。结合减负增效研究，规范、提升、创新各科教师备课，期末各年级组长交叉进行了教师备课的检查，每位教师上交一节重点研究课的教案和课件，促进教师的备课更加有针对性、实效性。在课堂教学方面，以教学内容整合和教学模式创新为重点，以提高课堂实效性为突破口，配合东升学区“践行课标，构建高效课堂教学”评优课活动。10月，学校举行了校级研究课展评活动，检验年级组教师共同研课、校本教研的能力水平，同时全面考察教师课前的备课水平、课堂授课的水平。全校全学科17名教师参与了研究展示活动，教师基本功得到展示，课堂实效性得到落实。组织语文、数学、英语、品德、音乐、科学6个学科的6位老师参加了学区评优课。教师们认真研读新课标，践行新课标，较好地完成了评优课任务。冯鑫鑫老师获得科学学科特等奖的成绩，其余5位获得一等奖。

（2）开展有效的校本教研，提高教师的研究力和教学实践能力。各科、各年级针对教学中的问题进行及时、有实效的教研。各教研组活动一周一次，一次一个主题，每位教师轮流主持、记录。通过学习、研讨，教师之间相互交流、分享，开阔视野，引发思考，借鉴经验，吸纳融合，变为自身知识积累，促进提高。同组、同学科开展随时教研，资源共享。真诚地交流，取长补短，互相促进。学校领导每周到一个年级，深入进行常态课的跟踪听评课和校本教研指导，帮助教师挖掘优势，诊断问题，明确持续改进、提高质量的有效策略。学校进行了阶段性的全校校会总结。将全校23个班级的听课情况、班级文化突出的特色整理出来，供全校师生学习分享。

（3）加强教学监控，努力提高教学质量。以海淀区小学教学工作大会为契机，科学运用六年级质量监控的数据，分析、总结此次监测的经验，召开了校级分析会。语文、数学、英语组代表分别就监测做了报告，推广经验，总结问题，引导全校把好各年级、各学段质量关。在北京市教委明确取消期中考试，一个学期只进行一次期末验收的要求下，教导处安排各年级各学科自行组织单元验收，不增加学生负担，随堂进行。语文、数学、英语学科验收后写出验收分析，试卷及分析上交教导处。教导处做出检查反馈，适时监控学科质量，及时督促教师改进教学，并做好对学困生的帮扶指导。学校开展了各个学科、各种形式的专项以及期末的全学科质量监测工作，确保对各年级、各学科学业情况、教学现状的有效监控与指导。例如，语文开展了阅读、百词、经典诵读征文等活动；美术、音乐、体育等学科奖励了学科优秀学生。期中后召开了全校学生家长会，与家长进行面对面的沟通。期末评选了本学期全学科全优学生，进行了表彰。教导处在学期中分类抽查了全校各班学生作业。既检查教师布置作业的量，考察减负的落实，教师批阅作业的工作情况，又检查学生作业的正确率，书写的工整度，重点检查学生改错和教师复批。督促教师、学生抓好日常作业，也是教学质量的一种监控。

（4）加强学生习惯的培养，端正学习态度。开展学生学习好习惯之星的评比，从“上课倾听，发言积极；作业书写工整；按时完成作业，正确率高”三个维度进行每周班级评选、每月校级评选，评选结果在教导处门口公示表彰，并发放奖励。这样的评比，月月奖励不同的学生，每个班级一个学期下来表彰达到50%的学生，充分调动了学生学习的主动性、积极性以及学习的兴趣。

（5）开展作业的新模式的研究，提高学生的学习能力。鼓励教师开展以“减轻学生课业负担，提高学生学习兴趣、实践能力”为主题的作业新模式研究。学期中围绕“科大附小建校60年”，开展了征文以及制作模型的实践性作业，全校学生积极参与，写出了绘本及科技论文，并在校内展出。寒假作业中，各学科、各年级以实践性作业为主，鼓励学生实践、阅读。这样的作业形式，激发了学生的主动性、创造性，创作出丰富多彩的作业。

语文加强课堂朗读训练，开展了班级朗读竞赛。各班自定形式，全员参与，拍成DV形式全校展示，并从中选拔优秀选手参加校级朗诵和演讲比赛。语文、英语学科分别以年级为单位，以教材为蓝本，创作课本剧，并结合六一儿童节活动，进行全校舞台剧展示。《田忌赛马》《包公审驴》《音乐之声》等经典课文，经过师生精心准备，完美呈现，演出效果非常好。这些活动培养了学生综合素质，提升学生的自信心，使得不同层次学生都能有提升，“让每一个学生在学校里抬起头来走路。”结合“新教育”课题研究，开展学生“阅读工程”计划，每班建图书角，选派图书管理员，利用校内中午午休时间和校外课余时间开展有效阅读。

认真完成小升初和幼升小工作。做好毕业生学籍校对、报名、填报志愿等工作。162名学生合格毕业，全部升入中学。幼升小组织有序，圆满完成，共招生172人。制作了新生录取通知书，并精心编制了《新生家长培训手册》，召开了新生家长会。

（高　彦）

附　录

2013年北京科技大学附属小学师生获奖一览表

序号	奖项名称	获奖级别	获奖者	授奖单位
1	2013年全国啦啦操联赛（北京站）	全国第五名	科大附小	国家体育总局体操运动管理中心、全国啦啦操比赛组织委员会、中国大学生体育协会、中国中学生体育协会
2	中小学创造教育分会第十九届年会	优秀论文二等奖	冯鑫鑫　肖方伟　周　喆　王秀兰　郭　燕　徐永红　魏　辉　赵　晖　吕　梅　宋　玉	中国发明协会中小学创造教育分会、中国发明协会
3	北京市城区中小学学科教师“专业促进”培训	市级优秀公开课、优秀观摩课	冯鑫鑫（《它们吸水吗》）	北京教育学院
4	2012年北京市第三届中小学美术教师“黄胄杯”美术、书法作品评选	一等奖	李　翎	北京市教育委员会、北京学生活动管理中心、北京市黄胄美术基金会、北京市中小学美育研究会
5	北京市第十五届学生艺术节暨“黄胄杯”中小学师生美术作品大赛	优秀辅导奖	王忠艳	北京学生活动管理中心、北京市黄胄美术基金会
6	北京市创造教育优秀论文评选	二等奖	魏　辉　肖方伟	北京市教育学会创造教育研究会
		三等奖	郭　燕　王秀兰　周　喆　冯鑫鑫	
7	北京市学生机器人智能大赛机器人工程挑战赛小学组	三等奖	科大附小	北京市教育委员会
8	2012－2013年度全国实用英语超级联赛北京赛区	一等奖辅导教师	陈玉冰　杜向琳　王群艳　张　荻　洪　流	全国实用英语超级联赛北京赛区组委会
9	北京市中小学生风筝比赛	团体三等奖	科大附小	北京市学生管理中心、北京市民族教育学会、北京市风筝协会
10	“变异教学理论的课堂实验研究”群体课题先进个人	区级	唐明华	海淀区教育科学研究所、北京师范大学课程与教学研究所

续表

序号	奖项名称	获奖级别	获奖者	授奖单位
11	海淀区小学第六届“世纪杯”教师教学基本功展评	综合素质一等奖	冯鑫鑫　周　喆	北京市海淀区教育委员会
		单项笔试一等奖、优秀奖	唐明华　王秀兰	
		综合素质二等奖	唐明华	
12	“智慧教师”征文	一等奖	周　喆	海淀区教师阅读工程指导小组、海淀区教育科学研究所
13	海淀区小学体育课堂教学评优活动	二等奖	许　宁	海淀区教委体卫中心
14	航海模型、航空模型、建筑模型比赛	优秀辅导员	冯鑫鑫　刘江山	海淀区青少年活动管理中心
15	海淀区中小学生科学幻想画比赛	优秀辅导员	王忠艳　李　翎	海淀区青少年活动管理中心
16	海淀区中小学科技竞赛无线电测向比赛	优秀辅导员	刘江山　冯鑫鑫	海淀区青少年活动管理中心
17	海淀区中小学生单片机比赛	优秀辅导员	刘江山	海淀区青少年活动管理中心
18	海淀区中小学生“世纪杯”计算机比赛	优秀辅导员	沈　磊	海淀区青少年活动管理中心
19	首届海淀区教育科研“种子教师”	区级	冯鑫鑫	海淀区教育科学研究所
20	海淀区中小学科技竞赛计算机知识技能比赛	优秀辅导员	沈　磊	海淀区青少年活动管理中心
21	2011 海淀区少先队论文评选	三等奖	张　晋	海淀区少工委
22	2013 年海淀区中小学生无线电测向竞赛	优秀组织奖	科大附小	海淀区青少年活动管理中心
23	北京市第十一届中小学生定向越野锦标赛少年女子 W12 组短距离	第五名	邹沛萱	北京市中小学生定向越野锦标赛组委会
24	2013 年北京市中小学生风筝比赛	一等奖	刘天娇	北京市学生管理中心、北京市民族教育学会、北京市风筝协会
		三等奖	潘柏予	
		优秀奖	冯帅琪　赵培彰	
25	第 33 届北京市青少年科技创新大赛	二等奖	周子榆	北京市科学技术协会
		三等奖	徐雨婷	
26	北京市第六届中小学生跆拳道比赛竞技项目小男乙 36kg 组	第三名	丁　弈	北京市教育委员会、北京市体育局
27	第 33 届北京市青少年科技创新大赛少年儿童科学幻想绘画比赛	一等奖	丁　弈	北京市教育委员会、北京市科学技术协会
28	北京市体育传统项目学校定向运动比赛短距离少年男子组	第六名	沈一墨	北京市体育局、北京市体育委员会

续表

<table>
<tr><th>序号</th><th>奖项名称</th><th>获奖级别</th><th>获奖者</th><th>授奖单位</th></tr>
<tr><td rowspan="2">29</td><td rowspan="2">海淀区中小学生单片机比赛</td><td>二等奖</td><td>卑逸曹　伯　炜</td><td rowspan="2">海淀区青少年活动管理中心</td></tr>
<tr><td>三等奖</td><td>马天麒　王欣雨　朱圣蓉</td></tr>
<tr><td rowspan="3">30</td><td rowspan="3">海淀区青少年科技创新大赛优秀项目</td><td>一等奖</td><td>徐雨婷　周子榆</td><td rowspan="3">海淀区科学技术协会</td></tr>
<tr><td>二等奖</td><td>刘宗蒲　向君豪</td></tr>
<tr><td>三等奖</td><td>李博威　陈之初　金雪桐</td></tr>
<tr><td>31</td><td>海淀区三好学生</td><td>区级</td><td>陈佳一　喻　典　刘欣潼
王子良　田昕妍　叶家乐
米　潇　赵林峰　沈一墨
喻　言　张馥铄　程雪琪
魏晓龙　郭奥旗　张晨旭
党月懋　李霁峣　刘　澳
陈之初　苗少杰　郭瑛玮
倪知行　彭子瑞　王欣怡</td><td>北京市海淀区教育委员会</td></tr>
<tr><td>32</td><td>第十一届海淀区英语风采大赛小学B组</td><td>三等奖</td><td>陆天晟　段雅萱</td><td>海淀区教育委员会、海淀区青少年活动管理中心</td></tr>
<tr><td rowspan="2">33</td><td rowspan="2">海淀区中小学科技竞赛计算机知识技能比赛</td><td>二等奖</td><td>尚士人　魏雨杉</td><td rowspan="2">海淀区青少年活动管理中心</td></tr>
<tr><td>三等奖</td><td>李　博</td></tr>
<tr><td rowspan="3">34</td><td rowspan="3">海淀区中小学科技竞赛无线电测向快速测向</td><td>一等奖</td><td>吴　昊</td><td rowspan="3">海淀区青少年活动管理中心</td></tr>
<tr><td>二等奖</td><td>何雨薇</td></tr>
<tr><td>三等奖</td><td>尹逸岚　赵晨昊　尚士人
郭鑫乐</td></tr>
<tr><td>35</td><td>“我心目中的绿色家园”儿童环保绘画大赛</td><td>优秀组织奖</td><td>科大附小</td><td>中国儿童环保教育计划组委会、北京市教育学会美术教育研究会、联合国环境规划署和环境规划署罗红环保基金</td></tr>
<tr><td rowspan="3">36</td><td rowspan="3">海淀区中小学科技竞赛无线电测向短80米</td><td>一等奖</td><td>吴　昊　郭鑫乐</td><td rowspan="3">海淀区青少年活动管理中心</td></tr>
<tr><td>二等奖</td><td>刘天娇</td></tr>
<tr><td>三等奖</td><td>尚士人　杜瑶宣</td></tr>
<tr><td rowspan="2">37</td><td rowspan="2">海淀区中小学科技竞赛无线电测向阳光制作</td><td>二等奖</td><td>杜瑶宣　何雨薇</td><td rowspan="2">海淀区青少年活动管理中心</td></tr>
<tr><td>三等奖</td><td>何雨薇　尚士人　吴　昊</td></tr>
<tr><td rowspan="3">38</td><td rowspan="3">海淀区中小学生“世纪杯”计算机比赛</td><td>一等奖</td><td>李博威　方　辰　刘泽宇
党沛霖</td><td rowspan="3">海淀区青少年活动管理中心</td></tr>
<tr><td>二等奖</td><td>来子恒　王贝思　曹可欣
何天阳</td></tr>
<tr><td>三等奖</td><td>魏雨杉　金　珊　尚士人
赵　茜　段雅萱　邵婧颖
衷欧元　尹泽晨　樊昱萱</td></tr>
</table>

续表

序号	奖项名称	获奖级别	获奖者	授奖单位
39	海淀区中小学生科学幻想画比赛	一等奖	张子良　丁　弈	海淀区青少年活动管理中心
		三等奖	张茹惠　赵一玮　魏希昂　张派瑞	
40	海淀区中小学生建筑比赛	一等奖	何雨薇　金　珊　赵　茜　杜瑶宣	海淀区青少年活动管理中心
		二等奖	赵婉茹　朱圣蓉　赵国正	
41	海淀区中小学生科技竞赛纸飞机比赛	一等奖	常健桐	海淀区青少年活动管理中心
		二等奖	王　冉	
		三等奖	张　彤	
42	海淀区中小学生科技竞赛航海模型比赛	一等奖	李佳伦　邹沛萱　徐若莹　张派瑞　李博威　张　涵　刘亦铎	海淀区青少年活动管理中心
		二等奖	孙思齐　吴宇欣　赵劲宇　胡宇昂　刘　宗　蒲张彤　王　冉　王志远　李浩洋　周钰瑶　胡丰麒　闫　延　黄一芃	
43	海淀区中小学生科技竞赛航空模型比赛	一等奖	潘柏予　李佳伦　马杨铭贤	海淀区青少年活动管理中心
		二等奖	郑湘宁　刘浩楠　张颢议　樊昱萱　邹沛萱　刘宗蒲　马煜明　赵劲宇	
		三等奖	张艺铭　李彤哲　樊昱辰　秦睿璇　荆方姮　衷欧元　金东佑　杨济慈　魏雨杉　王　铭　何雨薇　耿泽玚　杜瑶宣　王楚先　刘亦铎	
44	海淀区中小学生艺术节绘画比赛	一等奖	宋沁言　程潞君	海淀区青少年活动管理中心
		二等奖	赵琬茹　李　鹤　杨清媛　纪　莹　王雨萱　李　琳　邓成瑾　何姝豫	
		三等奖	黄亦玟　盖嘉妮　齐　夏　徐若兮　沈祎斐　王晨宇　程　森　张子良	
45	海淀区中小学艺术节独唱比赛	一等奖	孙　琳　越吴昊	海淀区青少年活动管理中心
		二等奖	李知非　王子琦	
		三等奖	金　珊　董芊含　倪　萌　乔　玺　赵静茹　杨坤燕　童乐川　池宇珊	

续表

序号	奖项名称	获奖级别	获奖者	授奖单位
46	海淀区中小学艺术节古筝比赛	一等奖	曹靖泽 于杨卜	海淀区青少年活动管理中心
		二等奖	曾 瑜	
		三等奖	张嘉琪	
47	海淀区中小学艺术节朗诵比赛	三等奖	朱思源	海淀区青少年活动管理中心
48	海淀区中小学艺术节软笔书法比赛	三等奖	徐颖歆 徐若莹	海淀区青少年活动管理中心
49	海淀区中小学艺术节硬笔书法比赛	二等奖	邹宇萌 张景茜	海淀区青少年活动管理中心
		三等奖	曹雅晶 魏子翔 赵丹秀	
50	海淀区中小学艺术节古琴比赛	三等奖	高墨丹 李 煜	海淀区青少年活动管理中心
51	海淀区中小学艺术节扬琴比赛	三等奖	温 昕	海淀区青少年活动管理中心
52	海淀区中小学艺术节独舞比赛	二等奖	秦睿璇	海淀区青少年活动管理中心
53	海淀区中小学科技竞赛无线电测向短2米	三等奖	赵培彰	海淀区青少年活动管理中心
54	海淀暑期德育数字平台网络征文	二等奖	陈姣璇 张世鑫 艾飞宇 徐若兮 夏绘镕 余欣然 刘泽宇 黄诗淇 陈嘉欣 王晨宇 路丽英 邓成瑾 李博威	海淀区青少年活动管理中心
55	海淀暑期德育数字平台网络征文	三等奖	王卓然 池宇珊 蔡沐珈 王 寻 宋沁言 夏承瑞 丁晓彤 曹雅晶 曹思杰 蒋婧桐 朱璟烨 王心悦 李知非 王子怡 阮佳琪 党沛霖 庄子琪 周桢富 王冬锦 樊昱辰 衷欧元	海淀区青少年活动管理中心

社区居委会

【概况】2013年，社区有居民3602户、10058人。其中60岁以上老龄人2214人，残疾人147人；享受低保13户17人，困补126人；孤老9人；空巢老人1125人；优抚对象28人；帮教对象5人；矫正对象2人；居住3个月以上流动人口870余人。

（杨 峰）

【社区党建】2013年，社区党委发挥社区党组织在社区事务中的领导核心作用，全面统筹社区规范发展，把加强党的思想建设和组织建设作为社区建设的“聚力工程”来抓。①坚持“三会一课”制度，落实党员教育管理，深化为民服务功能。②创新活动载体，通过“流动书车连心桥”“党员带动聚民心”项目，为党员搭建发挥先锋模范作用的平台。③继续推进党务公开、“三级联创”，形成长效工作机制。④开展丰富多彩的组织活动，召开“迎七一”创先争优总结表彰大会，开办电脑培训班，上党课、参观革命纪念地，作答党建知识问卷等。⑤开展党内关怀活动，平时走访与节日慰问相结合，做好党员服务工作。⑥加强党建理论研究，丰富党建工作内涵，运用于为民服务环节。

（杨　峰）

【社区服务】2013年，居委会六大委员会及各业务部门积极发挥作用，各负其责，协同合作，全方位为居民做好服务。除此之外，还完成了以下为居民服务项目：确立了社区垃圾中转站改造项目，积极争取学校和街道办事处的资金支持，彻底解决了居民反映较多、急需解决的问题。此外，还争取资金在社区安装晾衣竿，修建自行车停车棚，更换居民健身器材，采取竞争机制稳定便民菜店菜价，粉刷和铲除楼道小广告、购置扫雪铲冰工具等，完善社区基础设施建设，让社区环境更整洁、居民生活更便捷。

（杨　峰）

【社区维稳】社区安全稳定是居民安居乐业的保障，维稳工作是社区重要工作。2013年，社区综治委紧紧围绕学校和街道综治工作部署，以创建全国文明城区为契机，不断加强对居民安全生产、生活的宣传教育，查漏补缺，使社区各活动场所设施更加安全，管理更加细致。加强志愿者队伍建设，加大志愿者培训力度，确保了“两会”、中共十八届三中全会以及其他节假日、重点日、敏感日社区各类重点人、各重点部位落实责任到人，切实做到防控全面、到位，消除安全隐患，提高社区总体防控能力，保证了社区的和谐稳定。

（杨　峰）

【创建工作】2013年是海淀区创建全国文明城区的关键年，居委会自创建工作启动以来，通过《社区之声报》、社区网站、微博、文化宣传直通车等途径广泛宣传，并组织了签订文明家庭协议书、“巧手慧心厨艺比拼”、文化广场等活动，提高居民对创建活动的知晓率和参与率；多次开展社区环境整治行动，治理私搭乱建，清理社区绿地、道路卫生以及居民楼内堆放杂物。力争通过创建工作为社区居民提供整洁、舒适的生活环境。创建工作检查验收期间，居民代表、楼门长等人员充分发挥社区骨干力量的作用，配合第三方机构进行了查阅档案、实地查看、入户调研等工作，多方努力确保了社区顺利通过两次检查验收。

（杨　峰）

【社区环境】社区服务管理中心除了做好社区环境日常维护工作外，每月清洁日广泛动员，组织居民、大学生志愿者参与社区卫生清洁；为每一个楼门发放了铲除小广告专用工具，用于随时随手清除城市“牛皮癣”；动员网格力量集中开展了清理楼道堆放杂物、清除小广告、清理废旧自行车等多项环境整治活动。在按照政府要求继续做好垃圾分类减量工作的基础上，自5月施行垃圾分类试点工作外，安排专人分时段定点监督记录试点楼每户居民的垃圾分类投放情况，并对检查结果进行公示。从中选取表现良好的家庭进行鼓励，以点带面，带动更多的居民自觉进行垃圾分类投放；为了节约管理成本，提高绿化工作质量，积极探索社区绿化管理新途径，实行绿化工作外包，与专业公司签订合同，由公司派人对社区绿化进行全方位的管理和养护。

（杨　峰）

【网格化管理】2013年是深化网格工作的一年，根据学院路网格化社会服务管理工作的整体部署，社区网格单元紧紧围绕着“网格化管理，团队式服务”的宗旨，继续深化、细化网格服务工作，在将社区各项工作纳入其中的基础上，进行纵深发展。加强网格信息的报录工作，将社区每天的工作内容、发生的大小事情上传上报，让政府及时了解基层工作和居民诉求，为制定更好的惠民利民政策提供第一手材料。随着网格工作的全面开展，网格内的力量也在不断加强，人大代表、在职党员进社区，协管力量下沉网格，楼委会助力网格工作开展，通过多种力量、各类人员的入格，形成一个“四通八达”的网络体系，按照既定的章程和制度为民服务，解决问题，形成良好的循环模式和团队服务机制。由于网格化管理工作比较突出，北科大社区网格多次代表海淀区和学院路地区迎接外省市及北京市、区相关领导的检查和工作经验交流。12月，北京市人大代表团莅临社区视察网格化管理工作，并对社区相关工作的开展给予了较高评价。

（杨　峰）

【工作创新】创新才有活力，创新才能提升服务质量。为此，居委会不断开拓创新，为社区居民提供贴心服务。2013年，创新性工作主要有以下几项：①推出“流动书车连心桥”项目，整合社区“心桥室”和阅览室服务资源，将“心桥室”推到室外，主动去帮助居民，收集民意，宣传法律，宣传文明，同时在社区大力倡导“全民阅读”风气。②实施“同心同行”项目帮助行动不便居民。由居委会工作人员和大学生志愿者共同为社区内的行动不便居民提供基本生活照料、学习娱乐、心灵慰藉等服务内容。③联手北京林业大学大学生志愿者为居民开展专业化服务。与林业大学人文学院法律援助中心、百坛协会签订合作协议，吸纳法律和心理学专业大学生参与社区服务。④开辟“文明行为PK不文明行为”专栏，将拍摄到的居民文明及不文明行为的照片进行公布，倡导居民向文明践行者学习，杜绝不文明行为。

（杨　峰）

【获奖情况】2013年，社区工作得到上级部门的充分肯定，共接待各类参观考察人员200余人次。针对社区工作中的亮点，先后有《北京日报》《城市周刊》、海淀电视台等新闻媒体来社区采访报道。社区获得“全国模范人民调解委员会”“北京市先进社区居委会”“北京市规范化社区”“北京市法治文化建设示范点”“北京市体育生活化达标社区”“北京市全民健康生活方式行动示范社区”等国家级、市级荣誉。

（杨　峰）

附　录

社区居委会全年完成的具体服务工作

类别	具体工作内容	数量
社区服务和社区福利工作	办理及发放、转出、注销80岁以上居家养老服务券	1966人次
	青松老年护理公司每周一、二、四为居民免费服务	1212人次
	家福宁家政公司每月为80岁以上空巢老人免费服务	42户
	为高龄老人实行优惠理发服务	30人
	春节、三节慰问地退人员和举办各类活动，医保登记等慰问	181人次
	春节慰问大病、重病、困难人员军烈属、伤残军人等各类人员	84人次
	办理新申请80岁以上居家养老服务券、90岁高龄津贴	76人

续表

类别	具体工作内容	数量
社区服务和社区福利工作	为60岁、65岁以上老年人办理老年优待证、卡	162人
	申请安装“一按灵”“一键式”呼叫器	13户
	申请安装无障碍设施、配发浴凳	3户
	新申请低保及低保复审	45人次
	“雅安地震”捐款	121人
	90岁高龄老人重阳节慰问、95岁以上老人家庭安装无障碍设施	39人
	为低保人员办理助老慈善医疗卡、病困救助	14人次
	社区特殊老年人免费体检	58人
人口与计划生育工作	为失业、无业独生子女家庭审核独生子女费的工作	79人
	办理、审核《生育服务证》	40人
	为新生儿进行了产后慰问及政策指导	56人
	办理独生子女证	19人
	户籍孕妇(包括婚嫁媳妇)共计开具围产证明	26人
	慰问独生子女特扶家庭	36人/次
	协助社保所核实转档案人员的婚育情况	71人
	为社区流动育龄妇女组织2次孕检工作	27人次
	为社区居民办理申请独生子女年老一次性奖励	11人
	为流动人口儿童开具打疫苗证明	1人
	为低保重残困难独生子女家庭申请困难补助	1人
	开展计划生育宣传活动；开展各类讲座活动；计生宣传员培训	10次、5次、5次
	药具发放	1035盒
	签订计划生育责任书	12份
	办理生育服务联系单	9人
	办理计划生育家庭意外伤害保险	15户40人
	修改计生全员信息系统	1560余条
残联工作	协助精神残疾人实现社区就业	2人
	协助办理残疾人社会保险补贴、医保等	8人
	办理养老助残券	5人
	残疾人临时救助、生活补助	4人
	发放残疾人辅助器具、重度视力残疾人语音电饭煲、小帮手移动电话	13次
	春节、助残日、中秋、国庆慰问残疾人	212人
	助残日残疾人趣味运动会	31人次
	残疾人家庭无障碍改造	4次
	残疾人入户鉴定	2次

续表

类别	具体工作内容	数量
残联工作	帮助残疾人申请“阳光家园计划”壹级重残补助	4 人
	残疾人居家康复、精神残疾人年费服药	10 人
	完成小区无障碍改造（37 栋坡道、扶手）	2 次
司法行政工作	调解居民矛盾纠纷	88 件
	开展社区法制宣传栏宣传	12 期
	律师接待居民咨询	62 人次
	为残疾人法律放援助卡	16 人
	帮教人员救助	3 人
	开展公正、法律讲座	2 次
综合治理工作	社区里安装监控探头提示牌	43 块
	各种重大节假日和敏感日组织志愿者值班	400 人次
	组织犬只年检	55 只
	引导养犬户签订《文明养犬公约》和《社区养犬承诺书》	60 余户
	组织养犬居民参加宠物运动会、宠物摄影比赛等	3 人
	组织社区文明养犬宣传活动	3 次
	多方协调抓捕流浪犬	3 只
	安装便民捡拾犬便盒、绿地内文明养犬提示牌	7 个
文化共建工作	组织居民两癌筛查报名	120 人
	组织新春联欢会、重阳节居民健身活动、夏日文化广场等	1278 人
	举办社区大讲堂	13 次 350 人次
	社区交通安全、爱心捐衣、法律援助等宣传活动 7 次	70 人
	组织大学生志愿者参与社区服务工作	582 人次
	制作各类宣传展板、宣传画	300 余块 / 张
	印发《北科大社区之声报》	10000 份
工青妇工作	成立北科大联合工会并组织活动	2 次 30 余人
	组织青少年社会实践、志愿服务活动	263 人
	开展三八妇女节、国际家庭日、端午节等纪念活动	78 人
劳动就业	为失业人员办理转档	68 人
	办理灵活就业	24 人
	完成 4050 人困难转出	48 人
	自主创业、提供技能培训	6 人
	提供招聘信息	15 次

续表

类别	具体工作内容	数量
保障性住房	发放住保宣传资料	120 余份
	领取各种保障房申请表格家庭	30 余户
	通过初审、公示的各种保障房申请家庭	25 户
	入户调查、公示异地申请家庭	15 户

中国教育经济信息网

【概况】2013 年，中国教育经济信息网（China Education Economy Information Net，简称 CEE）进一步优化系统结构，不断增强自主开发能力，稳步扩展项目应用范围，在确保各项业务系统平稳运行、各业务上报按时完成的基础上，继续加强数据分析研究。

年内，CEE 管理中心完成了核心网络结构的优化调整和数据库系统的迁移，有效地提高了业务系统的服务质量。继续深入应用虚拟化技术，整合网络管理软件和设备，逐步构建全面、安全、便捷的 IT 管理模式。同时进一步增强系统安全管理，构建数据远程备份系统，确保各业务系统安全稳定运行。

2013 年，CEE 业务应用范围继续稳步扩展。根据主管部门的工作需要，设计开发并上线运行了教育部“学校食堂建设项目进展情况月报表在线填报系统”，升级了“教育部直属高校资金监控系统”，重新设计开发了“教育部直属高校财务月报系统”和“CEE 专项业务系统”，初步完成了财政部“中央财政高等教育信息服务平台”和教育部“乡村教师生活补助信息报送平台”基本功能的设计开发。截至年底，CEE 部委级在线应用系统为 16 个，县级及以上用户数量超过 1.4 万个，全年共完成财政部、教育部下达的常规业务和专项业务约 120 项。

年内，CEE 管理中心继续加强数据分析工作，与上海交通大学合作承担了教育部财务司“标准基础数据库建设项目”，继续编写《教育部直属高校财务运行白皮书》，与学校东凌经济管理学院合作开展的数据挖掘项目也取得了阶段性成果。

（高　杰）

【系统建设】2013 年，CEE 管理中心完成了核心网络结构的优化调整，进一步深化软硬件和技术应用的优化整合，不断增强系统安全管理，确保各业务系统稳定运行。

2013 年，为了提高各业务系统的服务质量，管理中心完成了核心网络结构的优化调整，简化了网络链路负载均衡结构并升级了核心防火墙 OS。调整后的 CEE 网络结构简单、线路优化，有效地提高了链路负债均衡的优选效率。为解决 CEE 专项业务系统数据传输错误频发的问题，将使用近 10 年的 n4000 双机 Sybase 数据库迁移至 rp84 双机服务器上运行，并针对 Sybase 数据库平台运行时间过长的问题，确定了将 Sybase 数据库迁移至 IBM AIX 系统上的解决方案，年底前完成了相关硬件的采购工作。

年内，管理中心进一步推进软硬件和技术的优化整合。继续深入地应用虚拟化技术，升级了Citrix虚拟桌面系统和VMware虚拟机系统硬件的内存资源并完善了相关功能，出台了Citrix虚拟桌面系统使用细则，规范了管理中心办公网络环境的操作，并详细考察了VMware虚拟机系统新版本功能，做好虚拟机系统升级评估工作。进一步整合网络管理软件和设备，升级Pigoss日志服务器数据库授权和天元IT管理软件，结合web防火墙、天元IT管理软件和Pigoss日志服务器各自的技术优势，逐步构建全面、便捷的IT管理模式。

2013年，在教育部信息中心的指导下，CEE管理中心继续推进信息系统安全等级保护工作，先后参加了信息系统安全等级保护工作相关会议与技术培训，不断提高全体人员对信息系统安全等级保护工作的认识。经过充分调研和论证，利用管理中心与教育部经费监管事务中心之间租用的专用线路，结合管理中心现有统一存储和备份的系统架构，在教育部经费监管事务中心机房部署和构建了CEE管理中心数据远程备份系统，以提升管理中心现有数据备份系统安全级别，加强数据存储和备份的安全性和可靠性。

（孙辰宇）

【应用拓展】2013年，CEE系统业务应用范围进一步扩展，新增了“学校食堂建设项目进展情况月报表在线填报系统”，升级了“教育部直属高校资金监控系统”“教育部直属高校财务月报系统”“CEE专项业务系统”，并初步完成了财政部“中央财政高等教育信息服务平台”和教育部“乡村教师生活补助信息报送平台”的设计和开发。

2013年6月，根据《教育部、财政部关于进一步加强和规范农村义务教育学生营养改善计划学校食堂建设工作的通知》（教财〔2012〕5号）要求，受财务司义保处委托，CEE管理中心设计开发了“学校食堂建设项目进展情况月报表在线填报系统”，为实施学校食堂建设项目的各级教育部门提供数据采集、审核汇总、统计查询等管理服务，使主管部门及时了解项目进展情况。该系统分为部级、省级、市级、县级4级平台，由县、市、省、部级用户按月逐级上报并审核汇总。8月，完成系统开发及测试，并在北京科技大学举办了省级业务人员培训。9月，进行首次上报，截至年底，已完成4期业务上报。

为进一步提升教育部直属高校大额资金监控系统的性能、提高数据上报的准确性和时效性，2013年3月，教育部财务司下发了《关于做好直属高校大额资金监控系统升级的通知》（教财司函〔2013〕71号），要求各直属高校升级资金监控系统，实现系统高校端的实时上报；要求各高校每月5日前上报上月符合监控条件的数据。4～6月，管理中心陆续下发了多个系统补丁，截至8月，各高校基本上完成了高校端系统升级。

2012年末，针对原有教育部直属高校财务月报系统客户端存在的多种问题，CEE管理中心完成了财务月报在线系统的设计开发、系统测试以及试点运行。2013年3月起，管理中心组织人员总结了财务月报在线系统试点运行中发现的问题，对系统进行了修改和完善。7月23日，管理中心下发了财务月报在线系统试运行通知。至年底，各高校已基本完成1～11月数据上报，系统运行情况良好。

2013年3～7月，CEE管理中心对2012年末开发完成的CEE专项业务系统进行了多次测试，修改并完善了系统的功能和性能，完成了用户信息初始化。与原有CEE中心站相应业务功能相比，CEE专项业务系统提高了业务处理的便捷性和准确性，便于进行查询和管理。7月24日，CEE管理中心下发了专项业务系统试运行通知，已完成业务保留在原CEE中心站系统中，试运行后的业务在CEE专项业务系统中完成。至年底，专项业务系统运行情况良好。

4月，根据财政部教科文司教育一处的工作需要，CEE管理中心负责承担了财政部“中央财政高等教育信息服务平台”的设计开发工作，以解决高校财务信息项目数量多、文本信息多、管理难度大、长期保存难、查询不便捷等问题。平台分为财政部业务平台、业务用户平台、评审平台等操作平台，用户包括财政部教科文司、各主管部委、中央部门所属高校、各省级财政部门等单位，主要功能包括文件下发、在线数据填报、项目文本上报、数据审核、统计汇总等。至年底，专项业务系统已经初步完成了设计开发。

11月，为落实《中共中央、国务院关于加快发展现代农业，进一步增强农村发展活力的若干意见》（中发〔2013〕1号）文件精神，做好连片特困地区乡村教师生活补助工作，及时采集相关数据信息，受教育部教师司、财务司委托，CEE管理中心负责设计开发教育部“乡村教师生活补助信息报送平台”。该系统分为部委平台、省级平台、市级平台、县级平台4个操作平台，主要功能包括数据填报、数据审核、统计汇总、查询导出等。至年底，已完成整体框架的设计。

（杨绮雯）

【数据采集】2013年，CEE管理中心共完成财政部和教育部下达的常规业务和临时业务约120项。

常规业务包括：①完成2014年中央高校预算编制基础数据表的上报审核和统计汇总工作；②完成2012年行政事业单位资产管理信息系统统计报表的上报审核和统计汇总工作；③完成教育部直属高校资金监控1～12月共12期数据上报；④完成教育部直属高校财务月报1～11月共11期数据上报；⑤分别完成“农村义务教育保障新机制系统”和“城市义务教育免除学杂费系统”3～6月、9～12月共8期数据上报；⑥完成“中西部农村初中校舍改造工程系统”2～10月共6期数据上报；⑦完成“全国农村义务教育学生营养改善计划月报表系统”2～11月共9期数据上报；⑧完成“学校食堂建设项目进展情况月报表在线填报系统”8～11共4期数据上报。

临时业务主要包括：①教育部直属高校和事业单位2012年度部门决算上报及审核汇总；②教育部直属高校和事业单位2012年度住房改革支出决算；③教育部直属高校国库资金执行情况表；④教育部直属高校和事业单位2012年政府采购信息统计；⑤中央高校及附属中小学2014年度改善办学条件专项资金申报和评审；⑥教育部直属高校和事业单位2014年度部门预算编制及审核汇总；⑦教育系统2013年审计工作总结；⑧中央高校2013年捐赠收入财政配比专项资金申报；⑨中央高校、教育厅2013年财务信息公开情况调查；⑩教育部直属高校关于建立健全中央高校发展长效补助机制情况报送。年内，还完成了教育部直属高校拨款对账、财政拨款结转和结余资金情况表、专项资金结余情况调查表、“三公经费”专项调查、2012年度有关财务指标数据报送等多项上报业务。

（杨绮雯）

【数据分析】2013年，CEE管理中心与上海交通大学合作承担教育部财务司“标准基础数据库建设项目”，继续编写《教育部直属高校财务运行白皮书》，与学校东凌经济管理学院合作开展的数据挖掘项目取得了阶段性成果。

8月，根据教育部财务司的工作要求，CEE管理中心和上海交通大学合作承担了教育部财务司“标准基础数据库建设项目”，利用专业化数据统计和展示工具，对历年通过CEE业务系统上报的数据进行多维度展示，并研究对各类数据进行统一规范。至年底，以教育部直属高校资金监控数据、财务月报和2013年国库资金执行情况表数据为基础完成了数据的前期挖掘和展示工作，取得了阶段性成果。

2013年，管理中心继续编写《教育部直属高校2012年财务运行白皮书》，主要包括教育部直属高校财务运行情况、专项投入情况、财务管理重大政策、资金监控与审计、财务管理问题及经验借鉴5部分内容，重点分析了2012年度教育部直属高校的财务收支状况和资产负债情况，总结了“985工程”“中央高校改善基本办学条件专项资金”“中央级普通高校捐赠收入财政配比资金”等国家重大专项资金的投入情况，并介绍了修订《高等学校财务制度》、颁布《研究生国家奖学金管理暂行办法》、启动“高等学校创新能力提升计划”等年度重大政策的执行情况。同时以各高校年度财务决算文字说明为依据，总结了各高校在财务管理方面提出的意见和建议，并归纳了各高校财务工作中的先进经验。

2013年，CEE管理中心与学校东凌经济管理学院合作开展的数据挖掘项目取得了阶段性进展，围绕“义务教育保障机制报表”“教育部直属高校财务月报”以及“教育部直属高校资金监控”三个分析主题设计建立了数据仓库模型并进行了数据挖掘分析，形成了《数据挖掘应用系统建设关键技术》报告，详细介绍了数据仓库的数据模型、物理模型结构，以及数据挖掘问题、方法和工具，并结合初步分析结果形成了《教育部直属高校财务风险分析》报告。数据展示平台的设计开发也初步完成，实现了数据查询、图表展示等基本功能。

（杨绮雯）

【组织建设】2013年，CEE管理中心继续完善管理制度，新出台了《教育经济信息网管理中心岗位聘任实施办法》《北京科技大学教育经济信息网管理中心重大灾害应急疏散预案》等管理制度，修订了《考勤管理制度及考勤奖惩办法》，提高了科学化管理水平。

2013年，CEE管理中心下设系统运行室、数据分析室、行政办公室、技术研发室和客户服务室5个科室以及教育经济与管理研究所1个直属研究机构。截至2013年年底，共有职工31人，其中校内正式职工15人、合同制员工15人、返聘员工1人。

CEE管理中心进一步加强党组织建设，年内转正预备党员2名，确定入党积极分子2名。截至2013年底，CEE党支部共有正式党员15人。

（姜佳男）

党建与思想政治工作

组织工作

【概况】至2013年年底，北京科技大学共有基层党委19个，党支部552个，其中直属党支部1个。共有党员10276名，占全校总人数的29.80%。其中，干部党员520名，占干部总数的80.87%；教师党员1003名，占教师总数的65%；工人党员56名，占工人总数的57.73%；其他专业技术人员党员399名，占其他专业技术人员总数的71.38%。共有学生党员6709名，占学生总数的23.04%。其中研究生党员4655名，占研究生总数的52.23%；本科生党员2053名，占本科生总数的10.29%；大专生党员1名，占大专生总数的0.38%。

全校共有在职校级干部11名，处级干部219名。处级干部中，正处级干部64人，副处级干部155人；女干部61人，占27.85%；少数民族干部12人，占5.48%；党外干部20人，占9.13%。35岁及以下44人，占20.09%；36～40岁28人，占12.79%；41～45岁53人，占24.20%；46～50岁58人，占26.48%；51～55岁25人，占11.42%；56岁及以上11人，占5.02%。具有博士研究生学历的108人，占49.32%；硕士研究生学历的83人，占37.90%；大学本科学历的28人，占12.79%。正高级职称98人，占44.75%；副高级职称63人，占28.77%。中级及以下职称58人，占26.48%。专职管理干部101人，占46.12%；“双肩挑”干部118人，占53.88%。

（孙景宏、肖晓玲）

【干部工作】（1）完善干部选拔任用机制，做好二级单位党政领导班子换届和机关部处竞聘工作。按照德才兼备、注重实绩、群众公认的原则，坚持民主、公开、竞争、择优方针，根据《党政领导干部选拔任用工作条例》和《北京科技大学处级干部选拔任用工作规定》的有关要求，在学校党委领导下，完成了二级单位党政领导班子换届和机关干部竞聘上岗工作。在机关及直属单位处级岗位竞聘工作中，共154人次报名竞聘99个处级岗位，经过资格审核、竞聘答辩、组织考察等环节，已确定88个处级岗位的任职。二级党委书记候选人及工会副主席候选人、团委副书记候选人的公开选拔工作中，经过推荐报名、资格审核、遴选确定、组织考察等环节，已完成了8个岗位的公开选拔工作。在学院行政领导班子换届工作中，通过民主推荐、组织考察、学校党委常委会及党委全委会讨论决定学院院长人选，并由院长提名业务副院长人选。在这次换届聘任中，学院行政副院长、学生工作副院长则全部通过面向全校公开竞聘的形式产生。已完成了8个需换届学院的院长聘任、14个学院的业务副院长提名及全校行政副院长、学生工作副院长的竞聘工作，共确定了院长8人、业务副院长32人、行政副院长16人及学生工作副院长13人。年内共调整处级干部96人，其中，新提任处级干部40名（含正处级干部6名，副处级干部34名），提任处级干部平均年龄36.88岁，另对26名处级干部进行了岗位调整，30名干部不再担任处级领导职务（其中调出学校2人）。学校干部队伍建设得到进一步加强，干部选拔任用工作的科学化和规范化水平得到进一步提高，为进一步推动学校各项事业的科学发展提供了坚实的保障。

（2）做好机构调整工作及处级以下党政管理人员聘任工作。结合学校事业发展需要，协助学校党委完成了留学生中心、离退休职工工作处（离退休职工党委）、自然科学基础实验中心、钢铁冶金新技术国家重点实验室4个二级机构，以及核能与新兴能源系统材料研究所、智能科学与技术系等20个三级机构的组建调整工作。根据《关于进行处级以下党政管理岗位人员聘任及轮岗交流工作的通知》，完成了293名处级以下党政管理人员的聘任工作。

（3）加强干部监督管理和培养工作。根据上级党组织关于贯彻落实干部选拔任用工作四项监督制度的文件要求，对学校2012年干部选拔任用工作情况向党委全委会做了专题汇报。同时，根据上级有关精神，完善领导干部个人有关事项报告制度，提高了干部的监督意识和自律意识。严格执行处级领导干部试用期制度，年内对试用期满的处级干部进行了考核工作。在做好常规干部培训的基础上，年内继续选派11名一线教师和青年干部在校内学院和机关部处开展双向挂职锻炼；加大挂职培养工作力度，选派计算机与通信工程学院张晓彤教授等6名同志到江苏省盐城市等地方政府挂职，选派东凌经济管理学院戴淑芬教授赴香港科技大学进行了境外挂职培训，选派5名辅导员赴华东理工大学、华南理工大学等国内院校进行挂职交流；向北京市委组织部推荐优秀中青年教师，获北京市优秀人才培养资助6人。积极向国家教育行政学院、市委教育工委等上级部门举办的培训班选派学员共30余人次。全年共培训近200人次。学校继续实行干部培训课程选修，新增课程17门，网络课程总计142门。

（孙景宏、肖晓玲）

【组织工作】（1）精心组织，扎实开展党的群众路线教育实践活动。按照《中共中央关于在全党深入开展党的群众路线教育实践活动的意见》和《教育部党的群众路线教育实践活动实施方案》，结合学校实际，制定了《北京科技大学党的群众路线教育实践活动实施方案》，协同党委办公室，按照“学习教育、听取意见”“查摆问题、开展批评”“整改落实、建章立制”三个阶段有序开展教育实践活动。组织召开学校党的群众路线教育实践活动动员大会，并指导全校22个二级党委（党总支、直属党支部）分别召开了动员大会，结合各单位实际情况对实践活动做出具体安排；接待了中央教育实践活动领导小组办公室主任陈希同志一行到学校进行教育实践活动情况调研座谈会，校党委书记罗维东同志在会上进行了专题发言，汇报了学校开展群众路线教育实践活动的基本情况。采取集中学习、专题辅导、在线学习、研讨交流、理论宣讲等多种形式，组织党员干部开展学习教育活动，并邀请教育部思政司副巡视员俞亚东、中央党校教授辛鸣和校党委书记罗维东分别做了主题辅导报告；由校领导带队深入基层进行走访，通过网络、电话、意见箱、专题座谈会等形式，积极开展调研，共计走访基层单位15个，召开各类调研座谈会23场次，征集意见建议200余条；组织召开校、院两级领导班子专题民主生活会、党员专题组织生活会，开展认真严肃的批评与自我批评，找准"四风"问题表现，并督促校、院两级领导班子和党员领导干部对照为民务实清廉要求撰写对照检查材料。立足学校和学院工作实际，研究制定整改方案，抓好整改落实，督促有关部门对师生关心的突出问题进行督办整改，坚持边学边改、边查边改、边整边改；建立长效机制，制定新的制度，完善已有的制度，废止不适用的制度，推动改进工作作风、密切联系群众常态化、长效化。

（2）组织开展十佳标杆党支部、先进党支部、优秀共产党员和优秀党务工作者评选表彰。为深入贯彻落实中共十八大精神，进一步加强学校基层党组织建设和党员队伍建设，在全校范围开展了首届"十佳标杆党支部"及2011－2013年度先进党支部、优秀共产党员、优秀党务工作者的评选活动。通过各二级党委、党总支、直属党支部推荐申报，组织部组织评选，并经党委常委会讨论，最终确定了首届"十佳标杆党支部"10个、先进党支部20个、优秀共产党员108名和优秀党务工作者20名，对不同领域的优秀集体和个人进行了表彰。

（3）组织开展基层党组织活动立项申报和优秀基层党组织活动评选。围绕深入学习和全面贯彻中共十八大、全国教育工作会议精神，指导各基层党组织精心选题立项，积极创新活动载体，改进活动方式，开展了许多主题鲜明、形式多样、生动丰富、时代感强的组织活动。2013年，各二级党委批准基层党组织立项活动427项，批准立项活动覆盖面占全校基层党组织的94.46%。年底，经基层党组织申报、专家评审，共评选出"优秀基层党组织活动（优秀党日活动）"40项，机关党委等5个党委获得"基层党组织活动优秀组织奖"。

（孙景宏、邓　波）

【党校工作】（1）完善培训结构，以学习贯彻中共十八大精神为契机，认真做好干部培训工作。进一步完善培训结构，构建全方位、多层次、常态化的培训体系，通过举办各类培训班，认真做好培训干部工作，不断加强党员干部思想政治建设。举办校、处级干部学习贯彻中共十八大精神培训班，组织全体校、处级干部共230余人通过理论学习、分系统研讨、交流提高等环节，深刻学习领会中共十八大精神，并结合学校"十二五"规划和单位中心工作，不断以改革创新精神推动学校教育事业科学发展。举办新任处级干部培训班，组织近两年新提任处级干部56人通过理论学习、专题辅导、1对1岗位辅导和社会实践等形式开展学习，进一步提高了新任处级干部的思想素质、业务能力和管理水平，加强了干部队伍建设。举办优秀青年干部培训班，学校在前三期举办优秀青年干部培训班取得良好效果的基础上，举办了第四期优秀青年干部培训班，各学院、机关部门、直属单位推荐的52名青年教师和青年干部参加了培训（进行中）。培训班历时5个月，分为"理论学习""能力提升""实践调研"和"总结汇报"4个阶段，通过专题讲座、专题调研、实践考察、素质拓展等方式，着力提高干部的政治素质、道德修养和组织管理能力，进一步增强干部的大局意识、责任意识和集体观念，造就一支政治坚定、业务精通、作风优良的高素质后备干部队伍。

（2）创新入党积极分子培养模式，着力提升党员发展质量。按照"坚持标准、保证质量、改善结构、慎重发展"的方针，结合《北京科技大学2011－2015年发展党员工作规划》，强化入党积极分子培养环节和发展过程中的质量控制，并通过创新入党积极分子培养模式，确保党员发展质量。在北京市委教育工委的大力支持下，结合《中国共产党发展党员工作细则》中关于入党积极分子培养教育的具体要求，运用现代网络及多媒体技术，以《北京高校大学生入党积极分子培训教学大纲》为主要内容，组织研发了“大学生入党积极分子学习与测试系统”，进一步规范了入党积极分子的学习及测试内容，为传统课堂式培训提供了强有力的辅助手段。该系统通过“闯关式学习”和“互动式界面”显著提升了学习过程的吸引力，较好地解决了传统入党积极分子培训时间、空间受限等问题。在培训内容设计上，积极发挥马克思主义学院的师资优势，组织经验丰富的专业教师编订课件、讲义，分课讲授政党知识、党的基础知识、入党须知、理论前沿及时事热点等内容；并将北京高校党校历年“精品一课”评选获奖课程作为培训素材，大力提高了党课优秀师资的利用率和影响力。在测试内容设计上，基于系统培训内容，设计了考试题库，囊括了判断、单选、多选等形式近6000道试题，并由专业教师对试题进行严格把关、校核，进行“难、中、易”难度系数划分，再通过固定机房集中测试，系统随机出题形成试卷，考试完毕即时出分，保证了考试的客观、实时、公正、高效。截至2013年年底，学校共发展党员1278人，其中发展学生党员1243人，发展教职工党员34人，发展离退休党员1人。截至年底，学校共有党员10276人，其中，本科生党员占10.29%，研究生党员占52.20%，教职工党员占69.14%，均保持较高水平。指导后勤党委加强外来务工人员骨干队伍建设，在外来务工人员中开展党的工作，培养入党积极分子22名，发展党员5名。

（3）指导学生业余党校开展各类培训。在党校的指导下，由学生工作部、研究生工作部具体组织学生业余党校，共举办培训班17期，其中，针对入党积极分子的中级党校11期，培训2279人；针对入党后学生的高级党校4期，培训1730人（预备党员1期，培训327人；研究生预备党员1期，培训278人；新生党员1期，培训73人；毕业生党员1期培训1052人）；学生党支部书记培训班1期，培训91人；新上岗研究生党支部书记培训班1期，培训96人。培训人数总计4196人次。

（4）举办教职工入党积极分子培训班。为激发教职工的政治热情和入党愿望，提高教工入党积极分子的理论水平，举办了第24期教职工入党积极分子培训班，来自全校各学院、机关、后勤、产业的35名教职工骨干参加了培训。培训班包含5个单元：理论学习、专题讲座、交流座谈、课外阅读和社会实践，通过网上学习、在线考试、专题讲座、与老党员面对面、讨论交流等多种方式开展培训。

（5）承担北京高校党校协作组秘书处的有关工作。在2012年承担了“大学生入党积极分子培训规范化研究”的基础上，广泛开展讨论，积极征求意见，形成了《北京高校大学生入党积极分子培训教学大纲（讨论稿）》，为首都高校大学生入党培训规范化建设提供参考。协助市委教育工委开展北京高校党校的教育培训交流活动，承办了2期“北京高校优秀党支部书记示范培训班”，举办了2013年北京高校党校干部培训，并组织了社会实践活动。

（孙景宏、王　佳）

宣传工作

【概况】2013 年，学校党委宣传部设有办公室、校刊编辑部、广播电视台和校史馆，有专职工作人员 12 人。有两支新闻宣传辅助队伍，其中，教师队伍是由机关部处干部、各学院党政干部、学生工作干部等 50 余人组成的宣传负责人、通讯员队伍；学生队伍主体为北科传媒理事会，是一支由百余名同学组成的学生骨干记者队伍。

（何　进、邢华超）

【理论学习】2013 年，以学习贯彻十八大精神为契机，以中国特色社会主义理论为重点，围绕科学发展观、十八大精神、党的群众路线教育实践活动、十八届三中全会精神、党风廉政教育等主题开展党委中心组理论学习活动。按照中宣部、教育部和北京市的要求，积极组织参加上级部门开展的理论学习活动。选派和组织 30 余名骨干教师参加中共中央党校和北京市委党校举办的哲学社会科学教学科研骨干研修工作，集中研修中国特色社会主义理论体系。在两会、中共十八届三中全会及每学期开学等敏感期，做好教职工思想政治状况滚动调查和网络调查工作，深入细致地了解教职工的思想政治状况，及时、准确地做好舆情、引导舆论正确方向，为学校改革发展稳定服务。党委宣传部被评为 2013 年北京高校宣传中共十八大精神工作先进单位。

积极开展党的群众路线及十八届三中全会精神专题学习。邀请教育部思想政治工作司副巡视员俞亚东做了“中央及教育部关于群众路线教育的精神及要求”的专题报告，指导学校如何更好地贯彻落实群众路线教育实践各项活动。邀请中央党校辛鸣教授对“什么是群众路线”“为什么要开展群众路线教育实践活动”等方面内容作了全面深刻的阐述；邀请国家发展和改革委员会学术委员会秘书长张燕生教授做题为“必须在新的历史起点上全面深化改革”的辅导报告，为校、院两级中心组详细解读了中共十八届三中全会精神实质。结合时政热点，与组织部、马克思主义学院联合举办面向青年教师、学生的系列形势政策教育报告会 31 场，听众近 8000 人次。

（沈　威、李　洁、邢华超）

【新闻宣传】2013 年，学校新闻宣传工作以“树立形象、凝聚人心、传播文化、促进发展”为目标，围绕学校中心工作，积极开展专题宣传报道；大力宣传先进典型，推进校风教风学风建设；提升对外宣传显示度，树立学校良好形象；积极创造良好的思想舆论氛围和大学文化气息。

围绕学校重点工作，做好专题宣传报道。综合利用校内各媒体，全方位、多角度地开展包括国家科学中心宣传、新金属材料国家重点实验室和钢铁冶金新技术国家重点实验室建设验收、海峡两岸高校交流、青年教师教学基本功比赛、学生开学季和毕业季、材料名师讲坛、学生科技创新实践活动和建团 60 周年主题活动、“我的中国梦”主题教育活动等在内的专题报道。

2013 年，以深入开展党的群众路线教育实践活动为契机，大力宣传先进典型。校内各媒体积极组织策划对优秀人物或团队进行专访，大力宣传教学名师、师德典范、科技人才、模范人物、杰出校友、学生精英、优秀团队。用身边的故事、感人的事迹、学识的渊博、人格的魅力、崇高的精神带动全体师生员工，形成良好的校风、教风和学风。

提升对外宣传显示度，树立学校良好形象。以重大契机、重要事件、重点人物为线索，加强与中央电视台、新华社、《人民日报》《中国教育报》等主流媒体的交流与合作，做好科技专题、人物专题，提升新闻张力。

开展党的群众路线教育实践活动专题宣传。创建党的群众路线教育实践活动专题学习网站，定期更新学习内容、实时维护网站安全运行，做好实践活动各阶段的跟踪报道、全程报道，编辑整理《北京科技大学教育实践活动资料汇编》等。对于科研、教学、党建工作中涌现出的先进人物增加采写力度，进行深度报道；积极挖掘学院、机关、后勤教育实践活动的新气象、新举措，反映学校发展改革的新面貌；通过校园大屏幕、闭路电视、广播、手机客户端等多媒体手段，全方位地实时报道教育实践活动。

（李　洁、邢华超）

【校刊工作】2013 年共出版校报 18 期，每期均为 4 个版，其中包含新金属材料国家重点实验室专刊、新生入学专刊。围绕学校各阶段的工作重点，报道了北京市教学名师吴胜利、优秀辅导员倪宇等教师典型及获得校长奖章、国家奖学金等荣誉的学生典型 26 人，设置了争先创优、我身边的榜样、研究型教学探讨、国家资助、助我成长、啡常时光、标杆党支部等专栏。

（李　伟、吴钰重）

【网络宣传】2013 年，以党的群众路线教育实践活动为契机，新闻网切实改进工作作风，增强主动服务意识；梳理业务流程，进一步保障新闻时效性；在稿件内容选取上，更注重教学、科研等领域取得的成果和经验，更注重先进教师和学生典型的宣传，及时报道广大师生喜闻乐见的热点问题，宣传师生身边的事，使得网络新闻宣传内容更加丰富、形式活泼、更接地气，积极传送正能量。新闻网全年共计发布新闻 2320 篇，网络浏览量计 99.87 万人次。

（邢华超）

【广播电视】2013 年，拍摄新闻素材约 180 条，全程摄制 18 次，现场直播 5 次，积累素材超过 200 小时。策划制作学校 2013 版宣传片。完成新闻类栏目《北科大新闻》62 期，采访类栏目《如果我来说》17 期，微电影原创类栏目《光影放映室》7 期，人物通讯类栏目《北科身边人》3 期。全程录制群众路线教育实践活动系列讲座、建团 60 年主题团会、2014 年新年晚会、话剧《绽放》、工会成立 60 周年文艺会演等大型活动；通过大屏幕和闭路电视现场直播了学校公选校长、2013 年夏季毕业典礼和开学典礼等重要活动；制作了系列专题片《十佳标杆党支部》。鸿博园大屏幕全年累计播出时长约 500 小时，视频 800 余条。2013 年新闻素材保存完好，目录索引清晰，定期清查、妥善保管。

（沈　葳、刘明明、张　娟）

【对外宣传】2013 年，社会主流媒体报道学校新闻 314 条，中央电视台、凤凰卫视、中国教育电视台等媒体报道 16 条，其中央视报道 5 条。配合中国教育报“走基层”采访活动，采写了《为工程安全保驾护航》长篇通讯，在《中国教育报》头版头条发表。配合教育部中央媒体采访团，组织宣传学校青年教师培养工作，在众多媒体面前展示了学校良好形象。2013 海峡两岸教育论坛在学校举行，为彰显两岸历史性交流，打造具有重要影响的两岸交流品牌活动，组织了新华社、中国新闻社、海峡两岸电视台、中央人民广播电台中国教育网等 20 余家主流媒体进行了专题报道。《中国科学报》的《学生掌中的七彩贝壳》、央视早新闻《大学新生报到，今年力推独立》等报道为学校新生报到宣传工作增色不少。在全年对外宣传报道内容上，教学工作占 42%，科研工作占19%，学生工作占31%，其他方面占8%。同时，新浪官方微博和人人网官方微博固定关注好友6万余人，拓展了对外宣传新空间，优化了新闻推送功能，扩大了学校新闻传播的认知度、吸引力和影响力。

（沈　葳、陈　捷）

【校园文化建设】加强校史馆阵地建设，制定校史馆讲解团的章程，规范校史馆讲解团队的讲解制度、值班制度和管理制度；热情接待师生、校友、国内外各界人士近11000人次；制定校史馆数字化改建、网络化延伸工作规划，充分发挥了传承学校文化、爱校荣校教育基地作用。

年内，收集、整理并编辑有关校园文化多个领域的大事、要事以及对学校的建议和发展产生出较大影响的人物介绍，系列丛书之《名人名师篇》已进入编写阶段。认真撰写起草《北京科技大学大学文化建设规划（2014—2020年）》，为学校下一阶段校园文化建设奠定基础。

为进一步推动学校“和谐、稳定、民主”校园氛围的形成，与党办、校办、宣传部、团委等共同开展“啡常时光”系列活动，建立了校长定期与学生面对面交流的沟通机制，取得了很好的效果。此外，还组织开展了“北京科技大学2013年十大新闻人物”评选活动、青年影像节、广播台配音大赛、模拟新闻发言人大赛、《满井花开》校园花卉摄影展等活动。

（李　洁、邢华超）

附　录

北京科技大学2013年1月1日至12月31日对外宣传情况统计表

（广播报道部分）

序号	报道时间	报道媒体	报道内容
1	5.30	北京广播网	“放飞青春筑梦中国”北京科技大学毕业生党员主题展演隆重举行
2	7.3	北京广播电台	海峡两岸青年研习交流营在北京科技大学开幕

（电视报道部分）

序号	报道时间	报道媒体	报道内容
1	3.26	中国教育电视台	北京科技大学与中科院合作培养本科生
2	4.12	央视新闻直播间	“2011计划”首批入选名单公布
3	4.12	央视新闻直播间	五校联合发布2013年招生计划
4	4.26	中国教育电视台	北京高校学子心系地震灾区
5	7.3	中国新闻网	两岸青年在京交流互置评语大方谈差异
6	7.3	中国教育电视台	北京科技大学海峡两岸青年研习交流营活动在京启动
7	7.9	中国教育电视台	北京科技大学百余名毕业生投身西部
8	8.29	中央电视台	又到开学季“电子报到”成潮流
9	10.8	新浪网	北京科技大学爱心帮扶山区儿童支教微记录
10	10.11	新浪网	北京科技大学边防战士寻访实践团视频
11	10.14	中国新闻网	教育部：今年有1800余名台湾学生赴内地攻读
12	10.15	东南卫视	2013海峡两岸教育论坛在京举行

续表

序号	报道时间	报道媒体	报道内容
13	10.16	央视新闻联播	第十三届“挑战杯”竞赛决赛举行
14	10.17	央视朝闻天下	全国大学生课外学术科技作品竞赛：创意无限点亮智慧火花
15	10.12	中国教育电视台	北京地区高校图书馆运动会在京举行
16	10.28	凤凰卫视	世纪大讲堂——陆俊：网络信息的意识形态功能

（报纸网络报道部分）

序号	报道时间	报道媒体	报道内容
1	1.10	教育部网站	北京科技大学坚持“四为”理念积极探索大学生素质教育新模式
2	1.12	辽宁省交通厅	北京科技大学汪林兵教授来省交通科研院做技术交流（图）
3	2.4	中国广播网	北京科技大学为留校学生举办温暖新春团拜会
4	2.4	法制晚报	高校团拜会 大学生打包
5	2.5	新浪网	北京科技大学为每位留校学生派发红包（图）
6	2.5	中国新闻网	张欣欣任北京科技大学校长 徐金梧不再担任
7	2.7	北京考试报	北京科技大学博士招生继续实行联合合作培养制
8	2.7	中国科学报	校长张欣欣为学生派发新年红包
9	2.25	中国冶金报	市场化转型中的唐钢思维——于勇注解河北钢铁集团唐钢公司直面市场的生产组织模式变革
10	2.27	荣格工业资源网	温州与北京科技大学合作大力发展激光产业
11	2.27	文汇报	创意灵感 科技先行
12	2.27	辽宁交通网	北京科技大学汪林兵教授来省交通科研院做技术交流
13	3.5	新东方在线	2012 年 12 月北京科技大学四级成绩查询网址
14	3.7	新京报	“青年教师应纳入保障房范围”
15	3.7	38 财富网	全国政协委员：环境成本应计入有色冶金成本
16	3.7	中国青年报	朱鸿民委员提出：应将中小学教师确定为公务员
17	3.11	慧聪涂料网	北科大 广中科院与金陵共建海洋防腐产业化基地
18	3.11	中国涂料网	江苏金陵：科技领先与北科大、广中科院共建海洋防腐产业化基地
19	3.11	兰格钢铁网	北科大、广州中科院与江苏金陵共建海洋防腐产业化基地
20	3.11	中国教育新闻网	三位公选大学校长作客中国教育新闻网谈干部选拔
21	3.11	中国教育新闻网	教育部三位公选校长谈高校干部选拔
22	3.12	中国教育新闻网	教育部三位公选校长谈高校干部选拔
23	3.12	中国教育新闻网	三位公选大学校长作客中国教育新闻网谈干部选拔
24	3.12	新华社	刘晓峰当选政协第十二届全国委员会副主席
25	3.12	新华社	孙安民、殷晓静、高小玫校友当选第十二届全国政协常委
26	3.15	教育部网站	北京科技大学构建“两翼三元”教育格局
27	3.16	新华网	北科大与中科院合作培养本科生
28	3.16	中国教育新闻网	北京科技大学与中科院签约将联合开办“黄昆班”

续表

序号	报道时间	报道媒体	报道内容
29	3.18	光明日报	北科大—中科院联合创办的“黄昆班”挂牌
30	3.21	中国科学报	北科大与中科院半导体所合办“黄昆班”
31	3.21	中国政府采购网	北京科技大学台式电脑采购项目废标公告
32	3.21	中国大学网	28 人获北京科技大学 2013 年自主招生一本线录取资格
33	3.21	理化技术研究所	北京科技大学刘泉林教授来理化所作学术报告
34	3.24	新华社	我国加强钢铁行业协同创新、多所高校、科研院所参与
35	3.27	中国新闻网	北科大协同多院校企业攻坚 打破钢铁业技术壁垒
36	3.27	高学网	北科大信息工程学院与通信工程专业硕士复试攻略
37	3.28	中国冶金报	钢铁共性技术协同创新要真正协同起来
38	3.28	科技日报	北科大：力推钢铁行业协同创新
39	3.30	中国 IT 实验室	美团网校园招聘进入北京科技大学
40	4.4	光明网	“自主招生”走过十年：给高校选才多一把标尺
41	4.9	新华社	北京科技大学辅导员：倪宇
42	4.10	中国青年报	北科大“黄昆班”成立
43	4.10	川北在线	美团网校园招聘进入北京科技大学
44	4.12	北青网	北科大等五校今年招 62 名二志愿高分生
45	4.14	中国教育新闻网	北京五高校 2013 联合招生咨询活动新闻发布会举行
46	4.14	教育部阳光高考信息平台	北京 5 高校发布招生新政均预留少量二志愿计划
47	4.14	高分网	北京五高校 2013 招生：预留 62 个二志愿名额
48	4.14	中国教育在线	北京五高校发布 2013 招生新政
49	4.14	湖北招生考试网	北京 2013 高考五高校发布招生新政
50	4.14	中国网	北京高考报名人数连降 6 年部分高校减招
51	4.15	北京日报	部分高校今年在京减招预留计划“捡”二志愿高分考生
52	4.17	中国教育在线	北科硕士研究生招生计划：学硕减少 11% 专硕扩招 38%
53	4.18	中国科学报	高考咨询“唯分数论”盛行
54	4.23	科技日报	北科大张学记教授当选为俄罗斯工程院外籍院士
55	4.23	人民网	北京科技大学招办负责人解读 2013 年招生政策
56	4.26	中国科学报	北科大化学与生物工程学院院长当选俄罗斯工程院外籍院士
57	4.27	北京科技大学公共关系办公室	北京科技大学管 89 校友 20 周年返校活动圆满结束
58	4.27	人民网	北科大今年加大中西部招生计划在京投放 100 名高职
59	4.27	东方网	北京红色旅游进校园 追寻红色印记有法宝
60	5.6	TOM	“高雅艺术进校园”艺术讲座走进北京科技大学
61	5.6	中国新闻网	北京科技大学专家团与南京侨资企业家开展合作交流
62	5.6	电玩巴士	“新智慧新风尚”走进北科大 共庆“五四”青年节

续表

序号	报道时间	报道媒体	报道内容
63	5.10	中国教育新闻网	北京科技大学借新媒体平台推校园“光盘”行动
64	5.18	中国国际招标网	北京科技大学生活热水（浴水）系统采购项目公开招标公告
65	5.18	中国冶金装备网	北京科技大学苍大强教授：冶金装备发展进入新阶段
66	5.18	中国教育在线	北京科技大学 2013 年本科招生 3350 人专业名称有变化
67	5.18	红网	北京科技大学与江华县政企合作创新“三赢”
68	5.18	dota 英雄帖	高校 dota 派对第二站北科大报名火爆开启
69	5.21	人民网	北科大谢辉：工科院校也遇就业难设就业考核指标
70	5.22	人民网	北京科技大学党委副书记谢辉谈毕业生就业
71	5.25	碧海银沙	推进北科大湛江工业研究院落地
72	5.25	碧海银沙	北京科技大学副校长孙冬柏莅湛考察
73	5.27	北京晚报	北京市大学生排球挑战赛落幕北科大获男子组冠军
74	5.27	中国钢铁现货网	北科大芜湖新兴铸管工程硕士班开班
75	5.30	中国科学报	北科大高影响因子期刊论文发表获突破
76	5.30	人民网	“放飞青春筑梦中国”北京科技大学毕业生党员主题展演隆重举行
77	5.30	中国教育网络电视台	“我的梦 北科梦 中国梦”——北京科技大学毕业生党员主题展演活动隆重举行
78	5.31	中国教育新闻网	北京科技大学举行应届毕业生党员主题展演活动
79	6.1	中国经济网	三年内物联网的财富规模达万亿元——专访中国电子学会物联网专家委员会委员王志良
80	6.4	中国科学报	钢铁冶金新技术国家重点实验室：为冶金行业提供“接地气”的科研
81	6.5	中关村在线	北科大百余名本科毕业生奔赴西部基层
82	6.13	中国有色矿业集团有限公司网站	中国有色集团与北京科技大学联合开展技术攻关
83	6.15	人民网	北京物联网研究会成立将搭建“政用产学研”平台
84	6.16	大众网菏泽频道	菏泽两项国家科技支撑计划通过中期检查
85	6.19	新华社	高校 DOTA 派对持续升温北京科技大学成风暴眼
86	6.19	中国山东网	菏泽市牡丹区两项国家科技支撑计划通过中期检查
87	6.19	人民网	北京科技大学：梦想从这里起航 在共筑“中国梦”的道路上实现人生价值
88	6.20	光明日报	踏上离梦想最近的路——北京科技大学百余本科毕业生赴西部工作
89	6.20	中国教育新闻网	北京科技大学百余本科毕业生赴西部工作
90	6.22	中国广播网	北科大百余名毕业生奔赴西部地区就业
91	7.2	人民网	200 余名两岸大学生在京研习交流
92	7.3	人民日报海外版	两岸青年研习交流营启动
93	7.3	新华社	海峡两岸青年研习交流营在北京科技大学开幕
94	7.3	北京青年报	两岸学生共同探讨持续发展

续表

序号	报道时间	报道媒体	报道内容
95	7.3	中国教育新闻网	北京科技大学2013海峡两岸青年研习交流营举行
96	7.4	搜狐网	北京科技大学成功举办2013首届全国管理案例精英赛北京地区赛
97	7.7	新华网	保卫淮河“爱之村”实践团开展关爱帮扶“暖阳”行动
98	7.8	吕梁日报	爱心传递希望激情点燃梦想——北科大为山区孩子募捐活动侧记
99	7.8	中国广播网	2013海峡两岸青年研习交流营：交流发展责任
100	7.9	人民日报海外版	两岸师生在京把脉“城市病”
101	7.11	中国科学报	北科大举办2013海峡两岸青年研习交流营
102	7.11	中国教育装备采购网	可持续发展模式促进示范辐射作用发挥——访北京科技大学材料科学与工程学院实验测试中心主任孙建林教授
103	7.12	人民网	今天我是大法官
104	7.15	河北新闻网	迁安与北京科技大学开展“市校合作”
105	7.22	乳山新闻网	北京科技大学社会实践团来我市生存实践纪实
106	7.29	中国民族宗教网	北京科技大学实践团探寻我州土家非遗脚步
107	8.15	人民网	新生未到校“报到”已完成 北科大一卡刷尽显科技魅力
108	8.16	中国青年报	北科大“迎新网”让更多学生单独报到
109	8.16	北京考试报	北科大1200名新生完成电子报到入校直接进宿舍
110	8.16	中国教育新闻网	北科大“迎新网”让更多学生完成“电子”报到
111	8.16	北京日报	大学生拍微电影讲科技下乡
112	8.19	北京日报	多所大学“逼迫”新生独立报到迈开大学生活第一步
113	8.19	山西新闻网	在耕耘中守望——山西省吕梁市乡村教师生存状况调查
114	8.21	中国冶金装备网	北科大轧钢专家介绍热轧板带无头轧制、半无头轧制技术现状及发展趋势
115	8.22	中国科学报	北科大迎新网络平台显科技魅力
116	8.26	光明日报	空谈误国　实干兴校——访北科大公选校长张欣欣
117	8.29	北京广播电台新闻台	大学新生报到　今年主推“独立”
118	9.2	长寿新闻网	人大北科大17名研究生来长支教
119	9.3	科技日报	“生物工程与传感技术北京市重点实验室”北科大挂牌
120	9.3	新华网	殷绪成博士团队携“自然场景文本检测技术”斩获国际大奖
121	9.3	法制日报	北科大发通知提醒“防骗”针对大一新生有骗子登门卖卡校方称已抓俩
122	9.4	中国教育报	大学迎来“95后”数字化迎新受欢迎
123	9.5	中国科学报	北科大获2013年国际文档分析与识别大会竞赛三项冠军
124	9.5	中国教育新闻网	“生物工程与传感技术北京市重点实验室”北科大挂牌
125	9.6	人民网	海淀区学院路街道北京科技大学小区设立矛盾调解热线电话
126	9.9	欧浦钢网	河钢集团与北京科技大学共建国家级工程实践教育中心
127	9.10	每日科技网	迁安市领导就北科大与我市全面合作事宜来迁考察

续表

序号	报道时间	报道媒体	报道内容
128	9.11	国家卫计委网站	国家食品安全风险评估中心针对北京科技大学2013年入学新生开展普及食品安全知识宣传教育讲座
129	9.12	东北网	北京科技大学博阳实践团为留守儿童送来关爱
130	9.12	中国科技网	北科大获国际文档分析与识别竞赛三项冠军
131	9.14	中国大学网	北京科技大学召开党的群众路线教育实践活动青年教师座谈会
132	9.15	中国宁波网	北京科技大学教授在甬讲解“机器换人”
133	9.16	中国教育新闻网	北科大化生专业本科学生党支部走进中科院座谈
134	9.17	新浪教育	北京科技大学MBA：培养钢铁和工程技术管理类人才
135	9.19	中国科学报	北科大化生专业本科生群众路线教育走进中科院
136	9.23	人民网	北科大学生自行开发手机应用 学生下载热情高涨
137	9.24	京华时报	北科大学生创“掌上校园”
138	9.25	中国教育新闻网	创业从校园做起“掌上校园”软件让学生更方便
139	9.25	上海教育新闻网	工程技术管理学校23名教师参加北科大在职硕士研修
140	9.26	中国科学报	北科大首创“国际理解”课打开学生视野
141	9.26	太钢日报	太钢与北科大共建工程实践教育中心
142	9.26	中国MBAhome网	2013年北科(MBA)项目主题拓展活动圆满落幕
143	9.27	中国MBAhome网	北京科技大学第八届京津MBA足球赛精彩回顾
144	9.30	和讯网	洛阳市与北科大签订人才战略合作协议
145	9.30	河南省人民政府网站	洛阳市与北科大签订人才战略合作协议
146	10.10	中国科学报	学生掌中的“七彩贝壳”
147	10.11	湛江新闻网	脚踏实地建好北科大湛江研究院
148	10.12	人民网	北京高校图书馆第九届运动会在北科大举行
149	10.12	四川在线	北京高校图书馆第九届运动会在北科大举行
150	10.12	中国青年网	北京高校图书馆第九届运动会在北科大举行
151	10.12	腾讯网	北京高校图书馆第九届运动会在北科大举行
152	10.12	中国经济网	北京高校图书馆第九届运动会在北科大举行
153	10.12	网易	北京高校图书馆第九届运动会在北科大举行
154	10.12	网易财经	北京高校图书馆第九届运动会在北科大举行
155	10.12	搜狐网	北京高校图书馆第九届运动会在北科大举行
156	10.12	中国教育新闻网	北京高校图书馆第九届运动会在北科大举行
157	10.14	人民网	2013海峡两岸教育论坛在北京举行
158	10.14	中国新闻网	2013海峡两岸教育论坛在北京举行
159	10.14	新华网	海峡两岸大学校长：交流合作有利教育资源整合
160	10.14	中国教育新闻网	2013海峡两岸教育论坛举行大学校长共谈发展
161	10.14	中国教育新闻网	北京高校图书馆第九届运动会在北京科技大学举办

续表

序号	报道时间	报道媒体	报道内容
162	10.15	人民日报海外版	两岸教育论坛在京举行
163	10.15	华夏经纬网	追求卓越发展共赢 2013 海峡两岸教育论坛开幕
164	10.15	北京日报	台湾高校大陆招生三年未招满
165	10.17	中国科学报	北京高校图书馆举行第九届运动会
166	10.18	中国青年报	科研产生创新高校学生科技投入龙虎榜
167	10.18	中央人民广播电台	2013 海峡两岸教育论坛实现两岸全面教育交流
168	10.18	中国广播网	2013 海峡两岸教育论坛实现两岸全面教育交流
169	10.21	光明日报	“七彩贝壳 · 掌上校园”发布
170	10.22	法制晚报	高校图书馆体赛清华拿下三连冠
171	10.28	中国科学报	中国首次举办国际聚变堆材料大会
172	10.28	新华网	方正电子开启 2014 校招序幕与北科大共建实习基地
173	11.1	新华网	北科大举办国防生“强军梦 · 我的梦”主题演讲比赛
174	11.13	青岛财经日报	青钢与北京科技大学合作项目正式启动
175	11.14	中国科学报	北京科技大学举行首届“平安校园”安全知识竞赛决赛
176	11.18	中国教育新闻网	北京科技大学举行首届“平安校园”安全知识竞赛
177	11.22	中国品牌服装网	真维斯董事长杨勋——北科大分享创业历程
178	11.27	人民网	中音北科大艺术团联合上演“和音之美”
179	12.1	中国网	北科大举办校园双选会 500 人当场达成就业意向
180	12.2	杭报在线	青少年新年系类音乐会开幕圆青少年的艺术梦
181	12.4	中国高等教育学生信息网	北京科技大学努力提升开放办学水平
182	12.5	人民网	西藏自治区 6 万青年志愿者向社会传递爱的力量
183	12.8	法制晚报	2014 年春运售票方案公布改签后退票费增至 20% 学生票可自动售取安装售取票机多高校已做准备
184	12.9	新京报	高校防艾教育够广不够深?
185	12.10	检察日报	“清廉指数”：能不能让我们看清楚
186	12.18	中国纪检监察报	“两个维度”监督资源节约
187	12.19	中国科学报	深化两岸合作提升教育品质
188	12.28	南通网	中国工程院院士再添南通面孔如东籍专家蔡美峰入选
189	12.28	每日甘肃网	2013 年中国考古 6 大新发现在京评出张掖西城驿遗址居首
190	12.30	中国教育报	2013 高教十大热点
191	12.30	北京青年报	北科大推出代言人“贝壳实践小博士”

纪检监察工作

【概况】2013年，学校纪检监察工作以邓小平理论、“三个代表”重要思想和科学发展观为指导，深入学习中共十八大、十八届二中、三中全会精神，贯彻落实上级纪检监察会议精神，围绕学校中心工作，以落实党风廉政建设责任制为龙头，以落实中央八项规定精神和推进廉政风险防控管理工作为重点，按照“抓责任、促规范、看落实”的工作思路，继续落实《中共中央纪委、教育部、监察部关于加强高等学校反腐倡廉建设的意见》（以下简称《意见》），坚持标本兼治、综合治理、惩防并举、注重预防的方针，不断把学校党风廉政建设和反腐败工作推向深入，为学校各项工作顺利开展提供保证。

（夏秀芹、杜　伟）

【党风廉政建设】纪委监察室坚持完善责任制制度，明确责任分工，加强监督检查，推进责任制落实。2013年初，结合《意见》和学校实际，协助党委制定并下发了《2013年北京科技大学党风廉政建设和反腐败工作主要任务分工》，任务共分7类19项，主要涉及责任制、落实中央八项规定、廉政教育、加强廉政风险防范管理、重点岗位的监督等内容。按照谁主管谁负责、一级抓一级的原则，明确领导班子成员的具体责任和各牵头单位、协办单位的工作目标及任务要求。11月，对全校贯彻落实党风廉政建设责任制进行检查，学校所有二级单位针对领导班子贯彻落实党风廉政建设责任制、推进惩防体系建设、党员干部反腐倡廉宣传教育和廉政风险防范管理、落实中央八项规定、党务公开、校（院）务公开等情况进行了自查，并形成自查报告。在各单位自查的基础上，纪委监察室对廉政风险防控“三个体系”建设8个试点单位执行权事项梳理、绘制流程图工作相关情况进行了重点检查，并对试点单位进行了反馈。

（夏秀芹、杜　伟）

【宣传教育】2013年，主要围绕预防职务犯罪开展廉政宣传教育活动。①召开党风廉政建设工作会议。3月26日，学校召开2013年党风廉政建设工作会议。会议邀请北京市海淀区人民检察院副检察长做预防职务犯罪辅导报告。②编印警示教育学习材料。及时将教育系统收费及工程建设领域相关典型案件进行刊发，警示广大党员干部加强学习，促进各单位完善工作程序，强调对重点岗位工作人员、学术带头人和科研项目负责人的廉政教育。③加强对新任干部的廉政教育。结合学校处级干部换届，对新任处级干部开展廉政教育和培训。纪委负责人对中央、教育部党风廉政建设工作的政策要求和工作目标进行宣传、解读，同时结合教育系统发生的典型案例，从案件发生的原因、违反的法律和条规、防控措施与方法等几个方面开展宣传和培训，通过宣传提高领导干部廉洁自律的思想意识和处理复杂问题的工作能力。④学习宣传中央八项规定以及改进工作作风等文件精神。结合学校实际，协助党委制定学校贯彻落实中央八项规定精神的实施办法；及时更新纪检监察网页宣传教育学习内容，将上级会议精神、中央八项规定等内容及时上传到网页，加强对党员领导干部的廉政宣传教育；将中央下发的《党政机关厉行节约反对浪费条例》等一系列改进工作作风的有关配套文件进行梳理，汇编成册（电子版），发送至全体校领导及中层干部邮箱，方便其查阅学习；及时将北京市查处违反中央八项规定精神的违纪案件通报转发至中层及以上干部邮箱，做好警示教育。12月，校级理论中心组就中央改进工作作风等规定进行专题学习，纪委书记做了学习交流。

（夏秀芹、杜　伟）

【监察工作】①监督干部选拔工作。上半年学校进行了中层干部换届工作，纪委从提名推荐、民主测评、谈话考察到公示等各环节全程参与，共参与测评、考察了168名处级领导干部，并与组织部共同对试用期满的18名领导干部进行测评与考察，完成了处级干部任用前书面征求纪委意见的工作，圆满地完成了干部换届的监督工作。②完善基建项目监督管理。继续加强对基建管理制度体系的执行情况监督，并提出工作建议。2013年，监察室参与基建招投标监督工作50余次，涉及金额2亿余元。在大项目建设过程中，继续坚持评标当日定标底制度，保证了基建招投标工作的顺利进行。③规范采购流程。继续加强对大型仪器设备、教材、图书等大宗物资采购的监督力度。协助资产管理处完善采购程序性制度体系建设。与资产管理处共同探索信息化防控手段，推进资产管理工作科学化发展，2013年纪委监察室共参与大宗物资设备采购招投标监督工作45次，涉及金额3600余万元。④做好招生“阳光工程”。在本科招生录取工作中，严格落实招生“阳光工程”。对特殊类型招生，从考试报名、资格审查、专业项目测试到录取等环节，监察室全程参与，开展全面监督；在硕士生招生考试过程中，监察室参与试题监管、考试复试培训以及考场巡视等关键环节监督，保证学校招生工作顺利进行。⑤严格学校财务管理。结合春秋两季教育收费检查工作，督促各单位严格执行各项规章制度，规范服务性收费和代收费管理，组织、协调学校54个二级单位全部进行了自查。⑥加强科研经费监督与管理。积极发挥在科研经费监督与管理中的组织协调作用，协助组织科研人员的学习，参与对科研经费管理的检查和抽查，并对检查出现的问题，逐一进行督促整改，协助完善有关管理制度。⑦加强勤工助学监督管理。纪委对2012年勤工助学管理工作情况进行了检查和调研，及时反馈了调研建议，促进了相关工作的改进和完善。

（夏秀芹、杜　伟）

【廉政风险防控管理】2013年9月，学校制订了《北京科技大学推进廉政风险防控管理“三个体系”建设实施方案》。在前期廉政风险防控管理的基础上，对党办校办、组织部、人事处、资产管理处、招生就业处、团委、体育部、后勤基建管理处8个单位进行试点，开展第一个体系即“权力结构科学化配置”体系建设。①先行试点，梳理权力事项。试点单位根据部处设置的相关规定，编制本单位的《执行权明晰表》，绘制“权力运行流程图”，部分单位结合工作实际修订和完善了相关制度。②推进信息化防控体系建设。在资产管理处试点推进廉政风险信息化防控体系建设。

（夏秀芹、杜　伟）

【信访工作】2013年，共有19件信访件，均严格按照工作程序进行了处理，做到了信访件件有领导批示，事事有调查结果。对日常工作中反映的问题，深入分析，规范管理工作。同时，对信访中反映制度方面存在的问题，及时督促有关单位进行整改。

（夏秀芹、杜　伟）

【队伍建设】坚持纪委全委会制度，召开纪委全委会讨论纪检监察重点工作，学习领会中共十八届三中全会精神，促进纪检监察工作全面推进。发挥党风廉政监督员的作用，积极征求意见，促进党风廉政建设工作。加强与兄弟学校的交流。一是“请进来”，中央民族大学、天津大学等高校纪检监察部门人员先后来学校，重点针对开展廉政风险防控“三个体系”建设的有关情况进行交流学习；二是“走出去”，学校纪委监察室联合资产管理处一同前往对外经贸大学，调研电子监察平台的应用情况，指导学校网上采购程序的研发。通过沟通交流、借鉴学习，有效地促进了学校纪检监察工作科学化水平。纪检监察工作人员积极参加培训，开展理论研究，提高业务能力。2013 年学校廉政研究中心开展了一系列调研活动和课题研究，纪委监察室 2 名同志被聘为廉政研究中心研究员；1 人参加国家教育行政学院干部培训，为期 3 个月；1 人参加中央纪委监察部培训中心纪检监察综合业务培训；1 人参加教育部对直属高校科研经费专项检查工作；1 人被评为 2013 年度北京科技大学优秀党务工作者。

2013 年 7 月，学校启动党的群众路线教育实践活动，成立了三个校内指导组，纪委监察室全体成员参加并负责指导组的组织、协调工作。教育实践活动中，纪委全体成员在做好指导组工作的同时，主动将自己摆进去，思想上受到了深刻的教育洗礼，工作上也得到了很好的历练。

（夏秀芹、杜　伟）

统战工作

【概况】2013 年，北京科技大学共有民主党派基层组织 2 个：民盟支部、九三支社。有民主党派成员 96 人，其中中国国民党革命委员会7人，中国民主同盟 46 人，中国民主建国会 3 人，中国民主促进会 2 人，中国农工民主党 1 人，中国致公党 4 人，九三学社 33 人。有党外高级知识分子 486 人，占全校高级知识分子总数的 41.5%，其中正高职称 157 人，副高职称 329 人。有党外中层实职干部 20 人，占全校中层干部总数的 10%。有归侨 23 人、侨眷 131 人；台属 54 人；定居台胞 2 人；港澳台侨在校学生 2 人；少数民族教职工 155 人；少数民族学生 1863 人。

（刘　晋、徐宏潇）

【民主党派和党外代表人物工作】①支持和协助民主党派加强基层组织建设。加强与民盟支部、九三支社的联系与沟通，支持和协助民主党派基层组织加强思想建设、组织建设和制度建设。②协助民主党派基层组织做好党派成员发展工作。在民主党派发展成员的过程中，统战部认真做好发展对象的考察工作，贯彻党对民主党派的各项方针政策，加强与各二级党委的沟通，按照各民主党派章程，做到有质量、有计划地稳步发展民主党派新成员。2013 年共发展民主党派成员 3 人，完成考察 3 人。③年内，研究制订了《中共北京科技大学委员会关于贯彻落实＜中共中央关于加强新形势下党外代表人士队伍建设的意见＞的实施意见》（校党发〔2013〕37 号），实施意见对学校党外代表人士队伍建设的目标、任务、具体范围，党外代表人士的发现、培养、使用、管理，民主党派基层组织建设，党外代表人士队伍建设的体制机制以及加强党对党外代表人士队伍建设的领导提出了明确要求，为进一步加强学校党外代表人士队伍建设提出了具体实施办法。④根据《北京科技大学党外代表人士队伍建设规划（2009－2013）》的有关要求，结合学校机构调整，及时调整党外代表人士后备队伍名单，对党外代表人士及后备队伍名单实行动态管理。⑤坚持校领导与党外人士交朋友制度。通过学校领导与重点培养的党外代表人士联系交友，沟通思想，听取他们对学校工作的意见和建议，帮助他们解决思想、工作和生活等方面的困难和问题，并通过他们联系更多的党外人士，使他们真正成为我党的诤友、挚友。⑥坚持“双月座谈会（情况通报会）”制度。先后组织党外代表人士参加了学校第十次党代会五次会议、第七届教代会五次会议暨2013年春季全体教授会议、党的群众路线教育实践活动布置会、《中共北京科技大学委员会关于贯彻落实<中共中央关于加强新形势下党外代表人士队伍建设的意见>的实施意见》征求意见会。在活动中，党委统战部进行情况通报并征求党外人士对相关工作的意见和建议。⑦坚持邀请统战人士参加学校有关会议、活动制度。教职工代表大会、学校工作会、校处级干部年终考评等学校重要会议和活动，坚持邀请民主党派负责人、党外代表人士列席或参加，使党外代表人士真正参与到学校的各项管理之中。⑧年内，选派党外代表人士2人次参加北京市委和北京市委教工委举办的党外代表人士理论实践培训活动。党委统战部利用双月座谈会、情况通报会介绍国家、北京市和学校发展现状，对党外代表人士进行相关辅导培训。⑨积极推进党外代表人士推荐使用。截至2013年年底，学校有处级以上党外干部20人，占全校处级以上干部的10%。年内，经学校党委推荐，1名无党派代表人士为第十二届全国政协委员，1名无党派代表人士为第十二届北京市政协常委，1名无党派代表人士担任第二届北京市党外高级知识分子联谊会理事。⑩积极为民主党派开展活动创造条件，提供必要的经费支持。

（刘　晋、徐宏潇）

【民族宗教工作】①有针对性地开展民族、宗教的宣传教育工作。年内，继续面向全体本科生开设《宗教概览》选修课，共18学时。课程以马克思主义宗教观为主线，贯穿年度11门培训，教授世界宗教概况、宗教学原理、世界和我国主要宗教的历史和知识、我国的宗教现状以及我国的宗教政策和中外宗教法规等内容。150余名同学选修了该课程，发放教材150余册。在研究生范围内，设立科技与人文素养课程并开设宗教讲座，通过讲述中西文化交流视域下的基督教及其传播，论述了宗教如何与社会主义相适应，全年参加讲座的学生近200人。年内，结合学校“平安校园”创建工作，开展《宗教事务条例》的宣传活动，在学校各二级党委、各职能部门、全体学生辅导员范围内发放了《宗教事务条例》150册。②开展在校生宗教知识和宗教观念调研。调研共发放调查问卷600份，其中，本科生400份，研究生200份，并完成了《北京科技大学大学生宗教观念状况调研报告》。通过调研，了解了学校学生宗教观念状况的基本情况、校园传教的基本形式和现状，提出了进一步做好马克思主义宗教观宣传教育工作的意见和建议。③圆满地完成专项工作任务。根据上级有关要求，党委统战部与有关部门统一思想，密切配合，认真研究工作方案，及时了解和掌握工作对象的思想动态和有关情况，有针对性地开展工作。在开展深入细致思想工作的同时，制定相应的工作措施，明确要求，严格管理，使2名人员完全脱离了“守望”教会，圆满地完成专项工作任务。④坚持巩固和发展平等、团结、互助、和谐的社会主义民族关系，努力做好民族工作。在学校各项工作中，严格贯彻执行党和国家的有关政策，关心少数民族师生的工作、生活和学习。8月8日开斋节期间，学校为10个少数民族近200名穆斯林师生加餐，学校领导、学生工作部、研究生工作部、党委统战部负责人到清真食堂看望过节师生，向他们表示节日的祝贺。⑤配合学校有关部门做好学校少数民族学生的安全稳定工作。党委统战部确保全年，特别是两会期间、校庆期间、十八大召开前后等关键时期无民族宗教突发事件。

（刘　晋、徐宏潇）

【港澳台侨工作】（1）认真做好港澳台侨专项工作，关心港澳台侨师生的工作、学习和生活，邀请港澳台侨师生参加新年招待会。

（2）完成了中央统战部《高校留学归国人员中高层次人才统计》和《北京科技大学留学归国人员统战工作情况调研报告》，从学校留学归国人员基本情况、主要成绩和基本经验、留学归国人员统战工作面临的主要问题、加强新形势下留学归国人员统战工作的思路和对策4方面，全面总结了学校留学归国人员统战工作的情况。

（3）协助北京市委教育工委完成20份《北京高校归国留学人员抽样调查报告》的问卷调查工作。

（4）支持学校侨联开展各项活动，并提供适当的经费支持。

（刘　晋、徐宏潇）

【自身建设】（1）积极参加各类培训学习活动。年内，党委统战部深入加强理论学习，选派干部参加《2013年第五期北京市哲学社会科学教学科研骨干研修班》的学习，组织干部学习“北京高校教师党员在线”，不断提高工作人员的理论素养，党委统战部的领导干部积极参加中央统战部、北京市委组织的各类培训活动。

（2）加强理论研究工作。学校党委统战部参加教工委组织的《北京高校做好新形势下党外代表人士队伍建设研究》课题，参与相关调研并撰写调研报告。

（3）认真做好各类统计。年内，高质量地完成中央统战部《高等学校高层次代表人士情况统计》，北京市教工委《北京高等学校统战工作对象情况统计》《2013年港澳台侨少数民族外国留学生统计》、北京市人民政府侨务办公室《高等学校华人华侨专业人士情况统计》《北京地区高校华人留学生统计》、北京市教育委员会《2013/2014学年初高等学校教育事业统计》统战相关部分等多份统计报表。

（刘　晋、徐宏潇）

【“平安校园”创建工作】年内，为迎接北京市委教工委对学校“平安校园”创建工作的检查验收，党委统战部全面总结了本部门“平安校园”创建工作情况，撰写了自查报告，完成了“平安校园”创建工作中统战部主要负责的反邪教警示教育和抵御和防范校园传教渗透的相关工作。

（刘　晋、徐宏潇）

工会工作

【概况】2013年，校工会下属的学院、机关、后勤、产业分工会共23个，共有158个工会小组，会员2917人。校工会下设组宣部、文体部、生活部、办公室，负责协调各部门工作并承担教代会的工作，处理日常工会工作。有专兼职干部9人，工会主席由校党委副书记张文明同志兼任。常务副主席1人，专职副主席2人，兼职副主席2人，专职干部3人。

（黄爱霞）

【教代会】教代会是教职工依法参与学校民主管理和监督的平台，已实现年会制。4月12日，学校召开了第七届教代会五次会议，张欣欣校长以“勤奋、包容、求实、鼎新，努力开创学校改革发展新局面”为主题做工作报告。大会印发学校财务工作报告、教代会和工会工作、教代会提案工作报告、《北京科技大学教职工代表大会优秀提案和提案承办先进单位评选办法》等会议资料，由全体代表在会后讨论并予以审议。4月19日，召开七届五次教代会代表团团长会。副校长权良柱、各代表团团长参加了汇报会。各代表团对校长工作报告、财务工作报告、工会教代会工作报告、提案工作报告进行了认真学习和讨论，各代表团通过了《北京科技大学教职工代表大会优秀提案和提案承办先进单位评选办法》。

2013年，提案工作及时规范，本次会议共征集教学科研、师资队伍建设、行政管理、教职工福利待遇等方面提案38件。按照提案工作规则，立案36件，并分类对提案进行预处理，再按照规定流程，移交学校相关部门提出处理意见，已全部回复教代会代表，并最终答复在校园OA网公布，实现了提案工作透明、公开。

（贾水库）

【教学基本功比赛】2013年，校工会精心组织了北京科技大学第八届青年教师教学基本功比赛。在学院党政领导支持和精心组织下，全校近500名青年教师参加，经过各系所、学院二级选拔，4月16日，全校14个教学单位推荐出32名优秀青年教师参加了学校比赛，并评出特等及一、二、三等奖；比赛期间，教学督导组、教务处及校工会进行监督指导，最终推选3名教师参加北京市第八届青年教师教学基本功比赛，取得优异成绩，获得2个一等奖、1个二等奖，其中理科第一名来自学校。

（赵智杰）

【理论研究】2013年，校工会加强理论研究，增强了工会工作科学化。①加强师德建设，修订师德文件。响应教育部2013年七件重点工作，抓好教师的师德和业务能力提升。由工会牵头，研究分析工会、教务、研究生院、人事、宣传部、两办、学院等在高校教师师德建设中的地位、作用及相关平台建设等。在调研的基础上，与相关部门共同修订了北京科技大学师德文件，并于11月15日上午召开了师德工作研讨会。②重视学习，开展工会理论研究工作。坚持以理论创新推动工作创新，开展工会工作理论研究。坚持围绕中心、服务大局、服务教职工的工作原则，在增强工会组织能力、提高维权实效、提升职工整体素质等方面开展工作经验及理论研究，各分工会共申报课题18项，较高质量地完成课题16项。③组织暑期干部培训。7月3日，组织全校专兼职工会干部百余人参加工会干部培训，主要围绕写好教代会提案和做好理论研究开展。邀请马克思主义学院左鹏教授做“如何写好教代会提案”的报告，邀请北京教育工会史利国主席做“如何做好理论调查研究工作”的报告。

（黄爱霞）

【自身建设】2013年，校工会继续做好品牌活动，共建和谐教职工之家。①推进教职工之家创新型、规范化建设，夯实建家成果。认真学习和贯彻《北京高等学校工会建设职工之家工作考核标准（试行）》精神，对学校工会之家进行全面梳理、自查和总结。校工会于9月11日开始，利用两周时间对校“二级教职工小家”开展了验收工作，并推荐冶金与生态工程学院、文法学院两个基层工会申报北京市先进小家。积极推进“三级建家”工作，9月13日，在校工会举行的“校级三级模范教职工小家”评选，28个工会小组参加，通过答辩、评议，

16个获得优秀，12个获得先进，并在工会宣传栏和网站上进行宣传展示。建家活动进一步营造了单位和谐的人际关系、工作氛围，增强了工会吸引力和凝聚力。②纪念工会成立60周年活动。2013年迎来了北京科技大学工会成立60周年华诞，校工会开通了“工会60年”网站，编写了《北京科技大学工会60年纪事》；举办了“纪念工会60周年”教职工文艺演出。③承办北京高校第一片组先进教职工小家评选会。11月1日上午，北京高校第一片组先进教职工小家评选会在北京科技大学工会二层会议室召开。来自北京高校第一片组的13所高校共18个教职工小家参加了评选活动，有效地促进了高校间工会工作交流。

（赵智杰、耿小红）

【服务教工】2013年，校工会践行群众路线，为教职工办实事。①做好教职工困难补助及保障计划工作。依照《在职职工重大疾病互助保障计划》，为全校所有45岁以上在职职工2315人投保；制定《北京科技大学工会福利费补助管理办法》，建立了动态困难教职工档案；制定了《北京科技大学教职工患病住院补助办法》和《北京科技大学教职工直系亲属去世慰问补助办法》。全年共发放福利经费24.56万元，主要用于慰问在职教职工重大疾病14人、患病住院30人次、家庭生活困难补助53人次、亲属去世慰问50人次以及其他日常慰问28人次。②制订《北京科技大学工会工作理论研究成果奖励办法》，充分挖掘和调动教职工积极投身工会工作实践及研究的积极性，提高学校工会工作水平。2013年，奖励2012年工会成果1.2万元。③开展教职工心理健康咨询工作。9月，成立了教师心理健康咨询室，旨在为教师提供心灵的“保护伞”“减压阀”，已有5人次教职工进行咨询。④开展调查研究，及时反馈群众路线教育实践活动中群众提出的问题。校工会共收到4份《北京科技大学党的群众路线教育实践活动意见建议督办表》，内容涉及教代会提案、工会小组长工作量、班车开设等。校工会于11月制作并发放了《北京科技大学居住校外教职工（集中）调查表》《北京科技大学二级分工会情况调查统计表》及时统计和分析数据，并认真做出答复。⑤尝试开展政府保障性住房工作。10月，按照学校工作安排，校工会开始接管保障性住房相关工作。首先，校工会开展调查统计工作，面向全校所有无房教职工发放《北京科技大学无房教职工（在职）租赁公租房（政府提供）调查表》，共回收262份。校工会积极与学院路街道住房保障办公室沟通联系，并于11月7日下午举办了保障性住房政策宣传和培训会，特邀请海淀区房管局和学院路街道住房保障办公室专业人员进行政策讲解，学校150余名年轻教职工参加。⑥继续开展教职工“服务月”活动。坚持每年11月为教职工办实事服务月活动，满足教职工生活需要，深受全校教职工的欢迎。⑦组织教职工暑假集体学车和寒暑假境内外旅游。年内有160余人报名参加学车，100名左右的教职工及家属参加自费旅游。⑧管理好教职工活动中心礼堂，服务校园文化建设。充分利用学校赋予工会的资源，做好教工活动中心使用管理和服务。为全校师生提供各种会议、讲座、文化活动场地157次。⑨开展教职工喜闻乐见的文化体育活动，推进教职工身心健康。组织排球赛、网球赛、乒乓球比赛、教职工健步走等各种体育活动；组织教职工文艺会演；11月成立了教职工瑜伽班；积极发挥教职工协会作用，其中网球协会、乒乓球协会、羽毛球协会、教职工合唱团等都开展了丰富多彩的活动。此外，12月7日，学校工会承办了2013年“海淀驾校杯”学院路高校羽毛球比赛。

（赵智杰、王宇同、于海荣）

本科生工作

【概况】2013年，学生工作部（处）、武装部深入学习贯彻中共十八大和十八届三中全会精神，扎实开展党的群众路线教育实践活动，以学生党建和思想政治教育为龙头，以“中国梦”主题教育为重点，以辅导员队伍建设为保障，以创建优良学风、促进素质教育为目标，以科学管理、优质服务为途径，加强统筹规划，注重工作实效，为学生成长成才和学校发展稳定服务。年内，学校荣获第三届“首都大学生思想政治教育工作实效奖”一等奖、“北京高校红色‘1+1’示范活动”优秀组织奖、“北京市高校征兵工作先进单位”称号、北京高校“我的梦·中国梦”主题征文活动组织奖。

（于成文）

【学生党建】①加强入党积极分子和各类学生党员的教育培训。分类做好入党积极分子、预备党员、新生党员、毕业生党员和党支部书记的集中培训，强化实践体验，确保培训实效。2013年，共举办学生业余党校培训班16期，培训学生入党积极分子和学生党员4100人，占全校本科生人数的1/3。②积极探索学生网络党建新模式。与校党委组织部配合，开发了入党积极分子网上学习与考试系统，开设14个专题的网络课堂，构建了线下教学与在线学习相互补充的理论学习模式。全年共计4000余名学生党员和入党积极分子完成网络课程学习与考试。③充分发挥学生党员的先锋模范作用。大力开展学生党员“先锋引领计划”，引导学生党员在推进基层组织建设、帮扶学业困难同学、引领文明风尚、服务社会基层等方面，发挥先锋模范作用。2013年，预备党员共组建91个引领团队，帮扶学习困难同学196名，被帮扶学生挂科总门次由230门次下降到74门次，40人实现零挂科。④深入开展学生党员实践教育。依托北京市专项工作，鼓励和支持学生党支部与京郊农村、社区党支部合作共建，在深入基层、服务群众的实践中，密切与群众的联系，增强党支部的凝聚力和战斗力。2013年，共有87个学生党支部完成红色“1+1”共建活动，位列北京高校首位。计通本12级第二党支部以第4名的成绩获得北京市示范活动一等奖。《分类培养、注重实践，切实提高学生党员教育培训工作实效性》项目荣获第三届“首都大学生思想政治教育工作实效奖”一等奖。

（秦　涛、张　毅）

【学生教育】坚持以科学发展观为指导，从提高思想教育的实效性、针对性出发，根据学生成长规律，逐步培育参与广泛、特色突出、效果显著的教育项目。

(1)日常思想政治教育。①新生入学教育。进一步完善新生教育方案，明确“以新生为本、以学业为主”的理念，统筹开展大学适应教育、学习教育、理想信念教育、职业规划教育和心理素质教育，切实帮助新生适应大学生活，实现学业发展。前移新生教育工作起点，在新生报到前，通过新生辅导员QQ群在线交流，新生网上学习校史、《师韵——北科大走出的院士》《新生攻略》《学生手册》等措施，开展大学认知教育，引导新生建立对大学的正确认识，顺利地完成角色转变；举办“新生党员培训班”，发挥新生党员在新生教育工作中的作用。加强新生教育队伍建设。加强对新生辅导员的培训和指导，依托新上岗辅导员培训班、新生辅导员年级组等平台，继续做好新生班长、团支书的轮训工作；推进新生小班主任试点工作，经过不断努力，全校近一半学院已经设立小班主任岗位。②毕业教育。开展“毕业生文化衫方案征集”“毕业生旧货交易市场”“照片视频征集”等形式新颖的活动，营造温馨、和谐的毕业氛围，引导毕业生分享毕业情感，表达感恩母校之情；发动各学院根据实际情况和学生特点，组织开展以“毕业生文艺晚会”“微电影创作”“毕业班风采展示”为主要形式的毕业季系列活动，引导毕业生正确、恰当地表达情感、释放情绪；深化毕业典礼育人功能，围绕感恩教育主线，突出爱校荣校重点，精心设计答谢感恩、校长寄语、合唱校歌环节，引导毕业生感谢师长、情寄母校，同时隆重表彰优秀毕业生和“启航奖励金”“校长奖章”获奖学生，引导广大毕业生到祖国最需要的地方建功立业。③推进形势与政策教育。加强与马克思主义学院合作，制定了《关于进一步加强“形势与政策”课教育教学的实施意见（试行）》，将形势政策课纳入必修课，确保了形势政策课在本科生中的全覆盖。以毕业生党员为重点，开展了“筑梦中国”毕业季主题展演活动，引导毕业生将个人选择与国家需要紧密结合，在共筑中国梦的道路上实现个人价值。以预备党员为主要力量，开展“我的梦·中国梦”主题征文活动，引导他们树立以实干兴邦精神实现“中国梦”的坚定信念，学校被评为北京高校主题征文活动最佳组织奖。④加强党风廉政教育和监督机制建设。依托学生业余党校，加强学生党员、入党积极分子的党风廉政教育，强化廉政责任和民主监督；在学生评奖评优、学生资助和学生工作干部选拔等工作中，完善公示制度，建立监督机制。

（2）学生心理健康教育。①课程教学。开设1学分的必修课《大学生心理健康》，为学生提供16学时理论与实践相结合的心理素质教育，实现本科新生全覆盖；培训教学团队，积极申请教材编写。②宣传教育。开展第十三届心理健康文化月活动，协同各学院心理协会分会，开展心理电影放映、心理知识竞赛、情景剧大赛，“微爱对对碰”“漂流瓶”传递、主题讲座、“心理健康快车”主持人培训等活动。开展第十三届“心理健康快车”活动，第五次逐班对新生开展班级心理辅导，覆盖118个班级、3300余名新生，活动的满意度为94.1%。筹划组织心灵氧吧进社团、“一封亲笔信，孝心天下行”明信片传递活动等。③加强心理咨询的规范化和专业化建设。完善督导制度，规范淘汰机制，加强培训力度，大力提高咨询服务人员的工作技能。2013年，总计开展各类督导、培训活动19次。建立咨询服务的保障机制，延长开放时间、增加服务场所，提高咨询服务水平与质量。2013年，接待个别咨询2729人次，为本科生、研究生、预备党员以及不同类型问题学生开展团体辅导36场，网络咨询问题42人次。危机预防与干预中，春季排查共上报重点关注学生620人，研判三星（含）以上学生293人，约谈36人。秋季排查共上报重点关注学生505人，研判三星（含）以上学生261人，约谈17人。2013年，首次通过网络平台对全校新生进行心理普查，回收有效问卷4865份，共筛查出475名新生，约谈到访425人，并为其中3名学生进行了二次评估；98.68%的学生对约谈表示满意。为提升危机干预与预防工作队伍的业务水平，心理咨询与发展中心组织为咨询师、辅导员、宿舍长开展危机识别与干预培训，并针对新的精神卫生法对辅导员开展专项培训。

（3）学生国防教育。①

课程教学。完成了必修课14个讲台、116个行政班级，共计448学时、3400余人和选修课4个讲台、累计72学时的军事理论教学任务；1名教师在学校2013年“我爱我师”评选活动中再次被在校学生评选为“我心目中最喜爱的老师”；在全国中文核心期刊发表论文1篇，作为副主编参与编著了高中阶段学生军事训练通用教材《高中生军事理论知识与训练教程》一书。②实践教学。力求与学校新生教育接轨，努力把军事技能训练的实践平台建设成为育人的有效环节。2013级3263名本科学生及47名教师，在北京市学生军训基地（怀柔）学习训练14天，共完成军事课目5项、教育讲座7次、训练竞赛5次、文体竞赛9次；组织教师培训5次、学生骨干培训16次，座谈交流会10次。参加培训的学生干部在返校后80%以上在学院或班级继续担任学生骨干。③征兵工作。2013年，中央军委决定改冬季（10、11、12月）征兵为夏秋季（7、8、9月）征兵。2013年，确定入伍22人（含女生3人），其中包括8名应届毕业生（均为男生）；同时，有20名学生（含女生4人）光荣退伍复学，他们共获得三等功1次、优秀士兵30次、嘉奖28次，并有6名同学光荣入党；戎程研究会完成了《退伍大学生发展状况探究》和《初论退伍大学生的职业生涯》两项调研报告，退伍学生撰写的文章《学子征途》和《退伍后复学路漫漫》被《中国大学生就业》杂志刊登发表。学校被评为北京市征兵工作先进单位。④国防教育活动。依托学生社团，开展精致、特色、实效的国防教育实践活动，帮助学生增强国家安全意识。举办北京科技大学首届国防教育专题论文报告会，451名2012级本科生报名参加，表现优异；国防知识爱好者协会代表学校获北京地区高校第十届“华山论剑”军事知识比赛亚军；以国防体育协会为主体的学生代表队参加教育部组织的全国学生定向越野锦标赛，取得了高校乙组男团第四、女团第五、总团第五的优异成绩；参加首都高校学生定向锦标赛，获得了男团第一、女团第一、总团第一的骄人成绩；在北京高校学生校园定向运动联赛中多次获得男团第一、女团第一、总团第一；组织召开中国高等教育学会国防教育研究分会一届三次理事会议，近70个理事单位80余位理事参加会议。

（曲　涛、秦　涛、张　毅、潘佳奇、王　艳、臧伟伟）

【学生管理】 (1) 家庭经济困难学生资助。学校通过奖、贷、勤、助、补等方式构筑点面结合的全方位学生资助体系，深化服务，完善管理，稳步推进资助工作的动态管理模式。2013 年，全校家庭经济困难本专科学生共 3124 人，其中对 2980 人实施了各类资助，资助比例为 95.39%。①做好助学金、补助评审发放工作。2013 年评审出助学金获得者 3092 人，其中，国家助学金 2904 人〔其中本科生 2839 人，高职生（专科）65 人〕，其他资助 188 人，约占学校本专科学生总数的 23%，资助总金额 882.2 万元；评审出 2012 － 2013 学年度家庭经济困难学生饮用水、洗澡和电话费用专项补贴获得者 2706 人，〔其中本科生 2657 人，高职生（专科）49 人〕，资助总金额 50.06 万元。同时，通过完善助学金分配率和重合率指标对助学金评审加强监测，达到避免平均分配和轮流坐庄的目的。②完善国家助学贷款双轨制。构筑以校园地贷款为主、生源地贷款为辅的国家助学贷款双轨工作模式，实现助贷工作的双管齐下。2013 年，共有 1974 人申请了各类助学贷款，成功发放 1955 人，累计发放金额 1154.36 万元。其中，校园地贷款 1400 人，825.60 万元；生源地贷款 555 人，328.76 万元。进一步加强与经办银行的协作，不断提升工作效率，提高服务质量。③加强勤工助学规范化和信息化建设。修订《北京科技大学勤工助学管理办法》并印发至各用人单位，召开勤工助学项目管理培训会；严格履行岗位申请审批程序，监督学生上岗情况，及时发放补助；积极调研，发现并清理“一人多岗”现象；采取“动静结合、电纸结合”的办法，实行“谁接待谁记录、谁记录谁负责、谁负责谁反馈”的一条龙推荐学生上岗程序。2013年，校内岗位1500余个，校外岗位百余个，3967名学生参与勤工助学，其中本科生2869人，研究生1098人，发放勤工助学补助527.55万元。④推广和落实各类品牌资助项目。针对不同学生群体，实施重点资助。发放16名学生特殊困难补助4.55万元；发放461名毕业生困难补助32.7万元；发放42名体育生学费减免补助13万元；发放217名学生献血补助6.51万元；发放19名退伍学生补助5.7万元；发放3318名学生社会实践补助33.18万元。新生入学的“绿色通道”为349名困难新生解决了报到时的后顾之忧，缓交学费116.05万元，现场发放困难补贴6.46万元、学习生活用品折合10万余元；为大学生士兵申请入伍国家学费补偿和贷款代偿22人，共计资助30.92万元；为基层就业毕业生47人发放国家基层就业代偿49.68万元，并新申请报送基层就业代偿资助45人，合计85.2万元，从物质上为去中西部基层工作的毕业生保驾护航；开展第八届“冬季送温暖”活动，发放羽绒服近300件，价值11万余元。⑤以资助工作为载体推动大学生励志、诚信、感恩教育。大力推进“公益学时”活动，要求获得各类助学金学生在获得资助当年度内完成20小时的公益服务，唤起学生的感恩之心，磨炼学生的意志品质；开展主题征文活动和优秀典型评选等活动，“助学·筑梦·铸人”主题征文活动共征集优秀作品160余篇，“国家资助、助我飞翔”优秀典型评选活动发掘出27名励志成才先进典型并在全校范围广泛宣传。

（2）学风建设。①规范开展评奖评优工作。建立起校院两级的本科生评奖评优体系，在一些重点奖项的评审中，实现了多个部门共同评价，择优录取。2013年，共发放奖学金近800万元，获奖学生5458人次，获奖比例41%。评选出北京地区高等学校优秀毕业生165名，北京市三好学生19名，第七届“校长奖章”获得者7名，校三好毕业生663名，校优秀三好学生498名，校三好学生998名，校优秀学生干部622名，“87级校友基金”优秀学生干部20名。②加强对班级和宿舍建设指导。继续试行新生小班主任制度，促进新生学习行为管理；与选培办合作开展国防生小班主任制度，加强国防生学风建设。举办第一届全校班长、团支书技能培训，加强对学生基层组织建设的指导和服务。推进学生宿舍达标创优工作，将宿舍达标创优纳入学生个人和集体评奖评优指标体系，有效地激发学生创建文明宿舍的积极性。2012－2013学年本科生先进集体评选活动中，305个班级、团支部和531个宿舍参与创建，共评选出北京市优秀班集体7个，北京科技大学“87级校友基金”最佳团队10个，先进班集体、优秀团支部标兵35个，先进班集体、优秀团支部70个，标兵宿舍42个，文明宿舍367个，标兵宿舍长89名，优秀宿舍长443名。在北京高校“我的班级我的家”优秀班集体创建活动中，东凌经济管理学院管理1004班荣获北京高校“十佳示范班集体”称号。③开展学风状况调研。做好日常学风状况观测和调研工作，组织开展两次学风状况调研。要求学生工作干部“深入班级、深入课堂、深入宿舍”，了解学生学习情况；针对学业困难学生开展调研，了解他们学业困难的影响因素，探索督促他们学习的有效方式。累计发放问卷2800余份，召开学风建设座谈会、研讨会92场，学生工作干部累计听课364门次。④健全联动机制。完善辅导员与学生家长之间的联动机制，发放《致新生家长的一封信》3400余封和《致学生家长的一封信》11000余封，从学生学习方式、生活方式、人际交往、社会责任等方面与家长进行沟通，使家长实时掌握学生的学习、生活、心理及思想动态，充分发挥家长在学生教育管理服务中的作用。⑤宣传先进典型。通过搭建校院两级的立体宣传平台，开展答辩会、表彰会、宣讲会等活动，通过校园门户网站、学子在线、宣传橱窗、视频、微信等载体在全校深入开展宣传各类先进集体和个人事迹的活动。2013年，整理各类优秀学子事迹材料125份，做好第七届校长奖章获得者的宣传表彰，举办特种奖学金表彰会4次，编写发放2013级新生《象牙塔里的足迹》。

（3）日常管理。①修订发放《2013本科生学生手册》。组织2013级本科新生参加校规校纪考试，着重考察新生对校规校纪的掌握情况，强化学生对自己权利和义务的认识。②组织2013届学生毕业典礼暨学位授予仪式和2013级新生开学典礼，共计7000余名学生及1000余名学生家长参加典礼。③配合审计部门完成财务收支审计，不断完善单位内部的财务制度，清查单位内部资产336台/套。

（4）学生安全稳定。①做好安全教育。向全校辅导员发放图书《大学生安全知识》和《图说“抑郁症”治疗》。与保卫保密处、后勤服务集团、相关学院联合组织举行公寓及机电楼火灾疏散演习，共计5500余名师生参加演习。制作发放大型集会场所、宿舍逃生视频5部。针对楼层长、宿舍长开展安全知识、消防安全培训。做好寒暑假、元旦等节假日及特殊敏感时期的学生安全教育和学院值班工作。②做好危机应对。在学期开学、学生毕业及重大敏感时期开展学生思想动态研判，及时掌握学生思想动态。严格执行校规校纪，2013年共处理违纪学生9人。向全体2013级本科生发放《本科生保险手册》，引导学生学习安全、保险及医疗相关规定，为3100余名新生办理大学生人身意外伤害保险。2013年，共为85名学生办理了保险理赔，理赔总金额20余万元。整理汇总2013年学生突发事件案例38个。

（5）少数民族学生培养和管理。重视少数民族学生的培养和管理工作，在尊重其民族习惯的同时，充分发挥专职辅导员的作用，继续提高对学生的服务意识，不断加强对学生学习的帮助和引导。2013年，有51人次获得“民考汉、内地班”学生奖学金，4名2014届少数民族本科毕业生获得免试攻读硕士学位研究生的资格，机械工程学院王乃亮保送至中国科学院；开斋节，为150余名回族、维吾尔族、哈萨克族等伊斯兰教少数民族学生提供免费午餐欢度节日。

（丁煦生、盛佳伟、夏春生、刘晓杰、王金蕊、杨　雄、张同华）

【辅导员队伍建设】（1）完善辅导员培训体系。以提高培训项目的针对性和实效性为重点，进一步做好基础培训、专项培训、常规培训和高级研修4级培训工作。2013年，共组织实施辅导员培训项目18个，参训人员372人次。同时，依托教育部、北京市辅导员培训基地，加强辅导员专项技能培养，促进辅导员专业化发展。

（2）改进辅导员考评办法。通过增设学生满意度、同行认可度等测评维度，全面、客观、公正地评价辅导员的工作质量；改进十佳辅导员评选办法，通过学院推荐、复评考核和公开展示三阶段评选，既提高了评选工作的科学性，又搭建了优秀辅导员交流工作、展示风采的平台；优化学院专项奖奖项设置，完善评选程序，初步构建了考核评价指标体系。同时，加大对辅导员的激励力度，将“优秀工作者”的评选比例由15%增加到25%。

（3）促进辅导员交流研究。强化辅导员年级组工作，通过组织交流研讨、开展专项研究、举办业余文体活动等措施，搭建辅导员学习交流、研究创新和能力提升的平台，打造辅导员年级组横向交流与学院学生工作组纵向梯队的网格式辅导员工作体系。年内共举办辅导员年级组交流会议8次，举办大型文体活动2次。学生工作部通过进一步加强和改进辅导员培训、考核、评优等工作，切实提高了辅导员的履责能力，广大同学对辅导员工作的满意度提高到96.5%。

（秦 涛、张 毅、潘佳奇）

【学生工作调研与宣传】 ①做好舆情调研工作。加强学生思想动态调查和舆情焦点、热点分析，做好大学生思想状况滚动调查、高校学生假期返乡调查、敏感时期学生思想状况调查及其他专项调研工作，及时掌握学生的思想动态和重要问题，加强工作的预见性和针对性。2013年，共撰写调研报告和情况简报37篇。②做好新闻宣传工作。加强学生工作新闻队伍建设，充分运用校内外宣传载体，将学生工作的动态、经验和成绩及时准确地进行报道。2013年，共制发学生工作快讯65篇。

（秦 涛、张 毅、潘佳奇）

研究生工作

【概 况】 2013年，研究生工作部在校党委和行政的正确领导下，以学习贯彻中共十八大和十八届二中、三中全会精神为契机，坚持以育人为中心，围绕学校的工作目标，以造就拔尖创新人才为核心，坚持一切为了学生、为了一切学生的工作原则，努力促进研究生思想教育与学术成长相结合，创新培养与实践锻炼相结合，提高素质与发挥作用相结合，为维护学校稳定、促进学校发展提供了有力保障。

（张 颖）

【研究生管理】 （1）完善和规范研究生评优工作。积极探索以评促建，加强学风建设的有效途径。2012年国家首次在研究生中设立国家奖学金，在总结2012年评选工作的基础上，通过多方征求意见、讨论的基础上，出台了《北京科技大学研究生国家奖学金评审暂行办法》（校发〔2013〕51号），进一步规范了学校研究生国家奖学金的评选工作，充分发挥评优的导向和示范作用，形成“学习先进，争当先进”的良好氛围。2012－2013学年度，共评出“校长奖章”3人；优秀三好研究生306人，三好研究生927人，研究生优秀干部338人，研究生特种奖学金75人，国家奖学金261人（硕士生2万元/人，博士生3万元/人）；25个班级获得校级先进班集体、优秀团支部的荣誉称号，23个班级获得校级先进班集体、优秀团支部标兵的荣誉称号、2个班级获得北京市先进班集体荣誉称号；评选出研究生十佳学术之星10人，提名奖10人，5个单位获得学术论坛优秀组织奖。在2013届春季毕业研究生中评选出北京市优秀毕业生80人，校级优秀毕业研究生240人，夏季毕业研究生中评选出北京市优秀毕业生43人，校级优秀毕业研究生152人。

（2）继续丰富研究生心理健康教育工作方法和有效途径。在2013级新生中开展团体心理辅导并实现全覆盖，使新生最快地适应新的生活和学习环境，学会正确认识和评价自我的方法，为今后顺利地完成学习科研任务打下良好的基础。团体辅导活动在有效预防了个别研究生的心理危机事件中已显现出较好的识别和防治效果。利用每月一次的“我们在路上”系列活动，分别以在自信中生活、在选择中前进和在交往中成长为主题，以心理趣味活动和辅导为主要内容，提高研究生的心理素质水平，丰富研究生课余文化生活。做好2013级研究生新生的心理健康普查工作，帮助心理咨询中心做好进一步的约谈工作，建立研究生心理健康档案，为有针对性地开展心理健康教育打下良好基础。指导学院和心理咨询中心对“重点关注研究生”的心理健康状况进行研判，及时帮助和控制了具有危机倾向的研究生。

（3）进一步完善研究生安全教育体系和危机应对工作机制，妥善处理研究生中出现的突发事件，维护校园稳定。定期开展舆情调研，及时掌握和了解研究生思想动态，做到敏感时间里了解学生状况；节假日、敏感时间节点前做好安全通知、安全注意事项提示、值班安排；严格执行学生集体外出活动审批制度，做好大型学生活动安全预案；在全体新研究生中进行实验室安全普及教育和学生公寓的守则教育，与国资处合作在各学院或研究生培养单位进行宣讲，各学院组织全体研究生新生通过观看安全教育影片、宿舍火灾疏散演习、实验室设备使用及防护培训等途径，切实提高新生的安全意识。

（4）坚持以人为本，切实探索和采取相应措施，改善研究生学习、科研和生活条件，如为学生办理申请困难补助、意外伤害保险、结婚申请（212人）、出国申请、购买两限房等事宜。2013年共计为2185名研究生办理了意外伤害投保手续，为18人办理了保险理赔，总金额30179.44元。

（宗燕兵、王　斌）

【研究生党建工作】（1）探索积极发挥研究生党员先进模范作用的党员述责测评工作，加强基层党支部战斗堡垒作用的发挥。在近3年的研究生基层党支部规范化建设的基础上，通过规范支部规模、支部组织生活的内容和形式，在学校自动化学院进行试点建设，利用网络建设，对每个党支部和党员个人进行民主述责测评，全体同学广泛参加，积极投票，选出最优秀的党员，既展现了党员个人先进作用的发挥，又促进了先进支部的优秀工作效果，同时还较好地解决了研究生因实验、出差不能正常开展组织生活的问题。

（2）学校积极开展红色“1+1”活动，发挥专业优势，服务社会基层。党支部发挥自身专业优势，与京郊农村、乡镇街道、企事业单位、驻京部队等地方党支部结对，建立共建关系，利用节假日开展科技支持、文化普及、知识宣讲等活动，充分展现了共产党员的风采，增强了党支部的凝聚力，提高了研究生的社会责任感。

（3）发挥“红色钢铁摇篮”训练营的平台作用，做好培训工作。在前六年“红色钢铁摇篮训练营”的工作基础上，研工部继续以训练营为平台，深化“分层次、体系化、重实效”党建培训模式，坚持“三个一”的工作原则，即让每一名研究生新任党支部书记参加一轮培训，对每一名研究生预备党员进行一轮培训教育，给一大批研究生骨干提供一次学习机会。先后组织开展了研究生新任党支部书记、研究生骨干、研究生预备党员3个层次的培训活动，共有96名新任研究生党支部书记、108名研究生骨干、278名研究生预备党员参加培训并顺利结业。在“多层次、立体化”学习中，注重激励党员学习的积极性和主动性，注重培养体系的探索，凝练出特色鲜明的培训内容体系，更加注重培训过程的实效性。

（张　颖、宗燕兵）

【研究生教育】2013年，学校继续有针对性地开展入学教育、毕业教育、形势政策教育和安全教育等工作。

（1）充实新生入学教育内容。在新生中实行新生学术生涯教育计划，是引导和帮助新生尽快适应研究生学习和科研工作的重要举措，是高层次拔尖创新人才培养的第一步，是研究生德育工作的主要组成部分。各学院和研究生培养单位在贯彻落实全员育人、全方位育人、全过程育人的基本方针时，从实际出发，创新形式，注重效果，用一个学期的时间，重点从新生的归属意识、科研意识、责任意识、安全意识、心理健康教育以及职业生涯规划6个方面，制定本单位研究生新生学术生涯教育计划细则，帮助研究生建立积极心态，尽快适应科研节奏，引导研究生确定学习科研目标，为顺利地完成学业奠定基础，发掘自我潜力，提升竞争能力。从四个角度强化四种意识,即“学习校规校纪，强化安全意识；传承优良学风，强化归属意识；倡导学术诚信，培养科研意识；加强“三自”教育，培养责任意识”。①校党委书记罗维东教授在新生开学典礼上为研究生新生上第一堂课。②组织参观校史馆，了解学校发展规划，开展学校历史及校风教育。③组织学习《研究生手册》、开展新生与导师座谈会、新老学生经验交流会、学术规范教育、安全教育等活动，帮助新生尽快适应环境，完成角色转换。④组织全校研究生新生签订《遵守校纪校规承诺书》。⑤实现研究生新生心理咨询中心团体辅导全覆盖。⑥组织举办中国与国际发展前沿系列讲座8场，参与2225人次，使广大研究生了解我国时事政策与国际安全形势，培养爱国情操。

（2）丰富毕业教育形式。毕业典礼及学位授予仪式是毕业教育成果的重要体现形式，也是毕业研究生人生道路上的重要里程碑。2013年1月4日，北京科技大学2013届春季毕业研究生迎来了“史上最浪漫”的毕业典礼——“爱你一生一世”，让学生成为毕业典礼的主角，深刻感受到母校的爱与祝福。以凝聚母校情结为宗旨，加强毕业生社会责任意识教育。在毕业生中进一步弘扬学校精神文化传统，凝聚感情，引导毕业生尊师爱校、亲情离校，增强毕业研究生的社会责任意识。组织“院系领导寄语”“毕业生欢送会”“师生联谊座谈”“重温校史”“我为母校献言献策”等活动，增进了学校、学院与毕业生之间的感情交流，提升毕业生荣校爱校的意识，培养毕业生为母校发展贡献力量的自觉意识，更好地为研究生的健康成长成才和学校的研究生教育发展服务。秉持“以学生为本”“以毕业生为主角”的理念筹备、组织研究生毕业典礼。以评选“优秀毕业研究生、优秀毕业论文”为依托，加强学术诚信和科学道德宣讲。通过组织“优秀毕业论文交流会”等系列活动，让毕业研究生传授学习经验，教育引导低年级同学珍惜学习时间，倡导严谨学风，更好地把握研究生生活。通过大学“最后一课”等专题讲座对研究生进行学术科研指导以及学术道德教育，指引研究生在今后的人生道路上诚信做人、诚信做事，坚持和发扬科学精神，遵守学术规范、践行学术道德。做好2013届优秀毕业研究生推荐评比工作，树立先进榜样，宣传先进事迹，营造学校良好的学术氛围。以维护学校改革发展稳定的大局为出发点，做好安全教育。高度重视毕业生的安全教育，切实维护好学校的安全和稳定。举办安全教育讲座，通过分析以往毕业期间的典型案例，帮助广大毕业生树立安全意识。加强对毕业生宿舍的管理，保持宿舍的清洁卫生。在宿舍内部和校内公共场所进行全面控烟，做好毕业生控烟健康教育以及控烟宣传工作，为创建无烟校园、构建文明校园做出努力。

（3）利用各种契机深化思想政治教育。以选修课形式开设人文素质课程，从人、文、社、科等各个学科不同角度提高研究生价值判断能力、社会认知能力、科研学术能力等。

（宗燕兵、王　斌）

【研究生德育工作基层组织建设】（1）辅导员队伍建设迈出新步伐。建设高素质的德育队伍是做好学生工作的保证。截至年底，研究生辅导员共有50人，其中专职21人，兼职29人。为加强研究生辅导员队伍建设，提高辅导员的职业素养和业务水平，2013年4月24日成立了研究生辅导员联谊会，由博士生辅导员组、硕士生辅导员组以及基本工作技能组、党建研究组、学风建设组和心理辅导组4个专项研究组组成。其中博士生辅导员组与硕士生辅导员组为常设机构，旨在加强研究生辅导员的日常交流和队伍建设，构建良好工作氛围；4个专项研究生组旨在针对具体问题进行深入研究，形成明确的工作方法或指标，切实提高研究生辅导员的工作效率和工作能力，并可根据研究生思想政治教育工作的深入开展或重心变化进行适当调整。2013年，有7名研究生辅导员参加京内外学生工作干部的心理咨询培训和学生发展辅导培训，有力地提升了辅导员的工作能力；另有4名研究生辅导员参加上海市和教育部组织的相关职业培训，在提升自身能力的同时，也对学校的工作方法进行了宣传和展示。

（2）学术诚信教育贯穿学风建设始终。结合学校实际情况和新时期研究生的特点，积极拓展科学道德与学风建设的新途径和好做法，不断深化对研究生的科学道德宣传和教育。将学术道德和诚信教育贯穿于学习型党组织建设和优良学风建设之中，在学术论坛、入学教育、毕业教育、党员培训、党支部组织生活、评优评奖、科技与人文素质课程等环节中引入学术诚信和学术规范教育。通过宣讲报告、发倡议书等形式在全校范围内进行宣传教育活动。组织学校近500名研究生代表和教师代表参加了由教育部举办的首都高校“科学道德和学风建设宣讲教育活动”，聆听了中国科学院力学研究所郑哲敏院士、中国社会科学院学部委员张海鹏教授、中国工程院杜祥琬院士等科学大师的学风建设宣讲教育活动；组织200名研究生参加北京市科协组织的学术诚信宣讲教育活动；向全体2013级研究生新生下发《科学道德简明读本》，确保研究生新生人手一册；在开学典礼上向全体新生发出学术诚信倡议，让每一名新生在入学之际就明确坚守学术诚信是科研人员的基本素养。

（张　颖、刘兴国）

【科研学术及实践活动】（1）搭建学术平台，促进交流沟通。连续举办9年的研究生学术论坛，基本上实现了培养研究生的科学精神和创新精神，培育有利于研究生健康成长和优秀人才脱颖而出的校园文化环境，以及为广大研究生搭建广阔的学术交流平台等目的。“第九届研究生学术论坛”活动自5月正式启动，张欣欣校长在启动仪式上以“校长治学”为题做了第一场报告。本届学术论坛累计举办530场各类学术报告或活动，39471人次参与，共产生103篇校级优秀论文，土木与环境工程学院、冶金与生态工程学院、材料科学与工程学院、机械工程学院、自动化学院、东凌经济管理学院6个单位获得了学术论坛优秀组织奖的称号。学术论坛活动在研究生群体中反响强烈，对培养学术氛围、弘扬学术道德起到了十分积极的作用。各学院均表现出了自己的特色，其中机械学院的国际学术讲座和材料学院的网络论坛受到了评委的一致好评。

（2）树立优秀典型，发挥示范效应。在广泛征求意见的基础上，研工部对“十佳学术之星”评选办法作了进一步完善，继续设置学院学术之星这一奖项，坚持对候选人的匿名评审和现场答辩相结合的方式，以使评审环节更加科学和严谨。首先，各学院和培养单位组成初评委员会，制定本单位学术之星评选细则，按照评选细则评选出学院学术之星，共100名，并择优推荐“北京科技大学研究生十佳学术之星”候选人40名进入终评阶段。终评活动分为两个环节，一是40进20的匿名评审环节，产生20名“十佳学术之星入围人选”。最终，通过层层筛选，评选出学校第九届研究生十佳学术之星10名，十佳学术之星提名奖获得者10名，学院学术之星80名。在树立和宣传学术典型的过程中，坚持公开、公正、规范、独立的原则，加大公示和宣传力度，有效地激励了全体研究生提升思想道德水平、激发学术科研兴趣、坚定成才报国志向、实现全面成长成才，并促进优良学风校风建设。

（3）扎实做好研究生社会实践活动。按照“广泛宣传、积极申报、严格选拔、岗前培训、过程考核、总结表彰”的“六步走”思路，按照“培育基地、分类实践、结合专业、注重实效”精神，坚持“科技服务”和“挂职锻炼”两个层面开展工作。2013年6月活动启动，各学院以及研究生培养单位高度重视、积极组织，广大研究生认真准备、踊跃报名，经过前期的选拔、培训、上岗以及中期的走访、座谈、考察和后期的总结、评比、宣传，2013年11月到正式结束，共有343名研究生组成30余个团队参加了科技服务与挂职锻炼活动，受到了学校研究生的热烈欢迎和实践单位的高度评价。完成了近百篇挂职锻炼报告，召开了挂职锻炼交流会和总结大会，评选出6个研究生社会实践优秀组织奖：土木与环境工程学院、冶金与生态工程学院、机械工程学院、计算机与通信工程学院、化学与生物工程学院、马克思主义学院。同时评出优秀实践奖、优秀创新奖和优秀成果奖三类共30个实践团队、挂职锻炼先进个人10人、科技服务先进个人81人。与广西防城港、江苏张家港、河南洛阳等地签订了多份合作协议和工作计划，内容涉及组织机构、职责分工、工作制度、项目进度、岗前培训、信息反馈、考核鉴定、劳资待遇等方面。

（宗燕兵、王　斌）

【学生工作研究】以工作研究促工作实践。2013年，研究生工作部完成了北京科技大学党建研究课题一项《以创新型和服务型为目标的研究生党建模式构建》，北京科技大学研究生教育发展基金项目一项《适应全日制工程硕士培养的思想教育模式与探讨》，北京市委教育工作委员会首都大学生思想政治教育支持项目一项《研究生学习型党支部建设动力机制研究》。同时，研究生辅导员联谊会的4个专项小组分别在研究生学风体系建设、党员网上述则测评、辅导员基本工作技能、研究生心理筛查标准等方面结合工作实际进行了深入研究，通过对相关课题的研究增加了对研究生工作的认识和理解，对未来研究生工作的开展提供了理论支持。

（张　颖、李勇威）

【中国学位与研究生教育学会德育委员会工作】中国学位与研究生教育学会德育委员会秘书处设在北京科技大学，主任委员由北京科技大学副校长张跃担任，秘书长由北京科技大学研究生工作部张颖部长担任。德育委员会秘书处发挥了良好的工作交流平台作用。德育委员会于2013年在吉林召开第八届学术年会，主题为“落实研究生教育综合改革，进一步提高研究生培养质量”，年会共有来自全国100多所高校的200余名名代表参加。

2013年全委会针对最新的研究生收费制度改革组织各高校进行研讨，并帮助会员单位做好相关预备工作。完成2012年副主任委员会议确定的7个片区的10个德育工作相关课题的结题、汇报、表彰工作。通过各片区的积极调研、数据分析，顺利地完成了10个研究课题的结题工作。在德育委员会的学术年会上，对课题的研究报告进行了交流。

（张　颖、李勇威）

共青团工作

【概况】2013年，校团委下设办公室、组织部、宣传部、实践部、志愿者工作部、文体部、学术科技部、学生创业中心、素质拓展中心、社团部，共有团员20527人，学生社团100个。共青团北京科技大学委员会以中国特色社会主义理论体系为指导，在学校党委和上级团组织的领导下，紧密围绕学校2013年中心工作，以育人为核心，加强思想育人、实践育人、文化育人和组织育人四大工作体系建设，坚持“务实高效、内涵发展”的原则，以务实创新的工作作风，提升对学校发展、学生成长的整体贡献力。

（刘晓东、徐洪业）

【思想政治教育与组织建设】2013年，校团委紧抓时代脉搏，深入开展社会主义核心价值体系教育，系统规划“我的大学与我的中国梦”主题教育活动，精心设计“梦想中国年”系列主题教育活动，针对不同年级青年学生的特点，开展“我的大学与我的中国梦”主题团日、“我的艺术梦”寻梦行动、“我的专业梦”筑梦行动以及毕业生主题教育等活动。全年共组织487个团支部举办600余场次主题活动，593次“梦想演讲”、撰写1559篇梦想散文和宣讲材料，形成2865篇学习笔记和读书心得，416个“梦想秀”原创文艺作品、20余部原创梦想微电影等优秀成品，帮助青年学生进一步树立家国情怀、明确学业规划、培养高尚品格，青年学生谈梦、述梦、追梦的氛围浓厚。

2013年，校团委修订完善了《北京科技大学推优入党工作实施办法》，将研究生群体、学生组织和学生社团纳入推优整体格局，修订了本科新生、国防生推优细则，统一规划、整体推进，发挥推优入党工作的思想引领作用。各级团组织规范程序，创新推优工作实施形式，用青年人喜闻乐见的形式吸引和凝聚青年。年内，各级团组织共举行推优大会1134场次，3460名优秀学生被党组织确定为党的重点培养和发展对象，全校一体化推优格局进一步巩固。

2013年，学校团组织建设进一步夯实。①深入推进本科生、研究生团组织建设，在校院团委层面全面整合本、研团委，在研究生群体中施行班级团组织和学术梯队团组织并行，加强对于研究生青年的组织覆盖和活动影响。②新型团组织焕发活力，下发《北京科技大学校级团学组织团支部工作条例》，依托团学组织和学生社团建立团组织93个，实现了对青年的多重覆盖。③深入推进共青团工作考核与评价体系，面向学院（单位）和团委机关部门实施量化考核与评价，强化目标导向，有效地提升共青团工作的科学化水平和育人实效。④基层团组织职能化建设进一步加强，梳理校院两级团委工作体制，开展校院团委工作例会、校院团委部长联席会、班团委员联谊会，在基层团支部深入推进“细胞工程”，为基层团组织提供政策倾斜和资源支持。⑤召开学校共青团第二十二届委员会四次全体会议，完成团委常委、委员的换届选举工作，进一步统一了思想，明确了工作任务和发展目标。

（刘晓东、马　聪、韩凯儒、崔　睿、倪　阳）

【社会实践与志愿服务】 年内，校团委围绕“深度实践”的思路，深入推进“大学生社会实践”课程建设，不断提升育人实效。暑期以“走基层感悟复兴•献青春圆梦中国”为主题，组织358支社会实践团队、3341名学生深入基层一线做实事、解难事，足迹遍及28个省、市、自治区，募集并捐助物资、经费价值超过2.5万元，累计支教约1520学时，形成微纪录视频389部，得到人民网、新华网、《北京日报》等数十家媒体报道近百次，与淮河水系生态研究中心等10余家单位确立了长期合作的意向。1篇论文获得首都高校思政课社会实践优秀论文特等奖，1名学生当选“千村万乡环保科普行动”全国十佳志愿者，1部微电影作品入围环太平洋微电影大赛终审决赛。学校实践育人的机制做法获评教育部“校园文化建设优秀成果”一等奖，全新推出的社会实践文化品牌“实践小博士”赢得广大师生的追捧。7月19日，中组部常务副部长陈希、教育部副部长杜玉波带队参观了学校“向实践学习，向人民群众学习”主题展览，对学校实践育人工作给予肯定。

2013年，校团委继续加强志愿服务课程建设，大学生志愿服务工作稳步开展。①圆满地完成第九届中国（北京）国际园林博览会志愿者工作。5月18日至11月18日，学校包点负责园博会锦绣谷与湿地的志愿服务工作，不间断地派出277名志愿者参与到北京园博会的志愿服务中，累计服务3347次，服务时长16585小时，4名志愿者脱颖而出，获得北京园博会“卓越小V蜂”称号。②加强志愿服务项目基地建设工作。依托志愿服务课程及基地项目管理办法，严格志愿服务项目管理，积极拓展志愿服务合作领域。截至2013年底，学校共建成志愿服务基地18个、实施长期志愿服务项目55个，全年参与志愿服务人数累计26107人次，累计认证工时245607小时。③营造积极向上的志愿服务文化氛围。建立“志愿北科”全媒体平台，在宣传中融入青年喜闻乐见的时尚元素，凝聚到更多青年主动参与志愿服务，提升了志愿服务的精神内涵。

（郗基辉、董俊杰、徐洪业、胡智林、崔　睿、孙　彦、罗丹妮）

【学术科技与创业就业】 年内，学校团委以提升大学生创新能力为目标，加强多层次、全方位的大学生学术科技创新平台建设，学术科技创新体系愈加完备。①讲座平台建设。全年邀请国内外名师大家举办各类高水平学术科技讲座100场，累计参与2万人次。其中重点建设《名家讲坛》和《校友讲坛》，全年举办10场。②竞赛平台建设。成功地举办学校第十五届“摇篮杯”科技作品竞赛，在首都“挑战杯”课外学术科技作品竞赛中获得5项特等奖，学校团体总分位居北京市第2名。鼓励和支持各学院结合专业特色开展“团系合作”，建立团系合作科创平台38个，4个学院实现了系所合作平台全覆盖。③文化平台建设。举办北京科技大学首届科技文化节，引领崇尚科学、快乐科学的青年风尚。参加第三届北京市大学生创意集市和首都大学生科技创新博览会，成功地组织承办了2013年全国青少年科学营北科大分营活动并获优秀组织奖。

2013年，校团委以“帮助学生提高创新能力、创造能力和创业能力”为目标，探索创业教育模式创新，创业教育平台建设迈上新台阶。①以创业讲坛为核心夯实创业知识培训交流平台。积极邀请创业名家开展创业讲坛活动，与学生分享创业故事，全年开展创业论坛10场、创业讲坛6场，覆盖人数超过5000人次，营造了良好的创业氛围。②以创业竞赛为主体夯实创业能力训练平台。与科技园合作组织举办第十一届“北京科大科技园杯”学生创业计划竞赛，积极引入创业名家为参赛队员提供创业指导，引入社会资源、校友资源为参赛队伍提供累进支持，共吸引120余支创业团队、近700人参加比赛。在2013年北京市大学生创业设计竞赛中，学校5件作品全部进入复赛，并最终获得二等奖2项、三等奖3项。③以创业扶持为重点夯实创业实践平台。与教务处合作遴选11支创业团队进行项目孵化，其中创业实践团队1支（年扶植经费10万元），创业训练团队10支（年扶植经费1万元）。推进优秀创业项目向应用端延展，其中在创业计划竞赛中获奖的项目《嘉利克吸附剂有限责任公司》已与中金黄金股份有限公司达成初步合作协议，项目即将进入实体运作。与建龙集团共同合作建立建龙大学生创新创业基金，支持创业师资、创业培训、创业实体建立、创业计划竞赛、创业教育文化活动、创业教育教材建设，为创业教育提供资金支持和保障。

2013年，校团委以培养学生职业生涯发展所需要的能力为出发点，积极提供就业创业服务和支持，不断开拓就业创业见习基地。为2010级本科毕业生颁发正式版素质拓展证书400余份，为2010级实习学生颁发就业版素质拓展证书120余份，客观真实地记录了学生在提高综合素质方面的重要经历和主要成绩。面向大一新生发放《大学生素质拓展指导手册》近700册，引导新生认真规划大学生涯，注重提升自身综合素质。进一步完善大学生社会化技能培养平台，开展“磁力魔方”学术沙龙活动19场，覆盖600人次，就业创业指导和社会化技能培养稳步推进。

（马　聪、王　鹂、米　乐、张　剑、惠京瑶、刘晓闯）

【文化艺术与社团活动】年内，校团委以校园文化活动体系建设为出发点，营造艺术与科学共融、人文与创新并存的文化氛围，促进学生的人文与科学素养不断提升。

校园文化活动蓬勃开展。校团委以“规模适度、主题鲜明、时间与空间协调”为目标，推行学生满意度测评制度，了解青年学生成长需求，并结合青年学生建议丰富教育意义、突出文化内涵、创新活动形式，以规范、精品的建设思路打造和推广校园文化品牌活动。①发动学生组织以“我和我的中国梦”为主题举办主题展览、主题宣讲、主题征文等活动，引导学生将自身发展的“青春梦”和祖国发展的“中国梦”相结合。②通过开展柿子文化节、演讲比赛、辩论赛等活动，解读“求实鼎新”校训精神，引导学生了解学校历史和特色，增强爱校荣誉感。③开展贝壳青年文化节、主持人大赛、歌手大赛、街舞挑战赛、新年晚会等活动，其中贝壳青年文化节以“飞扬青春季，贝壳梦立方”为主题，通过“我的红色梦”“我的艺术梦”“我的科技梦”“我的公益梦”“我的运动梦”等展区以“梦想展”“梦想说”“梦想秀”的形式集中展示北科学子的青春梦想。④隆重举办第五届青年五四奖章评选活动，进一步凝练北科大青年开拓进取的精神品格和敢于争先的价值追求，营造学校学习青年榜样、争做时代先锋的良好氛围。

挖掘文化内涵，艺术教育取得新突破。2013年，校团委坚持“高雅艺术、原创艺术、群众艺术”三元并举，全面推动学校艺术教育工作发展繁荣。一是统筹推进高雅艺术。坚持每月开展一次高水平艺术演出活动，2013年共举办高水平文艺演出12

场，艺术讲堂6讲，走进国家大剧院观看演出、讲座27场，覆盖师生10000余人次。二是大力倡导群众艺术。举办以“艺术点亮青春”为主题的首届贝壳青年艺术节，积极举办艺术讲堂、文艺主题团日、文艺类比赛、艺术沙龙等普及艺术教育。三是积极鼓励原创艺术。为进一步挖掘以及传播校园文化，精心创作首部校园原创音乐史诗话剧《绽放》，崇尚科学、追求梦想的感人故事深深地感染和激励了一大批有梦青年。原创歌曲《铸梦青春》，展现了广大团员青年在科大熔炉中锤炼锻造、追逐梦想的青春风采。歌曲在学校各类活动中广为传唱，受到师生的一致好评。《北科华章》学生管乐团专场音乐会首次登陆国家大剧院，让北科最强音响彻国家最高艺术殿堂。2013年10月，学校艺术团在北京市第四届大学生艺术展演中荣获4个一等奖、3个二等奖、1个三等奖。

2013年，校团委加强社团管理与精英社团建设。修订社团管理办法，加强社团动态舆情监控，全年指导92家学生社团开展精品项目311项。推行社团领袖计划，提升社团骨干的领导力水平和社团建设能力。

（刘晓东、王鹂、董俊杰、王钰、张雅洁、石苇、平静、胡冉冉）

【骨干培养与宣传工作】年内，校团委完善团学骨干培养机制，锤炼干部工作作风、提升岗位胜任力。首先继续推进“全方位、多维度、立体式”的团校四级培养格局，全年共开展团校13期，青年工作大讲堂4期，“思悟行进”集体学习12次，培训团干部超过3000人次。其次组织校团委委员和校级主要团学骨干开展联系基层“走进”活动，全年对接青年师生1361人，开展面对面、微访谈等活动660次，共梳理青年需要解决的问题近100条，同92家社团、300余个团支部建立对接关系，累计开展基层活动600余场次；撰写团学工作调研报告30余篇，锤炼团学干部“眼睛向下”的群众观念。制定新版“励志”计划教学计划，重点突出“校友导师育人”与“青年领导力课程培训”两大核心内容。截至年底，共聘任校友导师38名，课程导师9名，全年组织优秀校友论坛6场、理论课程学习10次，先后邀请新东方创始人俞敏洪、真维斯董事长杨勋做客“励志学堂”。学员策划的“无学不大学”等校园宣讲会受到全校学生热捧，“荔枝”们也逐渐成为广大青年学子们广为传颂和争相学习的青春榜样人物。

2013年，校团委积极构建全媒体神经网络，分层分类地延伸媒体触角，网络意识形态引领能力进一步提升。全年共完成“青年关注排行榜”调查9次、专项舆情座谈会6次，编排“Z-北科大青年”网络报纸21期，“e-北科大青年”人人网、新浪微博共发布消息4000余条次，“W-北科大青年”微信平台实现常态化发送，“M-北科大青年”手机报发送彩信62万条，开展“V-北科大青年”读书会23期，在“Q-北科青梅”手机客户端基础上联合团中央继续开发新型校园APP。七位一体的全媒体神经网络确保了媒体渠道的全覆盖、青年沟通的全天候以及思想引领的全过程，走在全国高校的前列。

（刘晓东、马聪、董俊杰、韩凯儒、徐洪业、崔睿）

【学生会与研究生会】2013年，学生会和研究生会职能定位进一步明晰。校团委指导学生会由“服务型”向“代表型”转变，切实增强学生会在服务学生权益、促进学校发展、增进师生友谊、学生干部培养、繁荣校园文化5个方面的能力。举办了第十五届歌手大赛、第九届主持人大赛、第八届柿子文化节等精品活动；开展了“我爱我师”评选、“名师面对面”“学习经验交流系列讲座”等活动，撰写调研报告10项，解决学生权益问题60余件。地顺利完成2013级学生早操组织工作。推进研究生会由

"活动型"向"学术型"转变，加强服务研究生学术发展的能力和水平，进一步做好学术人生、学术文化节等精品活动。举办了"学术人生"访谈栏目、博士生沙龙等活动4期，组织第四届研究生英语演讲比赛、第九届研究生师生轻体运动会等提升研究生综合素质。举办面向研究生群体的中央国家机关青年"筑梦国考"志愿服务活动、"心晴环保"讲座等5场。

（马　聪、董俊杰、董　然、肖　珣）

【团庆专项工作】9月14日，学校成功举办"铸梦青春"学校建团60周年主题团会及专场音乐会。团会通过钢铁青年志、追梦赤子心、青春北科梦3个篇章，全面回顾了60年北科大共青团为国家发展、学校建设、人才培养做出的青春贡献，300余位老团干回校组成临时团支部参加了主题团会，重温了北科大共青团的青春时光，纪念活动圆满地实现了梳理团史、凝聚人心、创新发展的预期效果。借建团60周年之机，组织编写完成了"铸梦青春"系列书籍和画册，包括出版发行《铸梦青春——北科大团干部青春纪行》《铸梦青春——北京科技大学共青团60年青春纪事（1953－2013）》和《铸梦青春——建团六十年青春图册》，制作了《铸梦北科 青春力量》专题纪录片。

（刘晓东、王　鹂、马　聪、董俊杰、韩凯儒、徐洪业、王　钰、张雅洁、石　苇、崔　睿）

离退休职工工作

【概况】2013年，离退休职工工作处有离退休职工2252人，其中离休干部121人，退休干部1586人，退休工人545人。离退休职工党委有党员924名，支部17个，其中离休支部4个，退休支部12个，在职支部1个。离退休职工工作处在职工作人员6人。

（庄心怡、王祎炜）

【组织及思想建设】（1）3月15日，北京科技大学离退休干部处更名为北京科技大学离退休职工工作处，北京科技大学离退休干部党委更名为离退休职工党委，统一管理离退休职工。离退休职工工作处召开交接会，向退休工人介绍党委、行政的情况和注意事项，热烈欢迎工人转入；为500多名退休工人填表登记，尽快掌握退休工人的基本情况；完善数据库和建档工作，落实退休工人的原单位；组织好各支部工人党员的组织关系接收工作。"七一"前夕，走访慰问困难工人，对困难工人的情况进行摸底；同时做好离退休干部队伍和离退休工人队伍的思想政治工作，促进双方尽快融合，保持离退休队伍的稳定。

（2）加强学习型党组织建设，认真学习宣传贯彻中共十八大和十八届三中全会精神，集中学习和自我教育相结合，重点组织离退休职工开展团队学习，认真研读文件，加强离退休职工队伍思想政治建设，统一思想，凝聚共识。党委举办"中国梦"征文活动，精心策划"共筑中国梦"党员主题教育活动。组织参观工农业改革开放新成果、收看每月有关"中国梦"等的辅导报告，引导广大离退休职工正确认识国内外形势，进一步增强对党的认同感和归属感，增加对党在新时期继续领导中国实现伟大民族复兴的信心，引导离退休职工发挥作用，助力学校发展。

在“七一”前开展有关中共十八大的知识竞赛活动；做好“中国梦”宣传教育工作，举办辅导报告会、情况通报会。

（3）关心入党积极分子和预备党员的成长，做好党员发展工作。吸收一名老同志光荣地加入中国共产党。党委加强支部骨干培训，为支部学习提供了丰富的学习资料，有《支部生活》、报告单行本、新党章、辅导报告读本、辅导报告录像资料等，提高了支部学习的积极性和热情。根据实际情况，做好各支部新退休职工党员的迎新工作，带动支部的新成员参与党委和支部组织的各种活动，过好组织生活，帮助其尽快融入新集体。切实发挥党员的先锋模范作用，在关心下一代工作中发挥特有的作用。2013年，离退休职工党委被北京市教工委评为“北京高校学习型党组织建设示范点”，并被推荐到北京市参与市级示范点的评选。

（乔　哲、高晓森）

【规划启动“三情网”建设和物联网智慧养老服务平台】（1）为了加强离退休职工自我管理、自我服务的能力，以支部为核心建立支部联系党员、党员联系群众的组织联络网；以居住地为核心组建邻居老同志相互联系的邻里网；以老年大学和兴趣组为依托，组建老同志同学朋友网；着力打造老同志相互帮助、沟通交流的平台，加强离退休职工间的“同志情、邻里情、学友情”。为此，离退休职工工作处做了大量的工作，通过支部、行政组、老年大学、兴趣组发挥作用，规划、启动“三情网”建设。

（2）为给老同志们提供高质量的养老服务，根据“居家为基础，社区为依托，机构为支撑”的指导思想，离退休职工工作处和计算机与通信工程学院物联网试验室合作，在铭德楼为离退休职工建立了物联网智慧养老服务演示体验平台，引导老同志们建立健康养老的意识。通过该演示体验平台可以为老同志们测量血压、心跳、体重、心电图、血脂等，并能为老同志建立持续的健康监测数据库，为老同志的日常健康保健及就医看病提供数据参考。

（乔　哲、杨　燕）

【落实两项待遇】2013年，认真落实离退休职工政治待遇与生活待遇。①政治待遇。离退休干部党委认真落实离退休职工阅读文件、走访慰问、参观考察等各项政治待遇。及时向离退休职工传达中央及上级的重要文件、会议精神等，定期通报情况，每月发薪日邀请校领导接待老同志。②生活待遇。协助人事处提高离退休职工工资标准。元旦、春节、七一、重阳节等重大节日走访慰问高龄、困病离退休职工500余人，二级单位慰问离退休职工3400余人次。重阳节为139位寿星祝寿；平时去医院看望生病离退休职工近100人；发放生日慰问金300余人；帮助42位离退休职工家属料理后事。组织1200余位离退休职工进行免费体检。组织离退休职工1000余人次参加趣味运动会、游艺会、竞赛，组织1300余人次的老同志参与旅游、休养活动，丰富生活，联络感情，加强与离退休职工以及离退休职工之间的交流与沟通。

（刘淑红）

【老年大学】2013年，老年大学开设“计算机应用专业”初级班、中级班，“摄影知识与技术专业”“楹联与诗词入门专业”“老年健身—太极八段锦专业”“老年健身操专业”等，有230名学员参加学习并顺利结业。还举办了“老年人监护制度”“老年人实用网络知识”“老年慢性病讲座”等6期专题讲座262名老同志参加学习。

（庄心怡、李惠珍）

【关心下一代工作委员会】2013年，召开关工委工作会议，总结部署工作。认真组织开展关工委建设情况自查工作。学校党委高度重视，印发了《关于认真开展北京科技大学关工委建设情况自查工作方案》，成立了自查工作小组，明确工作要求，抓好工作落实。通过自查，认真总结梳理学校几年来贯彻“两个文件精神”，全面加强关工委建设方面取得的突出成绩，总结积累了5个方面的主要工作经验，同时也查找到5个方面的差距与不足，提出了整改意见，较圆满地写出了自查报告。关工委以立德树人为中心，积极宣传和开展老少共话“中国梦”主题教育活动。本科教育教学督导组严把教学质量关，全年共听课450门次，编印督导工作简报22期，参与教学检查、各科评审活动12次、调研活动9次。关心帮助青年教师健康成长，对32位新入职青年教师的“教学准入”进行了102门次听课考察，参与新教师准入制度座谈会，为新教师举办“如何上好第一堂课”培训讲座2次。党建组15位党建组织员配合组织部、各学院党委、2013年共发展学生党员1330名，其中本科生党员1026名，研究生党员304名。“大学生之友”工作组把握重点，注重调研，注重把学生需求与自身优势相结合，围绕新生教育、学生党建和辅导员督导3个方面开展有针对性的大学生思想政治教育。校园文化组配合宣传部通过多种形式和途径搜集资料，研究校史，提炼学校精神，丰富文化内涵，反映学校特色，提出具体措施，创造和谐校园文化氛围。2013年，举办了《满井花开——王克智教授校园花卉摄影展》；组织了《名人名师》的编写研究工作；开展了网络文化活动；《难忘的岁月》即将出版；北科大外事交流荟萃的研究也有进展；举办了“共筑中国梦，美丽北科大”离退休职工摄影比赛。

（乔　哲、许炳春）

【获奖情况】2013年，参加北京市教工委组织的“2013年北京老教育工作者门球比赛”，全市教育系统27支队伍，获得第四名的好成绩。参加北京市教工委举办的“共筑中国梦·健身奔小康”，表演了“美丽科大”健身操，获得“康乐展示奖”。参加北京市教工委举办的“共筑中国梦、笔墨绘小康”老同志书画展，9幅作品参展，其中一位老同志作品“硕果磊磊”获得一等奖，并被永久收藏。

（庄心怡、刘焕章）

【队伍建设】2013年学校处级干部换届，离退休职工工作处原处长兼党委书记转岗，一位副处长兼党委副书记主持工作，另一位副处长改任副处级调研员，原办公室主任提为副处长，工作人员队伍发生了很大变化。适逢党的群众路线实践教育活动，离退休职工党委以此为契机加强队伍建设，提高工作人员的素质与能力，增强工作人员队伍的凝聚力和向心力。

（刘淑红、王祎炜）

人 物

知名专家学者

一、中国科学院院士（7 人）

魏寿昆　柯　俊　肖纪美　高庆狮　周国治　陈难先　葛昌纯

二、中国工程院院士（5 人）

陈先霖　胡正寰　陈国良　王一德（双聘）　蔡美峰

三、国务院学位委员会委员（1 人）

张欣欣（2013 年 4 月 19 日起任职）

四、国务院学位委员会学科评议组成员（5 人）

徐金梧　张　跃　蔡美峰　杨　荃　邢献然

五、国家千人计划（含青年千人计划）入选者（11 人）

胡国华　张学记　林建国　林　平　庄林忠　汪林兵　汉斯·瑞查诺　鲁思·布莱克
张立峰　王鲁宁　庄子哲雄

六、北京市学位委员会委员（1 人）

张　跃

七、国家级突出贡献专家　（16 人）

周国治　刘庆国☆　张公绪　高庆狮　胡正寰　李连诗☆　钟廷珍☆　傅　杰☆　葛昌纯
冯铭瀚☆　朱允言☆　褚武扬☆　高泽标☆　杨天钧　王燕斌☆　高征铠☆

八、省部级突出贡献专家　（14 人）

谢锡善☆　陈国良　陈景榕☆　李承基☆　林　实☆　管克智☆　周纪华☆　邹家祥☆　陈难先

张圣弼☆ 周寿增☆ 田乃媛☆ 赵立合☆ 王新华

九、国家“973”（含国家重大科学研究计划）、IETR 项目首席科学家（5 人）

谢建新 林均品 张欣欣 张 跃 燕青芝

十、“长江学者奖励计划”特聘教授 （15 人）

乔利杰 张济山 曲选辉 朱鸿民 谢建新 杨 槐* 姜建壮 邢献然 姜 勇
吴爱祥 吕昭平 林均品 隆克平 王沿东 王 戈

十一、“长江学者奖励计划”讲座教授 （3 人）

陈龙庆 张志良 王循理

十二、 “国家杰出青年科学基金”获得者（18 人）

乔利杰 曲选辉 谢建新 张 跃 吴爱祥 郭占成 王习东* 姜建壮 陈龙庆
李庆峰 邢献然 隆克平 吕昭平 王沿东 姚 俊 杨 槐* 孙长银 姜 勇

十三、“万人计划”青年拔尖人才（1 人）

白 洋

十四、国家优秀青年科学基金资助（3 人）

董超芳 焦树强 陈 骏

十五、国家级教学名师（2 人）

余永宁☆ 蔡美峰

十六、北京市教学名师（22 人）

余永宁☆ 郗安民 高学东 吴 平 尹常治☆ 张欣欣 杨 平 戴淑芬 蔡美峰
周国治 张 群 张敬源 邱 宏 强文江 李长洪 马星桥 彭庆红 彭 漪
杨炳儒☆ 吴胜利 陈红薇 林 海

十七、百千万人才工程国家级人选（15 人）

毛卫民 曲选辉 吴爱祥 谢建新 姜福兴 张欣欣 郭占成 孙冬柏 邢献然
高永涛 王习东* 吴顺川 王沿东 王 戈 姜建壮

十八、中国青年科技奖（5 人）

王 立 曲选辉 吴爱祥 高永涛 张清东

十九、享受政府特殊津贴专家（2000 年以后）（43 人）

曹国辉☆ 范玉妹☆ 何知礼☆ 高永涛 李 阳 李华德☆ 郭志猛 谢建新 王 立
李谋渭☆ 张文明 唐 荻 刘应书 孙加林 乔 兰 孙冬柏 邢献然 林均品
纪洪广 王习东* 臧 勇 康永林 郗安民 朱鸿民 金龙哲 高学东 惠希东
姜建壮 吕昭平 王金安 王志良 李仲学 郭占成 高俊山 李晓刚 尹常治☆
蔡嗣经 王 京 罗维东 刘雅政 马星桥 梅建军 吴顺川

二十、高等学校优秀青年教师教学和科研奖励基金（简称“青年教师奖”）（3 人）

董建新 邢献然 何富连*

二十一、教育部“跨世纪优秀人才培养计划”入选者（12 人）

毛卫民 徐金梧 刘国权 田文怀 曲选辉 张 跃 张欣欣 孙冬柏 倪 文
惠希东 姜建壮 吴爱祥

二十二、教育部“新世纪优秀人才支持计划”入选者（93 人）

何维达 王新东 林均品 张波萍 宋卫东 于广华 隆克平 王沿东 高学东
谢谟文 宿彦京 高克玮 李 威 姜 勇 王西涛 张 勇 张深根 王 戈
顾 强 彭庆红 吴顺川 冯 强 耿文通 刘泉林 何新波 刘雪峰 袁文霞
于然波 党智敏 梅建军 赵海雷 黄运华 王洪江 刘 青 马 飞 张 梅
曹文斌 常永勤 冯妍卉 王坤鹏* 郭 敏 范丽珍 李立东 徐 科 李延祥
张晓冬 李晓岑 高学绪 李希胜 黄晓霞 何 伟 叶 丰 刘杰民 李建玲
闫小琴 阳小龙 李翠平 边永忠 何安瑞 班晓娟 秦明礼 张海龙 金 莹
张敬源 刘 洋 陈 骏 潜 伟 焦树强 贺 芳 王国杰 李晓理 陈艳萍
时国庆 魏 钧 董超芳 温永强 何 枫 杜宏武 张中山 冯志鹏 易红宏
廖庆亮 曹江利 侯新梅 白 洋 丁大伟 刘雄军 刘 宇 苗 君 覃京燕
唐晓龙 田建军 尹升华

二十三、霍英东教育基金（26 人）

年度	课题资助	青年教师奖		
		教学奖		科研奖
1987	赵建国* 李育苗*			
1989		刘国权（一等）	李维佳*（三等）	
1991	吕雪山*			王 立（三等）
1993			廖福成（三等）	乔利杰（二等）
1995			翟启杰*（三等）	
1997			夏 新*（三等）	温 治（三等）
2001	李江涛*		于 文*（三等）	
2004	高克玮			

续表

年度	课题资助	青年教师奖		
		教学奖		科研奖
2006	王　戈　顾　强　于　浩		袁文霞（三等）	
2009	金爱兵　范丽珍　秦明礼 苗　君　冯妍卉			
2012	陈　骏　庞晓露	董超芳（三等）		

二十四、宝钢教育基金优秀教师奖（63 人）

年度	特等奖	特等奖提名奖	优秀奖
1994	刘国权		马星桥　申亚男　许世静 *
1995	苍大强		闵乐泉　张　健　彭　漪
1996	王燕斌☆		吴　平　卢晋福　贾建华
1997	陈先霖		温美娟☆　杨世成 *　许纪倩☆
1998	邹家祥☆		佟玉兰☆　管荻华☆　王维才
1999			李　杰　王新华　王小萍 *　桂玮珍☆
2000			潘礼庆 *　许三星☆　王志明　蔡美峰
2001			李文军　瞿国忠☆　康永林
2002			汪飞星　张敬源　王　立
2003			郗安民　高俊山　陆　俊
2004			邱　宏　于晓红☆　张志刚
2005			郗安民　戴淑芬　左　鹏
2006	吴　平		袁文霞　周贤伟
2007			张欣欣　张　群　郑雪峰
2008			郭汉杰　尹常治☆　范玉妹☆
2009			罗　胜☆　金龙哲　杨　平
2010	蔡美峰		杜振民　陈红薇
2011			张　群　强文江　彭庆红
2012		张欣欣	吴胜利　李长洪
2013	吴爱祥		赵海雷　魏　钧

二十五、北京科技大学建龙讲座教授（21 人）

乔利杰　张济山　曲选辉　朱鸿民　吴爱祥　郭占成　苏庆泉　吕昭平　耿文通
谢建新　杨　槐 *　张立峰　张建良　吴胜利　苍大强　刘　青　高克玮　孔祥华
冯俊小　温　治　徐　科

注：带“*”者现已离校，带“☆”者现已退休，带“□”者现已去世

二十六、2013 年在岗博士生指导教师名单（429 人）

学 院	姓 名
土木与环境工程学院（58）	徐九华 胡乃联 林 海 金龙哲 宋 波 宋卫东 蒋仲安 张英华 谢玉玲 李仲学 蔡嗣经 李克庆 姜福兴 王洪江 吴爱祥 牟在根 蔡美峰 高 谦 龚 敏 王金安 潘旦光 宋存义 李子富 汪群慧 易红宏 于润沧* 唐晓龙 姚 俊 季宏兵 孙体昌 冯雅丽 杨慧芬 倪 文 朱维耀 周北海 杨 鹏* 高永涛 李长洪 吴顺川 乔 兰 纪洪广 刘娟红 谢谟文 周晓敏T 谭卓英 汪旭光* 韩大匡* 李成江* 黄昌富* 孙春宝 何学秋* 吴宗之* 赵铁锤* 王淀佐 孙传尧* 魏复盛* 杜翠凤 李 铁
冶金与生态工程学院（62）	陈伟庆 刘 青 郭兴敏 于然波 杨天钧 李京社 吴胜利 王新华 薛庆国 张建良 苍大强 王静松 郭汉杰 包燕平 成国光 朱立光* 吴 铿 朱 荣 张家泉 程树森 李 晶 张炯明 李 宏 孙彦辉 郭占成 张延玲 张立峰 李素芹 李延祥 潜 伟 梅建军 李晓岑 魏书亚 魏寿昆 崔 健* 周国治 王新东 宋 波 王福明 邢献然 张 梅 李建玲 郭 敏 王建中* 陈 骏 朱鸿民 薛济来 李宏煦 焦树强 马清林 安胜利* 殷瑞钰* 王中丙* 刘 浏* 赵 沛* 李 梅* 杨 健* 董元篪* 杨裕生* 杜嗣琛* 邱定蕃* 马清林*
材料科学与工程学院（106）	柯 俊 吴春京 刘雅政 赵志毅 韩静涛 任学平 王开坤 谢建新 康永林 毛卫民 李静媛 孙建林 曹文斌 于 浩 刘雪峰 宋仁伯 肖纪美 万发荣 乔利杰 尚成嘉 李金许 高克玮 于广华 张 跃 田文怀 杨善武 王学敏 宿彦京 郭 晖 王 戈 姜 勇 齐俊杰 刘泉林 耿文通 徐晓光 曹江利 李立东 闫小琴 苗 君 杨 洲 王国杰 卢云峰 刘国权 毛卫民 孙祖庆 葛昌纯 杨 平 杜振民 郭志猛 孟惠民 李长荣 何业东 唐伟忠 龙 毅 孙冬柏 赵海雷 强文江 黄继华 董建新 贾成厂 杜翠薇 孙加林 周张健 李晓刚 徐利华 徐桂英 曲选辉 连 芳 李成明 尹海清 何新波 路民旭 张波萍 秦明礼 柳 伟 陈 冷 董超芳 孔祥华 郑裕东 张深根 常永勤 李 平 郝俊杰 官月平 燕青芝 白 洋 李 勇 范丽珍 张 津 张迎春 王鲁宁 李 俊* 王一德* 朱思泉* 王中林* 张统一* 徐滨士* 奚廷斐* 李惠东* 吴其晔* 张 弘* 李惠琪* 朱国辉* 卢世壁* 韩恩厚* 王金相*
新金属材料国家重点实验室（22）	林均品 张济山 王西涛 高学绪 惠希东 杨 滨 宋西平 王艳丽 周香林 包小倩 张来启 朱 洁 张 勇 叶 丰 张海龙 李龙飞 吕昭平 刘雄军 庄林忠 王沿东 何战兵 从道永
机械工程学院（43）	罗维东 张欣欣 张文明 刘 立 石博强 冯志鹏 徐金梧 郗安民 王长松 杨德斌 阳建宏 冯 明 朱超甫 张康生 杨海波 臧 勇 闫晓强 张 杰 张清东 韩建友 李 威 曹建国 孙朝阳 胡正寰 王宝雨 林建国 刘建平* 刘向军 冯妍卉 冯俊小 温 治 林 林 姜泽毅 刘应书 王 立 苏庆泉 殷晓静* 李红霞* 覃京燕 马 飞 李苏剑 饶绮麟* 战 凯*
自动化学院（20）	李希胜 陈先中 蓝金辉 童朝南 杨卫东 穆志纯 尹怡欣 刘贺平 付冬梅 李 擎 张朝晖 李晓理 肖文栋 孙长银 王飞跃 史建军 刘 玠 李崇坚 刘德荣 忻 欣

续表

学　院	姓　名
计算机与通信工程学院（29）	杨　扬　王志良　周贤伟　解　仑　王建萍　隆克平　阳小龙　彭云峰　张中山　谢　毅*　周炯槃*　李世鹤*　邬贺铨*　张晓彤　郑雪峰　王　沁　班晓娟　曾广平　胡长军　罗　熊　殷绪成　郝红卫*　宋俊德*　林　闯*　单志广*　刘　明*　胡　玥　赵冲冲　朱　岩
东凌经济管理学院（29）	董绍华　张　群　高学东　黄晓霞　武　森　李铁克　王道平　杨建华　何维达　张晓冬　王文彬　武德昆　肖　明　王维才　戴淑芬　杨　青　杨　武　高俊山　佘元冠　刘　澄　魏　钧　张　剑　何　枫　冯　梅　罗乾宜*　白津夫*　周天勇*　刘明忠*　李志民*
数理学院（17）	顾　强　马星桥　吴　平　邱　宏　巨　新　王凤平　陈难先　陈龙庆*　廖福成　陈明文　马万彪　林　平　巩馥洲*　尚新春　魏培君　郑连存　闵乐泉
化学与生物工程学院（14）	刘杰民　弓爱君　胡继业　胡国华　党智敏　姜建壮　边永忠　常志东　袁文霞　陈飞武　温永强　闫　海　侯剑辉*　李文军
文法学院（3）	许　放　曲绍卫　时立荣
马克思主义学院（4）	陆　俊　左　鹏　彭庆红　王民忠*
外国语学院（4）	何　伟　张敬源　陈红薇　黄国文*
冶研院（13）	吕志民　何安瑞　徐　科　杨　荃　唐　荻　蔡庆伍　赵爱民　米振莉　赵征志　江海涛　武会宾　刘建华　王　京
国家材料服役安全科学中心（4）	陆永浩　冯　强　金　莹　汪林兵
生物工程与传感技术研究中心（1）	张学记

注：带“*”者为外单位专家聘为我校博士生导师

人大代表、政协委员

人大代表

北京市人大代表　　罗维东
海淀区人大代表　　王维才　左　鹏　范玉妹

政协委员

全国政协委员　　朱鸿民
北京市政协常委　　张济山
海淀区政协委员　　陈章华

校友风采

一、在北京科技大学学习和工作过的中国科学院院士

姓　名	工作单位／职务	毕业学校
魏寿昆	北京科技大学教授	北洋大学
吴自良	中科院上海微系统与信息技术研究所研究员	北洋大学
柯　俊	北京科技大学教授	武汉大学
张兴钤	中国工程物理研究院研究员	武汉大学
肖纪美	北京科技大学教授	唐山交大
邹世昌	中科院上海微系统与信息技术研究所研究员	唐山交大
王崇愚	钢铁研究总院教授	北京钢院相 54 届
徐祖耀	上海交通大学教授	唐山交大
高庆狮	北京科技大学教授	北京大学
陈难先	北京科技大学教授	北京大学
李依依	中科院金属研究所研究员	北京钢院铁 57 届
周国治	北京科技大学教授	北京钢院冶 60 届
叶恒强	中科院金属研究所研究员	北京钢院金物 62 届
葛昌纯	北京科技大学教授	唐山交大
雒建斌	清华大学教授	北京科大压加研 85 级
张统一	香港科技大学教授	北京钢院金物研 79 级、博 82 级

二、在北京科技大学学习和工作过的中国工程院院士

姓　名	工作单位／职务	毕业学校
范维唐	中国煤炭工业协会会长	北京钢院矿 56 届
徐匡迪	中共中央委员、全国政协副主席、中国工程院院长、党组书记	北京钢院冶 59 届
殷瑞钰	钢铁研究总院名誉院长	北京钢院钢 57 届
陈先霖	北京科技大学教授	上海交大
周邦新	上海大学研究员	北京钢院相 56 届
涂铭旌	四川大学教授	北京钢院 55 研究生班
崔　昆	华中科技大学教授	北京钢院 54 研究生班
雷廷权	哈尔滨工业大学教授	北京钢院 55 研究生班
胡正寰	北京科技大学教授	北京钢院机 56 届
陈国良	北京科技大学教授	北京钢院相 55 届
柯　伟	中科院金属研究所研究员	北京钢院相 57 届
钟　掘	中南大学教授	北京钢院机 60 届
关　杰	西安重型机械研究所副总工程师	北京钢院机 63 届
刘　玠	十五届、十六届中共中央候补委员，中国科协副主席，原鞍山钢铁集团公司董事长、总经理、党委书记	北京钢院机 64 届
才鸿年	中国兵器装备集团公司顾问	北京钢院钢 62 届
何季麟	宁夏东方钽业股份有限公司董事长	北京钢院物化 69 届
王一德	太原钢铁集团公司董事会规划委副主任	北京钢院轧 61、轧（硕）68 届
张玉卓	神华集团有限责任公司党组成员、总经理	北京科大采矿博 86 级
蔡美峰	北京科技大学教授	北京钢院采矿研 78 级
费爱国	空军装备研究院某研究所所长	北京科大自控博 00 级

三、曾任和现任省部级以上党、政领导的部分校友

姓　名	职　　务	在校专业
罗　干	十六届中共中央政治局常委、中央政法委书记	轧 57 届
刘　淇	十六届、十七届中共中央政治局委员，北京市市委书记	铁 64 届、冶研 68 届
徐匡迪	十五届、十六届中共中央委员，十届全国政协副主席，原中国工程院院长、党组书记	冶 59 届

续表

姓　名	职　　务	在校专业
黄孟复	十届、十一届全国政协副主席，全国工商联主席	铁 67 届
范长龙	十八届中共中央政治局委员，中央军委副主席	信息国防 2000 级
郭声琨	十八届中共中央委员、中央政法委副书记、国务委员、公安部部长	管理博 2003 级
刘晓峰	十二届全国政协副主席、农工党中央常务副主席	金物 78 级
孙安民	全国工商联专职副主席、十一届全国人大常务委员会委员、全国人大法律委员会副主任	机 72 级
殷晓静	中央政府驻港联络办副主任	炉 77 级
袁　隐	国务院参事、原国务院办公厅局长	金相 69、金物研 79
付双建	国家工商行政管理局党组成员、副局长	管工 91 级
曹文虎	青海省人大副主任	
史和平	江苏省副省长	思政 91 级
陈德荣	浙江省副省长、中共浙江省温州市委书记	钢 79 级
郝　远	甘肃省副省长	冶研 86 届
陈建华	广东省广州市委副书记、市长	机 78 级
黄楚平	湖北省委常委、宜昌市委书记、人大常委会主任	思政研 88 级
葛红林	四川省成都市委副书记、市长	材博 86
孙瑞彬	河北省委常委、石家庄市委书记、石家庄警备区党委第一书记	管工 91 级
郑新立	中国国际经济交流中心常务副理事长、原中央政策研究室副主任	矿 69 届
刘振江	中国钢铁工业协会党委书记兼副会长	相 73 级
邢书成	中国人民解放军广州军区副司令员、中将	2001 级工硕班
张祁斌	中国人民解放军济南军区副参谋长、少将	军队班
方凌江	中国人民解放军济南军区联勤部自动化站站长、少将	军队班
费爱国	空军装备研究院某研究所所长、少将	自控博 2000 级
高德福	中国人民解放军吉林军区参谋长、少将	2001 级工硕班
张吾乐	十五届中纪委委员、原国家有色工业局局长、原甘肃省省长	机 60 届
刘　玠	十五届、十六届中共中央候补委员，中国工程院院士，中国科协副主席，原鞍山钢铁集团公司董事长、总经理、党委书记	机研 68 届
李登柱	十五届中纪委常委、中央国家机关纪工委书记	轧 59 届
吴溪淳	原冶金工业部副部长、原中国钢铁工业协会会长	铁 55 届
赵公卿	原重庆市副市长、重庆市人大常委会副主任	相 68 届

续表

姓　名	职　　务	在校专业
李敏宽	八届、九届全国政协委员，九届全国政协副秘书长，十届全国政协常委、副秘书长，七届台盟中央副主席	矿机 63 届
桂中岳	原陕西省人大常委会副主任	矿 61 届
哈斯巴根	原内蒙古自治区人大常委会副主任、十一届全国人大常委、民族委员会副主任委员	物化 72 级
王永明	原浙江省人大党组书记、人大常务副主任	机 72 级
靳善忠	原山西省人大常委会副主任	矿机 78 级、管研 92 级
龚世萍	原辽宁省人大常委会副主任、十届全国政协常委	相 69 届
冯炯华	原宁夏回族自治区人大常委会副主任	粉 68 届
王汀明	原湖南省政协副主席	铁 70 届
贾锡太	原福建省副省长	轧 67 届
马锡广	原宁夏回族自治区常务副主席	轧 68 届
沈国俊	十五届中纪委委员、原四川省纪委书记	钢 62 届
郝振贤	原四川省政协常务副主席	相 65 届
应文华	原大型企业监事会主席、原国内贸易部副部长	机 62 届
陆　江	原大型企业监事会主席、原国内贸易部副部长	轧 63 届
范维唐	原煤炭工业部副部长	矿 56 届
殷瑞钰	原冶金工业部副部长	钢 57 届
陆叙生	原物资部副部长	钢 57 届
朱新均	原国家语言文字工作委员会党组书记	铸 60 届
周荣昌	原内蒙古自治区人大常委会副主任	轧 55 届
朱宗葆	原上海市副市长	机 61 届
马仲才	原山东省人大常委会副主任	机 60 届
王宏民	原江苏省人大副主任、原南京市市长、江苏省扶贫领导小组副组长	铁 64 届
朱志辉	原云南省委副书记、原华东冶金学院党委书记	铁 56 届
王四连	原湖南省人大常委会副主任、党组成员	稀有冶炼 65 级
刘　沛	原中国驻联合国军事参谋代表团团长、少将	政治师资 78 级
单亦和	原保利集团董事长、党委书记、原大型企业监事会主席	冶 68 届
李克诚	原中国石油天然气集团总公司监事会主席	相 66 届

四、担任司、局和地、市级正局级领导的部分校友

姓　名	职　　务	在校专业
巴建光	内蒙古自治区纪律检查委员会副书记	行管（92 － 95）
卜劲松	广东省地质勘查局巡视员、原局长	机 70 级
陈国猛	厦门市中级人民法院院长	工管 98 级
陈明德	中共广州市市委常委、副市长兼统战部部长	工业工程硕 2001 级
陈　石	贵阳市政协政协主席	化学工程在职硕士 03 级
董晓民	内蒙烟草专卖局局长	管工博 2006 级
高小玫	政协上海市第十一届委员会副主席、民革中央常委、上海市委主委、上海市知识产权局副局长	材研 83 级
韩宝柱	九三学社中央研究室副主任	政教师资 78 级
侯宝珠	国资委有色金属离退休干部局党委副书记、局长	高温 76 级
胡玉亭	晋中市委副书记、代市长	冶 82 级
贾银松	工业和信息化部原材料司巡视员、原司长	铁 79 级
江　光	环境保护部华北核与辐射安全监督站主任	腐蚀 81 级、材研 88 级
孔东风	河南省国资委副主任、党委委员	铸造 77 级
李　放	中国社保基金理事会秘书长	金属物理 76 级
李惠东	民革中央秘书长兼办公厅主任	腐蚀博 90 级
李瑞阳	上海市教育委员会巡视员、上海市教育考试院院长	热能工程 77 级
李新中	国务院新闻中心舆情研究所所长	在校工作
刘　捷	中共江西省新余市委书记	冶 88 级
刘　伟	北京市房山区区委书记	精密合金 77 级
罗兆慈	广东省广州市南沙区人大常委会主任	管工博 05 级
马燕合	科技部社会发展科技司司长	采矿 87 级
彭华岗	国有资产管理委员会理论研究局局长	机 79 级
彭学增	河北省邯郸市人大常委会主任	社科 91 级（函）
邵蜀望	中央纪委外事局副局长	英研 85 级
师建平	晋城市政协主席	钢 74 级
宋春婴	河北省环境保护厅巡视员	冶金 77 级
苏　靖	国家科技部国家科技基础条件平台中心主任	矿业工程博士后
孙耀唯	国家电力监管委员会政策法规部副主任	管研 85 级
邰　展	重庆市人民政府副秘书长	成教
汪　韧	安徽省省政府副秘书长、驻京办主任	钢 79 级
王顶岐	山东省淄博市人大常委会第一副主任、党组副书记	压加 77 级
王　可	中共广西壮族自治区贵港市市委书记	相 77 级

续表

姓名	职务	在校专业
王民忠	中共北京市委党校（北京行政学院）常务副校长	铸 81 级
王守祯	山西省人大财政经济委员会副主任、原运城市市长	采矿 73 级
王伟	财政部关税司司长	电 77 级
王增明	石家庄市委副书记、市人大常委会主任、党组书记	铸造 74 级
王中丙	广东省湛江市市长	冶博 98 级
熊必琳	发展和改革委员会产业协调司巡视员	理化稀有 73 级
闫立刚	顺义区区委副书记、北京天竺综合保税区常务副主任	电 80 级
杨璐	国家土地督察西安局局长、党组书记	选矿 78 级
杨天梁	海南省知识产权局局长	自动化
余龙武	天津银监局局长	相 85 级
袁春	中纪委副秘书长	电 77 级
张汉东	发展与改革委员会社会发展司医改办副主任	冶博 02 级
张义全	人力资源与社会保障部军官转业安置司司长	机 82 级
赵光华	民进中央常委、秘书长，十一届全国政协委员	社科系进修（86 – 88）
赵金生	中国轻工业联合会副秘书长、原国资委轻工离退休干部局局长	电 72 级
周维现	中央党校中直分校、中央管理事务局常务副校长	矿机 86 级、思政双学位 91 级
司永涛	内蒙古国有资产管理委员会副主任、党组成员	轧 76 级
张长富	中国钢铁工业协会副会长兼秘书长	机 68 届
于言良	辽宁省朝阳市委副书记、市长	思政硕 89 级
肖文荪	广西壮族自治区柳州市委副书记、市长	管硕 98 级（在职）

五、部分曾任正局级领导职务现已离退休或调动的校友

姓名	职务	在校专业
楼大鹏	国际田联副主席、原亚田联主席、原国家体委司长	机 59 届
梁才	中国钢铁协会秘书长	轧 65 届
孙本先	四川省攀枝花市人大主任	矿 65 届
张泽宇	山西省省长助理、山西省信息化领导小组办公室主任	矿 68 届
孙建群	河北省廊坊市市委书记	机 70 届
赵禄祥	河北省人事厅厅长	轧 68 届
高盈民	陕西省企业工委常务副主任、陕西省政协常委	冶 70 届
程光	上海市虹口区区长	管研 88 届

续表

姓　名	职　　　务	在校专业
许华忠	国家经贸委市场流通司司长	铁 65 届
徐金堃	国家自然科学基金委综合计划局局长	金物 66 届
李国栋	黑龙江省齐齐哈尔市政法委书记	铸 70 届
闫承宗	北京市经委主任	轧 54 届
余宗森	冶金工业部外事司司长	轧 54 届
谢汝煊	广西南宁市市长	铸 62 届
谷向阳	青海省重工业厅厅长	冶 65 届
于瀛洪	河北省冶金工业厅厅长	铁 65 届
乔致奇	国家环保总局监督管理司司长	铁 64 届
何泽民	河南省洛阳市人大常委会主任	相 61 届
冯治益	中纪委北京培训中心主任	轧 60 届
李其世	上海市冶金工业局局长	函授冶 61 届
李腊望	四川省黄金管理局局长	轧 64 届
雷秀祥	四川省建材工业局局长	机 64 届
王大名	河北省秦皇岛市委书记	机 61 届
姜文韬	江苏省冶金工业厅厅长	铁 67 届
王克昌	天津市冶金工业局局长	轧 60 届
吕耘方	黑龙江省冶金工业厅厅长	金物
汪同建	甘肃省建材工业局局长	矿机 64 届
王乃立	上海市旅游局局长	轧 57 届
刘树和	外国专家局经济技术专家司司长	机 76 级
王世民	最高人民法院司法行政装备管理局局长	稀 72 级
武高山	北京西站地区管理委员会党组书记、主任	选 77 级

六、部分在高等学校、科研院所、文化部门担任主要职务的校友

姓　名	职　　　务	在校专业
刘建平	天津大学党委书记	机 73 级
王志强	电子科技大学党委书记	炼钢 77 级
吴晚云	北方工业大学党委书记	机 77 级
闫拓时	中国音乐学院党委书记	粉末冶金 77 级
曹胜利	冶金工业出版社社长	选 72 级
常跃峰	河北钢铁技术研究总院院长	轧钢 78 级

续表

姓　名	职　　务	在校专业
狄　涛	北京教育音像报刊总社党委书记兼社长	电 92 级
姜　军	辽宁广播电视大学校长	制氧 78 级
孔留安	河南城建学院院长	安全工程博 03 级
雷平喜	中国冶金矿山企业协会常务副会长	矿 86 级
李保卫	内蒙古科技大学党委书记、校长	冶博 99 级
李丰生	梧州学院院长	思政双学位 86 级
李家新	安徽工业大学党委副书记、校长	冶博 02 级
李新创	冶金工业规划研究院党委书记、院长	采矿硕 88 级
刘树琪	泰山学院党委书记	管研 97 级
刘振江	中国钢铁工业协会党委书记兼副会长	相 73 级
马宪平	北京教育学院党委书记	选矿 76 级
任雁秋	包头轻工职业技术学院院长	炉 78 级
王建中	辽宁工业大学党委书记	冶研 88 届
王萍辉	福建信息职业技术学院院长	矿机 84 级
杨　帆	北京商务科技学校	数学师资班 78 级
张少明	北京有色金属研究总院党委书记、院长	相 80 级
张宇春	冶金工业信息标准研究院院长	金物 81 级
张玉柱	河北联合大学党委书记	炼铁研 85
刘海峰	中国财经报社社长	政教 78 级
卢振洋	北京联合大学校长	思政双学位 84 级

七、曾任高等学校、科研院所、文化部门主要领导，现已离退休的部分校友

姓　名	职　　务	在校专业
仇春霖	北方工业大学校长	轧 57 届
王起桢	北方工业大学党委书记	机 57 届
张先青	北京工业设计院院长	轧 63 届
韩景春	钢铁研究总院党委书记	思政 84 级
张　挺	北京农学院党委书记	铁 59 届
王希周	北京电子信息工程学院党委书记	轧 59 届
杨静云	北京市委党校党委书记、常务副校长	机 61 届
许　秀	北京建工学院党委书记	铸 61 届
齐鸿恩	江西冶金学院院长	机 59 届

续表

姓　名	职　　　务	在校专业
刘正义	华南理工大学党委书记、校长	金物进修
刘景云	广东机械学院院长	北京科技大学调出
黎樵燊	广东工业大学校长	相 57 届
霍银海	冶金自动化研究院党委书记	机 62 届
朱耀中	冶金部情报研究所党委书记	北京科技大学调出
张成吉	钢铁研究总院党委书记	铁 57 届
樊源兴	中国冶金报社党委书记	矿 57 届
张训毅	中国冶金报社社长	铁 61 届
江仲圣	北京冶金设备研究院院长	机 59 届
严圣祥	北京钢铁设计研究总院院长	轧 64 届
董元篪	安徽工业大学校长	物化博 80 级
高兆祖	北京有色金属研究总院党委书记	粉 66 届

八、在企业中担任主要职务的部分校友

姓　名	职　　　务	在校专业
张广宁	鞍钢集团公司董事长、党委书记	管工 81 级
张晓刚	鞍钢集团公司总经理	冶博 00 级
唐复平	鞍钢集团公司党委常委、副总经理	冶博 00 级
姚　林	鞍钢集团公司党委常委、副总经理，攀钢集团有限公司董事长、党委书记	机械博 01 级
余自甦	鞍钢集团公司党委常委、副总经理	冶硕 91 级
王义栋	鞍钢股份有限公司总经理	工业工程硕 02 级
马国强	武汉钢铁（集团）公司总经理、董事、党委常委	管研 84 级
王青海	首钢总公司党委书记、董事长	冶 79 级
赵民革	首钢总公司副总经理	冶 82 级
韩　庆	首钢股份有限公司总经理	冶 84 级
刘明忠	新兴际华集团有限公司董事长	冶博 01 级
郭士进	新兴际华集团有限公司副董事长	炉 78 级
罗乾宜	中国兵器工业集团公司党组成员、总会计师	管博 05 级
冯贵权	中国五矿集团公司党组成员、副总裁	机 81 级
杨东民	中国国际工程咨询公司党组成员、副总经理	钢 78 级
刘安栋	中国中钢集团公司党委常委、中国中钢股份有限公司副总经理	EMBA00 级

续表

姓　名	职　　务	在校专业
王　臣	中国钢研科技集团公司党委常委、副总经理	化学研 85 级
张克利	中国有色矿业集团公司党委书记	采矿 77 级
陶星虎	中国有色矿业集团公司副总经理	采矿 77 级
张少明	北京有色金属研究总院党委书记、院长	相 80 级
熊柏青	北京有色金属研究总院副院长	金物 81 级
夏晓鸥	北京矿冶研究总院党委书记、副院长	采矿博 03 级
王义芳	河北钢铁集团有限公司董事长、总经理	冶博 00 级
刘如军	河北钢铁集团有限公司党委书记、副董事长	铁 73 级
任　浩	山东钢铁集团董事长、党委书记	轧 78 级
陈启祥	山东钢铁集团总经理	轧 77 级
徐和谊	北京汽车集团有限公司党委书记、董事长	铁 78 级
韩永贵	北京汽车股份有限公司总经理	电 81 级
王　东	北京控股集团有限公司党委书记、董事长	矿机 82 级
张清富	中国光大国际经济技术合作公司总经理	机 73 级
韩巍强	中国国际金融有限公司公司行政总监、董事总经理	政教师资 78 级
宋　鑫	中国黄金集团公司副总经理、中国黄金国际资源有限公司总裁	采矿博 03 级
陆志方	中国恩菲工程技术有限公司董事长	热能 80 级
魏　新	北大方正集团董事长	高温合金 78 级
汪子章	国家开发银行行务委员	管研 85 级
康　典	新华人寿保险股份有限公司董事长	机械 77 级
秘增信	中信资源控股有限公司董事会主席	轧 78 级
姜德义	北京金隅集团执行董事兼总裁	冶博 09 级
王锐兵	国资委群星集团公司总经理	化 88 级
李　琦	太平洋证券股份有限公司党委书记	热能 87 级
周秉利	包头钢铁集团党委书记、董事长	管博 05 级
李晓波	太原钢铁（集团）有限公司董事长	轧 80 级
高祥明	太原钢铁（集团）有限公司副董事长、总经理	机 79 级
郭长波	青岛钢铁控股集团有限责任公司总经理	钢 79 级
彭存根	太钢集团临汾钢铁有限公司总经理	冶金 84 级
李贵阳	河北钢铁集团邯钢公司董事长、党委书记	冶博 03 级
张　海	河北钢铁集团宣化钢铁集团公司董事长、党委书记	轧 78 级
迟桂友	河北钢铁集团宣化钢铁集团公司总经理、副董事长	冶博 05 级

续表

姓　名	职　　务	在校专业
于　勇	河北钢铁集团唐钢公司董事长、总经理	冶博00级
黄一新	南京钢铁联合有限公司总经理	轧钢84级
丁　毅	马钢控股有限公司总经理、党委副书记、董事长	自硕87级
崔　健	宁波钢铁有限公司董事长、党委书记	冶博98级
刘　安	宁波钢铁有限公司总经理	压加83级
李士才	山东日照钢铁集团总经理	铁88级
张　虎	攀钢集团国际贸易有限公司总经理	冶金86级
段向东	攀枝花钢钒有限公司总经理	材料86级
周　灿	重庆钢铁集团建设公司董事长	热工84级
杨　忠	西宁特殊钢股份有限公司董事长	压加87级
王子亮	安阳钢铁集团有限责任公司董事长、总经理	冶博01级
曹慧泉	湖南华菱钢铁集团有限责任公司董事长、湖南华菱钢铁股份有限公司董事长	金物88硕
张若生	广州钢铁股份有限公司董事长、党委书记	管博05级
钱　刚	湖北新冶钢有限公司总经理	冶博02级
高国华	大冶特殊钢股份有限公司总经理	机87级
王庐嘉	合肥钢铁集团有限公司总经理	机75级
刘建辉	首钢销售公司总经理	冶研86级
何汝迎	宁波宝新不锈钢有限公司总经理	机81级
陆志新	宁波钢铁公司总经理	冶博00级
杜东兴	陕西龙门钢铁有限公司总经理	冶90级
白　刚	鞍钢建设公司总经理	管工博02级
尹小鹏	武钢矿业公司总经理	矿85届
谢俊文	甘肃华亭煤业集团总经理	安全工程博03级
刘明东	海南矿业股份有限公司总经理	管工85级
黄宝利	本钢机械制造有限责任公司党委书记、董事长	制氧80级
陶方国	华菱钢管控股公司总经理	
杨志强	金川集团有限公司董事长、党委书记	工程力学博04级
吕　鹏	南京钢铁联合有限公司总经理	钢78级
朱津秋	上海有色集团公司总经理	机76级
路朝晖	新兴铸管（新疆）资源发展有限公司董事长	钢77级
丁传锡	正元国际矿业有限公司董事长	管工82级
王开力	中科创新园高新技术有限公司董事长	金物研87级

续表

姓　名	职　　　务	在校专业
陈　喆	中国兵器工业集团中兵矿业公司董事长	国贸 93 级
李京北	中房集团城市房地产投资有限公司总经理	管研 86 级
宋占江	中国一冶集团有限公司董事长	机 82 级
廖世波	中钢集团金信咨询有限责任公司总经理	冶研 87 级
范文胜	中钢集团物业管理有限公司总经理	电 83 级
连民杰	中钢矿业开发有限公司总经理	采矿工程博 02 级
陆鹏程	中钢设备有限公司总经理	压加 92 届
梁津源	中色镍业有限公司总经理	冶研 87
王定洪	中冶东方工程技术股份有限公司总经理	冶 80 级
赖宁昌	广东东凌集团董事长	管工博 05 级
王德兴	哈尔滨锅炉厂有限责任公司董事长、总经理	高温合金 78 级
吴晓松	平安人寿天津分公司总经理	矿机 87 级
赵宇峰	清华紫光股份有限公司总经理	轧 82 级
陈玉民	山东黄金集团有限公司副总经理、山东黄金矿业股份有限公司董事长	采矿工程博 03 级
毕荣福	上海液压气动总公司党委书记	机 73 级
梁铁山	中国平煤神马能源化工集团有限责任公司董事长、党委书记	安全工程博 05 级
刘庆宾	重庆材料研究院院长（总经理）	相 85 级
郝树华	首钢矿业公司总经理	采矿工程博 03 级
王宝桐	中国广厦控股集团总裁	管工研 84 级
李连平	河北建设投资集团有限责任公司董事长、党委书记	材料博 00 级
孙　杰	北京二商集团有限责任公司党委书记、董事长	EMBA
任亚光	北京京城机电控股有限责任公司党委书记、董事长	铸 78 级
夏晓鸥	北京矿冶研究总院党委书记、副院长	工程力学博 03 级
黄孝斌	北京时代凌宇科技有限公司董事长	自动化 90 级
杜凤超	北京市华远集团有限公司董事长	管工硕 94 级
杨启瑞	北京天客隆集团公司总经理	轧钢 77 级
张槐祥	中国水钢集团公司总经理	机制 77 级
吴　平	迁安钢铁公司党委书记	数学师资 78 级
束国刚	中广核工程有限公司总经理	材料 86 级
高本业	大连电机集团董事长	材研 85 级
邵　军	陕西宝钛新金属有限责任公司总经理	相 87 级

续表

姓　名	职　　务	在校专业
胡　刚	四川长虹电子系统有限公司总经理	相 87 级
张晗亮	中国石油装备制造分公司党委书记	机研 87 级
熊万平	首钢长治钢铁有限公司总经理	冶 89 级
王树琪	中条山有色金属集团有限公司董事长	采矿 77 级
高国华	国投创新投资基金管理公司总裁	矿机 86 级
张战波	北京中冶设备研究设计总院有限公司总经理	思政 01 级
郑剑辉	中冶南方（武汉）威仕工业炉有限公司总经理	热能 97 级
任美成	天泽科技董事长	计 86 级
彭　原	北京华深中色科技发展有限公司名誉董事长	机 85 级
张晓峰	北京桓裕投资（集团）有限公司董事长	机 88 级
陆正耀	神州租车（中国）有限公司 CEO	自动化 87
胡庆周	深圳英唐智能控股有限公司董事长	轧 87 级
周惠敏	山东慧敏科技开发有限公司董事长、总经理	相 77 级
王满元	包头市液压机械有限公司董事长	机 84 级
张荣明	北京爱慕内衣有限公司董事长	物化 80 级
俞　兵	亚信联想集团有限公司董事、联想亚信科技有限公司董事长兼 CEO	电 84 级

九、曾在企业担任主要领导职务现已离退休或调动的部分校友

姓　名	职　　务	在校专业
刘　玠	鞍山钢铁集团公司董事长、总经理	机 64 届
蔡登楼	鞍山钢铁集团公司副董事长	机 67 届
林滋泉	鞍山钢铁集团公司副总经理	轧 68 届
李　成	太原钢铁公司总经理	轧 54 届
林企增	太原钢铁公司副董事长	冶 62 届
杨盘铭	太原钢铁公司副总经理	矿 70 届
刘　琦	中国钢铁工贸集团公司党委书记	铁 61 届
白葆华	中国钢铁工贸集团公司总裁	轧 65 届
崔锡武	中国黄金总公司总经理	矿 66 届
杭永益	马鞍山钢铁公司总经理	铁 64 届
王满仓	成都飞机发动机公司党委书记	稀 63 届
马俊才	济南钢铁公司总经理	机 59 届
沈克林	中国重型机械总公司总经理	机 57 届

续表

姓　名	职　　务	在校专业
刁海章	鲁中冶金矿山公司党委书记	矿机 65 届
李成群	中国冶金矿业总公司党委书记	冶 72 级
张振纲	天津钢管公司董事长	钢 63 届
张建平	天津钢管公司党委书记	函授管理
陈守勋	湘潭钢铁公司总经理	冶 61 届
林承模	舞阳钢铁公司总经理	相 65 届
侯树庭	上海第五钢铁厂厂长	函授冶 62 届
陈英栋	新余钢铁总厂党委书记	函授冶 64 届
王鸿锷	上海第一钢铁厂党委书记	成教管 89 级
田锡恩	唐山钢铁公司总经理	钢 63 届
王国兴	邯郸钢铁公司党委书记	函授铁 64 届
李前煦	南京钢铁公司总经理	钢 61 届
刘建功	武汉钢铁公司总工程师	相 65 届
刘炳南	武汉钢铁公司副总经理	机 64 届
王跃祖	首钢总公司党委副书记	夜大 58 届
谢有润	首钢总公司副总经理	机 64 届
王宪固	西宁特殊钢公司党委书记	相 66 届
罗忠琳	陕西精密合金公司总经理	金物 66 届
董稼祥	中国冶金矿业总公司总经理	矿 61 届
吕聿信	长城特殊钢公司总经理	轧 66 届
孙公权	上海一钢集团总经理	冶 66 届
汪铁钢	上海矽钢片厂厂长	轧 57 届
潘世良	邯邢冶金矿山管理局党委书记	矿 65 届
赵如月	宝山钢铁集团公司纪委书记	铁 66 届
吴松春	浙江省中旅集团公司总经理	铁 67 届
冯国熙	北京自来水公司董事长	矿 66 届
吴玉林	石家庄钢铁有限责任公司党委书记	铁 67 届
高成涛	洛阳铜加工厂厂长	机 61 届
刘本仁	武钢集团公司董事长、总经理	自动化 73 级
张永昌	唐山钢铁公司党委书记	铸 69 届
施嘉良	新余钢铁公司董事长	机 70 届
顾强圻	邯郸纵横钢铁集团总经理	冶 70 届

续表

姓　名	职　　务	在校专业
赵占华	陕西钢厂党委书记	铸69届
杨复强	合肥钢铁集团有限公司董事长	轧68届
王庐嘉	合肥钢铁集团有限公司总经理	机75级
何建昌	华北冶金建设公司经理	矿70届
杨福国	宁夏石咀山钢铁厂党委书记	轧67届
吴建民	吉林铁合金集团公司总经理	相68届
金树安	峨嵋铁合金集团公司总经理	冶74级
张心健	锦州铁合金集团公司党委书记	高温70届
陈　明	上海宝冶党委书记、董事长	机64届
王绍成	十九冶金建设公司党委书记	炉68届
程敏直	西安冶金机械厂党委书记	铸70届
鞠祖荣	扬州冶金机械有限公司总工及常务副总	轧69届
胡梓清	乐山冶金机械轧辊厂党委书记	铸66届
杨东升	邢台机械轧辊公司副董事长、总经理	冶66届
张勇钢	（无锡）西姆莱斯钢管公司总经理	相73级
宋　力	福建省烟草总公司总经理	机制75级
梁相钦	深圳自来水集团公司总经理	自68届
张清富	中国光大国际经济技术合作公司总经理	机73级
周伟坪	中国青年旅行社控股股份有限公司总经理	政教78级
朱昌逑	马鞍山钢铁股份有限公司总经理	机70届
郭洪成	包头第一机械集团公司董事长	冶67届
朱津秋	上海有色集团公司总经理	机76级
韩永义	乌鲁木齐铁路局党委书记	铸69届
阎胜科	石家庄钢铁有限责任公司董事长、党委书记	轧70届
胡玉亭	太原钢铁（集团）有限公司总经理	冶82级
党　歌	长治钢铁公司董事长、党委书记	钢78级
沈　伟	陕西精密合金股份有限公司总经理	钢77级
刘克忠	承德钢铁公司董事长	铁63届
司永涛	包头钢铁（集团）有限责任公司董事长、党委副书记	轧76级
周伟坪	中青旅控股股份有限公司总经理	政师78级
汪声娟	北京佰能电气技术有限公司董事长	机64届
何建昌	中国华冶科工集团有限公司总经理	矿70届

十、荣获全国劳动模范称号的部分校友

姓　名	获奖时工作单位	在校专业
邓　键	上海斯米克焊材公司	物化 66 届
常纯哲	上海钢铁工艺技术研究所	机 60 届
单亦和	西宁特殊钢厂	冶 68 届
周惠敏	山东冶金科学研究院	材料 77 级
傅庆馥	山东省淄博市博山水泥厂	56 届
马俊才	济南钢铁集团公司	机 59 届
张长富	中国第十九冶金建设公司	机 68 届
徐和谊	北京汽车工业控股有限责任公司	铁 78 级
刘明忠	新兴铸管集团有限公司	冶博 01 级
黄昌富	中国铁建十六局集团	采矿研 95 级
丁立国	德龙钢铁实业有限公司	管理 MBA 班
马　祥	包头钢铁（集团）有限责任公司	冶研 99 级
李保卫	内蒙古科技大学	冶博 99 级
陈　列	西宁特殊钢股份有限公司	冶金 86 级
赵千里	金川集团股份有限公司	工程力学博 04 级

注：1. 所列校友排名不分先后；
　　2. 以上统计情况定有差错和疏漏，敬希广大校友补充、指正。

2013年党发校发文件目录

2013年北京科技大学党发文件目录

校党发〔2013〕1号　关于张学记等同志职务任免的通知
校党发〔2013〕2号　关于发布《北京科技大学2013年“两会”期间安全稳定工作方案》的通知
校党发〔2013〕3号　关于发布《北京科技大学2013年安全稳定工作方案》的通知
校党发〔2013〕4号　北京科技大学2013年工作要点
校党发〔2013〕5号　关于成立和撤销机构的通知
校党发〔2013〕6号　关于学校领导班子成员分工调整的通知
校党发〔2013〕7号　关于于洋同志免职的通知
校党发〔2013〕8号　关于印发《2013年党风廉政建设和反腐败工作主要任务分工》的通知
校党发〔2013〕9号　2013年机关及直属单位处级岗位竞聘工作实施办法
校党发〔2013〕10号　2013年学院行政领导班子换届工作实施办法
校党发〔2013〕11号　2013年二级党委（党总支）换届工作实施办法
校党发〔2013〕12号　关于发布《迎接首都高校“平安校园”检查验收工作实施方案》的通知
校党发〔2013〕13号　关于张卫冬等同志任职的通知
校党发〔2013〕14号　关于发布《关于认真开展关工委建设情况自查工作的方案》的通知
校党发〔2013〕15号　关于何进等同志职务任免的通知
校党发〔2013〕16号　公开选拔二级党委书记候选人公告
校党发〔2013〕17号　公开选拔工会副主席候选人公告
校党发〔2013〕18号　公开选拔团委副书记候选人公告
校党发〔2013〕19号　关于章东辉等同志职务任免的通知
校党发〔2013〕20号　关于郑安阳等同志任职的通知
校党发〔2013〕21号　关于王鹂等同志职务任免的通知
校党发〔2013〕22号　关于评选表彰2011－2013年度先进党支部、优秀共产党员及优秀党务工作者的通知
校党发〔2013〕23号　关于印发《北京科技大学党的群众路线教育实践活动实施方案》的通知
校党发〔2013〕24号　关于曹勇同志任免的通知
校党发〔2013〕25号　推进廉政风险防控管理“三个体系”建设实施方案
校党发〔2013〕26号　关于开展教育收费自查自纠工作的通知

校党发〔2013〕27号	关于表彰十佳标杆党支部、先进党支部、优秀共产党员和优秀党务工作者的决定
校党发〔2013〕28号	关于调整北京科技大学定密工作组成员的通知
校党发〔2013〕29号	关于确定北京科技大学定密责任人的通知
校党发〔2013〕30号	关于调整北京科技大学保密委员会成员的通知
校党发〔2013〕31号	关于牛晓亮等同志挂职的通知
校党发〔2013〕32号	关于对全校处级单位贯彻执行党风廉政建设责任制及实行党务、校务公开情况进行检查的通知
校党发〔2013〕33号	贯彻落实中央改进工作作风、密切联系群众《八项规定》和《实施细则》的实施办法（试行）
校党发〔2013〕34号	北京科技大学教学科研三级机构负责人聘任管理办法
校党发〔2013〕35号	北京科技大学2013年处级单位和处级以上干部考核办法
校党发〔2013〕36号	关于马聪等同志任职的通知
校党发〔2013〕37号	中共北京科技大学委员会关于贯彻落实《中共中央关于加强新形势下党外代表人士队伍建设的意见》的实施意见

2013年北京科技大学校发文件目录

校发〔2013〕1号	各类人员编制与岗位管理规定
校发〔2013〕2号	岗位聘任实施办法
校发〔2013〕3号	学生食堂价格平抑资金管理使用办法
校发〔2013〕4号	关于公布第十三届“青年教师课堂教学针对性培养工作”评比结果的通知
校发〔2013〕5号	关于做好2013年寒假、春节期间安全保卫工作的通知
校发〔2013〕6号	关于成立留学生中心的通知
校发〔2013〕7号	关于干部任免的通知
校发〔2013〕8号	关于发布《北京科技大学对甘肃省秦安县定点扶贫工作方案》的通知
校发〔2013〕9号	关于公布首届“微课教学比赛”评选结果的通知
校发〔2013〕10号	关于对部分本科生退学处理的决定
校发〔2013〕11号	北京科技大学周转房管理办法
校发〔2013〕12号	关于举办第八届青年教师教学基本功比赛的通知
校发〔2013〕13号	关于做好2013年硕士研究生招生录取工作的通知
校发〔2013〕14号	关于开展科研经费管理自查自纠工作的通知
校发〔2013〕15号	关于调整周转房租金价格的通知
校发〔2013〕16号	关于做好2012－2013学年度第二学期本科教学检查的通知
校发〔2013〕17号	关于落实教授为本科生上课的通知
校发〔2013〕18号	关于张卫冬等同志职务任免的通知

校发〔2013〕19号	关于公布第八届青年教师教学基本功比赛结果的通知
校发〔2013〕20号	关于2013年博士学位研究生招生录取工作的通知
校发〔2013〕21号	关于给予某教师开除处分的决定
校发〔2013〕22号	关于2013年专业技术职务评聘工作的通知
校发〔2013〕23号	关于谢建新等同志职务任免的通知
校发〔2013〕24号	关于成立北京高校辅导员培训研修基地（北京科技大学）的通知
校发〔2013〕25号	关于尹兆华等同志职务任免的通知
校发〔2013〕26号	关于机构调整的通知
校发〔2013〕27号	关于做好2013年新增博士生指导教师遴选和博士生指导教师聘任工作的通知
校发〔2013〕28号	关于韩经等同志职务任免的通知
校发〔2013〕29号	关于公布2012－2013学年第二学期校级以上（含校级）本科生创新创业项目获奖结果的通知
校发〔2013〕30号	关于李洁等同志职务任免的通知
校发〔2013〕31号	关于公布2013届本科优秀毕业设计（论文）评选结果的通知
校发〔2013〕32号	关于开展学科建设大讨论的通知
校发〔2013〕33号	关于公布第六届“研究生教育奖”评选结果的通知
校发〔2013〕34号	关于赵萌等同志职务任免的通知
校发〔2013〕35号	关于给予部分研究生留校察看处分的决定
校发〔2013〕36号	关于做好2013年暑期安全工作的通知
校发〔2013〕37号	北京科技大学本科生实习工作管理办法
校发〔2013〕38号	北京科技大学实习经费管理办法
校发〔2013〕39号	关于调整2013年度住房公积金的通知
校发〔2013〕40号	关于陈旭等同志任职的通知
校发〔2013〕41号	关于印发《北京科技大学关于集中开展安全生产大检查工作实施方案》的通知
校发〔2013〕42号	关于调整科技产业相关机构人员任职的通知
校发〔2013〕43号	关于发布《北京科技大学防汛应急预案》的通知
校发〔2013〕44号	关于徐科等同志任职的通知
校发〔2013〕45号	北京科技大学科研项目审计办法
校发〔2013〕46号	关于进行处级以下党政管理岗位人员聘任及轮岗交流工作的通知
校发〔2013〕47号	关于“鼎新北科”学院国际化平台建设计划的实施办法（试行）
校发〔2013〕48号	北京科技大学关于进一步加强短期因公出访的管理规定
校发〔2013〕49号	北京科技大学现金借支管理办法
校发〔2013〕50号	关于公布2013－2014学年第一学期校级以上（含校级）本科生创新创业项目获奖结果的通知
校发〔2013〕51号	北京科技大学研究生国家奖学金评审暂行办法
校发〔2013〕52号	关于做好2014年应届本科毕业生推免攻读研究生工作的通知
校发〔2013〕53号	关于何伟同志任职的通知

校发〔2013〕54号	关于成立机构的通知
校发〔2013〕55号	学生开除学籍处理决定
校发〔2013〕56号	学生留校察看处理决定
校发〔2013〕57号	关于公布“北京科技大学第七届本科教学优秀奖”评选结果的通知
校发〔2013〕58号	关于做好“十一”期间安全保卫工作的通知
校发〔2013〕59号	北京科技大学孔子学院管理办法
校发〔2013〕60号	关于开展2013年“敬老月”活动的通知
校发〔2013〕61号	北京科技大学募集捐赠奖励暂行办法
校发〔2013〕62号	关于牛晓亮等同志挂职的通知
校发〔2013〕63号	关于做好2013－2014学年度第一学期本科教学评估的通知
校发〔2013〕64号	北京科技大学修缮工程预算、结算编制及审核管理办法
校发〔2013〕65号	北京科技大学仪器设备校外放置使用管理暂行办法
校发〔2013〕66号	北京科技大学低值设备及耗材使用管理暂行办法
校发〔2013〕67号	关于进一步加强“形势与政策”课教育教学的实施意见（试行）
校发〔2013〕68号	关于成立北京科技大学“平安校园”管理服务中心的通知
校发〔2013〕69号	关于对部分本科生退学处理的决定
校发〔2013〕70号	北京科技大学涉密人员因私出国（境）管理办法
校发〔2013〕71号	关于给予一名学生留校察看处分的决定
校发〔2013〕72号	关于薛庆国、王戈同志任职的通知
校发〔2013〕73号	关于设立北京科技大学特聘教师岗位的暂行办法
校发〔2013〕74号	关于研究生指导教师招生年龄的暂行规定
校发〔2013〕75号	关于第六届学术委员会人员调整的通知
校发〔2013〕76号	北京科技大学供暖燃气节能目标管理办法
校发〔2013〕77号	北京科技人学本科专业设置及管理办法
校发〔2013〕78号	关于周文海等同志任职的通知
校发〔2013〕79号	关于给予学生开除学籍处分的决定
校发〔2013〕80号	北京科技大学学生入伍、退伍和复学实施细则（修订）
校发〔2013〕81号	关于开展2013年度非教学科研岗位人员考核工作的通知
校发〔2013〕82号	北京科技大学支票借款管理办法
校发〔2013〕83号	关于调整2014年周转房租金价格的通知
校发〔2013〕84号	北京科技大学参与外校协同创新中心管理办法（试行）

2013年北京科技大学大事记

一　月

4日　北京科技大学2013届研究生毕业典礼暨学位授予仪式在学校体育馆举行。

北京科技大学山西校友会捐建纪念鼎揭幕仪式在学校机电楼前举行。

5～6日　2013年全国硕士研究生统一入学考试如期进行。

7日　离退休干部处在铭德楼多功能厅为全校离退休老同志举办“离退休干部团拜会、情况通报会暨‘美丽科大’新年联欢会”。

8日　南台科技大学副校长吴欣兴教授一行3人来学校访问。

17日　学校与北超伺服技术有限公司合作签约仪式在密云县十里堡镇举行。

18日　学校与温州市政府签订科技合作协议。

27日　学校校长任免宣布大会在建龙报告厅举行。

29日　教育部学位与研究生教育发展中心发布了2012年学科评估结果。

二月

4日　国家汉办暨孔子学院总部正式批准学校与德蒙福特大学合作建设的孔子学院，并在国家汉办举行签约仪式。

21日　由学校承担、张跃教授任首席科学家的国家重大科学研究计划项目“低维材料的高效能量转换与器件基础”在京正式启动。

三月

5日　美国韦恩州立大学文理学院院长Robert Thomas来学校访问。

6日　校女教授协会和校工会共同组织的女教授联谊恳谈会在建龙报告厅举行。

7日　北京科技大学党建研究会2012年度重点课题结题答辩会在办公楼305会议室召开。

8日　德蒙福特大学Dominic Shellard校长一行4人访问学校。

11日　全国政协十二届一次会议在人民大会堂举行第四次全体会议，选举政协第十二届全国委员会主席、副主席、秘书长、常务委员。学校刘晓峰校友当选政协第十二届全国委员会副主席。此外，孙安民校友、殷晓静校友、高小玫校友当选政协第十二届全国委员会常务委员。

12日　北京市重点学科及学科群校内验收会在办公楼305会议室召开。

13日　学校举行2013年春季学生工作干部培训会。

14日　“北京市第十二届哲学社会科学优秀成果奖颁奖大会”在京召开，共评选出210项优秀成果。其中，学校黄晓霞教授的著作《投资组合分析：从概率分析法到可信性和不确定理论分析法》获管理学学科一等奖；吴群芳教授的著作《利益表达与分配：转型期中国的收入差距与政府控制》获政治学学科二等奖。

学校召开全体中层干部会议，安排部署2013年学校主要工作任务。

15日　日本法政大学副校长福田好朗教授一行来校访问。

十二届全国人大一次会议在人民大会堂举行第五次全体会议。大会经投票表决，决定学校范长龙校友为中华人民共和国中央军事委员会副主席。

16日　十二届全国人大一次会议16日下午在人民大会堂举行第六次全体会议。会议决定学校郭声琨校友为国务委员。

“79级、89级毕业值年返校纪念活动”筹委会第二次会议在学校办公楼305会议室召开。

17日　“广东省北京科技大学校友会2013年联谊会暨换届大会”在广州市天河区举行。

“87级校友基金”颁奖仪式在建龙报告厅举行。

19日　北科大“大师进校园”系列学术活动暨北京科技大学名誉教授庄子哲雄(Tetsuo Shoji)教授受聘仪式在办公楼305会议室举行。

21日　学校2013届毕业生大型双选会在体育馆成功举办。

学校“建龙特聘教授”聘任暨“建龙奖学金”颁奖仪式在建龙报告厅举行。

学校2013年体育工作会议在办公楼305会议室召开。

23～24日　学校2013年博士研究生入学考试初顺利进行。2013年报考学校博士研究生共922人，其中公开招考590人，硕博连读280人，52名考生参加申请—考核制选拔博士研究生的考核。

24日　“2011计划”钢铁共性技术协同创新中心现场考察会在科技楼9层学术厅举行。重庆两江新区管委会副主任钟志华院士、国家自然科学基金委副主任高瑞平、大连交通大学校长李学伟、中国建筑材料研究总院主任欧阳世翕、科技部创新体系办公室主任徐建国及教育部科技司副司长娄晶、处长张建华、副处长何立芳，教育部财务司干部彭莉、教育部监察局干部张方义共10人组成的教育部考察组对学校钢铁共性技术协同创新中心进行现场考察。

26日　学校召开了2013年党风廉政建设工作会议暨教育系统预防职务犯罪辅导报告。

四月

3日　由清华大学党委副书记史宗恺、华北电力大学党委副书记郝英杰、湖南省学生信息咨询与就业指导中心主任曹敏、全国高等学校学生信息咨询与就业指导中心干部武杰组成的教育部考察组莅临学校，对学校毕业生就业工作进行实地考察。

7日　“我的中国梦”暨2013年上半年“形势与政策”课专题报告第三讲在机电楼106教室拉开帷幕。

8日　泰国朱拉隆功大学Kalaya副校长一行来学校交流访问。

10～12日　两次在教工活动中心召开了科研经费管理自查自纠工作动员大会。

11日　学校联合北京交通大学、北京邮电大学、北京林业大学、北京化工大学4校2013年举行招生咨询活动新闻发布会，5所高校的招生负责人分别就本校2013年招生政策进行了解读。

学校与甘肃省秦安县定点扶贫合作交流会在办公楼305会议室召开。

钱学森的学生、中国科学院研究生院教授张瑜，为学校师生做了一场题为“办人民满意的教育——钱学森先生是如何办学和培养人才的”的精彩报告。

12日　学校第十次党代会五次会议、第七届教代会五次会议暨2013年春季全体教授会议在教工活动中心召开。

13日　中共北京市委、市人民政府召开北京市科学技术奖励大会暨2012年北京科技工作会议。北京科技大学共有13项科研成果获得表彰，其中一等奖2项、二等奖4项、三等奖7项。

16日　第八届青年教师教学基本功比赛学校选拔赛

在逸夫楼举行，全校14个教学单位的32名优秀青年教师参加比赛。

17日　北京市台湾事务办公室黄塞溪副主任一行3人来学校访问。

19日　第二届诚信中国节暨第十届中国诚信企业家大会在北京长安大饭店召开。

“冶金大讲堂”第八讲在学校冶金生态楼青钢报告厅举行。

20日　举行“熔情钢院，筑梦北科”——79级、89级校友值年返校纪念活动。

21日　纪念北京首尔结为友好城市20周年“希望对话”活动在学校顺利举办。

22日　在北京市公安局文化保卫总队组织下，经单位自荐、专家遴选、高校内部公示、征求教育部、市教委相关部门意见、总队审核等程序后，学校荣获高校信息与网络安全保卫工作先进单位称号。

教育部长江学者、中国人民大学公共管理学院教授、博士生导师张康之应邀来到学校，为广大师生做了一场主题为“社会治理的三种模式”的精彩讲座。

25日　宝钢股份有限公司副总经理储双杰一行来学校参观交流。

26～28日　第四届“安吉杯”全国大学生物流设计大赛决赛在上海海事大学举行。在此次比赛中，学校“京鹰”和“为龙”两支代表队表现出色，分别斩获大赛一等奖和二等奖。

28日　应云南冶金集团股份有限公司邀请，副校长孙冬柏、校长助理朱鸿民对云冶集团进行交流访问，双方签订全面战略合作协议。

4月　学校化学与生物工程学院院长、生物工程与传感技术研究中心主任张学记教授由于在其学术领域的杰出贡献，成功当选为俄罗斯工程院外籍院士。张学记教授课题组与合作者（Huangxian Ju教授)共同撰写的北京科技大学为第一作者单位的论文“MicroRNA: Function, Detection and Bioanalysis”被化学领域顶级刊物*Chemical Reviews*录用。这是学校在高影响因子期刊上发表论文的一次重大突破。*Chemical Reviews*是美国化学学会专门发表评述性论文的一级学科顶级期刊，2011年SCI影响因子为40.197（5-Year SCI影响因子是42.054），在化学领域中排名第一，全球所有领域排名第五。

教育部下发《关于对建议入选国家级精品资源共享课立项项目的课程进一步修改完善的通知》，公布了全国拟入选国家级精品资源共享课立项项目，学校共有3门课程入选，分别是机械工程学院张欣欣教授负责的《传热传质学》、冶金与生态工程学院郭汉杰教授负责的《冶金物理化学》和土木与环境工程学院李长洪教授负责的《岩石力学与工程》。

五月

4日　学校各青年团体在五环广场开展了以“飞扬青春季，贝壳梦立方”为主题的第四届贝壳青年文化节主题外展活动。

8日　2013年学生暑期社会实践工作启动暨选题研讨会在学生活动中心大会议室顺利举行。

10～14日　北京市委教育工委依托北京高校辅导员培训研修基地（北京科技大学）举办了“思想政治教育理论与实践”专题培训班。

11日　“北科大·2013·东凌经济管理学院年度论坛”在学术报告厅举行。

“开窗看世界”—2013北京科技大学留学生文化节在篮球场举行。

冶金系63届毕业50周年聚会在冶金楼顺利举行，来自全国各地的冶金系63届毕业生近120人欢聚一堂。

15日　台北科技大学姚立德校长一行3人访问学校。

16日　台湾朝阳科技大学钟任琴校长一行3人来学校访问。

17日　学校成功地举行2013年实习生双选会。

法国凯得力耐火材料集团捐赠仪式暨“凯得力”奖学金颁奖大会在主楼313学术交流中心举行。

中国材料名师讲坛第58讲在学校学术报告厅顺利举行。来自加拿大麦克马斯特大学的David Embury 教授为在座师生做题为*The potential of Architectured Materials*的精彩报告。

18日　马克思主义宗教观教育教学研讨会在办公楼305会议室举行。

19日　首都高等学校第51届学生田径运动会于在北京建筑大学落下帷幕。经过激烈角逐，学校田径代表队获得了男、女团体总分第三名的好成绩，同时获得“体育道德风尚奖”和“阳光体育先进单位”称号。

20日　第七期鞍钢集团中青年干部培训班开班典礼在管庄校区会议室举行。

21日　“2013第四届节能中国推介活动发布仪式”在京举行，学校钢铁冶金新技术国家重点实验室主任郭占成教授研究开发的“用冶金烧结电除尘灰生产氯化钾的技术”荣获“2013节能中国十大应用技术”奖。

22日　第七届“校长奖章”候选人面试在办公楼305会议室举行。

第十六届科博会中国网络教育论坛在北京鹏润国际大酒店落幕。

北京科技大学牵头的钢铁共性技术协同创新中心在中国工程院召开了专家委员会及管理委员会会议。

广西科技厅党组书记陈大克、副厅长李国忠一行来校交流访问。

23～30日　罗维东书记率团赴英国德蒙福特大学、英国邓迪大学、法国南巴黎十一大学进行访问。此次出访目的在于调研并商谈学校与德蒙福特大学合作建设创意技术孔子学院的筹建事宜，并进一步推动和深化与已有重点合作院校在学生项目、教师互访、联合研究等各方面的交流及合作，顺利实现了出访的预期目标。

26日　教育部副部长杜占元到学校巡视2013年同等学力申请硕士学位全国统一考试的考务工作。

29日　学校举行2013届本科毕业生党员培训班“我的梦·北科梦·中国梦”主题教育成果展演活动。

31日　科大幼儿园庆祝“六一国际儿童节”暨科大幼儿园建园60周年。

六月

4日　第九届研究生学术论坛在教职工活动中心拉开序幕。

6日　2013年度本科生招生宣传工作会议在办公楼305会议室召开。

7日　中国材料名师讲坛第59讲在建龙报告厅举行。国际著名钢铁材料专家、亚琛工业大学Wolfgang Bleck教授做了题为*“Understanding complex microstructures in modern steels”*的报告。

中国材料名师讲坛第60讲在学术报告厅举行。中国工程院院士、东北大学教授王国栋应邀为学校广大师生做了一场题为“RAL轧制技术研究思路和现状”的专题讲座。

9日　北京物联网研究会第一次会员大会暨成立大会在学术报告厅举行，选举产生了理事会、监事会及第一届理事会常务理事、秘书长、副理事长、理事长等，学校王志良教授当选为北京物联网研究会理事长。

17日　北京市知识产权局在湖北饭店召开了“2013年北京市专利示范暨知识产权专家团巡讲工作推进会”。学校等30余家高校及企事业单位被评为北京市专利示范单位。

18日　2013届本科优秀毕业设计（论文）评审会在办公楼305会议室举行。

19日　“我的事业梦在这里启航”——2013届夏季毕业生西部·启航奖励金颁奖仪式在建龙报告厅举行。

20日　西北工业大学党委副书记、副校长王润孝、校长助理陈建有等一行到学校就人事方面工作进行交流学习。

广东省科技代表团—北京科技大学科技交流会在办公楼305会议室召开。

21日 “梦想从这里起启航”——北京科技大学2013届毕业典礼暨学位授予仪式在体育馆举行。

学校在建龙报告厅召开了学科建设大讨论动员会。

24～30日 校长张欣欣率团对德国亚琛工业大学和比利时鲁汶大学进行访问。

6月 第七届“挑战杯”首都大学生课外学术科技作品竞赛结果揭晓。学校代表队凭借不俗实力和出色发挥，最终获得5个特等奖、2个一等奖、4个二等奖和4个三等奖，学校以团体总分880分的优异成绩位居北京市第2名，获得“首都优胜杯”。

七月

1日 2013年北京高校新上岗辅导员培训班在学校顺利举办。

2日 总装备部预研中心党晓玲参谋、中航工业科技委郭恩明秘书长等先进制造领域专家组一行16人来学校调研考察。

8日 学校在教职工活动中心召开党的群众路线教育实践活动动员大会，认真学习贯彻中央精神，对全校教育实践活动进行动员部署。

11日 “以可持续发展与青年责任”为主题的2013海峡两岸青年研习交流营在学校圆满结束。

16日 冶金工程研究院群众路线教育实践活动座谈会举行。

17日 国家材料服役安全科学中心群众路线教育实践活动座谈会。

19日 教务处召开党的群众路线教育实践活动征求意见座谈会。

19日 中组部常务副部长、中央党的群众路线教育实践活动领导小组副组长兼办公室主任陈希一行来学校开展调研并召开座谈会。

23日 “世界语言：角色和功能”国际高层论坛暨*Journal of World Languages*(《世界语言学刊》)创刊发布会举行。

24日 2013年全国青少年高校科学营北京科技大学分营在学校正式开营。

31日～8月2日 由学校自动化学院承办孙长银教授主持的IScIDE2013（智能科学与大数据工程国际会议）在北京忠良书院举行。

7月 教育部科技发展中心对84所高校教育部科技查新工作站中的15个先进集体和50个先进个人进行了表彰。学校被授予教育部科技查新工作站先进集体，江晖被授予教育部科技查新工作站先进个人

八月

9日 “力诺瑞特”杯第六届全国大学生节能减排科技创新与社会实践竞赛决赛在上海交通大学举行。学校获得优秀组织奖，参赛作品“基利用对转双转子发点的轴系能量回收装置”获得一等奖，“热驱动重力转轮动力/制冷装置”等7件作品获得三等奖。

11日 国家973计划项目“钢铁生产过程高效节能基础研究”中期总结会议在学校召开。

13日 学校党委副书记谢辉到新疆昌吉回族自治州，亲切慰问学校在昌吉职业技术学院进行支教服务的8名研究生支教团团员。

数理学院党委召开了“数理学院党的群众路线教育活动动员暨学科发展调研汇报会”。

学校群众路线教育实践活动指导小组会议在办公楼305会议室召开。

计算机与通信工程学院召开学科分析与建设方案研讨会。

13～16日 全国大学生计算机博弈大赛在哈尔滨工程大学举办，学校包揽了“爱恩斯坦棋”冠、亚军，“苏拉卡尔塔棋”冠军及“点格棋”季军，被组委会授予“优秀组织奖”。

14日 学校群众路线教

育实践活动二级党委书记会议在办公楼305会议室召开。

19～21日　由共青团中央学校部、北京团市委、新浪微博联合主办，学校团委承办的“2013全国大学生新媒体发展论坛”在学校会议中心逸夫科技馆隆重举行。

20～22日　学校党的群众路线教育实践活动集体报告会在教工活动中心举行，期间举办3场专题报告会。

学校“平安校园”创建迎评工作推进会在办公楼305会议室召开。

学校在建龙报告厅召开2013年处级以下党政管理岗位人员聘任及轮岗交流工作布置会。

华威大学教授、塔塔钢铁集团及英国皇家工程院联席科学家Seetharaman教授前来学校进行学术访问。

21～25日　第八届智能车大赛在哈尔滨工业大学成功举办，学校代表队在光电组、摄像头组、电磁组获得特等奖，其中光电组、摄像头组获得冠军，电磁组获得亚军，创意组获得二等奖。

22日　学校自动化专业的刘洪鑫和叶家良同学组成的simulator队在2013年全国大学生“西门子杯”工业自动化挑战赛全国总决赛上获得了工程应用型赛项的第一名。

25日　第七届中国大学生ICAN物联网创新创业大赛北京赛区决赛在学校学术报告厅举行。

28日　国际文档分析与识别竞赛结果在美国华盛顿召开的2013年国际文档分析与识别大会上揭晓，学校计通学院殷绪成博士团队，获得Robust Reading Competition竞赛“自然场景文本检测”“网络图片文本检测”“网络图片文本提取”3项冠军。

29日　天津学院群众路线教育实践活动动员部署会在行政楼302会议室举行。

28日　由最高人民法院、司法部联合举办的全国人民调解工作会议在人民大会堂隆重召开，学校社区居委会参加了此次大会，并作为获奖代表上台领取了“全国模范人民调解委员会”奖牌。

30日　北京市教育委员会发布《北京市教育委员会关于公布2013年北京市优秀博士学位论文名单的通知》，共评选出59篇论文为北京市优秀博士学位论文。学校共有2篇博士学位论文获此殊荣。

31日　2013级本科生开学典礼在体育馆隆重举行。

8月　学校获批“生物工程与传感技术北京市重点实验室”。

九月

1日　学校2013级本科学生军事技能训练在北京市学生军训基地拉开帷幕。

1日　学校党委书记罗维东率队走访哈尔滨校友会，并参加了校友代表座谈会。

3日　学校群众路线教育实践活动指导小组第二次会议在办公楼315召开。

5日　河北省迁安市市委常委、组织部长毛成海率团来学校交流访问。

6日　北京科技大学—河北钢铁集团国家级工程实践教育中心揭牌仪式在石家庄举行。

校长张欣欣率队走访了陕西校友会，并参加了校友代表座谈会。原陕西省人大常委会副主任桂中岳（矿61届）、陕西龙门钢铁有限责任公司总经理杜东兴（冶金90级）等8位校友参加了交流活动。

9日　学校党委书记罗维东、校长张欣欣、副校长权良柱、谢建新及相关职能部处负责人一行16人，赴材料科学与工程学院、新材料技术研究院开展党的群众路线教育实践活动调研。

学校党委书记罗维东、校长张欣欣、副校长权良柱、谢建新及相关职能部处负责人一行16人，赴材料科学与工程学院、新材料技术研究院开展党的群众路线教育实践活动调研。

10日　学校在教职工活动中心举行2013年教师节庆祝暨表彰大会。全体校领导、获奖教师、二级单位负责人、教师代表、学生代表近300人参加会议。

学校2014届毕业生就业工作启动会暨“就业工作队伍能力提升培训”第一讲在办公楼305会议室举行。

11日　南京钢铁联合有限公司总经理黄一新等一行5人来学校交流访问。

学校党的群众路线教育实践活动青年教师座谈会在办公楼305召开。

12日　上海市人大常委会委员张金康等一行来北科大社区交流人大代表进社区工作经验。

学校党的群众路线教育实践活动离退休职工座谈会在铭德楼305召开。

13日　2013级本科学生军训结业典礼在怀柔北京市学生军训基地隆重举行。

13日　学校党的群众路线教育实践活动学生座谈会在办公楼305召开。

14日　由北京市教委主办的第二届北京市建筑结构设计竞赛在北京建筑大学举办。学校获得两个冠军和一个亚军的优异成绩。

“铸梦青春，团情永存”——学校建团六十周年主题团会顺利举行。

16日　苏丹喀土穆大学校长ElsiddingA.E.Elsheikh、苏丹驻华大使馆二等秘书等一行3人访问学校。

17日　美国蒙哥马利奥本大学校长John Veres一行来校访问。

2013年下半年形势与政策教育系列之“中国与国际发展前沿”系列讲座首讲在教职工活动中心拉开帷幕。

24日　北方工业大学原纪委书记苏英一行4人到学校调研校友会工作。

学校与太原钢铁（集团）有限公司共建的国家级工程实践教育中心揭牌仪式在太原举行。

26日　教师(教学)发展中心在图书馆403报告厅组织召开了2013年新入职教师教学能力培训班开幕式暨首场讲座。

27日　召开短期因公出国（境）最新精神传达会。

在经管楼咖啡厅举办首期“啡常时光”交流活动。

首届黄昆班学生座谈会暨夏建白院士报告会在办公楼305进行。

25～28日　第七届中国大学生iCAN物联网创新创业大赛总决赛中，学校计算机与通信工程学院“freedom遥控随心”团队勇夺特等奖（共5支），将代表中国参加在日本仙台举行的第五届国际微纳米应用技术大赛全球总决赛。

26日　学校首届“十佳标杆党支部”评选工作正式开展。

9月　学校高等工程师学院学生艾新（化名）同学即将成为北科大历史上志愿无偿捐献造血干细胞第一人，他的举动将拯救一位垂危的白血病患者。

十月

9～11日　第二届全国大学生金相技能大赛在南京市东南大学举行，材料学院的贺泽邦获得一等奖，许题解、曹文海获得优胜奖，材料国家级实验教学示范中心的黄鹏、韩凌获得大赛优秀指导教师奖。

10日　延边大学副校长张寿一行5人到学校就本科教学工作进行专题调研。

11日　北京科技大学与国家纳米科学中心人才联合培养研讨会在中科院国家纳米科学中心会议室举行。

12日　北京地区高校图书馆第九届运动会在学校体育场召开，张跃副校长出席了开幕式并致辞。

14日　学校党的群众路线教育实践活动领导小组办公室工作会议在办公楼305会议室召开。

“追求卓越、发展共赢”2013海峡两岸教育论坛在学校成功举办。

15日　学校首期“科技管理论坛”在建龙报告厅举行，教育部科技司李渝红处长作客论坛，做了题为“科学规范高校科研项目和经费管理，有效地提高资金使用效益”的报告。

16～17日　学校2013年

国家助学贷款秋季集中面签大会在镭目报告厅拉开序幕。

学校民乐团、管乐团、合唱团、舞蹈团、话剧团五大艺术团体先后参加了第四届北京大学生艺术展演活动展演活动。

18日　学校工会成立60周年教职工文艺会演在教职工活动中心举行。

18日　“电明助学金”颁奖仪式暨邓电明校友与学生面对面活动在办公楼305举行。

21日　由学校主办的第16届国际聚变堆材料大会（ICFRM16）在首都大酒店拉开序幕。

21日　中崇集团向北京科技大学捐赠仪式暨校董聘任仪式在办公楼315会议室隆重举行。

23日　北京科技大学附属小学迎来了建校60周年庆典暨2013科学季。

24日　武汉理工大学教学督导办赵路副主任及督导员一行7人来学校就本科教学督导和质量监控工作进行专题调研。

24日　在经管楼咖啡厅举办了第二期“啡常时光”活动。

25日　学校“建龙特聘教授”聘任暨“建龙奖学金”颁奖仪式在建龙报告厅举行。

27日　学校第九届研究生师生轻体运动会在校体育场拉开序幕。

29日　学校第75期团校暨2013年新生班长团支书培训班开学典礼在教工活动中心礼堂举行。

校长张欣欣率团参加了由西安建筑科技大学主办的4校研讨会。

29日　2013年科研类全国航空航天模型锦标赛在温州落幕。此次比赛共吸引全国56所高校、1100余名选手参赛，学校航模队荣获火箭组个人一等奖1项，滑翔机组个人二等奖1项、三等奖2项，创新评比一等奖1项、三等奖2项的好成绩。

30日　2013北京科技大学澳洲大学日在国际处多功能厅成功举行。澳大利亚大使馆公使衔参赞Morrell Allan先生，来自迪肯大学、蒙纳士大学、阿德莱德大学、昆士兰大学、卧龙岗大学等高校的代表以及学校约200余名学生参加了此次澳洲大学日活动。

31日　学校2013年红十字会理事会会议在办公楼305会议室顺利召开。

山东省莱芜市副市长郑金启率团来学校交流访问。

10月　学校16项成果喜获2012年北京市高等教育教学成果奖。其中，杨炳儒教授等申报的“认知结构教学论的构造与实践——国际视野中教学理论体系的研究与实践”等6项成果获得一等奖，薛庆国教授等申报的“以学生为本的教学管理机制的构建”等10项成果获得二等奖。

十一月

1日　塞浦路斯高等教育代表团一行14人访问学校。

中国材料名师讲坛第57讲在学术报告厅举行。中国工程院院士、我国固态离子学创始人之一、中国科学院物理所研究员陈立泉院士为在场师生做了题为《材料基因计划与第三次工业革命》的报告。

2日　英国华威大学制造集团（WMG）创办人、英国上议院成员Lord Kumar Bhattacharyya教授一行3人访问学校。

12日　北京科技大学青岛校友会成立大会隆重召开。

12日　学校与青钢集团在青钢研发楼学术报告厅正式签订《青钢新品种开发与关键共性技术集成研究项目计划书》和《联合培养冶金工程硕士专业学位研究生协议书》。

15日　学校首届贝壳青年科技文化节开幕式暨胡正寰院士科技创新报告会于教职工礼堂隆重举行。

16～17日　在北京交通大学举行的北京市大学生物理实验竞赛结果揭晓，来自30余所高校的173支代表队参加了比赛，学校派出的7支参赛队伍全部获奖，其中一等奖4队、二等奖2队，三等奖1队。

17日　学校第三届“励志”计划结业典礼、第四届“励志”计划开学典礼暨“励志心·北科情·中国梦”主题论坛在建龙报告厅隆重举行。

20日　学校与金诚信矿业管理股份有限公司合作协议签约暨金诚信报告厅揭牌仪式在土环楼314举行。

21日　学校2014届毕业生秋季大型双选会在体育馆成功举办，共有来自冶金、材料、航空航天、电子信息、机械制造等行业的262家单位参加，其中北京地区单位190家，京外地区单位72家。

11月21日　天津大学纪委副书记、监察室主任丁晓玲一行7人来学校调研交流。

与张欣欣校长面对面第三期“啡常时光”活动如期举行，本期论坛的主题是大学生创业创新教育。

22日　后勤党委在鸿博园4层举办了题为“我的后勤梦”的后勤党委第一届体育文艺节—演讲比赛。

22日　中国音乐学院艺术团、北京科技大学学生艺术团联合专场演出在教职工礼堂隆重举行。

28日　校友会与就业指导中心在教职工活动中心联合举办首届校友企业双选会。本次招聘活动共有35家校友企业参加，涉及冶金、材料、机械制造、电子信息等多个重点行业，提供就业岗位1000余个，2000多名毕业生参加了本次双选会。

29日　学校86级校友基金颁奖仪式在会议中心一层中心会议室顺利举行。

以北京市委教育工委副书记唐立军为组长的首都高校“平安校园”创建工作检查验收工作组来学校进行检查验收。

2013“品异域生活 话交流经历”报告会暨学生海（境）外项目开放日在学术报告厅成功举行。

11月30～12月2日　学校大型原创音乐话剧《绽放》在教职工礼堂隆重上演。

11月　国家人力资源社会保障部公布2013年国家百千万人才工程人选，并授予工程人选“有突出贡献中青年专家”荣誉称号，学校长江学者、材料科学与工程学院教授王戈，长江学者、国家杰出青年基金获得者、化学与生物工程学院教授姜建壮获此殊荣。

学校党委副书记陈曦负责的《大学生社会实践》、材料科学与工程学院杨平教授负责的《材料科学基础》、机械工程学院于晓红教授负责的《机械原理》3门课程顺利入选，成为北京市推荐“国家级精品资源共享课”的建设课程。

在《北京市教育委员会关于批准2013年度北京高等学校教育教学改革立项项目的通知》和《北京市教育委员会关于公布2013年北京高等教育精品教材、经典教材评审结果的通知》中，学校共有5项教育教学改革项目批准为2013年度北京高等学校教育教学改革立项项目，有11部教材荣获2013年北京高等教育精品教材称号。

鲁春霞老师指导、陈杰敏等学生撰写的《基于高校公益社团的社会实践长效机制研究——以北京高校为例》获首都高校思政课社会实践优秀论文特等奖，这是学校学生首次在该项评选中获得特等奖。

2013年度“宝钢教育奖”评审结果近日揭晓，土木与环境工程学院吴爱祥教授荣获“宝钢优秀教师特等奖”。

十二月

5～6日　北京高科大学联盟——曹妃甸区政产学研对接会暨2013年北京高科联盟年会在河北省唐山市曹妃甸区举行。

6日　召开党的群众路线教育实践活动校领导班子专题民主生活会情况通报会。

国家科技部在北京组织召开了“钢铁冶金新技术国家重点实验室”建设验收会。以刘炯天院士为组长的专家组听取了建设工作汇报、审查了相关资料，并进行了现场考察和讨论质询。

验收专家组认为，实验室全面完成了建设计划任务书规定的建设任务，达到了建设目标的要求，一致同意通过验收。

7日　由中国科协科普部和共青团中央学校部主办的“2013年全国青年科普创新实验大赛”总决赛在北京中国科学技术馆落幕。学校2支代表队在“安全保护”方向分别取得了全国总冠军和季军的优异成绩。

第八届全球孔子学院大会在北京国家会议中心开幕。国务院副总理、孔子学院总部理事会主席刘延东出席开幕式并致辞。教育部部长袁贵仁主持开幕式。来自全世界120个国家和地区孔子学院的中外代表齐聚一堂。作为孔子学院中方合作单位，校党委书记罗维东应邀出席开幕式，校长助理王戈陪同参加。

8日　北京科技大学海南校友会2013年年会在海口隆重举行。

12日　学校“大师进校园”系列学术活动暨北京科技大学名誉教授Michael Hoffmann教授授聘仪式在土木楼金诚信报告厅举行。

教育部科技司在学校组织召开了“北京科技大学JPPT项目验收会”。

全国高校校园网站联盟成立会议在北京召开。会议审议并通过联盟章程，选举产生由143所高校和教育系统有关单位负责人组成的第一届联盟理事会，学校成为全国高校校园网站联盟常务理事单位。

北京市融合网络与泛在业务工程技术研究中心第一届技术委员会第一次会议在学校顺利召开。

13日　“向实践学习，向人民群众学习”北京科技大学2013年社会实践工作总结表彰大会在建龙报告厅隆重举行。

17日　东凌经济管理学院管理1004班作为学校推荐班级，以厚实的班级成绩和精彩的现场展示，从北京市50余所高校近300个参评班级、25个现场答辩班级中脱颖而出，荣获2013年北京高校“十佳示范班集体”荣誉称号。

学校学生管乐团专场音乐会“北科华章”在国家最高艺术殿堂国家大剧院拉开帷幕，共计1500余人走进国家大剧院音乐厅聆听本场音乐会。

18日　“首都大学生‘学理论·读经典’系列活动——毛泽东著作研习读书会”在学校学术报告厅举行。

学校召开章程建设推进会，贯彻落实教育部《高等学校章程制定暂行办法》精神，推进依法治校和现代大学制度建设，稳步实施《北京科技大学章程建设实施方案》。

19日　中国工程院正式公布2013年院士增选结果，学校土木与环境工程学院蔡美峰教授当选能源与矿业工程学部院士。学校校友、空军装备研究院某研究所所长费爱国当选中国工程院信息与电子工程学部院士。

第四期“啡常时光”交流活动在图书馆咖啡厅如期举行。本次交流的主题是本科生教育教学，围绕着同学们关心的教学改革、课程设置、小学期安排、实习实践环节、考试方式、教学方法以及考研、就业等问题展开了讨论。

20日　学校的钢铁共性技术协同创新中心在中国工程院召开了专家委员会、管理委员会会议。

学校2013年本科生导师表彰暨座谈会在办公楼305隆重召开。

24日　学校召开党外人士座谈会。

26日　学校党的群众路线教育实践活动工作部署会在办公楼305召开。

2013年毕业生名录

2013届本科毕业生名录

土木与环境工程学院（294名）

祖后银	王和年	王春节	丛家梁	卢小刚	边路	刘天琪	吴露露
张天麒	张鹏	李玲	杨光	周愚	罗闪闪	段青红	胡浩浩
赵嘉	唐宋元	贾志云	葛晨晨	谢冉毅	谢非	樊林玉	马剑
牛庆园	牛继平	王刚桥	王欣	王泓睿	王婷	王聪	龙静萍
刘天娇	朱晨	汤舟	宋东平	张鹏	李苗	李钿	杨腾越
陈雪乔	庞聪丛	罗丹	战文	赵岩	郦霞	贾振	戚瑾粼
龚亚星	程飞翔	廖亚聪	张宇驰	王晓骐	韦巧	乔佳	任芳宜
吕佳嘉	许越	宋娜	张泽林	张振	李菁	李睿	肖婧
玛丽艳·司地克		陈家乐	屈笑炎	贺鹏真	赵廷	徐丝瑜	徐昊
郭昊	曹嘉庆	彭祺程	覃玉伞	熊赟	穆得阳	廖雯影	尤海
扎西加措	王会姣	冉飞	田伟	刘抒悦	刘瑞平	安正	闫洋
吴兴海	宋晓雪	李亚胜	李曈	李薇	阿尔曼·加怕尔拜克		周义华
金丽丽	姜立伟	姜善学	姜新舒	倪金	贾吴帆	贾宝昆	郭鹏
梁钊	焉鑫博	酆婧轩	葛建军	万思达	王杰	王松	王超
兰乔	台巍	石垚	任宇昊	朱丹	江毅	张龙	时悦琪
李博	陈丝琳	陈坦平	陈浩	陈景凯	明平志	郑丽森	侯俊洁
恽心舟	凌少敏	凌峰	高嘉若	黄白鹤	焦军灵	谢健阳	霍国
霍晓波	魏巍	张潮	马泽	王汝军	王凯	卢斌	刘翔宇
叶勒夏特·艾克拉木		艾比拜·多里坤		吕可	孙雪墨	次旺罗布	何骁
何健喆	张奕楠	李子彬	李小翠	李飞	李健	李喆	杨涛
陈庆庚	孟宪鹏	林孝涛	贺然	赵正	饶竞	原霖	尉迪
曾洁	慕元东	唐承钊	曹庆	马万航	尹科	付志强	包德荣
刘一男	刘诗杰	刘垒	吕伟康	牟仁乾	闫海鑫	宋梦睿	张山林
张云逸	张振昌	张静雅	汪尚天	芦赫	陈京	陈梅琴	周琦
胡绪杰	赵宇	高旭龙	梁超	熊国金	朱文杰	王志强	王铎

王强志	冉明明	冯　雷	甘一雄	刘秀福	刘　玲	刘　鹏	齐凯泽
吴　博	张华恺	张诗淮	李本鹄	李　莎	陈　欢	陈伯贤	周一鸣
林　播	罗龙溪	赵彦庆	贾瑞波	高　茹	黄　庆	靳晓晴	戴　阳
张晗菲	王建超	田庆梅	刘容恺	向　铸	吕冠男	朱光耀	羊羽翔
吴晓君	张　瀚	李　红	李婷婷	李　强	杨　辉	阿尔达克·木拉提	
陈凌宇	单　悦	修陶钧	姚　松	姚致远	胡光球	赵　倩	郭毅杰
曹君磊	余海军	马　翔	王友昌	王健月	邓淞文	刘阿古达木	
刘彦超	刘　玲	朱敏杰	邢　韬	阮竹恩	吴建勋	吴科锐	吴梦妮
张　剑	张玲玲	张相宁	李廷豪	李红岩	李彩红	钟　媛	郭　强
彭莀娴	葛宜峰	谢双阳	翟涌丞	邓文翔	刘　乐	孙　浩	成　功
何　玲	宋伟超	张　宁	张　旭	张　昊	李兆雷	杨海帆	汪建江
肖　鑫	陈明星	金荣振	姚　凯	胡晓运	赵文通	唐亚萍	郭玉胜
高　爽	梁新民	覃　璇	雷　博				

冶金与生态工程学院（259名）

陈　昊	刚　好	陈明阳	颜冬晨	王伊琳	王　真	王　萌	王　婷
王瑜玥	王　磊	王　璨	加娜尔·布开汗		艾比布拉·努尔麦提		关　星
李冰伦	杨睿明	阿依努尔·吾普尔		陈　兵	迪丽阿勒·阿不都克里木		
岳　琦	姜　帅	赵佳欣	党晨原	曹丹丹	曾　蕾	程　毅	漆亚瑢
曾　妍	蒋　翔	张　彤	张建伟	支辉辉	王艺霖	王智权	叶云飞
叶其昌	刘宇飞	刘　闯	刘海龙	成　靖	吴英杰	宋振华	张一雄
张经纬	张毅勇	李坤林	李　搏	李鹏善	闵云峰	陆珏钰	金叶挺
赵治千	盛铁军	喻肇成	曾凡博	覃北水	魏　亮	杨　超	丁云集
王　聪	邓星才	宁　超	龙　升	龙　跃	刘业雷	刘　斌	巩　宇
张丹阳	张金鑫	李凤善	李　昂	李雪山	邹致远	陈攀泽	姜　瑶
赵若含	赵真祎	奚超超	秦润之	郭昌健	钱　毅	曹一飞	黄红卫
潘信予	赵　晨	马　焱	王　云	王佳明	王迪亮	王　哲	王智昊
刘　强	孙德鹏	吴　拓	张　潇	张韶栋	杜晓琼	陆　鹿	陈　晗
孟庆思	金　柱	胡　松	袁　伟	袁志成	贾昕磊	郭　闯	钱鸿昌
常佳宝	章鹏程	鲍晓通	余　跃	牛　义	包骏卿	张　勇	于晓林
马建强	王　飞	王庆贺	王丽娜	刘　庆	刘　鑫	朱经纬	朱勤天
余　璐	吴裴志运	张　磊	李天阳	李　伟	杨润德	连　聪	陈炽昱
胡招文	徐文瑞	梅晓宇	黄远胜	韩玉刚	鲁　华	雷　珣	蔡泽云
裴　凯	夏　禹	郭亚婷	李　雷	王三元	于　灏	牛建峰	王　浩
刘智清	刘　震	许鲁海	闫林园	应楠涛	张兴洪	张许凯	邹草云
邹雅靖	陈波尔	郑鑫宇	柳　彣	胡　进	倪　亮	董　浩	韩冬未
罗开敏	聂　磊	勾　旭	王丽洁	王　峰	代宁池	田　力	申富蕙
龙麒霖	吕　奎	孙　琳	朱丽娟	朱谕至	张春轩	李龙飞	李　贺
李铁朋	郑　劲	段豪剑	相舜元	郭沁怡	陶益成	熊维一	蔡小锋

丁 源	方 文	王晓缓	白昕雨	吕 彬	成 成	朱梦逸	吴 丹
张弘弼	张旭彬	李纪黎	杜 刚	杨家奇	杨斌杰	杨 皓	沈立元
陆 阳	孟庆宇	林艺辉	武文杰	南鹏飞	钱 山	顾 超	程中见
王 征	王忠兵	王 超	代芳音	朱何可	张明波	李乃尧	李建利
李 磊	杨 平	杨德生	郑 晗	赵明皓	赵晓东	郝宾宾	徐伟乐
曹 毅	彭元文	曾 健	潘江涛	于 勇	廉凤君	王 鑫	孙逢源
张舒航	李 杨	李俊德	李晨潇	杨梦蝶	汪毅捷	邱 勇	陈 锋
明琦翔	范 超	金春根	胡启鹏	贺 申	饶 婧	谈 霖	堵伟桐
黄 鑫	谢 欢	雷霄霆	廖西伦	谭奇伟	潘 伟	王 瑞	杨善捷

材料科学与工程学院（476名）

马何朝烨	公丕鸿	王 坤	卢 霖	田春花	白燕芸	伍 英	刘 茁
刘 昭	刘 宽	匡明泰	向 阳	孙志鹏	安大勇	余文俊	宋士磊
宋宜军	张承阳	李莎莎	李崇纬	李耀泽	杜嘉雯	杨卓霏	唐志君
徐嫦松	康文译	黄陆思	黄海龙	董继伟	戴显懿	何培元	侯 琰
朱 嘉	朱林峰	吴伦哲	赵 坤	盛慧芸	朱雪艳	于延晨	王雪姣
皮志鹏	关 琳	刘 丰	刘永良	刘 峰	孙占坤	张一清	李 东
李 同	李苏峰	杜伟伟	杨海洋	杨煜夏	陈 凡	陈 明	周子瑜
孟令瑶	侯 爽	柏鉴玲	荣早霞	赵洋洋	郝冠清	钟旭晁	郭清泽
钱博文	温 馨	蔡淙涛	郭会明	丁明帅	文翰剡	王翔宇	殷顺武
熊登申	王羽茜	余 永	韩坤宏	吴瑞伟	丁箫楠	马月媛	马 翔
王 凯	邓 红	卢宗哲	刘茂森	刘金辉	吕相印	朱 婷	张 宇
张蔡星	张露茜	李 倩	杨 乔	杨曼莉	肖将楚	谷鹏飞	陈天羽
陈剑儒	陈 博	孟 楠	官晓甜	郑俊杰	柳永强	黄山子	蒋一鸣
谢 迪	李 鑫	何 庆	王 璐	付 超	兰 竹	王 旭	于 群
王言峰	石 骁	任丽恒	刘翠娥	汤明辉	牟 丹	张天昕	李 行
李泽洲	李海旭	李敬仁	杜天力	杨子江	杨小飞	杨丽存	杨俊晓
郑建舒	段峰辉	胡一旺	商瀛心	黄小泓	曾石轩	颜 翃	张泽麟
任盼盼	刘一凡	刘 川	石迎旭	马英中	成 鑫	闫 琪	杨 康
王 贝	王怀宇	王 鑫	刘 艺	刘 轩	刘凯罗	刘梦石	吕攀峰
衣雪萍	吴小丹	张云龙	张金睿	张雅淋	杨 凯	杨 康	杨 辉
陈 珂	武晨箫	范惠洋	段尚宏	顾蔚豪	鲁旷达	解李尧	鄢来朋
滕勇强	刘 敏	许 可	张丽南	窦娟娟	白欢欢	刘芳芳	马晓彤
刘 宇	刘 行	闫 琦	劳亚骅	张雨晨	李亚东	李 望	杨敏娜
谷树奇	阿怀渊	周海豹	胡 宇	赵寿云	赵晓玮	赵智斌	郝晋阳
钱海燕	高 威	崔卫国	梁思佳	程红美	葛蓉甫	谢卓君	韩保红
廖文骏	裴子玺	李 根	李 琛	杨 钊	张 园	沈 璐	栾家斌
苏阳洋	王 竹	刘幸丽	王少阳	王晓婷	卢文浩	叶 喆	石凤仙
米尔扎提·普拉提		齐小龙	冷 静	吴剑波	张建宇	张 欣	李芃森

李韵文 杨小佳 杨徐星 杨徐荟 谷柳 郑传江 姜鸿飞 荣义
贺宇婧 贺珮 贺绪庆 逄昆 徐飞 秦星 梁宏伟 彭景宏
蒋晔 霍珊珊 杨朝桐 周昊 孟祥丹 余嫦 何一鸣 李东宁
梁疏穷 丁鹏 方腾 牛闯 王雨 王鹏 冉紫荥 刘伯伦
刘俊毅 刘新民 孙珊 江彬彬 闫行 何铎 李曼 杨林
来丽拉·加那尔 杨康 汪楚航 陈铮 陈博斐 赵一慈 唐杨杰
徐亚辉 曹未 黄志友 薛佳宁 赵丹丹 赵兵 徐小末 王俊苗
陆昱衡 马国秦 马源 牛乐 王从杰 王亚丹 买里都·皮勒马勒
任亦鸣 刘少飞 刘梦 危东侠 闫博砚 何欣祥 张亦凡 李冬月
李兆麟 李维科 李越 杨禾原 肖雪 周扬 屈梅 皇甫文珠
赵吾欣 郜帅 倪大玥 聂世杰 袁泽政 魏逸文 李永康 董昭相
蔡玉珍 阚文斌 王璐 丁寻 巴合达尔·努尔旦 王永金 王眉眉
王爱武 刘三泓 刘高斯 孙君艳 李伟节 李昊然 李显 李娟
杨玉桃 周菲迟 易泉秀 范允佶 范午言 郑海江 胡靖帆 赵展
秦健鹰 郭凌伊 郭楷 高爽 康祖彬 曾文铎 温二丁 马明园
王健行 司浩楠 李晓龙 段岳廷 吴亮 马泽龙 王永东 王潇
邓健 石杨 刘楠 刘睿超 刘静 孙兆威 宋洋 寿海迪
李淼 杨亚娇 杨娜 谷晓宇 辛景景 邹健 苗国栓 柳王宝
胡晨 奚凡星 徐乐钱 秦煜 康煌 曹硕 黄雪袁 黄蕾
揭钧杰 程星 潘远伟 刘德霄 孙雪娇 孙强 吴为 王奕
高欣 王轩 王捷 王喆 冯亚瀛 史文佳 叶道盛 刘玉
孙叶子 孙宇新 许黎明 何钦生 吴海豹 张京 张莹 李中恺
李丹丹 李井微 杜天宇 杜峰 杨琼 陈水煜 陈国滔 林楠
段玉 唐睿 童美魁 翟慧如 何柄谕 杨炜韬 杨栩 曹车正
王文铎 王向南 王宇飞 白学斌 宇航 许恩恩 阮成赋 张宇
张式博 张国权 李三龙 李兵峰 杨艾妮 杨德建 汪庭文 花一男
周欣 侯文浩 宫雪婷 赵红伟 赵钦福 赵莹雪 郭心尘 郭静蓉
高亚伟 商雪坤 黄子钊 游丽凤 葛士倩 范博文 徐旻轩 曹诗瑶
冯清松 贾毅彬 杜婧芸 丁丹 毛晓东 王邺贤 王朔阳 付翰林
卢璐 刘依卓子 危翔 孙昊 朱明君 闫晓莉 严雪莹 吴云胜
张成路 张丽娇 张晓天 李伟 李敏 杨梓 周晓翠 金鑫
胡迪 郭登科 高寒 董正强 薛强 章嘉能 竭洋 刘博文

机械工程学院（642名）

曹圣涵 王纯 王义政 王云肖 王庚 王娅琪 王继瑶 孙晨辉
张彪 李帅 李海南 杨亚兵 杨皞屾 陈小旺 陈辰 陈鹤元
孟昊 易筱 林程芳 罗川 胡洋 赵怿 徐博文 柴光男
耿狄 顾双弛 高军 高思鹏 高翔 黄凯 喻常静 程少杰
韩衍东 王龙辉 李飞阳 马国轩 王玉玮 王亚男 王伟 王浩然

冯 涛	包润阳	卢 雯	甘逢雨	石丹宇	乔 丰	刘博远	孙 博
余国卿	吴祎迪	吴静远	张 阳	张择阳	张海洋	李 帅	李指南
李 健	陈天雨	陈华东	陈 涛	段国晨	徐 勇	徐 傲	韩 旭
韩泓冰	蔡 纳	杨珺涵	吴 凯	丁曼索	王亚飞	王 静	叶 佳
田文斌	孙 明	张嘉琦	李 维	李景昱	杨博超	徐 婷	高炳欣
曹苗苗	彭昭阳	王昱迪	从靖晨	王晓玉	王晓宇	王 程	冯杨兰
刘子琦	孙 哲	闫佳宝	何羚钰	吴 怡	孟 烨	欧阳明江	侯宗保
胡宇波	黄倩颖	詹 骞	仁青罗布	王淑婉	王鉴男	王慧荣	刘兴国
刘 朋	刘泽淼	刘洪伟	刘桂玲	刘 翔	朱利克	邢 铮	应冬冬
张泽威	李 遥	苏愿晓	陈 诚	周济生	罗发游	胡志举	胡 敏
赵 翔	徐海洋	袁玉芹	曹星照	黄运中	彭 辉	窦俊泼	江崇邦
刘 庚	于会阳	王 凯	兰先炎	刘佳朋	孙 俊	闫 青	何丽娇
吴汉栋	张 贺	张 浩	张 超	张雁斌	李良鑫	李 楠	束 杨
杨文财	杨逍鹏	杨惠杰	武永健	陶跃群	高元桢	常 江	曹 鹏
章波明	黄珊珊	蒋 杰	褚福强	马玉生	王 京	王 雨	卢诗杨
史 强	甘明伟	邝汉光	龙 游	刘 成	刘新昊	许水华	张 博
李兆骏	李灵芝	李韶飞	杨 振	周 尧	弥 珊	林世权	胡 林
赵宏旭	徐礼贤	黄 蓉	程龙婷	谢心宇	潘雄伟	魏秋奕	潘仕刚
于开迪	于洪洋	马 超	王梓晋	邓化鹏	田 莉	刘哲瑜	刘 超
孙 哲	曲云峰	朱鸣宇	朱鹤鸣	宋威强	张 帆	张建睿	张珈玮
李古建	李继鹏	洪 蕾	胡振涛	高 颖	崔明敏	淡若晨	靳 浩
于好雨	王文浩	王 乐	王伟任	王明阳	冯留建	刘佳波	刘晓芳
朴成敏	邢立夺	张丽新	张 翔	李小龙	陈 栋	陈禹琴	单婷玉
金 涛	洪恒艺	徐文军	袁 彬	韩海滨	潘午阳	丁 勇	王 非
王 洋	王培建	王梦迪	王 越	车 坤	关 晓	刘福佳	孙圣男
佟 超	张子健	张书旋	张伟建	李 冬	李林玉	周厚泽	范明争
金军波	宣 政	赵文鹏	郭思思	符丁杰	黄兆坤	童 钢	韩 炜
宋 健	康维维	阮志强	于 静	邓 迪	石海鹏	龙海生	任志鹏
刘立静	刘 俊	刘思南	刘晓凡	刘晓龙	何 玲	吴川集	李 星
李 鹏	汪 轩	沈叶东	迟 越	姚 宇	柳汀洋	赵盼盼	唐捍迪
徐小龙	徐文强	柴 洪	莫 昕	曹峻峰	章澄澄	王宪宸	王 计
王宋阳	王孟伟	王晓刚	王 晴	从 洋	刘一辰	宋金连	张 驰
张倩倩	张清平	李文竹	李长于	李 进	杨振华	沈志成	迟 强
庞俊喜	明 哲	姜爱民	洪 刚	胡 挺	赵斌涛	徐铭泽	梁广钊
梁雨春	缑晓勇	董星言	蒋建明	雒 青	吴超越	罗 飞	于 洋
于艳鹏	马 驭	王 徽	邓野强	代 尧	田佳雨	任耀启	刘凤仪
劳可浩	宋 达	张能运	李久文	李政昊	汪 洋	陈 荣	房金城
胡 健	赵永杰	赵永亮	郝 奇	项兰倩	袁秀欣	曹 前	曾 力
韩 迪	熊 浩	王 俊	王都虎	王遥遥	王 磊	付 潼	史铁楠

龙　刚	任　玮	张　津	李宝庚	李　智	杨秀贵	汪仁杰	邹龙辉
陈　帅	陈　鑫	赵泽方	赵　璐	徐思旸	殷太新	涂　招	袁北哲
龚　磊	智建伟	葛天然	蒋大俊	韩　博	雷大鹏	裴玉龙	马　松
张阔明	方旭东	王　亮	王姣洋	刘文宇	刘宇坤	刘　岳	刘　欣
孙　冬	汤王阳	牟俊宇	吴庆镝	张亚文	张攀威	李世俊	李向娜
李　成	周素琼	郑　飞	赵　杰	赵　哲	赵琬达	袁锦程	黄琮杰
游　操	董裕兴	谢　豪	韩永辉	夏侯晋委	尹东旭	王小华	王广轩
任　欣	刘亚飞	孙　滨	朱雪巍	闫泽宇	张帅帅	张宇鹏	张　勇
张　洁	李　涛	李　越	肖　伟	陈思瀚	南景阳	祖文君	祝雨涛
胡亚飞	章晨伟	黄若琳	黄珍梅	焦璐璐	蔡盟利	魏广兵	刘　欢
黄宗林	孟庆颖	王　乐	王洁琼	石　镇	刘永旭	刘金玲	吕汉平
宋红攀	张　鹏	张　蕊	李　杨	李金城	李　喆	杨　硕	周立杰
庞　昊	欧阳晨	保　鑫	姚国栋	姜　竹	赵英含	徐　颢	曹　晶
章竑骎	普　穷	温见培	蒋　智	王路通	刘佳磊	马　璇	付军华
冯志伟	刘存生	刘晓超	孙文军	安全昆	朱腾达	朱嘉斌	张金鑫
张海猛	李开典	李　威	李　超	杨雨谋	陆立波	周　进	罗　雄
赵继平	聂梦迪	梁春雨	傅华斌	焦宗寒	蒯　兵	操宁波	李　娜
丁　扬	王书晓	邓齐贵	田智超	刘圆圆	刘　博	朱探金	朱紫龙
吴威振	宋家斌	宋　磊	张小丰	张天宇	张丽强	张海波	李文昭
李业发	李　响	李祺岩	杨　权	沙彬巍	周　拓	胡浩然	梁　冰
梁　迪	董　然	慕　伟	夏嘉聪	高正斐	王占营	石　珺	任　腾
孙庭乐	米雨佳	何名成	吴浩玮	张二林	张晨晖	李大鹏	李元勋
杨　威	花仁东	陈　锐	周隽宁	呼　雪	武春旭	郑　杰	郝诗宇
徐翔宇	高　颖	黄坤荣	曾世景	蒋兴奋	张　琼	马丽霞	文祥计
王　月	王春旺	冯万里	艾凇卉	刘书瑜	刘亚萌	刘　阳	匡　忠
宋　成	张春华	李枫楠	孟祥杰	金学权	姜　涌	洪迎迎	胡秦锰
赵玉波	赵芸立	赵绍峰	赵　顺	郝志刚	骆静文	凌云培	郭晓斌
常　瑜	董　璐	窦立杨	鲍朝洛蒙	蔡　亮	马宇飞	王东旭	王佳能
王盼盼	刘　波	吕　达	朱佳璐	汤晓岑	张　旭	张达頔	张俊亭
张　楠	李成龙	李　俊	李　祥	邵蒙恩	陈　迪	周　琪	金绣清
徐　钱	贾建强	高　兵	滑亚娟	程世彪	董家男	廖佳军	潘雪斌
雷　蒙	王　齐	王岩美	王　笛	王骥骧	田　欣	刘　博	孙秀彦
宋天骄	张亚奇	张　昕	李艳青	杨佳希	杨　畅	郑　悦	段　正
殷诚媛	寇子璇	蒋凌云	窦晓璐	穆凯奇	刘启晓	于　蓝	孔　敏
王　瑾	吕　鹏	邢　岩	张伟航	张爱杰	张梅逸	李吉临	李　均
李姿阅	杨　艺	陈　羽	陈　琛	郑艳华	赵子瀚	徐红岩	徐晓晨
蒋日星	魏　雪						

自动化学院（218名）

徐国强	卜钰	方翔堃	王胜	王闻博	王增辉	王鑫	白银平
刘珂屹	吴巍	张珈赫	肖玥	邹金霖	陈惜	周勋	庞博
郑博文	姜博谦	胡龙新	贺雪梅	钟佳骏	崔健	董祥威	韩笑娜
赖永刚	廖云	穆守然	吴扬	于欣波	尹名环	王源	王滨生
王磊	朱兰亭	何云峰	何沛华	吴秀娟	张璐	李舒阳	李璇
杜雪	苏兵	陈川洋	陈佳韦	陈菡萏	陈骜昆	祝东	要晋宇
海米提·热合木江		高萌	彭文佳	董松涛	路英杰	马佳	张彪
张贺	李俭	杨湛宇	金灵	黄文秀	喻亮	潘汛	孔祥虎
尹芸婷	王晴	张淼	张蕾	李佳乐	陈剑聪	陈瑜	罗勤
舒展	魏明	何书睿	宋德弘	周和鑫	罗聪	金划苏	段炼
赵瑞	谢文旭	王威	王晓华	祁成祚	张文君	张宇	李成前
李新波	陈实秋	姚姣	高源	高慧怡	黄震	王潘根	李志平
杨雨晨	秦振东	詹锟	王晔	田高谢	刘晓乐	孙乐	张聪
李群	李鹏	霍思	段永利	王蕾	齐鹏远	王汉超	刘玉馨
刘赫	汪艳芝	苏湘	陈思	金增旺	赵丽双	马浩森	方硕
王猛	孙华	何苗	吴诺	吴超	张海鹏	张璐	陈泽
徐鸿荣	郭映维	陶浩然	谢思凯	韩江宁	张佳	肖祖艺	陈煊轩
周斌	郑孝磊	徐旭初	魏耕	王娅	李卫东	杨寒	陈建华
高惠明	曾珺	黎祖将	戴天行	尤博	王宇鹏	王洪阳	刘阳
朱艳	郭玉坤	黄彦芝	蔡修钢	万文骏	马志腾	牛云	孙国强
张亚川	张晨	李晓阳	杨维成	咸龙滨	徐玉娟	黄开威	童禄
张少光	靳宝盆	方成	孙世伟	杨阳	杨童杰	陈晨	郑月刚
姚远	赵守宇	游博	丁立	丁鹏	孔令佳	王在隆	田泽文
任昊	刘亚强	张延博	邱昉	徐萌	陶艳	高健	高海洋
曾三	潘淑	王浩	代超能	韩翀睿	石晓杰	包磊	任国荣
刘海杰	高斯寒	马斯奇	乔文伟	高月菲	蔺欣雨	弓健	王宇轩
朱兴梦	姜英栋	李洁	胡勇	高升	王博立	李流跃	贺臻
谢聪	肖志远	张晓龙					

计算机与通信工程学院（319名）

董晓龙	曾一也	巩柏良	李童	吴曙东	代理	吴翔	代永强
许炀	薛亚辉	栗建行	曲家乐	周方坤	周鹤	林志超	张佳伟
侯俊栋	邓祖兰	张星	张柳音	杨秀君	尹晓龙	李东洋	李妍
杨晓磊	陈曦	詹旭东	姜波	夏侯佐鑫	鞠凯文	谭海迪	孟俊梅
田君安	李志伟	陈俞吉	郭会昭	王雪莹	司程聪	祁媛媛	张先若
郑宇航	郭冲	李腾	李默涵	周凯	周雅慧	罗天骄	赵田欣
郭兰	崔麦琴	王众	任宏博	刘茜	许博涵	李文	李海明
陈苗红	陈新月	段博川	吴杰	罗欣	贺媛媛	崔银实	谢家宝

李国银 郝世昊 万柳绪 王凌飞 吕志超 庞天泽 林 皓 范 晓
韩 松 王坤锋 车建华 郑 龙 薛伊柯 石 磊 刘 济 宋 健
杨 林 周宇世强 贾龙峰 刘舒尘 江 毅 杨恺陶 金慧婕 颜博睿
巴哈德·艾尔肯 王亚鑫 刘 帅 陈友洲 陈瑞民 徐留洋 曹英勇
戚博文 刘理博 尹伊淳 毛文赫 卢雅丽 刘 冰 孙 翔 张 明
李海兵 贺亮亮 于 昊 吴德培 张博文 邱永振 林 翀 符策鹏
程 成 王 驰 乔 天 张云鹏 李发玮 邵 玮 陈小可 陈 威
綦 妍 王 杰 王 璇 甘 露 艾力凡·艾尔肯 陈 皓 郑守仁
蒋宇轩 刘宇涵 刘米帅 张 倩 高亚运 梁文超 黄 野 谢 翔
何 颖 张雅男 李健超 于 佳 冯世鹏 刘子君 刘远飞 刘卓禹
张梅梅 刘 婵 王慧妍 付东东 刘 纯 张 淼 张旖旎 车文耀
陈 莉 鲍亚运 魏 鹏 何 琴 余 萍 张丹丹 苏 杭 徐霄骥
高 航 王 敏 张润滋 任家良 孙剑男 王小璟 付 辉 刘 佳
刘 嵩 张文静 范媛媛 侯佳腾 谢俊峰 窦孝茹 付祥军 冯学毅
史晓燕 吕 闫 陈文泉 陈理想 王基镔 杜志远 杜 威 郑义川
黄琪玮 曾成成 王 放 闫文博 靳 鑫 孙成毅 侯 婷 徐安琪
韩 丹 潘思盈 魏 敏 田昕宇 安 琪 李 洁 蔡 啸 魏志银
张高杨 吴 鹏 黄 旺 郑 豪 王 凯 王海超 王 磊 冯 骏
任 烨 刘 超 孙 鹏 庄 原 闫 江 闫 琛 吴克强 宋文军
张 真 李锦龙 李锦涛 肖佑挺 孟令彬 金 星 金滕飞 胡文龙
赵东策 党盛男 姬 强 郭清湃 梁程铭 韩明超 韩 峰 樊博宇
邹刚健 耿伟彪 薛 亮 毕 特 郑凯迪 丁祖宁 马思行 牛志伟
边庚磊 乔石磊 刘亚坤 刘 毕 刘佳懿 刘 晨 吕文斌 闫 悦
何文志 宋时光 张新营 张 楠 李 洋 杨贺旭 郎 健 侯 博
赵宇飞 赵学斌 赵翔宇 陶堂明 韩世杰 鲁增辉 雷 震 戴 斌
李逍徉 孙 豪 许 骋 陈广拓 胡 娟 刘启明 陈 皓 赵思思
王彦冰 陈晓婕 彭 澄 姜祎婷 张岩昊 胡晓卉 王泽颖 庞文博
刘 蓓 朱 峰 张金稳 郭 涵 韩 荣 赵 倩 张 一 赵意娜
孙悦群 张 鑫 王 琳 吴志文 张傲北 邓 阳 孙 博 张永康
唐小庆 解 琴 申 华 李 歆 周 媛 袁哲礼 曾奇才 杨郅文
范学慧 姜效良 李彦军 陈 靖 胡 颖 郭 晶 邓 享 闫雨轩
严 景 唐 萌 韩敬松 尹沈阳 王振懿 杜平心 莫 薇 朱晓晨
彭启慧

数理学院（172名）

卢 宣 丁一鸣 孔 志 王奇楠 邓志浩 田 松 任贤峰 刘禹川
闫 千 张钊伟 张晓智 李 成 李 阳 汪 洋 汪舒培 陈 卓
陈 皓 林铮远 贺林溪 郭泽宇 高旭华 尉欣宇 隋 鑫 董哲非
谭铠译 薛美美 肖涵露 孙浩轩 丁 一 尹晨光 王炳贤 王 婷

白 薇	刘颖斌	闫 超	宋文杰	张漪楠	李 扬	李 昂	李苗苗
李 响	李福星	杨 名	沈冰玉	肖 冲	陈玉英	陈盛婷	姚宜楠
段刚强	胡可欣	梁晓一	章玉群	黄若诚	谢文江	谢竞成	甘香槐
李鹤鹏	丁以民	马 兰	王 爽	王 越	邓 照	田青坤	刘 帅
孙思维	许亮亮	何 康	吴 疆	张亚九	张晓旭	李子扬	李星阳
杜 通	杨亚骏	苏宗明	陈 丹	陈允成	郑 一	胡协龙	赵凌飞
徐 威	贾俊鹏	曹沛宇	盛 宇	黄羽明	谭青海	穆 洋	李思羽
韦远志	黄天庆	王 琦	龙嘉奇	刘 尚	刘怡然	刘海涛	何忠翼
张 旸	张柳莉	张 珂	张银峰	李 庆	杨伍昊	杨倩茹	肖科健
肖 健	肖 鹏	陈文麟	周龙斐	周 靖	赵旭鹏	赵京冰	高巨龙
崔洪雨	董宇明	王术明	马真海	王 超	王憧憬	邓 娟	古晓玲
宁 晗	田 雪	白雪珂	石于兰	刘欢欢	孙 畅	许一楠	许赫伦
邢志朝	张亚威	张德坤	李书娟	杜嘉琪	阿如罕	林 冲	姜 维
柳 灿	项美玉	高静静	程 盈	董小美	雷 宙	滕鹏举	马文娟
马玉昆	牛振东	王圣雄	王 静	冯宝良	冯 泽	刘家宾	余 祥
吴 杰	宋 鹏	张四维	张诗雨	李 曼	杜云飞	杨若男	邵 笑
陈 娥	屈晓东	俞方舟	胡逸夫	胡 静	赵 靖	骆君梅	唐思汝
柴汉鹏	高华懋	董素甜	蒋菁菁				

化学与生物工程学院（114名）

万明威	方仪楠	毛润亚	王柄凯	王 蕾	刘 卫	刘思语	张先苗
李木森	李菻菻	李振林	杨 涛	杨 曼	杨 静	苏 湘	邵慧琪
陈 雪	孟祥雪	罗玉宏	姚 振	赵 坦	钟建宁	常玺德	黄翊恒
谢艳萍	廖成燕	钟雪琼	王国龙	王建祯	邓传东	付熊彬	左旭晶
龙安长	刘九州	刘 照	刘 鹏	孙子伊	师润瑄	江 深	张玉洽
张晓挺	李印文	李 希	李瑞安	杨俊俊	陈宇祥	贺娇娇	赵天琦
郭 佳	崔 勇	黄友光	韩冰玲	潘厚合	赵兰青	杨春鹤	马 瑞
文 博	王田玮	王齐鑫	王 璐	邓明镜	仲蒙蒙	刘 飞	邢海洋
张凤梅	张 良	张艳竹	旷小林	李银钵	李 婷	杨存金	陆 渊
陈慧甜	庞 铎	林宇剑	范 斌	夏小龙	殷学遥	贾冰琦	郭 雨
钱 虹	高 阳	童 娜	董丽洁	董丽霞	马 新	马 霄	王亚卓
王劲松	王 畅	王 琦	刘玉祥	刘明珊	刘 涛	齐春萌	张永杰
李 丹	李 品	杨斌超	杨 鑫	邵杏娇	陈 颖	罗志华	罗春雷
侯君然	胡百灵	赵 荻	赵 鹏	秦 晴	聂自豪	贾富佳	鲁文浩
解艺佳	靳知瑶						

东凌经济管理学院（402名）

郭文鑫	于海东	王婧雯	王逸彬	甘 雨	刘 畅	刘秋丽	朱海涛
邢玉丹	张依漪	张建东	张昊然	张 喆	张楚辰	张静萱	李子涛

李帅霖	李 旭	邹 丹	陈云峰	哈 斯	胡立立	党梓硕	高雯妍
曹江嫚	黄葛明	黄馨萱	龚 政	董 睿	路宇浩	靳宗元	薄晓雪
宋双双	韩婷婷	于优优	王 悦	王琬婷	叶经昌	刘 丹	闫鹏飞
齐晴怡	张传良	张靖彬	李 季	李雨昕	杨雨柔	汪贤斌	沈 薏
陈一鸣	周承超	徐家伟	高旭飞	高 悦	高绮鹤	常 乐	惠京瑶
安绍晨	王 媛	马小杉	马 毅	王孔文	王红艳	王 超	邓骏英
乐人锟	史晓芳	宁 远	任 艺	刘清华	吴君隽	吴思行	宋 葳
李 杨	李 倩	李瑜嘉	杨 意	陈 阳	陈铖御	段舒玮	赵江涛
赵莉莉	徐 昊	秦余昕	郭晓萌	高巧森	高苏丹	温东睿	谢 睿
张 楠	于婉茜	王 乐	王 超	王 聪	付园婷	安 帅	何 敏
张亚菲	张安琪	张佳维	张 洋	张 倩	李方圆	李姗然	李林虎
杜海蕾	陈 松	周文娴	周东阳	孟 越	岳 帅	倪子涵	徐迎蓝
栾治伟	郭冠杰	宿 杨	康思思	黄文祥	黄 煜	蒲朝梁	解露莎
王唯雅	冯 悦	石济茹	孙丽华	孙良佳	吴少刚	宋 蕊	张思语
张美玲	李 娜	李默存	杨 宇	杨 岚	季林卉	武 昕	罗 杨
段利锋	祖倩倩	费 洋	赵晨星	赵富莹	饶碧刚	秦晓强	郭亚兵
崔贞梅	梁 珍	龚晨建	彭璐璐	温 宇	薛 戬	王念云	王紫娟
冉开拓	白松涛	刘家耀	安润功	江凯峰	余凯星	吴明杰	张 红
李 帆	李 倩	李晓翠	杨 光	陈 宇	周佳慧	金东东	唐泓雁
唐梦婷	徐 展	徐 琪	晋 扬	曹婷婷	黄守智	黄 颖	程 可
谢紫秀	魏元迪	廖 纯	丁若溪	马 鑫	王子娴	王玉龙	王玉安
王梦蕴	王 瑶	冯依娜	田桔林	田 霖	任琦鹏	朱丹华	张志强
张 怡	张凌云	李丹阳	李娇阳	肖 红	陈颜秋	周进丽	岳玉伟
赵富秋	涂荣荣	郭慧莉	康文博	康馨艺	曾宪斌	焦瑜婷	刘晓霞
马 妍	王 超	王鲁阳	甘 甜	刘 宝	刘青荃	刘晓菲	刘 婷
孙 霖	朱丽霜	吴 兵	张 腾	李 根	李瑞芬	杨阿龙	步景杰
汪伊菲	周艳惠	胡 静	费良媛	赵贵海	赵 婧	殷云云	贾云初
高文婷	高 翔	崔晓琳	蒙 濛	解时宇	王 彪	王 乐	王旭阳
刘池一	吕 文	孙 欣	孙 彦	朱淑琴	闫舒帆	吴秀婷	张 辰
张金玥	张 贺	张晓梅	张晓楠	张博卿	李雪莲	李澄宇	陈 阳
罗春元	范思睿	郑 涛	赵文婷	唐尔玲	唐华梅	贾晶晶	郭 倩
强 骁	彭 鑫	谢佳颖	魏晓栋	杜程远	张小燕	万 弯	刘嘉敏
马宏伟	孔伟珠	王 可	王 峰	王晓琳	王 翔	白雪萌	刘念芸
刘明明	刘 涛	刘雪峰	刘 磊	孙 雪	朱天宇	何 燕	应若川
张 旭	张丽君	张 婧	李 迎	李浩辰	肖 琳	胡冉冉	项 征
贾 璐	高 奇	曾弌忒	谢凌冬	鲁恩舒	翟羽佳	姚力琛	童小川
张贺晶	廖婉媞	万 鹏	尹新翠	王会杰	王 泉	王 雪	叶舒展
申小琪	刘晓露	刘 露	竹天宇	余元春	吴 琼	吴 璠	张益民
张旖旎	张 瑾	李月耀	杨易铭	汪 明	周 丹	周奕霖	林 通

姚娆	徐燕娜	崔颖	崔璐	康冉	董潇	蒋艺萌	戴佳珊
焦子一	张政训	戴炳泉	刘馨蕊	王志刚	王爱洁	王璐	平静
田野	伍崇伟	刘玮	刘塞南	孙雄飞	冷冰默	吴京	宋珊
张祐菁	李佳惠	李梦慈	连路平	陈敏	罗玉兰	胡月	赵平平
席悦	徐畅	贾屹岩	贾尚楠	郭杨梅	郭聪	商倞	黄鸿学
龚晓狄	何静静	王聪	孟苑	马盈盈	马靖宇	王一宁	王欢
王浩	王素	王乾坤	王琦	尼木吉尔格力		田也	朱子健
朱文迪	闫璐	吴克亮	吴佳佳	宋扬	张雪	李天豪	李雪桐
李璇	肖婷	周雅琴	尚通	罗丹妮	郑长松	莫雨涵	彭丹凤
游蕊	蔡菲	唐榕					

文法学院（178名）

许冠男	马东阳	王芊樾	王佳俊	王雪洋	付一凇	石玮	刘阳
汤新颖	邢文博	张心源	张佳玮	李倩	李晓琪	李萌	李薇
肖颖	陈叶蓓	陈婉英	周夏雨	周晋元	侯德志	姜玲	宫晶玉
施丽	费格	徐晗	殷虹	贾文颖	郭宋	高宇莘	崔新赫
赵林	王雪凝	白全影	吉晓茜	米娜	何俞瑾	张伟良	张珩
李尧	李春风	李晓丹	杨迪	肖敏	陈思	陈艳	陈梦
和蓓	季智	尚雨楠	赵世超	郝晓川	徐盼盼	翁尔刚	陶玲
高舒	崔璨	黄鹏岗	彭金	焦鲁博	熊怀连	禚婷	孔陆杰
尤泰	王丹丹	付虹	刘红长	刘春阳	闫昊	吴斌	张欢欢
张丽	李颖	李璐	陈肖	陈佳帅	陈洁茹	陈寒寒	周福霞
周頔	林芳卉	郝妩阳	唐敬	栾雨蒙	高明尘	黄娟	傅启航
游可欣	裴月宁	丁加伟	卫广伟	王一菲	王偲睿	王斌	王璞
叶雅梦	孙颜娜	汤珍珍	张诗晴	张海静	李丹丹	李卓君	李婷
李雁翎	李颖	杨端	杨静	陈苗苗	周唯	孟虹宇	易小芮
林晨阳	郑瑶瑶	胡峰	郜冲	郭彦武	龚娣	谢玥	廖慧
于林民	王亮	刘知	孙琛琛	孙睿	闫丹丹	吴珊珊	宋笑梅
张立平	张诗慧	李彦澍	李超	杨文瑞	杨明明	苏海韵	迟松
周航	泽仁曲珍	范蕾	郑佳	姚佳俊	赵君怡	殷嘉伟	彭超
温清云	葛玉薛	靳雷	周抒	王世玥	王巧云	王苗苗	王艳平
艾杰	伟乐苏	刘亚明	刘成程	刘林	刘瑾妮	次仁龙珠	纪娜
齐悦	张婉	李永强	李杰	李思雨	岳群智	易得田	郑佳萍
姚晓梦	胡爽怡	郝竹青	栗晟皓	郭文娟	高翔	崔鑫	曹宇枞
解红叶	管凌云						

外国语学院（130名）

于筱	王天莹	刘佳禾	刘玘涵	孙昕	曲凌荣	吴思	李晓萌
李献策	邱晓翠	邹亮	陈丹阳	赵冬雨	郜爽	夏艺宁	徐问穹

涂　颖	钱　桐	高丽静	曹冬雪	黄　垚	龚　婷	董依蕃	董彦萌
翟建孺	滕晓娜	薛建丽	万玉春	马梦妍	尤士兰	王　元	王雯婷
王　骥	刘梦娇	朴清实	余少波	吴思宇	李乐中	李维康	陈　旭
陈丽萍	陈蒙蒙	孟茜茜	孟　祺	尚怡菲	侯桥波	赵泽翔	赵洋洋
徐志丹	彭笑甜	曾士婷	程瑞雪	缪丛雨	才思晴	王　冠	王曦玮
冯　立	尼倩倩	田於筱	刘亚会	许丹丹	许迪雅	何淑慧	张　习
张笑怡	张　琳	李宜夏	杨　莹	肖舒元	陈　媛	欧　丹	姚俊青
钟　凯	谈文慧	黄宁宁	韩　昕	于　曦	王　飞	王祎婷	王绍廷
邓任美希	史心语	朱　霖	何爱华	张丽婷	张思涵	李可涵	李　论
李格格	李梦诗	李　璐	杨宇珊	杨　震	陈可心	周梦丹	孟红梅
武　菁	范梓暄	姜嘉兴	秦微微	匙　亮	隋　骥	裴伊亮	霍　茹
曲垠姣	尹珊珊	王云云	王娟乐	王　晶	王雅颖	邓文秀	刘亚婷
汤雪萍	闫　旭	吴　敏	张勿扬	张宛君子	李光正	李滢娅	苏凌菲
陈洪钰	赵闻迪	高雪莲	梁名扬	梁芳敏	梁维珊	葛心怡	韩飞宇
霍雨佳	戴宗琳						

高等工程师学院（115名）

王　悠	赵　帆	高敏敏	宋明强	车英建	付新彤	刘旭涛	毛小玲
黄　超	杨　乐	王　迪	吴礼文	张磊峰	许江峰	吴海鹏	易湘德
赵　超	胡汉江	段凯悦	刘　干	刘　鹏	王　鹏	智　超	谭何灵
张祎凡	左　毅	陈婧玥	贾　敏	陈家泳	谭海林	宋成浩	刘　羊
信智锐	王　社	覃忍冬	王　新	杨焕璋	刘东照	何　宁	张宝军
王忆南	田　雪	李　波	邵金鹏	关　键	刘志宏	冯楚翔	李　果
潘　双	吕　凯	胡　强	吴　建	张　泽	黄鹏程	魏小林	魏　佳
李长江	李　睿	马　磊	罗广权	蔡文刚	李　阳	施炜斌	陈博宇
葛欣光	周家玮	范博盈	张　京	王林静	彭　程	史志文	李新宇
任冰朗	蒋晨旭	薛海龙	沈颖峰	赤小浩	黄　琦	何　杨	姚如骥
胡绍岩	岑　堃	张宗良	刘　博	李世健	赵天恒	李志宁	于越溪
牟俊宇	李　杨	周舒畅	刘　峰	何必飞	李　琦	马焕珣	宋天凯
王承顺	刘　威	刘　洋	李雅翀	杨中山	王　洋	王　琰	王毅敏
张文锋	杨振伟	玛旦江·吐木尔		孟新秋	钟　月	贾　飞	尹　杰
王　凯	冯　宇	柯锦福	冯翠玮				

2013年毕业并获得博士学位的研究生名单

学科、专业	博士研究生	导师	博士研究生	导师	博士研究生	导师
流体力学	刘今子	朱维耀	龙运前	朱维耀		
工程力学	蔡建德	汪旭光	许文耀	璩世杰	闫国斌	汪旭光
	张建勋	汪旭光	张少杰	王金安		
岩土工程	曹胜飞	乔　兰	程　岩	李长洪	方宏伟	李长洪
	高　稳	乔　兰	李兵磊	高永涛	李角群	蔡美峰
	王奎阳	纪洪广	武崇福	李长洪	张亚宾	乔　兰
	张　燕	纪洪广				
防灾减灾工程及防护工程	曹　野	宋　波T	柴小庆	谢谟文	范德虎	谢谟文
	齐福强	宋　波T				
矿业工程	蒋　曼	孙体昌	刘金海	姜福兴	刘欣伟	冯雅丽
	马玉文	冯雅丽	孙　昊	孙体昌	王东旭	宋卫东
	王　欣	宋卫东	王中杰	倪　文	魏　浩	徐九华
	魏玉霞	孙体昌	吴　迪	蔡嗣经	徐　涛	孙春宝
	徐文彬	于润沧	于　洋	孙传尧	张永亮	蔡嗣经
	祝丽萍	倪　文				
采矿工程	郭奇峰	蔡美峰	韩浩亮	胡乃联	李　勇	胡乃联
	刘贤信	胡乃联	路增祥	蔡美峰	曲效成	姜福兴
	孙光华	蔡嗣经	王英博	李仲学	武力聪	吴爱祥
	姚高辉	吴爱祥	姚旭龙	胡乃联		
矿物加工工程	祁　宗	孙传尧	于　淼	倪　文		
安全技术及工程	陈一洲	蔡嗣经	李　焘	金龙哲	缪华祥	姜福兴
	王　毅	蒋仲安	张海波	宋卫东	赵树果	宋卫东
资源经济与管理	束永保	李仲学	王艳秋	胡乃联		
矿山地质工程	唐燕文	谢玉玲				
环境工程	程　䠷	刘杰民	谷启源	宋存义	郭　幻	姚　俊
	纪玉琨	魏复盛	刘建国	汪群慧	刘　茹	魏复盛
	王丽娟	汪群慧	王利红	汪群慧	王　翔	汪群慧
	张东辉	宋存义	张文毓	汪群慧	赵秀娟	宋存义
科学技术史	杜　宁	李延祥	宋海龙	柯　俊	赵凤杰	李晓岑
冶金工程	白瑞国	朱　荣	常运合	张家泉	单　多	田乃媛
	冯岩青	王福明	郭洛方	李　宏	胡正文	杨天钧
	胡志勇	王新华	李　刚	李京社	李　慧	苍大强
	李建立	田乃媛	李　宁	郭汉杰	梁精龙	苍大强
	刘桂成	王新东	刘翘楚	薛济来	罗衍昭	张炯明
	庞永刚	李士琦	史成斌	郭汉杰	宋小鹏	程树森
	孙昊延	薛庆国	王　飞	郭汉杰	王杏娟	朱立光

续表

学科、专业	博士研究生	导师	博士研究生	导师	博士研究生	导师
冶金工程	王　政	朱鸿民	吴鹏飞	田乃媛	吴　桐	程树森
	杨广庆	张建良	张雅琨	王新东		
冶金物理化学	党恒耀	郭兴敏	康华峻	邢献然	阮　北	张家芸
	王　娜	朱鸿民	张义文	王福明		
钢铁冶金	曹永国	吴胜利	柴国明	郭汉杰	陈永峰	李士琦
	高金涛	李士琦	吉传波	李京社	姜桂连	李京社
	刘志明	张炯明	潘　文	吴　铿	申景霞	朱　荣
	庹必阳	吴胜利	王广连	朱　荣	吴　龙	李士琦
	于会香	王新华	赵　平	苍大强		
材料科学与工程	艾里亚	杨　槐	蔡　峰	路民旭	储爱民	秦明礼
	代启锋	宋仁伯	迪　韩	尹海清	段博超	赵海雷
	付宝建	张迎春	葛振华	张波萍	郭万春	王　戈
	韩　韩	曹文斌	黑鸿君	唐伟忠	户赫龙	周张健
	黄志涛	田文怀	姜少宁	龙　毅	颉芳霞	何新波
	李发长	贾成厂	李俊航	刘国权	梁国俐	杨善武
	刘安强	李晓刚	刘　芳	杨　槐	卢　琳	李晓刚
	鲁法云	杨　平	吕家舜	康永林	骆　鸿	李晓刚
	马衍轩	郑裕东	梅　敏	何新波	牛春菊	李长荣
	千粉玲	孙加林	任　欣	李长荣	宋　平	杨　槐
	唐兴昌	康永林	陶华超	范丽珍	王　冰	孙建林
	王超伦	龙　毅	王菲菲	杨　槐	王　峰	孙加林
	王　晶	路民旭	王　珏	董建新	王丽丽	徐利华
	王　玲	杨　槐	吴宁宁	田文怀	吴小贤	李红霞
	武晓娟	杨　槐	肖　翔	刘国权	杨海龄	姜　勇
	杨建军	刘泉林	杨增朝	徐利华	由　洋	尚成嘉
	于　鸿	董建新	宇　航	姜　勇	张德智	曲选辉
	赵　博	李晓刚	赵广宏	何业东	朱洪武	刘雅政
材料物理与化学	杜学山	宿彦京	贺　飞	尚成嘉	李建伟	于广华
	李晓其	姜　勇	李秀程	尚成嘉	聂文金	尚成嘉
	谭　丽	王　戈	肖　伟	耿文通	原文娟	宿彦京
	张　骐	张　跃				
材料学	毕振勇	孙加林	陈　飞	吕反修	陈良贤	李成明
	陈思成	李长荣	董　亮	路民旭	范　林	李晓刚
	高武斌	孙加林	姜子涛	路民旭	李兴旺	徐利华
	李艳霞	刘国权	刘艳红	张迎春	孙　敏	李晓刚
	徐南生	赵海雷	杨剑英	徐利华	杨振亮	曲选辉
	张昊明	何新波	张　敏	龙　毅	赵百通	贾成厂

续表

学科、专业	博士研究生	导师	博士研究生	导师	博士研究生	导师
材料加工工程	韩启航	康永林	吕　超	康永林	梅　俊	谢建新
	吴永福	谢建新	薛润东	谢建新	尹元德	康永林
	余均武	谢建新	张朝磊	刘雅政		
机械工程	管　奔	臧　勇	江　洋	王宝雨	李修文	徐金梧
	刘文科	张康生	毛艺伦	张清东	苏　毅	王长松
	文　杰	张清东	杨　通	韩建友	赵景云	臧　勇
机械电子工程	路俏俏	徐金梧	赵晨熙	徐金梧		
机械设计及理论	张旭君	杨　荃				
车辆工程	迟洪鹏	石博强	付薛洁	石博强	付志军	罗维东
	何建成	张文明	何　耀	张文明	林景高	张文明
	邵宗科	张文明	田海勇	张文明	姚　野	石博强
	余　洋	石博强	张学艳	罗维东	钟　恒	罗维东
动力工程及工程热物理	陈　夏	王　立	崔　馨	张欣欣	高增丽	苏庆泉
	葛铭霞	刘应书	黄丛亮	张欣欣	金　珂	张欣欣
	李博通	郑连存	李　威	张欣欣	李延辉	王　立
	刘立钧	温　治	潘　刚	温　治	苏晓红	郑连存
	孙建平	张欣欣	田　野	温　治	武宇亮	张欣欣
	谢知音	冯俊小	邢一丁	温　治	张安强	张欣欣
	张范斌	温　治				
热能工程	张欣茹	张欣欣				
控制科学与工程	陈　宸	徐正光	陈　晓	闵乐泉	高炳志	尹怡欣
	谷学静	王志良	李秉杰	王志良	李　琛	穆志纯
	李　鉴	刘贺平	李　杰	刘贺平	刘艳霞	李希胜
	汤永新	余达太	王永茂	徐正光	吴金霞	徐正光
	徐玉洁	廖福成	曾　莉	胡广大	张培尼	穆志纯
	郑思仪	王志良				
通信与信息系统	杜　帅	邬贺铨	郭继文	周贤伟	李　姜	周贤伟
	瑞　姆	周贤伟	武晓博	周贤伟	武　装	杨　扬
	袁俊岭	周贤伟	赵晓永	杨　扬	周　健	宋俊德
计算机系统结构	刘振宇	胡长军	文昌辞	王　沁		
计算机应用技术	曹丹阳	杨炳儒	程　昊	郑雪峰	方中纯	郑雪峰
	郭建威	杨炳儒	金明灿	胡长军	李广原	杨炳儒
	李　鑫	郑雪峰	刘英华	杨炳儒	刘永彬	杨炳儒
	马　楠	杨炳儒	宁　红	郑雪峰	万剑雄	林　闯
	王志彬	郝红卫	肖超恩	曾广平	于重重	杨　扬
	张青川	曾广平				
凝聚态物理	陈　岭	潘礼庆	大　卫	吴　平	郭振刚	潘礼庆

续表

学科、专业	博士研究生	导师	博士研究生	导师	博士研究生	导师
凝聚态物理	红　叶	王凤平	吴　云	罗　胜	辛　勇	巨　新
	杨　军	潘礼庆	于明鹏	邱　宏	郑菡蕾	顾　强
	祖柏儿	王凤平				
化学	郭中楠	袁文霞	宁张磊	李文军	杨静静	袁文霞
	伊　芹	刘杰民				
材料合成化学	李传宝	张学记	齐冬冬	姜建壮	秦　刚	张学记
	孙　伟	姜建壮	王海龙	姜建壮	王　康	李文军
	张丽娟	边永忠				
管理科学与工程	白　尘	高学东	陈　益	高学东	程　伟	周天勇
	苟连杰	张　群	郝　玫	王道平	侯东亮	李铁克
	黄　瑛	张　群	冷瑞华	周天勇	刘　东	佘元冠
	潘　静	高学东	沈睿芳	王道平	孙志燕	张　群
	王宏智	高学东	王小妮	高学东	许国栋	佘元冠
	张　超	张　群	张春生	李铁克	张学龙	王道平
	周永良	李铁克				
企业管理	陈　刚	白津夫	姜彤彤	武德昆	刘祥东	刘　澄
	汤鑫华	周天勇	王延华	何维达	王震勤	王维才
	吴慧香	肖　明				
科技与教育管理	刘　晶	毛祖桓	吕伟耀	许　放	齐书宇	毛祖桓
思想政治教育	段祥伟	陆　俊	胡　燕	陆　俊	李慧琳	彭庆红
	斯琴格日乐	陆　俊	田丽娜	时立荣	奚冬梅	王民忠
材料学	程　远	孙冬柏	王　莹	孙冬柏		
材料科学与工程	方美玲	朱　洁	房现石	林均品	郎玉婧	张济山
	李时磊	王西涛	李树肖	王西涛	廖卫兵	张　勇
	刘恒三	曲选辉	刘敬春	张济山	马胜国	张　勇
	孙鹏飞	林均品	王永强	杨　滨	吴建华	王西涛
	徐向棋	吕昭平	杨　帆	林均品	原现杰	曲选辉
	曾红杰	林均品	张保玉	惠希东	张　贺	刘泉林
	张金玲	王西涛	张　伟	冯　强		
机械工程	艾永好	徐　科	孔繁甫	何安瑞	张　粪	杨　荃
材料科学与工程	李晓林	蔡庆伍	齐　亮	赵爱民	万德成	蔡庆伍
	汪志刚	赵爱民	王立东	唐　荻	徐耀文	唐　荻
	张志敏	蔡庆伍	郑宏伟	唐　荻		
材料加工工程	张均生	蔡庆伍				
材料学	李　栋	周国治				
冶金工程	安秀伟	薛庆国	曹志强	包燕平	丁银贵	薛庆国

续表

学科、专业	博士研究生	导师	博士研究生	导师	博士研究生	导师
冶金工程	李京伟	郭占成	林　路	包燕平	王毓男	包燕平
	王　珍	周国治	张　奔	郭占成		
钢铁冶金	侯自兵	成国光	姜　方	成国光	芮其宣	成国光
	王　宝	刘　青				

2013年学术型硕士毕业并获得学位的研究生名单

学科、专业	硕士研究生	导师	硕士研究生	导师	硕士研究生	导师
矿物学、岩石学、矿床学	陈三霞	李克庆	姬　军	陈德平	姜妍岑	谢玉玲
	李　旭	於晓晋	王红玉	李克庆	杨　蕊	徐九华
流体力学	陈东虎	朱维耀	丁乐芳	朱维耀		
工程力学	常建平	王德胜	何环莎	高　谦	李　翔	王金安
	刘淑平	纪洪广	吕桂林	纪洪广	马　壮	蔡美峰
	王福缘	璩世杰	王旭耀	龚　敏	吴　双	龚　敏
	杨　超	高　谦	衣　方	璩世杰		
土木工程	崔小力	宋　波 T	戴志平	刘娟红	狄海燕	马　飞
	丁点点	吴顺川	杜聚强	高　谦	范高龄	高永涛
	高鸿春	潘旦光	高　霞	刘娟红	韩　庆	吴顺川
	郝雨杭	刘娟红	何　波	谢谟文	何文娜	马　飞
	胡　波	龚　敏	胡　杰	刘　洋	胡秋丽	周晓敏 T
	李　昶	王金安	李聪聪	谭文辉	李东伟	李长洪
	李　红	刘　立	李鹏飞	谢谟文	李晓鹏	张举兵
	李晓柱	刘　洋	李　媛	杨润林	李　嬰	王金安
	梁罗定	李　铁	梁　爽	乔　兰	刘芳标	吴顺川
	刘继新	李长洪	刘力恺	乔　兰	刘思园	马　飞
	刘文建	王树和	刘益民	曲世琳	刘正文	谭卓英
	栾海强	牟在根	马翠娟	宋　波 T	孟　宪	王德胜
	乔春明	杨润林	冉鹏飞	牟在根	尚庆圆	牟在根
	石宏宇	宋　波 T	宋锦秋	纪洪广	孙宏宝	谭文辉
	万晨晔	高永涛	王灵智	王树和	王朋飞	马　飞
	文　烨	刘娟红	熊颖潇	潘旦光	徐　辉	王金安
	徐　洲	王德胜	许雁鹏	高永涛	薛　园	牟在根
	杨　雷	范慧芳	杨利香	曲世琳	杨明超	潘旦光
	杨振颢	纪洪广	易　煜	宋　波 T	于　慧	龚　敏
	于　倩	曲世琳	原振宇	周晓敏 T	张朝颖	曲世琳

续表

学科、专业	硕士研究生	导师	硕士研究生	导师	硕士研究生	导师
土木工程	张　然	王金安	张添渊	杨润林	张秀凤	吴顺川
	张　悦	吴顺川	郑　超	乔　兰	郑　菲	宋　波T
	郑　妍	范慧芳	钟海斌	高　谦	朱贤德	刘　洋
	邹坤坤	范慧芳				
结构工程	毕长武	高永涛				
生物化工	程　嫚	罗　晖	傅　川	林　海	韩凯华	常雁红
	李　甜	杨慧芬	李洋子	林　海	王　朗	汪群慧
	姚　舜	常雁红	于　淼	汪群慧		
矿产普查与勘探	韩宇达	谢玉玲	何　波	徐九华	张　楠	徐九华
	周俊杰	刘保顺				
矿业工程	包晶莹	陈广平	崔建宁	王进强	邓富根	金爱兵
	方　昊	王化军	郭　倩	孙体昌	何　朋	宋卫东
	胡　磊	李翠平	宽　明	姜福兴	雷丁丁	毛市龙
	类晓娟	金爱兵	李　斌	王进强	李　辉	王洪江
	李俊松	肖宝清	李　黎	王化军	李龙福	金爱兵
	李希雯	吴爱祥	梁乃跃	杨　鹏	刘成军	杨　鹏
	刘　辉	宋卫东	刘　娜	孙体昌	刘　宇	李仲学
	陆兆锋	孙春宝	栾黎明	胡乃联	秦　帅	明世祥
	申旭鹏	璩世杰	孙亚君	段旭琴	唐良勇	李仲学
	汪　锐	明世祥	王翠玲	王化军	王海涛	段旭琴
	王海霞	孙春宝	王凌云	胡乃联	王明芳	孙春宝
	王朋飞	李仲学	王莎莎	王进强	王　越	明世祥
	王志杰	王化军	温子龙	林　海	熊有为	王洪江
	徐奇栋	高永涛	杨　威	蔡嗣经	仪海豹	吴爱祥
	余海华	宋卫东	臧　丽	李仲学	张　露	杨慧芬
	张敏杰	吴爱祥	张益超	姜福兴	张　宇	李翠平
	张　哲	明世祥	赵晓杰	胡乃联	赵晓鹏	李翠平
	郑瑶琨	李翠平				
环境科学与工程	阿丽雅	汪群慧	毕耜超	冯雅丽	毕　盈	李天昕
	蔡玮玮	汪群慧	曹丽霞	陈月芳	储　雁	李天昕
	邓　慕	夏　新	高　琨	陈月芳	郭　坤	宋存义
	郭文波	李子富	何　慧	施春红	胡晨刚	周北海
	胡为征	邢　奕	胡　文	倪　文	黄兴星	季宏兵
	李登琨	黄国忠	李浩源	李子富	李警阳	孙春宝
	李　娟	朱维耀	李　玲	周北海	李　岩	汪群慧
	刘　芳	林　海	马　雯	杨慧芬	苗　青	施春红
	朴成敦	汪群慧	佘文文	姚　俊	胜　利	李子富

续表

学科、专业	硕士研究生	导师	硕士研究生	导师	硕士研究生	导师
环境科学与工程	宋长顺	姚　俊	宋　鑫	孙春宝	田艳丽	汪群慧
	王静伟	姚　俊	王　娟	汪群慧	王李娟	冯雅丽
	王　萌	宋存义	王蓉慧	王　琪	王　旭	朱维耀
	王泽甲	林　海	吴　丹	孙春宝	相凤欣	孙春宝
	谢　南	宋存义	薛秋玉	林　海	姚云凤	常雁红
	易　慧	周北海	余豁然	宋存义	余　丽	苍大强
	岳三琳	施春红	岳　希	孙体昌	张丽霞	朱维耀
	张秋林	钱大益	赵　凡	邢　奕	赵芳妮	李发生
	赵　媛	李子富	郑芸芸	汪　莉	周　瑱	李子富
	朱亦珺	林　海				
安全科学与工程	白旭青	杜翠凤	鲍　娜	张英华	步海超	黄国忠
	陈丽娜	刘双跃	丁　伟	蒋仲安	黄梦钰	张英华
	江　飞	刘双跃	姜黎明	张英华	焦珊珊	金龙哲
	金　财	谢振华	类淑菊	蒋仲安	李　斌	杜翠凤
	李刚强	张英华	李　利	杜翠凤	李晏松	杜翠凤
	廖贤鑫	蒋仲安	刘崇仙	高永涛	刘志钢	张英华
	宋洋洋	蒋仲安	孙思衡	黄国忠	王　丹	刘双跃
	王　娟	刘双跃	王　磊	金龙哲	吴　慧	蔡嗣经
	杨　艺	金龙哲	尤　飞	金龙哲	游鲁南	张英华
	原征岚	谢振华	张发涛	蒋仲安	张晓晨	金龙哲
	张　宇	谢振华	张媛媛	谢振华	赵　岩	金龙哲
科学技术史	鲍　怡	潜　伟	程　群	李延祥	郭　菲	梅建军
	金玉红	李晓岑	李　昂	李延祥	李　福	潜　伟
	李　倩	章梅芳	李英亮	李晓岑	梁　苗	李延祥
	孟　欣	章梅芳	曲　亮	李秀辉	王　贺	梅建军
	王文君	李晓岑	王永乐	梅建军	魏　薇	潜　伟
	杨　恒	李秀辉	张英蓉	何积铨	周芃君	潜　伟
冶金工程	白亚楠	杨天钧	鲍　翔	朱　荣	鲍秀娥	储少军
	蔡皓宇	程树森	曹　敏	宋　波 Y	曹明明	杨天钧
	曹维超	张建良	陈士朝	张宗旺	陈相全	邹　兴
	陈　鑫	张家泉	陈　宇	李建玲	陈　仲	李建玲
	初仁生	王新华	丁小明	李京社	董洪波	刘润藻
	樊　涌	李宏煦	房素珍	李素芹	付亚清	张建良
	傅源荻	张建良	高　寒	张建良	高　路	朱鸿民
	高振波	李京社	耿敬涛	杨世山	顾晓朦	苍大强

续表

学科、专业	硕士研究生	导师	硕士研究生	导师	硕士研究生	导师
冶金工程	郭东海	储少军	郭永谦	李京社	郭振霆	张宗旺
	郝英君	李素芹	何　赛	李素芹	洪　流	李　宏
	黄学军	郭兴敏	季乐乐	徐安军	解海潮	邹　兴
	金桂香	王福明	靖振权	张家泉	孔祥利	杨世山
	雷少龙	王新华	李梦奇	白　皓	李时伟	孙彦辉
	李　涛	贾彦忠	连　超	白　皓	刘伟剑	张建良
	刘自民	吴胜利	罗　磊	孙彦辉	马欢欢	薛济来
	马　文	许中波	聂溪莹	朱　荣	宁晓杰	郭　敏
	潘　峰	张家泉	彭　劼	郭汉杰	屈俊杰	吴　铿
	邵腾飞	吴　铿	沈龙龙	高　斌	史进朋	贾彦忠
	宋方方	李京社	苏　瑞	朱鸿民	孙向伟	高　斌
	田　哲	王新东	王崇茂	吴　铿	王春阳	闫柏军
	王　丹	张建良	王昆鹏	曹战民	王振东	张　梅Y
	吴　超	李宏煦	吴　炼	张炯明	吴小兵	张建良
	吴　轩	张宗旺	武建龙	吴胜利	肖义鸿	郭兴敏
	辛　磊	程树森	熊熙然	苍大强	徐啸雄	苍大强
	续飞飞	程树森	闫方兴	贾彦忠	于卓颖	孙彦辉
	袁　飞	徐安军	张长春	李士琦	张　晋	李京社
	张　璐	闫柏军	张亚洲	苍大强	张正群	王新华
	张祉倩	李宏煦	张志华	程树森	赵　鹏	张克强
	赵贤聪	白　皓	周格格	朱鸿民	朱子江	郭汉杰
	邹　虎	刘润藻	邹昆昆	杨世山		
材料科学与工程	毕文龙	林国标	蔡　鹏	吴春京	曹国鑫	张麦仓
	常利娟	吴俊升	常　明	于　浩	陈晨日	王　戈
	陈　根	张深根	陈国动	刘泉林	陈海芹	刘雪峰
	陈　乐	何业东	陈　龙	孟惠民	陈　琼	常永勤
	陈少静	刘国权	陈守良	刘俊友	陈亚娟	秦明礼
	陈　瑜	王　戈	程　凯	万发荣	程　灵	杨　平
	储明明	张　跃	崔利群	李　平	崔秋艳	郑裕东
	邓金春	韩静涛	邓　伟	张波萍	丁　磊	杨　平
	丁　强	薛文东	丁庆明	周张健	丁　源	董超芳
	董跃刚	李明华	杜飞飞	刘泉林	杜建全	王开坤
	杜晶晶	宋仁伯	杜政才	杨　洲	段大伟	曹江利
	房　栋	王自东	冯海翔	高　瑾	付明慧	张　鸿
	付平平	何积铨	高立军	高　瑾	高　琳	郭志猛
	高　原	李　勇	龚春平	孙加林	关京京	王国杰
	关鸣飞	于　浩	桂晓露	郭　晖	郭宏永	陈　冷

续表

学科、专业	硕士研究生	导师	硕士研究生	导师	硕士研究生	导师
材料科学与工程	郭继银	何积铨	郭　静	杜翠薇	郭俊国	刘雅政
	郭星晔	康永林	郭学博	张　津	韩成功	张波萍
	韩　茜	白　洋	韩　腾	官月平	郝丽娜	周　成
	何庆鸾	王开坤	洪姗姗	李　勇	侯雅青	杜振民
	胡宝军	宿彦京	胡鹏辉	刘国权	胡伟华	康永林
	花　雪	于广华	黄　帅	宋仁伯	黄晓林	俞宏英
	霍建华	李静媛	季伟斌	谢建新	江　慧	乔利杰
	江　南	常永勤	江　姗	张波萍	蒋卡克	路民旭
	蒋钰晖	张深根	兰俊杰	赵志毅	李毕荣	杨　槐
	李　冲	强文江	李凡成	李静媛	李红梅	郭　晖
	李　娇	王德仁	李　磊	刘　航	李玲玲	李立东
	李美玲	孔祥华	李明昕	苗　君	李　娜	乔利杰
	李　倩	李金许	李　强	董建新	李尚华	王金伟
	李少龙	赵志毅	李士明	孙加林	李世玉	曹江利
	李　伟	郑裕东	李文浩	孔祥华	李小梅	詹　倩
	李　欣	张　跃	李绪亮	张迎春	李　煦	刘雅政
	李亚庚	毛卫民 B	李　岩	沈卫平	李玉娇	任学平
	李园园	曹　林	李云龙	李　平	李云婷	董建新
	李　钊	张麦仓	连广丽	李长荣	梁雨萍	韩静涛
	廖　静	刘泉林	林翠萍	徐桂英	林淑凤	曹文斌
	刘　畅	王旭东	刘春粟	刘雅政	刘大勇	赵兴科
	刘　刚	薛文东	刘　俊	顾有松	刘明治	曲选辉
	刘　盛	李成明	刘素丽	张永军	刘贤钙	谢建新
	刘献良	林国标	刘　翔	杜翠薇	刘亚勤	李　勇
	刘岩龙	韩静涛	刘在龙	孔祥华	娄亮杰	何积铨
	卢立香	俞宏英	吕晓安	徐桂英	吕晓磊	王开坤
	罗　浩	尹海清	罗　皓	王丽萍	罗　娇	杨善武
	马　安	何新波	马国栋	李　勇	马　含	吴春京
	马　琳	李明华	毛　勍	孟惠民	梅鹏程	杜翠薇
	孟保功	张永军	孟效轲	吴春京	孟　瑶	路民旭
	缪友萍	张深根	莫　贝	燕青芝	慕利斌	陈　宁
	南　迪	曾燕屏	南水平	黄继华	倪　睿	王自东
	祁新亮	贾成厂	乔彦龙	周　成	钦　辉	黄运华
	邱成杰	葛昌纯	邱雪松	康永林	屈彦杰	郭志猛
	冉从军	徐晓光	任　璐	官月平	任　岩	连　芳
	任玉梅	陈　宁	沙　磊	姜　勇	石高锋	田文怀
	司秀江	龙　毅	宋士佳	孟惠民	宋晓俊	毛卫民 B

续表

学科、专业	硕士研究生	导师	硕士研究生	导师	硕士研究生	导师
材料科学与工程	苏　烨	孙加林	宿金栋	徐晓伟	孙　超	周　成
	孙锦秀	龙　毅	孙　松	叶荣昌	孙晓伟	黄继华
	孙玉洁	王丽萍	谭化超	张麦仓	谭纪风	杨　洲
	谭易明	邵慧萍	汤广瑞	李　俊	汤志杰	何积铨
	陶富勇	张　鸿	田崔钧	连　芳	田景玉	黄继华
	田　龙	王学敏	田学娜	尹海清	仝凌云	李立东
	万长清	吴春京	汪一卉	黄继华	王常蕾	杜振民
	王　成	李静媛	王　锋	曹文斌	王更超	孔祥华
	王海波	刘雅政	王海燕	孙加林	王浩帆	万发荣
	王　军	邵慧萍	王拉娣	沈卫平	王　磊	余万华
	王丽丽	王自东	王丽叶	李晓刚	王　琳	董建新
	王璐娜	刘国权	王　曼	周张健	王　倩	杨　穆
	王巧莉	郑裕东	王　圣	姜　勇	王　薇	高克玮
	王维锐	谢建新	王文浩	尹海清	王文韶	刘俊友
	王晓博	俞宏英	王晓佳	郝俊杰	王延恺	徐晓光
	王　宇	李长荣	王玉明	郝俊杰	王　云	曾燕屏
	王占业	董超芳	王志磊	杜振民	卫海瑞	孙建林
	魏　然	邵慧萍	文天阳	连　芳	瓮　芳	苗　君
	巫雪松	张志豪	吴克芳	孙加林	吴　琼	贾成厂
	吴　腾	刘　靖	吴小会	姜　勇	吴　赟	张麦仓
	吴云飞	叶荣昌	武　迪	孙建林	武茂蒙	于　浩
	武　艺	赵志毅	习晓峰	余万华	夏云峰	余万华
	肖　明	官月平	肖湘涛	孙建林	谢秋霞	孟惠民
	谢胜利	林国标	胥孝龙	张　鸿	徐　超	贾成厂
	徐华天	张　雷	徐　辉	任学平	徐　磊	燕青芝
	徐　猛	果世驹	徐文欢	孙爱芝	许亚丽	强文江
	薛俊鹏	张　雷	闫春和	李晓刚	闫晓冲	王德仁
	闫学伟	王旭东	晏　涛	樊自栓	杨　兵	于　浩
	杨　超	柳　伟	杨传森	陈　宁	杨大伟	刘　靖
	杨冬冬	黄继华	杨　剑	郭志猛	杨　健	董建新
	杨　江	曹　备	杨领叶	王国杰	杨　萍	张　雷
	杨　淇	徐晓伟	杨　涛	曹　备	杨旭升	李金许
	杨艳萍	陈　冷	杨智辉	李静媛	叶　飞	刘雪峰
	叶志康	宿彦京	易美荣	孙建林	雍颖琼	范丽珍
	于　乐	贾成厂	于　桐	黄运华	余　羿	郑裕东
	曾　鲜	郭志猛	湛小琳	杜翠薇	张博威	吴俊升
	张宏伟	尚成嘉	张　见	范丽珍	张　晶	柳　伟

续表

学科、专业	硕士研究生	导师	硕士研究生	导师	硕士研究生	导师
材料科学与工程	张　静	张深根	张　军	康永林	张军杰	李　勇
	张立强	杨会生	张丽娟	张波萍	张　宁	杨　平
	张　鹏	王德仁	张　萍	徐桂英	张儒雅	曹文斌
	张　帅	高克玮	张思源	杨　槐	张随财	葛昌纯
	张伟娜	李　平	张文杰	白　洋	张稳稳	林　涛
	张欣欣	赵海雷	张兴飞	杨　洲	张　言	秦明礼
	张玉利	贾成厂	张玉星	柳　伟	张哲先	万发荣
	张正东	樊自栓	章丹丹	杨　平	章　鸣	刘雪峰
	章书周	曲选辉	赵红健	刘俊友	赵金凯	张永军
	赵金仙	张波萍	赵军立	赵兴科	赵　敏	王国杰
	赵　鹏	杨　穆	赵腾飞	曲选辉	赵小明	国立秋
	郑　超	曹江利	郑文茹	李晓刚	郑　欣	张　津
	郑　雨	赵海雷	钟　铭	周张健	周　栋	范丽珍
	周　峰	宿彦京	周　凯	刘　靖	周　璐	王开坤
	周群飞	姜　勇	周　帅	何业东	周　晓	韩静涛
	周忠年	范丽珍	朱　峰	王金伟	朱鹏宇	曾燕屏
	祝素敏	刘　航	邹因素	刘俊友		
材料加工工程	罗俊杰	周　成	彭　彬	谢建新	任康康	康永林
设计艺术学	陈福海	洪　华	何　敏	魏　东	李　丹	覃京燕
	李　琦	覃京燕	李　帅	陶　晋	李　妍	覃京燕
	李志强	陈　键	刘碧雨	覃京燕	刘伟强	洪　华
	王　鹂	魏　东	王　阳	魏　东	王　瑶	魏　东
	王子霞	陈　键	吴　鹏	洪　华	徐　宇	陈　键
	姚逸睿	魏　东	于　佳	陶　晋	赵鑫磊	陶　晋
机械工程	曹建行	张清东	曹　竣	陈　工	曹　璐	阳建宏
	常少良	杨海波	陈　菁	张锁梅	陈　帅	吕卫阳
	陈文远	孙志辉	楚红岩	邱丽芳	代　畅	张清东
	邓明乐	陈　兵	丁恒富	吕卫阳	董焕波	郗安民
	董　强	臧　勇	杜金山	唐　英	杜侦杰	刘　颖
	樊　悦	杨德斌	付文斌	李　威	高　星	张康生
	胡宾宾	张锁梅	胡　成	巩宪锋	胡　欢	阳建宏
	黄君峰	吕卫阳	黄克桦	阳建宏	黄桥宝	张　杰
	霍　雄	王宝雨	季志坚	张少军	金晓宇	尹忠俊
	雷　洋	闫晓强	李　辰	冯　明	李翠翠	刘　江
	李恒正	唐　英	李华龙	吴迪平	李继豪	刘　颖
	李鹏昊	韩建友	李文赫	杨海波	梁美芹	刘　江
	梁明涛	尹忠俊	林山人	黄效国	刘彩云	李　疆

续表

学科、专业	硕士研究生	导师	硕士研究生	导师	硕士研究生	导师
机械工程	刘 赓	张清东	刘漫贤	刘 江	刘守君	张锁梅
	刘 伟	闫晓强	路艳齐	贾志新	罗 漫	李 威
	马承钊	唐 英	马建壮	孙志辉	马 立	张 杰
	毛迎东	贾志新	穆 磊	臧 勇	牛 凯	冯 明
	普 超	黄效国	祁滕远	朱超甫	任宝民	苏兰海
	任 力	闫晓强	申绪佳	刘北英	沈 洋	张少军
	盛 兵	朱超甫	史 超	张康生	史改改	邱丽芳
	舒建华	陈 兵	束二洋	吴迪平	水立鹤	苏兰海
	宋银芳	万 静	王保健	杨德斌	王福光	刘 颖
	王洪燕	张锁梅	王林浩	王小群	王 琳	边新孝
	王青权	刘鸿飞	王 涛	邱丽芳	王甜甜	俞瑞霞
	王 伟	吴迪平	王伟华	曹建国	王云路	巩宪锋
	韦志鸿	邱丽芳	武传标	杨 竞	肖新航	周晓敏 J
	邢 帅	李 疆	徐龙威	刘晋平	徐有敢	秦 勤
	徐志远	阳建宏	许秀阁	陈 工	鄢光荣	冯 明
	闫 利	刘鸿飞	严斌斌	吕卫阳	杨小松	秦 勤
	杨 瑶	李 威	杨宇厅	王宝雨	易守安	陈 平
	于 恒	臧 勇	于 婷	吴迪平	余志龙	张 杰
	岳 翔	闫晓强	曾玉祥	曹 彤	张 宝	贾志新
	张 岑	刘 江	张克钊	冯 明	张庆海	尹忠俊
	张永新	刘 颖	张兆杰	刘北英	赵兴胜	杨海波
	赵玉龙	冯 明	周 昊	秦 勤	周旺胜	吕卫阳
	朱建华	张少军	庄海湛	韩建友		
机械设计及理论	胡海燕	尹忠俊	于宝库	尹忠俊		
车辆工程	陈 川	王 晶	陈 雷	张文明	陈立成	杨 珏
	单秉森	陈树新	窦宏伟	冯志鹏	范寅夕	冯志鹏
	付贤杰	刘 立	甘 男	罗维东	高婷婷	张文明
	郭苗苗	冯茂林	韩 飞	冯茂林	郝志军	石博强
	姜天琪	冯雅丽	孔永正	石博强	李纪友	王 晶
	李联玉	王 晶	李盼德	申焱华	李鑫龙	冯志鹏
	李艳红	申焱华	李玉涛	黄重国	李元剑	杨 珏
	刘峰华	刘 立	刘 涛	刘 立	刘雪伟	刘 立
	柳言序	冯茂林	吕 超	马 飞	吕世猛	罗维东
	马骥翔	冯茂林	彭立龙	冯雅丽	宋振川	冯雅丽
	苏利霞	申焱华	王文博	冯茂林	吴中文	马 飞
	徐鸣冲	石博强	阳 斌	申焱华	杨 楠	马 飞
	殷玉明	张文明	张 歌	陈树新	张经龙	石博强

续表

学科、专业	硕士研究生	导师	硕士研究生	导师	硕士研究生	导师
车辆工程	张立超	杨　珏	赵　丹	黄重国	赵　阳	罗维东
	朱孝松	陈树新				
动力工程及工程热物理	安兵飞	乐　恺	白静国	夏德宏	曹东明	夏德宏
	常正则	王　恒	陈鹏远	姜泽毅	陈育武	王立刚
	程文祥	冯俊小	楚增宝	刘柏谦	丁　戌	夏德宏
	鄂殿玉	姜泽毅	范　菲	刘应书	范玉佼	刘向军
	高希刚	刘柏谦	郭晓明	张欣欣	韩志芳	刘应书
	郝晓明	乐　恺	何　芳	姜泽毅	胡　枭	夏德宏
	胡　洋	孙淑凤	雷庆春	张欣欣	李东雄	冯俊小
	李鹏伟	苏庆泉	刘冠英	刘双科	刘怀伟	刘柏谦
	刘　健	冯妍卉	马　晓	于　帆	么晶晶	童莉葛
	聂会娇	刘向军	牛旭东	冯妍卉	潘　颖	童莉葛
	史　勇	苏庆泉	斯　超	王晓东	孙　夺	王晓东
	陶富贵	冯俊小	王兵兵	王晓东	王宏宇	冯俊小
	王　珑	王　恒	王林建	温　治	王　鑫	冯妍卉
	王亚飞	张欣欣	王誉霖	王晓东	魏孟宇	刘双科
	谢　琰	张欣欣	徐向飞	刘柏谦	杨丽娜	乐　恺
	占　帅	王　立	张海锋	林　林	张　欢	刘应书
	周富国	刘应书				
物流工程	安庆虎	董绍华	陈春艳	王　转	陈　实	程国全
	陈　义	王　转	高龙龙	董绍华	侯　方	冯爱兰
	李　蓓	王　转	李成伟	董绍华	李　航	程国全
	李　亮	赵　宁	李亚萍	赵　宁	林晓芬	李苏剑
	刘　春	张庆华	刘若楠	李苏剑	刘　洋	丁文英
	刘　宇	王　转	蒙丽佳	程国全	钱　程	冯爱兰
	宋国飞	李苏剑	孙佳勤	张庆华	王守鹏	冯爱兰
	王　祎	丁文英	吴沅蔓	冯爱兰	武晓威	丁文英
	杨公振	丁文英	臧甜甜	冯爱兰	张梦茜	张庆华
	张瑞婷	张庆华	张子强	程国全	章　华	董绍华
	赵龙飞	李苏剑				
测试计量技术及仪器	陈俊宇	康瑞清	董　齐	左　昉	樊维维	左　昉
	贾海明	赵小燕	李　璇	康瑞清	梁　盈	康瑞清
	刘丛丛	迟健男	刘凯俊	侯庆文	钱晨菲	迟健男
	王　琪	蓝金辉	胥志溦	侯庆文		
控制科学与工程	曹福勇	刘贺平	陈　博	童朝南	陈海涛	董　洁
	程汉卿	尹怡欣	崔海辰	尹怡欣	大　卫	李希胜
	邓东升	石中锁	邓耀景	王志良	董　霖	付冬梅

续表

学科、专业	硕士研究生	导师	硕士研究生	导师	硕士研究生	导师
控制科学与工程	董文耀	孙昌国	段冬冬	高　海	封　芸	潘月斗
	郭靖宇	彭开香	郭明多	穆志纯	韩彩卫	李　擎
	郝　宇	尹怡欣	何海强	刘冀伟	洪　密	王志良
	侯艳杰	李　果	贾雪梅	董　洁	黎丽丽	孙　铁
	李婕慧	蓝金辉	李久超	石中锁	李　昆	李希胜
	李　磊	刘冀伟	李　娜	刘贺平	李　宁	石中锁
	李庆磊	彭开香	李然然	陈先中	李　阳	穆志纯
	李一良	穆志纯	李钊鹏	张朝晖	练　丁	付冬梅
	林建华	刘贺平	刘金锁	陈先中	刘利敏	杨卫东
	刘小丽	李　擎	刘　焱	刘冀伟	鲁　川	潘月斗
	吕成龙	尹怡欣	吕舒婷	李晓理	吕志武	蓝金辉
	马　森	彭开香	马晓冉	张维存	毛　昌	王志良
	孟祥宇	刘冀伟	穆巧龄	李　擎	牛文花	张维存
	欧开美	高　海	裴亚波	徐正光	彭　莎	李　果
	彭文凭	王志良	秦浩军	付冬梅	任欢欢	孙　铁
	宋　丹	尹怡欣	苏　轼	彭开香	孙谋玉	徐正光
	孙新荣	蓝金辉	田　梦	徐正光	王桂虹	孙　铁
	王　晖	张维存	王　辉	李　果	王　剑	李希胜
	王立琼	杨卫东	王胜华	刘贺平	王　旭	刘冀伟
	王　瑶	李晓理	王志磊	李晓理	吴江伟	穆志纯
	吴小祥	张朝晖	伍青青	高　海	徐　杰	潘月斗
	徐历春	陈先中	徐　伟	王志良	闫　凤	杨卫东
	严金蓉	张朝晖	于　鹏	迟健男	余豪杰	孙　衢
	云　峰	孙　铁	张华伟	潘月斗	张金辉	童朝南
	张　黎	董　洁	张立芳	孙　衢	张朋云	李　擎
	张　鹏	李希胜	张少昆	孙昌国	张　旭	董　洁
	张学志	李晓理	张彦辉	潘月斗	张　众	刘冀伟
	赵　红	刘冀伟	赵雪利	孙昌国	赵　云	徐正光
	郑　楠	童朝南	朱梦慧	陈先中	邹东雪	李希胜
控制理论与控制工程	谢元凯	尹怡欣				
电子科学与技术	董佃超	董　平	韩劲松	王　莉	何　云	王　莉
	胡　余	王先梅	贾丽影	王先梅	栗　辉	王　莉
	刘　婷	王先梅	吕　振	解　仑	倪善超	解　仑
	牛晓鹏	董　平	彭晓兰	解　仑	佘新义	李　刚
	盛　华	李　刚	万凌云	王粉花	汪　伟	王　莉
	王冰洋	张　崎	王　鹏	李　刚	王玉财	董　平

续表

学科、专业	硕士研究生	导师	硕士研究生	导师	硕士研究生	导师
电子科学与技术	位凯乐	胡广大	徐　松	王粉花	许艳旭	张　崎
	薛　倩	胡广大	张少文	胡广大	张幸子	王粉花
	张　莹	张　崎	赵家辉	解　仑	赵检豪	张　崎
	赵秀洁	王先梅				
信息与通信工程	阿瑞斯	杨裕亮	阿希斯	王丽娜	安德鲁	周贤伟
	巴　第	周贤伟	白如春	刘蕴络	宝	周贤伟
	比利瓦	王建萍	陈　超	刘蕴络	陈建立	王建萍
	迪里杰特	杜利平	韩　龙	王建萍	郝聂送	刘　涛
	何　丽	班晓娟	黄　晗	杨裕亮	旷　毅	杨　扬
	李　双	黄旗明	李泽韬	周贤伟	刘　伟	陈月云
	刘亚然	陈月云	柳飞飞	杜利平	马瑞宽	王丽娜
	庞海红	陈月云	邱　雯	刘　丽	桑明月	王建萍
	山　迪	周贤伟	史俊杰	姚　琳	唐　路	刘　涛
	王　杰	黄旗明	王洁莹	杨　扬	王亮洁	姚　琳
	王树雷	王建萍	王小玲	姚　琳	吴建磊	周贤伟
	谢　萍	姚　琳	徐达峰	王建萍	徐湘云	陈月云
	薛培培	周贤伟	杨晟淞	刘蕴络	姚倩燕	刘蕴络
	姚　旭	周贤伟	曾文璐	周贤伟	张建超	刘　丽
	张丽华	刘　涛	张世鹤	周贤伟	张思思	刘　涛
	张　涛	杨　扬	郑　斌	杨裕亮	钟泽伟	杨　扬
	周建华	杨裕亮	朱琰琳	杨裕亮		
计算机科学与技术	埃　梅	郑雪峰	白　雪	罗　熊	白志军	张德政
	蔡　硕	张晓彤	曹密生	王成耀	常兵虎	班晓娟
	陈　洁	阿孜古丽	陈　勇	王志明 J	崔文科	胡　玥
	崔子轩	姚宣霞	董爱茹	张德政	都二斌	殷绪成
	付　祺	曾广平	高金花	夏克俭	葛　瑞	王忠民
	耿　慧	王志明 J	顾超龙	郝红卫	何　庆	王昭顺
	侯　健	陈红松	黄凤玉	王昭顺	姜　辉	王成耀
	姜　亚	包　宏	康雅萍	刘宏伟	李大鸣	阿孜古丽
	李　皓	罗　熊	李　明	郝红卫	李　娜	孙　义
	李娜娜	赵冲冲	李文超	张晓彤	李艳红	杨炳儒
	李远策	李建江	李云龙	阿孜古丽	梁爱平	陈红松
	林　霞	王昭顺	凌辰君	谢永红	刘　冰	罗　熊
	刘丽娇	王忠民	路长发	张桃红	罗　琼	张晓彤
	马　玲	胡长军	马玉峰	郝红卫	孟　迪	曾广平
	牟洪章	刘宏伟	牟　会	包　宏	牛永亮	包　宏

续表

学科、专业	硕士研究生	导师	硕士研究生	导师	硕士研究生	导师
计算机科学与技术	潘　建	李建江	裴高允	张晓彤	任继平	张德政
	尚　岩	孙昌爱	邵　婧	郑雪峰	史立光	王　沁
	孙　健	郑雪峰	孙小博	班晓娟	孙晓华	班晓娟
	孙兆伟	郝红卫	田　璐	姚宣霞	王　冠	孙昌爱
	王　静	孙　义	王俊兰	赵冲冲	王林芳	宁淑荣
	王冉莹	班晓娟	王文娜	杨炳儒	王旭晗	王成耀
	王　瑜	包　宏	吴若凡	殷绪成	熊国平	夏克俭
	徐盛义	班晓娟	徐志菊	谢永红	薛铁恒	孙昌爱
	杨　青	胡　玥	杨　絮	李建江	杨延超	王昭顺
	尹东波	赵冲冲	尹亚楠	胡长军	于建辉	王昭顺
	原　帅	王昭顺	袁胜云	宁淑荣	张　晨	殷绪成
	张　华	王宗杰	张　杰	张桃红	张　珊	胡长军
	赵　敏	孙昌爱	赵晓琦	夏克俭	赵　昕	王宗杰
	朱　岩	胡长军	祝根强	胡　玥	左浩雷	胡长军
凝聚态物理	张振峰	钱　萍				
固体力学	殷力鹰	尚新春				
物理电子学	胡　兵	邱　宏	张林虎	巨　新		
系统工程	王李阳	廖福成				
化学	韩付金	肖军平				
生物化学与分子生物学	李　慧	弓爱君	栗时锋	时国庆		
产业经济学	陈　鹏	冯　梅	丁　婧	冯　梅	段　平	邓立治
	柯优员	何维达	李　慰	邓立治	齐韦韦	赵　晓
	盛仲麟	何维达	王海涛	何维达	吴　悦	邓立治
国际贸易学	阿　金	王　凯	阿日娜	范小华	常　青	贾建华
	陈一波	孙　莹	杜　莎	魏　钧	高　丛	阚　宏
	好达培	苏　玲	郝赢赢	贾建华	何平成	何　枫
	卡　拉	何　枫	李佳璐	何　枫	李　婷	王宾容
	林　瑞	王宾容	刘　莉	王宾容	麻星琳	何　枫
	孟　丽	管志安	乔安娜	管志安	瑞安斯	孙　莹
	沈　婷	孙　莹	施蒂芬妮	何　枫	宋振华	孙　莹
	佟　湾	何　枫	万　骞	王宾容	王　凯	贾建华
	雪　莉	魏　钧	杨志休	何　枫	张晨雨	阚　宏
	周恩辉	孙　莹				
管理科学与工程	陈素汉	杨建华	陈　雪	张　群	崔莺女	李铁克
	丁旭平	武　森	顾　侃	高学东	关忠兴	王道平
	黄娇娣	王　莹	姜　敏	武　森	金　姿	王道平
	李　超	张文新	李　莉	张文新	李　楠	张文新

续表

学科、专业	硕士研究生	导师	硕士研究生	导师	硕士研究生	导师
管理科学与工程	李　婷	李铁克	廖显虎	李铁克	刘建方	杨建华
	刘新发	周晓光	刘　宇	王道平	聂学明	张晓冬
	赛沙波	崔健双	盛　铭	杨建华	王爱平	张晓冬
	王　蕾	曹　勇	王　婷	张晓冬	魏　青	武　森
	熊德英	武　森	徐　勇	高学东	张　韬	魏桂英
	赵晶晶	张文新				
金融管理工程	邓静涛	王未卿	耿　岩	王未卿	韩宁宁	王文彬
	洪　贤	王未卿	李　莎	胡　波	林　梓	潘永泉
	刘莹莹	胡　波	向　兰	黄晓霞	薛雅嘉	王立民
	薛　媛	张莲英	杨　成	王立民	杨　婕	王立民
	应海瑶	黄晓霞	张华光	张莲英	张静波	刘　澄
	张文娟	刘　澄	朱晓慧	王立民		
会计学	白　晶	何民庆	褚鹏程	肖　明	高　利	刘亚莉
	耿溪谣	刘欣华	韩金金	胡志颖	梁秀芬	崔文娟
	刘潇潇	刘亚莉	罗云萍	韩良智	邱　艺	李晓静
	邵　萌	武德昆	石　蕾	刘亚莉	杨　曦	陈雪松
	张璐璐	鲍新中	章佳佳	樊彩霞		
企业管理	白　梅	殷焕武	宝吉拉	苏　玲	曹飞鸿	黄　瑛
	陈　晨	胡　枫	高　超	张　剑	耿　华	戴淑芬
	韩　悦	魏　钧	赫连夏润	楼　园	胡雪婧	楼　园
	黄志勇	魏桂英	金　迪	裴利芳	林怡娜	殷焕武
	刘敏精	楼　园	牛　拓	魏　钧	欧东娜	李晓辉
	乔　治	张晓冬	萨希亚	魏　钧	宋乃富	李晓辉
	孙慧静	裴利芳	佟潇潇	贾振全	王　思	裴利芳
	魏　力	黄　瑛	辛沙利	殷焕武	徐文燕	贾振全
	闫斐然	黄　瑛	再丽娜伊力哈木	裴利芳	张国珠	黄　瑛
	张丽美	张　剑	张双钰	张　剑	张芷珊	王道平
	赵　欢	魏　钧	郑晏如	胡　枫		
技术经济及管理	丁慧敏	殷焕武	高卉杰	殷焕武	李丹阳	王维才
	刘丽娜	戴淑芬	卢　婷	杨　青	任莎莎	杨　青
	王雪红	杨　武	杨　双	张俊光	昝倩茜	殷焕武
	张　斌	王维才	张荣荣	刘明珠	张亦楠	戴淑芬
	周玉郸	杨　武	朱禹霏	马风才		
工商管理硕士	李学锋	胡志颖	于德毅	张　群	张海军	李明英
民商法学	曹雅涵	魏增产	丁塞峨	石　雁	董雯霏	杜晓智
	高恒志	郑瑞琨	李　娟	侯登华	刘宇航	魏增产
	吕行菲	董　梅	吕雅迪	王竹青	佘　静	郑瑞琨

续表

学科、专业	硕士研究生	导师	硕士研究生	导师	硕士研究生	导师
民商法学	谭庆勇	石　雁	王　凤	张卫英	王文文	魏增产
	闫正阳	魏增产				
经济法学	冯　璧	徐清梅	雷　冀	张武军	李　卓	魏增产
	梁思阳	侯登华	任　燕	张武军	邵　新	石　雁
	王　欢	魏增产	王　娓	张卫英	伊　群	李婉平
	尹晓凯	石　雁				
社会学	车慧芳	许　斌	陈丽丽	时立荣	崔　灿	刘　莉
	蒋忙菊	许　斌	李仕羽	陆　俊	李晓颖	周湘斌
	刘　蔚	时立荣	美　丽	时立荣	任佳欣	郇建立
	史可晶	郇建立	文　静	周湘斌	吴柳芬	章东辉
	杨　琳	时立荣	张　洋	刘向英		
文艺学	侯小鲁	邓双林	王嘉悦	张　梅 W	徐　圆	李　怡
行政管理	高　菠	陈闽红	侯春霞	崔　英	贾连云	赵　雨
行政管理	李雁萍	何晓前	廖　颖	吴群芳	刘　琦	许　放
	马　力	吴群芳	潘滢玥	冯　英	丘冀善	崔　英
	宋晨歌	冯　英	孙　莎	何晓前	孙向辉	冯　英
	童楠楠	汪淑珍	王聪丽	陈闽红	王　迪	吴群芳
	肖煜敏	俞文华	许丹莹	黄耀杰	杨彦萍	汪淑珍
	于　波	黄耀杰	张岫毅	陈闽红	赵　姜	许　放
	赵　卓	崔　英				
教育经济与管理	曹　征	曲绍卫	崔倩倩	杨晓明	郭美玲	杨晓明
	罗　赛	曲绍卫	马子淇	李　梅	杨　锐	曲绍卫
	张家琪	郭德侠	赵丽红	郭德侠	钟远绩	李　梅
科学技术哲学	管　睿	钱振华	康普州	孙雍君	刘　璐	颜　锋
	岁岗宏文	颜　锋	王　腾	刘文霞		
马克思主义基本原理	贾　雷	李晓光	李　响	王小回	孙青立	杨彦强
	武学佳	马晓燕	湛　晴	张北根	赵　雁	陆　宁
思想政治教育	鲍晓旭	闫拓时	戴玉娇	周湘斌	董　静	彭庆红
	杜倩倩	彭庆红	关　键	左　鹏	李　玲	陆　俊
	李　苗	刘向英	彭一真	王爱红	苏　彬	陆　俊
	辛婷婷	蒋宏潮	闫娇娇	刘丽敏	杨雅娜	刘　莉
	袁　珍	王志明 W	张然燕	陈　曦	赵素芳	左　鹏
	周婷婷	彭庆红				
外国语言文学	陈元元	陈红薇	段耀华	张敬源	范晓敏	范一亭
	高国铭	杨英军	高云飞	彭　漪	耿　瑞	杨英军
	滑　雪	何　伟	贾君颖	彭　漪	刘　希	刘亚明
	罗铝铝	何　沂	孟安安	何　沂	倪梦凝	张敬源

续表

学科、专业	硕士研究生	导师	硕士研究生	导师	硕士研究生	导师
外国语言文学	荣相楠	刘亚明	苏　淼	何　伟	孙　靖	李　涛
	王　刚	王　娜	夏　静	张敬源	徐　婷	陈红薇
	杨　楠	何　伟	张　帆	彭　漪	张燕鑫	杨　子
	赵　君	王　娜	郑定红	李　琳		
日语语言文学	贺小桃	边　静	王　钰	周　彤	王振瑜	李光华
机械工程	陈小姣	章立军				
材料科学与工程	陈学达	冯　强	程　杰	金　莹	丁晨晖	孙冬柏
	方金芝	任学冲	付建龙	任学冲	梁　库	孙冬柏
	林　健	陆永浩	罗奎林	韩恩厚	马　雷	孙冬柏
	马　妙	陆永浩	隋雁飞	金　莹	王景超	陆永浩
	吴　韬	孙冬柏	熊雪刚	陆永浩	杨子秀	孙冬柏
	叶芳苗	金　莹	安　宁	冯　强	陈招娣	张　勇
	丁清伟	张济山	董　芳	杨　滨	董　芳	朱　洁
	方海梁	朱　洁	甘　超	朱　洁	高静辉	郑为为
	郭　湄	刘国权	韩东东	林均品	韩　军	杨　滨
	郝海英	张　勇	何新玉	林均品	贺睿琦	林均品
	侯永明	张来启	胡伊凡	林均品	李海超	高学绪
	李建强	黄进峰	李　娟	叶　丰	李　蹊	叶　丰
	李　睿	吕昭平	刘希豪	周香林	马易思	周香林
	米　涛	冯　强	孙涛涛	惠希东	孙晓丹	张来启
	孙晓阳	吕昭平	田　楠	林均品	王　聪	张济山
	王　辉	王艳丽	王明庆	孙祖庆	王文强	毛卫民 A
	王　悦	孙祖庆	王　镇	张　勇	吴健安	黄进峰
	叶一帆	吕昭平	张代轩	宋西平	张　叮	孙祖庆
	张　峰	郑为为	张会会	张　跃	张建鹏	林均品
	赵　超	宋西平	赵　凤	张济山	郑　凯	王艳丽
	周红婵	叶　丰	周红凯	孙祖庆		
机械工程	陈海东	何安瑞	邓能辉	徐　科	郭新宇	何安瑞
	李冉影	何安瑞	刘　双	杨　荃	宋　畅	徐　科
材料科学与工程	陈宏振	程知松	陈振华	蔡庆伍	代乐乐	江海涛
	董长征	陈雨来	段路昭	米振莉	郭　睿	胡水平
	惠亚军	赵爱民	蒋金星	唐　荻	李文远	赵征志
	刘跃庭	武会宾	毛红艳	蔡庆伍	彭世广	孙蓟泉
	齐　越	余　伟	孙超凡	蔡庆伍	孙广杰	余　伟
	王　丹	唐　荻	谢磊磊	唐　荻	杨　柳	唐　荻
	叶洁云	赵征志	张恒磊	蔡庆伍		
冶金工程	陈　方	刘建华	王　全	刘建华	王　振	刘建华

续表

学科、专业	硕士研究生	导师	硕士研究生	导师	硕士研究生	导师
冶金工程	尤大利	崔　衡				
控制科学与工程	陈志龙	王　京	何　力	王　京	胡晓君	郭　强
	金　哲	张勇军	李　策	王　京	李昕阳	郭　强
	刘明言	王　京	姚智聪	张勇军	叶利峰	王　京
	翟海龙	李　静				
计算机科学与技术	宋　敏	徐　科	张传社	吕志民	张春阳	徐　科
物流工程	安菊花	吕志民	刘　琴	吕志民	罗　瑶	侯建新
冶金工程	董相娟	薛庆国	郭俊波	周国治	何冬林	郭占成
	李秉军	李　晶	李　聪	王静松	李广彬	薛庆国
	李沈洋	周国治	李勇勇	李　晶	李振钢	郭占成
	廉世华	唐惠庆	刘　江	薛庆国	刘孝山	刘　青
	逯志方	张延玲	宁　博	李　晶	田永华	包燕平
	王　刚	刘　青	王　洪	王静松	王军伟	唐惠庆
	王　韬	陈伟庆	魏文洁	张延玲	徐弘铖	陈伟庆
	薛　顺	成国光	杨克枝	李　晶	尹传举	薛庆国
	虞自由	周国治	张海泉	成国光	张金梁	郭占成
	张路莎	刘　青	赵东伟	包燕平	赵晴晴	薛庆国
	周寒梅	包燕平	周　伟	李　晶	左晓剑	王静松
控制科学与工程	申　斌	张卫冬	张习文	张卫冬		

2013年全日制专业学位硕士生毕业并获得学位的研究生名单

学科、专业	姓名	导师	姓名	导师	姓名	导师
安全工程	曹朝妮	金龙哲				
冶金工程	范德球	杨天钧	马国宏	王安仁	王　京	张家泉
材料工程	张小宝	黄继华	张艳坡	叶荣昌		
机械工程	于华生	唐　英				
动力工程	潘冠福	于　帆				
车辆工程	贾　跃	杨　珏				
物流工程	王啸飞	丁文英	肖文博	李苏剑		
工商管理硕士	安　蕾	魏　钧	巴　图	冯　梅	白　淼	裴利芳
	白晓彤	胡志颖	班　军	王立民	鲍　伟	高学东
	毕春柳	戴淑芬	毕　烨	裴利芳	蔡春久	张晓冬
	蔡道亨	李晓静	车钰佳	武德昆	陈　杲	孙　莹
	陈海峰	裴利芳	陈　浩	李晓静	陈锦涛	高俊山

续表

学科、专业	姓名	导师	姓名	导师	姓名	导师
工商管理硕士	陈克丽	殷焕武	陈丽莉	何枫	陈连璞	高学东
	陈宁	吕殿平	陈庆镒	贾振全	陈晓铨	王未卿
	陈昕	刘欣华	陈琰	陈雪松	陈卓宇	裴利芳
	成贵君	刘澄	池馨蕊	佘元冠	褚泓钦	王宾容
	代娜	苏玲	戴慧慧	裴利芳	戴之谦	王道平
	德格	邓立治	邓晓明	戴淑芬	丁健	殷焕武
	法汉	何枫	樊云霞	樊彩霞	范维佳	甘明鑫
	方芳	殷焕武	方振宇	何维达	付鑫	孙莹
	付毅	王宾容	高昕	裴利芳	郭宏艳	贾建华
	黑大力	张剑	胡世洲	邓立治	胡祥云	裴利芳
	胡小燕	武德昆	皇甫玉婷	王未卿	黄健君	孙莹
	黄小雁	王立民	贾明娟	何润宇	姜伟	马风才
	蒋秀娟	殷焕武	靳京	杨青	卡尔帕娜	王未卿
	孔蔚蔚	樊彩霞	李婵	黄瑛	李东平	王未卿
	李晗	何润宇	李佳	魏钧	李嘉鹏	刘欣华
	李建民	李晓静	李剑锋	高学东	李旻喆	王未卿
	李文乐	马风才	李耀发	贾振全	李英	张晓冬
	李永鸣	王凯	李羽	贾振全	李悦颖	张剑
	李云	殷焕武	梁雪	魏钧	廖书景	李铁克
	刘峰	王未卿	刘广平	刘澄	刘昊	刘澄
	刘慧琴	张莲英	刘嘉	阚宏	刘雷	张莲英
	刘艳丽	张俊光	刘雁冰	武德昆	刘宇	赵晓
	刘子武	马风才	卢星辰	裴利芳	卢周	王立民
	鲁欢	武德昆	陆卿	陈雪松	路宏宇	孙莹
	吕世愚	吕殿平	罗青清	杨建华	罗威	王未卿
	马飞	楼园	马国栋	李晓静	马海军	李晓静
	马宏	张剑	马俊杰	魏桂英	马骏驰	马风才
	马小川	苏玲	马颖	王道平	满婧	苏玲
	孟晓	武森	倪英	李铁克	宁利臣	王道平
	彭放	阚宏	彭凯	周晓光	彭睿	范小华
	秦双义	楼园	秦禹	苏玲	屈全	李铁克
	任翠萍	刘亚莉	赛迪	王凯	佘军	张群
	沈伟	崔健双	石丹丹	鲍新中	石佳洁	阚宏
	石磊	李铁克	史明伟	王立民	苏君福	崔健双
	苏振芳	胡枫	苏志军	殷焕武	孙海涛	何维达
	孙志鹏	鲍新中	谭小曼	黄瑛	谭元翼	苏玲
	唐斌	殷焕武	唐婕妤	王未卿	田静林	冯梅

续表

学科、专业	姓名	导师	姓名	导师	姓名	导师
工商管理硕士	田琳琳	刘明珠	同建丽	王未卿	王　博	武　森
	王　晨	张　剑	王华元	高学东	王晖良	何　枫
	王继秋	班晓娟	王甲朋	刘　澄	王　俭	黄晓霞
	王　静	何民庆	王力宏	魏　钧	王　琳	范小华
	王　璐	殷焕武	王　萌	李晓静	王　琦	孙　莹
	王泉栋	戴淑芬	王润龙	张　剑	王士强	张　剑
	王文峰	刘　澄	王鑫磊	王立民	王亚强	崔健双
	卫俊萍	马风才	魏　峰	何　枫	温开华	黄晓霞
	温映峰	高学东	吴保国	范小华	吴国祥	李铁克
	吴含娇	鲍新中	吴金驰	刘　澄	吴　甜	陈雪松
	武　凯	高俊山	武子伟	贾振全	喜　佳	何　枫
	肖　滨	戴淑芬	肖金根	张晓冬	肖旭耀	王宾容
	肖永超	刘明珠	谢聪敏	高学东	徐　刚	高学东
	徐　剑	苏　玲	许保殿	贾建华	许　鹏	何润宇
	许文涛	韩良智	许艳红	吕殿平	杨春兰	贾建华
	杨　丽	王宾容	叶　娇	李铁克	伊　娃	崔健双
	伊　沃	高俊山	殷孝颖	孙　莹	游　嘉	崔健双
	郁　娜	贾振全	袁春雷	王未卿	詹黎明	何　枫
	张　博	苏　玲	张朝生	戴淑芬	张海珠	刘明珠
	张　华	苏　玲	张　桓	周晓光	张明明	李铁克
	张明明	王维才	张庆雷	贾振全	张　荣	刘欣华
	张淑秘	王维才	张淑玉	李晓静	张　羽	何　枫
	张泽俊	王未卿	赵大航	武　森	赵立柱	鲍新中
	赵　亮	张俊光	赵睿君	刘　澄	赵秀蕊	何维达
	赵宇萌	裴利芳	真　妮	管志安	周　璐	贾建华
	周　哲	胡　枫	朱　明	何润宇	朱　熠	杨　武
	邹　允	殷焕武				
会计	陈　杨	樊彩霞	高晨怡	韩良智	李晓楠	崔文娟
	聂飞虹	刘欣华	秦　姣	李晓静	萨茹拉	胡志颖
	杨卓远	鲍新中	郑荟慧	刘欣华		
法律硕士（非法学）	查　娜	石　雁	李玮唯	张卫英	李园园	张　颖
	刘　静	石　雁	陆　植	侯登华	孟程程	魏增产
	裘丽洁	张卫英	申　婷	魏增产	唐　琳	徐清梅
	田　慧	魏增产	王　雷	董　梅	王　珍	张卫英
	徐福祥	俞文华	岳　兵	杜晓智	张　涛	李婉平
	张　辛	董　梅	赵　頔	张卫英		

续表

学科、专业	姓名	导师	姓名	导师	姓名	导师
法律硕士（法学）	陈晶华	董　梅	邓　爽	张　颖	官　喆	石　雁
	韩晓欧	董　梅	何江文	张卫英	季　媛	魏增产
	蒋保双	李婉平	李　苗	李婉平	李晓濛	郑瑞琨
	刘　晨	魏增产	潘　婧	魏增产	彭　眉	张卫英
	王思衍	张卫英	谢玉莲	王竹青	杨伊婷	杜晓智
	叶　曳	郑瑞琨	张　帅	董　梅	张　翔	魏增产
	张晓夏	杜晓智	郑慧馨	杜晓智	郑　璐	徐清梅
	朱动伟	王宾容				
公共管理	王瑞琴	汪淑珍	余　磊	陈闽红		
翻译	韩文钊	范一亭	简巧玲	赵　亮	雷　鹏	杨　子
	李夏颖	范一亭	刘　恋	白秋梅	门　程	杨　子
	徐夕武	何　伟	易昕霖	赵　亮	赵国晶	白秋梅
	郑　旭	赵　亮				

2013年获得硕士专业学位的在职研究生名单

学位类别	专业、领域	姓名	导师	姓名	导师	姓名	导师
工程硕士	安全工程	崔艾军	蒋仲安	杜泽旭	蒋仲安	贾军峰	蒋仲安
		李　博	蒋仲安	杨　柳	蒋仲安	杨　维	蒋仲安
		赵　华	金龙哲	何　祎	张英华	陈晓华	蒋仲安
		邸晓策	杜翠凤	丁元革	蒋仲安	董　鹏	刘双跃
		杜世民	纪洪广	高永烨	蒋仲安	蒋　凌	蒋仲安
		康东祥	蒋仲安	李　源	谢振华	李　哲	蒋仲安
		刘婧颐	蒋仲安	牛铭男	纪洪广	陶子元	蒋仲安
		涂瑞明	蒋仲安	王明骁	杜翠凤	王文	杜翠凤
		王一潭	蒋仲安	王仲锋	蒋仲安	杨宏宇	蒋仲安
		杨重阳	谢振华	雍艳晖	纪洪广	岳　岚	蒋仲安
		张其欣	蒋仲安	张　琼	蒋仲安	赵群杰	刘双跃
		朱　莉	蒋仲安	邹洪斌	蒋仲安		
	材料工程	刘　茹	周　成	时连兴	赵爱民	张宝辉	刘雅政
		李瑞恒	赵爱民	闫伟利	杜振民	徐　彬	孙蓟泉
		王　伦	宋仁伯	秦　巍	贾成厂	曹建军	孙建林
		陈海军	刘　靖	邓　勇	杜振民	杜　健	刘雅政
		胡德松	黄继华	蒋子金	康永林	金　伟	任学平
		李克明	吴春京	林　刚	孙建林	吕敬东	刘　靖
		罗　击	杜振民	罗吉春	刘雅政	罗开林	康永林

续表

学位类别	专业、领域	姓名	导师	姓名	导师	姓名	导师
工程硕士	材料工程	彭　俊	吴春京	童　永	刘　靖	王代文	任学平
		徐寿华	黄继华	周永利	吴春京	吴咸圣	余万华
		张保磊	刘雅政	周　阳	杨　平	高　擎	康永林
		华　浩	杜振民	蒋凌枫	任学平	金贵才	刘　靖
		李　杰	周　成	李曲全	宋仁伯	罗　建	任学平
		汪后明	杜振民	张计谋	周　成	李永强	任学平
		邓　强	宋仁伯	周志超	杜振民	阎丽珍	郭翠萍
		张　剑	任学平	崔海涛	刘　靖	巩延杰	吴春京
		贾东涛	孙建林	孙明义	杜振民	孔令波	宋仁伯
		邓保全	杜振民	靳　熙	宋仁伯	李静宇	康永林
		刘伟云	柳　伟	苏伯辉	任学平	田圣春	任学平
		王云飞	毛卫民 B	张　静	杨　平	周敦世	杜振民
		周晓伟	毛卫民 B	刘义森	刘　靖	张海涛	柳　伟
		张全刚	杜振民	薛　越	周　成	刘　涛	李长荣
		王超海	毛卫民 B	姚文献	康永林	宋　洋	吴春京
		刘　勇	任学平	邸全康	康永林		
	车辆工程	卓　莉	杨　珏				
	动力工程	贾冬梅	姜泽毅				
	工业工程	葛立军	武　森	姜振世	王文彬	李小娟	张文新
		朴述银	李铁克	王家军	张文新	王金柱	高学东
		王佐林	张文新				
	环境工程	崔宝山	林　海	李敬翯	邢　奕		
	机械工程	周宝国	王长松	李　银	刘　颖	王利源	马祥华
		任　莹	王长松	王中华	臧　勇	邓宝秋	陈　工
		郭志刚	张庆华	王　博	臧　勇	王　鹏	张　杰
		栾兆华	苏兰海	穆力波	刘　颖	李韶甫	朱超甫
		牛建军	王　立	王运泽	孙志辉	韩秋怀	张清东
		石义强	张　杰	李岩峰	尹忠俊	廖旭志	王长松
		杨文海	赵　宁	曾　强	董绍华	周胜生	秦　勤
		马祥景	秦　勤	邱　倩	邱丽芳	孙庆高	李　威
		逯德伟	张庆华	孙彩虹	杨　竞		
	计算机技术	李　淼	王成耀	张　頔	谢永红		
	建筑与土木工程	王　岩	刘娟红	冯少华	苗胜军	董树国	乔　兰
		吴洪波	乔　兰	赵　雅	乔　兰	吴　勇	李长洪
		周文海	高永涛	樊　倩	尚新春	缪　琴	陈章华
		张　建	陈章华				
	控制工程	秦耀宗	李晓理	常志强	董　洁	王玉莲	孙　铁

续表

学位类别	专业、领域	姓名	导师	姓名	导师	姓名	导师
工程硕士	控制工程	王少平	刘冀伟	张　超	李　擎	李　鹏	穆志纯
		陈　剑	孙昌国	段小宁	李　擎	韩志民	孙　铁
		纪云龙	石中锁	李继东	穆志纯	李　明	董　洁
		李　鹏	刘冀伟	李小宁	孙　铁	刘朝蓉	徐正光
		刘　庆	付冬梅	马振军	刘贺平	南利甫	潘月斗
		曲　凯	潘月斗	王明毅	董　洁	王　伟	李　果
		王彦华	孙　衢	杨庆毅	孙昌国	袁　鑫	穆志纯
		张　淼	尹怡欣	赵荣华	李　擎	周旭朋	尹怡欣
		朱玉宾	付冬梅	张素英	李希胜		
	矿业工程	杨海波	王化军	朱　兢	胡乃联	邹　政	胡乃联
		宋素芬	王化军	孙平安	王化军		
	软件工程	李国平	卫宏儒	李海梁	尚新春	钱庆梅	张志刚
		张海琦	张晓丹	郑凤顺	张志宏	李凤超	陈章华
		王金利	卫宏儒	王伟冬	卫宏儒	张　虹	张志刚
	项目管理	杨　波	殷焕武	边雪梅	杨　青	贾　超	杨　青
		付春刚	崔健双	蔡　晶	王　莹	董露潇	张俊光
		胡文上	何民庆	刘明清	杨建华	谢　菲	杨　青
		张　晨	何润宇	张国明	杨　青	毕治国	殷焕武
		高朝阳	张俊光	高琳轩	班晓娟	蹇军强	王维才
		颉天经	高俊山	金　卓	张晓冬	李海荣	张晓冬
		李铁龙	李群霞	李义超	王维才	林立伟	杨　武
		刘　林	樊彩霞	柳逢春	杨建华	罗　蓬	王维才
		马云灿	高俊山	倪　建	高俊山	宋鹏心	马风才
		苏立涛	刘明珠	汪平瞻	张文新	王崇学	邓立治
		王龙和	李晓辉	王树怀	曹　勇	王　翔	王道平
		王兴武	李铁克	王彦波	曹　勇	王志超	王文彬
		吴宜珉	马风才	武建国	戴淑芬	张毅强	张晓冬
		赵景大	周晓光	赵文慧	张晓冬	郑典磊	马风才
	冶金工程	吴　坚	郭兴敏	赵光明	王　立	王林章	王　立
		杨毓杰	孙彦辉	陈　亮	李建玲	陈　君	张炯明
		张菊根	刘　青	周亮文	苍大强	张立军	刘　青
		贺万才	苍大强	王伟屹	储少军	郝丽霞	王福明
		贾　新	张建良	李大伟	张炯明	孙永林	郭汉杰
		朱　良	薛庆国	李宏飞	张宗旺	林　杨	郭兴敏
		郭新春	张建良	李曙峰	张宗旺	王　超	李　晶
		文小平	杨世山	吴胜军	张延玲	徐益军	张建良
		杨　建	包燕平	杨琦云	王福明	张　宇	唐惠庆

续表

学位类别	专业、领域	姓名	导师	姓名	导师	姓名	导师
工程硕士	冶金工程	周国子	王福明	邹凡球	杨世山	马奇超	薛庆国
		卢秀艳	张延玲	闫咏春	刘　青	田凤纪	张家泉
		郭伟达	王静松	张　伟	宋 波 Y	裴晓明	徐安军
		刘志广	高　斌	张　勇	陈伟庆	刘小飞	高　斌
		齐　鹏	张建良	苏荣芳	朱　荣	王　鹏	王静松
		秦登平	朱　荣	姚红新	高　斌	田占广	王福明
		闫忠峰	陈伟庆	庞宗旭	朱　荣	郭志强	成国光
		潘明旭	宋 波 Y	杨密平	成国光	柴玉国	成国光
		池晓锋	吴胜利	王海宝	张炯明	聂建康	郭汉杰
		郝　忠	孙彦辉	王金龙	孙彦辉	张明海	张炯明
		赵志强	宋　波				
工商管理硕士	高级管理人员(EMBA)	张天宇	曹　勇	肖　剑	佘元冠	冷　泉	王维才
		周长胜	杨建华	张　明	李铁克	李爱玲	何　枫
		刘　洋	刘　澄	凯色尔阿不都卡的	王文彬	黄雪伟	张　群
		杨江勇	张　群	李翠玲	王维才	沈金生	张　剑
		王跃江	高俊山	宗宏斌	王维才	于　江	何　枫
		周旭勇	张　群	杨　中	王道平	王　军	裴利芳
		史文峰	佘元冠	马　权	曹　勇	唐远成	范小华
		许小宁	王维才	徐　涛	王维才	颜　梅	高学东
		赵卫国	肖　明	牛新民	张　剑	阿不利孜阿不都热	何　枫
		冯志亮	魏　钧	贺晓江	何　枫	刘婉琳	王文彬
		张跃奇	何维达	葛高超	何维达	刘　辉	张晓冬
		马文茂	李铁克	密建军	戴淑芬	陈永光	裴利芳
		李保军	高俊山	贾宏亮	王道平	李国光	李晓静
		任士同	张晓冬	陈向东	赵　晓	宋宇辉	曹　勇
		朱传斌	李铁克	刘海深	武　森	王明新	杨　青
		方杏科	高学东	陈建波	冯　梅	黄跃明	何　枫
		帅振珠	魏　钧	李耀文	王文彬	申爱国	马风才
		李建韦	戴淑芬	赵福恩	王维才	钱守保	肖　明
	工商管理	刘德永	张　群	邢福臣	鲍新中	刘建军	裴利芳
		黄子裕	魏　钧	李俊东	武德昆	任　勇	王　莹
		于国锋	班晓娟	谢文导	曹　勇	韩冬梅	李晓辉
		裴晓静	樊彩霞	李文生	张　群	施玉婷	楼　园
		公　禾	何维达	王利军	贾振全	杜亚怀	何维达
		刘　晔	王宾容	李钟全	班晓娟		

续表

学位类别	专业、领域	姓名	导师	姓名	导师	姓名	导师
公共管理硕士	公共管理	孟　睿	时立荣	王小蓓	黄耀杰	蔡景萍	陈闽红
		李士英	冯　英	韩　伟	吴群芳	涂建军	许　放
		李晓红	陆　俊	高克瑶	时立荣	王成宽	吴群芳
		赵子生	许　放	吴　燕	曲绍卫	陈　肖	曲绍卫
		王爱敏	曲绍卫	李　强	冯　英	代　升	何晓前
		翁　杰	曲绍卫	朱圣华	时立荣	曹　艳	赵　雨
		张红梅	陈闽红	郑明权	吴群芳	姚　宁	许　放
		吴向东	时立荣	罗伟强	冯　英	吴　胤	黄耀杰
		童祖强	许　放	杜洪玉	陈闽红	朱　戈	曲绍卫
		文帝人	陈闽红	张　嵩	吴群芳	韩秋莹	何晓前
		乔天峰	冯　英				

2013年以同等学力获得硕士学位的在职人员名单

学科、专业	姓名	导师
冶金工程	李传辉	张建良
思想政治教育	李　远	陆　俊
钢铁冶金	李　猛	朱　荣
物流工程	陈兴禹	程国全
冶金工程	王学义	朱　荣

2013年获得学位的研究生或毕业的研究生名单

姓名	导师	学科、专业	备注
陶刘群	汪旭光	工程力学	博士毕业
狄彦强	刘杰民	环境工程	博士毕业
王春梅	赵海雷	材料科学与工程	博士毕业
邓　楠	徐正光	控制科学与工程	博士毕业
姚　力	李士琦	冶金工程	博士毕业
齐　萱	许　放	科技与教育管理	博士毕业
张晓红	王民忠	思想政治教育	博士毕业
徐立国	於晓晋	矿物学、岩石学、矿床学	硕士毕业
朴锦花	李晓岑	科学技术史	硕士毕业
陈靖凯	苏兰海	机械工程	硕士毕业

续表

姓名	导师	学科、专业	备注
王　海	王道平	工商管理	硕士毕业
潘　冉	张康生	机械工程	硕士学位
李　明	汪群慧	环境工程	博士学位
彭长桂	高俊山	企业管理	博士学位
古达尔	宋存义	环境工程	博士学位
白英龙	果世驹	材料科学与工程	博士学位
李　辛	王立民	工商管理硕士	硕士专业学位

附 录

北京科技大学第三届董事会名单

名誉主席：

刘 淇 中共中央原政治局委员、北京市委原书记

徐匡迪 第十届全国政协原副主席、中国工程院原院长

黄孟复 全国政协副主席、全国工商联主席

主 席：

徐匡迪（兼） 第十届全国政协原副主席、中国工程院原院长

副 主 席 （13人）：

徐乐江 宝钢集团有限公司董事长

张晓刚 鞍山钢铁集团公司总经理

邓琦琳 武汉钢铁（集团）公司董事长

王青海 首钢总公司董事长

刘明忠 新兴际华集团有限公司董事长

王义芳 河北钢铁集团有限公司董事长

邹仲琛 山东钢铁集团有限公司董事长

贾宝军 中国中钢（集团）公司总裁

王为民 中国冶金科工集团有限公司党委副书记、总经理

刘振江 中国钢铁工业协会党委书记

赖宁昌 东凌集团有限公司董事长

罗维东 北京科技大学党委书记

张欣欣 北京科技大学校长

董 事：（以姓氏笔画为序）（90人）

丁立国 德龙控股有限公司董事局主席

于 勇 河北钢铁集团唐钢公司董事长

才 让 中国钢研科技集团有限公司董事长、党委书记

才鸿年 中国工程院院士、中国兵器装备集团公司科技委副主任

王一德　中国工程院院士、太原钢铁（集团）有限公司董事会规划委员会副主任
王义芳　河北钢铁集团有限公司董事长
王中丙　广东省湛江市市长
王为民　中国冶金科工集团有限公司党委副书记、总经理
王汀明　湖南省政协原副主席
王青海　首钢总公司董事长
王崇愚　中国科学院院士、清华大学教授
仇瑜峰　中崇集团董事长
邓琦琳　武汉钢铁（集团）公司董事长
叶恒强　中国科学院院士、中国科学院金属研究所研究员
冯　杰　酒泉钢铁（集团）有限责任公司董事长
冯炯华　宁夏回族自治区人大常委会副主任、农工党中央常委
邢书成　广州军区副司令员、中将
朱小复　福建省三钢（集团）有限责任公司副总经理
朱孟依　合生创展集团有限公司董事局主席
任美成　北京泰略投资咨询有限公司董事长
刘　捷　江西省新余市市委书记
刘明东　海南矿业股份有限公司总经理
刘明忠　新兴际华集团有限公司董事长
刘建平　天津大学党委书记
刘振江　中国钢铁工业协会党委书记
刘晓峰　全国政协副主席，农工党中央常务副主席
关　杰　中国工程院院士、西安重型机械研究所高级工程师
孙丌明　天津钢管集团股份有限公司总工程师
孙安民　全国工商联常务副主席、十一届全国人大常委、全国人大法律委员会副主任
孙纪木　新华联合冶金投资集团有限公司董事长
苏鉴钢　马钢集团公司总经理
李　琦　深圳易讯天空网络有限公司执行董事
李连平　河北建设投资集团有限责任公司董事长
李贵阳　河北钢铁集团邯钢公司董事长
李晓波　太原钢铁（集团）有限公司董事长
杨志强　金川集团股份有限公司董事长
肖　峰　成都昊特新能源技术有限公司董事长、总经理
何季麟　中国工程院院士、宁夏东方有色金属集团公司原董事长
余自甦　攀钢集团有限公司总经理
邹仲琛　山东钢铁集团有限公司董事长
汪海涛　西部矿业股份公司董事长
沈文荣　沙钢集团董事局主席
沈健生　银邦金属复合材料股份有限公司董事长

张　海　河北钢铁集团宣钢公司董事长
张　彬　山西昌大公司总经理
张志祥　北京建龙重工集团有限公司董事长
张克利　中国有色矿业集团有限公司党委书记
张战波　北京中冶设备研究设计总院有限公司院长（总经理）
张荣明　北京爱慕内衣有限公司董事长
张晓刚　鞍山钢铁集团公司总经理
张晓峰　桓裕投资（集团）有限公司董事长
陆正耀　神州租车（中国）有限公司*CEO*
陆志方　中国恩菲工程技术有限公司董事长
陈　喆　北京宝来易投资管理有限公司董事长、总经理
陈启祥　莱芜钢铁集团有限公司董事长、总经理
陈建华　广东省广州市委副书记、市长
罗维东　北京科技大学党委书记
周秉利　包头钢铁（集团）有限责任公司董事长
周荣昌　内蒙古自治区人大常委会原副主任
郑新立　中国国际经济交流中心常务副理事长、中共中央政策研究室原副主任
赵公卿　重庆市原副市长、重庆市人大常委会原副主任
赵世庆　重庆钢铁（集团）有限责任公司副董事长、总经理
郝　远　甘肃省副省长
哈斯巴根　第十一届全国人大常委、民族委员会副主任，内蒙古自治区人大常委会副主任
钟　掘　中国工程院院士、中南大学教授
施　设　中冶京诚工程技术有限公司董事长
姜德义　北京金隅集团有限责任公司执行董事兼总裁
贾国生　河北钢铁集团舞钢公司副董事长、总经理
贾宝军　中国中钢（集团）公司总裁
徐乐江　宝钢集团有限公司董事长
徐匡迪　第十届全国政协副主席、中国工程院原院长
张欣欣　北京科技大学校长
殷晓静　中央政府驻港联络办公室副主任
殷瑞钰　中国工程院院士、钢铁研究总院名誉院长
郭长波　青岛钢铁控股集团有限责任公司总经理
唐飞来　新余钢铁有限责任公司副董事长
黄一新　南京钢铁联合有限公司副总经理
黄孝斌　北京时代凌宇科技有限公司董事长
曹建军　山西汇丰兴业集团董事长
曹慧泉　湖南华菱钢铁集团有限责任公司董事长
彭　原　北京国源金汇投资有限公司名誉董事长
董　事　本钢集团有限公司副总经理

董晓民　内蒙古自治区烟草专卖局（公司）局长、总经理
蒋开喜　北京矿冶研究总院院长
谢俊文　华亭煤业集团有限责任公司总经理
靳善忠　山西省人大常委会副主任
赖宁昌　东凌集团有限公司董事长
褚建东　河北钢铁集团承钢公司董事长
魏　新　北大方正集团董事长

秘 书 长：
王维才　北京科技大学副校长

北京科技大学校友会组织机构及人员组成

名誉会长：魏寿昆　王　润　李静波　杨天钧　李宝林
会　　长：徐金梧
副 会 长：权良柱　王维才　赵续生　李宝林
秘 书 长：王维才
副秘书长兼办公室主任：于成文
副 主 任：吕朝伟
工作人员：郭晓东　常馨悦　陈晔明

北京科技大学教育发展基金会组成

名誉理事长：徐匡迪
名誉理事：徐乐江（宝钢集团有限公司董事长、党委常委）
张晓刚（鞍山钢铁集团公司总经理）
邓崎琳（武汉钢铁（集团）公司董事长）
朱继民（首钢总公司原党委书记、董事长）
理 事 长：罗维东
副理事长：徐金梧　王维才
理　　事：罗维东　徐金梧　权良柱　武德昆
秘 书 长：王维才
副秘书长兼办公室主任：于成文
监　　事：涂纪明

与北京科技大学建立合作关系的国外及港澳台地区学校、研究机构（147所）

（截至2013年12月）

序号	学校／科研机构	国家／地区	建立时间
1	亚琛工业大学（*Aachen Technical University*）	德　国	1979
2	东京工业大学（*Tokyo Institute Technology*）	日　本	1980
3	麦克马斯特大学（*Mcmaster University*）	加拿大	1982
4	里海大学（*Lehigh University*）	美　国	1982
5	宾夕法尼亚大学（*University of Pennsylvania*）	美　国	1982
6	九州工业大学（*Kyushu University of Technology*）	日　本	1984
7	皇家工学院（*Royal Institute of Technology*）	瑞　典	1984
8	律尼奥大学（*Lulea University*）	瑞　典	1984
9	神奈川大学（*Kanagawa University*）	日　本	1985
10	乌龙冈大学（*University of Wollongong*）	澳大利亚	1985
11	北海道大学（*Hokkaido University*）	日　本	1986
12	西里西亚工业大学（*Silesian Technical University*）	波　兰	1986
13	保尔·萨巴蒂大学（*Paul Sabatier University*）	法　国	1986
14	冈山理科大学（*Okayama University of Science*）	日　本	1987
15	蒙特利尔工学院（*Ecole Polytechnique Montreal*）	加拿大	1987
16	加利福尼亚大学（*Califonia University*）	美　国	1987
17	多特蒙德大学（*University of Dortmund*）	德　国	1987
18	玛丽皇后学院（*Queen Mary College*）	英　国	1988
19	利物浦大学（*University of Livepool*）	英　国	1988
20	密西根工业大学（*Michigan Technical University*）	美　国	1989
21	莫斯科钢与合金学院（*Moscow Institute of Steel & Alloy*）	俄罗斯	1989
22	顺天国立大学（*Sunchon National University*）	韩　国	1993
23	密道尔赛克斯大学（*Middlesex University*）	英　国	1994
24	河内百科大学（*Honoi University of Technology*）	越　南	1996
25	台北技术学院（*Taipei Institute of Technology*）	中国台湾	1996
26	巴拉那联邦大学（*Universidade Fderal do Parana*）	巴　西	1996
27	昌原国立大学（*Changwon National University*）	韩　国	1997
28	弗赖贝格矿业技术大学 （*Technische Universitat Bergakademie Freiberg*）	德　国	1997
29	鲁汶工程技术学院（*Louvain Institute of Technology*）	比利时	1997
30	拉塞雷纳大学（*The University of La Serena*）	智　利	1997
31	九州大学（*Kyushu University*）	日　本	1997
32	皇家墨尔本理工学院 （*The Royal Melbourne Institrte of Technology*）	澳大利亚	1998

续表

序号	学校／科研机构	国家／地区	建立时间
33	南洋理工大学（*Nangang Technological University*）	新加坡	1998
34	国立塔什干理工大学（*Tashkent State Technical University*）	乌兹别克斯坦	1998
35	朝阳科技大学（*Chaoyang University of Technology*）	中国台湾	2001
36	昆山科技大学（*Kun Shan University*）	中国台湾	2002
37	德克萨斯大学阿灵顿分校（*University of Texas at Arlington* ）	美　国	2002
38	东北大学（*Tohoku University*）	日　本	2002
39	浦项工业大学（*Pohang University of Science and Technology*）	韩　国	2004
40	室蘭工业大学（*Muroran Institute of Technology*）	日　本	2004
41	橡树岭国家实验室（*Oak Ridge National Laboratory*）	美　国	2004
42	韩国浦项产业科学研究院 （*Research Institute of Industrial Science and Technology*）	韩　国	2004
43	乌迪内大学（*University of Udine*）	意大利	2004
44	香港科技大学（*HongKong University of Science and Technology*）	中国香港	2005
45	牛津大学材料系 （*Department of Materials, The University of Oxford*）	英　国	2005
46	汉诺威大学（*Universitaet Hannover*）	德　国	2005
47	维多利亚大学（*Victoria University*）	澳大利亚	2005
48	凯斯西储大学（*Case Western Reserve University*）	美　国	2005
49	杜维嘉大学（*University of Tor Vergata*）	意大利	2005
50	台湾成功大学（*Taiwan Cheng Kung University*）	中国台湾	2006
51	德国考古研究所（*Deutsch Archeology Institute*）	德　国	2006
52	台湾屏东科技大学 （*Taiwan Ping Tong University of Science and Technology*）	中国台湾	2006
53	剑桥大学材料冶金系 （*Dept.of Materials& Metallurgy Cambridge University*）	英　国	2006
54	澳大利亚塔斯马尼亚大学（*University of Tasmania*）	澳大利亚	2006
55	斯图加特应用技术大学 （*Fachhochschule Stuttgart, Hochschule der Medien*）	德　国	2006
56	瑞典布京理工学院（*Blekinge Institute of Technology*）	瑞　典	2006
57	德国马普学会（*The Max Planck Society*）	德　国	2006
58	美国莱特大学（*Wright University*）	美　国	2007
59	塔林理工大学（*Talline University of Technology*）	爱沙尼亚	2007
60	英国斯旺西大学（*University of Wales Swansea*）	英　国	2007
61	克里特大学（*University of Crete*）	希　腊	2007
62	卧龙岗大学（*University of Wollongong*）（工学院－材料学院）	澳大利亚	2007
63	蒙古科技大学（*Mongolian University of Science and Technology*）	蒙　古	2007

续表

序号	学校/科研机构	国家/地区	建立时间
64	东北大学（*Tohoku University*）（续签）	日　本	2007
65	乌克兰国立航空大学（*National Aviation University*）	乌克兰	2007
66	美国田纳西大学（*The University of Tennessee*）	美　国	2007
67	台南大学（*National University of Tainan*）	中国台湾	2007
68	国立顺天大学（*Sunchon National University*）	韩　国	2007
69	龙华科技大学（*Longhua University of Science and Technology*）	中国台湾	2007
70	蒙哥马利奥本大学（*Auburn University at Montgomery*）	美　国	2007
71	天主教鲁汶大学（*Katholieke Universiteit Leuven*）	比利时	2008
72	天主教辅仁大学（*Fu Jen Catholic University*）	中国台湾	2008
73	爱尔兰格里菲斯学院（*Griffith College Dublin* ）	爱尔兰	2008
74	布鲁塞尔自由大学（*VUBVrije Universiteit Brussel*）	比利时	2008
75	蒙哥马利－奥本大学（*University of Auburn at Montgomery*）	美　国	2008
76	底特律大学（*University of Detroit Mercy*）	美　国	2008
77	阿拉斯加矿业大学（*University of Alaska*）	美　国	2008
78	巴尔的摩大学（*University of Baltimore*）	美　国	2008
79	金门技术学院（*Kinmen Institute of Technology*）	中国台湾	2008
80	东京理科大学（*Tokyo University of Science*）	日　本	2008
81	蒙特利尔大学（*Taiwan University of Science and Technology*）	加拿大	2008
82	蒙纳士大学（*University of Monash*）	澳大利亚	2009
83	台湾大学（*University of Taiwan*）	中国台湾	2009
84	滑铁卢大学（*University of Waterloo*）	加拿大	2009
85	兰卡斯特大学（*University of Lancaster*）	英　国	2009
86	赫尔辛基工业大学（*Helsinki University of Technology*）	芬　兰	2009
87	邓迪大学（*University of Dundee*）	英　国	2009
88	利莫瑞克大学（*University of Limerick*）	爱尔兰	2009
89	图尔大学（*Université Francois Rabelais*）	法　国	2009
90	海外学习基金组织（*The Study Abroad Foundation*）	美　国	2009
91	加泰罗尼亚理工大学（*Universitat politecnica de catalunya*）	西班牙	2009
92	东京电机大学（*Tokyo Denki University*）	日　本	2009
93	电气通信大学（*University of Electro-Communications*）	日　本	2009
94	逢甲大学（*Feng Chia University*）	中国台湾	2009
95	台湾静宜大学（*Providence University*）	中国台湾	2009
96	明志科技大学（*Ming Chi University of Technology*）	中国台湾	2009
97	昆士兰大学（*University of Queensland*）	澳大利亚	2010
98	阿尔伯塔大学（*University of Alberta*）	加拿大	2010
99	肯特州立大学（*Kent State University*）	美　国	2010
100	加州大学河滨分校（*California University, Riverside*）	美　国	2010

续表

序号	学校/科研机构	国家/地区	建立时间
101	加州州立大学富丽通分校（*California State University, Fullerton*）	美　国	2010
102	爱达荷大学（*University of Idaho*）	美　国	2010
103	加州大学董事会、劳伦斯伯克利国家实验室、UT斯达康巴特尔有限责任公司、橡树岭国家实验室（*California University, etc*）	美　国	2010
104	德蒙特福德大学（*De Montfort University*）	英　国	2010
105	中央大学（*Chuo University*）	日　本	2010
106	城西国际大学（*Josai University Corporation*）	日　本	2010
107	京都产业大学（*Kyoto Sangyo University* ）	日　本	2010
108	澳门大学（*Mocao University*）	中国澳门	2010
109	中兴大学（*National Chung Hsing University*）	中国台湾	2010
110	岭东科技大学（*Ling Tung University*）	中国台湾	2010
111	华梵大学（*Hua Fan University*）	中国台湾	2010
112	产业技术大学（*Korea Polytechnic University*）	韩　国	2010
113	塔尔图大学（*University of Tartu*）	爱沙尼亚	2010
114	佛罗里达大学（*University of Florida*）	美　国	2011
115	加州大学圣地亚哥分校（*University of California*，*San Diego*）	美　国	2011
116	普利茅斯州立大学（*Plymouth State University*）	美　国	2011
117	弗吉尼亚理工大学（*Virginia Polytechnic Institute and State University*）	美　国	2011
118	密苏里大学哥伦比亚分校（*University of Missouri- Columbia*）	美　国	2011
119	挪威科技大学（*Norwegian University of Science and Technology*）	挪　威	2011
120	奥尔良大学工程师学院（*Polytechnic of the University of Orleans*）	法　国	2011
121	博客拉大学（*Pokhara University*）	尼泊尔	2011
122	东海大学（*Tunghai University*）	中国台湾	2011
123	金门大学（*Quemoy University*）	中国台湾	2011
124	加州大学伯克利分校（*University of California, Berkeley*）	美　国	2012
125	美国国际教育联盟（*American Alliance for International Education*）	美　国	2012
126	巴黎第十三大学（*The University Paris* 13）	法　国	2012
127	巴黎第十一大学（*The University Paris-Sud*）	法　国	2012
128	曼彻斯特城市大学（*Manchester Metropolitan University*）	英　国	2012
129	卡塔尼亚大学（*University of Catania*）	意大利	2012
130	拉瑞尔应用技术大学（*Laurea University of Applied Sciences*）	芬　兰	2012

续表

序号	学校／科研机构	国家／地区	建立时间
131	青山学院（*Aoyama Gakuin University*）	日　本	2012
132	中国文化大学（*Chinese Culture University*）	中国台湾	2012
133	暨南国际大学（*Chi Nan University*）	中国台湾	2012
134	德蒙福特大学、新华集团（*De Montfort University, Xinhua Group*）	英　国	2013
135	华威大学（*The University of Warwick*）	英　国	2013
136	塔塔钢铁集团（*Tata Steel Group*）	荷　兰	2013
137	韦恩州立大学（*Wayne State University*）	美　国	2013
138	马德里理工大学（*The Technical University of Madrid*）	西班牙	2013
139	托马斯拔佳大学（*Tomas Bata University*）	捷　克	2013
140	*AGH*科技大学（*AGH University of Science and Technology*）	波　兰	2013
141	法政大学（*Hosei University*）	日　本	2013
142	横滨国立大学（*Yokohama National University*）	日　本	2013
143	朱拉隆功大学（*Chulalongkorn University*）	泰　国	2013
144	万隆理工大学（*Institute Teknologi Bandung, ITB*）	印度尼西亚	2013
145	高雄第一科技大学（*Kaohsiung First University of Science and Technology*）	中国台湾	2013
146	东华大学（*National Dong Hwa University*）	中国台湾	2013
147	南台科技大学（*Southern Taiwan University of Technology*）	中国台湾	2013

与北京科技大学建立全面合作关系的国内政府机关、企事业单位

（截至2013年12月）

序号	单位名称	合作内容	签订时间
1	上虞市人民政府	科技开发与成果转化、技术咨询与服务、人才培养等	1999.10
2	北京市宣武区	科技、经济、社会诸方面开展全面合作	2000.01
3	江苏华西集团公司	建立华西集团—北科大冶金工程技术冶金所；建立人才培训基地；共同申报科研课题及成果等	2000.05
4	包头钢铁公司	技术合作、科技攻关、人才培养等	2000.06
5	青海省人民政府	科技开发与成果转化、技术咨询与服务、干部培训和人才培养等	2000.06
6	宁夏回族自治区人民政府	科技开发与成果转化、技术咨询与服务干部培训和人才培养等	2000.06

续表

序号	单位名称	合作内容	签订时间
7	青海大学	学科建设、人才培养、学术与工作交流等	2000.10
8	北京有色金属研究总院	科技开发、成果转化、人才培养、信息交流等	2000.12
9	包头钢铁学院	学科建设、科技攻关、人才培养等	2001
10	二重机械(集团)公司	技术合作、科技攻关、人才培养等	2001
11	济南钢铁(集团)公司	技术合作、科技攻关、人才培养等	2001
12	江苏八菱集团公司	技术合作、科技攻关、人才培养等	2001
13	长治钢铁（集团）有限公司	科技攻关、教学实习、人才培养等	2003.01
14	唐山建龙实业有限公司	厂方在学校设立建龙奖学金并提供教学实习、实践基地；学校为厂方提供人才培养、技术支持、进行科技合作等	2003.04
15	海南力气大实业投资有限公司	双方共同组建稀土超磁致伸缩材料有限责任公司	2003.06
16	山东墨龙特钢有限公司	技术合作、人才交流、教学实习等	2003.06
17	石家庄钢铁有限责任公司	双方共同建立汽车用钢（棒材）研究中心	2003.07
18	邯郸纵横钢铁有限公司	资金、人才、技术等方面的交流与合作	2003.10
19	中国工商银行北京市分行	银行为学校提供贷款，学校为银行提供科技开发、人才培训、技术支持等	2003.12
20	黄冈源昌石政石材有限公司	共同组建公司推进“各向异性粘结钕铁硼技术”产业化	2003.12
21	抚顺罕王实业集团有限公司	人才培养、新技术应用和新产品开发等	2004.02
22	武警北京指挥学院	人才培养、教学实习等	2004.03
23	教育部	教育部与四大钢铁公司共建北京科技大学	2004.03
24	上海宝钢集团公司		
25	鞍山钢铁集团公司		
26	武汉钢铁集团公司		
27	首钢集团总公司		
28	安徽省马鞍山市政府	共建新材料产业化基地	2004.04
29	苏州建兴置业有限公司	共同组建公司推进“金属粉末注射成形技术”产业化	2004.04
30	第二炮兵	学校每年为第二炮兵输送优秀毕业生；第二炮兵在学校设立国防奖学金，并对学校的有关教学科研工作和国防教育给予支持	2004.05
31	广州南沙开发区建设指挥部	共建研究生教育培养基地	2004.07
32	北京伟豪集团公司	共同组建公司推进“智能玻璃制备技术”产业化	2004.06
33	贵州省贵阳市人民政府	共建研究生教育培养基地	2004.09
34	厦门市湖里区人民政府	科技合作、人才交流等	2004.10
35	中国银行北京市分行	银行为学校提供贷款，学校为银行提供科技开发、人才培训、技术支持等	2004.12

续表

序号	单位名称	合作内容	签订时间
36	深圳市东恒投资发展有限公司	共同组建公司推进“电容器用纳米钽粉制备技术”产业化	2004.12
37	河南纳士科技股份有限公司	共同组建公司推进“纳米复合稀土特种功能材料制备技术”产业化	2005.03
38	太原钢铁(集团)公司	技术合作、科技攻关、人才培养等	2005.04
39	北京冠亚时代科技研发中心	共同组建公司推进“高海拔变压吸附制氧技术”产业化	2005.04
40	邯郸钢铁集团有限责任公司	共建研究生教育科研基地	2005.04
41	中钢集团洛阳耐火材料研究院	共建研究生教育科研基地	2005.04
42	首钢总公司	共建研究生教育科研基地	2005.04
43	江阴兴澄特种钢铁有限公司	共建研究生教育科研基地	2005.05
44	宁波市北仑区人民政府	联合培养冶金材料专业工程硕士学位研究生	2005.06
45	包钢（集团）公司	共建研究生教育科研基地	2005.09
46	首钢总公司	科学研究、技术开发、教学实习、人才培养、科技公共、成果转化等；共同建设汽车用钢联合研发中心；联合培养研究生	2005.09
47	北京市顺义区人民政府	科技合作、技术支持、成果转化、学生实习、挂职锻炼等	2005.10
48	重庆科技学院	人员交流、人才培养、科研帮扶等	2005.11
49	金隅通达耐火技术公司	共建研究生教育科研基地	2005.12
50	唐山建龙实业有限公司	设立“北京科技大学建龙基金”、人才培养、学术交流和科研合作	2005.12
51	武汉钢铁（集团）公司	科研开发、人才培养、人员交流等。双方还将联合成立“产学研合作委员会”	2006.01
52	邯郸钢铁集团有限公司	科学研究、新产品和新技术开发、成果转让、人才培养和教学实习等	2006.05
53	中国铝业集团	铝型材加工、铝冶炼技术、综合节能、铝轧制工艺设备等	2006.07
54	香港科技大学	建立“北京—香港科大联合研究中心”，就技术成果转化、技术开发、企业孵化、资讯交流与技术服务以及人才培养等五个方面开展工作	2006.08
55	广州中科院工研院	建立材料与加工技术研究中心，围绕珠三角企业需要的材料制备加工技术开展研究，探索产学研合作	2006.10
56	宝山钢铁股份有限公司	科研开发，博士生、硕士生培养，毕业生培养和选拔等	2006.10

续表

序号	单位名称	合作内容	签订时间
57	广州钢铁集团有限公司	建立联合研发中心。针对高技术含量、高附加值的新一代集装箱板、家电板、汽车板等进行联合开发，培养人才	2006.11
58	佛山市政府	合作建设创新平台，实施合作项目，培养人才	2006.11
59	中国兵器装备集团公司	材料科学与技术、腐蚀与防护、先进制造、车辆动力、信息化技术方面的基础与应用研究	2006.12
60	兵器第59所	成立“大气环境效应与防护联合实验室”	2006.12
61	河南省巩义市人民政府	科技合作、人才培养	2007.09
62	莱芜钢铁公司	板带钢联合研发中心、特殊钢联合研发中心、转底炉联合研发中心	2007.04
63	河南通宇冶材集团有限公司	耐火材料、连铸配件技术联合研发中心	2007.04
64	建龙钢铁控股有限公司	特殊钢技术联合研发中心	2007.04
65	江苏万泰集团	气体研究与应用联合研发中心	2007.04
66	中国海洋石油总公司海油（北京）能源投资有限公司	科技合作	2007.11
67	佛山市石湾镇人民政府	共建华南不锈钢创新中心	2008.01
68	佛山南海区人民政府	产学研战略联盟	2008.03
69	佛山高明区杨和镇人民政府	产学研战略联盟	2008.03
70	佛山市生产力促进中心，禅城区生产力促进中心，石湾街道科技办	技术创新与应用型人才培训网络平台	2008.03
71	莱芜钢铁集团有限公司	转底炉联合研发中心、特殊钢联合研发中心、带钢联合研发中心	2008.03
72	卢龙县人民政府	共建绿色冶金试验示范基地	2008.05
73	本溪钢铁（集团）有限责任公司	汽车板用户技术联合实验室	2008.06
74	通化钢铁集团股份有限公司	联合共建合作实体	2008.06
75	广东省佛山市高明区	与高明区签署全面产学研战略合作	2009.04
76	广东省佛山市高明区更合镇人民政府	共建“不锈钢成果转化基地”	2009.04
77	江苏省无锡市锡山区人民政府	产学研创新联盟	2009.05
78	中国有色金属协会	“金属铝锌产业联盟”成立，谢建新副校长当选为联盟理事	2009.05
79	北京市科委	“首都钢铁服务产学研联盟”成员单位；“首都新能源产业技术联盟”光伏、光热和核能三个联盟理事单位；“首都新农村建设科技创新服务联盟”理事单位	2009.06-07

续表

序号	单位名称	合作内容	签订时间
80	广西桂东电力股份有限公司	共建“桂东电子—北科大新材料技术联合研发中心”	2009.07
81	广东三A不锈钢制品集团有限公司	联合组建科技创新服务平台——“广东三A集团与北京科技大学产学研基地”	2009.08
82	广州冶金工业研究所	成立北京科技大学材料先进制备技术教育部重点实验室广东分实验室	2009.09
83	广东省梅州市	学校加盟“梅州市铜产业产学研创新联盟”	2009.11
84	河北钢铁集团	战略合作	2009.12
85	中国绝热节能材料协会	建筑用酚醛泡沫产业技术创新战略联盟	2010.01
86	中国资源综合利用协会	尾矿综合利用产业技术创新战略联盟	2010.01
87	三门峡化工机械有限公司	车载式热泵流化床谷物干燥技术及装置产业化开发	2010.02
88	常州三鑫轧辊有限公司	特种钢与轧辊冶金技术科技合作	2010.03
89	常州三鑫轧辊有限公司	常州三鑫轧辊—北科大校企产学研合作基地建设	2010.03
90	丹阳市政府等五方共建	共建江苏高性能合金材料研究院	2010.04
91	菏泽广源铜带股份有限公司	菏泽广源铜带股份有限公司—北科大年产5000吨高精电子压延铜箔工程技术合作	2010.04
92	四川省盐边县人民政府	盐边县人民政府—北科大钒钛磁铁矿综合利用战略合作	2010.05
93	北京高技术创业服务中心	共建本科生实践教学基地	2010.05
94	北京希克斯科技有限公司	共建本科生实践教学基地	2010.05
95	北京青云联合空调设备有限公司	共建本科生实践教学基地	2010.06
96	北京同方人工人工环境有限公司	共建本科生实践教学基地	2010.06
97	北京振利高新技术有限公司	共建本科生实践教学基地	2010.06
98	国家室内环境与室内环保产品质量监督检验中心	共建本科生实践教学基地	2010.06
99	蒙特空气处理设备（北京）有限公司	共建本科生实践教学基地	2010.06
100	北京九阳实业公司	共建实践教学基地	2010.06
101	聊城市中级人民法院	共建本科生实践教学基地	2010.06
102	承德钢铁集团有限公司	共建研究生教育科研基地	2010.06
103	京东方科技集团股份有限公司	共建北京科技大学—京东方新型显示技术联合实验室	2010.10
104	扬州龙川钢管有限公司	建设海洋工程管线管防腐技术开发应用企业院士工作站	2010.10

续表

序号	单位名称	合作内容	签订时间
105	贵州省黔南州科学技术和知识产权局	北京科技大学—贵州省黔南州科学技术和知识产权局科技合作	2010.12
106	济钢集团有限公司、中科院工程热物理研究所	成立“钢铁企业节能减排战略合作同盟”	2011.01
107	天津百利机电控股集团股份有限公司	金属材料应用研发平台建设	2011.03
108	杭州钢铁集团公司	汽车零部件（钢质）产业技术创新战略联盟	2011.03
109	天立环保工程有限公司	北京科技大学—天立环保联合研发中心	2011.03
110	无锡惠山区职教园	北京科技大学—无锡职教园管理委员会联合共建技术转移中心	2011.03
111	铜山区人民政府	战略合作	2011.04
112	岜山集团	战略合作	2011.04
113	河北津西钢铁有限公司	战略合作	2011.04
114	广州机械科学研究院	产学研合作	2011.04
115	中科新越投资（北京）有限公司	战略合作	2011.04
116	康明斯（中国）投资有限公司	共建“康明斯电传动实验室”	2011.05
117	北京装备制造和新材料科技成果承接与转化平台	战略合作	2011.05
118	首钢长治钢铁有限公司	战略合作	2011.05
119	重庆钢铁集团公司	船舶及海洋工程用钢产业集成创新服务联盟	2011.05
120	淮北市人民政府	战略合作	2011.05
121	德国卡尔蔡司公司	北京科技大学—德国卡尔蔡司公司电子显微镜合作实验室	2011.05
122	新兴重工新兴能源装备股份有限公司、盛泽能源技术有限公司	新兴际华集团—北科大“能源装备新技术研发中心”	2011.06
123	西部矿业集团有限公司	青藏高原有色金属矿产资源开发与综合利用产业技术创新战略联盟	2011.06
124	玉柴重工总公司	战略合作	2011.06
124	山东钢铁集团有限公司	战略合作	2011.06
126	徐州铜山科技局、吉林大学、浙江大学等	工程机械产业产学研联盟	2011.06
127	徐州大屯工贸实业公司	北京科技大学矿井避险研究技术中心	2011.07
128	中钢设备有限公司	“先进冶金装备及工艺技术研发”合作	2011.08
129	山东龙泉管道工程股份有限公司	联合成立“山东龙泉新材料工程技术研究院”	2011.09

续表

序号	单位名称	合作内容	签订时间
130	普天物流技术有限公司	共建“物流中心自动化装备及系统产业技术创新战略联盟”	2011.10
131	锡山鹅湖镇	产学研合作	2011.10
132	临沂市人民政府	战略合作	2011.11
133	山东齐星铁塔科技股份有限公司、新霓空太阳能（中国）有限公司、无锡安飞纤维材料科技有限公司、中科院宁波材料技术与工程研究所	复合材料研究与应用产业技术创新战略示范联盟	2011.11
134	香港维新集团	产学研合作	2011.11
135	宝钢集团有限公司	科研合作	2011.12
136	中国有色矿业集团	全面合作	2011.12
137	中国冶金科工集团有限公司	全面合作	2011.12
138	首钢集团总公司	首钢—北科大战略合作协议	2012.02
139	湛江市人民政府	北京科技大学湛江工业研究院框架协议	2012.03
140	天津钢管集团公司	天津钢管集团公司—北京科技大学战略合作协议	2012.04
141	德龙集团	北京科技大学—德龙产学研合作平台	2012.04
142	联盟包括中国汽车工程学会等35家单位，成立于2007年12月，我校为联盟伙伴单位	汽车轻量化技术创新战略联盟	2012.05
143	广西科技厅	广西壮族自治区科学技术厅—北京科技大学科技合作协议	2012.05
144	承德路桥建设总公司	承德路桥建设总公司与北京科技大学校企科技合作协议	2012.05
145	郑州市人民政府	郑州市人民政府—北京科技大学科技合作框架协议	2012.05
146	龙岩市人民政府	龙岩市政府—北京科技大学共建硬质合金行业技术转移中心	2012.06
147	西藏昊泰纸样设备科技有限公司、北京科技大学、青海省高原医学研究院、空军航空医学研究所、中科院大连化学物理研究所	西藏昊泰高原富氧工程产学研合作技术研发中心合作协议	2012.06
148	京微雅格（北京）科技有限公司	北京科技大学—京微雅格（北京）科技有限公司校企战略合作框架协议	2012.08
149	中节能工业节能有限公司	中节能工业节能有限公司—北京科技大学产学研合作协议	2012.08

续表

序号	单位名称	合作内容	签订时间
150	广西盛隆冶金有限公司	广西盛隆冶金有限公司—北京科技大学产学研战略合作协议	2012.08
151	广西长龙冶金有限公司	广西长龙冶金有限公司—北京科技大学产学研合作协议	2012.08
152	北京爱尔斯环保工程有限责任公司	北京爱尔斯环保工程有限责任公司—北京科技大学“北京水质净化生态技术研发中心”	2012.09
153	信丰县包钢新利稀土有限责任公司	北京科技大学—信丰县包钢新利稀土有限责任公司产学研合作协议	2012.12
154	德庆康纳国兴有限公司	北京科技大学—康纳国兴新材料联合研发中心	2012.12
155	中国黄金协会、中国黄金集团公司	黄金产业技术创新战略联盟	2012.12
156	北超伺服技术有限公司	北京科技大学—北超伺服技术有限公司合作协议	2013.01
157	温州市政府	北京科技大学—温州市政府科技合作协议	2013.01
158	中国职业健康协会	中国智慧矿山产业技术创新战略联盟	2013.01
159	江苏金陵特种涂料有限公司	防腐涂层新材料技术与产品产业化基地	2013.02
160	承德市人民政府	河北承德市人民政府-北京科技大学战略合作框架协议	2013.04
161	云南冶金集团股份有限公司	云南冶金集团股份有限公司—北京科技大学全面战略合作协议	2013.04
162	哈密红石矿业有限公司	哈密红石矿业有限公司—北京科技大学共建校企技术创新联盟	2013.09
163	武安市运丰冶金工业有限公司	企业专家工作站、教学实习基地	2013.10
164	扬中市人民政府	北京科技大学—扬中市政府战略合作协议	2013.10
165	青岛钢铁集团	青钢新品种开发与关键共性技术集成研究项目计划协议	2013.11
166	金诚信矿业管理股份有限公司	北京科技大学—金诚信矿业管理股份有限公司合作协议	2013.11
167	福建武平县人民政府	北科大—武平县科技合作协议	2013.11
168	中特首诺（北京）冶金科技有限公司	中特首诺（北京）冶金科技有限公司—北京科技大学联合成立中国工业固废粉体再造技术研究院合作协议	2013.11